suhrkamp taschenbuch 5219

Paul Valéry wurde 1871 im südfranzösischen Sète geboren. Nachdem er in Montpellier ein Studium der Rechtswissenschaften begonnen hatte, zog es ihn 1894 nach Paris. Dort begann er, täglich Gedankenfragmente zu notieren, die postum in den *Cahiers* versammelt wurden, sowie mit der Arbeit an seinem bekanntesten Prosawerk, *Monsieur Teste*. Von seiner späteren Hinwendung zur Dichtung zeugen insbesondere *Die junge Parze* (*La jeune Parque*, 1917), von Paul Celan ins Deutsche übertragen, sowie *Carmina* (*Charmes*, 1922), übersetzt von Rainer Maria Rilke. Valéry war Mitglied der Académie française, langjähriger Präsident des PEN-Clubs und von 1937 bis zu seinem Tod 1945 Inhaber des Lehrstuhls für Poetik am Collège de France.
Mit seinem vielgestaltigen Werk, das sich von philosophischen Überlegungen über Lyrik und Prosa bis hin zu Dramatik erstreckt, gilt Paul Valéry als einer der prägendsten Autoren und Denker seiner Zeit.

Band 6 der Gesamtausgabe legt Valérys Schriften und Vorträge zur Ästhetik und Philosophie der Künste vor. Zu Beginn stehen die drei einflussreichen Essays zu Leonardo da Vinci, in denen Kunst und Wissenschaft, Erfindung und Erkenntnis ineinandergreifen und die den interdisziplinären Geist Valérys vergegenwärtigen. Im Weiteren werden theoretische Grundfragen und Wirkungsweisen der Kunst verhandelt, von Architektur, Malerei, Musik bis hin zu Tanz. Es folgen kunstgeschichtliche Kommentare, u. a. zu Degas, Manet, Renoir und Morisot. In seinen Betrachtungen zur Kunst geht Valéry nicht zuletzt den wechselseitigen Wirkungen zwischen Werk und Künstler oder Betrachter nach: »Alle Künste leben von Worten. Jedes Kunstwerk verlangt, daß man ihm antworte.«

# PAUL VALÉRY
# WERKE

Frankfurter Ausgabe
in 7 Bänden

Herausgegeben von
Jürgen Schmidt-Radefeldt

Suhrkamp

Die Originalausgabe erschien 1957 unter dem Titel *Œuvres I*
sowie 1960 unter dem Titel *Œuvres II* bei Éditions Gallimard, Paris.

Erste Auflage 2021
suhrkamp taschenbuch 5219

Nachweise zu den einzelnen Texten am Schluss des Bandes.

Umschlaggestaltung: Brian Barth
Printed in Germany
ISBN 978-3-518-47219-4

# Band 6
# Zur Ästhetik und Philosophie der Künste

Herausgegeben von
Jürgen Schmidt-Radefeldt

LEONARDO DA VINCI

# EINFÜHRUNG IN DIE METHODE DES LEONARDO DA VINCI

*Für Marcel Schwob*[1]

In der Verlegenheit, über ein großes Thema schreiben zu müssen, sah ich mich genötigt, das Problem zu bedenken und zu stellen, ehe ich an seine Lösung herangehen konnte. Das entspricht im allgemeinen nicht der Art, wie der literarische Geist vorgeht, der sich nicht dabei aufhält, den Abgrund auszumessen, den er seinem Wesen nach überspringt.

Von einem Menschen bleibt, was wir in Gedanken mit seinem Namen verbinden, nebst dem, was er geschaffen hat und was aus diesem Namen ein Zeichen für Bewunderung, Haß oder Gleichgültigkeit macht. Wir denken über sein Denken nach und können zwischen den Zeilen seines Werks dieses auf ihn bezogene Denken wiederfinden: wir können seinen Gedanken nach dem Bilde unseres eigenen Gedankens wiedererschaffen. Mühelos stellen wir uns einen gewöhnlichen Menschen vor: schlichte Besinnung genügt, die Antriebe und Grundarten seines Verhaltens vor uns erstehen zu lassen. Die unmaßgeblichen Handlungen, die sein äußeres Dasein ausmachen, lassen dieselbe Abfolge erkennen wie unsere eigenen; wir sind auf gleiche Weise wie er deren verknüpfendes Band, und der Tätigkeitsbereich, auf den sein Wesen schließen läßt, reicht nicht weiter als der, in dem wir uns bewegen. Nehmen wir an, dieser Einzelmensch rage in einem bestimmten Punkt hervor, so fällt es schon schwerer, sich die Leistungen und Bahnen seines Geistes vorzustellen. Wenn wir uns ihm gegenüber nicht mit verschwommener Bewunderung begnügen wollen, werden wir genötigt sein, unsere Vorstellungskraft in Richtung der bei ihm vorherrschenden Eigenart – von der wir freilich nur einen Keim in uns tragen – zu strecken. Wenn jedoch bei dem Geist, auf den wir es abgesehen haben, alle Fähigkeiten voll entwickelt sind oder wenn die Hinterlassenschaft seines Wirkens auf allen Gebieten bedeutend hervortritt, fällt es immer schwerer und schwerer, die Gestalt in ihrer Einheit zu fassen; sie neigt dazu, sich unserem Zugriff zu entziehen. Zwischen den äußersten Punkten dieser geistigen Spannweite liegen Abstände, so groß, wie wir sie noch nie durchmessen haben. Der Zusammenhang dieses ineinandergreifenden Ganzen entzieht sich unserem Erkennen, wie ihm auch die ungestalten Raumfetzen, die vertraute Gegenstände trennen, entzogen bleiben, Fetzen, die dem Zufall bloßer Zwischenräumlichkeit anheimgegeben sind; so wie jeden Augenblick Myriaden von Tatsachen verlorengehen, ausgenommen die kleine Zahl jener, die die Sprache zum Leben erweckt. Und doch gilt es, hierbei zu verweilen, sich hierauf einzulassen und die Mühe zu überwinden, die unserer Phantasie eine Ansammlung derart – von ihr aus gesehen – ungleichartiger Elemente bereitet. Jedes Verstehen geht hier zum Erfinden einer einheitlichen Ordnung, eines einzigen Bewegers über, bestrebt, das System, dem es sich beugt, mit etwas wie Gleichartigkeit zu beseelen. Jedes Verstehen ist um ein eindeutiges Bild bemüht. Mit nachdrücklicher Kraft, die von seiner eigenen Spannweite und seiner geistigen Klarheit abhängt, bewältigt es am Ende wiederum seine eigene Einheit. Wie von einem Me-

Diesem ersten Paragraphen würde ich heute eine ganz andere Fassung geben, seinen Gehalt jedoch und seine Funktion würde ich beibehalten. Er soll nämlich das Denken auf die Möglichkeit jedes derartigen Vorhabens hinleiten, das heißt: auf den Zustand und die Hilfsmittel eines Geistes, der in seiner Vorstellung einen Geist nachbilden will.

chanismus ausgelöst, wird eine Hypothese laut, und vor uns steht das Individuum, das all dies geschaffen hat, die zentrale Schau, in der all dies vorgegangen sein muß: das ungeheure Gehirn[2], in dem dieses seltsame Tier, das Tausende reiner Beziehungsfäden zwischen so vielerlei Formen gesponnen hat und dessen Leistung diese rätselhaften und verschiedenartigen Bildungen sind, sich den Instinkt als Wohnstatt erkoren hat. Die Art, wie es zu dieser Hypothese kommt, ist zwar Abwandlungen, nicht aber dem Zufall unterworfen. Ihre Gültigkeit hängt von der logischen Analyse ab, der sie zum Gegenstand wird. Sie ist der Grundstein der Methode, die uns beschäftigen und uns dienen soll.

Ich nehme mir also vor, mir einen Menschen vorzustellen, der sich in Leistungen so unterschiedlicher Art bezeugt hat, daß es, wenn ich sie auf ein Denken beziehe, keines gibt, das weiter gespannt wäre. Außerdem setze ich bei ihm ein Empfinden voraus, das auf die vielerlei Abstufungen der Dingwelt außerordentlich lebhaft anspricht und dessen Widerfahrnisse man nicht unzutreffend mit Analyse bezeichnen könnte. Ich sehe, wie alles ihm Richtpunkte an die Hand gibt: stets denkt er an das umfassende Ganze und zugleich an die Strenge.* Er ist so veranlagt, daß ihm nichts von dem entgeht, was sich in die Vielfalt dessen, was ist, verirrt: kein armseliger Strauch. Er läßt sich in die Tiefe der Allerweltsdinge hinab, zieht sich in sie zurück und betrachtet sich. Er stößt auf die

In Wahrheit habe ich *Mensch* und *Leonardo* genannt, was ich in jener Zeit unter dem Vermögen des *Geistes* verstand.

Das umfassende Ganze – eher geht es um Universalität. Nicht so sehr jenes *sagenhafte Ganze* (wie es sich bei dem Wort Universum als Vorstellung zu melden pflegt) wollte ich bezeichnen, als das Gefühl für die Zugehörigkeit jeden Dings zu einem umfassenden

* *Hostinato rigore*, beharrliche Strenge. Wahlspruch Leonardos.

System, das (hypothetisch) die Definition jeden Gegenstandes erlaubt...

Gewohnheiten und Strukturen der Natur, er geht sie von allen Seiten an, und es erweist sich, daß er der einzige ist, der konstruiert, aufzählt, das Gemüt bewegt. Er läßt Kirchen und Festungen erstehen; er schafft Ornamente voll Anmut und Größe, tausend Maschinen und die strengen Figurengebilde von mancherlei Forschungen. Er hinterläßt die Bruchstücke irgendwelcher großen Spiele. Bei diesem Zeitvertreib, der in seine wissenschaftliche Arbeit übergeht, die ihrerseits von Leidenschaft nicht zu trennen ist, scheint er auf zauberhafte Weise stets in Gedanken bei etwas anderem zu weilen... Ich werde ihm nachgehen, werde zusehen, wie er sich in der rohen Einheitlichkeit und stofflichen Dichte der Welt bewegt, wo er sich mit der Natur so vertraut macht, daß er sie nachahmt, um den Finger auf sie zu legen, so daß es ihm schließlich schwerfällt, sich einen Gegenstand vorzustellen, den sie nicht birgt.

Ein Autor, der eine Biographie *verfaßt*, kann versuchen, seinen Helden zu *erleben* oder aber ihn zu *konstruieren*. Und zwar verhalten sich diese beiden Verfahren gegensätzlich zueinander. *Erleben* heißt: sich ins Unvollständige einverwandeln. Das Leben, in diesem Sinne genommen, besteht ganz in Anekdoten, Einzelheiten, Augenblicken.

Noch fehlt diesem Gedankengeschöpf ein Name, der geeignet ist, die ganze Spannweite zwischen Grenzpunkten, die für gewöhnlich zu weit auseinanderliegen und dem Blick entzogen bleiben, in sich zu fassen. Ich wüßte keinen zutreffenderen als den des *Leonardo da Vinci*. Wer sich einen Baum vorstellt, der muß sich auch einen Himmel vorstellen und einen Grund, in dem er ihn wurzeln sieht. Darin waltet eine Art Logik, die fast gefühlsmäßig und so gut wie unerkannt ist. Die Person, die ich hier nenne, ist nichts anderes als eine solche Deduktion. Fast nichts von dem, was ich über sie äußern werde, darf auf den

Menschen, der diesen Namen berühmt gemacht hat, bezogen werden. Ich lege es nicht darauf an, Deduktion und Person zusammenfallen zu lassen, was ich im schlechten Sinne für unmöglich halte. Ich versuche vielmehr, auf die Einzelstruktur einer geistigen Existenz einen Blick zu werfen, die Methoden ahnen zu lassen, die in jedem Fund enthalten sind, diesem *einen*, im Gegensatz zu der Vielzahl vorstellbarer Dinge, ich versuche ein Modell zu entwerfen, das vermutlich grob ausfallen wird, aber dem Aneinanderreihen zweifelhafter Anekdoten, den Anmerkungen zu Katalogen, den Daten und Fakten vorzuziehen sein dürfte. Ein derartiger Ballast von Gelehrsamkeit müßte die rein hypothetische Absicht dieses Essays verfälschen. Die Ergebnisse der Forschung sind mir nicht unbekannt, aber ich darf vor allem deshalb nicht von ihnen sprechen, um nicht Anlaß zu geben, einen Entwurf, der an sehr allgemeine Begriffe geknüpft ist, mit den bruchstückhaften Lebenstatsachen einer längst entschwundenen Persönlichkeit zu verwechseln, wenn wir über ihre denkerische Existenz Gewißheit erlangen wollen, nebst der Gewißheit, daß wir sie nie besser kennenlernen werden.

Die *Konstruktion* hingegen impliziert *a priori* die Annahme eines Daseins, das auch – GANZ ANDERS sein könnte.
Diese *Art von Logik* ist es, die aufgrund sinnlich wahrnehmbarer Erfahrungen zur Bildung dessen führt, was ich weiter oben ein *umfassendes Ganzes* genannt habe – ein Ganzes, das sich hier auf eine Persönlichkeit bezieht.
Alles in allem handelt es sich darum, vom Denkmöglichen Gebrauch zu machen, bei möglichst strenger Kontrolle durch das *Bewußtsein*.

Mancher Irrtum, der sich in die Beurteilung menschlicher Werke einschleicht, ist dem eigentümlichen Vergessen ihres Zustandekommens zuzuschreiben. Man denkt häufig nicht daran, daß diese Werke nicht von jeher da waren. Daraus ergibt sich rückwirkend so etwas wie Koketterie, die im allgemeinen die Ursprünge eines

All das würde ich heute ziemlich anders ausdrücken; doch erkenne ich darin meine Art, mir die Leistung als solche einerseits vorzustellen, und die zufälligen Umstände, aus denen die Werke hervorgehen, andererseits.

Werks mit Stillschweigen übergeht, ja sie bisweilen geradezu verhehlt. Wir haben Angst, sie könnten zu unscheinbar sein; ja, wir gehen so weit, zu befürchten, sie könnten natürlicher Art sein. Und wenn recht wenige Künstler den Mut aufgebracht haben zu sagen, wie sie ihr Werk zustande gebracht haben, so ist, wie ich glaube, die Zahl jener, die bestrebt waren, ebendies herauszufinden, auch nicht viel größer. Eine solche Untersuchung fängt mit dem mühsamen Verzicht auf den Gedanken an Ruhm und an lobende Beiwörter an; sie verträgt sich nicht mit der Vorstellung von Überlegenheit, mit keiner Großmannssucht. Sie führt dazu, unter dem Anschein der Vollkommenheit die Relativität zu erkennen. Sie ist notwendig, um von dem Glauben zu heilen, daß die Geister so verschieden geartet seien, wie es ihre Schöpfungen erscheinen lassen. So etwa sind gewisse Arbeiten auf wissenschaftlichem Gebiet, insbesondere in der Mathematik, von so durchsichtiger Klarheit des Aufbaus, daß man sie nicht die Arbeiten eines einzelnen Menschen nennen möchte. Sie haben etwas *Nichtmenschliches.* Diese ihre Beschaffenheit ist nicht ohne Wirkung geblieben. Sie hat zur Annahme eines derartigen Abstandes zwischen gewissen geistigen Fächern – wie zwischen den Wissenschaften und den Künsten – geführt, daß man ihre ursprünglichen Schöpfer aus Befangenheit auseinandergerissen hat, und zwar in dem Maße, wie die Ergebnisse ihrer Arbeiten auseinanderzuliegen schienen. Dabei besteht ihr Unterschied in Wahrheit nur in der andersarti-

Die Wirkungsweise eines Werks ist nie eine *bloße* Folge aus den Bedingungen seiner Entstehung. Man kann vielmehr im Gegenteil sagen, daß ein Werk den heimlichen Vorsatz in sich trägt, der Phantasie eine Art und Weise seiner Entstehung einzuflüstern, die der Wahrheit sowenig wie möglich entspricht.

Läßt sich überhaupt etwas tun ohne den Glauben, daß man damit etwas anderes tut? Das Ziel des Künstlers ist nie das Werk, als das genommen, was es von sich reden macht, und dieses Redenmachen ist nie eine bloße Folge dessen, was es ist.

Die Wissenschaften und die Künste unterscheiden sich vornehmlich darin, daß

gen Verfügung über eine gemeinsame geistige Habe, und zwar unterscheiden sie sich danach, was von dieser Habe behalten und was übergangen wird und wonach sich die Ausbildung ihrer Sprechweisen und ihrer Symbole richtet. Man muß mithin allzu reinen Büchern und Darstellungen gegenüber ein gewisses Mißtrauen hegen. Was festgelegt ist, leistet der Täuschung Vorschub, und was zum Anschauen gemacht ist, gewinnt ein anderes, ein edleres Aussehen. Nur solange das, was im Geiste vorgeht, noch in Bewegung, noch unentschieden, noch dem Augenblick ausgeliefert ist, wird es für unsere Absicht taugen, das heißt: bevor man es Gedankenspiel oder Gesetz, Theorem oder Kunstwerk genannt hat und bevor es, im Begriffe sich abzuschließen, seinen ursprünglichen Ähnlichkeitscharakter preisgegeben hat.

jene auf gewisse oder höchstwahrscheinliche Ergebnisse ausgehen müssen, während diese lediglich auf Ergebnisse von unbekannter Wahrscheinlichkeit hoffen können.

Zwischen der Art der Entstehung und der *Frucht* bildet sich ein Gegensatz heraus.

Im Inneren spielt sich ein Drama ab. Drama, Abenteuer, Erregungszustände: alle dergleichen Wörter sind am Platze, sofern es nur mehrere sind, die einander berichtigend die Waage halten. Dieses Drama geht in den meisten Fällen verloren, genauso wie die Stücke Menanders.[3] Doch besitzen wir die handschriftlichen Aufzeichnungen Leonardos und Pascals berühmte Merkzettel. Diese Bruchstücke wollen von uns befragt sein. Sie vermitteln uns eine Ahnung, mit welch blitzhaften Gedankensprüngen, wie seltsam in menschliche Widerfahrnisse und geläufige Sinneseindrücke verkleidet, nach wieviel endlosen Minuten des Harrens Menschen die Schatten ihrer künftigen Werke erschienen sind,

Die berühmten *Pensées* sind nicht so sehr redliche Eigengedanken als Argumente – Waffen, Lähmungsgifte – für *den anderen.*
Ihre Form ist manchmal so vollkommen, so gesucht, daß sie eine absichtsvolle Verfälschung des eigentli-

chen »Gedankens« erkennen läßt, um ihn zwingender, erschrekkender zu machen – als jeden *Gedanken* schlechthin.

ihre vorauseilenden Schemen. Auch ohne sich auf so große Beispiele zu besinnen, bei denen man Gefahr läuft, in die Fehler der Ausnahme zu verfallen, genügt es zum Beispiel, jemanden zu beobachten, der sich allein glaubt und sich keinerlei Zwang antut: der einen Gedanken beim Schopf *packt*, vor einem Gedanken *zurückweicht*, der verneint, lächelt oder sich duckt und das seltsame Spiel seiner eigenen inneren Vielfältigkeit aufführt. Die Verrückten überlassen sich ihm vor aller Augen.

Dies sind Beispiele dafür, wie sich physische, endliche, meßbare Lageveränderungen unmittelbar an jene Komödie der Person[4] knüpfen, von der ich sprach. In diesem Fall sind geistige Bildvorstellungen die Akteure, und es ist unschwer zu verstehen, daß man, sofern man die Besonderheit dieser Bilder zum Verschwinden bringt, um lediglich ihre Abfolge, ihre Häufigkeit, ihre Periodizität, ihre Assoziationsfähigkeit abzulesen, alsbald geneigt ist, nach Analogien in der sogenannten stofflichen Welt auszuschauen, daß man die wissenschaftlichen Analysen mit ihnen zusammenbringt, ihnen einen Ort, einen stetigen Zusammenhang, gewisse Eigenheiten der Fortbewegung, Geschwindigkeit und demzufolge Masse und Energie unterstellt. Man wird dann gewahr, daß eine ganze Fülle derartiger Systeme möglich ist, daß das eine nicht mehr Gültigkeit hat als irgendein anderes und daß die Anwendung, die man von ihnen macht – wertvoll, weil sie stets in irgend etwas Licht wirft –, ständig überwacht und auf ihren rein sprachlichen Charakter zurück-

Ich wäre geneigt zu sagen, daß am Gedanken das *Wirklichste* ist, was an ihm nicht *naives Abbild der sinnlich wahrnehmbaren Wirklichkeit* ist; beobachtet man jedoch – was übrigens immer heikel und nicht selten anzweifelbar ist –, was *in uns* geschieht, so liegt die Annahme nahe, daß die *Spielarten der Abwandlung* in beiden *Welten* vergleichbar sind, was uns instand setzt, die im eigentlichen Sinne physische Welt *grosso modo* in Metaphern auszu-

verwiesen werden muß. Denn genaugenommen besteht die Analogie in nichts anderem als in der Fähigkeit, die Bilder zu variieren, sie zu kombinieren, einen Teil des einen mit einem Teil des anderen zusammen bestehenzulassen und – bewußt oder unbewußt – das Verbindende in ihren Strukturen zu gewahren. Und insofern entzieht sich der Geist, der ihr Ort ist, der Beschreibung. Die Worte büßen an ihm ihre Kraft ein. Hier bilden sie sich, entspringen sie vor seinen *Augen*: er ist es, der uns die Worte beschreibt.

drücken, die der sinnlich erfahrbaren Welt entlehnt sind, insbesondere dem Bereich jener Handlungen, die wir physisch vollziehen können.
So: *Pensée*, Gewogenes; *begreifen*; *verstehen*; *Hypothese*, *Synthese* usw.

Der Mensch trägt also *Visionen* mit sich fort, deren Kraft er sich zu eigen macht. Er bezieht auf sie seine Geschichte. Sie sind deren geometrischer Ort. Von hier aus fallen diese staunenerregenden Entscheidungen, erfolgen diese Durchblicke, blitzhaften Ahnungen, stichhaltigen Urteile, Erleuchtungen, unbegreiflichen Beunruhigungen, nebst allerlei Torheiten. In gewissen außerordentlichen Fällen fragt man sich verblüfft, unter Anrufung abstrakter Gottheiten, Genie, Inspiration[5] und tausend anderer, wie es zu dergleichen Vorfällen kommt. Wieder einmal glaubt man, es habe sich etwas schöpferisch ereignet, denn vor dem Mysterium und dem Wunder liegt man auf den Knien, während man nach den Kulissen nicht fragt; man macht aus der Logik ein Mirakel; aber der Inspirierte war schon seit einem Jahr in Bereitschaft. Er war reif. Er hatte immer daran gedacht, vielleicht ohne sich selber darüber klar zu sein, und wo die anderen noch außerstande waren zu sehen, hatte er angeschaut und kombiniert, so daß er nun

*Dauer* kommt von »durus«, hart. Was andererseits bedeutet, daß man gewisse Seh-, Tast- oder Bewegungsbilder oder deren Kombinationen *doppelwertig* ausstattet.

nichts anderes tat, als daß er in seinem Geiste las. Das Geheimnis Leonardos wie das Bonapartes[6] wie überhaupt der Menschen, die je auf den Gipfel der Intelligenz gelangt sind, besteht und kann nur bestehen in den Beziehungen, die sie fanden – finden mußten – *zwischen Dingen, deren Zusammenhang uns nicht aufgrund gesetzmäßiger Kontinuität gegeben ist.* Im entscheidenden Moment brauchten sie nur noch bestimmte Handlungen auszuführen. Die Gipfelleistung – in den Augen der Welt – war nur noch ein ganz einfacher Vorgang, etwa wie der Vergleich zweier Längen.

Das Wort *Kontinuität* trifft nicht den eigentlichen Sinn. Ich weiß noch, daß ich es anstelle eines anderen Wortes niedergeschrieben habe, das ich nicht habe wiederfinden können. Ich wollte sagen: *zwischen Dingen, die wir nicht in ein System des Gesamtzusammenhangs unserer Handlungen einordnen oder übersetzen können.* Das heißt: das System unserer Vermögen.

Dieser Gesichtspunkt läßt die Einheit der Methode, um die es uns geht, sichtbar werden. In diesem Umkreis ist sie beheimatet, ist sie elementar. Sie ist dessen eigentliches Leben; er ist durch sie definiert. Und wenn so mächtige Denker wie der, dem ich in diesen Zeilen nachgehe, aus diesem Schatzbereich ihr latentes Vermögen schöpfen, können sie mit Recht in einem Augenblick bewußter und klarer Einsicht schreiben: *Facil cosa è farsi universale!* Es ist leicht, sich universal zu machen. Sie können für die Dauer einer Minute das wundersame Werkzeug, das sie sind, bewundern – freilich um im gleichen Augenblick das Wunder zu leugnen.

Aber zu dieser klaren, endgültigen Einsicht kommt es erst nach langen Irrwegen und unumgänglichen Vergötzungen. Das Bewußtsein von der Arbeitsweise des Geistes, worin eben die von mir angesprochene verkannte Logik besteht, findet sich nur höchst selten, selbst bei den fähigsten Köpfen. Die Zahl der Begriffe, die

Fähigkeit, sie weiter auszubauen, die Fülle geistiger Entdeckungen sind etwas völlig anderes und bleiben unberührt von dem Urteil, das man über ihr Wesen fällt. Rein vorstellungsmäßig ist der Sachverhalt jedoch leicht zu fassen. Eine Blume, eine Behauptung, ein Geräusch können nahezu gleichzeitig vorgestellt werden; man kann sie nach Belieben so dicht wie möglich aufeinanderfolgen lassen; irgendeines dieser Gedankendinge kann sich auch verändern, kann aus der Form gebracht werden und nach freier Willkür des Geistes, der es beherbergt, nach und nach sein ursprüngliches Gesicht einbüßen; jedoch allein das Wissen um dieses Vermögen verleiht ihm seinen ganzen Wert. Allein das Wissen setzt instand, diese *Formbilder* zu kritisieren, sie auszulegen, in ihnen nur das zu finden, was sie enthalten, nicht aber ihre einzelnen Zustände unmittelbar auf die Zustände der Wirklichkeit auszudehnen. Mit ihm hebt die Analyse aller geistigen Phasen an, die Analyse all dessen, was man erst jetzt in ihrem Namen Wahn, Idol, Fund zu nennen berechtigt ist – und was vorher nur Abschattungen waren, zwischen denen kein Unterschied bestand. Vordem waren sie gleichwertige Variationen ein und derselben Substanz; sie verglichen sich, schwankten unbestimmt und unverantwortlich hin und her, wobei sie sich manchmal allesamt demselben System zugehörig nennen konnten. Das Bewußtsein von den Gedanken, die man hat – insofern es Gedanken sind –, bedeutet soviel wie diese Art von Gleichheit oder Gleichartigkeit anerkennen; heißt soviel wie spüren, daß alle derartigen Fügungen rechtmäßig und natürlich sind und daß die Methode darin besteht, sie anzureizen, sie mit voller Schärfe zu sehen und dem nachzugehen, was sie jeweils implizieren.

An einem bestimmten Punkt dieser Beobachtung oder dieses geistigen Doppellebens, bei dem das gewöhnliche Denken zum bloßen Traum eines wachen Schläfers wird, zeigt sich, daß die Abfolge dieses Traums, die Wolke aus Kombinationen, Gegensätzen, Wahrnehmungen, die sich um ein forschendes Bemühen zusammenzieht – oder die unbestimmt, nach freier Laune abläuft –, sich mit *wahrnehmbarer* Regelmäßigkeit entfaltet, mit evident maschinenartiger Kontinuität. Hier erhebt sich nun der Gedanke (oder der Wunsch), das Tempo dieser Abfolge zu beschleunigen, die Bestimmungsglieder heranzuführen bis an ihre Grenze, bis an die *Grenze* ihres vorstellbaren Ausdrucksvermögens, *jenseits deren alles verändert sein wird.*[7] Und wenn diese Art von Bewußtheit zur Gewohnheit wird, kommt man beispielsweise dazu, auf Anhieb alle möglichen Ergebnisse einer geplanten Handlung, alle Beziehungen eines gedachten Gegenstandes zu überprüfen, um sich sodann ihrer zu entledigen, gelangt man zu der Fähigkeit, stets ein noch intensiveres oder genauer bestimmtes Ding, als es das gegebene Ding ist, zu erahnen, gelangt man zu dem Vermögen, aus dem Schlaf eines Denkens, das zu lange gewährt hat, zu erwachen. Jeder beliebige Gedanke nimmt, sobald er fest wird, hypnotischen Charakter an und wird in der Sprache der Logik zu einem

Diese Beobachtung (über die Grenzannäherung psychischer Vorgänge) hätte eine eingehendere Behandlung verdient. Sie führt zu Untersuchungen der *Zeit*, der Erscheinung, die ich manchmal *Zeitdruck* nenne, der Rolle der äußeren Umstände, der willkürlichen Setzung gewisser *Schwellen* ... Hierin steckt eine ganze innere Mechanik, von sehr feinfühliger Beschaffenheit, bei der besonders geartete Abschnitte von Dauer die Hauptrolle spielen, ineinander verschachtelt sind usw.

Idol; im Bereich der poetischen Konstruktion und der Kunst wird er zu unfruchtbarer Eintönigkeit. Der Sinn, von dem ich spreche und der den Geist instand setzt, auf sich selbst vorauszuschauen und *das* als Ganzes vorzustellen, was sich der Vorstellung im einzelnen erschließen wollte, sowie der Effekt dieser zusammenfassenden Operation ist Voraussetzung jeder Art von Allgemeingültigkeit. Dieser Sinn, der bei gewissen Individuen in Gestalt einer wahren Leidenschaft und mit einzigartiger Kraft aufgetreten ist, der in den Künsten Voraussetzung jeden Vorankommens ist und die Erklärung dafür gibt, warum immer häufiger engere Begriffe, Abkürzungen und schärfere Kontraste in Gebrauch kommen, liegt in rationaler Form implizit allen mathematischen Begriffen zugrunde. Ihm sieht das Verfahren sehr ähnlich, das unter dem Begriff des mathematischen Reihen-Kalküls* solchen Analysen ein weites Feld eröffnet hat und das vom Additionsverfahren bis hinauf zur Infinitesimalrechnung mehr zu bedeuten hat als das bloße Einsparen einer unbestimmten Anzahl überflüssiger Experimente, denn es steigt zu komplexeren Begriffseinheiten auf, insofern die bewußte Nachahmung meines Handelns ein andersgeartetes Handeln ist, das alle möglichen Angleichungen der ersten Handlungsstufe in sich faßt.

Meiner Ansicht nach liegt das Geheimnis dieser mathematischen Überlegung oder Induktion in einer Art Bewußtsein von der Unabhängigkeit einer Handlung hinsichtlich ihres Stoffes.

* Die philosophische Bedeutung dieser mathematischen Denkweise wurde zum ersten Mal von M. Poincaré in einem jüngst erschienenen Artikel beleuchtet. Vom Verfasser nach der Priorität befragt, hat der berühmte Gelehrte das Verdienst, das wir ihm zuerkennen, freundlicherweise bestätigt.[8]

Dieses Bild – Dramen, Strudel, klare Schau – tritt unwillkürlich in Gegensatz zu anderen Bewegungen, anderen Szenen, die von uns die Namen »Natur« oder »Welt« beziehen und mit denen wir nichts weiter anzufangen wissen, als uns von ihnen abzusetzen, um uns sogleich wieder in sie hineinzubegeben.

Darin steckt der Erbfehler der Philosophie. Sie ist ein persönliches Anliegen, will es aber nicht sein. Sie will wie die Wissenschaft ein zum Weitergeben geeignetes und sich mehrendes Kapital bereitstellen. Daher die Systeme, die so tun, als stammten sie von niemandem her.

Die Philosophen sind im allgemeinen dabei stehengeblieben, unser Dasein in diesem Begriff »Welt« und diesen Begriff wiederum in unserem Dasein aufgehen zu lassen; aber darüber hinaus gehen sie nicht, denn, wie man weiß, sind sie vollauf damit beschäftigt, das, was ihre Vorgänger darin sahen, abzustreiten, anstatt mit eigenen Augen hinzuschauen. Die Gelehrten und die Künstler haben sich die Sache auf jeweils andere Art zunutze gemacht; und zwar begaben sich die einen ans Messen, danach ans Konstruieren; die anderen ans Konstruieren, als ob sie gemessen hätten. Alles, was aus ihrer Hand stammt, findet aufs neue seinen Ort im natürlichen Umkreis und nimmt an ihm teil, indem es die Stoffe, aus denen er gebildet ist, in neuen Formen fortführt. Doch vor dem Abstrahieren und Bauen steht das Beobachten: Die Eigenart der Sinne, ihre unterschiedliche Fügsamkeit unterscheidet und liest unter den in Masse vorgesetzten Eigenschaften diejenigen aus, die vom Individuum behalten und entwickelt werden sollen. Zunächst erfolgt die Feststellung passiv, nahezu gedankenlos, mit einem Gefühl des Sicherfüllenlassens und dem einer langsamen und gleichsam beglückten Kreisläufigkeit; dann kann es geschehen, daß man auf den Geschmack kommt und den Dingen, die verschlossen und unableitbar waren, andere Wertakzente gibt; man fügt etwas hinzu, findet besonderes Gefallen an bestimmten Punkten, läßt sie bei sich zu Worte kommen, und so vollzieht sich eine Art Rückerstattung der durch die Sinne empfangenen Energie; bald wird sie auch die Lagerung umgestalten, wobei sie sich des reflektierenden Denkens einer Person bedient.

Auch der universale Mensch beginnt mit der bloßen Anschauung, und immer wieder wird er sich mit Gesehenem vollsaugen. Er wendet sich zurück zu den Berauschungen des einzelnen Triebs und zu der inneren Bewegung, die das geringste Ding der Wirklichkeit hervorruft, wenn man sie als ein Zweierlei betrachtet, das in seinen Eigenschaften so innig aufeinander abgestimmt ist und soviel allseitige Wirksamkeit in sich vereinigt.

Die meisten Leute nehmen viel häufiger mit dem Verstand als mit den Augen wahr. Anstelle farbiger Räume nehmen sie Begriffe in sich auf. Eine kubische weißliche Form, die hochsteht und mit Reflexen von Glasscheiben durchschossen ist, nennen sie mir nichts, dir nichts ein Haus, was für sie soviel heißt wie: Das Haus! Vielschichtige Idee, Zusammenklang abstrakter Eigenschaften! Wenn sie den Standort wechseln, entgeht ihnen die Bewegung der Fensterreihen, die Verschiebung der Flächen, die den sinnlichen Eindruck ständig verändern; denn der Begriff ändert sich nicht. Sie nehmen eher wie nach einem

Nützlichkeit der Künstler.
Erhaltung der Feinfühligkeit und Unbeständigkeit der Sinne.
Ein moderner Künstler muß zwei Drittel seiner Zeit an den Versuch wenden zu sehen, was sichtbar ist, vor allem aber nicht zu sehen, was unsichtbar ist.
Die Philosophen müssen nur allzu oft für den Fehler büßen, daß sie sich auf entgegen-

gesetzte Art trainiert haben.

Wörterbuch als aufgrund ihrer Netzhaut wahr, sie bringen die einzelnen Gegenstände so ungeschickt zusammen, sind sich so im unklaren über die Freuden und Leiden des Anschauens, daß sie die *lohnenden Ansichtspunkte* erfunden haben. Von allem übrigen wissen sie nichts. Dabei huldigen sie aber einer Anschauung, die von bloßen Worten strotzt. (Eine allgemeine Regel dieser Schwäche, die in allen Bereichen der Erkenntnis anzutreffen ist, besteht eben in der Auswahl *evidenter* Stellen, dem Ausruhen in eindeutig festgelegten Systemen, die es einem leichtmachen, die einem einleuchtend entgegenkommen... Insofern kann man sagen, daß das Kunstwerk stets mehr oder weniger erzieherisch ist.) Aber selbst diese lohnenden Ansichtspunkte bleiben ihnen nahezu verschlossen, während alle Modulationen, die jeder noch so kleine Schritt, das Licht und das Haften des Blicks hervorrufen, nicht bis zu ihnen vordringen. In ihren Sinneseindrükken wirken oder entwirken sie nicht das geringste. Da sie wissen, daß der Spiegel des ruhenden Wassers horizontal ist, entgeht ihnen, daß das Meer am hinteren Rand des Bickfeldes *aufrecht* steht; wenn eine Nasenspitze, eine aufglänzende Schulter oder zwei Finger zufällig in einen Lichtstrahl geraten, der sie absondert, bringen sie es nie fertig, nichts anderes darin zu sehen als ein neues Schmuckstück, das ihr Sehen bereichert. Dieses Schmuckstück ist für sie Bruchteil einer Person, die allein Dasein hat, nur diese kennen sie. Und da sie sofort unter den Tisch fallen lassen, was keine Bezeichnung aufzuweisen hat, ist die

Ein Kunstwerk sollte uns immer beibringen, daß wir nicht gesehen haben, was vor unseren Augen liegt.

Die Tiefenerziehung besteht darin, sich von der Grunderziehung frei zu machen.

Zahl ihrer Eindrücke von vornherein eng begrenzt!*

Das heißt: mehr Dinge *sehen*, als sich das *Wissen* träumt.

Macht man von der entgegengesetzten Gabe Gebrauch, so gelangt man zu echten Analysen. Man kann nicht sagen, daß sich diese Gabe an der *Natur* bewährt. Dieses Wort nämlich, das in seiner Bedeutung allgemein zu sein und die Möglichkeit von jederlei Erfahrung in sich zu bergen scheint, ist gänzlich partikular. Es ruft persönliche Bilder wach, wie sie für das Gedächtnis oder die Geschichte eines Individuums bestimmend sind. Am häufigsten weckt es die Vorstellung von einem grünen Quellen, das verschwommen und an-

Hier meldet sich ein naiver Zweifel, der dem Verfasser wohlvertraut ist, nämlich hinsichtlich des echten Werts und der echten Rolle der *Worte*.

Die *Worte* (der gewöhnlichen Sprache) sind für die Logik nicht geschaffen.

Die Dauer und Eindeutigkeit ihrer Bedeutungen sind niemals gesichert.

* Vergleiche im *Traktat über die Malerei* den Absatz CCLXXI: »Impossibile che una memoria possa riserbare tutti gli aspetti e mutationi d'alcun membro di qualunque animal si sia . . . E perchè ogni quantità continua è divisibile in infinito . . .« Unmöglich kann das Gedächtnis alle Aspekte und Veränderungen bei irgendeinem Tier in sich aufspeichern. Und zwar aufgrund des geometrischen Beweises, daß eine kontinuierliche Größe bis ins Unendliche teilbar ist.[9]

Was ich vom Sehen gesagt habe, gilt auch für die anderen Sinne. Ich habe das Sehen gewählt, weil es mir von allen Sinnen der *geistigste* zu sein scheint. Im Geiste herrschen die vom Sehen hergenommenen Bilder vor. Zwischen ihnen spielt sich die Analogiebildung am häufigsten ab. Auf einer niederen Stufe kann die Fähigkeit, Analogien zu bilden, indem zwei Dinge miteinander verglichen werden, von einem Fehlurteil ausgehen, das eine nicht recht deutliche Sinneswahrnehmung begleitet. Form und Farbe eines Gegenstandes stehen so offensichtlich obenan, daß sie in den Begriff der Eigenschaft des betreffenden Gegenstandes eingehen, auch wenn sie sich an ein anderes Sinnesorgan wenden. Wenn man von der Härte des Eisens spricht, stellt sich fast immer das sichtbare Bild des Eisens ein, selten hingegen das Hörbild.

Im ganzen entspringen die Fehlurteile und Analogien dem Umstand, daß ein Eindruck auf zweierlei oder viererlei verschiedene Art *vervollständigt* werden kann. Eine *Wolke*, ein Stück *Land*, ein *Schiff* sind drei Arten, wie die Erscheinung eines bestimmten Gegenstandes am Meereshorizont *vervollständigt* werden kann. Wunsch oder Erwartung spielen dem Geist vorschnell einen dieser Namen zu.

haltend ist, von einer großen elementaren Kraft, die sich dem Menschlichen entgegenstellt, von einer eintönigen Mengenhaftigkeit, die über uns herfällt, von etwas, das stärker ist als wir, das ineinander verschlungen, einander zerreißend, schlafbefangen und immerfortwirkend ist und in dessen Personifikation die Dichter Grausamkeit, Güte und was dergleichen Absichten mehr sind, hineinlegen. Man muß also den, der anschaut und richtig anzuschauen versteht, in *irgendeiner* Ecke des Seienden ansiedeln.

Jugendlicher Versuch, sich ein individuelles *Universum* vorzustellen. Ein Ich und sein Universum, wenn wir einmal annehmen, daß dergleichen Mythen brauchbar sind, müssen in jedem System im gleichen Verhältnis zueinander stehen wie eine Netzhaut zu einer Lichtquelle.

Der Beobachtende ist gefangen in einem Kreis, der nie zu sprengen ist, in dem es Unterschiede gibt, die sich als Bewegungen und Gegenstände herausstellen, und dessen Oberfläche geschlossen bleibt, obwohl alle seine Bestandteile sich erneuern und die Stelle wechseln. Der Beobachtende ist zunächst nur die Voraussetzung dieses endlichen Raums; in jedem Augenblick ist er dieser endliche Raum. Kein Erinnern, keine Fähigkeit verstören ihn, solange er sich mit dem, was er anschaut, gleichsetzt. Und wäre ich imstande, mir vorzustellen, daß er in diesem Zustand beharrte, dann könnte ich zwischen seinen Eindrücken und den Eindrücken, die er im Traum empfängt, nicht den mindesten Unterschied feststellen. Er empfindet Lust, Unlust, Gleichmut als Ausfluß* die-

* Ohne auf die physiologischen Fragen einzugehen, erwähne ich den Fall eines Manisch-Depressiven, den ich in einer Klinik sah. Dieser Kranke, der sich in einem Zustand *herabgesetzten Lebenstempos* befand, erkannte die Gegenstände außerordentlich

ser ganz ungewissen Formen, zu denen sein eigener Leib rechnet. Nun entziehen sich die einen jedoch nach und nach der Anschauung und werden kaum noch gesehen, indessen andere den Blick auf sich lenken – und zwar an der gleichen Stelle, an der sie immer gewesen sind. Ein überaus inniges Ineinander von Veränderungen ist festzustellen; beim Sehbild ist es durch die Dauer, die Ermüdung sowie die natürlichen Bewegungen bedingt. Einzelne Stellen im Gesichtsfeld bringen sich übertrieben zur Geltung, so wie ein krankes Glied größer zu sein scheint und die Vorstellung vom eigenen Körper durch die Bedeutung, die ihm der Schmerz gibt, ganz und gar einnimmt. Die hervorstechenden Punkte wird man leichter behalten und für den Gesichtssinn schmeichelhafter empfinden. Von hier aus gerät der Betrachter ins Träumen, von jetzt an vermag er auf immer zahlreichere Gegenstände die besonderen Kennzeichen der ersten und wohlbekannten Gegenstände auszudehnen. Er vervollkommnet den gegebenen Bereich, indem er sich eines vorausgehenden entsinnt. Dann fügt er das Nacheinander seiner Eindrücke nach Belieben zusammen oder nimmt es auseinander. Er kann seltsamen Kombinationen Geschmack abgewinnen: so betrachtet er eine Anordnung von Blumen oder eine Gruppe von Menschen als ein festes in sich

Die Ungleichheit tritt mit Notwendigkeit ins Spiel; das Bewußtsein ist seinem Wesen nach unbeständig.

Es gibt eine gewisse Freiheit in den Zusammenstellungen, den Entsprechungen und gegenseitigen Aufhebungen, die sich im gesamten Wahrnehmungsbereich auswirkt.
Wenn mehrere gleichzeitig sprechen, kann man immer nur dem folgen, was einer von ihnen sagt.

langsam. Sinneseindrücke erreichten ihn erst nach beträchtlicher Zeit. Keinerlei Bedürfnis machte sich bei ihm geltend. Diese Form, die man gewöhnlich Verblödungsmanie nennt, ist überaus selten.[10]

geschlossenes Eigenwesen, und ebenso eine Hand, eine Wange, die er isoliert, einen Lichtfleck auf einer Wand, ein Zusammentreffen von Tieren, die zufällig beieinander sind. Er will unsichtbare Gesamtheiten ersinnen, von denen ihm die Teile gegeben sind. Er meint die Schleifen zu sehen, die ein Vogel mit seinem Flug zieht, die Kurve, über die ein geworfener Stein hingleitet, die Flächen, die unsere Gebärden umreißen, aber auch jene aus der Ordnung fallenden Einrisse, jene fließenden Arabesken, jene gestaltlosen Kammern, welche in einem alles durchdringenden Netz erschaffen werden vom schwirrenden Speichenblitz im schauernden Insektenschwarm, von der Dünung der Bäume, von den Rädern, dem menschlichen Lächeln, der Brandung. Manchmal treten die Spuren dessen, was er geistig ersonnen hat, im Sand oder auf dem Wasser sichtbar hervor; manchmal kann sogar seine Netzhaut in der Zeit die Form, in der ein Gegenstand den Ort wechselt, auffangen.[11]

Es handelt sich dabei um *Intuitionen* im engen und etymologischen Sinne des Wortes.

Ein Bild kann im Hinblick auf ein anderes vorhergesehen sein.

Zentrale Rolle der Fortdauer von Eindrücken.

Es besteht eine Art von Symmetrie zwischen diesen beiden in umgekehrtem Wechselverhältnis stehenden Umwandlungen.

Der *Verräumlichung* des Nacheinander entspricht, was ich einst die *Chronolyse* des Raums nannte.[12]

Es gibt einen Übergang von den Formen, die aus der Bewegung entstehen, zu den Bewegungen, in die aufgrund einfacher Abwandlung der Dauer die Formen geraten. Wenn der fallende Regentropfen wie eine Linie erscheint, wenn tausend Schwingungen wie ein anhaltender Ton klingen, wenn die Unregelmäßigkeiten in diesem Papier hier sich wie eine blanke Fläche ausnehmen und dafür allein die Dauer des Eindrucks maßgebend ist, so kann umgekehrt eine ruhende Form durch eine angemessene Geschwindigkeit ersetzt werden, und zwar durch eine periodische

Verlagerung eines entsprechend gewählten Dings (oder Elements). Die Geometrie kann Zeit und Geschwindigkeit in das Studium der Formen einführen, kann sie aber ebenso vom Studium der Bewegung fernhalten; und die Sprache kann bewirken, daß ein Küstenstreifen *sich hinzieht*, daß ein Berg *sich erhebt*, daß ein Standbild *sich aufrichtet*. Und der Taumel der Analogien, die Logik der Kontinuität führen diese Bewegungstendenzen bis an die äußerste Grenze, bis zur Unaufhaltbarkeit. Alles bewegt sich innerhalb der Vorstellung in fortschreitenden Graden. In diesem Zimmer, und weil ich diesen Gedanken als einzigen andauern lasse, *handeln* die Dinge genau wie der Lampendocht: der Sessel verzehrt sich an Ort und Stelle, der Tisch beschreibt eine so rasche Drehung, daß er durch sie bewegungslos wird; die Vorhänge fließen endlos, fortwährend herab. Wir stehen vor einer unendlichen Verwobenheit: um in all der Bewegung der Körper, dem Kreisen der Umrisse, dem verknoteten Ineinander, den Bahnen, den Gefällen, den Wirbeln, dem Netz aus Geschwindigkeiten wieder zu uns selber zu kommen, müssen wir uns an unser großes Talent geregelten Vergessens wenden – das heißt: wir müssen, ohne das erworbene Wissen auszumerzen, einen abstrakten Begriff aufstellen: den der Größenordnungen.

Hiermit erlischt im erweiterten Bereich dessen, »was gegeben ist«, der Überschwang dieser Einzeldinge, von denen es keine Wissenschaft gibt. Wenn man sie lange Zeit ansieht und in Gedanken dabei ist, verändern sie sich; wenn man nicht

Das würde sich auf einer bestimmten Stufe zeigen, sofern es auf dieser Stufe Licht und Netzhaut überhaupt noch gäbe. Man würde aber die Gegenstände nicht mehr sehen. Also besteht hienieden die Rolle des *Geistes* im Kombinieren unvereinbarer Größen- und Eigenschaftsordnungen, in Anpassungen, die einander ausschließen . . .

Es geschieht aufgrund der Abstufung unserer Sinnesvermögen und der Wahrnehmungsdauer, daß wir diesem Chaos von Zuckungen und Vertauschbarkeiten eine Welt der festen Körper und der identifizierbaren Gegenstände entgegenstellen. Unmittelbar nehmen wir nur *Beharrungen* und *Mittelwerte* wahr.

mehr in Gedanken dabei ist, verfällt man in eine brütende Schläfrigkeit, die wie ein gleichmäßiger Traum haftet und beharrt, indem man die Kante eines Möbelstücks, den Schatten eines Blattes hypnotisch anstarrt, dagegen erwacht, sobald man sie sieht. Es gibt Menschen, die mit besonderer Feinschmeckerei die Lust an der *Individualität* der Dinge auskosten. Sie schätzen an einem Gegenstand genießerisch jene Qualität der Einzigartigkeit – die alle besitzen. Ein merkwürdiges Verhalten, das seinen letzten Ausdruck in der Bühnendichtung und der Bühnenkunst findet und das man in diesem äußersten Falle als *Identifikationsfähigkeit* bezeichnet hat.*

Immer diese Macht der Ungleichheit.

Nichts wirkt in einer Beschreibung so ausgesprochen absurd wie die Überspanntheit eines Menschen, der behauptet, er sei ein bestimmter Gegenstand und empfinde dieselben Eindrücke wie dieser – sofern es sich um einen stofflichen Gegenstand handelt!** Und doch gibt es im Phantasieleben nichts Stärkeres. Der auserwählte Gegenstand wird gleichsam zum Mittelpunkt dieses Lebens; immer zahlreichere Assoziationen schließen sich um ihn zusammen, je nachdem, ob der Gegenstand mehr oder weniger komplex ist. Im Grunde kann diese Fähigkeit nur ein Mittel sein, die Lebenskraft der Phantasie anzureizen, eine potentielle in aktuelle Energie umzu-

* Edgar Poe, *Über Shakespeare* (Marginalia).

** Wenn man klarstellt, warum die Identifikation mit einem materiellen Gegenstand sinnwidriger *scheint* als die mit einem lebenden Gegenstand, wird man in der Frage einen Schritt weitergekommen sein.

wandeln, bis zu dem Punkt, wo sie zu einem pathologischen Symptom wird und auf entsetzliche Art die fortschreitende Abstumpfung einer dahinschwindenden Intelligenz beherrscht.
Vom reinen Anschauen der Dinge bis zu diesen Zuständen hat der Geist nichts anderes getan, als seine Funktionen zu erweitern und sich Wesenheiten zu schaffen, entsprechend den Problemen, die ihm jeder Sinneseindruck aufgibt und mit denen er mehr oder minder leicht fertig wird, je nachdem, ob von ihm eine mehr oder minder intensive Erschaffung solcher Wesenheiten gefordert wird. Man sieht, daß wir hier auf die eigentliche *Praxis* des Denkens stoßen. Denken besteht fast in der gesamten Zeit, die wir ihm widmen, in einem Herumirren zwischen Motiven, von denen wir in erster Linie wissen, daß sie uns *mehr oder weniger* bekannt sind. Man könnte eine Einteilung der Dinge nach der geringeren oder größeren Schwierigkeit, die sie unserem Verstehen entgegensetzen, vornehmen, man könnte sie einteilen nach dem Grad unserer Vertrautheit mit ihnen und nach den verschiedenerlei Widerständen, die uns ihre Beschaffenheit oder ihre Teile entgegensetzen, um als Ganzes vorgestellt zu werden. Es blieben nun noch Vermutungen über die Geschichte dieser Abstufung eines innig verwobenen Ganzen anzustellen.

Auch hier die Ungleichheit.
Der Übergang vom *Weniger* zum *Mehr* erfolgt spontan, der Übergang vom *Mehr* zum *Weniger* erfolgt durch Nachdenken und kommt selten vor – er ist ein Bemühen, wider das routinemäßige und bloß anscheinende Verstehen anzugehen.

Die Welt ist unregelmäßig mit regelmäßigen Anordnungen übersät. Zu diesen gehören die Kristalle, die Blumen, die Blätter; die unterschiedlichsten Streifen- oder

Wäre alles unregelmäßig oder alles regelmäßig, so gäbe es kein Denken, das ja der

Versuch ist, von der Unordnung zur Ordnung überzugehen, wobei es, um tätig zu werden, das Ungeordnete und als Leitbild das Geordnete braucht.
Das Isolierte, das einzelne, das Individuelle bleiben unerklärbar, das heißt, sie haben als Ausdruck nur sich selbst.
Unüberwindliche Schwierigkeit, die mit den *Primzahlen* gegeben ist.

Fleckenmuster auf Fellen, die Flügel, die Schalen von Tieren; die Windspuren im Sand und auf der Oberfläche des Wassers usw. Zuweilen hängen diese Effekte von einer Art Perspektive oder von unstetigen Gruppierungen ab; bei Entfernung treten sie hervor, oder ihr Muster ändert sich; die Zeit bringt sie zum Vorschein oder verhüllt sie. So zeigt die Zahl der Todesfälle, der Geburten, der Verbrechen und Unfälle innerhalb ihrer Variation eine Regelmäßigkeit, die um so deutlicher wird, je mehr Jahre man zur Beobachtung heranzieht. Die überraschendsten und, gemessen am Verlauf der unmittelbar benachbarten Augenblicke, *asymmetrischsten* Ereignisse gehen, wenn wir sie auf weitergefaßte Abschnitte beziehen, in so etwas wie eine Ordnung ein. Man kann diesen Beispielen des weiteren die Instinkte, die Gewohnheiten und Sitten zugesellen, ja sogar jene Beispiele einer dem Anschein nach periodischen Wiederkehr, die so viele geschichtsphilosophische Systeme hervorgebracht haben.

Die Erkenntnis der regelmäßigen Kombinationen fällt in den Bereich der einzelnen Wissenschaften und – wenn sie erkenntnismäßig nicht feststellbar sind – in den der Wahrscheinlichkeitsrechnung. Für unsere Absicht genügt, was wir eingangs gesagt haben: die regelmäßigen Kombinationen, ob zeitlicher oder räumlicher Art, sind im Feld unserer Forschung unregelmäßig verteilt. Geistig gesehen scheinen sie einer Vielzahl formloser Dinge gegenüberzustehen.

– die seit 1894 nahezu in den gesamten Bereich der Physik eingedrungen ist.[13]

Ich glaube, man könnte sie als die »ersten

Anleiter« des menschlichen Geistes bewerten, wenn eine derartige Behauptung sich nicht auch sofort umkehren ließe. In jedem Falle stellen sie die *Stetigkeit* dar.* Ein Gedanke bewirkt eine Veränderung oder Verlagerung (beispielsweise der Aufmerksamkeit) unter Elementen, die im Verhältnis zu ihm als fest angenommen werden und die er der Erinnerung oder der augenblicklichen Wahrnehmung entnimmt. Wenn diese Elemente einander völlig gleich sind oder wenn ihr Unterschied sich lediglich auf den Abstand beschränkt, das heißt: auf die schlichte Tatsache, daß sie nicht ineinander übergehen, besteht die *Arbeit*, die zu leisten ist, nur darin, sie im Bewußtsein auseinanderzuhalten. So wird von allen Linien eine gerade Linie am leichtesten zu begreifen sein, weil es das Denken die allergeringste Mühe kostet, von einem ihrer Punkte zum nächsten zu gehen, insofern jeder dieser Punkte im Verhältnis zu allen anderen gleich gelagert ist. In anderen Worten: alle Teile sind einander derart gleich, wie kurz man sie auch annehmen mag, daß sie allesamt auf einen einzigen, und zwar immer gleichen Teilabschnitt zurückgehen: darum gibt man auch stets den Umfang von

Am leichtesten zu begreifen – sehr schwer zu *definieren.*
Die ganze Stelle ist ein jugendlicher und reichlich mißglückter Versuch, die *einfachsten* Intuitionen zu beschreiben – bei welchen sich manchmal die Welt der Bilder und das System der *Begriffe* die Hand reichen.

* Dieses Wort wird hier nicht im mathematischen Sinne gebraucht. Es handelt sich nicht darum, in ein *Intervall* ein abzählbares Unendliches und ein unabzählbares Unendliches einzuschalten; es handelt sich um nichts anderes als die naive Intuition von Gegenständen, die an Gesetze denken lassen, und von Gesetzen, die sinnfällig sind. Die Existenz oder die Möglichkeit derartiger Dinge ist das erste und sicher nicht am wenigsten verwunderliche *Faktum* dieser Art.

Figuren mit geraden Strecken wieder. Auf einer höheren und komplexeren Stufe zieht man zur Darstellung kontinuierlicher Eigenschaften die Periodizität heran, denn diese Periodizität, mag sie nun in Zeit oder Raum statthaben, ist nichts anderes als die Aufspaltung eines gedachten Gegenstandes in Bruchteile, derart, daß diese unter gewissen definierten Bedingungen füreinander eintreten können – oder daß sich dieser Gegenstand unter den gleichen Bedingungen vervielfachen läßt.

Unterdessen, 1930, ist der Punkt erreicht, wo diese Schwierigkeiten *dringend* werden. Ich habe im Jahre 94 diesen Zustand sehr im groben umschrieben; inzwischen verzweifeln wir an jeder Erklärung durch *Figuren* – ja an jeder verstandesmäßigen Erklärung.

Warum läßt sich von allem, was vorhanden ist, nur ein Teil auf solche Weise reduzieren? Ein Augenblick tritt ein, da die Figur so komplex wird, da das Ereignis derart neu erscheint, daß man darauf verzichten muß, sie im Ganzen zu fassen und mit ihrer Übertragung in kontinuierliche Größen fortzufahren. An welchem Punkt haben Männer wie Euklid ihre Untersuchung der Formen abgebrochen? Bis zu welchem Grade war die Stetigkeit der Figur unterbrochen, daß sie nicht weiterkamen? Ein Schlußpunkt der Forschung ist hier erreicht, an dem man unwillkürlich geneigt ist, nach den Evolutionstheorien zu greifen. Man will sich nicht eingestehen, daß diese Grenzschranke endgültig sein könnte.

– wie Langevin hofft – ich dagegen nicht – (Streitgespräch in der Société de Philosophie, 1929).

Eines steht fest: Grundlage aller Spekulationen ist die Erweiterung der Kontinuität durch Metaphern, Abstraktionen und Sprachen. Die Künste bedienen sich ihrer auf eine Weise, von der gleich zu sprechen sein wird.

Insgesamt findet eine Anpassung an die Verschiedenartigkeit, die Vielfalt und Unbeständigkeit der *Tatsachen* statt.

Wir gelangen dahin, uns die Welt als etwas vorzustellen, was sich hie und da auf intelligible Bestandteile zurückführen läßt. Manchmal reichen dafür unsere Sinne aus, in anderen Fällen wendet man außerordentlich sinnreiche Methoden an, und trotzdem bleiben leere Stellen. Die Versuche bleiben lückenhaft. Hier nun ist das Reich unseres Helden. Er hat einen stark ausgeprägten Sinn für Symmetrie, der ihm alles zum Problem werden läßt. In jede Verstehenslücke dringt sein erfinderischer Geist ein. Man sieht, wie gut er zu brauchen ist. Er ist gleichsam eine Hypothese der Physik. Man müßte ihn erfinden, aber er ist schon leibhaftig da; jetzt erst kann man sich vom universalen Menschen ein Bild machen. Ein Leonardo da Vinci kann in unseren Geist eingehen, ohne ihn allzu stark zu blenden, und zwar im Namen einer definierbaren Anschauung: das Nachsinnen über seine Schöpferkraft braucht nicht zu rasch im Nebel großer Worte und Beiworte, die der Konsistenz des Denkens so sehr geschadet haben, unterzugehen. Glaubt man etwa, daß er selber sich mit dergleichen Luftspiegelungen begnügt hätte?

Das hat sich, dreißig Jahre später – heute – im Jahre 1930 –, seltsam bewahrheitet. Die physikalische Theorie – in ihrer tiefsten und kühnsten Ausprägung – hat unter dem Zwang, auf die *Bilder*, die visuelle und motorische Ähnlichkeit zu verzichten, nur noch *ein* Leitprinzip, um ihr ungeheures Gebiet zu umspannen, die Gesetze zu vereinheitlichen und sie vom Ort, vom Zeitpunkt und der Bewegung des Betrachters unabängig zu machen – nämlich die *Symmetrie* der Formeln.

Dieser *symbolische* Geist birgt in sich eine überaus reichhaltige Sammlung von Formen, einen immer klaren Hort von Verhaltensweisen der Natur, eine Bewältigungskraft, die immer auf dem Sprunge ist und die mit der Ausdehnung seines Bereichs wächst. Eine Fülle von Wesen, eine Fülle möglicher Erinnerungen, die Kraft, in Weltweiten eine außerordentlich große Zahl bestimmter Dinge zu erkennen und sie auf tausenderlei Art zusammenzufügen, machen seine Anlage aus. Er ist der Herr der Gesichter, der Anatomien, der Maschinen. Er weiß, woraus er sich ein Lächeln bilden kann; er vermag, es der Front eines Hauses, den Faltungen eines Gartens einzusetzen; er zerzaust und kräuselt die Strähnen der Gewässer, die Zungen der Flammen. In furchtbaren Garben zeichnen sich – wenn seine Hand die Wechselfälle eines Sturmangriffs, den er ersinnt, in Figuren festhält – die Flugbahnen von Tausenden von Geschützkugeln ab, die das Bollwerk von Städten und festen Plätzen, kaum daß er sie in allen Einzelheiten erbaut und bewehrt hat, in Trümmer legen. Als dünkten ihn Wandelbarkeit und Möglichkeit der Dinge im Ruhezustand zu langsam, schwärmt er für die Schlachten, die Stürme, die Sintflut. Er hat sich zur Anschauung ihrer mechanischen Gesamtwirkung erhoben und zum Gefühl der anscheinenden Unabhängigkeit und Lebendigkeit ihrer Bruchteile, als er eine Handvoll Staub aufstieben sah oder wenn er sich in die übersteigerte Vorstellung jedes einzelnen Kämpfers versetzte, in der eine Leidenschaft und ein geheimer Schmerz sich winden.* Er ist in den »zaghaften und jähen« Körperchen der Kinder; er kennt die Verkümmerungen in den Gebärden der Greise und Frauen, die Vereinfachung des Leichnams. Er besitzt die geheime Kunst, phantastische Wesen zu

* Siehe die Schilderung einer Schlacht, der Sintflut usw. im *Traktakt über die Malerei* und in den Handschriften des »Institut« (Ed. Ravaisson-Mollien). In den Handschriften von Windsor sieht man die Zeichnungen von Stürmen, Beschießungen usw.

bilden, deren wirkliches Vorhandensein wahrscheinlich wird und bei denen die Überlegung, die ihre Teile aufeinander abstimmt, so stark ist, daß sie auf Leben und Natürlichkeit des Ganzen schließen läßt. Er schafft einen Christus, einen Engel, ein Ungeheuer, indem er, was bekannt und allenthalben ist, in eine neue Ordnung bringt und sich Illusion und Abstraktion der Malerei zunutze macht, die immer nur *eine* Qualität der Dinge wiedergibt und mit ihr alle Qualitäten aufruft.

Von den Beschleunigungen oder Verzögerungen, die mit Erdstürzen oder Steinschlägen sinnfällig gemacht werden, von den massiven Wölbungen zum vielfachen Faltenspiel, von den Rauchfahnen, die auf Dächern sprießen, zu fern ragenden Höhen, zu den verschleierten Buchen am Horizont; von den Fischen zu den Vögeln, von den Sonnenfunken des Meeres zu den unzähligen Glimmerplättchen des Birkenlaubs, von den Schuppen zu den Glanzlichtern auf Meeresbuchten, von Ohren und Locken zu den erstarrten Strudeln der Muscheln reicht sein Weg. Von der Muschel wechselt er über zum eingerollten Kamm der schwankenden Woge, von der blanken Haut kleiner Teiche zu den Adern, die sie zu erwärmen vermöchten, zu elementaren Bewegungen des Kriechens, zu flüssigen Schlangen. Er belebt. Das Wasser um den Schwimmer* klebt er ihm in Schärpen und Bändern an, die getreu die Muskelarbeit nachbilden. Die Luft verfestigt er in der Kielspur der Ler-

Skizzen dieser Art finden sich in Leonardos Handschriften in großer Zahl. Man sieht ihn hier aus der *Vorstellung* abbilden, was die Photographie unserer Tage sichtbar gemacht hat.

* Skizze in den Handschriften des »Institut«.

Seine Denkleistung erweist sich in alldem jener langsamen Umwandlung des Raumbegriffs zugehörig, dem als Vorstellung nicht mehr eine *leere Kammer*, ein einhelliges Volumen entspricht, sondern der allmählich zu einem System wird, das von der in ihm *enthaltenen* Materie und der Zeit unabtrennbar wird.

chen mit kleinen Dunkelschraffierungen, mit einem schaumigen Gequirl von Blasen; es ist die zergehende Hinterlassenschaft dieser luftigen, atmend bewegten Bahnen an die bläulichen Blätter des Raums, die Dichte des unbestimmten Raumkristalls.

Er baut alle Bauwerke noch einmal; alle Möglichkeiten, sich die verschiedensten Stoffarten anzueignen, reizen ihn. Er hat seine Lust an der Verteilung der Dinge in den Dimensionen des Raums; an Bogenrundungen, Verstrebungen, gespannten Kuppeln; an Galerien und Zeilenarkaden; an Massen, deren Last sich im Gewölbebogen freischwebend hält; an Widerlagern, an Brücken; am verschieden tiefen Grün der Bäume, das sich in eine Atmosphäre hineinstaffelt, mit der es sich durchtränkt, an der Flugordnung der Zugvögel, deren südwärts gespitzte Dreiecke ein rationelles Schema lebender Geschöpfe sichtbar machen.

Er läßt sich auf alles ein, wagt sich vor und übersetzt in diese universale Sprache klar und deutlich alle seine Empfindungen. Die Fülle seiner metaphorischen Auskünfte gestattet ihm das. Seine Lust an der Unerschöpflichkeit auch des geringfügigsten Bruchstücks, des flüchtigsten Aufstrahlens der Welt versichert ihn aufs neue seiner Kraft, gibt ihm den Zusammenhalt seines Wesens wieder. Seine Freude lebt sich in schmückenden Festdekorationen aus, in reizenden Erfindungen, und wenn er davon träumt, einen *fliegenden Menschen* zu konstruieren, läßt er ihn in die Lüfte steigen, um Schnee von den Gipfeln der

Berge zu holen und im Sommer auf das vor Hitze brodelnde Pflaster der Städte zu streuen. Sein bewegtes Gefühl geht hinüber in die Köstlichkeit reiner Gesichter, die ein Schatten des Schmollens verzieht, in die Gebärde eines Gottes, der stumm ist. Sein Haß kennt alle Waffen, alle Tücken des Ingenieurs, alle feinen Kniffe des Strategen. Er stellt furchtbare Kriegsgeräte auf, die er hinter Bastionen, Laufgängen und vorspringenden Bollwerken verschanzt, er baut in die Zuggräben Schleusen ein, die einer Belagerung im Nu ein anderes Gesicht geben; und mit besonderer Freude denke ich daran – weil dies für die schöne Keckheit der Italiener im 16. Jahrhundert so bezeichnend ist –, daß er Wehrtürme gebaut hat, deren vier Treppenaufgänge unabhängig voneinander um dieselbe Mittelachse geführt waren, so daß die Söldnertruppen und ihre Anführer und die einzelnen Trupps angeheuerter Soldaten getrennt waren.

Er vergöttert den männlich und weiblich gebildeten Körper, der sich an allem mißt. Er hat seine Höhe im Gefühl, und daß eine Rose ihm unter Umständen bis an die Lippen reicht, während eine große Platane ihn mit ihrem aufschießenden Drang um das Zwanzigfache übertrifft und wieder zurückfallend das Laub bis auf seinen Scheitel senkt; und daß er mit seiner strahlenden Form einen möglichen Saal erfüllt, eine gewölbte Höhlung, die daraus hervorgeht, eine natürliche Lichtung, die seine Schritte bemißt. Er beobachtet die abfallende Linie des aufgestellten Fußes, das im Fleisch verschwiegene Skelett, das

Zusammenspiel beim Gehen, das ganze Oberflächenspiel von Wärme und Kühle, das hinstreift über die Nacktheit seiner einen Mechanismus umhüllenden Übergänge von Weiß und Bronzebraun. Aber das Gesicht, dieses lichtspendende und lichtempfangende Ding, das sonderbarste unter allen sichtbaren Dingen, das anziehendste, das sich am schwersten anschauen läßt, ohne daß man darin liest, hält ihn gebannt. Im Gedächtnis eines jeden von uns hausen unbestimmt ein paar hundert Gesichter mit ihren Abweichungen. In seinem hingegen waren sie geordnet und folgten einander von Gesicht zu Gesicht; von einer Ironie zur anderen, von einer Weisheit zu einer weniger weisen, von der Güte bis zur Göttlichkeit, nach symmetrischem Gesetz. Um die Augen, diese Festpunkte, die veränderlich strahlen, läßt er mit höchster Aussagekraft die Maske spielen und sich verzerren, deren komplizierte Gliederung und Ineinandergreifen bestimmter Bewegungsorgane die gleichmäßige Haut verdeckt.

In der Menge der Geister erscheint er wie eine jener *regelmäßigen Kombinationen*, von denen wir gesprochen haben: Anscheinend braucht er, um verstanden zu werden, sich nicht wie die überwiegende Mehrzahl an eine Nation, eine Überlieferung, eine Gruppe, die sich derselben Kunst befleißigt, anzuschließen. Die Anzahl und der innere Zusammenhang seiner Handlungen machen aus ihm ein symmetrisches Gebilde, etwas wie ein *System, das in sich selber vollkommen ist* oder was sich unablässig in ein solches verwandelt.

Vielleicht entfernt die weitestreichende Inbesitznahme seiner selbst den einzelnen von jeder Besonderheit – es sei denn jener einen Besonderheit, Herr und Mittelpunkt seiner selbst zu sein?

Er ist danach geschaffen, den modernen Menschen zur Verzweiflung zu bringen; ist dieser doch von Jugend an einer speziellen Richtung hörig, die ihn, wie man meint, zu überlegenen Leistungen führen muß, weil er ganz in ihr befangen ist: Man beruft sich auf die Vielfalt der Methoden, auf die Menge von Einzelheiten, auf die ständige Summierung von Tatsachen und Theorien und bringt es doch nur zu einer Verwechslung des geduldigen Beobachters, des peinlich bemühten Registrators dessen, was ist, des Individuums, das sich nicht ohne Verdienst – wenn das Wort einen Sinn hat! – der exakten Arbeitsweise eines Werkzeugs angleicht, mit dem Menschen, für den diese Arbeit geleistet wird, mit dem Dichter in Hypothesen, dem Baumeister analytischer Materialien. Zum einen paßt die Geduld, die einsinnige Richtung, die Spezialisierung und das Sichzeitnehmen. Der Verzicht auf selbständige Denkleistung macht seine Stärke aus. Der andere hingegen muß quer durch die Trennungsschranken und Scheidewände aus und ein gehen. Seine Aufgabe ist, sie zu durchbrechen. Ich möchte hier auf eine Parallele zwischen der Spezialisierung und jenem schon erwähnten Zustand der Verbohrtheit aufgrund eines fortgesetzten sinnlichen Eindrucks hinweisen. Doch trifft wohl am ehesten das Argument zu, daß jede neue Entdeckung, auf welchem Gebiet auch immer, in neun von zehn Fällen dem Eindringen von Mitteln und Erkenntnissen, die nicht vorgesehen waren, zu danken ist; nachdem wir diese Fortschritte auf die Schöpfung zuerst von

In *Anmerkung und Abschweifung* wird dieser Gedanke weiter entwickelt.

Bildern, dann von Sprachformen zurückgeführt haben, kommen wir nicht an dem Schluß vorbei, daß die Menge der Sprachformen, die ein Mensch beherrscht, sich in besonderem Maße auf die Anzahl der Chancen, neue zu finden, auswirkt. Es wäre nicht schwer aufzuzeigen, daß alle jene Geister, die Generationen von Suchern und Wortfechtern den Stoff geliefert haben und deren Hinterlassenschaft das menschliche Meinen, die menschliche Nachredesucht jahrhundertelang gespeist hat, mehr oder minder universal gewesen sind. Die Namen Aristoteles, Descartes, Leibniz, Kant, Diderot sind hierfür ausreichender Beleg.

Heute würde ich schreiben, daß die Anzahl der möglichen Verwendungen eines Wortes durch den einzelnen von größerer Bedeutung ist als die Anzahl der Wörter, über die er verfügt.[14] Vgl. Racine, Victor Hugo.

Diderot wirkt in diesem Zusammenhang befremdend. Vom Philosophen hatte er nur die Leichtfüßigkeit, die man zum Philosophieren braucht und die, nebenbei gesagt, viele Philosophen vermissen lassen.

Damit kommen wir zu den Freuden der *Konstruktion.* Wir werden versuchen, anhand einiger Beispiele die bisher geäußerten Ansichten zu begründen und im Bereich ihrer Anwendung die Möglichkeit, ja fast die Notwendigkeit eines Zusammenspiels aller Denkformen aufzuzeigen. Ich möchte zeigen, wie mühsam die Einzelergebnisse, die ich flüchtig berühren werde, zu erzielen wären, wenn nicht Begriffe, die einander fernzustehen scheinen, in Menge an ihnen mitbeteiligt wären.

Wen nie – sei es auch nur im Traum! – ein Unternehmen gepackt hat, das er mit völliger Freiheit auch wieder fahrenlassen kann, wer sich nie an das Abenteuer einer Konstruktion gewagt hat, die schon abgeschlossen ist, wenn die anderen sie erst beginnen sehen, und wer nicht die das eigene Selbst entflammende Begeisterung einer einzigen Minute gekostet hat, das Gift der

Das Willkürliche als Schöpferdes Notwendigen . . .

Empfängnis, die Skrupel, die Kälte innerer Einwände und jene wechselseitige Ablösung von Gedanken, bei der immer der stärkste und umfassendste auch über die Gewohnheit, ja sogar über die Neuartigkeit siegen muß, wer nicht auf dem blanken Weiß der Seite[15] ein Bild geschaut hat, an dem die Möglichkeit und der bedauernde Verzicht auf alle Zeichen, die von der getroffenen Wahl ausgeschlossen blieben, zehrte, und wer nicht im lichten Luftraum ein nichtvorhandenes Bauwerk erblickt hat, wen nicht Schwindel angesichts des Abstandes von einem Ziel ergriffen hat, die bange Sorge um die Mittel zu seiner Verwirklichung, das Gefaßtsein auf Verzögerungen und Enttäuschungen, die Berechnung der fortschreitenden Phasen, die in die Zukunft entworfene Planung, die sogar damit rechnet, was *dann* nicht in die Überlegung einzutreten hat – der kennt auch nicht, wie immer es sonst um sein Wissen bestellt sein mag, den Reichtum und die Ergiebigkeit und die geistige Spannweite, die der Tatbestand des *Konstruierens* erhellt. Auch die Götter haben vom menschlichen Geist die Gabe des *Schöpferischen* empfangen, weil dieser Geist seiner periodisierenden und abstrahierenden Anlage gemäß das Faßbare bis zum Unfaßbaren hin erweitern kann.
Konstruieren spielt sich zwischen einem Vorsatz oder einer eindeutig bestimmten Schau und den zu ihrer Verwirklichung gewählten Materialien ab. Man setzt eine Ordnung an die Stelle einer anderen ursprünglichen, was für Gegenstände man auch ordnen mag. Es sind Steine, Farben,

Worte, Begriffe, Menschen usw.; ihre Eigenbeschaffenheit verändert nicht die allgemeinen Bedingungen jener Art von Musik, in der sie vorerst – um im Bilde zu bleiben – nur die Rolle der Klangfarbe spielt. Erstaunlich ist oft der Eindruck von Richtigkeit und Zweckdienlichkeit bei menschlichen Konstruktionen, die aus anscheinend unvereinbaren Gegenständen zusammengefügt sind, als hätte der Meister, der die Anordnung vornahm, geheime Wahlverwandtschaften in ihnen entdeckt. Doch über die Maßen sind wir erstaunt, wenn wir darauf kommen, daß der Urheber in der überwiegenden Mehrzahl der Fälle außerstande ist, sich über die eingeschlagenen Wege Rechenschaft zu geben, daß er Inhaber einer Macht ist, deren Antriebsfedern ihm unbekannt sind. Er kann niemals im voraus einen Erfolg für sich buchen. Aufgrund welcher Berechnungen lassen sich die Teile eines Gebäudes, die Elemente eines Dramas, die Komponenten eines militärischen Sieges miteinander vergleichen? Welche Reihenfolge verborgener Analysen führt zur Schöpfung eines Werkes?

Diese Unabhängigkeit ist Voraussetzung der *Form*suche. Dagegen geht *in einer anderen Phase* der Künstler darauf aus, die Besonderheit, wenn nicht gar die Einzigartigkeit, die er zunächst aus dem Bereich seiner Aufmerksamkeit getilgt hatte, wiedereinzusetzen.

In solchem Fall ist es üblich, sich um Aufklärung an den Instinkt zu wenden, doch gibt es zunächst einmal für den Instinkt auch heute noch keine rechte Erklärung, und zudem müßte man sich in diesem Falle auf ausgesprochene Sonderinstinkte persönlicher Art beziehen, das heißt auf den widerspruchsvollen Begriff einer »Erbgewohnheit«, die sowenig gewohnheitsmäßig wie erblich ist.

Der Instinkt ist ein Impuls, dessen Ursache und Ziel im *Unendlichen* liegen, wenn man einmal annimmt, daß bei dieser Gattung *Ursache und Ziel* überhaupt eine Rolle spielen.

Konstruieren legt, sofern die aufgewendete Mühe zu einem verständlichen Ergebnis führt, den Gedanken an einen gemeinsamen Maßstab der eingesetzten Bestimmungselemente nahe, an ein Element oder ein Prinzip, von welchem schon die bloße Aufnahme ins Bewußtsein bedingt ist und das nur abstrakter oder imaginärer Art sein kann. Ein Ganzes, das aus Veränderungen besteht, ein Bild, ein Gebäude vielzähliger Eigenschaften können wir uns nicht anders denn als gemeinsamen Ort der Modalitäten einer einzigen *Materie* oder eines einzigen *Gesetzes* vorstellen, dessen fortlaufender Zusammenhang von uns in dem Augenblick bestätigt wird, da wir dieses Gebäude als ein In-sich-Ganzes, als den abgegrenzten Bereich unserer Untersuchung anerkennen. Hier stoßen wir abermals auf jenes seelische Postulat der Kontinuität, das im Bereich unserer Erkenntnis eine ähnliche Rolle spielt wie das Trägheitsgesetz in der Mechanik. Allein die rein abstrakten, rein differentiellen Kombinationen, wie die Zahlenkombinationen der Mathematik, lassen sich aufgrund festgelegter Größen konstruieren; beachten wir, daß sie zu unseren sonstigen möglichen Konstruktionen im selben Verhältnis stehen wie die regelmäßigen Gebilde in der äußeren Welt zu denen, die es nicht sind.

*differentiell* wird hier nicht im streng mathematischen Sinne gebraucht. Ich meinte Kombinationen aus identischen Elementen.

Es gibt in der Kunst ein Wort, das allen ihren Spielarten, allen ihren Launen einen Namen leiht und das mit einem Schlag alle vorgeblichen Schwierigkeiten, die ihr aus dem Gegensatz zur Natur oder aus der Annäherung an sie erwachsen, aus dem Wege räumt, jener Natur, die sich nicht ohne Grund noch nie fassen ließ: es lautet

Ornament als Antwort auf die Leere, als Möglichkeitsausgleich ergänzt gewissermaßen eine Freiheit und hebt sie auf.

*Ornament.*[16] Stellen wir uns doch nacheinander die geschweiften Strichmuster, die gleichmäßigen Unterteilungen vor, wie sie die ältesten Gegenstände, die wir kennen, überziehen; denken wir an die Umrisse von Vasen und Tempeln; die Vierecke, Schneckenwindungen, Eiformen und Streifen der Antike; die kristallinisch wuchernden Wandflächen der Araber; die Gewölberippen und Symmetrien der Gotik; die Wellen, die Flammen und Blumen auf Lack und Bronze der Japaner; und in jeder dieser Epochen das Eindringen pflanzenhafter, tier- oder menschenähnlicher Bildungen, die Vervollkommnung in der Ähnlichkeit ihrer Wiedergabe: die Malerei, die Plastik. Oder denken wir an die Sprache und ihre ursprüngliche Melodie, an die Trennung des Wortes von der Musik, an ihrer beider Aufschwung, an die Erfindung der Wörter, der Schrift, durch welche erst die Verschränkung von Satz*figuren* möglich wird, an das so merkwürdige Aufkommen abstrakter Wörter; und denken wir andererseits daran, wie das System der Töne allmählich anschmiegsamer wird, wie es von der Stimme auf die Resonanz bestimmter Stoffe übergreift, wie es durch die Harmonie an Tiefe gewinnt und sich durch die Verwendung der Klangfarbe vervielfältigt. Man beachte schließlich, wie parallel dazu die Denkformen fortschreiten, von den seelischen Lautbildern der Urzeit, den elementaren Entsprechungen und Kontrasten zu den Substanzideen, den Metaphern, dem Gestammel der Logik, zu den Formalismen und Entitäten, den metaphysischen Wesenheiten ...

Diese ganze vielgestaltige Lebenskraft läßt sich unter dem Gesichtspunkt des Ornaments richtig bewerten. Die aufgezählten Darstellungen kann man als endliche Raum- oder Zeitabschnitte auffassen, die verschiedenerlei Variationsformen in sich aufnehmen, unter denen sich zuweilen auch bezeichenbare und bekannte Gegenstände finden, deren Bedeutung und üblicher Gebrauch jedoch übergangen wird, so daß von ihnen nur die Ordnung und die wechselseitigen Rückwirkungen übrigbleiben. Von dieser Ordnung hängt die Wirkung ab. Wirkung ist das Ziel der Ornamentik, und insofern bekommt das Werk den Charakter eines Mechanismus, der ein Publikum beeindrucken, der Gemütsbewegungen hervorrufen und die Bilder einander erwidern lassen soll.

Unter diesem Gesichtspunkt betrachtet, ist der Ornamentbegriff für die Einzelkünste, was die Mathematik für die Wissenschaften ist. So wie die physikalischen Begriffe: Zeit, Länge, Dichte, Masse usw. in den Berechnungen nur als homogene Quantitäten auftreten und erst bei der Auslegung der Ergebnisse ihre Individualität wiederfinden, ebenso erscheinen die im Hinblick auf eine Wirkung ausgesuchten und angeordneten Gegenstände gleichsam losgetrennt von der Mehrzahl ihrer besonderen Eigenschaften und nehmen diese erst wieder bei der Wirkung in sich auf, das heißt: im unvoreingenommenen Geist des Betrachters. Mithin ist es eine Abstraktion, mit deren Hilfe sich das Kunstwerk konstruieren läßt, und diese Abstraktion ist mehr oder weniger wirk-

Es handelt sich hier nicht um *Homogenität* im wissenschaftlichen Sinne. Es sollte nur zum Ausdruck gebracht werden, daß sehr verschiedenartige Qualitäten, sobald sie durch Größen dargestellt werden, für das mathematische Denken und innerhalb des mathematischen Denkens nur noch als Zahlen fungieren.
So betrachtet auch der

Maler innerhalb seiner künstlerischen Tätigkeit die Dinge als Farben und die Farben als Elemente seines Tuns.

sam, mehr oder weniger leicht zu definieren, je nachdem ob die der Wirklichkeit entlehnten Bestandteile mehr oder weniger komplex sind. Umgekehrt kommt es sozusagen auf dem Induktionsweg, durch die Erzeugung geistiger Bilder, zur Bewertung jedes Kunstwerks; und auch dieses Erzeugen wird mehr oder weniger wirksam, mehr oder weniger *ermüdend* sein, je nachdem, ob ein schlichtes Flechtmuster auf einer Vase oder ein gebrochener Satz Pascals der hervorrufende Anreiz ist.

Der Maler ordnet auf einer Fläche farbige Schichten an, die ihm mit ihren Trennungslinien, dem Auftrag, den Übergängen und Kontrasten als Ausdrucksmittel dienen sollen. Der Betrachter sieht darin lediglich ein mehr oder weniger getreues Abbild von Fleischtönen, Gebärden und Landschaften, als sähe er durch ein Fenster in der Museumswand. Das Bild wird mit derselben geistigen Einstellung beurteilt wie die Wirklichkeit. Man klagt über die Häßlichkeit der Darstellung, andere sind darin verliebt; gewisse Leute ergehen sich in einer wortreichen Psychologie; manche sehen sich nur die Hände an und finden sie immer unvollkommen. Tatsächlich genügt das Bild einer unmerklichen Anforderung, wenn es die physischen und natürlichen Bewandtnisse unserer Umwelt wiedergibt. Die Schwere wirkt in ihm auf gleiche Weise wie hier, das Licht pflanzt sich auf gleiche Weise fort; und so treten allmählich Anatomie und Perspektive in die vorderste Linie malerischen Wissens.

Ich glaube jedoch, daß die sicherste Methode, ein Gemälde zu beurteilen, darin besteht, daß man zunächst nichts in ihm wiedererkennt und Schritt für Schritt die Folge von Induktionen vollzieht, wie sie die gleichzeitige Anwesenheit farbiger Flecken auf einem begrenzten Feld erforderlich macht, um dann von Metapher zu Metapher, von Vermutung zu Vermutung bis zum Verständnis des Themas aufzusteigen, manchmal auch nur bis zum Bewußtsein des Wohlgefallens, das man nicht immer auf Anhieb verspürt hat.

Im gleichen Sinne bin ich, was die Dichtung betrifft, zu der Anschauung gekommen, daß man zunächst auf die Klangwerte als solche achten und ein Gedicht wie eine Art Musik lesen und wiederlesen soll; daß man Sinn und Absicht in die Aussage erst dann legen soll, wenn man das Klangsystem, das ein Gedicht – wenn es ein Gedicht sein soll – darstellt, richtig aufgefaßt hat.[17]

Ich weiß für die landläufige Einstellung zur Malerei kein ergötzlicheres Beispiel als jenes weltberühmte *Lächeln der Mona Lisa*, dem das Beiwort »rätselhaft« unwiderruflich anzuhaften scheint. Diesem Gesichtszug ist die Ehre zuteil geworden, einen Wortschwall zu entfesseln, dem in allen Literaturen der Ehrenname »Kunsterlebnis« oder »Kunstempfinden« zuteil ward. Man hat ihn begraben unter einem Wust von Geschwätz, er ist verlorengegangen in der Unmenge von Artikeln, die in der Regel damit beginnen, daß man ihn *verwirrend* nennt, und die mit einem gemeinhin verschwommenen *Seelen*gemälde aufhören. Und doch würde dieses Lächeln ein minder berauschtes Studium lohnen. Es waren nicht ungenaue Beobachtungen und willkürliche Zeichen, deren Leonardo sich bediente, sonst wäre die Gioconda nie geschaffen worden. Wache Aufmerksamkeit lenkte beständig seine Schritte.[18]

Im Hintergrund des *Abendmahls* befinden sich drei Fenster; das mittlere, das sich hinter Christus öffnet, ist von einer Lünette gekrönt. Wenn man deren Bogen verlängert, erhält man einen Kreisumfang, dessen Mittelpunkt Christus ist. Alle großen Linien des Freskos sind auf diesen Punkt bezogen. Die Symmetrie des Ganzen steht im Verhältnis zu diesem Mittelpunkt und der langen Geraden der Abendmahlstafel. Das Geheimnis, sofern ein Geheimnis vorliegt, bestände darin, zu wissen, wieso uns solche Kombinationen mysteriös anmuten; diese hier läßt sich jedoch, fürchte ich, aufklären.

Dennoch soll uns nicht die Malerei das schlagende Beispiel liefern, das wir brauchen, um die Kommunikation zwischen den verschiedenen Denktätigkeiten zu erläutern. Alle die vielen künstlerischen Verfahren, die dem Bedürfnis, eine Oberfläche zu füllen und aufzuteilen, entspringen, die Ähnlichkeit der ersten derartigen Versuche mit gewissen natürlichen, regelmäßig geformten Gebilden, die Entwicklung der Netzhautempfindlichkeit – all das soll hier übergangen werden, um den Leser nicht in allzu dürre Spekulationen hineinzuziehen. Eine umfassendere Kunst, die Ahnin gleichsam der Malerei, wird unserem Vorhaben besser dienen.

Das Wort *Konstruktion*, das ich mit Absicht gewählt habe, um das Problem menschlicher Intervention[19] in die Bewandtnisse der Welt noch stärker zu betonen und um den Leser auf die Logik des Themas hinzuführen, ihm einen stofflichen Anhalt zu bieten – dieses Wort soll jetzt in eingeschränkter Bedeutung verwendet werden. Die Architektur liefert uns das Beispiel.

Das Bauwerk (Kompositionselement der Civitas, auf der nahezu die gesamte Zivilisation beruht) ist ein derart vielseitiges Gebilde, daß unser Erkennen nacheinander eine Reihe von Bestimmungen von ihm abschält: zunächst ist es ein Zierstück, das sich auf wechselnde Art mit dem Himmel verbindet, dann ein überaus dichtes Motivgewebe nach Höhe, Breite und Tiefe, das sich durch die Perspektiven bis ins Unendliche abwandelt; dann ein festes, widerständiges, kühnes Ganzes mit den Merkmalen eines Lebewesens: eine gliedhafte Unterteilung, ein Knochengerüst und schließlich ein Mechanismus, dessen Agens die Schwere ist und bei dem geometrische Erwägungen in die Dynamik übergeführt werden, bis hin zu den subtilsten Spekulationen der Molekularphysik, für deren Theorien und darstellende Strukturmodelle es das Vorbild abgibt. Im Medium des Bauwerks, oder vielmehr in jenen imaginären Bauelementen, die in der Phantasie geschaffen und deren verschiedene Bedingungen aufeinander abgestimmt werden: die Zweckmäßigkeit des Baus auf seine Standfestigkeit, seine Verhältnisse auf den Standort, seine Form auf den Stoff, wobei jede dieser Bedingungen mit sich selber in Einklang gebracht wird: seine Millionen wechselnder Ansichten, seine Gewichtsverteilung, das Verhältnis seiner drei Dimensionen – in alldem läßt sich die Klarheit einer Geistestätigkeit wie derjenigen Leonardos am ehesten nachschaffen. Dieser Geist kann sich in die Sinneseindrücke des Menschen versetzen, der um das Bauwerk herumgeht, darauf zu-

Heute sind es keine *Gebäude* mehr, die die Physik in der Materie entdeckt. Was sie letzten Endes in ihr findet, ist *seinem Wesen nach Unbeschreibliches und Unvorhergesehenes*! 1930.

tritt, an einem Fenster erscheint, sowie in das, was er von dort aus wahrnimmt; er kann verfolgen, wie die Last des Dachaufbaus durch Wände und Stützpfeiler bis in die Fundamente abgeleitet wird; kann sich in die gegenstrebige Wucht der Dachbalken versetzen, in die Schwingungen des Windes, der sie heimsuchen wird; kann die Muster des Lichts voraussehen, ob es aus freiem Himmel auf Ziegel und Gesimse fällt oder gebrochen und eingefangen Sonnenstreifen auf den Fußboden wirft. Er wird nachfühlen und beurteilen, wie der Querbalken auf seinen Trägern lastet, wird überlegen, ob ein Bogen angebracht ist, wird mit den Schwierigkeiten der Wölbungen ringen, wird die Terrassen ihre Treppenkaskaden ausspeien lassen, wird all das leisten, was am Ende aus seiner Erfindung einen dauerhaften, geschmückten, beschirmten, von Fensteraugen durchschossenen Baukörper macht, der für unser Leben geschaffen ist, der unsere Worte bewahrt und den Rauch unseres Herdfeuers aus sich entläßt.

Im allgemeinen wird die Architektur verkannt. Die Meinung, die man von ihr hat, bewegt sich zwischen Theaterdekoration und Mietskaserne.[20] Man möge sich aber einmal den Begriff »Stadt« vergegenwärtigen, um ihrer weitgespannten Bedeutung gerecht zu werden, und möge sich, um ihren vielfältigen Reiz auf sich wirken zu lassen, der Grenzenlosigkeit ihrer Aspekte entsinnen; die Unbeweglichkeit eines Bauwerks ist die Ausnahme; der eigentliche Genuß liegt darin, den Ort derart zu wechseln, daß man es in Bewegung

Das heikelste Problem der Architektur als *Kunst* besteht darin, diese unendlich wandelbaren Ansichten vorauszusehen. Das ist eine Probe auf das Bauwerk, die jede Architektur zu fürchten hat, wenn ihr Mei-

bringt, um alle Kombinationen seiner wandlungsfähigen Glieder auszukosten: dann dreht sich auf einmal die Säule, die Tiefen geraten in Fluß, Arkaden gleiten vorüber, tausend Ansichten, tausend Akkorde gibt das Bauwerk frei.

ster nur darauf ausgegangen ist, eine Theaterkulisse zu schaffen.

(Mehrere Pläne für einen Kirchenbau, der nie ausgeführt worden ist, finden sich in Leonardos Handschriften. Die meisten lassen auf einen Entwurf für Sankt Peter in Rom schließen, der uns, wenn wir ihn mit dem Michelangelos vergleichen, bedauern läßt, daß er Entwurf geblieben ist. Leonardo, am Ende der Spitzbogenperiode und inmitten der Freilegung antiker Bauwerke stehend, findet zwischen diesen beiden Stilformen zum großen Stil der Byzantiner zurück: die erhöhte Kuppel über einem Kranz von Kuppeln, die einander überlagernden Schwellungen von Kuppeln, die um die mittlere und höchste aufwuchern, jedoch mit einer Kühnheit und Linienreinheit, die von den Baumeistern Justinians nie erreicht worden ist.)

Das Wesen aus Stein hat sein Dasein im Raum: was wir Raum nennen, steht in Zusammenhang mit jeder Art von Baugedanken; der architektonische Bau interpretiert den Raum und führt zu Hypothesen über seine Wesensart, Hypothesen, die insofern besonderen Charakters sind, als das Gebäude gleichzeitig sowohl ein Gleichgewicht aus Baustoffen im Sinne der Schwerkraft darstellt, ein sichtbares statisches Gefüge, als auch im Innern jedes einzelnen dieser Stoffe ein anderes Gleichgewicht, das molekular und nur wenig bekannt ist. Wer einen Bau entwirft, stellt sich zunächst die Schwere vor und betritt unmittelbar danach das dunkle Reich der Atome. Er stößt auf das Problem der Struktur: auf die Frage, welche Kombinationen zulässig sind, um den Bedingungen der Widerstandsfähigkeit, der Elastizität, wie sie in einem bestimmten Raum in Kraft treten, zu genügen. Man sieht, auf welche Art sich damit die Fragestellung logisch erweitert, wie man vom Bereich der Architektur, den man im allgemeinen so gern den Praktikern überläßt, zu den tiefgründigsten Theorien der theoretischen Physik und Mechanik geführt wird.

Die Einbildungskraft ist so gelehrig, daß die Eigenschaften eines Gebäudes und die innere Struktur irgendwelcher Stoffe sich gegenseitig erhellen. Sobald wir darangehen, uns den Raum vorzustellen, begibt er sich im Nu seiner Leere, bevölkert er sich mit einer Fülle absichtsvoller Konstruktionen, kann in jedem Falle an seine Stelle eine Verschränkung von Figuren treten, die sich so klein wie erforderlich annehmen lassen. Ein Gebäude von denkbar großer Kompliziertheit wird, wenn wir es vervielfältigen und entsprechend verkleinern, das Element eines Milieus verkörpern, das in seinen Eigenschaften von den Eigenschaften dieses Elements abhängig ist. Auf solche Weise sind wir befangen und bewegen wir uns unter einer Menge von Strukturen. Man vergegenwärtige sich, wie verschiedenartig der Raum um uns besetzt, das heißt geformt, erfaßbar ist, und versuche daraufhin, sich vorzustellen, welche Bedingungen erfüllt sein müssen, damit die verschiedenen Dinge – ein Stoff,

Hier wären wohl ein paar Worte über den Raum angebracht, ein Wort, das je nachdem, ob es sich um den *gesehenen* oder um den gedachten Raum handelt, eine andere Bedeutung annimmt. Der Raum, mit dem wir gewöhnlich umgehen, gleicht nicht in

ein Mineral, eine Flüssigkeit, ein Gas – mit ihren besonderen Eigenschaften wahrgenommen werden können; eine eindeutige Vorstellung von ihnen wird man nur gewinnen, wenn man ein Teilchen dieser Stoffgewebe vergrößert und es mit einem Baugedanken ausstattet, so daß es aufgrund bloßer Vervielfältigung eine Struktur ergibt, die im Besitz der gleichen Eigenschaften ist wie das eine, das wir beobachtet haben ... Mit Hilfe dieser Strukturbegriffe können wir ohne Unterbrechung der Kontinuität die anscheinend so unterschiedlichen Bereiche des Künstlers wie des Gelehrten frei durchwandern, von der dichterischsten, ja der phantastischsten Konstruktion bis hin zu der tastbaren und wägbaren. Die Probleme der Komposition stehen mit denen der Analyse im Wechsel; und es ist eine *psychologische* Errungenschaft unserer Zeit, daß wir hinsichtlich der Entstehung der Materie von allzu einfachen Vorstellungen ebenso abgekommen sind wie hinsichtlich der Bildung von Ideen. Die luftigen Träume von der Substanz verschwinden genauso wie die dogmatischen Erklärungen, und die wissenschaftliche Bildung von Hypothesen, von Namen und Modellen macht sich frei von vorgefaßten theoretischen Meinungen und vom Idol der Einfachheit.

Ich habe hier in Kürze, die mir der Leser je nachdem danken oder zugute halten wird, eine Entwicklung angedeutet, die mir schwerwiegend erscheint. Ich wüßte sie nicht besser zu belegen als mit einem Satz, den ich den Schriften eben Leonardos entnehme, einem Satz, aus dem, wie man

jeder Hinsicht dem Raum des Physikers, der seinerseits nicht ganz der Raum der Geometrie ist. Denn es sind nicht *insgesamt* dieselben Erlebnisse oder Verfahren, die ihn definieren. Es ergibt sich daraus, daß die grundlegenden Eigenschaften der *Ähnlichkeit* nicht im gleichen Maße gültig sind. Es gibt kein *unendlich Kleines* in der Chemie; und an der unendlichen Teilbarkeit der *Länge* hegt die Physik heute berechtigte Zweifel. Das bedeutet aber, daß die Idee der Teilung und die Idee der teilbaren Sache nicht mehr voneinander unabhängig sind. Der Vorgang ist über einen bestimmten Punkt hinaus nicht mehr vorstellbar.

glauben möchte, durch immer zunehmende Verfeinerung und Läuterung jedes Begriffs eine Grundanschauung der modernen Welterkenntnis geworden ist. »Die Luft«, sagt er, »ist erfüllt von unendlich vielen geraden und ausstrahlenden Linien, die einander kreuzen und so miteinander verwoben sind, daß keine sich je der Bahn einer anderen bedient, und sie stellen für jeden Gegenstand die echte FORM ihres Grundes (ihrer Erklärung) dar.« – »L'aria è piena d'infinite linie rette e radiose insieme intersegate e intessute sanza ochupatione luna dellaltra rapresantano aqualunche obieto lauera forma della lor chagione« (Man. A, fol. 2). Dieser Satz scheint den frühesten Keim der Lichtwellentheorie zu enthalten, vor allem wenn man ihn mit einigen anderen über denselben Gegenstand vergleicht.* Er vermittelt uns in anschaulicher Form das Gerüst eines Wellensystems, bei dem alle diese Linien Richtungen der Fortpflanzung sind. Doch halte ich nicht viel von dergleichen wissenschaftlichen Prophezeiungen; es gibt zu viele Leute, die der Meinung sind, die Alten hätten bereits alles erfunden. Überdies bewährt sich eine Theorie erst in der logischen und experimentellen Entfaltung. Was hier vorliegt, sind nur ein paar *Behauptungen*, die intuitiv aus der Beobachtung der Strahlen, der Wellen im Wasser und der Klangwellen gewonnen sind.[21]

* Siehe Manuskript A: »Wie der ins Wasser geworfene Stein ...« usw. Siehe auch die merkwürdige und lebendige *Histoire des Sciences mathématiques* von G. Libri und den *Essai sur les ouvrages mathématiques de Léonard* von J.-B. Venturi, Paris, An V (1797).

Interessant ist an dem zitierten Satz die Form, welche uns authentischen Aufschluß über eine Methode gibt, eben die Methode, von der ich im gesamten Verlauf dieser Studie gesprochen habe. Die Erklärung hat hier *noch* nicht den Charakter einer wissenschaftlichen Maßnahme. Sie besteht lediglich im Herausstellen eines Bildes, eines konkreten geistigen Bezugs zwischen Erscheinungen oder – genauer gesagt – Bilderscheinungen. Leonardo muß sich über diese Art, psychisch zu experimentieren, im klaren gewesen sein, doch will es mir so scheinen, als hätte in den drei Jahrhunderten, die seit seinem Tode verflossen sind, kein Mensch diese Methode erkannt, indessen alle sich – notgedrungen – ihrer bedienten. Ich glaube auch – vielleicht ist das sehr weit gegangen! –, daß die berühmte jahrhundertealte Frage nach dem Vollen und dem Leeren an das bewußte oder nichtbewußte Vorhandensein dieser *Phantasielogik* angeknüpft werden kann. Ein Tun auf Entfernung ist etwas Unvorstellbares. Seine Bestimmung erfolgt durch eine Abstraktion. In unserem Geist kann nur die Abstraktion *facere saltus*. Newton selber, der die Wirkungen in die Ferne in analytische Form gebracht hat, war sich über die Unzulänglichkeit ihrer Erklärung im klaren. Erst Faraday war in der physikalischen Wissenschaft die Wiederentdeckung der Methode Leonardos vorbehalten. Nach den rühmlichen Arbeiten auf mathematischem Gebiet von Lagrange, d'Alembert, Laplace, Ampère und vielen anderen führte er Begriffe von wunderbarer Kühnheit ein, die buchstäb-

Wie bereits oben gesagt, ist die Erscheinung *geistiger Bildvorstellungen* noch sehr wenig erforscht. Ich bleibe bei meinem Gefühl ihrer Bedeutung. Ich behaupte, daß gewisse mit diesen Erscheinungen verbundene Gesetze grundlegend sind und sehr weite Geltung haben; daß die Abwandlungen derartiger Bilder, die Einschränkungen derartiger Bildabwandlungen, das spontane Auftreten von *Antwort- oder Komplementärbildern Welten* miteinander zu verknüpfen erlauben, die so weit voneinander abliegen wie der Traum, der mystische Zustand, die Deduktion auf dem Wege der Analogie.

lich nichts anderes waren als die Verlängerung der beobachteten Phänomene in seiner Phantasie; und seine Phantasie war so außerordentlich klarblickend, »daß seine Ideen sich in regelrechter mathematischer Form ausdrücken und derjenigen der Fachmathematik an die Seite stellen ließen«.* Die *regelmäßigen Kombinationen*, wie sie der Staub von Eisenfeilspänen um die Pole eines Magneten bildet, waren in seiner geistigen Vorstellung die Übertragungsmodelle der ehemaligen Wirkungen in die Ferne. Auch er *sah* Liniensysteme alle Körper miteinander verbinden und den Raum erfüllen, zur *Erklärung* der Phänomene der Elektrizität, ja selbst der Schwerkraft; diese Kraftlinien haben in unserem Zusammenhang die Bedeutung von Linien des geringsten Widerstandes für das Verstehen! Faraday war kein Mathematiker, doch unterschied er sich von den Mathematikern lediglich durch die Art, wie er seine Gedanken ausdrückte: durch das Fehlen analytischer Symbole. »Faraday sah mit geistigen Augen Kraftlinien den gesamten Raum durchziehen, wo die Mathematiker Kraftzentren sahen, die sich gegenseitig auf Entfernung anziehen; Faraday sah ein Milieu, wo sie nur Abstand sahen.«** Für die Physik hebt mit Faraday eine neue Epoche an; und nachdem J. Clerk Maxwell die Ideen seines Lehrers in die Sprache der Mathematik übersetzt hatte, gewannen in der wissenschaftlichen Anschauung derartige Vorstellungen die

Heute – *allumfassende* Linien, aber sie sind nicht mehr zu *sehen*. Kann man sie hören? Denn nur jene *Bahnen*, unter denen wir uns die Melodien vorstellen, vermitteln uns die Idee oder die intuitive Anschauung einer *raumzeitlichen* Bahn. Ein anhaltender Ton stellt einen Punkt dar.

* Clerk Maxwell, Vorwort zum *Traité d'électricité et de magnétisme*.

** Clerk Maxwell.

Oberhand. Das Studium des Milieus, das er ausgebildet hatte, des Milieus als Ort elektrischer Vorgänge und intermolekularer Relationen, ist bis heute das Hauptanliegen der modernen Physik. Die stetig zunehmende Genauigkeit, die bei der Darstellung von Energieweisen gefordert wird, der Wille zu *sehen* und die – man möchte sagen – Versessenheit auf Kinetisches haben hypothetische Konstruktionen auf den Plan gerufen, die logisch und psychologisch von ungemeinem Interesse sind. Lord Kelvin beispielsweise empfindet so stark das Bedürfnis, die subtilsten Naturvorgänge in einen geistigen Zusammenhang zu bringen, der sich bis ins Stoffliche hinein realisieren soll, daß für ihn jede Erklärung auf ein mechanisches Modell abzielen zu müssen scheint. Ein solcher Geist setzt an die Stelle des trägen, punktförmigen und überlebten Atoms von Boskowitsch und der Physiker zu Beginn unseres Jahrhunderts einen bereits außerordentlich komplexen Mechanismus; er entnimmt ihn dem Aufbau des Äthers, der ebenfalls zu einer recht perfektionierten Konstruktion wird, damit er den sehr unterschiedlichen Bedingungen, die er zu erfüllen hat, genügen kann. Einen solchen Geist kostet es keine Mühe mehr, vom Aufbau der Kristalle zu dem von Stein oder Eisen überzugehen; er findet in unseren Viadukten, in den Symmetrien von Stützbalken und Verstrebungen die Widerstandsstrukturen wieder, die Gipse und Quarze dem Druck, der Aufspaltung und – auf andere Weise – dem wellenförmigen Lichtstrahl entgegensetzen.

Heute handelt es sich nicht mehr um einen Mechanismus. Es ist *eine andere Welt.*

Solche Menschen scheinen Einblick in die Methoden gehabt zu haben, die hier aufgezeigt wurden; wir möchten diese Methoden sogar über den Bereich der Physik ausdehnen; wir halten es weder für unsinnig noch für ganz und gar unmöglich, wenn man versuchen wollte, die Kontinuität der geistigen Operationen eines Leonardo da Vinci in Form eines Modells darzustellen, und zwar gilt dasselbe für jede andere Persönlichkeit, die sich hinsichtlich der zu erfüllenden Bedingungen von der Analyse bestimmen läßt ...

Die Künstler oder Kunstliebhaber, die meine Schrift in der Hoffnung durchblättert haben, darin die Spur von ein paar Eindrücken wiederzufinden, wie man sie im Louvre, in Florenz oder Mailand empfängt, mögen mir die Enttäuschung, die ich ihnen bereitet habe, vergeben. Trotzdem bin ich der Meinung, daß ich mich, dem Anschein zuwider, von ihrer Lieblingsbeschäftigung nicht gar zu weit entfernt habe. Ich glaube im Gegenteil, daß ich an ihr Hauptproblem, die Komposition, gerührt habe. Sicher werde ich etliche unter ihnen überraschen, wenn ich sage, daß die schwierigen Probleme, wie sie die Wirkung aufgibt, im allgemeinen mit außerordentlich dunklen und Verwirrung stiftenden Begriffen und Worten in Angriff genommen und gelöst werden, wobei man noch in tausend Ungelegenheiten gerät. Manch einer bringt seine Zeit damit hin, seine Definition des *Schönen*, des *Lebens*, des *Geheimnisvollen* immer wieder umzumodeln. Zehn Minuten einfacher

Selbstbeobachtung dürften hinreichen, diesen *idola specus* den Garaus zu machen und die Unhaltbarkeit der Verkoppelung eines abstrakten, stets leeren Namens mit einer stets persönlichen, und zwar im strengsten Sinne persönlichen Schau einzusehen. Im gleichen Sinne beruht die Verzweiflung der Künstler in der Mehrzahl der Fälle auf der Schwierigkeit oder Unmöglichkeit, mit den Mitteln ihrer jeweiligen Kunst ein Bild *wiederzugeben*, das – so kommt es ihnen vor – abblaßt und dahinwelkt, wenn man es in einen Satz einfängt, es auf eine Leinwand oder in eine Sinnbedeutung bringt. Ein paar weitere Minuten *bewußten Nachdenkens* sollten der Feststellung gewidmet sein, daß es ein Wahn ist, im Geist eines anderen die Phantasiegebilde des eigenen hervorbringen zu wollen. Dieses Vorhaben ist sogar beinahe ungereimt. Was man *Realisierung*, *Durchführung* nennt, ist ausgesprochen ein Problem der Leistung, das von dem besonderen Sinn, dem Schlüssel, den jeder Autor seinem Material zuschreibt, unberührt bleibt und bei dem lediglich die Beschaffenheit des jeweiligen Materials und der Geist der Öffentlichkeit eine Rolle spielen. Edgar Poe, der in diesem verstörten Jahrhundert der Literatur ein aus seiner Verwirrung geborener Blitz und der Wetterstrahl des poetischen Gewitters war und dessen Analyse sich wie Leonardos Analyse nicht selten in ein mysteriöses Lächeln hüllt – Edgar Poe hat den Angriff auf den Leser eindeutig auf die Psychologie und die Wahrscheinlichkeit der Wirkung gegründet. Unter diesem Gesichtspunkt be-

Nichts leuchtet dem allgemeinen Verständnis, aber auch der Kritik, so wenig ein wie die Unzuständigkeit des Autors dem einmal geschaffenen Werk gegenüber.[22]

trachtet, hängt jede Verlagerung von Elementen, die dazu da sind, gesehen und beurteilt zu werden, von ein paar allgemeinen Gesetzen und einer speziellen Form der Aneignung ab, die vorausschauend für eine Kategorie von Geistern, an die sie sich insbesondere wendet, im voraus definiert ist. Das Kunstwerk wird so zu einer Maschine, dazu bestimmt, die individuellen Formtalente dieser Geister anzuregen und zu kombinieren.[23] Ich ahne die Entrüstung, die eine derartige Zumutung, die von landläufiger Erhabenheit so weit abliegt, entfesseln mag; aber gerade die Entrüstung wird für meine Behauptung einen trefflichen Beweis liefern, ohne daß es sich bei dieser Schrift im geringsten um ein Kunstwerk handelt.

Ich sehe, wie Leonardo da Vinci jene Mechanik, die er das Paradies der Wissenschaften nannte, mit derselben angeborenen Kraft ergründet, die er an die Erfindung reiner und verschwebender Gesichter wandte. Und dieselbe lichte Erstreckung mit ihren fügsamen, in der Möglichkeit beheimateten Wesen war auch der Schauplatz jener Taten, die sich mit verzögertem Tempo in eindeutigen Werken niederschlugen. Für ihn gab es hier keine unterschiedlichen Leidenschaften; auf der letzten Seite des schmalen Heftes, das vollgepfropft ist mit seinen geheimschriftlichen Eintragungen und jenen tollkühnen Berechnungen, mit denen er seiner Lieblingsforschung, dem Flug, nachtastete, ruft er aus – und zerschmettert damit seine unzulängliche Mühsal, wäh-

Eine erstaunliche Prophezeiung, die wenig zu besagen hätte, wäre

rend seine Beharrlichkeit samt allen Widrigkeiten die Erscheinung einer erhabenen geistigen Schau, einer hartnäckigen Gewißheit erleuchtet –: »Der große Vogel wird seinen ersten Flug auf dem Rücken eines großen Schwans antreten und wird mit Erstaunen und Ruhm alle Schriftwerke füllen, zu ewigem Lob dem Nest, das ihn gebar.« – »Piglierà il primo volo il grande uccello sopra del dosso del suo magnio cecero e empiendo l'universo di stupore, empiendo di sua fama tutte le scritture e grogria eterna al nido dove nacque.«[24]

sie nichts weiter als ein Ausblick auf Mögliches, die jedoch ihre ganze Erhabenheit dem Umstand verdankt, daß sie von dem ersten Menschen ausgesprochen wurde, der sich zu Beginn des 16. Jahrhunderts allen Ernstes mit dem Problem des Fliegens befaßt und seine technische Lösung begriffen hat.

# ANMERKUNG UND ABSCHWEIFUNG
1919

*Weshalb, sagt man, hat der Verfasser seinen Helden nach Ungarn geschickt?*
*Weil er ein Stück Instrumentalmusik zu Gehör bringen wollte, dessen Thema ungarisch ist. Er gibt es offen zu. Er hätte ihn an jeden anderen Ort der Welt geschickt, wenn es dafür den geringsten musikalischen Grund gegeben hätte.*

*Hector Berlioz*
*(Vorwort zu* Fausts Verdammung*)*[25]

Die Bezeichnung *Methode* war in der Tat ziemlich stark. Unter Methode versteht man eine wohldefinierte Ordnung gedanklichen Vorgehens, während ich nur an die sonderbare Gewohnheit dachte, alle Gedanken, die in meinem Geist auftauchen, umzuformen.

Ich muß mich wegen eines so anspruchsvollen und wahrhaft irreführenden Titels, wie es der vorliegende ist, entschuldigen. Als ich ihn über dieses kleine Werk setzte, lag es mir fern, mich zu brüsten. Doch sind, seitdem ich ihn darübergesetzt habe, fünfundzwanzig Jahre vergangen, und nach dieser langen Zeit der Abkühlung finde ich ihn selber ein bißchen stark. Der waghalsige Titel müßte abgedämpft werden. Was den Text angeht – nicht im Traum würde ich mir einfallen lassen, ihn niederzuschreiben. *Unmöglich!* würde heute die Vernunft sagen. Wenn man die Schachpartie, die zwischen der Erkenntnis und dem Sein im Gange ist, zum x-ten Male durchgespielt hat, schmeichelt man sich mit dem Gedanken, daß man von seinem Gegner gelernt hat; man nimmt seine Miene an; man verfährt hart mit dem jungen Menschen, den man als seinen Ahnen notgedrungen gelten lassen muß; man entdeckt an ihm unerklärliche Schwächen, die gerade seine Kühnheit ausmachten; man versetzt sich aufs neue in seine Arglosigkeit. Das heißt sich dümmer stellen, als man je gewesen ist. Aber dumm aus Notwendigkeit, dumm aus Staatsräson! Keine Versuchung ist so brennend, so höchst persönlich und unter Umständen so fruchtbar wie die, sich selber zu verleugnen; jeder Tag ist eifersüchtig auf andere Tage und muß es sein; das Denken wehrt sich verzweifelt dagegen, daß es je stärker gewesen sein soll; die Helligkeit des gegenwärtigen Augenblicks will nicht im Früheren Augenblicke erleuchten, die heller sind als das Heute, und die ersten Worte, die der anrührende Sonnenstrahl das erwachende Hirn stammeln läßt, lauten bei diesem Memnon: *Nihil reputare actum* . . .[26]

Der *folgende Tag* findet den Vortag schwächer oder stärker als sich selber; und beide Empfindungen kränken ihn.

Es heißt also wiederlesen, wiederlesen, nachdem man vergessen hat – *sich selber* wiederlesen, ohne eine Spur von Zärtlichkeit, ohne Vaterschaftsgefühl; mit Kälte und kritischem Scharfblick, mit einer Spannung, die im Hervorbringen von Beschämung und Selbstverachtung entsetzlich fruchtbar ist, mit unbeteiligter Miene, vernichtendem Blick – und dieses Wiederlesen heißt Wiedermachen oder vorausfühlen, wie man heute seine Arbeit so ganz anders machen würde.

Das Thema wäre der Mühe wert. Doch geht es nach wie vor über meine Kräfte. Auch hatte ich nie im Traum daran gedacht, mich darauf einzulassen; dieser kleine Essay verdankt seine Entstehung Madame Juliette Adam, die gegen Ende

Das war meine erste »Auftragsarbeit«.

des Jahres 94 aufgrund des liebenswürdigen Hinweises von Léon Daudet mit der Bitte an mich herantrat, ihn für ihre *Nouvelle Revue* zu schreiben.

Obwohl ich dreiundzwanzig Jahre alt war, geriet ich in grenzenlose Verlegenheit. Ich wußte nur allzu gut, daß mein Wissen über Leonardo um vieles geringer war als meine Bewunderung für ihn. Ich erblickte in ihm die Hauptfigur einer »Komödie des Geistes«, die bis heute ihren Dichter noch nicht gefunden hat und die meiner Geschmacksrichtung nach um vieles kostbarer wäre als die *Menschliche Komödie*, ja sogar als die *Göttliche Komödie*. Ich meinte zu fühlen, daß dieser Beherrscher seiner Mittel, dieser Meister im Zeichnen, in der Malerei und im Rechnen jene zentrale Haltung gefunden hatte, welche die Leistungen der Erkenntnis wie die Taten der Kunst gleichermaßen ermöglicht; die glücklichen Wechselwirkungen zwischen der Analyse und dem Schaffensvorgang sind hier besonders wahrscheinlich: ein wunderbar anstachelnder Gedanke.

Aber ein zu unmittelbarer Gedanke, ohne Gültigkeit, ein Gedanke, der uferlos ins Weite geht, und ein Gedanke gut zum Sprechen, aber nicht zum Schreiben.

Ich unterscheide *stets* zwischen diesen beiden Anwendungen des Wortes. Ginge ich nur meiner Neigung nach, so würde ich entweder dem Suchen oder dem Behalten zuliebe schreiben. Das nichtgeschriebene Wort *findet*, bevor es sich auf die Suche begibt.

Dieser Apollo riß mein eigenes Selbst zu höchstem Entzücken hin. Was kann es Verführerischeres geben als einen Gott, der das Mysterium von sich weist, der seine Macht nicht auf die Verwirrung unserer Sinne gründet; der sich mit dem, was ihn auszeichnet, nicht an den dunkelsten, den fühlsamsten, den verhangensten Teil unser selbst wendet; der uns zwingt, zu bestätigen und nicht einfach hinzunehmen; und dessen Wunder in der Selbsterhellung besteht; ist, was wir tief nennen, perspektivisch richtig abgeleitet? Gibt es ein besseres Zeichen für eine eigenständige und rechtmäßige Macht als die Ausübung ohne verhüllenden Schleier? – Nie erstand Dionysos ein ähnlich besonnener, ähnlich lauterer und mit Licht gewappneter Gegner wie dieser Held, dem es nicht so sehr darum ging, die Ungeheuer niederzuwerfen und zu zerschmettern, als das, was sie in Bewegung setzte, beobachtend zu erwägen; der es verschmähte, sie mit Pfeilen zu durchbohren, sie aber mit seinen Fragen spickte; dessen Überlegenheit – mehr noch, als wenn er sie besiegt hätte – uns bedeuten will, daß der höchste Triumph darin liegt, sie zu verstehen – und zwar fast bis zu dem Punkt einer Wiedererschaffung; und der, wenn er erst ihr Prinzip erfaßt hat, sich ruhig von ihnen abwenden kann, da sie damit abgetan als Spottgeburten auf die niedere Stufe sehr besonders gearteter Fälle und erklärbarer Paradoxe absinken.

Ich war von seinen Zeichnungen, seinen Handschriften wie geblendet, wie flüchtig ich sie auch studiert hatte. Diese Tausende von Bemerkungen und Skizzen hinterließen bei mir den überwältigenden Eindruck von einem berückenden Funkenkosmos, den einer mit Schlägen verschiedenster Art von einem phantastischen Bau abgesprengt hatte. Maximen, Lebensregeln, Selbstempfehlungen, Versuche eines Nachdenkens, das immer von neuem an-

setzt; manchmal eine vollendete Beschreibung; manchmal wendet er sich an sich selber und spricht sich mit Du an . . .
Aber ich hatte nicht die mindeste Lust zu wiederholen, daß er dies und jenes gewesen sei; sowohl Maler als auch Mathematiker, als auch . . .
Und, in einem Wort, der künstlerische Weltschöpfer. Wer wüßte es nicht?

Tatsächlich hatte ich kein Interesse an jener Fülle von Einzelheiten, denen der Gelehrte in den Bibliotheken nachspürt.
Was liegt schon an dem, sagte ich zu mir, was nur einmal vorkommt?
Für mich ist die Geschichte ein Reiz-, kein Nahrungsmittel.
Was sie in Erfahrung bringt, wandelt sich nicht in Handlungstypen, in Funktionen und Vorgänge unseres Geistes. Wenn der Geist wirklich wach ist, braucht er nur die Gegenwart und sich selber.
Ich suche nicht nach der verlorenen Zeit; eher würde ich sie von mir weisen. Mein Geist fühlt sich nur in Tätigkeit wohl.

Ich war nicht beschlagen genug, um mir einfallen zu lassen, seine Forschungen im einzelnen zu entwickeln (etwa eine genaue Bestimmung jenes *Impeto* zu versuchen, der als Begriff in seiner Mechanik so häufig vorkommt; oder jenes *Sfumato* zu erörtern, das er in seiner Malerei angestrebt hat); auch fühlte ich mich nicht hinreichend gelehrt (und noch weniger bestrebt, es zu sein), um – wenn auch in noch so geringem Maße – an einen bloßen Beitrag zu schon bekannten Tatsachen denken zu können. Ich empfand für die Gelehrsamkeit nicht jenen brennenden Eifer, den wir ihr schulden. Das erstaunliche Gesprächstalent von Marcel Schwob gewann mich für den Zauber seines Wesens mehr als für seine Quellen. Solange es sprudelte, trank ich mich satt. Ich hatte die Lust ohne die Mühe. Doch endlich wachte ich auf; meine Trägheit sträubte sich wider den Gedanken an tötendes Lesen, an endlose Textvergleiche mit dem Manuskript, an skrupulöse Methoden, die vor Gewißheit bewahren. Ich sagte zu meinem Freund, daß gelehrte Leute ein viel höheres Risiko eingehen als die anderen, weil sie Wetten abschließen, während wir aus dem Spiel bleiben; und daß sie sich auf zweifache Art irren können: auf unsere Art, die keine Mühe kostet, und auf ihre, die mühsam erarbeitet ist. Daß, sofern sie das Glück haben, uns ein paar Ereignisse wiederzuschenken, gerade die Zahl reinstofflicher Wahrheiten die Wirklichkeit, auf die wir aus sind, in Gefahr bringt. Das Wahre im Rohzustand ist falscher als das Falsche. Die Zeugnisse der Zeit unterrichten uns aufs Geratewohl über die Regel wie über die Ausnahme. Ein Chronist verzeichnet sogar mit Vorliebe die Besonderheiten seiner Zeit. Doch was auch alles in einer Zeit oder von einer Person wahr sein mag, es hilft doch nicht immer dazu, sie besser kennenzulernen. Keiner ist mit der exakten Totalsumme seines äußeren Auftretens identisch; und wer von uns hat nicht schon etwas gesagt oder getan, was nicht *sein eigen* war? Was augenblicksweise eben dieses Selbst verändert, ist bald Nachahmung, bald ein Versehen – oder die bloße Gelegenheit – oder lediglich angestauter Verdruß, ausgerechnet der zu sein, der man ist. Man macht von uns bei einem Diner eine Skizze; dieses Blatt kommt auf die Nachwelt, die von lauter Gelehrten behaust ist, und so stehen wir nun da für alle Ewigkeit der Literatur. Ein fratzenschneidendes Gesicht, photographisch aufgenommen, ist ein unwiderlegliches Beweisstück. Man zeige es aber den Freunden des Schnappschußopfers: sie erkennen niemanden darin.

Was an einem Individuum das eigentlich Wahre und sein eigentliches Selbst ist, beruht in seiner *Möglichkeit* – die seine Geschichte immer nur ungenau freilegt. Was in ihm steckt und wovon es selbst nicht weiß, kann von dem, was ihm widerfährt, unter Umständen unangeregt bleiben. Ein Erz, das nie angeschlagen wird, gibt nicht den Grundton von sich, in dem sein Wesen laut würde. Deshalb ging mein Versuch eher dahin, nicht den Leonardo der Geschichte, sondern auf meine Art die *Möglichkeit eines Leonardo* zu fassen und darzustellen.

Ich hatte für meine Abneigungen eine ganze Reihe anderer Sophismen zur Hand, so einfallsreich ist der Abscheu vor langwieriger Mühe. Immerhin hätte ich die Plage vielleicht in Kauf genommen, hätte ich nur das Gefühl gehabt, mit ihr an mein geliebtes Ziel zu kommen. Ich liebte in meiner Dumpfheit das innere Gesetz dieses großen Leonardo. Mich verlangte nicht nach seiner Geschichte, nicht einmal ausschließlich nach der Frucht seines Denkens ... An dieser von Kränzen überhäuften Stirn reizte meinen Traum nur der *Kern* seines Ruhms ...

Was soll man anfangen bei so viel Sprödheit, wenn man nur voller Verlangen ist, ob auch ganz betrunken von Gelüsten und geistigem Hochmut?
Sich in etwas hineinsteigern? Sich ein literarisches Fieber zulegen? Seinen Wahn hegen und pflegen?
Ich brannte auf ein schönes Thema. Wie wenig will das vor dem leeren Blatt besagen.
Zweifellos schlägt ein großer Durst sich einen Strom lichter Visionen frei; er wirkt auf irgendwelche geheimen Substanzen ein wie das unsichtbare Licht auf böhmisches Glas, das ganz mit Uran gesättigt ist; er macht hell, worauf er harrt, er überzieht Krüge mit Diamanten, er zaubert in Karaffen den opalisierenden Glanz hervor ... Indessen: diese Getränke, die er sich zubereitet, steigen zu Kopf; ich dagegen fand es unwürdig – und empfinde heute noch so –, allein aus Begeisterung zu schreiben. Die Begeisterung ist kein geeigneter Seelenzustand für einen Schriftsteller.
Wie groß auch die Macht des Feuers sein

Dieser Aphorismus hat bei einigen Anstoß erregt. Sie empfanden

mag, sie wird doch erst zu Nutzen und Antriebskraft, wenn die Kunst sie in ihre Geräte einfängt; richtig angebrachte Hemmungen müssen ihrer totalen Vergeudung entgegenwirken, und eine sinnreich bewerkstelligte Verzögerung, welche die unaufhaltsame Wiederherstellung des Gleichgewichts bremst, erlaubt es erst, dem unfruchtbar verlodernden Hitzestrom etwas abzugewinnen.

Was die Aussage betrifft, so empfindet sich der Autor, wenn er über sie nachdenkt, zugleich als ihre *Quelle*, ihren *Ingenieur* und als *Zwänge*: ein Teil seiner selbst ist Antrieb; der andere sieht voraus, setzt zusammen, mäßigt, unterdrückt; ein dritter – Logik und Gedächtnis – beharrt auf dem Gegebenen, sorgt für den Zusammenhang, sichert der *gewollten* Anordnung eine gewisse Dauer ... Da beim Schreiben diese Sprachmaschine, bei der durch Auslösung des angereizten Geistes zur Überwindung *realer* Schwierigkeiten Kraft erzeugt wird, so fest und so genau wie möglich konstruiert sein muß, verlangt es vom Autor eine widerstreitende Selbstaufspaltung. Nur hier ist der Mensch im strengen Sinne und voll und ganz *Autor*. Alles andere stammt nicht von *ihm*, sondern von einem zufälligen Teil seiner selbst. Zwischen die ursprüngliche Gemütsbewegung oder Absicht und jene Endeffekte wie Vergessen, Verworrenheit, Verschwommenheit – in die das Denken unausweichlich mündet – muß er die von ihm geschaffenen Widerstände einschalten, um so der im bloßen Vorübergleiten bestehenden Natur innerer Er-

ihn auf sich gemünzt und faßten ihn nicht im Sinne einer schlichten Feststellung auf. Nach unausrottbarer trüber Denkgewohnheit sollen die Gemütsbewegungen des Lesers *direkt* von denen des Autors abhängen oder ihnen entspringen, wie wenn *das Werk nicht da wäre.* Man sagt: wenn ich Tränen vergießen soll, mußt du weinen. Wenn du mich zum Weinen oder zum Lachen bringst, so geschieht es durch das literarische Produkt deiner Tränen. Pascal, Stendhal *streichen durch.* Die Verzweiflung, die Leidenschaft suchen *blindlings* nach dem stärksten Wort. Der Inspirierte gibt sich Rechenschaft. Anders geht es nicht, denn sonst wären diese großen Autoren keine SCHRIFTSTELLER. Übrigens nimmt das Bewußtsein zu, je größer der Widerstand ist.

scheinungen durch sein Dazwischentreten ein wenig nachvollziehbare Wirkungskraft und selbständiges Dasein abzuringen . . .

Es gibt Autoren, und zwar keineswegs unberühmte, deren Werke nichts weiter sind als *Ausschaltungen* dessen, was sie bewegt.
Sie mögen diejenigen, von denen sie stammen, zwar *angehen*, aber *höherbilden* können sie sie nicht. Sie lernen durch sie nicht etwas machen, wovon sie noch nicht wußten, etwas sein, was sie noch nicht waren.

Vielleicht übertrieb ich in jener Zeit das offenkundige Gebrechen aller Literatur, nie den Geist im ganzen zu befriedigen. Mir war zuwider, bestimmte geistige Funktionen gegenüber anderen brachliegen zu lassen. Ich könnte auch sagen (und würde damit dasselbe sagen), daß ich das *Bewußtsein* über alles stellte; so manches Meisterwerk, das mir unüberlegt vorkam, hätte ich für eine sichtbar beherrschte Seite[27] hingegeben!

Diese Verirrungen, die sich leicht verteidigen ließen und die ich auch heute noch nicht für so unfruchtbar halte, daß ich nicht gelegentlich auf sie zurückkomme, vergifteten meine tastenden Versuche. Alle meine Leitideen standen mir so nahe und überscharf vor Augen und waren zudem so allumfassend, daß ich sie auf keinen Einzelumstand anwenden konnte. Wie viele Jahre müssen vergehen, ehe die Wahrheiten, die man sich geschaffen hat, zu eigenem Fleisch und Blut werden!

So fand ich in mir nicht jene Voraussetzungen, jene Hindernisse vor, die wie Kräfte von außen wirken und es ermöglichen, daß man seiner ersten Regung zuwider dennoch vorankommt, sondern ich stieß mich an unhandlichen selbstbereiteten Hemmungen; und ich machte mir aus Vergnügen die Dinge schwerer, als sie so jungen Augen hätten erscheinen sollen. Und auf der anderen Seite erblickte ich nichts als Schwäche, Nachgiebigkeit und abstoßende Fertigkeit: eine unwillkürliche Überfülle, leer wie die Traumfülle, ein endloses Hin und Her und Durcheinander abgenützter Dinge.

Wenn ich auf einem Blatt Papier die Würfel ausspielte, brachte ich es nur zu jenen Wörtern, die von der Ohnmacht des Geistes zeugen: *Genie, Geheimnis, tief*... Attribute, die auf das Nichts zutreffen, die weniger über ihren Gegenstand belehren als über die Person, die sie im Munde führt. Ich mochte mich noch so ködern – in dieser Politik des Geistes[28] brachte ich es nicht weit: auf meine keimenden Vorsätze fand ich nur die Erwiderung, daß die Summe dessen, was ich eintauschte, in jedem Augenblick gleich Null war.

Um das Unglück vollzumachen, hegte ich für die Genauigkeit eine unklare, aber leidenschaftliche Vorliebe; ich legte es in noch unbestimmter Weise auf die Lenkung meiner Gedanken an.

Gewiß hatte ich ein Gefühl dafür, daß unser Geist notwendig, ja notgedrungen auch auf seine Zufallsergebnisse rechnet; er ist geschaffen für das Unvorhergesehene und gibt es aus, wie er es empfängt; seine ausgesprochenen Erwartungen zeitigen keine unmittelbare Wirkung, seine willensmäßigen oder regelmäßigen Schritte erweisen sich erst *nachträglich* als nützlich, wie wenn er dem Klarsten, das er in sich birgt, ein Nachleben verschaffte. Jedoch an die eigentliche Kraft des Wahns, an die Notwendigkeit, nichts zu wissen, vermochte ich nicht zu glauben, auch nicht an die Blitze des Absurden, die schöpferische Zusammenhangslosigkeit. Was wir dem

Der Wille kann im *Geist*, auf den *Geist* nur mittelbar wirken – auf dem Umweg über den *Körper*. Er kann *wiederholen, um zu erlangen* – aber sonst so gut wie nichts.

Unser Denken kann nie vielseitig und nie einfach genug sein. Denn das Wirkliche, zu dem es vordringen will, kann nur von *unendlicher* Komplexität sein – unausschöpfbar; und andererseits kann man es nur ergreifen und sich das Ergriffene zunutze machen, wenn das Denken ihm eine *einfache* Figur mitgibt.

Zufall verdanken, schlägt immer ein bißchen nach seinem Vater! – Unsere Offenbarungen, dachte ich, sind nur Vorgänge einer gewissen Ordnung, und diese *Erkenntnisvorgänge* müssen außerdem interpretiert werden. Sie müssen es ausnahmslos. Auch unsere glücklichsten Eingebungen sind in gewisser Weise ungenau aus *Überschuß*, gemessen an unserer sonstigen Bewußtseinshelle; und ungenau aus *Mangelhaftigkeit*, gemessen an der unendlichen Verwobenheit der geringsten Gegenstände und Fälle der wirklichen Welt, die sie uns vorgeblich darbieten. Unser persönliches Verdienst – nach dem wir trachten – besteht nicht so sehr darin, sie über uns ergehen zu lassen, als sie zu ergreifen, und nicht nur zu ergreifen, sondern zur Rede zu stellen... Und unser Gegenangriff auf unser *Genie* ist manchmal mehr wert als sein Angriff auf uns.

Wir wissen übrigens nur allzu gut, daß die Wahrscheinlichkeit diesem Dämon nicht günstig gesinnt ist; auf die eine gute Idee, die uns der Geist überläßt, setzt er uns schamlos mit einer Million Torheiten zu; und selbst dieser Zufallstreffer wird erst wertvoll durch die Bearbeitung, die ihn unserem Zweck gefügig macht. Es verhält sich damit wie mit den Mineralien, die in ihren Schichten und Adern verborgen nicht zu schätzen sind, sondern erst am Licht der Sonne und durch Bearbeitung ihrer Oberfläche Bedeutung gewinnen.

Es sind also keineswegs die intuitiven Elemente, die die Werke wertvoll machen; nehmt die Werke fort, und eure Genieblitze werden nur noch witzige Zufälle sein, die in die Statistik lokaler Gehirnvorgänge eingehen. Ihr echter Wert erwächst ihnen nicht aus der Dunkelheit ihres Ursprungs, auch nicht aus jener angeblichen Tiefe, der sie, unserem naiven Glauben zufolge, entsteigen sollten, auch nicht aus der köstlichen Überraschung, die sie uns bereiten, wohl aber aus dem Zusammentreffen mit unseren Bedürfnissen und letzthin aus der durchdachten Verwendung, die wir ihnen angedeihen lassen – das heißt aus der Mitarbeit des gesamten Menschen.

Statistische Hypothese.

Wenn es sich aber so verhält, daß unsere größten Einsichten mit unseren größten Fehlerquellen innig verquickt sind und daß im Durchschnitt unser Denken – gewissermaßen – nichts zu bedeuten hat, so muß der Teil in uns, der auswählt, der Teil, der ins Werk setzt, unablässig in Übung gehalten werden. Auf das andere, das in keines Menschen Hand gegeben ist, zu bauen ist so nutzlos wie um Regen beten. Man tauft, vergöttert, plagt dieses andere vergebens: was dabei herauskommt, ist nur ein Zuwachs an Selbsttäuschung und Selbstbetrug – beides Dinge, die mit dem Ehrgeiz des Denkens so selbstverständlich verbunden sind, daß man sich fragen mag, ob sie sein Prinzip sind oder das, was er hervorbringt. Das Erbübel, eine Satzumstellung für eine Entdeckung, eine Metapher für einen Beweis, einen Wortergúß für einen Sturzbach grundlegender Erkenntnisse zu halten und sich selber für ein Orakel, dieses Übel kommt mit uns auf die Welt.

Leonardo da Vinci hat mit diesen Verworrenheiten nichts zu tun. Unter den zahlreichen Idolen, zwischen denen uns die Wahl freisteht, da wir zumindest eines vergöttern müssen, hat er sich jene hartnäckige *Strenge* vor Augen gerückt, die sich selber das anspruchsvollste aller Idole nennt. (Doch ist es wohl von allen das am wenigsten grobe, das von den anderen einmütig gehaßt wird.)

Erst wenn die Strenge eingesetzt ist, wird eine positive Freiheit möglich, indessen die anscheinende Freiheit, da sie nur Willfährigkeit gegenüber jedem zufälligen Anstoß ist, uns, je mehr wir ihr huldigen, um so mehr im Kreise irrend an denselben Ort bannt, wie einen Korken im Meer, den nichts bindet, den alles anlockt und an dem sich widerstreitend und einander aufhebend alle Kräfte des Weltalls auswirken.

Die gesamte Leistung des großen Leonardo ist einzig und allein von seinem großen Ziel abgeleitet; sein Denken scheint nicht an eine besondere Individualität geknüpft, es erscheint umfassender, mehr ins einzelne gehend, folgerichtiger und in sich beharrender, als es das individuelle Denken zu sein pflegt. Ein Mensch, der sehr hoch steht, ist nie ein *Original*. Seine Persönlichkeit hat nicht mehr zu bedeuten, als nötig ist. Wenig Unausgeglichenheit, keinerlei geistiger Aberglaube. Keine leere Furcht. Er hat vor den Analysen keine Angst, er lenkt sie – oder vielmehr: sie leiten ihn – zu den weitesten Folgerungen; er wendet sich immer wieder ohne Anstrengung dem Wirklichen zu. Er ahmt nach, er erneuert; er verwirft das Alte nicht, weil es alt ist; auch nicht das Neue, bloß weil es neu ist; doch verläßt er sich im eigenen Inneren auf etwas, das allzeit aktuell ist.

Er kennt überhaupt nicht jenen so groben und so schlecht definierten Gegensatz zwischen dem »esprit de finesse« und dem »esprit de géometrie«, den etwa hundertundfünfzig Jahre nach ihm ein Mann aufstellen sollte, der in den Künsten mit Blindheit geschlagen war, der sich nicht vorstellen konnte, daß zwischen Schönheitssinn und geometrischer Anschauung, diesen wenn auch unterschiedlichen Vermögen, ein feiner, und zwar naturgegebener, Zusammenhang besteht; der die Malerei für ein eitles Spiel hielt, der wähnte, daß echte Beredsamkeit der Beredsamkeit spotte; der uns eine Wette anbietet, die alles, was Geschmack, und alles, was Geometrie ist, in ihren Schlund hinabzieht, und der, nachdem er seine neue Lampe gegen eine alte eingetauscht hatte, seine Zeit damit vergeudet, Zettel in seine Taschen einzunähen, zur Stunde, da es gegolten hätte, Frankreich den Ruhm der Infinitesimalrechnung zu schenken ...

Diese Antithese hat eine beachtliche Karriere gemacht. Ich fürchte, in der geistigen Welt hat sie nichts Gutes bewirkt.[29]

Diese Stelle hat Anstoß erregt. Aber wohin wäre es mit der Menschheit gekommen, wenn alle, die ihm geistig ebenbürtig waren, gehandelt hätten wie er?

Für Leonardo gibt es keine Offenbarungen. Kein Abgrund klafft zu seiner Rechten. Ein Abgrund ließe ihn an eine Brücke denken. Ein Abgrund wäre geeignet, einen großen Maschinenvogel auszuprobieren ...

Auch mochte er von sich selber das Musterbild eines schönen geistbegabten Lebewesens haben, das in jedem Sinne elastisch und gelöst und zu mehreren Gangarten befähigt ist; das der leisesten Absicht des Reiters folgend ohne Sträuben und ohne Stocken von einer Gangart in die andere überzuwechseln vermag; Feingefühl und Geometrieverstand werden miteinander vermählt und wieder gesondert, im gleichen Wechsel, wie das Pferd vom einen Rhythmus in den anderen springt... Es mag diesem im höchsten Sinne koordinierten Wesen genügen, wenn es sich willensmäßig gewisse versteckte und sehr einfache Umstellungen zur Vorschrift macht: dann geht es vom Bereich der rein formalen Umwandlungen und symbolischen Akte unmittelbar zum Bereich der unvollkommenen Erkenntnis und der gegebenen Wirklichkeit über. Eigner dieser Freiheit in der Tiefe der Wandlungsfähigkeit zu sein, über ein derartiges Register von Anpassungen zu verfügen heißt allein an der Ganzheit des Menschen teilhaben, wie es nach unserer Vorstellung in der Antike der Fall war.

Die Antike lebte zwar nicht im ausgesprochenen Bewußtsein, aber in der Freiheit geistiger Haltung.

Angesichts einer Eleganz überlegener Art sind wir entwaffnet. Dieses Freisein von Befangenheit, Prophetenwahn und Pathetik, diese scharf ausgeprägten Ideale, dieses zwischen Kuriosa und Allgemeinkräften vermittelnde Temperament, das ein Meister im Gleichgewicht immer wieder ins Lot bringt, dieses Verschmähen von Vorgaukelei und Kunstfertigkeit, und dazu bei dem einfallsreichsten Menschen diese völlige Abwesenheit von jeglicher Schaustellung: all das bringt uns aus der Fassung. Was geht auch Menschen wie uns schwerer ein, die wir aus der »Empfindsamkeit« so etwas wie einen Beruf machen, die wir in ein paar elementaren Kontrastwirkungen, die im Nervensystem nachschwingen, alles zu halten meinen und das Ganze zu packen wähnen, wenn wir uns die Illusion verschaffen, als lösten wir uns in der schillernden und beweglichen Substanz unseres erinnerten Lebens auf? Leonardo dagegen, von Forschung zu Forschung schreitend, wird in steigendem und immer herrlicherem Maße schlechtweg der Zureiter seiner eigenen Natur; er trainiert unablässig sein Denken, übt seinen Blick, wechselt je nach Absicht aufs planvollste von der einen auf die andere Hand über, er lockert und versammelt sich, er strafft das Band zwischen Willens- und Tatkräften, treibt seinen Gedankengang in die Künste vor und bewahrt ihm die Anmut.[30]

Eine derart abgelöste Intelligenz kommt in ihrer Bewegung zu seltsamen Haltungen, etwa so wie eine Tänzerin uns in Erstaunen versetzt, wenn sie eine schwebende Haltung einnimmt und eine Zeitlang darin verharrt. Seine Unabhängigkeit verstößt gegen unsere Lebenstriebe und setzt sich über unsere Wunschregungen hinweg. Nirgends ist er so frei, das heißt so wenig menschlich, wie in seinen Urteilen über die Liebe, über den Tod. Einige Bruchstücke in seinen Heften lassen sie uns erraten. »Die Liebe in ihrer Raserei« (sagt er etwa) »ist derart abstoßend, daß die menschliche Rasse aussterben müßte – *la natura si perderebbe* –, wenn diejenigen, die ihr obliegen, sich sehen könnten.« Diese abschätzige Beurteilung macht sich in mehreren Skizzen geltend, denn der Gipfel der Verachtung für gewisse Dinge ist ja, sie eingehend zu beobachten. Also zeichnet er gelegentlich anatomische Paarungen, er-

Dieser im ganzen recht kalte Blick auf den Liebesmechanismus steht in der Geistesgeschichte, glaube ich, einzig da.

Bei kaltblütiger Analyse der Liebe drängt sich dem Geist eine Fülle von Ideen auf. Was für Umwege, welch ein kompliziertes Zusammenspiel von Mitteln, um die

Befruchtung zu vollziehen! Die Gefühle, die Ideale, die *Schönheit* als eintretende Voraussetzungen, um einen bestimmten Muskel zu reizen. Das Wesentliche der Funktion ein Akzidens; ihr Inkrafttreten befürchtet, umgangen. Nichts zeigt deutlicher, in wie hohem Grade die *Natur indirekt* ist.

schreckende Querschnitte durch den Liebesakt als solchen. Der erotische Mechanismus interessiert ihn schon darum, weil der animalische Mechanismus sein Lieblingsbereich ist; jedoch das schweißgebadete, keuchende Ringen der *opranti*, das ineinander verschlungene Ungetüm aus widerspenstigen Muskulaturen, die Umformung ins Tierische – all das scheint ihm nur Ekel und Abscheu einzuflößen ...[31]

Sein Urteil über den Tod mag aus einem recht kurzen Text hervorgehen – einem Text jedoch von antiker Fülle und Schlichtheit, der vielleicht im Vorwort zu einem nie vollendeten Traktat über den menschlichen Leib Platz finden sollte.

Dieser Mann, der, um den Verlauf einiger Adern festzustellen, zehn Leichen seziert hat, spricht den Gedanken aus: die Bildung unseres Leibes ist ein solches Wunder, daß die Seele, obgleich *göttlicher Natur*, sich nur mit der größten schmerzlichen Pein von diesem Leib, den sie bewohnt hat, trennt. *»Und ich glaube wohl«*, sagt Leonardo, *»daß ihre Tränen und ihr Schmerz nicht grundlos sind ...«*

Dringen wir in den sinnvollen Zweifel, der sich in diesen Worten birgt, nicht tiefer ein. Es genügt, den riesigen Schatten ins Auge zu fassen, den hier eine aufkeimende Idee vorauswirft: Der Tod, verstanden als ein Unheil *für die Seele*! Der Tod des Leibes, eine Beeinträchtigung dieser *göttlichen Mitgift*! Der Tod, der die Seele bis zu Tränen bewegt, und zwar in ihrem geliebtesten Werk, durch die Zerstörung eines solchen Gebäudes, das sie sich geschaffen hat, um darin zu wohnen!

Ich möchte aus diesen sparsamen Worten keine Metaphysik nach Leonardo ableiten; ich folge nur einer naheliegenden Spur, auf die ich in meinem Denken unwillkürlich stoße. Für einen solchen Liebhaber des Organismus ist der Leib nicht bloß eine verächtliche Raupe; dieser Leib ist viel zu eigenartig beschaffen, er löst zu viele Probleme, *ist im Besitz zu vieler Funktionen und Auskünfte, um nicht einer transzendenten Forderung zu entsprechen, die zwar stark genug ist, um ihn zu erschaffen, jedoch nicht stark genug, um auf seine komplizierte Anlage zu verzichten.* Er ist Werk und Werkmittel eines, der ihn nötig hat, der ihn nicht gern verwirft, der um ihn weint, als weinte er um seine Macht ... Dies ist es, was Vinci fühlt. Seine Philosophie ist durchaus *naturalistisch*; sie nimmt heftigen Anstoß am *Spiritualismus*, hängt innig am Wort-für-Wort der physikalisch-mechanischen Erklärung; jedoch, wo die Seele in Frage steht, tritt sie vergleichbar an die Seite der Philosophie der Kirche. Die Kirche – jedenfalls soweit sie sich auf Thomas von Aquin beruft – bereitet der vom Leib abgetrennten Seele keine sehr beneidenswerte Existenz. Nichts ist so arm wie diese Seele, die ihren Leib eingebüßt hat. Gerade daß ihr noch das Sein bleibt: das heißt ein logisches Minimum, eine Art latenten Lebens, das sie unserem Verständnis entrückt, und sicher auch ihrem eigenen Verständnis. Sie hat alles abgelegt: Können, Wollen; Wissen am Ende? Ich weiß nicht einmal, ob ihr die Erinnerung an ihr Gewesensein verbleibt, an ein Irgendwann und Irgendwo, an *forma* und *actus* ihres Lei-

In Wirklichkeit ist es nur das Empfindungsleben, um das wir uns kümmern. Am geistigen Leben (nach schulmäßiger Unterscheidung – gewiß!) liegt uns nur insoweit, als es auf unsere Empfindung mannigfach einwirkt.
Nun kann aber diese für ziemlich lange Zeit ausfallen, ohne daß der Tod eintritt. Theologisch gesprochen: die *Seele* hat uns noch nicht verlassen. Aber innerhalb dieses Zeitraums war das *Ich* nicht vorhanden. Das, was uns im Angesicht unser selbst ausmacht, war gleich Null: und die Möglichkeit einer *restitutio ad integrum*

war dem geringfügigsten Zufall preisgegeben. Bestimmt wissen wir also nur: *Wir können – nichtsein.*

bes. Was ihr bleibt, ist lediglich die Ehre ihrer Autonomie ... Ein derart leerer und nichtssagender Zustand ist zum Glück nur vorübergehend – sofern dieses Wort außerhalb der Zeitdauer überhaupt einen Sinn hat: die Vernunft fordert und das Dogma lehrt die Wiederherstellung des Fleisches. Sicher werden die Eigenschaften dieser überirdischen Fleischlichkeit sehr verschieden sein von denen, die unser Leib gehabt hat. Man muß hier, glaube ich, an etwas anderes denken als an eine Realisierung des *Unwahrscheinlichen.* Aber es ist müßig, sich bis an die äußersten Grenzen der Physik vorzuwagen, von einem verklärten Leib zu träumen, bei dem die Masse zu der alles durchwaltenden Schwerkraft in einem anderen Verhältnis steht als unsere Körpermasse, und zudem in solcher Beziehung zur Lichtgeschwindigkeit, daß die *Agilität,* die ihr verheißen ist, zu Realität wird ... Wie dem auch sei: die entblößte Seele soll nach Aussage der Theologie in einem bestimmten Körper bestimmte Lebensfunktionen wiederfinden; und durch diesen neuen Körper eine Art von Stoff, an dem sie tätig werden und mit unverweslichen Wunderwerken ihre leeren Verstandeskategorien erfüllen soll.

Ein Dogma, das der leiblichen Organisation diese fast nicht einmal sekundäre Bedeutung beimißt, das die Seele beträchtlich einschränkt, das uns die Beschämung verwehrt und erspart, sie uns vorstellen zu müssen, das sie sogar zur Wiederverkörperung zwingt, damit sie an der Fülle des ewigen Lebens teilhaben kann, dieses

Dogma, das zum reinen Spiritualismus genau im Gegensatz steht, scheidet die Kirche in augenfälligster Weise von der Mehrzahl der übrigen christlichen Konfessionen. Doch will mir scheinen, als sei über keinen Glaubensartikel die religiöse Literatur in den letzten zwei- oder dreihundert Jahren so leichtfertig hinweggegangen. Apologeten und Prediger sprechen kaum noch von ihm ... Die Ursache dieses Verschweigens weiß ich nicht anzugeben.

Ich habe mich so tief in Leonardo verirrt, daß ich nicht weiß, wie ich in der Eile zu mir selber zurückfinden soll ... Pah! Jeder Weg führt mich dorthin: das ist geradezu die Definition dieses Ich-selbst. Es kann nicht ganz und gar in die Irre gehen. Es kann sich nicht verlieren; was es verliert, ist nur – Zeit.

Gehen wir also der Neigung und der Versuchung des Geistes noch ein Stück weiter nach; überlassen wir uns ihnen – zu unserem Leidwesen – ohne Furcht, denn auf einen wirklichen Grund stoßen wir dabei nicht. Auch unser »tiefstes« Denken ist umschränkt von unüberwindlichen Bedingungen, die bewirken, daß jedes Denken »oberflächlich« ist. Nur in einen Wald von Übertragungen dringen wir ein; oder eher noch haben wir es mit einem von Spiegeln umringten Palastinneren zu tun, Spiegeln, in denen eine einsame Lampe sich selber bis ins Unendliche fortzeugt.

Nichts läßt den oberflächlichen Charakter des Denkens so deutlich erkennen wie die Betrachtungen und Überlegungen, die es im Hinblick auf den *Körper* anstellt.
Es gehört ihm an, setzt ihn in Bewegung, weiß nichts von ihm, bezieht sich auf ihn, vergißt ihn, läßt sich von ihm überraschen ...

Doch verlassen wir uns noch einmal nur auf unsere Neugier, um Licht in das verborgene System eines Individuums erster

Ordnung zu bringen, und machen wir uns eine ungefähre Vorstellung davon, wie es sich selber sieht, wenn es zuweilen im Fortgang seiner Arbeit innehält und sich im Gesamten anschaut.
Zunächst stellt der Mensch fest, daß er der Notdurft und der gemeinen Wirklichkeit unterworfen ist; daraufhin versetzt er sich wieder in das Geheimnis des abgesonderten Erkennens. Er sieht wie wir und sieht wie er selbst. Er hat über seine Natur ein Urteil und ein Gefühl seiner Künstlichkeit. Er ist abwesend und gegenwärtig. Er erhält sich in jenem Doppelzustand, in dem ein Priester sich erhalten mag. Er fühlt sehr wohl, daß er, vor sich selber gestellt, sich aufgrund der gewöhnlichen Lebenstatsachen und Motive nicht vollauf zu definieren vermag. *Leben*, sogar Wohlleben, gilt ihm nur soviel wie ein Mittel; wenn er ißt, gibt er zugleich einem anderen Wunder, als sein Leben es ist, Nahrung, und die Hälfte seines Brotes ist geweiht. *Handeln* gilt ihm auch nur als eine Form, sich zu üben. *Lieben:* ich weiß nicht, ob er dazu imstande ist. Und was den Ruhm betrifft: nein! In den Augen anderer glänzen heißt ein Gefunkel von falschen Edelsteinen auffangen.

Doch muß er bei sich irgendwelche Richtpunkte ausfindig machen, Anhaltspunkte, die so angebracht sind, daß sein Eigenleben und jenes *allgemeinbezügliche Leben*, das er erkoren hat, sich zur Einheit fügen. Die unverwirrbare Schaukraft, die ihm anscheinend (doch ohne ihn völlig zu überzeugen) ein Gesamtbild seiner selbst vor

Augen stellt, möchte sich der Relativität, die sie aus allem anderen zu schließen genötigt ist, entziehen. Sie mag sich noch so sehr in sich selber verwandeln und sich Tag für Tag so lauter wie die Sonne wiedergebären: diese anscheinende Identität ist von dem Gefühl ihrer Trughaftigkeit begleitet. Sie weiß sich in ihrer steten Ruhe einer geheimnisvollen Strömung und einer zeugenlosen Verwandlung ausgesetzt; und darum weiß sie auch, daß sie selbst im Zustand lichtester Eindeutigkeit eine verborgene Möglichkeit des Scheiterns und des völligen Zusammenbruchs in sich birgt – so wie auch dem deutlichsten Traum manchmal ein Keim von Unwirklichkeit innewohnt.

Damit haben wir die Zeit erfunden, unter der wir uns das gemeine Los all dessen vorstellen, was nicht *wir* sind.

Aber dieses *Wir* enthält nichts mehr, insofern es die äußerste Grenze der eigentlichen und anhaltenden Tätigkeit des Erkennens bildet, welche darin besteht, unausgesetzt alles von sich abzurücken.

Es ist eine Art strahlender Folter, zu fühlen, daß man alles sieht, ohne doch das Gefühl loszuwerden, daß man immer noch *sichtbar* und der begreifbare Gegenstand einer nichteigenen Beobachtung ist; und daß man nie den Ort, nie die Schau findet, die nichts hinter sich zurücklassen.

»Durus est hic sermo«, wird alsbald der Leser sagen. Aber in diesen Dingen ist schwierig, wer sich nicht mit Verschwommenem abgibt, und wer nicht schwierig ist, ist nichtssagend. Gehen wir noch ein Stück weiter!

Für ein geistiges Bewußtsein, das derart mit Selbstempfindung begabt ist und sich auf dem Umweg über das »Universum« in sich selber einschließt, sind alle Begebenheiten, welcher Art auch immer, das Leben sowohl wie der Tod, aber auch die Gedanken, lediglich untergeordnete *Figuren*.

So wie alles *Sichtbare* im Verhältnis zu dem *hinschauenden Etwas* von anderer Art, unentbehrlich und zugleich ihm unterlegen ist, so verblaßt die Bedeutung dieser Figuren, wie groß sie auch in jedem Augenblick erscheinen mag, vor der Reflexion als solcher, vor der reinen Beharrungskraft der Aufmerksamkeit selber. Alles tritt zurück vor dieser reinen Universalität, dieser unübersteigbaren Allgemeinheit, als welche sich das Bewußtsein empfindet.

Wenn gewisse Begebenheiten imstande sind, es zu unterdrücken, so kommen sie damit auch im selben Augenblick um jede Bedeutung; sofern sie sie behalten, fallen sie in sein System. Die Intelligenz weiß sowenig, daß sie geboren ist, wie daß sie künftig sterben wird. Gewiß hat man sie über ihre Schwankungen und ihr schließliches Erlöschen unterrichtet, jedoch im Namen eines Begriffs, der keiner anderen Spezies angehört als die anderen Begriffe; sie käme sehr leicht dazu, sich für unverlierbar und unwandelbar zu halten, wenn sie nicht aufgrund erlebter Erfahrung über kurz oder lang eine Reihe verhängnisvoller Möglichkeiten vorgefunden hätte, sowie das Vorhandensein einer abschüssigen Bahn, die tiefer als alles hinabführt. Diese abschüssige Bahn beschert uns das Vorgefühl, daß ihr unter Umständen nicht zu widerstehen sein wird; sie kündet den Beginn eines unwiderruflichen Weiterrükkens der geistigen Sonne vom Scheitelpunkt klarer Eindeutigkeit und Gediegenheit und der Macht, zu unterscheiden und zu wählen, an; man spürt, wie sie niedergeht und sich mit tausend psychologischen

weshalb man auf die Idee der Unsterblichkeit gekommen ist und sie ausgebildet hat. Eine Unterdrückung unseres Bewußtseins, die nicht vorfallsbedingt und endgültig ist, geht nicht in unser Begreifen ein. Begreifen kann das Bewußtsein nur, was es tun kann, und es kann nichts anderes tun, als von neuem zu werden.

Unsauberkeiten trübt, wie Schwulst und Schwindel sie heimsuchen, inmitten der Wirrnis der Zeit und der Verstörung angemessenen Tuns, und wie sie versagend in der unaussprechlichen Zerrüttung der Erkenntnis*dimensionen* ihren Weg geht, bis hin zu jenem momenthaften und ungeschiedenen Zustand, da dieses Chaos in völliger Nichtigkeit versinkt.

Jedoch: eine in sich vollkommene psychologische Ersatzwelt, die sich zum Tode genau so gegensätzlich verhält wie zum Leben, löst, je bewußter sie wird und je mehr sie auf sich selber beruht, jede Verbindung zu ihrem Ursprung und scheidet sozusagen jede Möglichkeit einer Unterbrechung aus. Ähnlich wie der Rauchring strebt dieses rein innerliche Kräftesystem wunderbarerweise auf vollkommene Unabhängigkeit und Unzertrennbarkeit zu. In einem sehr hellen Bewußtsein herrscht zwischen dem Erinnern und den Erscheinungen eine derart innige Verknüpfung, Erwartungs- und Erwiderungsbereitschaft, wird die Vergangenheit so gut in Dienst genommen, das Neue so rasch kompensiert, die Gesamtbezüglichkeit so prompt wiederhergestellt, daß im Schoße dieser nahezu reinen Tätigkeit nichts anheben, nichts enden zu können scheint. Der beständige Austausch von *dinghaften Elementen*, der ihr Wesen ausmacht, sichert ihr dem Anschein nach eine unbegrenzte Selbsterhaltung, denn an keines dieser Dinge ist sie gebunden, auch birgt sie in sich kein *Grenzelement*, keinen irgendwie gearteten Einzelgegenstand der Wahrnehmung oder des Denkens,

Es gibt keinen *letzten Gedanken an sich* und *durch sich.* Bei gewissen männlichen Insekten gibt es einen letzten *Akt*, den Liebesakt, nach dem sie sterben. Doch es gibt keinen Gedanken, der die Fähigkeit des Geistes ausschöpft. Indessen gibt es eine seltsame Neigung (bei sämtlichen Geistern einer gewissen Art), nämlich immerzu auf irgendeinen Punkt, irgendeinen Himmel loszusteuern. Es gibt die Unersättlichkeit des Verstehens und des Konstruktionsvermögens ... Die Unbegreiflichkeit des Todes wird hier als notwendig wesenhaft dargestellt; der Tod als *Nichtproblem.* Ich meine den Tod jedes einzelnen, wie ihn der einzelne im Blick hat. Denn biologisch gesehen ist der Tod ein *unablöslicher Bestandteil* des Lebens und insofern verständlich; wäre er es nicht, so *müßte* auch der Lebensvorgang *unverständlich* bleiben.

dessen Wirklichkeit die der anderen so überträfe, daß nach ihm kein anderer kommen könnte. Es gibt keine Idee, die den ungekannten Bedingungen des Bewußtseins in so hohem Grade genügt, daß sie es zum Verschwinden bringt. Es gibt keinen Gedanken, der das Denkvermögen austilgt und abschließt – keine Schlüsselstellung, die das Schloß endgültig abriegelt. Nein, es gibt keinen Gedanken, der, aus dem Denken selber geboren, einen Auflösungsbeschluß darüber verfügt und wie ein Schlußakkord an das Ende dieser ständigen Dissonanz tritt.

Da die Erkenntnis von keiner äußersten Grenze weiß und da keine Idee die Aufgabe des Bewußtseins erschöpft, muß es an einem unbegreiflichen Ereignis zugrunde gehen, das ihm jene außerordentlichen Widerfahrnisse und Schreckempfindungen, von denen ich sprach, ankünden und zurüsten; sie entwerfen vor unseren Augen unstetige und mit der Fülle des Lebens unvereinbare Welten; unmenschliche Welten, kraftlose Welten, vergleichbar jenen Welten, wie sie die Geometrie im freien Spiel mit den Axiomen entwirft, der Physiker, indem er andere *Konstanten* als die zulässigen annimmt. Zwischen die Eindeutigkeit des Lebens und die Einfachheit des Todes schieben sich die Träume, die Unlustgefühle, die Ekstasen, alle diese halb unmöglichen Zustände, und belasten sozusagen die Gleichung der Erkenntnis mit Annäherungswerten, mit irrationalen oder transzendenten Lösungen, setzen wunderliche Grade, Varietäten und unaussprechliche Phasen an – denn für Dinge, unter denen man ganz allein ist, gibt es keine Namen.

So wie die täuschende Musik die Freiheiten des Schlummers an die Kette äußerster Wachsamkeit und Folgerichtigkeit legt und innere Wesenheiten für Augenblicke zur Synthese bringt, so lassen uns auch die Schwankungen des seelischen Gleichgewichts abweichende Existenzmodi wahrnehmen. Wir tragen in uns Formen der Sensibilität, die nicht zum Zuge kommen, wohl aber auftreten können. Es sind Augenblicke, die sich der unbarmherzigen Kritik des Lebensstroms entziehen; sie halten dem vollständigen Wirkungszusammenhang unseres Wesens nicht stand; entweder wir gehen zugrunde, oder sie lösen sich auf. Aber sie stecken voller Lehren, diese Ungeheuer der geistigen Wahrnehmung, und ebenso diese Übergangszustände – Räume, in denen die Stetigkeit, der Zusammenhang, die Beweglichkeit, wie wir sie kennen, verändert sind; Reiche, in denen Licht mit dem Schmerz zu Paar geht; Kraftfelder, wo gezielte Befürchtungen und Gelüste uns seltsame Kurzschlüsse bescheren; Stoff, der aus Zeit gemacht ist; buchstäbliche Abgründe von Entsetzen oder Liebe oder Stille; Bereiche, die auf ausgefallene Art an sich selber geschmiedet sind, nicht-archimedische Bereiche, die der Bewegung spotten; Orte des Immerwährenden, blitzhaft geschaut; Oberflächen, die sich höhlen, die vermählt sind mit unserem Ekel und unter dem leisesten Druck unserer Absichten nachgeben... Man kann nicht sagen, daß sie wirklich sind; man kann ihnen die Wirk-

Dieses seelische Gleichgewicht wird sichergestellt durch entsprechende *Neueinstellung*, wodurch die seelischen Entwicklungen (Aufmerksamkeit und Assoziationen) wieder durchlässig für Empfindungen und äußere Wahrnehmungen werden.
In den *Abweichungen* ist gewiß mancherlei zu finden; jedoch bekommen diese Funde erst Wert, wenn sie auf das System unseres Handelns und der feststehenden Außenwelt bezogen werden.

lichkeit nicht absprechen. Wer sie nie durchwandert hat, kennt nicht den ganzen Wert des natürlichen Lichtes und des unscheinbarsten Ortes; er kennt nicht die eigentliche Gebrechlichkeit der Welt, die nicht an der Alternative Sein oder Nichtsein hängt – das wäre zu einfach! – Erstaunlich ist nicht, daß die Dinge *sind*; vielmehr, daß sie *so* und nicht anders sind. Die *Gestalt dieser Welt* gehört zu einer Gattung von Gestaltungen, deren infinite Gruppenelemente uns, ohne daß wir darum wissen, sämtlich gegeben sind. Das ist das Geheimnis der Erfinder.

Tritt nun der Geist aus diesen Zwischenpausen und persönlichen Abwegen hervor, wo die Schwächen, die Giftstoffe im Nervensystem, wo aber auch die Kräfte und das verfeinerte Aufmerken, die erlesenste Logik, die ausgebildetste Mystik das Bewußtsein auf mancherlei Art leiten, so kommt er auf den Verdacht, daß die gesamte gewohnte Wirklichkeit nichts anderes ist als eine unter einer Vielzahl anderer Lösungen universaler Probleme. Das Bewußtsein erlangt Gewißheit darüber, daß die Dinge *recht* verschieden sein könnten von dem, was sie sind, ohne daß es selber *sehr* verschieden zu sein brauchte von dem, was es ist. Es wagt seinen »Körper« und seine »Welt« als Einschränkungen anzusehen, unter die das Studium seiner Funktion fast willkürlich gebracht worden ist. Es sieht, daß es einer *Welt* weder entspricht noch auf sie antwortet, sondern vielmehr einer Art System höheren Grades, dessen Elemente von Welten dargestellt werden.

Diese Erwägung erscheint bedenkenswert, wenn auch der Gedankengang notwendig offenbleibt.

Die Erkenntnis und ihr Gegenstand sind gewissermaßen reziprok. Aber diese Reziprozität ist nicht so ausschließlich streng, daß sie nicht eine gewisse Freiheit hin-

Es ist imstande, aus sich heraus mehr Kombinationen zu liefern, als es zum Leben braucht; strenger zu verfahren, als es der praktische Einzelfall erfordert und verträgt; es hält sich für tiefer, als es selbst der Abgrund des animalischen Lebens und Sterbens ist; und dieser Blick auf seine Verfassung ist keiner Rückwirkung auf sich selber fähig, so weit ist es zurückgetreten und hat seinen Ort außerhalb von allem gewählt, und so sehr war es bestrebt, *niemals in irgend etwas aufzutreten, was es begreifen und wovon es sich Rechenschaft geben kann.* Das Bewußtsein besteht nur noch in einem schwarzen Körper, der alles absorbiert und nichts wiedergibt.

sichtlich aller Gegenstände und Inhalte zuläßt. Das Leben erschöpft nicht im Dienst seiner Notdurft alle Möglichkeiten des Geistes und der Sinne, die es unterhält.

Aus diesen exakten Feststellungen und diesen unvermeidlichen Prätentionen läßt sich ein gewagter Schluß ziehen: kraft dieser Art von Unabhängigkeit und Unwandelbarkeit, die sich das Bewußtsein notwendig zusprechen muß, setzt es sich schließlich als unmittelbaren und ebenbildlichen Sproß des antlitzlosen und ursprungslosen Wesens, auf das jeder Weltversuch zurückfällt und sich bezieht ... Noch ein Schritt, und es würde als notwendige Existenzen nur noch zwei ihrem Wesen nach unbekannte Entitäten ansetzen: Sich selber und X. Beide sind sie abgezogen von allem, mitverstanden in allem, alles mitverstehend. Gleich und in der Substanz eins.

Wenn der Anspruch des unermüdlichen Geistes den Menschen so mit der erwachten Dämmerwelt in Berührung gebracht und auf diesen Gipfel reiner Selbstanschauung geführt hat, nimmt er sich in seiner Nacktheit und Blöße wahr, beschränkt auf die äußerste Armut einer Macht ohne Gegenstand; als Opfer, Meisterwerk und Erfüllung der dialektischen Vereinfachung und Ordnung; zu vergleichen mit jenem Stadium, das der vielseitigste Gedanke erreicht, wenn er sich an sich selber angeglichen, erkannt und in einer kleinen Gruppe von Zeichen und Symbolen zusammengefaßt hat. Dieselbe Arbeit, die wir an einem Gegenstand unseres Nachdenkens leisten, hat er auf das nachdenkende Subjekt verwendet.

Jetzt sieht er sich ohne Triebe, fast ohne Bilder; und er hat kein Ziel mehr. Er hat nicht seinesgleichen. Ich sage: *Mensch*, und ich sage: *es*, per analogiam und weil es kein Wort dafür gibt.

Es geht weder mehr um Wählen noch um Schaffen, es geht ebensowenig um Sicherhalten wie um Sicherweitern. Nichts mehr ist zu überwinden, und nicht einmal von Selbstzerstörung kann die Rede sein.

Könnten wir den Mechanismus des Einfältigen und den des geistreichen Menschen erkennend durchschauen, würde sich der Unterschied zwischen beiden, der uns zuweilen ungeheuer erscheint, vielleicht nur in unbedeutenden Abweichungen der Struktur und Wirkungsweise *an sich* zeigen, gemessen an denen die großen Unterschiede

Jedes *Genie* ist jetzt aufgezehrt, kann zu nichts mehr dienen. Es war nur Mittel, um zur letzten Einfachheit zu gelangen. Es gibt keine geniale Tat, die nicht *unter* dem Akt des Seins bliebe. Ein großartiges Gesetz behaust und begründet den Einfältigen; auch der stärkste Geist findet in sich selber kein besseres vor.

Insofern aber dieses vollendete Bewußtsein sich dazu gebracht hat, aufgrund der Totalsumme alles Seienden, gleichsam als *Überschuß* des Erkennens über dieses Totale, eine Definition seiner selbst zu treffen – und da es, um sich selber zu bestätigen, damit anfangen muß, unzählige Male eine Unzahl von Elementen zu verneinen und die Gegenstände seines Vermögens auszuschöpfen, jedoch nicht dieses Vermögen selbst –, ist es folglich vom Nichts so wenig verschieden, wie man will.

nur *Zufälligkeiten* wären.

Einfach ausgedrückt, läßt es an einen unsichtbaren Zuschauer in einem dunklen Theater denken. Anwesend, ohne sich selber anschauen zu könen, verurteilt zu einem widerwärtigen Schauspiel, und dennoch mit dem Gefühl, daß es diese ganze keuchende Nacht und ihren unbeugsam gerichteten Lauf selber erschafft. Völlige Nacht, sehr gefräßige Nacht, heimlich organisierte Nacht, zur Gänze geschaffen aus Organismen, die sich begrenzen und ineinander ballen; kompakte Nacht, deren Finsternis vollgestopft ist mit Organen, die schlagen, die blasen, die sich erhitzen und die jedes nach seiner Wesensart ihre Stelle und ihre Funktion verteidigen. Im Angesicht dieser hitzigen und geheimnisvollen Versammlung erglänzt in einem festgefügten Rahmen und regt sich alles, was das Sinnen-, das Verstandesleben und das Mögliche ausmacht. Nichts kann entstehen, nichts vergehen, nichts auf welcher Stufe auch immer sein, einen Augenblick, einen Ort, ein Gesicht haben – wenn es nicht auf dieser eindeutigen *Bühne* erscheint, die ihm das Schicksal zugewiesen hat und wo es – nach der Scheidung irgendeiner vorzeitlichen Wirrnis, so wie sich am ersten Schöpfungstag Licht und Dunkel schieden – unter die *eine* gegensätzliche Bedingung gestellt worden ist: *gesehen zu werden* ...

Dieses Bild vom Theater ist geeignet, das tiefe organische Leben mit dem *oberflächlichen* Leben, das wir *Geist* nennen, zu verbinden und es in Gegensatz dazu zu stellen. Das erste ist regelmäßiger, periodischer Art und bezeugt sich zuweilen nur in der Form von Störungen, und zwar nicht in allen seinen Störungen, denn es gibt darunter sehr schwerwiegende, die stumm bleiben, sondern in einer bestimmten Anzahl, die eine Art Zufall uns empfinden, ja als unerträglich empfinden läßt, ohne daß ihre Lebenswichtigkeit dafür maßgebend wäre.

Wenn ich meine Betrachtung bis in diese Einsamkeit und bis auf diesen Punkt einer verzweifelt scharfen Einsicht gebracht habe, so geschah es, um die Idee, die ich mir von einer geistigen Potenz gebildet habe, bis in die letzten Konsequenzen zu verfolgen. Das auszeichnende Merkmal des Menschen ist das Bewußtsein; und Merkmal des Bewußtseins ist ein fortwährendes Ausschöpfen, ein rast- und ausnahmsloses Sichabsetzen von allem, was darin erscheint, was auch immer darin erscheint. Ein Akt, der unerschöpflich, unabhängig von der Qualität wie von der Quantität der erscheinenden Dinge ist, und der den *geistigen Menschen* schließlich dazu bringen muß, sich wissentlich auf eine unendliche Absage an jedes Seinkönnen zu reduzieren.[32]

Alle Erscheinungen, die somit von einer Art gleichmäßiger Abstoßung betroffen und gleichsam der Reihe nach mit derselben Gebärde verwiesen werden, halten einander auf gewisse Weise die Waage. Die Gefühle und die Gedanken verfallen gleichermaßen dieser einsinnigen Verurteilung, die sich auf alles Wahrnehmbare erstreckt. Man muß wohl darauf achten, daß dieser rigorosen Erschöpfung nichts entgeht, daß aber unsere Aufmerksamkeit genügt, um unsere innersten Regungen mit den äußeren Begebenheiten und Gegenständen auf die gleiche Stufe zu stellen: im Augenblick, da sie unter die Beobachtung fallen, gesellen sie sich allen beobachteten Dingen zu. – Farbe und Schmerz; Erinnerungen, Erwartung und Überraschungen; dieser Baum und die fließende Bewegung seines Laubs und seine verwandelte Gestalt im Jahreslauf und sein Schatten wie seine Substanz, seine Besonderheiten nach Wuchs und Standort, die weit abliegenden Gedanken, auf die er mein verweilendes Sinnen bringt – *all das ist gleich* ... Alle Dinge treten füreinander ein – ist das am Ende die Definition der *Dinge*?

Unumgänglich muß sich der tätige Geist am Ende zu dieser äußersten elementaren Erwägung bequemen. Seine vielfältigen Regungen, sein inneres Bestreiten, seine Verstörungen, seine analytischen Umkehrbewegungen; was lassen sie unverändert? Was hält dem Sog der Sinne, der Zerpflückung der Ideen, dem Schwächerwerden der Erinnerungen, der langsamen Verwandlung des Organismus, der unablässigen und vielgestaltigen Einwirkung des Universums Widerpart? – Es ist allein dieses Bewußtsein, in seinem abstraktesten Zustand.

Sogar unsere *Persönlichkeit*, die wir auf grobe Weise für unser innerstes und tiefstes *Eigentum*, für unser oberstes Gut halten, ist nur ein *Ding*, veränderlich und zufällig, gemessen an diesem nacktesten *Ich*; da wir an sie denken, ihre Interessen berechnend wahrnehmen und sie sogar ein wenig aus den Augen verlieren können, ist sie nichts weiter als eine psychologische Nebengottheit, die in unserem Spiegel wohnt und auf unseren Namen hört. Sie fällt in die Ordnung der Penaten. Sie unterliegt dem Schmerz, ist auf Düfte lüstern wie die falschen Götter und wie sie ein Wurmfraß. Sie glänzt vor Freude, wenn man ihr Lorbeer streut. Sie widersteht

Die Persönlichkeit ist aus Erinnerungen, Gewohnheiten, Neigungen, Reaktionen zusammengesetzt. Sie ist, im ganzen gesehen, die Gesamtsumme der raschesten Erwiderungen des Wesens, auch wenn diese Raschheit verzögernde Tendenz hat.[33] Nun kann aber dies alles in bezug auf das reine und einfache Bewußtsein, das als einzige Eigenschaft das *Sein* hat, nur als zufällig angesehen werden. Das Bewußtsein hingegen ist vollkommen *unpersönlich*.

nicht der Macht des Weins, den Leckerbissen der Worte, der Bezauberung der Musik. Sie hat sich gern und ist darum gelehrig und leicht zu lenken. Sie verschleudert sich im Karneval des Wahns, sie schmiegt sich wunderlich verzerrt in die Scheinbildungen des Schlafs. Ja mehr noch: sie ist zu ihrem Verdruß gezwungen, mit ihresgleichen zu rechnen, sich einzugestehen, daß sie anderen *unterlegen* ist; und das empfindet sie als bitter und unerklärlich.

Überdies bringt alles ihr die Überzeugung bei, daß sie ein bloßer Vorfall ist; daß sie gezwungen ist, samt allen Zufälligkeiten der Welt in Statistiken und Namenslisten aufzutreten; daß sie mit einem Samentreffer und innerhalb eines mikroskopischen Vorgangs begonnen hat; daß sie Milliarden Gefährdungen überstanden hat und daß sie im ganzen – wie herrlich und willensstark, wie ausgeprägt und strahlend sie auch sein mag – der Effekt einer unberechenbaren Unordnung sein kann.

Da jede Person ein »Spiel der Natur«, ein Spiel der Liebe und des Zufalls ist, schmeckt alles, was dieses stets improvisierte Geschöpf vornimmt – das schönste Streben, ja selbst der gelehrteste Gedanke –, unvermeidlich nach seinem Ursprung. Sein Tun ist stets relativ, seine Meisterwerke sind Zufallsprodukte. Es denkt vergänglich, es denkt individuell, es denkt mittels Fanghaken; und es rafft das Beste an seinen Ideen bei zufälligen und heimlichen Gelegenheiten auf, die es wohlweislich nicht preisgibt. – Und zudem ist es nicht einmal sicher, ausgesprochen *jemand* zu sein; es verkleidet und verleugnet sich

lieber, als daß es sich behauptet. Da es seiner eigenen Inkonsistenz einige Hilfsmittel und sehr viel Eitelkeit abgewinnt, verlegt es seine Lieblingstätigkeit in die Fiktionen. Es lebt von Romanen, es geht mit der größten Ernsthaftigkeit in tausend Personen ein. Sein Held ist nie es selbst ...
Und schließlich spielen sich neun Zehntel seiner Dauer in dem ab, was noch nicht ist, in dem, was nicht mehr ist, und in dem, was nicht sein kann; auf eine Weise, daß unser wirkliches *Präsens* in neun von zehn Fällen die Chance hat, niemals zu sein.

Aber jedes derartige Einzelleben birgt in seiner Tiefe wie einen Schatz den grundlegenden Fortbestand eines Bewußtseins, das von nichts getragen wird; und so wie das Gehör im Auf und Ab einer Symphonie einen Klang wiederfindet und wiederum verliert, der als ein schwerer anhaltender Ton nie aus ihr verschwindet, aber nicht mehr in jedem Augenblick erfaßt wird, so bewohnt das reine *Ich*[34] als einzigartiges und eintöniges Element des In-der-Welt-Seins, bald wiedergefunden, bald wiederverloren, immerdar unseren Sinn; diese tiefe *Note* der Existenz herrscht, sobald man sie vernimmt, über alle Verworrenheit und Vielfalt des Daseins.
Besteht nicht die verborgene Hauptleistung des großen Geistes darin, eben diese substantielle Aufmerksamkeit dem Streit der gewöhnlichen Wahrheiten zu entziehen? Muß er nicht dahin kommen, sich im Widerspruch zu allen Dingen als jene reine unwandelbare Beziehung zwischen den verschiedensten Gegenständen zu definie-

ren, wodurch ihm eine fast unbegreifliche Allgemeinheit zuteil wird, so daß er sozusagen als eine dem Weltganzen ebenbürtige Kraft erscheint? Nicht seine liebwerte *Person* ist es, die er in diesen hohen Rang erhebt, da er ja denkend auf sie verzichtet und an die Stelle des *Subjekts* jenes nicht zu benennende Ich treten läßt, das keinen Namen, keine Geschichte hat, das sowenig empfindungsfähig, sowenig wirklich ist wie das Zentrum einer ringförmigen Masse oder eines Planetensystems – das aber aus allem entspringt, was das alles auch sein mag ...

Unlängst war es noch die offenbare Bestimmung dieses wundersamen geistigen Lebens ... über sich selber in Erstaunen zu geraten. Es ging darin auf, sich Kinder zu schaffen, um sie zu bewundern; es beschränkte sich auf alles Schönste, Angenehmste, Klarste und Festeste; es litt nur unter dem Vergleich mit anderen wetteifernden Bildungsformen; es verwickelte sich in das seltsamste Problem, das man sich je hat stellen können und das schlechthin in der Möglichkeit anderer Intelligenzen besteht, in der Pluralität der Einzahl, im widerspruchsvollen Zusammenbestehen von untereinander unabhängigen Lebensströmen – *tot capita, tot tempora*[35] – ein Problem, das mit dem physikalischen Problem der *Relativität* zu vergleichen, aber ungleich schwieriger ist ...

Und hier ist nun der Punkt erreicht, wo es, hingerissen von seinem Streben nach Einzigartigkeit und erleuchtet von seinem Trachten nach Allmächtigkeit, alle Schöpfungen, alle Werke, ja sogar seine größten

Pläne hinter sich läßt, während es gleichzeitig jede Zärtlichkeit, die es für sich selber hegte, jede Bevorzugung seiner Eigenwünsche ablegt. In einem Nu opfert es seine Individualität. Es fühlt sich reines Bewußtsein; zweierlei Bewußtsein kann es nicht geben. Es ist das *Ich*, das universale Fürwort, Benennung eines *Dies*, das sich auf kein Gesicht bezieht. Oh, welch ein Wendepunkt für den Stolz, wie ist er an ein Ziel gelangt, ohne zu wissen, daß er zu ihm hin unterwegs war! Welche Dämpfung wird ihm nun als Lohn für seine Triumphe zuteil! Es mußte füglich geschehen, daß ein so fest gerichtetes Leben, das alle Gegenstände, die man sich vorsetzen mag, als Hindernisse, die zu umgehen oder zu stürzen sind, behandelte, zu einer unangreifbaren Schlußfolgerung kam, nicht einem Abschluß seiner persönlichen Existenz, sondern einem Abschluß an sich ... Stolz hat es bis hierher geführt und verzehrt sich hier. Dieser Stolz, der ihm Führer war, läßt es erstaunt, nackt, unendlich einfach am Pol seiner Schätze zurück.

Der Stolz, um den es hier geht, ist offensichtlich nicht von der Art, die sagt: Ich bin mehr wert als Du. Sondern vielmehr: *was ich will*, ist mehr wert, *als was Du willst.* Mein Verlangen, mein Modell, mein Unmögliches übertrifft und tilgt Deines.

Das sind keine mysteriösen Gedankengänge. Man hätte auch ganz abstrakt schreiben können, daß die allgemeinste Gruppe unserer Transformationen, die alle Sinneseindrücke, alle Vorstellungen, alle Urteile, alles, was sich *intus et extra* manifestiert, in sich befaßt, eine *unveränderliche* Größe zur Voraussetzung hat.

Ich habe mich über alle Langmut und Verständlichkeit gehenlassen und bin Gedanken verfallen, die mir, während ich von meiner Aufgabe sprach, zugeflogen sind. Ich will in wenigen Worten diese etwas vereinfachte Schilderung meines Zustandes abschließen: für ein paar Augenblicke noch befinden wir uns im Jahre 1894.

Nichts ist so merkwürdig, wie wenn klare Einsicht mit Unzulänglichkeit ringt. Und zwar tritt dann etwa Folgendes ein, was eintreten muß, und auch bei mir eintrat.

Das Leben des Autors ist nicht das Leben des Menschen, der er ist.

Ich stand vor der Notwendigkeit, eine Persönlichkeit, befähigt für vielerlei Leistungen, zu erfinden. Ich hatte die Manie, an Menschen nur die Art, wie sie funktionierten, und an den Werken nur ihren Entstehungsprozeß zu lieben. Ich wußte, daß diese Werke immer Fälschungen, Arrangements sind, da der *Autor* glücklicherweise nie der *Mensch* ist. Das Leben des einen ist nicht das Leben des anderen: man häufe sämtliche Einzelheiten aus dem Leben Racines aufeinander: seine Verskunst wird dabei nicht herausspringen. Die gesamte Kritik ist von dem überlebten Grundsatz beherrscht: der Mensch ist *Ursache* seines Werkes – so wie der Verbrecher in den Augen des Gesetzes *Ursache* seines Verbrechens ist. Sie sind vielmehr deren Wirkung! Aber dieser pragmatische Grundsatz macht dem Kritiker wie dem Richter die Aufgabe leicht; die Biographie ist einfacher als die Analyse. Über das, was uns am meisten interessiert, lehrt sie uns rein nichts ... Mehr noch! Das eigentliche Leben eines Menschen, das immer schlecht definiert ist, sogar für seinen Nachbarn, sogar für ihn selber, kann nicht zur Erklärung seiner Werke verwertet werden, sofern dies nicht indirekt mittels

einer sehr sorgfältigen Untersuchung geschieht.
Also: keine Mätressen, keine Gläubiger, keine Anekdoten, keine Abenteuer – das redliche System, zu dem man gelangt, besteht vielmehr darin, unter Ausschluß all dieser äußerlichen Einzelheiten ein theoretisches Wesen, ein psychologisches *Modell*, das mehr oder weniger grob ausfallen mag, zu ersinnen, ein Modell jedoch, das auf gewisse Weise unsere eigene Fähigkeit vertritt, das Werk, das wir noch einmal zu schaffen vorhaben, unserem Verständnis aufzuschließen. Der Erfolg ist überaus zweifelhaft. Die Mühe lohnt sich jedoch: wenn sie auch nicht die unauflöslichen Probleme geistiger Parthenogenese löst, so *stellt* sie diese Probleme doch, und zwar mit unvergleichlicher Schärfe.

Darin besteht das Problem. In dem Versuch zu begreifen, was ein anderer begriffen hat, nicht aber sich nach ein paar Zeitdokumenten eine Romanfigur auszudenken.

Unter den damaligen Umständen war diese Überzeugung mein einziger Aktivposten.

Die Zwangslage, in der ich mich befand, die Leere, die ich durch Beseitigung aller Hindernisse, die meiner Art widerstrebten, geschaffen hatte, die Ausscheidung gelehrten Wissens, der Verzicht auf rhetorische Hilfsmittel – all das brachte mich in einen verzweifelten Zustand. Schließlich, das gebe ich zu, wußte ich mir keinen besseren Rat, als dem unseligen Leonardo meine eigene geistige Unrast zuzuschreiben, die Verworrenheit meiner Gedanken auf die Vielseitigkeit seiner eigenen zu übertragen. Ich belehnte ihn mit allen meinen Wünschen, indem ich bei meinem Eigenkapital Kredit aufnahm. Ich versetzte ihn in Schwierigkeiten, die mir damals zu schaffen machten, als wäre er auf sie gestoßen und hätte sie überwunden. Ich verwandelte meine Verlegenheit in Stärke, die ich bei ihm voraussetzte. Ich wagte es, mich in seinem Namen anzuschauen und meine Person in Dienst zu nehmen.

Das war falsch, aber es steckte Leben darin. Ein junger Mensch, der auf tausend Dinge begierig ist: hat er nicht alles in allem eine gewisse Ähnlichkeit mit einem Renaissancemenschen? Vertritt er nicht sogar mit seiner Unbefangenheit jene Art von Unbefangenheit, die das *Erzeugnis* von vier Jahrhunderten voller Entdeckungen auf Kosten der Menschen jener Zeit ist? Und außerdem – dachte ich – hatte Herkules nicht mehr Muskeln als wir, sie waren nur dicker. Ich kann den Felsblock, den er hochstemmt, nicht einmal verrükken, aber in der Struktur unserer Maschinen ist kein Unterschied. Ich gleiche ihm Bein für Bein, Fiber für Fiber, Tat für Tat, und unsere Gleichheit erlaubt mir, seine Leistungen in der Phantasie zu erfinden. Kurzes Nachdenken genügt, um zu erkennen, daß man gar keine andere Wahl treffen kann. Man muß sich bewußt an die Stelle des Menschen, der uns beschäftigt, setzen – und wer anders als wir selber kann Antwort geben, wenn wir einen *Geist* rufen? Man findet ihn immer nur in sich selber. Es ist unsere eigene Art zu funktionieren, die uns *als einzige* über alles, was ist, etwas beibringen kann. Unsere Erkenntnis ist nach meinem Gefühl begrenzt durch das Bewußtsein, das wir von unserem Sein haben können – vielleicht auch von *unse-*

*rem Körper.* Wer X auch sein mag: sobald ich meinem Denken über ihn auf den Grund gehe, weist es in meine Richtung, wer ich auch sein mag. Man kann das nicht wissen oder wissen, kann darunter leiden oder danach verlangen: jedenfalls gibt es kein Ausweichen, keinen anderen Ausweg. Die *Intention* allen Denkens liegt in uns. Aus unserer eigenen Substanz bestreiten wir vorstellend und bildend einen Stein, eine Pflanze, eine Bewegung, einen *Gegenstand*: irgendein Bild ist vielleicht nur der Anfang unser selbst ...

*lionardo mio*
*o lionardo che tanto penate ...*

Diese Worte, von wem aufgezeichnet? Man kann lesen: *penate* oder *pensate*. Wie vertraulich das klingt ... Also muß es eine fremde Hand gewesen sein, die diese gelehrten Blätter mit einer zärtlichen Inschrift versah.[36]

Was den echten Leonardo betrifft, so war er, der er war ... Jedenfalls gewinnt dieser Mythos, der seltsamer ist als alle anderen, unendlich an Wert, wenn man ihn aus der Fabelwelt in die Geschichte zurückversetzt. Je weiter man vorangeht, um so größer wird er gerade. Die Experimente Aders und der Brüder Wright haben rückblickend den *Codex über den Vogelflug* mit Ruhm überstrahlt[37]; der Keim zu den Theorien von Fresnel[38] findet sich in gewissen Passagen der Handschriften des Instituts. Im Laufe der letzten Jahre haben die Forschungen des leider dahingegangenen Pierre Duhem über die *Ursprünge der Statik*[39] berechtigten Anlaß gegeben, Leonardo das fundamentale Theorem von der Zusammensetzung der Kräfte zuzuschreiben, sowie einen deutlichen – wenn auch unvollständigen – Begriff vom virtuellen Leistungsprinzip.

1919 ...

# LEONARDO UND DIE PHILOSOPHEN

*Brief an Leo Ferrero*

Im Namen und unter Anrufung Leonardo da Vincis stellen Sie ein Bemühen und eine Meditation in reiner Ästhetik an den Beginn Ihrer Laufbahn. Damit enden (und daran scheitern auch) nicht wenige Philosophen. Nichts ist edler und kühner.

Mit bemerkenswerter Schärfe und Feinfühligkeit haben Sie einige der heikelsten Punkte jener ewigen Fragestellungen untersucht, die darauf abzielen, das Schöne fast verständlich zu machen und uns Gründe dafür zu geben, uns von ihm in noch höherem Grade bewegen zu lassen.

Aber es heißt die Unvorsicht ein bißchen weit treiben, wenn Sie mich bitten, Ihr Werk beim Publikum einzuführen.

Nicht als ob ich nicht hie und da auf den verschiedensten Wegen Probleme dieser Art angetroffen und reiflich über sie nachgedacht hätte; doch haben dabei meine Gedanken einander reflektiert, meine lichten Momente sich zwischen parallelen Spiegeln verirrt. Zwischen der Natur und den Menschenwerken, zwischen der Lust zu sehen und der Lust zu können findet ein unendlicher Austausch statt. Die Analyse verliert sich hier sehr rasch. Die Intelligenz, die unermüdlich und stets von neuem bestrebt ist, das, was ist, in eine neue

Ordnung zu bringen und die Symbole aller Dinge um ihren unbekannten Herd zu gruppieren, ermüdet und verzweifelt an diesem Bereich, wo die Antworten vor den Fragen da sind, wo die Laune Gesetze hervorbringt, wo es vorkommt, daß man ein Symbol für die Sache und die Sache für das Symbol nehmen kann und mit dieser Freiheit spielt, um zu einer unerklärlichen Art von Strenge zu gelangen.
Sie wünschen indessen, daß ich, unsicher wie ich bin, die Geister auf Ihre Dialektik vorbereite. Ich habe Ihnen nichts weiter zu bieten als eine Idee, die ich mir unklar genug von den Spekulationen über das Schöne mache.

Man muß zugeben, daß die Ästhetik eine große, ja eine unwiderstehliche Versuchung ist. Fast alle Menschen, die ein lebhaftes Gefühl für die Kunst haben, tun ein wenig mehr als nur fühlen; sie können sich des Bedürfnisses nicht erwehren, ihren Genuß zu vertiefen.
Wie sollte man es auch dulden, daß gewisse Ansichten der Welt und gewisse Werke aus menschlicher Hand uns geheimnisvoll verführen, ohne nach einer Erklärung für diese zufällige oder zubereitete Wonne zu suchen, die uns auf der einen Seite vom Verstand unabhängig zu sein scheint – *dessen verstecktes Leitprinzip sie gleichwohl unter Umständen ist* –, während sie auf der anderen Seite von unseren gewöhnlichen Affekten deutlich unterschieden zu sein scheint, *obwohl sie dennoch deren Vielfalt und Tiefe in sich faßt und ins Göttliche hebt*?
Die Philosophen konnte diese besondere

Der Philosoph ist, im ganzen gesehen, eine Art *Spezialist* des *Universalen*, ein Merkmal, das sich auf widersprechende Art äußert. Zudem erscheint dieses *Universale* nur in *Wort*gestalt. Diese beiden Erwägungen legen den Schluß nahe, den Philosophen unter die *Künstler* einzureihen; aber dieser Künstler will nicht zugeben, daß er einer ist, und damit hebt das Drama oder die Komödie der Philosophie an. Während die Maler und die Dichter sich den *Vorrang* streitig machen, machen die Philosophen sich die *Existenz* streitig.

Art von Gemütsbewegungen nicht unberührt lassen. Es bestand für sie außerdem ein weniger naiver und mehr von der Methode eingegebener Grund, ihnen ihre Aufmerksamkeit zuzuwenden, nach ihren Ursachen, ihrem Ablauf, der Bedeutung und dem Wesensgehalt zu forschen.

Das weite Unternehmen der Philosophie besteht, wenn man es im Kernpunkt des Philosophen selber betrachtet, im wesentlichen in dem *Versuch einer Umwandlung von all dem, was wir wissen, in das, was wir wissen möchten*; und zwar wird für dieses Unternehmen gefordert, daß es sich in einer gewissen *Ordnung* vollzieht oder zumindest darbietet.

Kennzeichnend für die Fragen der Philosophie ist deren Ordnung, denn in einem philosophischen Kopf gibt es und kann es keine ganz und gar unabhängigen und im Wesen alleinstehenden Fragen geben. Man findet hier im Gegenteil als Baßkontinuo das Gefühl oder den Grundton einer latenten, wenn auch engeren oder weiteren Abhängigkeit sämtlicher Gedanken untereinander, soweit die Philosophie sie enthält oder enthalten kann. Dieses Bewußtsein einer tieferen inneren Bindung legt als Prinzip den Ordnungsgedanken nahe, und die Ordnung der Fragen führt notwendig auf eine Grundfrage: und zwar die nach der Erkenntnis.

Vielleicht denkt der Philosoph, daß eine *Ethik* oder eine *Monadologie* ernstzunehmendere Dinge sind als eine *Suite in d-Moll*?[40] Es stimmt zwar, daß gewisse Fragen, die der Geist sich stellt, allgemeiner und *natürlicher* sind als derartige Kunsterzeugnisse. Aber nichts beweist, daß es nicht naive Fragen sind.

Hat aber erst einmal die Philosophie die Erkenntnis zum Gegenstand ihrer Frage gemacht, sie begründet, gerechtfertigt oder abgewertet – ob sie sie nun in den Himmel gehoben und mit Hilfe starker logischer und intuitiver Kombinationen *ultra vires* entwickelt hat, oder ob sie sie kritisch auf ihr Maß zurückgeführt und gleichsam zu sich selber gebracht hat –, so wird sie unfehlbar dahin kommen, zu *erklären*, das heißt in ihrem System, das ihre persönliche *Ordnung* des Verstehens ist, auszudrücken, wie es sich mit dem menschlichen Tun im allgemeinen verhält, von dem das verstandesmäßige Erkennen, mag es seiner auch im Ganzen innewerden, letzthin nur eine seiner Modalitäten ist.

Dies ist ein kritischer Punkt jeder Philosophie. Ein Denken, das eben noch so rein, so zentral gewesen ist, das in seiner eigentlichen Gestalt (wie es auch um den Inhalt und die Schlußfolgerungen bestellt sein mag) dem Ideal zustrebt, Begriffe um eine für den Denkenden charakteristische Haltung oder Achtsamkeit *gleichmäßig* anzuordnen, ein solches Denken muß sich nun daran versuchen, die Verschiedenartigkeit, Unregelmäßigkeit und Unvorhersehbarkeit der anderen Gedanken wiederzufinden; wobei seine Ordnung deren anscheinende Unordnung in Ordnung bringen soll.

Als Konsequenz aus seiner Einheit und seiner Souveränität muß es die Pluralität und die Autonomie der Geister wiederaufbauen. Es muß das Vorhandensein dessen rechtfertigen, was es in seinem Sosein der Irrigkeit überführt und vernichtet hat, muß die Lebenskraft des Absurden, die Fruchtbarkeit des Widersprüchlichen anerkennen und sich manchmal selber, noch ganz durchseelt von der Universalität, aus der es hervorzugehen meinte, auf den besonderen Schaffenszustand oder das individuelle Streben einer bestimmten Person einschränken. Und damit stehen wir am Beginn einer Weisheit und zugleich vor dem Untergang einer Philosophie.

In Wahrheit ist das Dasein der *anderen* immer beunruhigend für den glänzenden Egotismus eines Denkers. Und doch kann er nicht umhin: er muß sich an dem großen Rätsel stoßen, das ihm die Eigenwillkür des Nächsten aufgibt. Das Fühlen, Denken und Handeln anderer erscheint uns fast immer willkürlich. Der Vorzug, den wir uns selber einräumen, wird in allem mit einer Notwendigkeit unterbaut, für deren treibende Kraft wir uns halten. Aber der *andere* existiert, und das Rätsel bedrängt uns. Es macht uns auf zweierlei Art zu schaffen: die eine besteht in der Verschiedenartigkeit der Haltungen und der Charaktere, in der Verschiedenheit der Entscheidungen und Einstellungen in allem, was die Erhaltung des Leibes und seiner Güter angeht; die andere offenbart sich in der Mannigfaltigkeit des Geschmacks, des Ausdrucks und der Schöpfungen der Sensibilität.

Unser Philosoph kann sich nicht dahin entscheiden, daß er diese Wirklichkeiten *nicht* in sein eigenes Verstehen aufnimmt, da er sie ja gerade assimilieren und in Möglichkeiten, die ihm angehören sollen, verwandeln möchte. Er will *begreifen*; er will sie im vollsten Sinne des Wortes begreifen. Also wird er in Gedanken darangehen, sich eine Wissenschaft von den Werten des Handelns und eine Wissenschaft von den Werten des Ausdrucks oder der Hervorbringung von Gemütsbewegungen aufzubauen – eine ETHIK und eine ÄSTHETIK –, als müßte ihn der Palast des Denkens ohne diese beiden Flügel unvollendet dünken, in deren symmetrischer Ordnung sein allmächtiges und abstraktes Ich die Leidenschaft, die Tätigkeit, die Gemütsbewegung und die Erfindung gefangenhalten soll.

Jeder Philosoph wendet sich, wenn er mit Gott, mit dem Ich, mit Zeit, Raum, Stoff, den Kategorien und Essenzen fertig geworden ist, den Menschen und ihren Werken zu.

die unfehlbar der schwache Punkt einer Philosophie sind ... Meiner Ansicht nach *ist die Philosophie eine Sache der Form.* Sie ist die verständlichste Form, die ein bestimmtes Individuum der *Gesamtheit* seiner inneren und sonstigen Erfahrungen zu geben vermag, und zwar *unabhängig vom sonstigen Wissen dieses Menschen.* Je näher er auf der Suche nach dieser Form an eine individuellere und ihm angemessenere Ausdrucksweise herankommt, um so *befremdender* werden ihm *Tätigkeit* und *Leistung* anderer erscheinen.

So wie er das *Wahre* erfunden hatte, erfand der Philosoph auch das *Gute* und das *Schöne*; und so wie er das Denken, als es für sich allein stand, mit Regeln in Einklang gebracht hatte, begab er sich jetzt daran, allgemeinverbindliche Regeln für das Handeln und den Ausdruck in Vorschriften und Modellen niederzulegen, die der Launenhaftigkeit und dem Zweifel jedes einzelnen entzogen sein sollten, insofern für sie ein einziges und allgemeingültiges Prinzip maßgebend war, ein Prinzip, das es mithin vor allem anderen und *unabhängig von jeder Einzelerfahrung* anzugeben und zu bestimmen galt.

Es gibt in der Geschichte des Geistes kaum ein denkwürdigeres Ereignis als diese Einführung der Ideale, in der man ein europäisches Faktum par excellence erblicken kann. Ihre abnehmende Kraft im geistigen

Leben fällt mit dem Niedergang der typischen Stärken Europas zusammen.[41]

Leonardo ist einer der Begründer des ausgesprochen Europäischen. Er gleicht weder den Alten noch den Modernen.

Aber ebenso wie wir immer noch am Gedanken einer reinen Wissenschaft festhalten, ausgehend von *lokalen* Evidenzen, deren Eigenschaften sich von Identität zu Identität mit voller Strenge bis ins Unendliche erstrecken könnten, ebenso sind wir noch halb überzeugt von der Existenz einer *Moral* und der Existenz einer *Schönheit*, die von Zeit und Ort, von Rassen und Personen unabhängig sind.

Es versteht sich, daß das *Gute* und das *Schöne* aus der Mode gekommen sind. Was das *Wahre* angeht, so hat die Photographie sein Wesen und seine Grenzen aufgezeigt. Die Aufnahme der Phänomene durch eine rein von ihnen selber ausgehende Wirkung, in der *vom Menschen sowenig* wie möglich enthalten ist: so steht es um »unser Wahres«. Es ist das, was ich feststelle.

Und doch tritt der Zerfall dieser edlen Architektur von Tag zu Tag deutlicher hervor. Wir sind Zeugen der folgenden außerordentlichen Erscheinung: gerade die Entwicklung der Wissenschaft wirkt schmälernd auf den *Wissens*begriff ein. Ich will damit sagen, daß jener Teil der Wissenschaft, der unumstößlich schien und den sie mit der Philosophie gemeinsam hatte (das heißt der Glaube an das Intelligible und das Vertrauen in den Eigenwert geistiger Errungenschaften), immer mehr einer neuen Auffassung und Bewertung der Rolle der Erkenntnis den Rang abtritt. Das Streben des Intellekts kann nicht mehr auf eine geistige Grenze, auf das *Wahre* konvergierend betrachtet werden. Man braucht sich nur zu befragen, und man trifft bei sich selber auf die moderne Überzeugung: daß alles *Wissen*, dem kein tatsächliches *Können* entspricht, nur eine konventionelle oder willkürliche Bedeutung hat. Alles Wissen taugt nur insoweit, als es einem feststellbaren Können die Beschreibung oder die Vorschrift liefert. Von nun an sieht sich jede Metaphysik, ja sogar jede Erkenntnistheorie, wie immer sie auch beschaffen sein mögen, schroff getrennt und abgerückt von dem, was *alle* mehr oder minder bewußt für das alleinige echte Wissen halten – jenes Wissen nämlich, das auf *Golddeckung* beruht.

Im gleichen Augenblick zerfallen Ethik und Ästhetik von selber in Probleme der Gesetzgebung, der Statistik, in geschichtliche und physiologische Probleme ... und in verlorene Illusionen.

Wenn es eine Ästhetik geben könnte, müßten die Künste vor ihr notwendig zunichte werden – das heißt *vor ihrer Essenz*.

Bei welcher Gelegenheit übrigens kommt es zur Herausbildung und Präzisierung des Vorhabens, eine »Ästhetik aufzustellen«? – Eine Wissenschaft vom Schönen?... Aber verwenden die Modernen diesen Begriff überhaupt noch? Mir scheint, daß sie ihn nur noch *leichthin* aussprechen. Oder aber ... daß sie an die Vergangenheit denken. Die Schönheit ist eine Art Verstorbene. Die Neuartigkeit, die Intensität, die Seltsamkeit – in einem Wort, alle *Schockwerte* sind an ihre Stelle getreten. Die Reizung in rohester Form ist in den Seelen der jüngsten Zeit die oberste Herrin, und heute haben die Werke den Auftrag, uns aus dem Zustand der Betrachtung zu reißen, das *»verweilende« Glück* zu entthronen, dessen Bild ehemals mit der allgemeinen Schönheitsidee innig verbunden war. In steigendem Maße dringen in die Kunst die unstetigsten und unmittelbarsten Haltungen des Seelen- und Empfindungslebens ein. Das *Unbewußte*, das *Irrationale*, das *Momentane*, die, wie schon aus ihren Namen hervorgeht, eingeschränkte und negative Spielarten der willensmäßigen und betonten Formen geistiger Tätigkeit sind, haben sich an die Stelle jener Modelle gesetzt, deren *der Geist gewärtig ist.* Leistungen, die aus der Sehnsucht nach »Vollkommenheit« hervorgehen, sind kaum mehr zu finden. Beachten wir nebenbei, daß diese veraltete Sehnsucht vor der fixen Idee und der unersättlichen Sucht nach *Originalität* das Feld räumen mußte; der Ehrgeiz, zu vollenden, verschmilzt mit der Absicht, ein Werk zu schaffen, das von jeder Epoche unabhängig sein soll; das Trachten nach dem Neuen hingegen will aus dem Werk ein Ereignis machen, das durch seinen Kontrast mit dem Augenblick selber besticht. Im ersten Falle sind *Erbe*, Nachahmung, Tradition beteiligt, ja sogar erforderlich als Stufen seines Aufstiegs zu dem absoluten Ziel, das man zu erreichen träumt. Im zweiten Falle werden sie mit noch größerem Nachdruck zurückgewiesen, zugleich aber impliziert, da man im wesentlichen darauf ausgeht, sich zu *unterscheiden.*

Man muß sich darüber klar sein, daß eine *positive* Lebensauffassung unumgänglich das Trachten nach unmittelbaren Wirkungen und die Preisgabe der *schönen Arbeit* nach sich zieht. Wir sind Zeugen der Dämmerung der Nachwelt.

In unserer Zeit kann also eine »Definition des Schönen« nur noch als ein historisches oder philosophisches Dokument angesehen werden. Was seine Bedeutungsfülle in früherer Zeit angeht, so ist dieses berühmte Wort im Begriff, dasselbe Schicksal wie andere Wortmünzen zu erleiden, die außer Kurs geraten und in die Schublade des Sprachnumismatikers gewandert sind.

Und doch bleiben gewisse Probleme bestehen, lassen sich gewisse Probleme aufstellen, die in keine der wohldefinierten

Nichts, worüber der unbefangene Blick so

wissenschaftlichen Disziplinen einzuordnen sind, die keiner besonderen Technik entspringen und die andererseits von den Philosophen, wie es scheint, übersehen oder übergangen worden sind, indessen sie, wenn auch unklar oder verschroben formuliert, in den Überlegungen der Künstler immer wiederkehren oder von neuem auftauchen.

sehr erstaunt wie über gewisse Probleme, die von den Philosophen in den Vordergrund gestellt werden, wenn es nicht das Fehlen anderer Probleme ist, die derselbe unbefangene Geist für grundlegend wichtig gehalten hätte.

Man denke etwa nur an die allgemeinen Probleme der Komposition (das heißt an die Relationen zwischen dem Ganzen und den Teilen innerhalb *verschiedener Ordnungen*); an die Probleme, die sich aus der Pluralität der Funktionen jeden Elements in einem Werk ergeben; an die Probleme des *Ornaments*, die sich sowohl mit der Geometrie als auch mit der Physik und der Morphologie berühren und doch nirgends einen Ort haben; die aber eine unbestimmte Verwandtschaft zwischen den Formen des Gleichgewichts von Körpern, zwischen den Harmoniefiguren, den Schmuckformen von Lebewesen und den halb- oder vollbewußten Produkten menschlicher Kunstfertigkeit erraten lassen, wenn diese sich gedrängt fühlt, einen freien Raum- oder Zeitausschnitt aus einer Art »horror vacui« systematisch auszufüllen . . .

Fragen dieser Art stellen sich dem reinen Denken nicht. Ihr Ursprung und ihre Kraft liegen im Schaffenstrieb, wenn dieser, über die momentane Ausführung hinausgehend, von Lösungen, um die er dem Anschein nach spekulativ und in philosophischer Form ringt, irgendeine Ent-

Ich will damit sagen: wenn ein Künstler sich vornimmt, ein so reich verwobenes oder so ausgedehntes oder für ihn so neuartiges Werk zu schaffen, daß die Mittel zu seiner

Verwirklichung und sein Vorhaben nicht durch ihr gegenseitiges Zueinanderpassen bestimmt sind, kommt er dazu, sich eine dem Anschein nach allgemeine *Theorie* zu bilden, in der Sprache der Abstraktion eine Autorität wider sich selber aufzurufen, die ihm sein Unternehmen insofern erleichtert, als sie ihm universal gefärbte Bedingungen auferlegt.

Man braucht nur ein bißchen unter Künstlern gelebt zu haben, um in Gesprächen mit ihnen diese Beobachtung zu machen und mit mancherlei Rezepten bekannt zu werden ...

scheidung erwartet, durch welche Form und Struktur eines konkreten Werks eindeutig festgestellt werden sollen. Zuweilen will der Künstler (indem er den Philosophen eine Strecke Wegs begleitet) zu Prinzipien aufsteigen, die seine Absichten rechtfertigen und erhöhen und sie mit einer überindividuellen Autorität ausstatten sollen; doch handelt es sich hier um eine interessierte Philosophie, die mit ihren Gedanken auf Konsequenzen für ein besonderes Werk abzielt. Während für den echten Philosophen *das, was ist*, die Grenze, die es zu erreichen, und der Gegenstand, den es wiederzufinden gilt, ist – und zwar am äußersten Grenzsaum der Fahrten und Schritte des Geistes –, entwirft sich der Künstler in die Möglichkeit und macht sich zum *Beförderer dessen, was sein wird.*

Von der Denkweise des Künstlers ist die philosophische Ästhetik am deutlichsten dadurch getrennt, daß sie von einem Gedanken ausgeht, der mit den Künsten nichts zu tun zu haben glaubt und sich in seinem Wesen als etwas anderes fühlt als der Gedanke eines Dichters oder Musikers, worin sie sich jedoch, wie ich gleich zeigen werde, verkennt. Die Kunstwerke sind für sie Zufälle, Sonderfälle, Effekte einer regen und erfindungsreichen Einbildungskraft, die nach einem Prinzip blindlings trachtet, von dem sie, die Philosophie, die unmittelbare und reine Schau oder Erkenntnis haben muß. Diese Tätigkeit erscheint ihr nicht *notwendig*, insofern ihr oberstes Ziel dem philosophischen Denken unmittelbar gegeben und direkt zugänglich sein muß durch bewußtes Achten auf die Erkenntnis der Erkenntnis oder auf ein System, das die sinnliche mit der intelligiblen Welt vereint. Der Philosoph empfindet an ihr nicht die eigenartige Notwendigkeit; von der Bedeutung der Stoffarten, der Mittel und Darstellungswerte hat er keine rechte Vorstellung, denn er hat die unüberwindliche Neigung, sie von der *Idee* zu unterscheiden. Es widerstrebt ihm, an einen Austausch zu denken, der sich im Inneren fortwährend und mit gleichem Recht zwischen dem, was man will, und dem, was man kann, abspielt, zwischen dem, was er für Zufall, und dem, was er für die Substanz hält, zwischen der »Form« und dem »Inhalt«, zwischen dem Bewußtsein und der Selbsttätigkeit, zwischen dem Umstand und der Absicht, zwischen dem »Stoff« und dem »Geist«. Nun ist es aber gerade das zur großen Gewohnheit, zu errungener Freiheit gewordene Schalten mit diesen Vertauschungen, das dem Künstler innewohnende gemeinsame Maß, das unter Elementen von größter Wesensverschiedenheit versteckt liegt; es ist das unumgängliche und ungeschiedene Zusammenwirken, das *in jedem Augenblick* und mit jedem Handgriff vollzogene Zusammenfügen von Willkür und Notwendigkeit, von Erwartetem und Unerwartetem, von seinem, des Künstlers, Leib, seinen Werkstoffen, seinen Willenskräften und sogar seinen Unachtsamkeiten, wodurch es gelingt, der Natur als der praktisch unendlichen Quelle von Themen, Modellen, Mitteln und Vorwänden einen *Gegenstand* beizugesellen, der nicht

Dem Philosophen geht nur schwer ein, daß der Künstler fast unterschiedslos von der *Form* zum *Inhalt* und vom Inhalt zur Form überwechseln kann; daß ihm eine bestimmte Satzform *beikommt* und daß er erst *dann* nach einem *Sinn* sucht, der sie rechtfertigt und ergänzt; daß die *Idee einer Form* ihm soviel gilt wie die *Idee, die nach einer Form verlangt.* Usw.

vereinfacht und in die Form eines einfachen und abstrakten Gedankens gebracht werden kann, da er seinen Ursprung und seine Wirkung in einem unentwirrbaren System selbständiger Voraussetzungen hat. *Man kann ein Gedicht nicht resümieren, wie man ein – »Universum« resümiert.* Eine These resümieren heißt von ihr das Wesentliche zurückbehalten. Ein Kunstwerk resümieren (oder durch ein *Schema* ersetzen) heißt das Wesentliche an ihm verlorengehen lassen. Man sieht, in wie hohem Grade dieser Umstand (wenn man seine Tragweite ermißt) die Analyse des Ästhetikers illusorisch macht.
So lassen sich auch nicht von einem natürlichen Gegenstand oder einer natürlichen oder künstlichen Anordnung gewisse ästhetische Charaktere abziehen, die man dann an anderer Stelle wiederfindet, um schließlich zu einer allgemeinen Formel der schönen Dinge aufzusteigen. Nicht als sei diese Methode nicht häufig angewendet worden; übersehen wird dabei, daß sich die Forschung als solche an etwas »bereits Gefundenes« hält, und daß außerdem der betrachtete Gegenstand nicht die Zurückführung auf einige wenige Züge verträgt, wenn er nicht seine unveräußerliche Gefühlskraft einbüßen soll.
Dem Philosophen geht nur schwer ein, daß der Künstler fast unterschiedslos zwischen der Form und dem Inhalt, dem Inhalt und der Form hin und her geht[42], daß er auf eine Form *eher* als auf den Sinn, den er ihr geben will, kommen kann und daß die Idee einer Form ihm gleichviel gilt wie die Idee, die nach einer Form verlangt.

In einem Wort: wenn es eine Ästhetik geben könnte, so müßten die Künste vor ihr zunichte werden – das will sagen: *vor ihrer Essenz.*

Was ich hier sage, darf nicht von den technischen Studien behauptet werden, die sich nur auf die Mittel und die jeweils besonderen Lösungen beziehen und die Herstellung oder die Einordnung der Werke mehr oder weniger unmittelbar zum Gegenstand haben, die dagegen nicht darauf ausgehen, *das Schöne auf einem Weg einzuholen, der nicht in seinem eigenen Bereich gelegen ist.*

Vielleicht versteht man recht eigentlich nur das, was man selber hätte erfinden können. Pascal lehrt uns, daß er die Malerei nicht erfunden hätte. Er *sah* keine Notwendigkeit für eine Verdoppelung der unbedeutendsten Gegenstände durch ihre mühsam erarbeiteten Abbilder. Wie manches Mal hat jedoch dieser große Künstler des Wortes das *Zeichnen* bemüht, um in der Sprache das Porträt seiner Gedanken zu schaffen ... Allerdings scheint er alle Willenskräfte, *mit Ausnahme einer einzigen,* in Bausch und Bogen zum Abfall geworfen und in allem, außer dem Tode, nur ein gemaltes Ding gesehen zu haben.

Es ist ziemlich einfach, bei Befolgung eines bestimmten Gedankengangs die Eitelkeit aller Dinge aufzuzeigen. Pascal hat einen Gemeinplatz der Kanzel aufgeputzt. Dieser deutet auf nichts anderes als ein Ekelempfinden physiologischen Ursprungs oder auf ein Vorhaben, mit wenig Kosten großen Eindruck auf die Gemüter zu machen. Der Schauder vor dem Leben, das Bild seiner Gebrechlichkeit, seiner Nöte, seiner Albernheit läßt sich ebenso leicht hervorrufen wie die erotischen Vorstellungen und die sinnlichen Begierden. Man braucht dazu nur andere *Worte.* (Aber steht wirklich fest, daß das erstge-

Was tat denn Immanuel Kant, als er seine Ethik und seine Ästhetik auf einen Mythos von der Universalität gründete, auf die Anwesenheit eines unfehlbaren und einmütigen Weltgefühls, auf die Macht in der Seele jedes Menschen hienieden? Und was haben alle Philosophen des Guten und Schönen getan? Schöpfer sind sie, die nicht

nannte Verfahren *edler* ist?) Ich füge hinzu (jedoch nur für wenige), daß der Wille, sich nicht von *Worten* gängeln zu lassen, in einer gewissen Beziehung zu der von mir so genannten oder annahmeweise so genannten *Reinen Poesie* steht.

um sich wissen, die nichts anderes zu tun meinen, als eine exaktere oder vollständigere Anschauung der Wirklichkeit an die Stelle einer groben oder oberflächlichen zu setzen, *während sie im Gegenteil erfinden*; und was sie, der eine durch subtiles Auseinanderlegen, der andere aus einem Trieb nach Ebenmaß und beide aus tiefer Liebe zu dem, *was sein kann*, leisten: was tun sie anderes als schaffen, wenn sie Probleme zu Problemen fügen, Wesenheiten zu Wesen, und den Hort der Spiele des Geistes und seiner willkürlichen Konstruktionen um neue Symbole, Entwicklungsformen und Formeln bereichern?

Der Philosoph hatte sich aufgemacht, um den Künstler in sich aufzunehmen, um zu *erklären*, was es mit Gefühl und Tun des Künstlers auf sich habe; jedoch das Gegenteil tritt ein und zutage; mitnichten umgreift und assimiliert die Philosophie unter der Gattung des Schönheitsbegriffs den Gesamtbereich schöpferischer Einbildungskraft, indem sie sich zur Mutter und Herrin der Ästhetik macht; es kommt vielmehr dazu, daß sie von der schöpferischen Phantasie ausgeht, daß sie ihre Rechtfertigung, ihren Frieden und ihre echte *Tiefe* nur noch in ihrer konstruktiven Kraft und in ihrer Freiheit einer abstrakten Dichtung findet. Einzig und allein die ästhetische Interpretation kann die ehrwürdigen Denkmäler der Metaphysik dem Bankrott ihrer mehr oder minder versteckten Postulate, der zerstörenden Einwirkung von Sprachanalyse und Logistik entreißen.

Vielleicht wird es zuerst recht schwerfallen, *als Künstler* gewisse Probleme zu durchdenken, an die man bisher als *Sucher nach Wahrheiten* herangegangen war, in schöne Lügen – in Fiktionen an sich – diese Leistungen aufrichtigster Aufgeschlossenheit verwandeln zu müssen. – *Welch ein Zustand*, wird man sagen, *und was für ein Zustand!*[43] Es heißt, meine Herren Philosophen, die Ruhe bewahren angesichts dieser Veränderung, die alles in allem ganz in der Ordnung ist. Ich würde darin nur eine Reform erblicken, wie sie der Gang der Dinge nun einmal erheischt, einen Wandel, den ich auf gewisse Art in der Frühgeschichte der Plastik vorgebildet finde. Es gab eine Zeit, da betrachtete man das Abbild eines Menschen oder eines Tieres, obwohl man es aus der Hand des Bildners hatte hervorgehen sehen, nicht nur als einen Abklatsch der lebendigen Vorbilder, mochte es auch ganz steif und plump sein, sondern gleichsam begabt mit übernatürlichen Kräften. Man schuf sich aus Stein oder Holz Götter, die nicht einmal wie Menschen aussahen; man hegte und verehrte diese Bildnisse, die Bildnissen nur ganz von ferne glichen; und das Seltsame dabei ist, daß sie um so mehr Verehrung genossen, je ungestalteter sie waren, was sich auch im Umgang der Kinder mit ihren Puppen und der Liebhaber mit ihren Geliebten beobachten läßt und ein tief bezeichnender Zug ist. (Vielleicht glauben wir von einem Gegenstand um so viel mehr Leben zu empfangen, als wir ihm zu geben genötigt sind.) Doch wie nun dieses mitgeteilte Leben sich allmählich mehr und mehr abschwächte und sich derart rohen Bildern versagte, geschah es, daß *das Idol schön wurde.* Unter dem Zwang der Kritik büßte es seine eingebildete Macht auf das Geschehen und die Geschöpfe ein und gewann dafür an augenfälliger Blickwirkung. Das Standbild wurde frei und wurde es selbst.

Darf ich, ohne Anstoß zu erregen, ohne das philosophische Empfinden grausam zu kränken, diese so vergötterten Wahrheiten, diese Prinzipien, diese Ideen, dieses Sein, diese Essenzen, diese Kategorien, diese Noumena, dieses Universum, diese ganze Völkerschaft von Begriffen, die nacheinander auf ihre Notwendigkeit gepocht haben, mit den Idolen, von denen ich sprach, vergleichen? Man lege sich heute die Frage vor, welche Philosophie im Verhältnis zur traditionellen Philosophie etwa dem entspräche, was eine Statue des fünften Jahrhunderts im Verhältnis zu den antlitzlosen Gottheiten sehr früher Jahrhunderte ist.

Ja, alle diese Abstraktionen der traditionellen Philosophie kommen mir wie die Bildwerke von *Primitiven* vor. Es liegt, wenn ich so sagen darf, eine gewisse Naivität in den Begriffen und Problemen, die von ihr aufgestellt werden. Insbesondere erscheinen mir die Begriffe *Realität* und *Kausalität* sehr grob ... Abstrakte Worte *einzuführen*, ohne sie scharf zu bestimmen, und zwar in streng verbindlicher Weise zu bestimmen, erscheint mir anfechtbar.

Ich komme manchmal auf den Gedanken, es könnte – insofern Ideenkompositionen und abstrakte Konstruktionen ohne Vorspiegelungen und ohne Rückhalt an irgendwelchen Hypostasen im Begriffe sind, möglich und vertretbar zu werden – vielleicht der Fall eintreten, daß diese losgelöste Art zu philosophieren sich fruchtbarer und *wahrer* erweisen wird als jene, die sich an den primitiven Glauben an Erklärungen klammerte, und daß sie sich menschlicher und verführerischer darstellen wird als jene, die sich auf eine streng kritische Haltung versteift. Vielleicht wird sie imstande sein, in einem neuen Geist und mit einem völlig anderen Ehrgeiz die überlegene Arbeit wiederaufzunehmen, die sich die Metaphysik zur Aufgabe gemacht hatte, in der Richtung auf Ziele, die unter der Kritik sehr an Kraft eingebüßt haben. Die Mathematik hat sich schon seit langem von jedem Endzweck, der ihrer Selbstauffassung fremd ist, frei gemacht. Zu diesem Selbstbegriff aber hat sie die reine Entwicklung ihrer Technik geführt und das Bewußtsein von dem Eigenwert dieser Entwicklung; und alle Welt weiß, wie gerade diese Freiheit ihrer Kunst – die sie vom Wirklichen weitab in eine Welt von Spielereien, zweckfreien Kniffeligkeiten und eleganten Lösungen zu führen schien – sie wunderbar geschmeidigt und ihr die Waffen geliefert hat, um dem Physiker helfend an die Seite zu treten.

Sie hat in der losgelöstesten und bewußtesten Willkür das Mittel gefunden, um ihre *Kunst des Notwendigen* am zuverlässigsten zu entwickeln.

Eine Kunst der Ideen, eine Kunst von der Ordnung der Ideen oder von der Pluralität der Ideen: ist das ein völlig leerer Begriff? Ich halte es für erlaubt zu denken, daß nicht jede Baukunst konkret, nicht jede Musik tönend ist. Es gibt einen bestimmten Sinn für Ideen und ihre Analogien, der sich, wie mir scheint, ebenso betätigen und kultivieren läßt wie der Sinn für Ton oder Farbe; ja, ich würde, sollte ich eine Definition des Philosophen geben, sehr dazu neigen, ihm Ideenempfänglichkeit als vorherrschenden Grundzug seines Wesens beizulegen.

Ich glaube, daß man zum *Philosophen* geboren wird, so wie man zum *Bildhauer* oder *Musiker* geboren wird, und daß diese angeborene Gabe, der bislang die

Deshalb ist jede philosophische Lehre, der nicht eine Lehre von der Freiheit jeden Geistes, nicht nur hinsichtlich der *Lehrmeinungen*, sondern auch hinsichtlich der *Probleme* selbst, zur Seite geht, in meinen Augen antiphilosophisch.

Jagd nach einer bestimmten *Wahrheit* oder *Wirklichkeit* den Vorwand lieferte, sich heute auf sich selber verlassen kann, nicht so sehr, um auf die Jagd zu gehen, als um schöpferisch zu werden. Der Philosoph würde sich damit in Freiheit Kräfte zunutze machen, die er unter Zwang erworben hat; und auf unendlich verschiedene Art, in unendlich verschiedenen Formen würde er die Kraft und die Fähigkeit, die sein ureigenes Teil sind, verschwenden – um abstrakte Dinge zum Leben und zur Wirkung zu bringen.

Es gilt, die Notwendigkeit einer Lust am Philosophieren zu schaffen.

Nur so, durch den bloßen Geschmack an ihren ureigenen Harmonien, wären die *Noumena zu retten.*

Ich füge noch hinzu, daß sich für das, was ich in Form eines Zweifels geäußert habe, ein vortrefflicher Beweis führen läßt. Von einer bloßen Möglichkeit war bisher die Rede, doch braucht man nur das Schicksal der großen Systeme zu betrachten, um sie bereits verwirklicht zu finden. Mit was für Augen lesen wir die Philosophen, wer befragt sie noch wahrhaft in der Hoffnung, mehr bei ihnen zu finden als einen geistigen Genuß und eine Verstandesschulung? Wenn wir uns anschicken, sie zu lesen, geschieht es dann nicht mit dem Gefühl, daß wir uns für eine gewisse Zeit den Regeln eines schönen Spiels unterwerfen? Was würde denn aus diesen Meisterwerken einer Disziplin, in der sich kein Wahrheitsbeweis führen läßt, ohne diese Spielregel, der wir uns einem zuchtvollen Vergnügen zuliebe beugen? Wenn man einen Platon, einen Spinoza widerlegt, bleibt dann von ihren staunenswerten Konstruktionen gar

Und was können Denker dieser hohen

nichts übrig? Gar nichts bleibt übrig, *sofern nicht Kunstwerke übrigbleiben.*

Art denn anderes *hoffen?*

Indessen sind abseits der Philosophie und an gewissen strategischen Punkten im Bereich geistiger Willenskraft ein paar vereinzelte Existenzen besonderer Art aufgetreten, von denen wir wissen, daß ihr abstraktes Denken, wenngleich es sehr geschult und aller Feinheiten und Tiefen mächtig war, nie das Streben nach Bildschöpfungen aus dem Auge verlor, daß es stets auf Anwendungen und sinnlich faßbare Beweise seiner geistigen Anschauung ausging. Es scheint, als hätten sie ein inneres Wissen von dem ständigen Austausch zwischen dem *Willkürlichen* und dem *Notwendigen* gehabt.
Leonardo da Vinci ist der überragende Typus dieser höheren Art von Einzelmenschen.

Ist es nicht überaus bemerkenswert, daß sein Name auf der Ehrentafel der anerkannten und von der Überlieferung unter diesem Namen eingestuften Philosophen fehlt?[44]
Gewiß läßt sich diese Ausklammerung aus dem Fehlen abgeschlossener und im förmlichen Sinne philosophischer Texte erklären. Überdies stellt sich die Menge der von Leonardo hinterlassenen *Notizen* als ein simultanes Ganzes dar, das uns über die Ordnung der Fragen in seinem Geist im unklaren läßt. Man kann hinsichtlich der Rangeinteilung seiner Wissensbegierden und seiner Absichten in Zweifel geraten; hat er doch selber, wie es scheint, seinen

*Montaigne* ist ebenfalls nicht vertreten.
Ein Mensch, der auf alle Fragen des philosophischen Fragebogens die Antwort *Ich weiß nicht* gäbe, würde nicht die Bezeichnung Philosoph erhalten.[45]
Und doch . . .

Eifer je nach Laune und Umständen an die verschiedensten Gegenstände verschwendet, so daß er wohl gar den mir keineswegs unliebsamen Eindruck eines Condottiere macht, der sich reihum bei sämtlichen Musen verdingt.

Aber, wie bereits oben gesagt: das sichtbare Vorhandensein einer bestimmten Ideenordnung ist das Kennzeichen des qualifizierten Philosophen, der als zuständig *für Qualitäten* in die Philosophiegeschichte eingeht (eine Geschichte, die sich nur mit Hilfe gewisser Konventionen aufstellen läßt, unter denen eine *notgedrungen willkürliche* Definition des Philosophen und der Philosophie obenan steht). So müßte also Leonardo ausgeschlossen bleiben, weil er kein ausgesprochenes Denksystem vorzuweisen hat und außerdem – sagen wir es ruhig! – kein *leicht resümierbares* Exposé, das Klassifizierung und Vergleich des Hauptkerns seiner Anschauung mit anderen Systemen Problem für Problem erlauben würde.

Vergessen wir nicht, daß von dem großen Ruhm eines Mannes verlangt wird, daß man an sein Verdienst *in ein paar Worten* erinnern kann.

Jedoch: ich gehe noch weiter und gestatte mir, ihn aufgrund noch greifbarerer Ursachen und hervorstechenderer Züge, als es diese bloß negativen Umstände sind, von den Philosophen zu scheiden. Sehen wir zu oder stellen wir uns vor, worin sein geistiger Akt sich von dem ihren eindeutig unterscheidet, mag er ihm zuweilen auch sehr ähnlich sehen.

Wer den Philosophen beobachtet, stellt fest, daß er auf die sehr einfache Absicht ausgeht, *Denkergebnisse in Aussageform zu bringen*. Er versucht, ein *Wissen* zu erstel-

len, das seinen Ausdruck und seine Übermittlung voll und ganz in der *Sprache* findet.
Dagegen ist für Leonardo die Sprache nicht alles. Das Wissen steht ihm nicht für alles; vielleicht ist es ihm nur ein Mittel. Leonardo zeichnet, rechnet, baut, verziert, nimmt alle Arten von Stoffen in Gebrauch, die Ideen dulden und Ideen auf die Probe stellen und ihnen Gelegenheit bieten, auf unvorhergesehene Art von den Dingen abzuprallen, da ihnen hier ein fremder Widerstand in den Weg tritt, samt den Bedingungen einer anderen Welt, die keine Vorausschau, kein Vorwissen in einem rein geistigen Schema vorsorglich unterzubringen erlaubt. *Wissen* allein genügt dieser vielstimmigen und willensstarken Natur nicht; ihr geht es um das *Können*. Leonardo legt keinen Schnitt zwischen Verstehen und Schaffen. Er unterscheidet nicht gern zwischen Theorie und Praxis, zwischen der Spekulation und dem äußeren Kraftgewinn, auch nicht zwischen dem Wahren und dem Bewährbaren und jener Spielart des Bewährbaren: den handwerklichen und maschinellen Konstruktionen.

Insofern ist dieser Mensch ein rechtmäßiger und unmittelbarer Vorläufer der allermodernsten Wissenschaft. Wer sieht nicht, daß diese immer mehr dazu neigt, im Gewinn und Besitz von Macht aufzugehen? Ich wage sie folglich so zu definieren, denn diese Definition *steckt in uns*, wie wir uns auch anstellen mögen. Ich sage: *daß die Wissenschaft die Gesamtheit der Re-*

Die Wissenschaft, im *modernen Wortsinn*, besteht darin, das Wissen vom Können abhängen zu lassen; und sie geht so weit, das Verstehen dem Feststellbaren unterzuordnen. Ihr Vertrauen beruht einzig und allein auf der Gewißheit, ein bestimmtes Phänomen mittels bestimmter wohldefinierter *Handlungs*schritte reproduzieren oder wiedersehen zu können. Was die Beschreibung, die *Erklärung* des Phänomens angeht, so haben wir hier den veränderlichen, diskutierbaren, perfektionierbaren Teil des Wachstums oder der Darlegung der Wissenschaft.

*zepte und Verfahren ist, die immer gelingen,* und daß sie sich in fortschreitendem Maße auf eine *Tafel der Entsprechungen zwischen unseren Handlungen und den Erscheinungen* zubewegt, eine Tafel immer schärfer gefaßter und vielseitigerer Entsprechungen, die in die genauesten und rationellsten Bezeichnungssysteme eingetragen werden.[46]

Die Unfehlbarkeit in der Vorhersage ist in der Tat das einzige Kennzeichen, dem der moderne Wissenschaftler einen nicht konventionellen Wert zuerkennt. Er ist versucht zu sagen: *alles andere ist Literatur*, und zu diesem anderen rechnet er alle Erklärungen und alle *Theorien*. Nicht als ob er sich über ihre Nützlichkeit, ja sogar ihre Notwendigkeit täuschte. Hat er doch gelernt, sie als Mittel und Werkzeuge zu betrachten, als Überbrückungshilfen, als Formen tastenden Vorgehens, als provisorische Modi, die mit Zeichen und Bildkombinationen, mit logischen Versuchen auf die entscheidende Endwahrnehmung vorbereiten.

Er hat gesehen, wie im Laufe weniger Jahrzehnte nacheinander und sogar gleichzeitig widersprechende Thesen von gleicher Fruchtbarkeit am Ruder waren, Lehrmeinungen und Methoden, deren Prinzipien und theoretische Ansprüche sich opponierend verhielten und gegenseitig aufhoben, indessen ihre positiven Ergebnisse dem erworbenen Vermögen zugute kamen. Er hat gelernt, die *Gesetze* mehr oder minder *bequemen Konventionen* anzugleichen; er weiß auch, daß eine große Zahl eben dieser Gesetze um ihren reinen und essentiellen Charakter gekommen und auf die Stufe bloßer Wahrscheinlichkeiten abgesunken ist, das heißt, daß ihre Gültigkeit nur noch nach der Skala unserer Beobachtungen bemessen werden kann. Er kennt endlich auch die immer zunehmenden, schon nahezu unüberwindlichen Schwierigkeiten, sich eine *Welt* vorzustellen, die wir zwar vermuten, die eine Denknotwendigkeit ist, die aber auf dem Umweg über eine Reihe von Relais und sinnlich erfaßbaren indirekten Konsequenzen analytisch aufgebaut ist, das heißt mittels einer Analyse, deren Ergebnisse, wenn man sie in die gewöhnliche Sprache übersetzt, wegen ihres Verzichts auf Anschauungselemente bestürzend sind – insofern diese Welt ja die Substanz ihrer Substanz sein soll –, eine Welt, die aufgrund einer Art von Einschmelzung sämtlicher Kategorien *existiert und nicht existiert.* Aber dieses ganze schrecklich wandelbare Wissen, diese unmenschlichen Hypothesen, diese mit dem Erkennenden unvergleichbare Erkenntnis hinterlassen gleichwohl ein immer größeres und unbestechliches Kapital an Tatsachenwissen sowie an Verfahren, Tatsachen zu erzeugen, das heißt an *Vermögen.*

Hierin liegt die Begründung des echten Wissens. Die Lehrsätze dieses echten Wissens sollen nur Tatformeln sein: tut das, tut jenes. Darin besteht das *Vermögen*, das heißt in einer bestimmten äußeren Umwandlung, die an eine bewußte innere Modifikation geknüpft ist.

Mithin kann die Arbeit des Geistes nicht mehr eine letzte Schau zum Ziel haben, schon deren Idee hat keinen Sinn mehr (oder aber ihr Sinn müßte sich mehr und mehr einer theologischen Anschauung nähern und würde einen mit uns inkommensurablen Beobachter erfordern); im Gegenteil: dem Geist selber erscheint seine Arbeit als *vermittelnde Tätigkeit zwischen*

*zwei Erfahrungen oder zwei Erfahrungszuständen*: von denen der erste *gegeben*, der zweite *vorhergesagt* ist.
Ein derartiges Wissen entfernt sich nie von den Arbeitsvorgängen sowie den Ausführungs- und Kontrollwerkzeugen, über die hinaus es übrigens *keinerlei Sinn gibt*; wenn es sich dagegen auf sie stützt und sich in jedem Augenblick auf sie bezieht, ist es umgekehrt in der Lage, jedem anderen Wissen jeglichen Sinn abzusprechen, nämlich jedem Wissen, das lediglich der Aussage entspringt und nur zu Ideen unterwegs ist.

Was wird also aus der Philosophie, die von Entdeckungen umlagert und heimgesucht ist, deren Unvorhersehbarkeit zu den größten Zweifeln Anlaß gibt hinsichtlich der Tauglichkeit und Gültigkeit von Ideen und Ableitungen des rein auf sich selber verwiesenen Geistes in seiner Auseinandersetzung mit der Welt? Was wird aus ihr, wenn sie – auf der einen Seite ständig bedrängt, überrannt und ertappt von der wilden Betriebsamkeit der Naturwissenschaften – sich auf der anderen Seite in ihren ältesten, eingefleischtesten (und vielleicht am wenigsten anfechtbaren) Gewohnheiten beunruhigt und bedroht sieht durch die schrittweisen und ins einzelne gehenden Untersuchungen von Philologen und Linguisten? Was wird aus: *Ich denke*, und was wird aus: *Ich bin*? Was wird oder wird von neuem aus jenem nichtigen und geheimnisvollen Verbum SEIN, das auf eine so ansehnliche Karriere im Leeren zurückblicken kann? Sehr gedankenreiche

Unsere Zeit hat erlebt, wie die *Naturwissenschaften* mit ihrer vielfältigen Erkenntnis die Metaphysik auf die jäheste und manchmal auf die komischste Art überrumpelt haben. Das hat mich auf den Gedanken gebracht, daß ich als Philosoph danach trachten müßte, mein philosophisches Denken unabhängig zu machen von sämtlichen Erkenntnissen, die eine neue Erfahrung möglicherweise über den Haufen wirft.

Künstler haben dieser einfachen Silbe, die nach Schwund und Abnützung ihrer ursprünglichen Bedeutung ihre eigenartig erfolgreiche Laufbahn angetreten hat, eine Unmenge von Fragen und Antworten abgenötigt.

*Wenn man also unsere Denkgewohnheiten ganz außer acht läßt* und sich auf das beschränkt, was gegenwärtig in der Verfassung des Geistes hervortritt, ist es nicht schwer zu beobachten, daß die Philosophie, die sich durch ein Werk, das ein *geschriebenes Werk* ist, definiert, objektiv betrachtet eine Sondergattung der Literatur ist, ausgezeichnet durch gewisse Themen und die Häufigkeit gewisser Begriffe und gewisser Formen. Diese so eigenartige Gattung geistiger Tätigkeit und wortgebundener Leistung erhebt jedoch aufgrund der Allgemeinheit ihrer Gesichtspunkte und ihrer Formeln Anspruch auf einen höchsten Standort; aber da sie in der Außenwelt auf keine Weise bewahrheitet werden kann, da sie nicht auf die Einsetzung irgendeines *Vermögens* abzielt, da selbst jene Allgemeinheit, auf die sie sich beruft, nicht als transitorisch angesehen werden darf und weder als ein Mittel noch als ein Ausdruck feststellbarer Resultate auftritt, können wir nicht umhin, sie nicht sehr weitab von der Dichtung anzusiedeln …

sondern sich als *Selbstzweck* ausgibt

Aber diese Künstler mißverstehen sich selber und wollen keine sein. Gewiß huldigen sie nicht wie die Dichter der Kunst, mit tönenden Wortklängen Mißbrauch zu treiben; vielmehr spekuliert ihre Kunst auf einen absoluten, von ihren Sinnen isolierbaren Wert. *Was ist die Wirklichkeit?* fragt sich der Philosoph, und: *Was ist die Freiheit?* Er nimmt eine Haltung ein, als wüßte er nicht um den zugleich metaphorischen, sozialen und statistischen Ursprung dieser Namen, deren Hinüberschillern in undefinierbare Sinnbedeutungen ihm die Ermächtigung verschafft, aus seinem Geist die tiefsten und subtilsten Kombinationen zu schöpfen. Für ihn endet seine Frage nicht damit, daß er der baren Geschichte eines Wortes durch die Jahrhunderte nachgeht und im einzelnen die Mißverständnisse, die bildlichen Verwendungen, die Sonderbedeutungen an sich vorbeiziehen läßt, deren Vielzahl und Zusammenhanglosigkeit bewirkt, daß ein armseliges Wort so umfassend und geheimnisvoll wird wie ein lebendiges Wesen und wie ein lebendiges Wesen zu einer fast bedrängenden Neugier reizt, daß es sich jeder eindeutigen Analyse entzieht und als ein Zufallsgeschöpf der einfachsten Bedürfnisse, als ehemaliges Hilfsmittel landläufigen Umgangsverkehrs und unmittelbaren Austauschs sich zu überaus hohen Bestimmungen erhebt, um das gesamte Fragevermögen und den gesamten Vorrat an Antworten, deren ein bewundernswert wachsamer Geist fähig ist, anzureizen. Dieses Wort, dieses Nichts, dieses Zufallsmittel eines namenlosen Schöpfers hat sich durch die Besinnung und die Dialektik einiger weniger in ein außerordentliches Werkzeug verwandelt, dazu geschaffen, den Gesamtverband aller Gedankengruppen zu durchwirken, gleichsam ein Schlüssel, der alle Federn eines denkfähigen Kopfes aufzuziehen und

Man muß sich klarmachen, daß es die besondere Eigenschaft der größten Philosophen ist, den unmittelbaren Problemen, wie die Beobachtung sie aufgibt, Probleme der Interpretation hinzuzufügen. Jeder von ihnen bringt eine Terminologie mit, und in keinem Falle sind die eingeführten Termini hinreichend definiert.

dem Verlangen, alles zu wissen, Abgründe der Bereitschaft zu erschließen vermag.

Nun besteht aber die Leistung eines Künstlers im Grunde darin, aus nichts etwas zu machen. Und was kann es *Persönlicheres* geben, was kann für eine Person und ihre individuelle Note bezeichnender sein als diese Arbeit des Philosophen, wenn er in die gewöhnliche Ausdrucksweise tausend Schwierigkeiten einschaltet, von denen die Leute, die diese Ausdrucksweise geschaffen haben, sich nichts träumen ließen, wenn er Zweifel und Beunruhigung hervorruft, Antinomien entdeckt und die Denkgewohnheiten des Geistes durch ein ganzes Spiel von Substitutionen verblüfft, die bestürzen und sich zur Geltung bringen? ... Was kann es unter dem Anschein des Universalen Persönlicheres geben?

Das Wort: Mittel und Zweck des Philosophen; das Wort, sein gemeiner Stoff, auf den er bläst und den er in seiner Tiefe aufwühlt: für Leonardo war es nur das geringste unter seinen Mitteln. Bekanntlich dient ihm sogar die Mathematik, die im Grunde nichts anderes ist als eine exakt geregelte Redeform, nur als ein vorübergehender Behelf. »Die Mechanik«, sagte er, »ist das Paradies der mathematischen Wissenschaften.« (Ein Gedanke, der schon ganz an Descartes anklingt, wie auch sein ständiges Bemühen um eine physikalische Physiologie cartesisch war.)

Damit schlug er einen Weg ein, auf dem unser Geist sich heute bewegt.

Der Gedanke vom Automatismus des Tieres, den Descartes geäußert hat und der ein auffallendes Element seiner *Philosophie* ist, tritt um vieles nachdrücklicher bei Leonardo hervor. Bei ihm findet er sich gewissermaßen »in actu« vor. Ich weiß nicht, ob vor ihm je einem Menschen eingefallen ist, die Lebewesen mit den Augen des Mechanikers zu betrachten. Die Standfestigkeit, die Fortbewegung, die Atmung: alles setzt sich ihm in mechanische Vorgänge um. Er war in höherem Maße Anatom und Ingenieur als Descartes. Das Trachten nach dem Automaten, nach Erkenntnis durch Konstruktion behauptete in seinem Denken die oberste Stelle.

Doch er entstammte einer Zeit, die nicht so wie unsere daran interessiert oder daran gewöhnt war, das Nützliche oder das Angenehme oder das Aufregende mit dem zu vermischen, *was einen Zustand des Widerklingens der harmonischen Wechselwirkung zwischen den Sinnesempfindungen, den Wünschen, den Bewegungen und den Gedanken hervorruft*. Nicht was die körperliche Bequemlichkeit erhöht und ihr Zeit und Mühe erspart, stand im Mittelpunkt; auch nicht nach dem, was die sinnlich empfindende Seele überrascht und erregt, stand das Verlangen; vielmehr ging es um die Erhöhung und Vervielfältigung der Sinnenlust durch die Kunstfertigkeit und die Berechnungen der Intelligenz, um die Krönung einer so hohen Lust durch die Einführung einer bestimmten erlesenen und köstlichen *Spiritualität*. Die Renaissance verstand es, zwischen den Faunen und den Engeln sehr menschliche Verbindungen zu stiften.

Und damit komme ich zu dem Punkt, der am schwersten zu erklären ist und dem Verständnis am härtesten eingeht.

Dies nämlich erscheint mir an Leonardo das Wundersamste, das ihn mit den Philosophen auf noch viel seltsamere Art entzweit und verbindet als alles, was ich bisher über ihn und über sie gesagt habe. Leonardo ist Maler: und *ich behaupte, daß die Malerei seine Philosophie ist*. Er hat es sogar selber ausgesprochen; und er redet malerisch, wie man philosophisch redet; das heißt, er bezieht auf die Malerei alles. Er macht sich von dieser Kunst (die vom Denken aus gesehen so einzigartig und so

Denn seine Malerei verlangt stets von ihm eine ins einzelne ge-

wenig dazu gemacht scheint, die gesamte Intelligenz zu befriedigen) eine übermäßige Vorstellung: er erblickt in ihr ein letztes Ziel universalen geistigen Strebens. So hat in unserer Zeit insbesondere Mallarmé den Gedanken vertreten, daß die Welt dazu da sei, um in Ausdruck verwandelt zu werden, und daß nach Maßgabe dichterischer Mittel alle Dinge dorthin gelangen würden.[47]

Malen ist für Leonardo ein Vorgang, der alle Erkenntnisse und nahezu alle Techniken erheischt: Geometrie, Dynamik, Geologie, Physiologie. Um eine Schlacht darzustellen, muß man Wirbelstürme und aufwirbelnden Staub studiert haben; und zwar will er sie nicht eher darstellen, als bis er sie mit Augen beobachtet hat, deren Gespanntheit wissend und von der Erkenntnis ihrer Gesetze gleichsam durchdrungen ist. Eine Person ist eine Synthese von Forschungen, die vom Sezieren bis zur Psychologie reichen. Mit köstlicher Präzision verzeichnet er die Haltung des Körpers je nach Alter oder Geschlecht, so wie er andererseits die Tätigkeiten bestimmter Berufe analysiert. Angesichts seines Willens, die Formen aus ihren Ursachen zu erfassen, sind sich alle Dinge gewissermaßen gleich. Er setzt sich sozusagen vom Anschein der Dinge her in Bewegung; er führt ihre morphologischen Merkmale auf Kräftesysteme zurück oder versucht es doch zumindest; und diese erkannten – *erlebten* – und durchdachten Systeme ergänzt oder vielmehr erweitert er, indem er ihre Bewegung in Zeichnung oder Gemälde umsetzt, hier erntet er dann die ganze

hende und vorgängige Analyse der darzustellenden Gegenstände, eine Analyse, die sich durchaus nicht nur auf die sichtbaren Merkmale beschränkt, sondern die ins Innerste oder Organische vordringt, bis zur Physik, zur Physiologie, zur Psychologie, so daß sein Geist am Ende sozusagen *darauf gefaßt* ist, die aus der verborgenen Struktur hervorgehenden sichtbaren Eigenschaften des Modells wahrzunehmen.

Von Benvenuto Cellini erfahren wir, daß Leonardo der erste war, der die organischen Formen in ihrer Anpassung an funktionelle Aufgaben *bewunderte*.[48] Er hat uns die eigenartige Schönheit gewisser Knochen (des Schulterblatts) und Gelenke (die Verbindung zwischen Arm und Hand) erschlossen.

Eine ganz moderne Ästhetik gründet sich auf dieses Prinzip der Anpassung. Die Griechen hatten nur an die optischen Wirkungen gedacht.

Das geistige Vergnügen, das sie der in den Formen steckenden Funktion abgewannen, stand für sie nicht *isoliert* da. Und doch hat man zu allen Zeiten Waffen und Werkzeuge hergestellt, die *perfekt* waren.

Frucht seiner Mühe. So hat er eine Ansicht oder einen Entwurf von Lebewesen auf dem Wege einer tiefgehenden und allseitigen Analyse ihrer Eigenschaften neu geschaffen.

*Aber wozu dient ihm bei alldem die Sprache?* – Sie dient ihm eben auch nur als Werkzeug, im gleichen Sinne wie die Zahlen. Sie ist für ihn nur ein Hilfsmittel, ein Begleitumstand seiner Arbeit und spielt im Hinblick auf die Unternehmungen, nach denen ihn gelüstet, dieselbe Rolle wie manchmal die Kritzeleien am Rande für die *Schreibenden*, wenn sie nach dem richtigen Ausdruck suchen.

Als ich dazu kam, Leonardo da Vinci zu beobachten, sah ich in ihm den Typus dieser Leistung, die so bewußt ist, daß Kunst und Wissenschaft sich unauflöslich in ihr vermählen, den Musterfall eines Kunstsystems, das sich auf die Analyse schlechthin gründet und jedesmal, wenn es ein *besonderes* Werk schafft, darauf bedacht ist, es nur aus feststellbaren Elementen zu bilden.
Die Analyse bringt Leonardo dahin, seinen Maldrang bis zur Neugier auf alle Erscheinungen, auch die nicht sichtbaren, auszudehnen, da ihm keine für die Malkunst unerheblich erscheint,

Leonardo findet aufs Ganze gesehen im gemalten Kunstwerk alle die Probleme, die das Hinarbeiten auf eine Synthese der Natur dem Geist stellen kann, und einige andere mehr.

*Ist er also ein Philosoph, oder ist er keiner?*

Stände hier nur das Wort in Frage ... Aber es geht um etwas ganz anderes als die Wahl einer reichlich unbestimmten Benennung. Was mich an dem Punkt verweilen läßt, wo das schöne Attribut Philosoph nicht weiß, ob es sich auf einen Namen, den so viele *nichtschriftliche* Werke verherrlicht haben, niederlassen soll, ist das Problem, wie sich die Gesamttätigkeit des Geistes zu der Ausdrucksart, die er erwählt, verhält, das Verhältnis, heißt das, zwischen der Gesamttätigkeit und *jener Art von Leistungen, die ihm das Gefühl seiner Stärke am nachdrücklichsten verschaffen*, mitsamt *den äußeren Widerständen, die er auf sich nimmt.*

Im besonderen Fall Leonardo da Vincis stehen wir vor einer jener merkwürdigen Koinzidenzen, die uns zu einer Revision unserer Denkgewohnheiten zwingen und uns gleichsam aus dem Schlaf überkommener Ideen zu geschärfter Aufmerksamkeit erwachen lassen.
Mit scheint, man kann mit ziemlicher Sicherheit von ihm behaupten, daß die Stellung, die im Leben eines anderen Geistes die Philosophie einnimmt – die Philosophie mit ihrem tiefgehenden Anspruch, der ins Allgemeine gehenden Wißbegierde, dem Bedürfnis nach einer großen Anzahl von Tatsachen, die sie behält und sich anverwandelt, dem fortwährenden Dringen auf Ursachen –, *genau dem ständigen Bemühen um das gemalte Werk entspricht, das bei Leonardo ihre Stelle vertritt.*

so wie diese ihm von Wert schien für die Erkenntnis im allgemeinen.
Diese bemerkenswerte Wechselwirkung zwischen dem Herstellen und dem Wissen, wobei die erste für die zweite Tätigkeit Bürgschaft leistet, ist kennzeichnend für Leonardo; sie tritt in Gegensatz zur reinen Wortwissenschaft und hat sich zuletzt im gegenwärtigen Zeitraum durchgesetzt, sehr auf Kosten der Philosophie, die als etwas Unvollständiges erscheint.

Das kränkt uns in sehr alten Unterscheidungen und setzt der Philosophie nicht weniger zu als der Malerei, so wie sie sich in unserer Vorstellung darstellen und scheiden.
Gemessen an unseren Gewohnheiten, erscheint uns Leonardo als eine Art Monstrum, als Zentaur oder Chimäre, aufgrund der zweideutigen Gattung, die er in den Augen von Geistern vertritt, die sich die Zerteilung unserer Natur allzu beflissen angelegen sein ließen, so daß sie den Philosophen ohne Hände und Augen erblicken und die Künstler mit derart eingeschrumpften Köpfen, daß nur noch die Instinkte darin Platz finden...
Man muß jedoch versuchen, diese seltsame Entthronung der Philosophie zugun-

sten der Pflege einer bildenden Kunst verständlich zu machen. Halten wir zunächst fest, daß von einer Erörterung der *intimsten* Zustände oder Vorgänge keine Rede sein kann; denn im Bereich des Inneren oder im entscheidenden seelischen Augenblick sind die Unterschiede zwischen Philosoph und Künstler notwendigerweise unbestimmt oder gar nicht vorhanden. Wir sind also gezwungen, uns an das zu halten, was sichtbar ist, was sich unterscheidet und einen *objektiven* Gegensatz bildet, und hier bestätigt sich abermals, was wir schon vorhin beobachtet haben: das Grundproblem der Rolle der Sprache. Wenn die Philosophie vom sprachlichen Ausdruck unabtrennbar, wenn dieser Ausdruck das Endziel jedes Philosophen ist, dann ist Leonardo, dessen Endziel die Malerei ist, kein Philosoph, obwohl er die meisten Wesenszüge eines Philosophen an sich trägt. Wir sind dann aber auch gezwungen, aus diesem Urteil alle Konsequenzen zu ziehen, unter denen sich recht einschneidende befinden. Ich will davon einen Begriff geben.

Der Philosoph *beschreibt*, was er gedacht hat. Ein philosophisches System ist im wesentlichen eine Klassifizierung von Worten oder eine Aufstellung von Definitionen. Die Logik ist nichts anderes als die Permanenz der Eigenschaften dieser Aufstellung und die Art, von ihnen Gebrauch zu machen. Daran sind wir nun einmal gewöhnt, und insofern können wir nicht umhin, der artikulierten Sprache eine Sonder- und Zentralstellung in der Verwal-

Die Logik ist in der gewöhnlichen Sprache von nur geringer Brauchbarkeit, das heißt in der Sprache ohne letztgültige Definitionen.[49]

tung unserer geistigen Anliegen einzuräumen. Ganz gewiß kommt ihr diese Stellung zu, ist diese Sprache, wenngleich aus zahllosen Konventionen bestehend, nahezu *wir selber.* Wir können ohne sie kaum *denken* und können ohne sie unser Denken weder leiten noch bewahren, noch können wir wiederaufnehmen, was wir gedacht haben, und vor allem ... wir können es nicht in gewissem Maße *voraussehen.*

Aber schauen wir ein bißchen näher zu; schauen wir in uns selber. Sobald unser Denken dazu neigt, in die Tiefe zu gehen, das heißt seinem Gegenstand näherzukommen, in dem Bestreben, auf die Dinge selber einzuwirken (sofern es sich auf Dinge richtet) und nicht mehr bloß auf *irgendwelche* Zeichen, die nur eine oberflächliche Vorstellung von Sachen vermitteln, sobald wir dieses Denken leben, spüren wir, wie es sich von jeder Sprachkonvention ablöst. Wie dicht auch die Sprache mit unserer lebenden Anwesenheit verwoben sein mag, wie *dicht* beieinander ihre *Treffchancen* liegen mögen, wie geschult unser sprachliches Vermögen sein mag, wie fertig in der Bedienung dieses vorliegenden Systems und wie rasch zur Stelle: so können wir es doch durch einen Willensakt, durch eine Art *Vergrößerung* oder eine Art *Beschleunigung der Dauer* von unserem in Bereitschaft liegenden geistigen Leben abhalten. Wir fühlen, daß uns die Worte mangeln, und wir sind uns bewußt, daß kein Grund dafür spricht, daß welche da sind, um uns zu antworten ... das heißt: um *für uns einzutreten*, denn die Macht der

Worte (und daraus entspringt ihr Nutzen) besteht darin, daß sie uns wieder in die *Nachbarschaft* schon erlebter Zustände bringen, daß sie die *Wiederholung* regulieren oder stiften – wie aber, wenn wir auf einmal in jenes geistige Leben einmünden, *das sich nie wiederholt*? Vielleicht heißt ebendies *tief denken*, was nicht soviel heißt wie: nützlicher, exakter, vollständiger denken als gewöhnlich; sondern was heißt: ins Weite denken, *so weitab wie möglich vom Automatismus des Wortes denken*. Dann erleben wir, daß Wortschatz und Grammatik fremdartige Gaben sind: *res inter alios actas*.[50] Wir werden auf unmittelbare Weise gewahr, daß die Sprache, wie organisch und unentbehrlich sie auch sein mag, in der Welt des Denkens *nichts* ausrichten kann, wo *nichts* seine transitive Natur gefangennimmt. Unser Bewußtsein erkennt in ihr etwas, das von uns unterschieden ist. Unsere Strenge und unsere Leidenschaft stellen uns zu ihr in Gegensatz.

Das heißt den Wert der ersten Gegebenheiten unseres Denkens in Frage stellen, indem man auf die bewußte *Daseinsdauer* dieser Gegebenheiten einwirkt.

Und doch haben die Philosophen den Versuch unternommen, ihre Sprache auf ihr tiefinneres Leben zu beziehen, sie neu einzuteilen, sie je nach den Erfordernissen ihrer einsamen Erfahrung leidlich zu vervollständigen, um ein noch subtileres Mittel aus ihr zu machen, das mit noch größerer Gewißheit *Erkenntnis* und *das Wiedererkennen von Erkenntnis*[51] vermitteln soll. Man könnte sich unter der Philosophie die Haltung, die Erwartung, die Nötigung vorstellen, die manchmal einen Menschen in die Lage versetzen, sein Leben zu denken oder sein Denken zu leben,

Jedes Denken verlangt, daß man etwas für etwas anderes nimmt: eine *Sekunde* für ein *Jahr*.

wobei eine Art Gleichwertigkeit oder Reversibilität von *Sein* und *Erkennen* eintritt und wo bei dem Bestreben, jeden konventionellen Ausdruck fernzuhalten, sich ein Vorgefühl einstellt, wie eine Fügung, kostbarer als alle anderen, sich ordnet und erhellt, eine Fügung aus jenem Wirklichen, das dieser Mensch in sich selber aufsteigen fühlt, und einem anderen, dessen bereiter Empfänger er ist.

Aber das Wesen der Sprache steht in genauem Widerspruch zum glücklichen Gelingen dieses großen Strebens, an dem sich alle Philosophen versucht haben. Die stärksten haben sich in dem Bemühen, *ihr Denken zum Sprechen zu bringen*, verzehrt. Vergeblich haben sie bestimmte Worte geschaffen oder umgeschaffen; uns ihren inneren Zustand zu vermitteln ist ihnen nicht geglückt. Mag es sich um die Ideen handeln, um die Dynamis, um das Sein, das Noumenon, das Cogito oder das Ich: all das sind bloße *Chiffren*, die ausschließlich durch einen Zusammenhang determiniert sind, und so ist es denn im Grunde eine Art von persönlicher Schöpfung, wenn ihr Leser – wie es auch beim Lesen von Dichtern der Fall ist – Werke mit Lebenskraft begabt, in denen die gewöhnliche Rede dazu gebracht wird, Dinge auszudrücken, die sich die Menschen untereinander nicht sagen können und die im Bereich des tönenden Wortes kein Dasein haben.

Nicht ein einziges Problem ließ sich in der Philosophie auf eine Art in Worte fassen, die an seinem Vorhandensein keinen Zweifel ließ.

Man ersieht daraus: wenn man die Philosophie insgesamt auf den sprachlichen

Ausdruck gründet und ihr gleichzeitig die Freiheiten und sogar – die Hemmungen, die den Künsten gebühren, versagt, besteht die Gefahr, daß man sie auf die verschiedenerlei Arten der *Gebetsverrichtung* von ein paar bewundernswerten Einzelgängern beschränkt. Übrigens hat man noch nie zwei Philosophen gefunden, die miteinander vereinbar waren, und man kann sie sich nicht einmal vorstellen; und ebensowenig eine Lehre, die eine einzige und immergleiche Deutung zugelassen hätte.

Noch etwas anderes läßt sich im Hinblick auf das Verhältnis zwischen der philosophischen Tätigkeit und dem Wort beobachten; es ist eine reine Tatsache, die ich hervorhebe.

Halten wir einfach Umschau und sehen wir zu, wie sich die Bedeutung der Sprache auf allen Gebieten verringert, auf denen sich gleichzeitig eine Zunahme an Genauigkeit bemerkbar macht. Zweifellos wird die gemeinverständliche Sprache stets die Rolle eines einführenden und allgemeinen Instruments im Leben der inneren und äußeren Beziehungen spielen; sie wird stets die Lehrmeisterin der anderen bewußt geschaffenen Sprachen sein, sie wird Menschen, die noch nicht spezialisiert sind, diesen starken präzisen Mechanismen anpassen. Doch nimmt sie im Gegensatz zu ihnen allmählich den Charakter einer ersten und großen Annäherung an. Ihre Rolle schrumpft angesichts der Ausbildung von Notationssystemen, die in jedem Falle reiner und einer einzigen Ver-

Doch läßt sich beobachten, daß diese Anpassung häufig alles andere als zufriedenstellend ist. Man vergleiche die Definitionen des *Punktes*, der *Linie*, des *Verhältnisses* usw.

wendung angepaßt sind. Darüber hinaus aber entspricht jedem Grad dieser Einschnürung eine Einengung des ehemaligen Horizonts der Philosophie... Alles, was in einer Welt, die es auf Präzision angelegt hat, an Schärfe gewinnt, läßt sich mit ihren primitiven Ausdrucksmitteln nicht mehr fassen.

Es gibt (bis heute) keine Philosophie, die einer genauen Prüfung ihrer *Definitionen* standhält.

In gewissen sehr bemerkenswerten Fällen geschieht es schon heute, daß an die Stelle des in unterscheidende und willkürliche Zeichen übersetzten Ausdrucks die Spur der Dinge selber tritt oder die Übertragungen oder Aufzeichnungen, die unmittelbar von ihr herstammen. Die große Erfindung, Gesetze augenfällig und für den Gesichtssinn gewissermaßen lesbar zu machen, ist in die Erkenntnis eingegangen und *verdoppelt* sozusagen die Erfahrungswelt um eine sichtbare Welt von Kurven, Oberfächen, Diagrammen, in der sich die Eigenschaften in Figuren niederschlagen, bei deren Anblick, wenn wir ihrem Beugungswinkel mit dem Auge folgen, wir beim Innewerden dieser Bewegung das Gefühl der Schwankungen einer Größe haben. Die *graphische* Darstellung ist eines Inhalts mächtig, vor dem das Wort ohnmächtig ist; sie übertrifft es an Evidenz und an Genauigkeit. Gewiß wird sie vom Wort ins Dasein gerufen; das Wort verleiht ihr einen Sinn und interpretiert sie; aber es ist nicht mehr das Wort, in dem sich der Akt geistiger Besitzergreifung vollzieht. Man sieht, wie sich nach und nach eine Art Ideographie der figürlich dargestellten Relationen zwischen Qualitäten und Quantitäten herausbildet, eine Sprache, die eine

und außerdem ein *Analogieverfahren*

Grammatik vorausgehender Konventionen voraussetzt (Skalen, Achsen, Netze) und deren Logik in der Abhängigkeit von Figuren oder den Ausschnitten von Figuren, den Eigenschaften ihrer Lagerung usw. besteht.[52]

Eine ganz anders geartete Darstellungsordnung (wenn auch mit der eben behandelten durch gewisse Analogien verbunden) tritt uns in der Tonkunst entgegen. Man weiß, aus welchen Tiefen die *Welt der Töne* ihre Mittel schöpft, welch ein *Zugegensein* des gesamten Gemütslebens, welche Einsichten in die labyrinthischen, einander überschneidenden und überlagernden Bahnen der Erinnerung, des Zweifels, der Aufschwünge, welche Kräfte und welch ein Leben und Sterben in der Phantasie uns die Kunstfertigkeit des Komponisten vermittelt, ja aufdrängt. Manchmal stimmen Klangfigur und Klangfarbe mit den inneren Gesetzen unserer wandelbaren Stimmung derart überein, daß sie den Gedanken an ausgesprochene *Hörformeln* nahelegen, die für ein objektives Studium der subtilsten subjektiven Phänomene als Muster dienen könnten. Keine Wortschilderung kommt bei derartigen Bemühungen je an diese Hörbilder heran. Denn es sind Umformungen und Wiederherstellungen der Lebensfakten selber, die sie vermitteln, wenngleich sie sich, *da es sich ja um eine Kunst handelt*, als beliebige Schöpfungen eines »Jemand« ausgeben.

Über das *Beliebige* wäre viel zu sagen. Alles, was wir (in unseren Augen) beliebig tun, etwa wenn wir *aufs Geratewohl* ein

Man sieht an diesen Beispielen, wie Figuren und Figurenketten akustischer Empfindungen sich mit den, wie angenommen wird, *tiefsten* Äußerungen vereinbaren lassen, das heißt mit jenen, die von der Sprache philosophischen Denkens am weitesten entfernt sind. Man sieht, wie das Kostbarste, was die Philosophie enthalten und wahrnehmen und was sie nur so unvollkommen wiedergeben kann, auf Bahnen, die durchaus nicht ihre traditionellen Bahnen sind, wenn nicht übermittelt, so doch suggeriert wird.

Blatt bekritzeln, entspringt der abgesonderten Tätigkeit eines Organs. Man *schließt die Augen*, um *aufs Geratewohl* einen Loszettel aus dem Hut zu ziehen. Im Gegensatz zu dergleichen Handlungen (die sich zu den Entspannungen analog verhalten) stehen unsere kontrollierten Tätigkeiten.

All das ließe sich ziemlich einfach in die Bemerkung fassen, daß sich an der *Zahl* von selbständigen Bedingungen, die auf eine Handlung übertragen werden, der Grad der Bewußtheit ablesen läßt.

Indessen war die Philosophie von jeher bestrebt und wird künftig immer eifriger bestrebt sein, sich gegen den *gefährlichen Anschein, als verfolge sie ein reines Wortziel*, zu verwahren. Das *Selbstbewußtsein*, das (unter verschiedenen Namen) Grundprinzip ihres Daseins ist (zugleich aber auch der stets naheliegende Anlaß zu Skeptizismus und Selbstzerstörung), läßt sie einerseits ihre innere Kraft und Notwendigkeit erkennen, dagegen andererseits die ganze Schwäche, in die sie die Abhängigkeit von der Rede versetzt. Deshalb kommen alle Philosophen, jeder auf seine Art, dazu, ihr Denken von allen Konventionen freizuhalten; und zwar richten die einen, die für die kontinuierlichen Hervorbringungen und die fortwährenden Wandlungen ihrer inneren Welt besonders empfänglich sind, ihren Blick auf den Bereich *diesseits der Sprache*, wo sie jene wachsende innere Form beobachten, die man als *Intuitionen* bezeichnen kann, denn unsere scheinbare oder echte Spontaneität hat unter dem, was ihr zugehört, unmittelbare *Einsichten*, augenblickliche Lösungen, unerwartete Impulse und Entscheidungen. Die anderen, weniger geneigt, auf das Wandel-

Und doch haben sie es (meines Wissens) noch nie von einer Sprachanalyse ausgehend getan, unter Rückführung der Sprache auf ihren statistischen Charakter, was die Möglichkeit ausschließen würde, dem *Wesen der Dinge* Wortschöpfungen (und daraus folgend *Probleme*) beizulegen, die ihren Ursprung in der naiven Anschauung, im poetischen Empfinden und in den tastenden Versuchen von Generationen haben. Daß diese bescheidenen Anfänge in Vergessenheit geraten sind, ist zweifellos die Voraussetzung einer großen Anzahl philosophischer Probleme. Insbesondere gibt das Vorhandensein von *Begriffen*, die nicht aufeinander abgestimmt sind, oder von Begriffsbezeichnungen, die unabhängig voneinander geschaffen wurden, Anlaß zu Antinomien und Paradoxen, die der Entfaltung von Mißverständnissen und echt *philosophischen* Haarspaltereien einen günstigen Boden bereiten ...

bare zu achten, als vielmehr im Gegenteil *auf das, was sich erhält*, wollen in der Sprache selbst ihr Denken befestigen. Sie gründen ihre Zuversicht auf die Gesetze der Form; sie entdecken in ihnen die Eigenstruktur des Verstehbaren, von der, wie sie annehmen, die gesamte Sprache ihre Gliederung und den Typ ihrer Sätze entlehnt.

Die ersten würde die Entwicklung der Tendenz ihres Denkens mit Leichtigkeit, einer kaum merklichen Neigung folgend, zur Kunst der Zeit und des Gehörs hinführen: das sind die Musiker unter den Philosophen. Die anderen, die der Sprache eine vernunftbegründete Rüstung und einen wohldefinierten Plan ansinnen, die alles, was sie mitbedingt, sozusagen mit *einem* Blick ins Auge fassen und die den Versuch wagen, dieses Gebilde, das allen und keinem gehört, nachschaffend durchzukonstruieren oder als Werk eines einzelnen zu vollenden, sind mehr oder minder mit Architekten zu vergleichen ...

Ich kann nicht einsehen, weshalb die einen wie die anderen nicht unseren Leonardo, für den die Malerei die Stelle der Philosophie vertrat, adoptieren sollten.

# DAS SCHRIFTWERK VON LEONARDO DA VINCI

Im Alter von ungefähr zwanzig Jahren ließ mich der Zufall (ohne den wir einfallslos wären ...) in einer Bibliothek, in der ich bisweilen meine Zeit verbrachte, auf einen Band der Handschriften Leonardos in Fotodruck treffen, ihn aufschlagen und durchblättern; es war einer jener Bände, die Ravaisson-Mollien veröffentlicht hat von jenen Originalen, die im Besitz des Instituts sind.[53] Bis dahin hatte ich mir nicht vorstellen können, daß es solch ein außergewöhnliches Dokument des Lebens eines erstrangigen Geistes und des engen Umgangs mit seinem Vermögen überhaupt geben konnte.

Die Tagebücher von einzelnen, ihre Geständnisse, ihre Vertraulichkeiten in der Öffentlichkeit, wie man sie uns aufbereitet vorlegt, stellen nichts als Schwächen zur Schau oder liefern uns allenfalls etwas, worauf alle Menschen sich etwas einbilden oder was sie bedrückt: sie sind nichts anderes als berechnete und gewollte Eröffnungen, die in der Hoffnung gemacht werden, uns über ihren Autor das mitzuteilen, was er gern möchte, daß wir es von ihm wissen. Diese Hefte Leonardos jedoch waren ausschließlich für ihn selbst da, waren das Laboratorium seiner geheimen Forschungen. Er verwahrt dort nur, was ihm für die Entwicklung seiner Mittel dienlich sein könnte. Er verfolgt in ihnen den unbekannten Weg eines unbegrenzten Fortschritts in der Erkenntnis und im Können: beides für ihn untrennbar miteinander verbunden.

Bei ihm erkennt man eine gewohnheitsmäßige, gleichsam organische Unordnung von Vorschriften, Formeln, Figuren, Ratschlägen für sich selbst und immer wiederaufgenommenen Projekten – in veränderter Form. Es sind Effusionen eines Hungers des Intellekts, der die Probleme vervielfacht und Rezepte anhäuft, der nicht die Absicht von der Entdeckung unterscheidet, in der heiligen Wut zu *verstehen, um zu handeln, und zu handeln, um zu verstehen*, was alle Philosophie übersteigt. Was wissen wir? Wir wissen, was wir können.[54] Alles übrige ist nur Austausch von Worten.

Das Denken Leonardos ist wesentlich und wissentlich ein Moment des Handelns, ein Vereinfacher oder Vermehrer von Handlung. Wenn er sich in höchste Höhen erhebt, in subtilste Bereiche eindringt – immer kommt dabei irgendein Werk zustande.

Dies alles wird nachdrücklich dem bewußt, der in diesen berühmten, mich bewegenden Sammlungen nachschlägt, der sieht, wie sich dabei allgemeinste Ansichten und höchst detaillierte Studien in eins vermischt darbieten, zugleich den Eindruck von hochmütiger und überlegener Gleichgültigkeit vermitteln. Wenn man alle mentalen Bestandteile bei der geistigen Arbeit veranschlagt, kann die Suche nach einem Räderwerk nicht weniger aufwendig sein als die Analyse eines Weltsystems. Leonardo, der die lebende Natur nicht nur als Maler, sondern auch als Erfinder, der er gleichermaßen war, zum Vorbild nahm, hatte mit Gewißheit erfahren, daß diese Natur in ihrem undurchdringlichen Wirken nie das Ganze vom Einzelnen, die Form vom Stoff, den Zweck von den Mitteln trennt; wodurch sie uns denn auch unnachahmlich, das heißt unverstehbar ist.

Einige Jahre später erhielt ich Kenntnis des großen Werks *The literary works of Leonardo da Vinci* von Jean-Paul Richter (nicht zu verwechseln mit dem berühmten gleichnamigen Schriftsteller der Romantik). Es vermittelte mir eine nahezu vollständige Offenbarung des Schriftwerks dieses begabtesten Menschen, der je gelebt hat. Man wußte verschwommen, daß Leonardo noch einigen anderen Künsten nachgegangen war als nur der Malerei: man kannte jenen berühmten Brief, in dem er eine Aufzählung seiner Talente gibt. Man war jedoch noch weit davon entfernt, in ihm unbestreitbar einen Vater unserer Naturwissenschaften und unserer Technik zu sehen, einen Begründer der Geologie; einen Physiologen mit leidenschaftlichem Interesse für die Probleme der

Funktionsweise, die ihm sein verbissenes Studium der Anatomie nahelegte: ein Wissensdurst, der ihm vom Sezieren von Organen zu einer wundervollen Analyse des Flugs der Vögel und Fledermäuse führte, was er so weit durchdachte und konzipierte, daß er zur Offensive *überging*, das heißt eine Flugmaschine bauen wollte, deren Struktur- und Stabilitätsbedingungen er bestimmt, deren Teile er immer wieder neu gezeichnet hat; aus der Überlegung heraus, daß die Vollkommenheit einer Erkenntnis sich an den Unternehmungen beweist, die sie ermöglicht. Die Flügel des ersten mit einem Motor ausgerüsteten Flugapparats, der wirklich geflogen ist (jener im Conservatoire des Arts et Métiers ausgestellte Apparat von Ader), entsprechen dem Vorbild, wie Leonardo ihn sich Anfang des 16. Jahrhunderts vorgestellt hatte. Nichts in dieser Zeit überrascht mehr als diese dem Wissen auferlegte Bedingung von Aktivität und Kreativität. Nichts steht uns heute näher.

Die Sammlung der Werke, die Übersetzungen und die Anmerkungen von Richter – Frucht ungeheurer Arbeit, Ergebnis der Ausbeute von Handschriften, die sich zwischen Paris, London, Windsor, Mailand, Turin und diversen Privatsammlungen verstreut finden – sind zum unschätzbaren Instrument für all jene geworden, die durch das Denken Leonardos verführt, in Erstaunen versetzt, verwirrt wurden.

Nach einem Leben, von dem fast fünfzig Jahre dem Werk Leonardos gewidmet waren, stirbt Richter 1937 und hinterläßt eine überarbeitete Fassung seines Buchs, die seine Tochter Irma Richter – Mitarbeiterin ihres Vaters und insbesondere Hilfe bei der Übersetzung des Textes *Paragone* aus dem Italienischen ins Englische – jetzt herausgegeben hat. Die zwei eindrucksvollen Bände, aus denen diese neue Ausgabe besteht und die hervorragend von der berühmten *Oxford University Press* bewerkstelligt worden ist, enthalten also endlich den größten Teil des Schriftwerks von Leonardo, den italienischen Text und die englische Übersetzung, mit einer Vielzahl fotografischer Reproduktionen und Tafeln, Kommentaren und Anmerkungen, die die umfangreiche, in den letzten fünf Jahrzehnten erschienene Literatur mit einbeziehen, durch welche das Bild unseres Heros der Intelligenz genauer gefaßt und weiterentwickelt worden ist.

Da steht also diese *summa*, ein Monument der Arbeit, Mühen, Ehrerbietung und aller Tugenden des Verstandes, das weniger dem Ruhm Leonardos als der *neuen Zukunft* eines Teils seines Werks gewidmet ist. Während in Mailand demnächst eine Leonardo-Ausstellung eröffnet wird, auf der neben den Werken des Malers offenbar die Experimente des Wissenschaftlers und die Erfindungen des Ingenieurs rekonstruiert und durch Maschinen und Modelle in Betrieb vorgestellt werden sollen, kann das Ereignis dieser Neuauflage von größter Wichtigkeit einige Köpfe entdecken lassen, anderen präzisieren, wie die mentale Operation einer wunderbar begabten Neugierde verlaufen ist. Wir besitzen damit den Monolog einer universalen Forschung, die sich in einer Sprache ausdrückt, zu der ich nichts Vergleichbares finde.

Ich halte Leonardo schon seit langem für *einen der größtmöglichen Schriftsteller*; und vielleicht ... empfinde ich auch manchmal ausgesprochen mehr Geschmack an seinen Schriften als an seinen Gemälden. Er beschreibt die Dinge der Natur mit einer Genauigkeit, in der sich Zartheit, Vertrautheit, Feierlichkeit seltsam mischen; und die sehr eigentümliche musikalische Form seiner Sätze befindet sich immer im Einklang vollkommener Ausgewogenheit mit ihrem Inhalt. Und bisweilen ruft er seine Gottheiten an.

# ZU DEN ›HEFTEN‹ LEONARDO DA VINCIS

Eine wunderliche Geschichte möchte ich erzählen, in der alles wahr ist, und nicht einfach wahr, sondern überprüfbar. Wäre sie ein Produkt der Einbildung, stellte sie ein Kapitel in der Mythologie des menschlichen Geistes dar, und die Figur, von der ich Ihnen erzählen will, wäre unter die Heroen und Halbgötter der Sagen vom Intellekt einzuordnen. Doch alle Beweise ihrer wunderbaren Existenz stehen jedem zur Verfügung, wer immer sie fordert, und ihre herausragenden Taten sind jedem vor Augen, wer immer sie sehen will.

Einst lebte jemand, der ein und dasselbe Ereignis oder ein und dasselbe Objekt als Maler und als Naturforscher, als Physiker und andere Male als Dichter betrachten konnte; und keiner dieser Blicke war oberflächlich.

Wenn er in der Natur verweilte und um sich schaute, vermochte er die Landschaft als Künstler zu analysieren, deren Gestalt, Schatten- und Lichteffekte, Perspektiven und Transparenzen zu erfassen, vermochte ebensogut aber auch darüber nachzudenken, wie dieser Landstrich entstanden war durch gegeneinander wirkende Kräfte, die alle Orte dieser Erde zu zufälligen Monumenten ihrer Reibungen machen. Eine aufgelesene Muschel offenbarte ihm die ungeheuren Bewegungen, die die Täler der Tiefsee in Berge verwandeln; so erregten alle Lebewesen in ihm eine Art Leidenschaft, das Leben zu begreifen und darzustellen. Nie zuvor hatte sich jemand allen Aspekten des Lebens mit solch beharrlicher Inbrunst des Verstandes zugewandt (und niemand hätte es, glaube ich, so vermocht wie er): Er widmete sich gleichzeitig den Formen, Handlungen, Haltungen, der inneren Struktur und organischen Funktionsweise von Tier und Mensch; er zeichnete, sezierte und maß deren Knochen- und Muskelsystem, dachte über deren Gleichgewichtszustände und Verläufe nach, setzte deren Ausdrucksweisen zusammen, beobachtete die Unterschiede in Zustand, Alter, Charakter; das Kleinkind an der Brust seiner Mutter wie den Greis in seinen zögernden Bewegungen.

Diese Menge an scharfen Blicken und klaren Bemerkungen summierte sich in diesem Geist nicht zu einer Ansammlung vereinzelter Erwerbungen und nach Kategorien geordneter Spezialkenntnisse. Der Schatz, der sich in ihm anhäufte, war keine Summe unterschiedener und zusammenhangsloser Wahrheiten. Vielmehr verbanden sich diese so vielfältigen Beobachtungen unaufhörlich miteinander, und wie die verschiedenartigen Nahrungsmittel sich im Blut und in der einzigartigen Substanz eines Lebewesens vermischen, so trugen sie bei zur Bildung eines zentralen intellektuellen Vermögens, das zu den unvorhersehbarsten Anwendungen und Schöpfungen befähigt war.

Sein unterschiedsloser Gebrauch von Zeichnung, Rechnung, Definition oder exaktester Beschreibung deutet darauf hin, daß er die didaktischen Unterscheidungen nicht kannte, die wir zwischen Wissenschaft und Kunst, Theorie und Praxis, Analyse und Synthese, Logik und Analogie treffen – gänzlich äußerliche Unterscheidungen, die bei der inneren Tätigkeit des Geistes, wenn dieser sich der Produktion der von ihm gewünschten Erkenntnis widmet, nicht existieren.

Dieser außergewöhnliche Mensch jedoch, von dem ich hier spreche, er ging – jenen irdischen Fürsten gleich, die unbekümmert um Zäune und Grenzsteine ihre Jagdbeute über alle Domänen hinweg verfolgten – als souveräner Herrscher des Intellekts seinem Vergnügen nach, das Geheimnis der Dinge aufzubrechen und zu verstehen, ohne Rücksicht auf Kategorien irgendwelcher Schulen oder des Gemeinverstandes.

Im Grunde verstand er unter echtem Wissen nur etwas, dem irgendein Handlungsvermögen entsprach. Schöpferisches Tätigsein, Konstruieren waren für ihn untrennbar von Erkennen und Verstehen.

Sein Handeln aber, das im Hervorbringen von Werken, in der Verwirklichung geistiger Willensakte besteht, führte ihn dazu, nach den Bedingungen vollkommener Ausführung zu forschen. Und so wird unser Held Überlegungen anstellen zu den Mechanismen und zur Struktur unserer Handlungsfähigkeit. Er analysiert die Akte, jene Akte, die wir ausführen, ohne an all das zu denken, was sie an gelösten Problemen, miteinander verbundenen unterschiedlichen Energien, aufeinander abgestimmten Antagonismen, genauen Koinzidenzen und gleichwohl an lebendiger Geschmeidigkeit zur Anpassung voraussetzen.

Er zielt auf eine wer weiß wie totale Beherrschung seiner Handlungsmaschine, auf die ideale Eleganz schöpferischen Handelns. Er macht sich zum Herrscher über das Zusammenspiel seiner Sinne und Hände. Mit einer bewundernswerten Freiheit übt er nahezu alle Künste aus und mehr als ein Handwerk, das nicht ohne Bereicherung durch die Früchte seiner Reflexionen und Erfahrungen verbleibt – wie auch sein Denken sich unter der ständigen Kontrolle durch äußere Widerstände immer weiter entwickelt. Nichts im Bereich des Wirklichen erscheint ihm so unscheinbar, daß es nicht seine intensive Aufmerksamkeit verdiente. Durch dieses beständige, rigorose und besessene Studium der Dinge der Natur lernt er, daß es keine unwesentlichen Einzelheiten in der Realität gibt und daß, wenn die Formlosigkeit unseres Geistes uns zwingt, zu abstrahieren und zu vereinfachen, unzählige Wesen unter armseligen Namen zu subsumieren und an die Stelle ihrer unendlichen Variation »Begriffe«, Klassen und Entitäten zu setzen, dies nur eine Notwendigkeit unseres Verstandes ist, der es eben kaum besser kann. Wir nehmen weit mehr wahr, als wir begreifen können.

Bei diesem vollständigen Menschen genügt das intellektuelle Erkennen nicht, um das Verlangen, das ihn antreibt, auszuschöpfen; das Hervorbringen noch der kostbarsten Gedanken vermag nicht das sonderbare Bedürfnis nach schöpferischem Handeln zu befriedigen: Das Erfordernis seines Denkens selbst führt ihn zurück zur sinnlich erfaßbaren Welt, und am Ausgang seines Nachdenkens steht der Appell an die Kräfte, die der Materie Zwang antun. Der Akt des höheren Künstlers besteht darin, vermittels bewußter Operationen den Sinnlichkeitswert und die Erregungskraft der Dinge wiederherzustellen; ein Akt, durch den sich der Kreislauf des Wesens, das sich völlig verwirklicht hat, im Erschaffen der Formen vollendet.

Dieses Meisterwerk an harmonischer Existenz und Fülle menschlicher Kräfte trägt den hochgerühmten Namen Leonardo da Vinci.

Alle Welt weiß, wer Leonardo war, wie er sich zuerst der Malerei widmet, sich als großer Maler erweist und dann durch eine totale Entfaltung aller Forschungen seiner Kunst vom großen Maler zu einer Größe in allem wird; von der Bildhauerei zur tiefsten Analyse der Formen und ihrer Bildung übergeht, von der Zeichnung zur Geometrie, zur Mechanik, zur Geologie, zur Anatomie, zur Bewegung der tierischen Lebewesen, und vice versa; eine Reihe von Maschinen erfindet, sich anbietet, was immer man will zu konstruieren, Ortschaften zu befestigen, Kanäle auszuheben, Brücken zu bauen, Schleusen einzurichten. Auch große Schauspiele und Festivitäten versteht er zu organisieren.

Etwas Blendendes liegt in dieser schwindelerregenden Vielfalt des Könnens, an der nicht zu zweifeln ist. Man hat anläßlich der Ausstellung in Mailand die von ihm erfundenen Maschinen im Nachbau sehen können.[55]

Alles an diesem Menschen grenzt ans Wunderbare. Das Kurzporträt von legendärer Erscheinung, das ich gerade von ihm entworfen habe, enthält nichts, was nicht authentisch wäre. Doch wie außergewöhnlich sein Lebensverlauf auch gewesen sein mag, die Entfaltung seines Ruhms und sein postumes Schicksal sind vielleicht noch erstaunlicher.

Leonardo da Vinci stirbt 1519, im Alter von fünfundsiebzig Jahren, eine Berühmtheit im gebildeten Europa. Seine allseits bewunderten Gemälde stehen für eine Epoche der Malerei. In seiner Kunst gibt es niemand über ihm, und seine unzähligen Talente stellen ihn vor alle Größen einer herausragenden Epoche Italiens.

Zurück ließ er – gleichsam im Schatten seines pikturalen Werks – einen Posten von seltsamen, verstreuten Handschriften. Die einen sind abhanden gekommen; die anderen werden als Objekte der Neugier aufbewahrt. Es sind Hefte, voller Schriftzeichen und Skizzen; die Handschrift ist invertiert, man muß sie reflektiert in einem Spiegel lesen. Was die Skizzen anbelangt, so geben sie – vor jeglicher Lektüre – den Eindruck einer Vielzahl von Problemen und eines Gemischs unterschiedlichster Forschungen: geometrische oder mechanische Figuren, großartige anatomische Zeichnungen von Mensch oder Pferd, Projekte zu Architekturen, Gerätschaften oder Waffen, menschliche Gestalten in Bewegung, kompositorische Entwürfe, Bewegungsstudien von Flüssigkeiten – was weiß ich noch mehr.

Eine zunehmend tiefergehende Durchsicht dieser Fragmente vermittelt eine immer höhere und beeindruckendere Vorstellung von seinem Genie.

Man entdeckt dabei zuerst, daß er ein großer Schriftsteller ist; und sogar einzigartig groß, ist doch sein Stil von einer Kraft, einer Treffsicherheit, bisweilen von einer Grazie und manchmal von Pathos, die nur ihm eigen sind.

In der Ordnung der Naturwissenschaften erscheint er als ein Vorläufer: In der Geologie, in der Hydraulik greifen seine Ansichten voraus, ist doch die Richtung seines Denkens schon meist jene, in der sich die Naturwissenschaft im 17. Jahrhundert herausbilden wird. Über die Prinzipien der Mechanik, die erst sehr viel später gefunden und aufgestellt werden sollten, hat er Vermutungen angestellt und sie ansatzweise formuliert.

Aber es gibt noch weitaus Erstaunlicheres. In diesen Heften, inmitten vieler Skizzen und Notizen zum Vogelflug, zum Verhältnis zwischen Sich-in-der-Luft-Halten und Vorwärtsbewegen von Lebewesen mit Flügeln, findet sich das Projekt eines Apparats, der den Menschen das Aufsteigen und die Fortbewegung in der Luft ermöglichen sollte.[56]

Der Vogel fliegt. Er verfügt über das zum Fliegen Erforderliche: Kräfte, Hebel, Tragflächen. Das läßt sich vernunftgemäß erschließen. Demnach sollte die Beweisführung, auf eine große Zahl von Beobachtungen gestützt und richtig durchgeführt, die Konstruktion eines Vogels aus Holz oder Leinwand möglich machen. Leonardo widmet sich dem Projekt mit einem erstaunlichen Eifer und einem unglaublichen Vertrauen in seine Beobachtungen und Induktionen – und man kann erkennen, wie Ende des 15. Jahrhunderts, vor der Dynamik und ihren Formeln, vor der Algebra, vor der Physik, vor den Gesetzen des Galilei und den Versuchen über die Schwere der Luft, vor all dem, was heutzutage der kleinste Schüler schon weiß, sich ein Mensch erkühnt, eine Maschine zum Fliegen erfinden zu wollen. Dazu erforscht er die allgemeinen Bedingungen. Er kommt zu den Detailproblemen; er verwendet darauf ein Beträchtliches an Zeit und Arbeit, entwirft Berechnungen, Analysen, Skizzen; seziert Tiere mit Flügeln, Fledermäuse, alles mit dem Ziel, ihnen ihr Geheimnis des Flugs und Kiels zu entreißen; und er versucht, sie sich vorzustellen, und *zeichnet* sie, die Bildungen des Luftstroms, die Netze von gasartigen Molekülen entlang den Oberflächen, die die Sphäre berühren.

All dies wird in einer Menge geheimer Notizen zusammengetragen. Seine Zeitgenossen sind der Meinung, daß dieser Mann seine Zeit nutzlos verbringt, daß dieser große Maler malen sollte, anstatt sich in seine Abschweifungen zu verlieren. Michelangelo wirft ihm heftig vor, was er seinerseits für Faulheit, Fruchtlosigkeit, Grillen oder Hirngespinste eines Unvermögens hält. Und vierhundert Jahre lang hat die kleine Schar Gelehrter, die diese geheimnisvollen Hefte durchblättern und ihre Spiegelschrift entziffern konnten, nichts anderes gesehen, hat einfach nichts anderes in diesem Haufen von Bemerkungen und Projekten sehen können als Chimären, Vorstellungen von der Art eines Cyrano.[57]

Endlich kommt dann der Augenblick, wo sich das Problem der Flugmaschine dem Ehrgeiz des modernen Ingenieurs stellt, sich zwingend stellt. Das Problem wird nun mit dem gesamten Hintergrundwissen der Naturwissenschaften und Technik unserer Zeit studiert. Und man findet also, daß die erstaunlichen frühreifen Forschungen Leonardos auf dem Weg einer wissenschaftlichen Lösung des Problems liegen. Die erste Flugmaschine, die dann wirklich geflogen ist, jene von Ader, die fast *einhundert Meter* zurückgelegt hat und die noch heute im Conservatoire des Arts et Métiers zu besichtigen ist, trägt sogar die Segelbespannung von der Art der Fledermäuse, wie sie Leonardo bis ins kleinste studiert und deren gesamte Konstruktionselemente er gezeichnet und berechnet hatte.

Es brauchte also vier Jahrhunderte, um die Gestalt unseres großen Mannes ein wenig mehr aufscheinen zu lassen. Die Größe seines Genies konnte erst durch immense Fortschritte, welche die Anstrengungen von ungefähr zehn Generationen zuwege brachten, verstanden werden.

Wie ich Ihnen sagte, hat der Verlauf seines Ruhms eine beispiellose Entwicklung genommen.

Ich möchte nun diesen recht summarischen Abriß damit schließen, einige ganz besondere Charakterzüge seiner Natur aufzugreifen, die ich für höchst bemerkenswert halte.

Bei Leonardo beobachte ich eine Eigenschaft, die ich *KÖNIGLICHE GLEICHGÜLTIGKEIT*[58] nennen möchte.

Schon ein flüchtiger Blick in seine Handschriften macht deutlich, daß er geradezu gleichgültig ist gegenüber der Besonderheit eines Problems, ist doch für ihn alles Problem. Jedoch nicht Probleme im Sinne der Philosophen, die mit Hilfe von Vernunftschlüssen und Gedankensystemen abgehandelt werden. Vielmehr Probleme, die für ihn durch die Lösungsmöglichkeit in Form einer Konstruktion oder Fabrikation definiert sind. Geradezu alles scheint seinen Hunger nach tatsächlicher Erkenntnis zu erregen, und so gibt es für ihn weder große noch kleine Problemstellungen. (Dabei ist klar, daß – als geistige Arbeit bewertet – die Untersuchung eines Mechanismus nicht geringer veranschlagt werden kann als die Analyse eines Weltsystems.)

In gleicher Weise erweist sich Leonardo (wie ich schon ausführte) gleichgültig gegenüber unserer akademischen Unterscheidung von naturwissenschaftlicher Arbeit und künstlerischem Schaffen:[59] Er bewegt sich im gesamten Raum des Vermögens des Geistes.

Und ebenso gleichgültig steht er den Versuchungen des schnellen Ruhms gegenüber. Ihm ist es nicht gegeben, seine allumfassende Neugier, die Ausflüge seiner Phantasie in ihrer Tiefgründigkeit den Ansprüchen einer fortgesetzten Produktion und des sicheren Gewinns zu opfern. So beginnt er Arbeiten, die er unvollendet aufgibt.

Letztlich findet sich in seinen Handschriften nichts – oder fast nichts –, was auf sein eigenes Leben hinweist.[60] Diese Schatzkammer an intellektuellen vertraulichen Mitteilungen bietet uns nichts an persönlichen Gefühlen, nichts an echten Erfahrungen ihres Autors. Er kennt nicht die Schwäche der Geständnisse und des Eigenlobs, die so viele angeblich vertrauliche Schriften füllen. Nur Legenden über seine Liebesverhältnisse findet man, und so wundern wir uns bei ihm nur über das erhabene Streben und die wunderbaren Geheimnisse, die nichts anderes als Geheimnisse des Universums sind.

# ZUR PHILOSOPHIE DER KÜNSTE

# DAS PARADOXON DES ARCHITEKTEN

*Für Claude Moreau und Bernard Durval*[1]

Vielleicht wird er geboren, um die ersten Tabernakel und ungeahnten Heiligtümer zu errichten, wo das Credo der Zukunft, umflort von Weihrauch, widerhallt.

Er wird die große Kunst erlösen, die dreihundert Jahre lang unwürdige Bauwerke und zahllose seelenlose Linien auszehrten! ...

Früher, in orphischen Zeitaltern, umhauchte der Geist den Marmor, war das antike Mauerwerk ebenso belebt wie die Menschen. Und die Baukünste ließen die Träume fortleben. Zu anderen Zeiten verewigte die mystische Pracht der Kathedralen der Nationen gottesfürchtige Seele: die errichteten Filialen zeugten von der Innigkeit ganzer Städte, und das Grauen vor den Höllenqualen erweckte den gequälten Sandstein zu grauenhaftem Getier. Die Basilika war steinernes Antiphon. Und die hohen Schiffe, sie beteten in Ewigkeit. Doch dann herrscht Stille, Dekadenz. In den Akademien verfällt die Architektur in Agonie. Die wundervollen Blüten verdorren. Und betrübt verlöschen die einstmals lichten Augen, die bleigefaßten Fenster, die phantastischen Rosetten.

Nun ist es Jugend, Zartgliedrigkeit, reizende Kindheit, die die Kunst einmal mehr durchmacht. Dieses dahinsterbende Jahrhundert war eine lange, geschäftige Liebesnacht, eine Nacht des Leidens, in der ein neuer Glanz empfangen wurde. Nun sind sie da: Morgenröte und blütenweiße, unschuldige Epiphanie! Wir grüßen wie die sagenumwobenen Könige die göttliche Geburt!

Allein die verwitwete Architektur – sie empfindet noch kein Glück. Alle anderen Künste umdrängen die hochmütigen Standarten des Goldes. In der undeutlichen Vergötterung von Harmonien, Farben und Wörtern fanden reine

Künstler eine geheimnisvolle *Anmut*, die ihre eigentümlichen Werke *auszeichnet*. Und der Traum eines jeden findet in sich selbst seine Verherrlichung und Begeisterung. Und das gesamte in Aufruhr versetzte Universum, welches große Geister schützen, wo Blüten und Metalle lodern, wo Wesen schöner und empfindsamer sind, verschließt sich – in einem Wort, im zarten Hymen der Nuancen, im geheimen, bestimmenden Seinszustand der Klänge! O Triumph jener Kämpfe mit dem Engel![2] Die unermeßlichen Welten, welche ihre erwählten Sitze in den prädestinierten Köpfen finden, zeigen zusammengeballt in geheimen Einflüsterungen sich in jeder einzelnen sachlichen Form, welche eine angeborene Vorliebe der Schaffenden ihnen aufzwingt.

So konnten die Anstrengungen dieses Jahrhunderts schließlich die Intelligenz für zukünftige Prinzipien gewinnen. Die ästhetische Analyse der Gegenwart sah die gelungene Synthese kommender Werke voraus. Aber nochmals – die mürrische Schwere überlieferter Attika, die düstere Starrheit stählernen Gebälks bleibt ungerührt bei der Berührung durch so reiches Leben! Weit von der kleinen, geweihten Schar, welche die Häßlichkeit und Gewinnsucht schmäht und den *Hymnus unter den Pfeilern* singt, weit entfernt von Versen, weit entfernt von Symphonien – arbeiten Maurer an hausbackenen Konstruktionen ... Die Poesie erhielt ihren Dombaumeister, der die Wörter langsam wie harte Steine entzweischnitt. Doch kein Architekt verstand es, ein Flaubert zu sein ...

Morgen entspringt irgendeinem Volk der vollkommene Baumeister – sofern dieses Volk und seine Zeit nicht ihm zu Mördern werden. Sein Gedanke wird kraftvoll sein und harmonisch, denn er nährt sich von der Milch einer Göttin.

Ich will heute abend mit diesen müßigen Zeilen, von Laune und Grübelei diktiert, ihn vorhersagen: diesen unsichtbaren Stern, fernen Geist, den mein Geist herbeisehnt.

Ich fühle ihn – musisch und für lange Zeit verschlossen in der reinen Zurückgezogenheit seiner Träume.

Im Anfang schöpft er aus klarer Harmonie und magischen Unendlichkeiten, wo Rhythmen hinführen in bebenden und tiefgründigen Wogen – ganz wie sie die großen Symphoniker ausgegossen haben, ein Beethoven oder Wagner. Denn feine Ähnlichkeiten vereinen den körperlosen, vergänglichen Aufbau der Klänge und die beständige Kunst, welche im Sonnenlicht imaginäre Formen in den Porphyr bannt. *Der Held,* ob er Oktaven oder Perspektiven vereint, *erbaut nicht in dieser Welt* ... Er fügt zusammen und befruchtet, was weder vor ihm noch sonstwo ist. Und er gefällt sich nicht selten in einer Zurückweisung der genauen Erinnerung an die Natur. In jener unvergänglichen Nacht, in der die Idee wie Quellwasser sprudelnd sich jungfräulich dem Architekten der Zukunft hingibt, in der dieser – frei von sichtbaren Dingen und zum Ausdruck gebrachten Grundformen – das Symbol und die Zusammenschau des inneren Alls findet, welches dunkel ihn beunruhigte, und nunmehr dieses Streben und diese Vorstellung von einer erweiterten Musik seine ursprüngliche Schöpfung *darstellt* ganz wie eine große Symphonie – genauso unabhängig von äußerer Erscheinung, genauso abstrahiert von unmittelbarer Wirklichkeit, genauso losgelöst von Vergangenheit und künftigen Phänomenen wie den Fesseln seiner gegenständlichen Erinnerung. Ganz wie ein Edgar Poe in jenen seltsamen Dichtungen, wo alles auf dieser Welt vergessen bleibt! So wird auch die namenlose Übereinstimmung, diese intime Unendlichkeit spürbar, die es zu unterscheiden gilt inmitten gewöhnlicher Verschleierungen und Lügenmärchen – zwei *Inkarnationen* von Kunst: die königliche Fassade von Reims und eine gewisse Stelle aus *Tannhäuser.* Der altehrwürdige Prunk eines bedeutenden, ja heroischen Gotteshauses und ein solch unübertreffliches *Andante*, welches in ruhmreichen Flammen sich verzehrt!

Der Palast, das Heiligtum wird eines Tages die Schimmer seiner unbekannten Giebel leuchten lassen und von der bebenden, mitschwingenden Seele des Künstlers künden. Und nur in der dauerhaften Anordnung der Bausteine läßt er überirdische Reinheit und bewegte Schatten sich versteinern und verfestigen, deren Abmessungen, deren orchestrale Zusammenklänge seinem Herzen das gewaltige Schauspiel eröffnen. All sein Denken spiegelt sich wider im Werk. Und die wundervolle Fassade trägt gelöste Traurigkeit und strahlendes Lachen ...

An der Melancholie, am Lächeln, an unfaßbarer Anmut wird der Schaffende sich laben – in jenen heiligen Fluten, von denen wir sprachen.

Die Blechbläser glänzen wie goldene Tore, und die auf Geigen gespannten Saiten verströmen mit weihevoller Zärtlichkeit das unbeschreibliche Licht der Glasmalereien, das liebevoll die wunderbaren Herzen der Ziborien umspielt. Die Orgeln erforschen gemäß der Liturgie den in Saphire eingeschlossenen Traum der Kuppeln und der gewaltigen Gewölbe voller Donner. Während sich die Pfeifen wie grazile Kolonnaden bis in jene Höhen emporschwingen, wo sie Schwindelgefühl umgibt. Und andere Instrumente erstrahlen wie menschliche Stimmen und erhellen den weihrauchertüllten, nächtlichen Chor, wo das leidende und triumphierende Wesen für eine beklagenswerte Menge die Messe liest!

Dies sind die verborgenen Herrlichkeiten melodischer Formen. Dies sind die Reichtümer, die jenem offenstehen, der das mathematische Verständnis für entfernteste Zusammenhänge besitzt; der es versteht, Linien aufzulösen, Kurven zu unterscheiden, bedeutungsschwere Farben aufs neue zu erwecken: Sie enthalten in sich eine Symphonie und sind für große Künstler empfängliche Werkzeuge.

Endlich entspringt diesem Wollen der Erde das faßbare, das sichtbare Gebäude – übertragen in Materie –, welches zuvor das geheimnisvolle Reich betörte, wo in heiligen Harmonien die Engel es errichtet hatten!

Und der Schmuck hängt in der blauen Luft wie ein wahr gemachter, üppiger Kinderwunsch ...

Und wie ein ankündigendes Vorspiel von Riten öffnet sich verheißungsvoll die Bogenverzierung. Und die leichten Kreuzrippen krümmen sich in ihren sanften Gesten. Hier! – die jugendliche Grazie der Bogen, die wie Pflanzenstengel in frauengleicher Zuneigung emporragen. Durch die Kirchenfenster fallen Malventöne auf die Steinquader herab, das Zwielicht des Flieders – und Juwelenregen ohne Ende.

Es ist der Wald der Stille ... Hier wachsen im prunkvollen Schatten aus der erlesenen Pflasterung Pfeiler in voller Blüte, lilienweiße Säulen, welche von geheimnisvollen Blüten bedeckt sind und unter ihrem Rankenwerk die allumfassenden, magischen Symbole eingemeißelt tragen – gleich Früchten vom Baum der Erkenntnis.

Es ist der Wald, in dem man vergißt, lauscht! Entlang den kostbaren Wänden, getrennt durch priesterliche Simse, öffnen in Gold gefaßte Lotosblüten unvermutet und rein ihre blassen Kelche. Sie wurden wohl in den Ebenen des Mondes gepflückt, in den Tiefen wagnerianischer Traumgebilde, und als verschmolzene Gemmen übertragen auf die Mauern des Heiligtums.

Schließlich erschallt im höchsten aller Gewölbe ein triumphales, volles *Largo*. Allen zum Ausdruck gebrachten Motiven entsteigt das Geheimnis und verflüchtigt sich – siegreiche, absolute Liebe ...

Wer hier jedoch eintritt und betrachtet, geblendet wird durch das Werk, welches einem Traumbild entrissen wurde, findet unvermeidlich heroische Erinnerungen wieder.

Auf einem thessalischen Aulos beschwört er Orpheus unter den Myrten. Und antike Dämmerung steigt herab. Das geweihte Rohr füllt sich langsam mit Licht, und zwischen seinen silbernen Fingern hält der Gott die Leier. Er, der Gott, singt, und es ragen im allmächtigen Rhythmus die sagenumwobenen Steine in die Sonne. Und man sieht gegen den erglühenden Azur des Himmels die harmonischen goldenen Mauern eines Heiligtums emporwachsen.

Er singt! Kauernd am Rand des prachtvollen Himmels: Orpheus![3] Sein Werk umhüllt sich mit abendlichem Siegeszeichen. Und seine göttliche Leier verzaubert die Porphyre. Denn das Gotteshaus, das von diesem *Musiker* erbaut wurde, vereint auf der Leier – die Unfehlbarkeit aller Rhythmen und die gewaltige Seele des großen Hymnos! ...

# DER KÜNSTLERISCHE SCHAFFENSPROZESS

Ich fühle mich beschämt und geehrt, daß ich hier berufen bin, vor die Mitglieder der *Société française de Philosophie* zu treten.

Diese Ehre macht mich verlegen. Ich empfinde eine ungeheure Befangenheit, vor Ihnen sprechen zu müssen (oder es wenigstens zu versuchen).

Vor allem möchte ich Monsieur Xavier Léon danken, der soeben gar zu schmeichelhafte Worte an mich gerichtet hat. Nichts ist schwerer, als einer derartig liebenswerten Einführung teilnahmslos zuzuhören – und nichts einschüchternder! Monsieur Xavier Léon möchte um jeden Preis einen Philosophen aus mir machen ... Einige Augenblicke lang werde ich versuchen, mich Ihnen als ähnlich zu erweisen.

Wenn ich schon eine Art öffentliches Bekenntnis ablegen soll: Es hat tatsächlich zwei Seiten in meiner intellektuellen Entwicklung gegeben, die mitunter Hand in Hand gingen. Die eine war ganz der passionierten und verbissenen Erforschung von Fragen gewidmet, die (wie ich später wußte) philosophische Fragen sein konnten. Die andere war meinem literarischen Schaffen (der Dichtung) gewidmet, der äußerst sporadischen Kunstausübung.

Es kam nun aber vor, daß in mir diese beiden Aspekte meines Schaffens in eigenartige Beziehung traten. Während ich mich in verschiedenen Untersuchungen, die nichts Literarisches an sich hatten, erging, begann sich in meinem geistigen Inneren dennoch der Dämon, der Kunstsinn zu regen. Führten mich aber dann die Umstände zu spät an den Schreibtisch zurück, setzte ich mich also wieder hin, um Gedichte zu *schreiben*, dann konnte es geschehen, daß die Ideen, die Methoden, die Denkart, welche mir so wesentlich geworden waren, in meinem schriftstellerischen Tun ganz einfach auftreten und wirksam werden mußten. Ich glaube, das spürt man. Vielleicht allzu sehr! ...

Diese Verbindung von Tätigkeiten, die sich klar trennen lassen, hatte nichts Notwendiges an sich. Ein Denker und ein Dichter können in der gleichen Person wohnen und sich ignorieren (wie ganz offensichtlich auch Wissenschaft und Glauben bei bestimmten Denkern getrennte Bewertungsweisen bleiben).[1]

Meines Wissens bin ich hier, um in Ihrer Gegenwart einige Probleme zu formulieren, und keineswegs, um Lösungen zu finden. Darum greife ich heraus, was sich eigentlich selbstverständlich aus dem eben Erwähnten ableiten läßt:

»Welche Rolle können Reflexionen allgemeiner, theoretischer Art (beispielsweise eine ›Welt‹-Anschauung, eine Vorstellung des Menschen oder des Geistes) nun wirklich für den Künstler spielen? Und wie steht es darum, sobald er seine Kunst ausübt?«

Ein recht delikates Problem, das wirklich klar zu formulieren ist. Es handelt sich mitnichten um Ästhetik, sondern vielmehr um Psychologie (und ich meine damit überhaupt nicht diese Kunsttheorien, die mitunter als Schuldoktrinen auftreten, Theorien, die von der Kunst aus und im Hinblick auf die Kunst entwickelt werden). Nein, ich will über allgemeine und dennoch persönliche (also tief*empfundene* und nicht bloß angelernte) Vorstellungen sprechen, wie sie sich in einem Kunstwerk widerspiegeln können. Drückt das Kunstwerk diese Vorstellungen vielleicht nicht aus, so stellen sie doch in irgendeiner Form den eigentlichen Kern schöpferischen Tuns dar. Oder (wenn ich mich einer sehr abenteuerlichen Ausdrucksweise bedienen darf, um noch deutlicher zu werden): Diese Vorstellungen schaffen für alle Handlungsweisen, die dem Künstler eigen sind, eine Art *metaphysisches Feld*, auf dem sie sich vollziehen, auf die eine Richtung hin ausgerichtet, da erleichtert und beschleunigt, in der anderen gestört und behindert.

Die Frage scheint plausibel: Verträgt sich das künstlerische Schaffen mit einer tiefen und *ungewöhnlichen* Schau der Essenz der Dinge, wie sie ein einzelner hat?

Ich verwende diesen Begriff der *Essenz* absichtlich, um klar zu unterscheiden zwischen der ursprünglichen, tiefen

Sicht der Dinge und Wesen (wie sie als solche für den Künstler offensichtlich notwendig ist) und jener mehr abstrakten, theoretischen Anschauung, um die es mir hier geht.

Als Ergänzung zu dieser Bemerkung werde ich gleich einen Text zitieren, der mich zutiefst berührt hat.

Ich sage *berührt*, denn es ist möglich, aus rein »intellektuellen« Gründen zu empfinden. Daß sich bei einigen eine Art *intellektuelle Sensibilität* findet, dessen sind Sie sich wohl alle bewußt. In manchen Momenten meines Lebens habe ich die Auswirkungen dieser Sensibilität ungestüm genug erfahren – als Ansporn, im literarischen Bereich etwas voranzubringen. Obwohl die Literatur (wie alle anderen Künste) vor allem Emotionen sinnlicher, sozialer oder sentimentaler Art weckt, stellte sich für mich die Frage, ob die Bemühungen des reinen Intellekts, dieses ihm eigene Erleben, seine Freuden und Schmerzen, sein Glanz und sein Elend, seine Großartigkeit und Sklaverei nicht auch mit den Mitteln der Kunst dargestellt werden können. Die Kunst (sofern sie das Geistesleben zum Inhalt nahm) hat bis jetzt lieber den Intellektuellen betrachtet und dargestellt (also den Geistesmenschen und nicht den Intellekt selbst). Aber mir schien die Intelligenz in ihrer grenzenlosen Suche Gefühle erfahrbar zu machen, die zwar von einer völlig eigenartigen Klangfarbe sind, aber absolut gleichwertig mit jenen, die auf Eindrücke zurückgehen, wie sie Naturereignisse bedingen, Vorgänge des Gefühlslebens, Dinge der Liebe oder des Glaubens. Die intellektuelle Emotion ist – im Gegensatz zu den anderen – offensichtlich seltener. Kunst, die sie festhält und wiederherstellt, kann nur auf eingeschränkte Resonanz hoffen ...

Doch zurück zu jenem wichtigen Zitat, auf das ich Sie aufmerksam machen wollte. Ich erhebe keinen Anspruch, den Wortlaut unverändert wiederzugeben, denn den betreffenden Text konnte ich nicht mehr auffinden. Aber sein Kern lautet folgendermaßen: Richard Wagner hielt in einem Schreiben (an wen auch immer) zur Komposition von *Tristan und Isolde* ungefähr das folgende fest: Wie Sie wissen, wurde der Tristan von Wagner in einer Periode großer Liebesleidenschaft geschrieben, was soweit nichts Außergewöhnliches ist, sondern der Fall bei vielen – selbst mittelmäßigen – Werken. Nur fügt Wagner hinzu:

»Ich habe unter drängender großer Leidenschaft und *nach monatelanger theoretischer Überlegung* den Tristan komponiert.«[2]

Meine Herren, berücksichtigen Sie die zweifache Bedingung – oder vielmehr: die eine wie die andere Bedingung (da sie sich nicht summieren lassen, sondern eine Art Antinomie bilden).

Dieser kleine Satz stimmte mich überaus nachdenklich. Er gab Antwort auf eine gewisse Hoffnung und Überzeugung in mir ... Was ist seltener – sagte ich mir – und beneidenswerter als diese einzigartige Verbindung zweier Formen von Lebensäußerung, welche allgemein als unabhängig, ja unverträglich angesehen werden: auf der einen Seite die tiefe Ruhelosigkeit der »Gefühle«, die Allmacht seelischen Aufruhrs, die sinnliche Erregung eines psychischen *Idols*; auf der anderen Seite vielschichtige *theoretische Überlegung* verbunden mit Metaphysik und dem technischen Können, in welcher sich die Schwierigkeiten und künftigen Neuerungen der Harmonie wiederfinden sollten, die Darstellung von Mensch und Universum, wie sie ein Schopenhauer schuf und wie sie der gewaltige Künstler auf das stärkste nachempfand und nachvollzog?

Ich konnte in diesen Worten eine unbeschreibliche, höchste Erregung finden, eine geradezu berauschende Rechtfertigung dessen, worüber ich so oft nachgedacht hatte: den Rückgriff auf *theoretische Überlegung*, das heißt eine beliebig strenge und tiefgehende Analyse, bei der sich selbst die Möglichkeiten eines abstrakten Symbolismus ausschöpfen lassen, zurechtgelegte Notationen, kurzum: alle Werkzeuge wissenschaftlichen Denkens, wie sie sich auf einen Bereich von Gegebenheiten anwenden lassen, die bei flüchtiger Betrachtung man nur im Bereich des Gefühlslebens und der Intuition anzutreffen meint.

Nun aber scheint (und das Beispiel Wagners zeigt dies auf besonders eklatante Art) der Einsatz abstrakter Fähigkeiten – eines bewußten Kalküls gleichsam – nicht nur mit der Kunstausübung (das heißt mit dem Schaffen oder Erfinden von poetischen Werten) verträglich zu sein, sondern darüber hinaus auch notwendig, um die Arbeit des Künstlers und die Tragweite des Werks in seiner Wirkung und Macht zur höchsten Vollendung zu führen.

Wie die Wissenschaften Mittel an die Hand geben, deren Einwirkungsmöglichkeiten auf die Natur bei weitem die dem Menschen unmittelbar gegebene Macht übersteigen, so kann eine sorgfältig durchgeführte theoretische Analyse in der Welt der Künste eine solche Verknüpfung der Mittel gestatten, eine derart *präzise* Wirkung, eine solche Entfaltung verfügbarer vielschichtiger Möglichkeiten – sie kann den Werken eine ergreifende Macht einhauchen, die dermaßen eindringlich und nachhaltig ist, daß der überwältigte Zuschauer oder Zuhörer sich versucht sieht, das Geschaffene irgendeinem übermenschlichen Wesen zuzuschreiben. Einige aufs Papier geworfene Noten entfesseln die organischen Kräfte, die dann das übergroße All der Klänge in uns entstehen lassen – und eben dieses illusionäre All verschafft uns seinerseits die tiefste, eindrucksvollste Illusion des gesamten Universums, der »unendlichen« Vielfalt. Wie sich mit einigen Zeichen Zahlen *darstellen* lassen, die kraft ihrer Größe und Struktur jenseits jeder Intuition liegen, über die dennoch nutzbringend spekuliert und mit denen präzise operiert werden kann, *ohne sie begrifflich zu erfassen*, so geht auch der Komponist vor, wenn er auf abstraktem, oberflächlichem Weg unsere inneren Kräfte steuert, reizt, erhöht, sie verbindet und trennt – und mit ihrer Hilfe das gesamte System unserer Gedanken erregt.

Trifft das, was für die Musik gilt, auch zu für die Literatur? Eine höchst delikate Frage. Es darf nie vergessen werden, daß die Literatur – sofern sie eine Kunst ist – eine auf der Sprache basierende Kunst bleibt, ein praktisches Hilfsmittel, ein Mittel gemeinen, statistischen Ursprungs. Kunst aber ist das Handeln, die Bestätigung eines *einzelnen*, und dieses persönliche Handeln steht folglich dem regellosen Handeln einer Allgemeinheit gegenüber ... Zudem enthält die Sprache eine Reihe von Konventionen, klassifiziert als Wortschatz und als Syntax. *Konventionen* will heißen: Verknüpfungen, die ebensogut andere sein könnten. Im allgemeinen sind diese Konventionen nicht präzis; viele nicht (oder kaum) definierbar. Die Kunst der Literatur spielt mit den Möglichkeiten, die ein solcher Mangel an Strenge offenläßt, aber sie betreibt dieses Spiel auf eigenes Risiko und eigene Gefahr, leidet an oder profitiert je nach Beteiligten von den Mißverständnissen, den unterschiedlichen Geltungen und Wirkungen der Wörter.

Außer dem Rhythmus und den sinnlichen Eigenschaften des Wortes gibt es also wenig, womit die Literatur (bei etwas Vertrauen in die Übereinstimmung von Absicht und Wirkung usw.) das organische Wesen eines Lesers treffen kann.

Ich führe diese Analyse nicht weiter fort. Ich wollte Ihnen, meine Herren, nur einen Einblick in jene Fragen geben, die mich beschäftigten, wenn ich über Literatur nachdachte – in diesem langen Abschnitt meines Leben, den ich glücklicherweise nicht mit Schreiben zugebracht habe. Zwischen 1892 und 1912 habe ich nur für mich selbst gearbeitet – ohne an eine Veröffentlichung auch nur zu denken. Meine literarische Karriere begann sehr spät und wurde durch Umstände bestimmt, die sich meinem Willen entzogen.[3]

Trotz der Arbeit, der Beschäftigungen und Verpflichtungen, die derzeit meinen Tagesablauf weitgehend bestimmen, verliere ich nicht aus den Augen, was wesentlicher Gegenstand meiner Neugierde und meiner mehr oder minder abenteuerlichen Forschungen war, lenkte es doch auch meine Aufmerksamkeit in der zufälligen Vielfalt des Lebens. Ich komme immer wieder auf dieselben Probleme zurück, jene nämlich, die für mich grundlegend sind oder die mir meine Geisteshaltung immer wieder als solche neu vor Augen führt. Ich gestehe, daß ich bereits geträumt habe, ich könnte diese eigensinnigen Abschweifungen in einen dieser großen grünen Buchbände pressen, welche von Format und Aussehen her sofort in einer philosophischen Bibliothek Platz finden. Ein *System*? Nicht doch! Der bloße Gedanke schreckt mich.[4] Höchstens ein Ideengebilde oder besser gesagt: eine Sammlung von Problemformulierungen in teilweise mehreren Ansätzen. Aber dieses Buch – ich belasse es immer in der Unendlichkeit des Augenblicks jenes Gedankens. Es fiele mir wohl ziemlich schwer, Ihnen einen Einblick in ein derartig fernes Werk zu geben. Ich wüßte gar nicht anzugehen, was für mich *weder Anfang noch Ende* hat ... Auch eine Art der Definition!

Glücklicherweise haben wir einen klarer umrissenen Gegenstand. Wir hatten uns darauf geeinigt, daß der Gegenstand oder auch Vorwand dieser Sitzung »Der künstlerische Schaffensprozeß« heißen soll. Monsieur Brunschvicg[5] wollte, daß ich über den Schaffensprozeß schlechthin spreche. Aber da ich weder über Intuition noch Erfahrung mit diesem Phänomen verfüge, hielt ich es für notwendig, das Unternehmen mittels eines Attributs einzugrenzen und auf die Untersuchung von Dingen und Fakten zu beschränken, von denen wir eine genauere Kenntnis haben können.

Der künstlerische Schaffensprozeß ist im übrigen ein ziemlich umfangreiches und schwierig zu lösendes Problem ... Wie es angehen? ... Gestatten Sie, daß ich mich in Ihrer Gegenwart einer Art Manie überlasse, die mir selbst zu schaffen macht. Stehe ich vor einem derartigen Problem, sehe ich zunächst nur das, was ich eine *verbale Situation* nenne. Ich stehe einem *System von Wörtern* gegenüber, dem eine Gesamtheit oder ein Bereich von verworrenen Vorstellungen und ungeordneten oder auch unvollständigen Beziehungen entspricht. Am Anfang ist Verwirrung[6], auch wenn man sie nicht wahrnimmt. Allzu oft geschieht es, daß die Suche von diesem Zustand ausgeht und zu Lösungen gelangt, noch bevor sie dieses *mentale Feld gesäubert* und die gestellten Probleme in der Sprache der realen Mittel unseres Denkens artikuliert hat. Wir beeilen uns, blind einer unmittelbaren Reihenfolge von Fragen zu gehorchen, die in einer nichtkontrollierten Sprache formuliert sind.

Deshalb kann man derartig viel Verworrenheiten und Fehldeutungen in der Philosophie der Kunst beobachten. Einer der häufigsten und bemerkenswertesten Fehler, die man beim Spekulieren in Sachen Kunst machen kann, besteht in der Auffassung der *Werke* als wohldefinierte

Wesenheiten. Die Folge ist, daß der Ästhetiker – darum bemüht, die Genese des Werks zu rekonstruieren – auch tatsächlich glaubt, sich über dieses Werk bis zum Urheber emporschwingen zu können – durch ein direktes und irgendwie (wenn ich mir den Ausdruck erlauben darf) *lineares* Vorgehen. So entfernt er sich, ohne es zu ahnen, vom *Wahren* und vom *Wirklichen. Vom Wahren*, weil ein Werk sich nur *innerhalb* eines wohlbestimmten Beobachters oder seiner *Meinung* betrachten läßt und niemals für sich selbst genommen werden darf. *Vom Wirklichen*, weil die tatsächlichen Umstände bei der Ausführung dieses Werks sich aus zahllosen inneren Ereignissen oder äußeren Zufällen ergeben, deren Wirkungen sich akkumulieren und im *Inhalt* des Werks zusammenfließen. Mit der Zeit kann es – wenn es sehr ausgefeilt ist und des öfteren überarbeitet wurde – zu einem Werk ohne bestimmbaren Urheber werden; zu einem Werk, bei dem derjenige, der es mit einem Handstreich, ohne Umwege und Interventionen[7] zu schaffen vermochte, *niemals existiert hat.*

In Kunstdingen sind hauptsächlich drei Faktoren zu unterscheiden: ein Schöpfer oder Autor; ein sinnlich wahrnehmbarer Gegenstand, also das Werk; ein »Patient«, Leser, Zuschauer, Zuhörer.[8]

Man sollte diese einfache Unterscheidung nie aus den Augen verlieren und nie die Bedeutung des einen mit der des anderen verwechseln. Urteilen, die unbewußt oder implizit eine Synthese dieser drei Begriffe vornehmen, sollte man mißtrauen. Derartige Urteile haben keinen Sinn.

Sprechen wir von einem Werk, sollten wir nicht vergessen, daß ein Werk für sich genommen nur ein *Ding* von ebenso latenter Natur ist wie eine Schallplatte, die auf einem defekten Grammophon liegt . . .

Dieses Bild liefert mir nun aber ein sehr anschauliches Beispiel für jene Art von Fehlern, die ich meine.

Seit einigen Jahren hat sich eine phonetische Kritik von Gedichten etabliert, die auf der Analyse aufgezeichneter Tondokumente beruht.[9] Es ist völlig legitim, derartige Aufzeichnungen der Stimme zu benutzen, wenn es um das Festhalten, das Beschreiben dessen geht, *was ist.* Ästhetische Vorschriften lassen sich daraus nicht ableiten. Die Maschine – die in ihrer Mittlerrolle den Schein des Objektiven vermittelt – hält nur auf ihre Art die Stimme dessen fest, der vor ihr deklamiert hat – und dieser Vortrag ist genau das wert, was er eben wert sein kann. Wie Sie wissen, ist nichts leichter, als ein Gedicht bei der Lektüre zu verändern, das Gute daran schlechtzumachen und das Schlechte erträglich. Mit einem Wort: Die Aufnahme mag uns bei der langsamen Wiedergabe einer aufgezeichneten Klangkurve nach Lust und Laune alle Feinheiten dieser oder jener Deklamation vorführen – sie ist unfähig, unter ihnen eine Auswahl zu treffen. Es sind immer irgendein Ohr oder eine vorgefaßte Theorie, die auswählen.

Das Beispiel zeigt, wie schwierig es ist, den Begriff des Werks als solches herauszuarbeiten.

Kommen wir auf den Autor zurück ... Lassen Sie mich mein vorheriges Paradoxon wiederholen: Daß nämlich der Autor die denkbar ungeeignetste Person auf der ganzen Welt ist, um das zu kennen, was andere sein Werk nennen. Selbst von den bewußtesten und kritischsten Autoren kann man sagen, daß sie nicht wissen, was sie tun. Wie soeben angedeutet, gilt diese Behauptung um so mehr, je umfangreicher das Werk ist und je mehr Zeit und Arbeit es in Anspruch genommen hat. Jeder von uns ist normalerweise weit von jenem Punkt entfernt, wohin ihn ununterbrochene Arbeit führen kann. Heißt arbeiten in diesem Zusammenhang nicht: sich zu zwingen, sich von sich selbst abzuheben? ... Wenn der Autor dann auf sein Werk zurückkommt, ist seine Einschätzung immer verwoben mit der Erinnerung an die Umstände der Entstehung. Kaum wird er sein Werk betrachten können, ohne mit demselben Blick den umfassenden *Kontext* von Begebenheiten, Unschlüssigkeiten, weggelassenen oder nicht ausgeführten Teilen, Notbehelfen und Überraschungen zu sehen. (Beispielsweise kann es geschehen, daß eine Idee, die sich unvermittelt und beiläufig in mir regt, sogleich ihren Platz im Werk erhält, während dem Leser ihre Entstehung völlig *natürlich* und notwendig erscheint. Ganz so, als wäre sie völlig mühelos durch das, was ihr im Text vorausgeht, zustande gekommen.)

Es fällt dem Autor also schwer, die Gesamtwirkung des Werks als vollendete und für sich stehende Konstruktion zu verspüren. Er hat mit ihm alle Stadien der Entstehung durchlaufen, viele Kreuzungen überquert, zögernd an vielen Wegscheiden gestanden; er weiß, welche Teile ihm mühelos zuflogen, welche mühevoll entstanden sind. Er erkennt seinen Verzicht und unerwarteten Werdegang. Die Lösung, die über die äußere Existenz des Werks entscheidet, findet sich bisweilen gerade im Moment des Aufgebens, und das zuerst ersonnene Werk findet sich einige Augenblicke später völlig verändert wieder. Das Unmögliche wird möglich, die Schwierigkeit zum Mittel usw.

An dieser Stelle sei ein ganz besonderes Problem angesprochen, das sich einem Autor bisweilen stellt: *Woran kann er erkennen, daß sein Werk vollendet ist?* Es ist eine Entscheidung, die er treffen muß.

Nun kann aber diese Entscheidung, die dem Werk ein Ende setzt, nur durch äußere Faktoren, die dem Werk fremd bleiben, bestimmt sein. Zeitliche Dauer, der festgesetzte Umfang – Lieferfristen, – Sorgen, – Erschöpfung oder auch *Selbstgefälligkeit*: all das gebietet dem Autor, seine Bemühungen aufzugeben. Doch in Wahrheit ist der Abschluß eines Werks nur ein Aufgeben, ein Aufhören, das man stets als *zufällig* ansehen kann innerhalb einer Entwicklung, die immer noch hätte fortlaufen können.

Hier sieht man noch einmal, wie das Werk als fertige und klar abgegrenzte Sache vom Autor immer als eine Art zufällig von seinem inneren *Ganzen* losgelöstes Bruchstück wahrgenommen werden kann, eine Art Übergang: während es sich dem Leser als klare und *zeitlose* Konstruktion darbietet.

Betrachten wir jetzt einige Stimmungen unseres Autors und nehmen an (damit wir etwas über ihn wissen), daß er überaus bewußt vorgeht.

Dieser seiner selbst bewußte Schriftsteller beobachtet seine momentanen Zustände und stellt fest, daß er ziemlich regelmäßig zwei Phasen durchläuft, die jede für sich gesonderte Behandlung verdienen.

Fast immer gibt es einen ersten Zustand, eine emotionale

Phase, die keinerlei finite, wohlbestimmte und geordnete Form aufweist, die vielmehr partielle Ausdruckselemente, Fragmente hervorbringt, die eines Tages ihre *Gesamtheit* finden werden – oder auch nicht ... In diesem Zustand tauchen ein Wort, eine Formulierung, ein Bild oder eine Anordnung auf, die möglicherweise später ihren Platz in einem komponierten Ganzen finden werden und unversehens als Keimzelle oder Lösung fungieren ... Darf ich es wagen, diese Fragmente die *Trümmer der Zukunft* zu nennen? Doch sollte diese Zukunft (die so weit entfernt liegen kann wie das reife Alter von der Kindheit) nicht als der Zeitraum angesehen werden, in dem das Werk jene Gestalt annimmt, in der es später dem Publikum erscheint, vielmehr als die Zeit, in der dieses Werk wirklich lebt, das, wie bereits gesagt, nie beendet werden, nie erstarren, nie der ihm gegebenen Möglichkeiten einer Umgestaltung beraubt werden kann, es sei denn durch fremdes Eingreifen.[10]

Kurzum, diese erste Phase ist Gegenstand der allgemeinen Psychologie. Die Vorgänge, die hier ablaufen, sind zwar wesentlich für den Schaffensprozeß, sie bestimmen insgesamt dessen Gestalt – als Gefühlsmomente, als besonders glückliche oder eindrucksvolle Assoziationen –; doch für die Produktion eines organischen Werkes reichen sie bei weitem nicht aus. Diese beinhaltet eine ganz andere Ordnung von mentaler Tätigkeit. Der Autor nimmt nun – ob er sich darüber im klaren ist oder nicht – eine völlig neue Haltung ein. Zuerst sah er nichts außer sich selbst und sein Inneres; aber kaum denkt er an ein *Werk*, beginnt er äußere Wirkungen zu kalkulieren. Es stellt sich ein Anpassungsproblem: Bewußt oder unbewußt beschäftigt er sich mit den Menschen, auf die sein Werk wirken soll; er schafft sich ein Bild von denen, die er im Auge hat, und vergegenwärtigt sich andererseits die Mittel, über die er dabei verfügen kann.

Meine Herren, es ist wohl unnötig, Ihnen zu sagen, daß diese Darstellung denkbar grob und unvollständig ist. Was ich skizziere, ist nichts anderes als ein Schema, dessen einziger Sinn darin liegt, die Vielfalt der unabhängigen Faktoren offenkundig zu machen, wie sie sich miteinander vermischt in jedem Kunstwerk finden.

Solche Zusammenhänge – wie ich sie Ihnen soeben skizziert habe – sind für eine ästhetische Analyse ein schier unüberwindliches Hindernis. Der Ästhetiker muß über den Künstler mehr wissen als der Künstler über sich selbst. Er muß herausfinden, wie derart verschiedene Momente schöpferischen Geistes zusammenpassen, wie sich beispielsweise die Abstimmung verschiedener Darstellungsformen vollzieht.[11] Ich habe ein Thema gewählt. Ich stelle mir vage oder klar einen Leser vor. Ich fühle, daß ich über bestimmte Mittel verfüge. Mich bestürmen tausend *verwertbare* Erinnerungen, tausend Momente jener Gefühlsinhalte, von denen ich bereits gesprochen habe ... Das Werk, das ich schaffen werde, ist nur eine mehr oder minder gelungene Transaktion, Einrichtung, Unterordnung jener unabhängigen Bedingungen, Eindrücke und Energien verschiedenster Bereiche.

Nahezu alle literarischen Werke verlangen deshalb eine ganze Reihe von Prolegomena: Expositionen, Beschreibungen, Vorbereitungen, deren Funktion es ist, einerseits die Bestandteile und Regeln des Spiels festzulegen; andererseits den unbekannten Leser an die Gefühlswelt des Autors heranzuführen. Ausgehend von diesen Postulaten, Konventionen, Gegebenheiten, kann das eigentliche Werk verstanden werden. Das bringt mich darauf, nebenbei einige Worte über eine Art von Literatur zu verlieren, die ohne derart viele Vorkehrungen auskommt. Ich meine damit die *private* Literatur, Briefe zwischen engsten Freunden, Werke, die für *eine* Person geschaffen wurden. Hier sind alle Vorreden überflüssig. Der Leser ist klar definiert. Sie wissen, wie man ihn rührt, wie man ihn überrascht, wo seine Grenzen liegen, wo man besser schweigt, und sie können ihm den eigenen Gedanken – oder irgendeinen Gedanken – nahezu ohne Umschweife im Moment seiner unmittelbaren Entstehung mitteilen. Recht deutlich läßt uns dieser Sonderfall all das begreifen, was der Autor in ein Werk, das für ein unbekanntes Publikum bestimmt ist, erst künstlich hineinlegen muß, was nicht von seinem rein inneren Erleben herrührt – oder wenigstens der gleichen Quelle, der seine zwanglosen und intimen Schöpfungen entspringen.

Kurzum, jedes Spekulieren über das künstlerische Schaffen muß besonders die »heterogene« Vielfalt jener Bedingungen berücksichtigen, unter denen der Schaffende steht, die sich notwendigerweise implizit im Werk wiederfinden. Das paradoxe Schicksal des Künstlers gebietet diesem, klar definierte Elemente zusammenzusetzen, um auf eine unbestimmte Person einzuwirken.

Vielleicht wäre es hier angebracht, über die Mittel zu sprechen, aus denen die künstlerische Technik besteht und deren Zweck es ist, Geistiges in Vergängliches zu überführen. Aber bei einem solchen Thema läßt sich nicht improvisieren.

Ich begnüge mich mit dem Hinweis auf einen recht bemerkenswerten Punkt dieser Philosophie der Technik, die wir ansonsten übergehen. In allen Bereichen der Technik wirken die Mittel auf die Zwecke zurück: *Quantum potes, tantum aude!*[12] Und es geschieht sehr häufig, daß die Kenntnis der, also das Gefühl für die Mittel den entsprechenden Zweck hervorbringt. Ich bin sogar fast geneigt zu glauben, daß bestimmte tiefgreifende Gedanken ihren Ursprung der geistigen Präsenz oder Imminenz[13] von sprachlichen Formen, bestimmten leeren und in einem bestimmen Tonfall gehaltenen Redefiguren – die einen bestimmten Inhalt aufriefen – verdanken.

Übergehen wir all diese schwierigen Fragen, die zu beantworten ich nicht gewappnet bin. Ich vermute, daß Sie mehr an persönlichen Eindrücken dessen, was man die dichterische Intuition nennt, interessiert sind. Ich weiß, daß dieses Thema jeden Philosophen unserer Zeit stark beschäftigt!

Hier also Erinnerungen an die Entstehung eines bestimmten Gedichts, das ich vor einigen Jahren geschrieben habe.[14] Ich fand mich eines Tages wie besessen von einem Rhythmus, auf den plötzlich meine Gedankenwelt äußerst sensibel reagierte; zuvor war diese *laterale* Aktivität nur eine halbbewußte.[15] Dieser Rhythmus drängte sich mir mit einer Art Anspruch auf. Es schien mir, als wolle er Gestalt annehmen bis zur Vollkommenheit seines Seins. Aber er konnte nicht klarer in mein Bewußtsein vordringen als durch *sagbare* Elemente, Silben, Wörter, die er gewissermaßen entlehnte oder in sich aufnahm. Und diese Silben und Wörter wurden zweifelsohne an diesem Punkt ihrer Entstehung durch ihren Wert und ihre musikalische Anziehungskraft bestimmt. Dies war ein Rohzustand, ein kindlicher Zustand, in dem Form und Inhalt sich nur wenig voneinander unterschieden; die rhythmische Form war in diesem Moment einziges Zulassungs- oder Äußerungskriterium. Dergestalt war die zweite Annäherung; die erste wurde durch den bloßen Rhythmus bestimmt, das reine, klare Metrum. Durch eine Art gewecktes Bewußtsein oder eine recht abrupte Erweiterung seiner Grenzen – eine qualitative Erweiterung wohlgemerkt, eine Zunahme der Anzahl von unabhängigen Anforderungen – fand dann ein Austausch der vorläufig gewählten Silben und Wörter statt, und ein bestimmter ursprünglicher *Vers* entpuppte sich nicht nur als vollständig, sondern geradezu unveränderbar als Folge einer Notwendigkeit. Aber dieser Vers verlangte seinerseits nach einer musikalischen, logischen Weiterführung. Darin lag jetzt das Problem. Zum Unglück der Poeten setzt sich dieses glückliche Zusammenspiel nicht kontinuierlich fort, vielmehr muß man sich an die Arbeit machen und zu allerlei Kunstgriffen seine Zuflucht nehmen, um den zu *imitieren*, der man einen Augenblick lang war. Der Grund für dieses vorläufige Ende eines unverhofften Glücks ist ein sehr simpler: In der Sprache sind Laut und Sinn nur durch Konvention miteinander verbunden.

In einem anderen Fall fiel mir ein *Vers* zu, den sichtlich seine Klangfülle, sein Timbre hatten entstehen lassen. Der Sinn, den dieses unerwartete Element eines Gedichts nahelegte, das Bild, das es wachrief, seine syntaktische Gestalt (eine Apposition), die ein Verhalten an den Tag legte ähnlich einem kleinen Kristall in einer übersättigten Lösung, riefen wie durch Symmetrie eine *Erwartung* in mir wach, die mich diesseits dieses Verses einen Anfang konstruieren ließ, der seine Existenz vorbereitete wie rechtfertigte, und jenseits dieses Verses eine Fortsetzung, die ihm seine volle Wirkung verlieh. So entstanden aus diesem einzigen Vers nach und nach alle Elemente eines Gedichts: Thema, Tonlage, prosodische Form usw.

Ich konnte nicht umhin, dieses Wachstum mit jenem zu vergleichen, das sich in der Natur beobachten läßt. Offensichtlich bringt dort unter günstigen Bedingungen das Fragment eines Stengels oder Blattes bei gewissen Pflanzen ein vollständiges Individuum hervor. Das – durchaus in sich differenzierte – Fragment wird dann nach und nach zu einem vollkommenen Individuum, bildet Blätter, einen Stiel, Wurzeln – alles, was es braucht, um zu leben.

(Diese bestechende Analogie hat dennoch keine weitere Bedeutung, denn die Konstituenten der Sprache, Laut und Sinn, sind – wie vorhin bereits unterstrichen – voneinander völlig unabhängig.)

Andere Beispiele bieten sich hier an. Man kann sagen, daß jedes Werk auf verschiedene Weise hätte geschaffen werden können. Aus einer objektiven Untersuchung geht nicht hervor, ob ein bestimmtes Gedicht aus einem bestimmten vorgegebenen Hemistichion heraus entstanden ist, aus einem Reim oder einem abstrakt formulierten Vorsatz. Der allgemeinste Fall – wenn es um sehr umfangreiche Werke geht – liegt natürlich dann vor, wenn der Autor von einem Sujet ausgeht, um schließlich zur Versform zu gelangen. Dies ist der Fall bei den klassischen Epen, bei dramatischen Dichtungen, Tragödien, Komödien. Aber in Dichtungen dieser Art findet sich denkbar schlecht der eigentümliche Charakter der Poesie, der wesentlich in einer einzigartigen, unwahrscheinlichen wechselseitigen Verbindung besteht zwischen sinnlicher Form und Bedeutungswert. (Überdies müssen zwischen den aufeinanderfolgenden Bedeutungen *überreichlich* Querverbindungen bestehen, mehr Querverbindungen, als für ein klares *lineares* Verständnis notwendig sind. Genau das verleitet die Dichter zum Gebrauch von Figuren, Metaphern, Tropen ... usw.)

Epen wie dramatische Dichtungen haben einen Makel, nämlich jene antipoetische Eigenschaft, daß sie sich zusammenfassen, sich erzählen lassen und – mit einem Wort – ein Dasein oder so etwas wie ein Dasein unabhängig von ihrem eigentlichen Wert führen können ... Während in der Poesie, die nichts als – ich wage es auszusprechen: *reine* – Poesie ist, sich ein Gedicht nicht in Prosa übertragen läßt, ohne dabei völlig zugrunde zu gehen. Bedenken Sie, daß die gesamte Arbeit des Dichters ein Ziel hat: der Ganzheit seines Gedichts jene ausgewogene Organisation von Inhalt und Form zu geben, die das Glück nur sparsam und selten gewährt.

Diese Jagd nach dem Unwahrscheinlichen, die in der Poesie um ein Vielfaches schwerer ist als in den anderen Künsten, bringt als äußerst unangenehme Folge die nahezu unüberwindbare Schwierigkeit mit sich, daß man bei der Poesie – *komponieren* muß. Was die Werke angeht, die mehr als ... vierzehn Verse zählen[16], so kenne ich nichts Selteneres als die Komposition im Sinne dessen, was ich an diesem Begriff *ornamental* nennen würde. Ich glaube, daß das eine Aufgabe ist, welche die menschlichen Kräfte nahezu übersteigt! Ich will hier nicht über logische oder chronologische Komposition sprechen. Es handelt sich keinesfalls um ein System, das darin besteht, als Leitfaden einer Reihe von datierten Ereignissen zu folgen oder auch ein Gefüge von Konzepten zu übernehmen. Wohl findet man in der lyrischen Dichtung zahllose Beispiele für Entwicklungen, die eine einfache Gestalt, eine sinnlich erfaßbare Linie nahelegen. Aber das sind immer nur sehr elementare Typen.

Wenn ich von Komposition spreche, denke ich an Gedichte, in denen versucht wird, an die durchdachte Komplexität der Musik heranzukommen, indem zwischen ihren Bestandteilen systematisch »harmonische« Zusammenhänge, Symmetrien, Kontraste, Übereinstimmungen usw., eingeführt werden.[17]

Ich muß gestehen, daß es auch mir gelegentlich passierte, in diesem Sinne zu denken und sogar ähnliches in Angriff zu nehmen. Aber meine Versuche haben nie zu etwas geführt – nicht einmal zu etwas Schlechtem!

Meine Herren, dies war es, was ich Ihnen berichten konnte.

# DER UNENDLICHKEITSFAKTOR IN DER ÄSTHETIK

Die meisten unserer Wahrnehmungen wecken in uns – wenn sie denn etwas wecken –, was es braucht, um sie rückgängig zu machen oder zu versuchen, sie rückgängig zu machen. Bald ist es ein Akt – reflektorisch oder nicht –, bald eine Art von Gleichgültigkeit – erworben oder nicht –, womit wir sie aufheben oder aufzuheben versuchen. In uns besteht in bezug auf sie eine beständige Neigung, so schnell wie möglich in den Zustand zurückzufallen, in dem wir uns befanden, bevor diese Wahrnehmungen sich uns aufdrängten oder darboten: Es scheint also das Hauptgeschäft unseres Lebensprozesses zu sein, einen wie immer gearteten Anzeiger unseres Empfindungsvermögens auf *Null* zurückzustellen und uns auf kürzestem Weg ein bestimmtes *Höchstmaß* an Freiheit oder Verfügbarkeit unserer Sinne zurückzugeben.

Diese Auswirkungen unserer Zustandsänderungen im Gefolge des Wahrnehmens, die diesen ein Ende zu machen suchen, sind ebenso vielgestaltig wie diese selbst. Dennoch kann man sie unter einer gemeinsamen Bezeichnung zusammenfassen und sagen: Die Gesamtheit der Auswirkungen mit der *Tendenz zum Endlichen* konstituiert die *Ordnung der Dinge, die dem Bereich des Praktischen zugehören.*

Es gibt jedoch andere Auswirkungen unserer Wahrnehmungen, die jenen ganz und gar entgegengesetzt sind: Sie lösen in uns das Verlangen, das Bedürfnis, die Zustandsänderungen aus, die die auslösenden Wahrnehmungen zu bewahren oder wiederzufinden oder erneut hervorzubringen trachten.

Wenn ein Mensch Hunger hat, wird dieser Hunger ihn veranlassen, das Nötige zu tun, um ihn schnellstens zu stillen; wenn aber die Speise ihm köstlich erscheint, wird dieses Köstlichsein *in ihm* weiterdauern, sich fortsetzen oder neu entstehen *wollen*. Der Hunger drängt uns, eine Empfindung abzukürzen, und das Köstlichsein, eine weitere sich entfalten zu lassen; und diese zwei Strebungen werden sich bald selbständig genug gemacht haben, um den Menschen lernen zu lassen, seine Nahrung zu verfeinern und zu essen, ohne Hunger zu haben.

Was ich über den Hunger sagte, gilt ohne weiteres auch für das Liebesbedürfnis; und im übrigen für alle Arten von Empfindung, alle Erscheinungsweisen der Sensibilität, in die bewußtes Handeln eingreifen kann, um das wiederherzustellen, zu verlängern oder zu steigern, was aus der Welt zu schaffen das Reflex-Handeln an sich berufen zu sein scheint.

Das Sehen, Tasten, Riechen, Bewegen, Sprechen verleiten uns von Zeit zu Zeit, bei den Eindrücken zu verweilen, die sie in uns hervorrufen, sie zu bewahren oder zu erneuern.

Die Gesamtheit dieser von mir isolierten Auswirkungen mit der *Tendenz zum Unendlichsein* könnte die *Ordnung der Dinge, die dem Bereich des Ästhetischen zugehören*, ausmachen.

Um dieses Wort *unendlich* zu rechtfertigen und ihm eine exakte Bedeutung zu geben, genügt es, daran zu erinnern, daß in diesem Bereich die *Befriedigung* neuerlich das *Bedürfnis* weckt, die *Erwiderung* wieder die *Antwort* hervorbringt, die *Abwesenheit Anwesenheit* erzeugt und das *Besitzen* das *Verlangen*.

Während in dem Bereich, den ich den *praktischen* nannte, das erreichte Ziel alle sinnlich faßbaren Voraussetzungen des Aktes tilgt (dessen Dauer selbst gleichsam aufgesogen wird oder kaum mehr als eine abstrakte und kraftlose Erinnerung zurückläßt), steht es im *ästhetischen Bereich* ganz anders.

In dieser »Welt des Empfindungsvermögens«[1] verhalten sich die Empfindung und das Warten auf sie in gewisser Weise reziprok und suchen einander endlos, wie in der »Welt der Farben«, ausgehend von einem starken Eindruck auf der Netzhaut, Komplementärfarben einander ablösen und sich austauschen.

Dieses Hin- und Herschwingen hört nicht von selbst auf: es läuft nur aus oder wird nur unterbrochen, wenn ein fremder

Umstand – wie die *Ermüdung* – eintritt, der ihm ein Ende setzt, indem er die Wiederholung ausschließt oder aufschiebt.

Die Ermüdung (um bei dem Beispiel zu bleiben) geht einher mit einer Minderung des Empfindungsvermögens gegenüber dem, was zuvor etwas Köstliches und Begehrenswertes war: der Gegenstand muß gewechselt werden.

Der Wechsel wird zu etwas an sich Wünschenswertem: das Verlangen nach *Abwechslung* meldet sich komplementär zur Dauer unserer Empfindung und als Gegenmittel zur Übersättigung, die aus Erschöpfung der endlichen Quellen unseres Organismus herrührt, auf den eine lokale, einzelne Tendenz zum Unendlichen einwirkt; wir stellten demnach ein System *sich überschneidender Funktionen dar* – ein System, dessen eine Voraussetzung das Unterbrechen der jeweiligen partiellen Tätigkeiten wäre.

Um noch weiter begehren zu können, muß etwas anderes begehrt werden; und das Bedürfnis nach Wechsel tritt auf als Anzeichen für ein *Begehren nach dem Begehren* oder als Begehren nach irgend etwas, das sich begehren läßt.

Tritt dagegen das Ereignis nicht ein, liefert die Umgebung, in der wir leben, nicht rasch genug einen unendlicher Entwicklung würdigen Gegenstand, dann wird unser Empfindungsvermögen angetrieben, aus sich selbst heraus Bilder dessen zu erzeugen, was es begehrt, so wie der Durst Vorstellungen von herrlich kühlen Getränken ...

Diese recht einfachen Überlegungen ermöglichen uns, jenen aus unseren Wahrnehmungen hervorgegangenen und ganz durch die inneren Beziehungen und die unserem Empfindungsvermögen eigenen Abwandlungen gebildeten Bereich klar genug abzugrenzen und zu definieren, den ich die *Ordnung der Dinge, die dem Bereich des Ästhetischen zugehören,* genannt habe. Doch die Ordnung der Tendenzen zum Endlichen, die Ordnung des Praktischen, die zugleich die des Handelns ist, ist in vielerlei Hinsicht mit jener verbunden. Insbesondere ist, was wir ein »Kunstwerk« nennen, das Ergebnis eines Handelns, dessen *endliches* Ziel darin besteht, bei jemandem unendliche Entwicklungen auszulösen. Daraus kann abgeleitet werden, daß der Künstler ein *Doppelwesen* ist, ordnet er doch die Gesetzmäßigkeiten und Instrumente der Welt des Handelns einander zu im Hinblick auf den im Universum der sinnlichen Resonanz zu erzielenden Effekt. Viele Versuche sind unternommen worden, um die beiden Tendenzen aufeinander zu reduzieren: der Ästhetik geht es um nichts anderes. Doch das Problem besteht unvermindert weiter.

# ÜBERLEGUNGEN ZUR KUNST

Meine Damen und Herren, Xavier Léon hat mich eingeladen, heute zu Ihnen zu kommen und dem so einschüchternden Kreis der *Société de Philosophie* einige Gedanken zur Kunst vorzutragen.

Dieses Gebiet, das ich nicht beanspruche, heute mit Ihnen in seiner Gänze zu durchmessen, ist ungeheuer groß, gehört es doch zu denen, deren Umfang ganz davon abhängt, welche Art von Überlegungen man dazu anstellt. Bei diesem unendlich weitläufigen Problem besteht die große Schwierigkeit darin, sich zu beschränken. Wie ich den Herren Brunschvicg und Lalande bereits sagte, bin ich mir eben jetzt erst (bevor ich hier eintrat) über mein eigentliches Thema klargeworden.[1] Äußere Umstände haben mich daran gehindert, mich wirklich gewissenhaft vorzubereiten. Wie auch immer, einige knappe Aufzeichnungen, die ich machen konnte, werden mir als Leitschnur dienen.

Es gibt natürlich – und fast *per definitionem* – tausend verschiedene Weisen, über Kunst nachzudenken und von ihr zu sprechen. Darin liegt die größte Schwierigkeit dieser Materie ...

Eine ganze Gruppe von Disziplinen beschäftigt sich systematisch mit Kunst. Die übergreifende Bezeichnung für diese Studien, die mit sehr verschiedenen Dingen und noch unterschiedlicheren Methoden zu tun haben, lautet *Ästhetik*. So gibt es zum Beispiel eine klassische Ästhetik, deren Eigenart darin besteht, daß sie nicht aus der aufmerksamen Betrachtung künstlerischer Phänomene hervorgegangen ist, sondern durch ein dialektisches Verfahren gewonnen wurde. Sie besteht in einer Untersuchung geistiger Vorstellungen, die zur Konstitution jenes Ideencorpus und seiner weitverzweigten Thesen geführt hat. Bemerkenswert daran ist, daß *diese klassische Ästhetik auch existieren könnte, wenn kein einziges*

*Kunstwerk existierte*: In gewisser Weise ist sie von der Existenz der Kunst völlig unabhängig. Da sie von der Dialektik herkommt, stellt sie Spekulationen über die Sprache an, und wenn sie auf beobachtbare künstlerische Gegebenheiten und Werke zu sprechen kommt, faßt sie diese als Anwendungsfälle oder Verstöße auf, nicht aber als Ausgangspunkt.

Weiter gibt es das, was man als *historische Ästhetik* bezeichnen könnte: Sie untersucht im Bereich der Künste alles, was sich an Einflüssen namhaft machen läßt, und stellt sich die Frage nach den Ursprüngen der Kunst.

Ferner gibt es eine wissenschaftliche Ästhetik, und sogar mehrere wissenschaftliche Ästhetiken. Sie gehen von der eigentlichen Analyse der Werke aus (die man zum Beispiel bestimmten Messungen unterwirft) oder vom Rezipienten, dessen Reaktionen man aufzeichnet. Die Erforschung der Empfindungen gehört zu diesem Bereich. Andere Untersuchungen stellen den Produzenten in den Mittelpunkt und machen sich anheischig, ihm zur Förderung seines Werkes taugliche Hinweise, Hilfsmittel zu liefern: Alle möglichen Formeln für Proportionen zum Beispiel (Goldener Schnitt usw.), die in früheren Zeiten oder während der Renaissance Geltung besaßen und die man heute zu rekonstruieren und neu in Umlauf zu bringen versucht, sind Bestandteil einer Art Kunstwissenschaft.

Alle diese Ästhetiken bestehen vollkommen zu Recht, da sie nun einmal bestehen! Was aber mich angeht, so werde ich das Thema auf meine Art untersuchen, das heißt auf die denkbar schlichteste und positivste. Wenn ich irgendein Werk lese, das mit Kunst zu tun hat, oder irgendeinen entsprechenden Vortrag höre, spüre ich, daß ich dabei nur auf einen der beiden folgenden Gewinne aus bin: Entweder wird, was ich vernehme, mich etwas lehren, das meinen virtuellen Genuß an Kunstwerken entwickelt; ich werde danach besser imstande sein, mich an ihnen zu erfreuen, werde besser verstehen, wie ich mich auf dieses oder jenes Werk einzustellen habe, und infolgedessen durch mein jüngst erworbenes Wissen meine Genußfähigkeit gesteigert haben. Wohlgemerkt, wenn ich sage, daß ein Vortrag oder eine Lektüre meine

Fähigkeit zum Genuß des Kunstwerks erhöhen können, so denke ich selbstverständlich nicht an ein *laterales Vergnügen*, wie ich es auch ohne jenes Werk verbuchen könnte: Spricht man mir zum Beispiel in bezug auf die Malerei von deren Geschichte, von Einflüssen, denen der Maler ausgesetzt war, von Schulen usw., so mag dieses historische Thema ja an sich hochinteressant sein, steigert aber keineswegs meinen eigentlichen Genuß, der einzig aus der Betrachtung des Werkes selbst hervorgehen darf, ganz unabhängig von jedweden erklärenden Angaben. In dieser Auffasssung gehe ich so weit, daß ich mich nicht scheuen würde, vor dem *Conseil des Musées Nationaux* zu sagen, ich ließe, betraute man mich mit der Leitung der Museen, die Namen aller Maler entfernen ... *Auf daß das Auge die Seinen erkenne!*

Oder aber, und an zweiter Stelle: Diese Wissensübermittlung kann eine ganz andere Bedeutung haben. Ich werde unterwiesen nicht darin, wie ich ein Kunstwerk zu genießen, sondern, wie ich es auszuführen habe; meine produktiven Fähigkeiten hinsichtlich des Werks werden gesteigert. Halten wir im Vorübergehen fest, daß dies außerordentlich selten gelehrt wird; gewiß, es gibt noch Kunstschulen, in denen einzelne Bereiche der Technik erlernt werden können, aber mit Sicherheit wird Kunst als Verbindung von Verfahrensweisen heute aus vielerlei Gründen sehr viel weniger eingehend unterrichtet, als dies früher geschah.

Es gibt sogar Zweige der Kunst, in denen Technik nicht oder fast nicht mehr zählt. Als persönliche Erinnerung kann ich Ihnen aus dem Bereich der Dichtkunst mitteilen, daß die letzten Ratschläge traditionellen Schlages, die ich vernahm, von Heredia übermittelt wurden, der sie selbst von Leconte de Lisle hatte, und der wiederum von einem anderen Poeten.[2] Man wies die jungen Leute (übrigens ganz vertraulich) auf bestimmte, recht wertvolle Techniken beim Versbau hin. Ich glaube, diese Art Unterweisung gibt es nicht mehr, aber sie hat jahrhundertelang existiert, bis heutzutage das Kriterium der Originalität ausschlaggebend und alles, was sich erlernen ließ, verächtlich wurde. Der Geniekult wollte, daß jeder seine eigene Technik erfinden solle.

Kurz, das Kunstwerk ist ein Gegenstand, ein menschliches Produkt, hergestellt, um auf bestimmte Individuen eine bestimmte Wirkung auszuüben. Die Werke sind entweder Objekte im materiellen Sinne des Wortes oder miteinander verbundene Handlungen wie der Tanz oder das Schauspiel, oder auch aufeinanderfolgende, ebenfalls durch Handlungen hervorgerufene Sinneseindrücke: so die Musik. Wir können versuchen, unseren Kunstbegriff durch eine von diesen Gegenständen – den einzigen positiv gegebenen Elementen – ausgehende Untersuchung zu schärfen: Sehen wir uns diese Gegenstände an und verfolgen wir auf der einen Seite den Weg zu ihrem Urheber, auf der anderen den zum Rezipienten, so kann das Phänomen *Kunst* sich uns in zwei vollkommen unterschiedlichen Transformationsprozessen darstellen. (Dieselbe Beziehung herrscht in der Wirtschaft zwischen Produktion und Konsumtion.)

Es ist von größter Bedeutung, daß diese beiden Transformationsprozesse – derjenige, der vom Urheber *zum produzierten Gegenstand* führt, und derjenige, welcher die Veränderung des Konsumenten durch den Gegenstand oder das Werk bezeichnet – voneinander völlig unabhängig sind. Daraus geht hervor, daß sie *nur getrennt voneinander gedacht werden dürfen.*

Jeder Satz, in dem die drei Begriffe: Urheber, Werk, Betrachter oder Hörer vorkommen, ist sinnlos – insofern, als sie nie zugleich beobachtbar sind. Gewiß können Sie Behauptungen aufstellen (und deren gibt es eine ganze Menge), die alle drei zugleich betreffen, aber beobachten lassen sich nur auf der einen Seite der Künstler und sein Werk, auf der anderen Werk und Rezipient. *In dem Künstler* mag sich das Bild eines bestimmten Betrachters oder Hörers einstellen – aber nur als *Idealgestalt*: Der Künstler schafft sich – mehr oder weniger bewußt – einen *idealen* Hörer oder Leser. Und andererseits kommt es vor, daß der Rezipient sich einen idealen Künstler ausmalt. Ich sehe darin eher einen Beweis meiner Behauptung.

Ja, ich möchte noch weitergehen – und komme zu einem Punkt, den Sie gewiß seltsam und paradox finden werden, sofern nicht schon meine bisherigen Äußerungen diesen Eindruck hervorgerufen haben: Der Wert *Kunst* (denn im Grunde sind wir dabei, ein Wertproblem zu untersuchen) hängt wesentlich an jener Nicht-Identifikation, an jener Notwendigkeit eines Vermittlers zwischen Produzent und Konsument. Es ist entscheidend, daß zwischen ihnen ein auf Geist nicht reduzierbares Etwas steht, daß unmittelbare Kommunikation ausgeschlossen ist und daß das Werk, dieses Medium, demjenigen, den es berührt, nichts an die Hand gibt, was ihm erlaubte, sich mit bloßen Vorstellungen von der Person und dem Denken seines Autors zufriedenzugeben.

Dieser Punkt ist grundlegend für alle Kunst. Und jedesmal wenn ein Künstler sich verzweifelt darüber ausläßt, er habe sich nicht ausdrücken können, wie er es gewollt hätte, begeht er einen Ausdrucksfehler. Im Grunde sagt er etwas Widersinniges. Ich behaupte nicht, daß dieser Widersinn ihn nicht dazu bringt, sich – wie er sagt – um den Ausdruck seines Denkens in seinem Werk zu bemühen, aber gelingen wird ihm das nie. Alles, was der Künstler tun kann, besteht darin, *etwas* zu verfertigen, das im Intellekt eines anderen eine bestimmte Wirkung auslöst. Nie wird man genau miteinander vergleichen können, was in dem einen, was in dem anderen vorging; mehr noch: Ließe sich, was in dem einen vorging, direkt dem anderen mitteilen, wäre aller Kunst der Boden entzogen, ihre ganze Wirkung dahin. Es braucht das Dazwischentreten eines undurchdringlichen, neuen Elementes, damit die Wirkung der Kunst, damit die dem Rezipienten durch das Kunstwerk abgeforderte *Leistung* zustande kommt. *Schöpfer ist, wer schöpferisch macht.*

Sehen wir zu, wieweit sich (in einigen Fällen) verdeutlichen läßt, was ich ein wenig scherzhaft das *schöpferische Mißverständnis* nennen möchte.

Im allgemeinen handhabt der Künstler seine Materie unter Einsatz einer Menge von *Konventionen*: Die Konvention interveniert bei seiner Arbeit. Er weckt bei seinem Rezipienten zahlreiche Reaktionen (oder hat wenigstens diese Absicht) und braucht dabei – das liegt schon in der menschlichen Natur – nicht so viel Energie einzusetzen, wie er *freizusetzen* vermag. Ganz wie bei dem physiologischen Reflex: Oft genügt es, einem Tier an einem bestimmten Punkt Schmerz zuzufügen, um damit Wirkungen auszulösen, deren Energiegehalt in keinem Verhältnis steht zu der verausgabten Kraft. Und wenn man auf einen Knopf drückt, der eine Energieumwandlung hervorruft, steht die dabei freiwerdende Energiemenge weder qualitativ noch quantitativ in irgendeinem Verhältnis zu derjenigen, die für den Knopfdruck erforderlich ist. Es ist dem Musiker ein leichtes, »fortissimo« oder »furioso« in seine Partitur zu schreiben, um im Konzertsaal ein förmliches Gewitter von hundert Instrumenten auszulösen. Es braucht nur eines geschriebenen Wortes; naiv, wer annähme, diesen ganzen, vom Orchester allem Anschein nach entfesselten Energiesturm habe der Verfasser zuerst in sich selbst vorfinden oder auch nur sich vorstellen müssen. Es gibt also ein vermittelndes Dispositiv, mit dessen Hilfe der Verfasser beträchtliche Wirkungen auszulösen vermag. Dies gilt auch für sprachliche Kunstwerke: Große Worte hinzuschreiben kostet nicht mehr Mühe, als ganz schlichte oder bedeutungsärmere zu verwenden. Zum Spaß habe ich mir einen – übrigens sehr ansprechenden und in mancher Hinsicht bemerkenswerten – Vers von La Fontaine herausgegriffen und abgewandelt. Er ist von geradezu mimetischer Harmonie, außerordentlich gelungen und besteht fast ganz aus Einsilbern:

Prends ce pic et me romps ce caillou qui me nuit[3]

[Nimm diese Hacke und zerschlag mir diesen Kiesel, der mich stört]

Wechsle ich nur zwei Worte in diesem Vers aus, so könnte er in einem kosmogonischen Poem stehen:

Prends ta foudre et me romps l'univers qui me nuit

[Nimm deinen Blitz und zerschlag mir die Welt, die mich stört]

Damit ist der Versgang völlig verändert. Ein ganz einfacher Eingriff, und schon haben wir einen anderen Vers. Sie mögen daraus ersehen, wie wenig die Wirkung, die beim Rezipienten des Kunstwerks entsteht, von der Energieverausgabung seines Produzenten abhängt.

Wenn derjenige, der etwas ausdrückt, und der, welcher einen Eindruck erhält, unmittelbar miteinander kommunizierten, dann, so sagte ich, ginge ein Großteil an *Wirkungen* verloren. Und so verfügen alle Künste über Hilfsmittel, die durch mehr oder weniger einfache Verfahren hervorgebrachten Eindrücke zu steigern.

Aber was ist ein Kunstwerk?

Man darf sich fragen, woran ein Werk oder ein Kunstgegenstand eigentlich zu erkennen sei. Bedenken Sie, daß Kunst selbst unter den häßlichsten Dingen als solche erkennbar bleibt; es heißt dann: »Scheußlich, aber es ist ein Kunstgegenstand.« – Dergleichen ist häufig genug anzutreffen. Woran erkennen wir also, daß eine solche Bewertung zugesprochen werden kann?

Aber eine weitere Frage will vorab beantwortet werden. Kunstgegenstände, Kunstwerke, das sind von Menschen hergestellte Dinge. Woran nun erkennen wir beim Prüfen eines Gegenstandes, daß er von Menschen gemacht ist? Man kann sich (wie ich es vor geraumer Zeit einmal getan habe)[4] die folgende Frage stellen, die zunächst sehr naiv scheint: Was beweist mir, daß ein bestimmter Gegenstand von menschlicher Hand stammt? Daß dieses Tintenfaß hier zum Beispiel nicht ein Naturprodukt ist? Ich habe mir (natürlich) eine *Theorie* ausgedacht, die das ein wenig erklärt oder mir doch wenigstens das Problem hinreichend verdeutlicht und eine einigermaßen zufriedenstellende Lösung bietet, indem ich herausfand, daß ein nicht von Menschenhand stammendes Produkt gewisse kennzeichnende Merkmale aufzuweisen habe, die zu denen eines menschlichen Erzeugnisses in Gegensatz stehen.

Prüft man einen von Menschen hergestellten Gegenstand im Hinblick auf seine Form, *seine äußere Struktur*, und vergleicht man sie mit *seiner inneren Struktur*, so wird man zwischen diesen Strukturen im allgemeinen eine Beziehung antreffen, die nicht dieselbe ist wie die bei einem sogenannt *natürlichen* Gegenstand, sei er lebendigen oder mineralischen Ursprungs. Ich behaupte nicht, daß die Frage immer eindeutig zu beantworten ist; es gibt Zweifelsfälle, aber sehr oft findet sich – jedenfalls bei oberflächlicher Prüfung, nicht unter dem Mikroskop –, daß die Struktur der innersten Bestandteile eines komplexen Ganzen dann, wenn es von Menschen geschaffen wurde, hinsichtlich der *Form* der Zusammensetzung nur eine sekundäre Rolle spielt. Infolgedessen ist das von Menschen aus irgendwelchen Materialien zusammengefügte Werk allem Anschein nach eine Montage, deren innere Struktur dem Produzenten bei der Herstellung weitestgehend gleichgültig bleibt. Aus den unterschiedlichsten Materialien können Sie einander ähnliche Gegenstände herstellen; ob sie ein Gefäß aus Glas, Metall oder Porzellan anfertigen, Sie können ihm in etwa die gleiche Form geben, vernachlässigen dabei freilich (außer bei der Herstellung selbst) die *Materie*, aus der das Gefäß entsteht. Prüfen wir dieses Werk aus Menschenhand weiter, so stellen wir darüber hinaus fest, daß die Form des Ganzen *weniger komplex* ist als die innere Struktur seiner Elemente, was an einen störenden Eingriff denken läßt. In diesem Sinn erzwingt die *Ordnung* eine *Unordnung*. Ich erinnere mich, folgendes Beispiel benutzt zu haben: Wenn Sie ein Regiment antreten lassen, erhalten Sie eine geometrische Figur, die sich aus Elementen zusammensetzt, von denen jedes einzelne weit komplexer als das Ganze ist, da jedes aus einem Menschen besteht. Desgleichen greifen Sie bei der Herstellung eines Möbelstückes in die Struktur des Baumes ein, dessen Stücke Sie zuschneiden und zusammensetzen, ohne sich um seine innere Strukur zu kümmern. Das Holz liefert Ihnen Grundelemente, die Sie mit Rücksicht auf die beim Zusammenfügen und Bearbeiten entstehenden Formen als invariabel ansehen dürfen.

Aber dies genügt nicht, das Kunstwerk zu definieren. Diese sehr allgemeine Kennzeichnung trifft für eine ganze Menge Dinge zu. Wir müssen unsere Analyse des Gegenstandes weitertreiben.

Der schlichte, gesunde Menschenverstand sagt uns: Der künstlerische Gegenstand ist wesentlich ein nutzloser. Was heißt das? Das heißt, daß er keinem physiologischen Lebensbedürfnis entspricht; wenigstens nicht den physiologischen Funktionen, die allen gemein sind, deren Vollzug einigermaßen konstant ist, deren Anforderungen den Regeln entsprechen. Hingegen erregen oder befriedigen die von der Kunst ausgehenden Reize jedoch besondere und lokale physiologische Funktionen, die der Sinne. In jedem Fall tun diese Reize individuell und meist ungleichmäßig ihre Wirkung: Nicht jeder reagiert auf ein Kunstwerk gleich; das Kunstwerk »nützt« diesen spezifischen Funktionen je nach Individuum und Umständen mehr oder weniger. Da es die sonst als wesentlich, konstant und generell definierten physiologischen Funktionen nicht befriedigt, nennen wir es nutzlos.

Und selbst wenn in den günstigsten Fällen Auge, Ohr usw. physiologisch in besonderer Weise angesprochen werden, wirken die Gegenstände als künstlerische nur unter bestimmten *aktuellen* Voraussetzungen. Unter anderen Umständen sind Farbe, Klang mir gleich: Ich nehme sie wahr, übergehe sie aber, achte nicht auf die Beziehung der Farbtöne zwischen dieser Wand und jenem Tisch. Indessen existiert sie; ich spüre sie vage, und wenn es darauf ankäme, wenn die Gelegenheit dazu sich ergäbe, würde meine Aufmerksamkeit sie isolieren, und ich würde aus diesem Vergleich der Töne irgendeine künstlerische Absicht oder pikturale Anregung ableiten. Ich kann mich also hinlenken – oder hinlenken lassen –, kann für jene Konkomitanz von Farben sensibilisiert werden, kann eine Wahrnehmungsfähigkeit entwickeln, die man vorläufig als künstlerische oder ästhetische Aufmerksamkeit bezeichnen mag.

Diese Fähigkeit hat wie alle, auf die sich unser Leben sukzessive aufbaut, *ihren* Charakter und *ihre* Dauer. Das Kunstobjekt ist nicht konstant ein Kunstobjekt und ist es nicht für jedermann. Es unterliegt also engumrissenen Voraussetzungen. Dieses nutzlose Etwas ist gewissermaßen eine zweidimensionale Ausnahme.

Ich komme endlich zu einer dritten Eigenart, die vor Ihnen

zu entwickeln vielleicht ein wenig kühn ist. Ich werde Ihnen einige Seiten vorlesen, die ich zu diesem Thema verfaßt habe: Es handelt sich um das, was ich den *Unendlichkeitsfaktor in der Ästhetik* nenne. Bitte entschuldigen Sie das Wort »unendlich«, ich verbinde nicht die geringste böse Absicht damit: Diese konventionelle Bezeichnung schien mir hier zutreffend und unterhaltsam. Im Ernst wäre ich dafür, den Ausdruck »unendlich«, der stets, sogar in der Mathematik, eine gewisse Verwirrung auslöst, aus allen Bereichen weitestmöglich zu verbannen und durch einen gleichwertigen Begriff zu ersetzen. Der Grundgedanke, auf den ich bei der Untersuchung des Unendlichkeitsfaktors gestoßen bin, läßt sich im Begriff *Unabhängigkeit* zusammenfassen. Wenn man Steine zu einem Haufen aufeinanderlegt, ist das Hinzufügen eines weiteren Steins unabhängig von der schon angehäuften Menge. Hier, so könnte man sagen, schleicht sich der *Unendlichkeitsfaktor* ein. Schon wenn man einen Wiederholungsakt gleich welcher Art ins Auge faßt und dabei an gar nichts Bestimmtes denkt, führt dieser Akt an sich an etwas *Unendliches* heran. Und so gesehen macht eben diese Unabhängigkeit des Tuns von seinem Ergebnis im Grunde unsere Vorstellung vom Unendlichen aus. Hier also mein Zitat:[5]

»Die meisten unserer Wahrnehmungen wecken in uns – wenn sie denn etwas wecken –, was es braucht, um sie rückgängig zu machen oder zu versuchen, sie rückgängig zu machen. Bald ist es ein Akt – reflektorisch oder nicht –, bald eine Art von Gleichgültigkeit – erworben oder nicht – [oder auch Gewohnheit], womit wir sie aufheben oder aufzuheben versuchen. In uns besteht in bezug auf sie eine beständige Neigung, so schnell wie möglich in den Zustand zurückzufallen, in dem wir uns befanden, bevor diese Wahrnehmungen sich uns aufdrängten oder darboten: Es scheint also das Hauptgeschäft unseres Lebensprozesses zu sein, einen wie immer gearteten Anzeiger unseres Empfindungsvermögens auf *Null* zurückzustellen und uns auf kürzestem Weg ein bestimmtes *Höchstmaß* an Freiheit oder Verfügbarkeit unserer Sinne zurückzugeben. Unsere Wahrnehmungen haben die fortwährende Tendenz, zu verschwinden oder von uns, wie es in der Geschäftssprache heißt, expediert zu werden. Diese Auswirkungen unserer Zustandsänderungen im Gefolge des Wahrnehmens, die diesen ein Ende zu machen suchen, sind ebenso vielgestaltig wie diese selbst. Dennoch kann man sie (zwecks Darstellung) unter einer gemeinsamen Bezeichnung zusammenfassen und sagen: Die Gesamtheit der Auswirkungen mit der *Tendenz zum Endlichen* konstituiert die *Ordnung der Dinge, die dem Bereich des Praktischen zugehören*. Als *solche* bezeichne ich also jene Ordnung, in der alles Hervorgebrachte eine Reaktion in Gang setzt, die es aufzuheben trachtet, die jene von mir angesprochene Spezialisierung wieder auf einen Nullzustand zurückversetzt. Es gibt jedoch andere Auswirkungen unserer Wahrnehmungen, die jenen ganz und gar entgegengesetzt sind: In uns gibt es das Verlangen, das Bedürfnis, die Zustandsänderungen, die die auslösenden Wahrnehmungen zu bewahren oder wiederzufinden oder erneut hervorzubringen trachten. Wenn ein Mensch Hunger hat, wird dieser Hunger ihn veranlassen, das Nötige zu tun, um ihn schnellstens zu stillen; wenn aber die Speise ihm köstlich erscheint, wird dieses Köstlichsein *in ihm* weiterdauern, sich fortsetzen oder neu entstehen *wollen*. Der Hunger drängt uns, eine Empfindung abzukürzen, und das Köstlichsein, eine weitere sich entfalten zu lassen; und diese zwei Strebungen werden sich bald selbständig genug gemacht haben, um den Menschen lernen zu lassen, seine Nahrung zu verfeinern und zu essen, ohne Hunger zu haben.«

Was ich über den Hunger sagte, gilt ohne weiteres für alle Arten von Empfindung, alle Erscheinungsweisen der Sensibilität, in die bewußtes Handeln eingreifen kann, um das wiederherzustellen, zu verlängern oder zu steigern, was aus der Welt zu schaffen das Reflex-Handeln an sich berufen zu sein scheint. Und damit sind wir bei der Herstellung des Kunstgegenstandes angelangt, der es uns möglich machen wird, den angenehmen Eindruck zu verlängern, ihn wiederherzustellen.

Das Sehen, Tasten, Riechen, Bewegen, Sprechen verleiten uns von Zeit zu Zeit, bei den Eindrücken zu verweilen, die sie in uns hervorrufen, sie zu bewahren oder zu erneuern. Die Gesamtheit dieser Auswirkungen mit der *Tendenz zum Unendlichsein* könnte die *Ordnung der Dinge, die dem Bereich des Ästhetischen zugehören*, ausmachen – das, was ich abkürzungshalber das *ästhetisch Unendliche* beziehungsweise den Unendlichkeitsfaktor in der Ästhetik genannt habe.

Um dieses Wort *unendlich* zu rechtfertigen und ihm eine exakte Bedeutung zu geben, genügt es, daran zu erinnern, daß in diesem Bereich die *Befriedigung* neuerlich das *Bedürfnis* weckt, die *Erwiderung* wieder die *Antwort* hervorbringt, die *Abwesenheit Anwesenheit* erzeugt und das *Besitzen* das *Verlangen*. Während in dem Bereich, den ich den *praktischen* nannte, das erreichte Ziel alle sinnlich faßbaren Voraussetzungen des Aktes tilgt (dessen Dauer selbst gleichsam aufgesogen wird oder kaum mehr als eine abstrakte und kraftlose Erinnerung zurückläßt), steht es im *ästhetischen Bereich*, in dem, was man »Welt des Empfindungsvermögens« nennen könnte, ganz anders. In dieser verhalten sich die Empfindung und das Warten auf sie in gewisser Weise reziprok und suchen einander endlos. Ein Beispiel haben wir in der »Welt der Farben«: Hier findet sich das höchst bemerkenswerte Phänomen der Komplementärfarben, die, ausgehend von einem starken Eindruck auf der Netzhaut, einander ablösen und austauschen. Kein aufschlußreicheres Phänomen als dieses im Umkreis der Frage, die uns beschäftigt. Beobachten wir, was sich in unseren Augen abspielt, wenn wir eine Oberfläche mit einer bestimmten Farbe bei intensivem Licht fixiert haben, so stellen wir fest, daß sich alsbald eine Art Umkehrung einstellt – ein einfaches und höchst bemerkenswertes Experiment, das freilich anstrengt und daher nicht zu oft unternommen werden sollte: Fassen Sie eine rote Oberfläche ins Auge, stellt sich sofort anschließend ein »subjektives« Grün ein; nach einer gewissen Zeit sehen Sie wieder rot, darauf ein neues, anderes Grün und so fort. Dieses mähliche, übrigens sehr langsame Alterieren kann eine ganze Weile andauern; ich habe an mir selbst dieses Phänomen eine ganze Stunde lang beobachtet, was meine Augen sehr anstrengte.

Seltsam daran ist diese Pendelbewegung zwischen Extremen, die hier von einer gegebenen Ausgangsfarbe, Rot oder Grün, zum *symmetrisch* Entsprechenden Grün oder Rot führt, wobei das Hin und Her freilich nicht exakt verläuft und es ganz so scheint, als folge dieses Phänomen der Produktion von Komplementärfarben durch unsere Sinne den Gesetzen des ausschwingenden Pendels. In diesem leicht zu beobachtenden Sonderfall sehen wir, wie aktiv unser so oft als passiv angesehenes Gefühl in Wahrheit ist; und jenes Schwingen, von dem ich sagte, daß es den Gesetzen der Pendelbewegung folgt oder analog dazu vorgestellt werden kann, hört durchaus nicht von selbst auf; erst das Eingreifen eines äußeren Elementes, mit dem wir auf diese Weise Bekanntschaft machen, führt uns nach und nach über das Ausschwingen des Pendels bis zur Freiheit, jenem bereits erwähnten *Nullpunkt*. Diesen äußeren Umstand nennt man im allgemeinen Ermüdung. Erst sie unterbricht den Prozeß. Man kann sagen, daß er (der endlos weitergehen könnte) nicht eigentlich aufhört oder abbricht; aber er spielt sich in einem Organ ab, das von einem ganzen Lebewesen abhängt; ein Wiederaufladen bleibt aus, und so schwindet das Doppelempfinden allmählich durch Aufbrauchen der Ressourcen, nicht, weil es an einem bestimmten Punkt angekommen wäre.

Aber das Ermüden führt noch eine andere Wirkung herbei: derselbe Gegenstand, der zunächst etwas Köstliches oder Begehrenswertes darstellte, kann durch Mangel an Abwechslung seinen Reiz verlieren. Als müßten wir unserem Empfindungsvermögen neues Leben einhauchen, sind wir gezwungen, *Abwechslung* zu suchen oder herzustellen. Nach Abwechslung verlangt uns also *komplementär* zur zu lang währenden *Dauer* unserer Empfindung. Das Gegenmittel zur Erschöpfung der begrenzten Quellen unserer sensorischen Energie – die wir Übersättigung nennen – ist Abwechslung. Um noch weiter begehren zu können, müssen wir den Gegenstand wechseln, und das Bedürfnis danach könnte man als eine Art *Potenz* des Begehrens bezeichnen, als ein Begehren nach dem Begehren, das sich hier meldet. Tritt dagegen das Ereignis nicht ein, liefert unsere Umgebung uns nicht rasch genug ein hinreichend erregungsträchtiges Objekt, reagiert unser Empfinden wiederum, und wieder in komplementärer Richtung. Aber die Komplemente in diesem Bereich können sehr viel komplexer sein als bei den Farben. Ist das entsprechende Bedürfnis hinreichend tief im Leben selbst verankert, dann bringt das Empfinden in manchen Fällen außerordentlich präzise und mächtige Bilder dessen hervor, was wir begehren. So erzeugt Durst Trugbilder von Getränken, Hunger solche von Nahrungsmitteln, und dies derart präzise und eindringlich, daß im Extremfall wahre Delirien, Halluzinationen entstehen.

Diese ganz einfachen Überlegungen ermöglichen uns, jenen Bereich von einander kompensierenden Empfindungen und Gefühlsreaktionen klar genug abzugrenzen und zu definieren, den ich die Ordnung der Dinge, die dem Äshetischen zugehören, genannt habe. Um aber auf die Kunst zurückzukommen, so müssen wir auf die Ordnung der Dinge zurückkommen, die dem Praktischen zugehören, denn die Kunst erheischt ein Handeln, *das Herstellen*, und infolgedessen muß sich mit der ästhetischen Ordnung die des begrenzten Handelns verbinden. Was wir Kunstwerk nennen, ist demnach Ergebnis eines Handelns, dessen *endliches Ziel darin besteht, bei jemandem unendliche Entwicklungen auszulösen*, woraus man ableiten darf, daß der Künstler eine doppelte Natur in sich tragen muß: ordnet er doch die Gesetzmäßigkeiten und Instrumente der Welt des Handelns einander zu im Hinblick auf den im Universum der sinnlichen Resonanz zu erzielenden Effekt.

Man hat oft versucht, diese beiden Tendenzen aufeinander zu reduzieren, ist dabei aber meines Erachtens erfolglos geblieben. Worum es mir im Grunde geht, ist die für Untersuchungen im Bereich der Kunst kapitale Vorstellung, daß Dinge in sich selbst etwas tragen können, was das Bedürfnis nach ihnen schafft. Das Kunstobjekt oder Kunstwerk wird gemacht, um diese Wirkung hervorzubringen.

Befassen wir uns nun mit dem Autor. Ich habe die Komplementärfarben als Beispiel zitiert; ich glaube, daß ihre Eigenart auch für die Produktion des Kunstwerks aufschlußreich ist. Bei manchen ganz schlichten und primitiven Kunstgebilden wie dem geometrischen Ornament oder Farbverbindungen in Strohflechtereien oder der Stoffweberei ließe sich, so scheint mir, herausfinden, daß diese Verzierungen in der Komplementarität ihren Ursprung haben. Wahrscheinlich entspricht das Kunstwerk anfangs nur einem Bedürfnis seines Autors; ein Publikum ist noch nicht vorhanden, die Handlung selbst ist es, an der dem liegt, der sie verrichtet: ein Mensch, der sich langweilt. Es ist der Schrecken vor dem Leeren, der als sein Komplement das Ornament herbeiruft: leere Zeit oder leerer Raum, die weiße Seite, deren Anblick man nicht aushält (denn wenn irgend etwas die Empfindungsfähigkeit kennzeichnet, so ist dies, glaube ich, Instabilität; sie ist eine Art Fähigkeit zu Instabilität. Jeder hat das schon an sich selbst erfahren – man braucht nur an Vorträgen oder Vorlesungen teilgenommen und dabei ein Stück Papier bekritzelt zu haben, während man dem Vortragenden zuhörte, oder vielmehr: ihm nicht zuhörte). Das Bedürfnis, leere Zeit oder leeren Raum zu füllen, ist ein sehr natürliches. Möglicherweise hat das Ornament keinen anderen Ursprung.

Um übrigens auf das vorhin erwähnte Beispiel des Auges und seiner kreativen Reaktion zurückzukommen: Es ließe sich, glaube ich, feststellen, daß in primitiven Dekorationselementen – sofern sie bunt sind – die Farbenwahl einer Logik des Alternierens, der Erfindungsgabe der Netzhaut gleichsam, folgen wird. Aber wie dem auch sei, für die Linienornamentik liegt der Fall ziemlich klar. Tatsächlich ähneln die Linien auf antiken Gefäßen oder Stoffen einander sehr weitgehend, sinus- und mäanderförmige Zeichnungen kehren immer wieder, symmetrische Gebilde treten auf und machen deutlich, welche Rolle die Wiederholung spielt, wenn es gilt, leeren Raum zu füllen.

Aber der Mensch ist ein Lebewesen, das seine Grenzen zu überschreiten liebt. Er ist hier nicht stehengeblieben. Es genügte ihm nicht, spontan und nur für sich zu schaffen; eine soziale Umwelt bildete sich heraus, Techniken konstituierten sich; neue Aufgaben und neue Anlässe traten an ihn heran. Man verstand sich darauf, ein Gefäß herzustellen; man wußte auch, eine Töpferscheibe zu drehen, ein Haus zu bauen, ein Möbelstück anzufertigen, und bei allen diesen Verrichtungen stellte sich das *komplementäre* Bedürfnis ein, diesen Gegenstand zu schmücken, das heißt: leeren Raum zu füllen. Und nun führte die Verbindung des Materiellen, Technischen einerseits mit dem Bedürfnis nach Verzierung, andererseits mit dem Formgeschmack derer, für die das Haus gebaut oder das Möbelstück angefertigt wurde, zu einer komplexen Spezialisierung. Nun tut es die Spontaneität, die nahezu mechanische Tätigkeit (wie es die eines Menschen ist, der eine monotone Weise vor sich her singt oder einen Raum mit beliebigen Zeichnungen bedeckt) allein nicht mehr; anderes als das bloße Empfindungsvermögen ist am Werk; Intellekt, Intelligenz mischen sich ein, und mit der Intelligenz die bewußte Planung. Im Kunstwerk macht sich eine Art Kalkül bemerkbar, auch eine Komplizierung der Formen, ein Streben danach, sie reizvoller zu gestalten.

Mit dem abstrakten Ornament kommt die Darstellung der Dinge. Infolgedessen mußten der Intellekt und alle seine Ressourcen nach und nach auf den Plan treten, und mit ihm die reflektierte Beobachtung.

Was den Autor, den Künstler angeht – er entwickelt seinerseits ein komplexeres Wesen. Ein Künstler muß sowohl einen Poeten in sich tragen, einen Erfinder, dessen Sensibilität die Dinge und die leeren Stellen in Raum und Zeit mit Leben befruchtet, als auch einen Praktiker, jemanden, der Mut und Kraft hat, zu lernen und Schwierigkeiten durch intellektuelle Anstrengung zu überwinden. Er muß Charakter haben; und dieser Mensch muß zugleich ein Kritiker sein, der nicht nur das Werk selbst von Anfang an plant, sondern auch seine Wirkung auf andere.

Die Persönlichkeit des Künstlers bildet sich derart, erweitert, bereichert sich. Er ist ganz und gar nicht mehr der spontane Produzent. Aber eine Art Vorurteil zugunsten der spontanen Hervorbringung wird immer bestehenbleiben, ein magisches Vorurteil. Der Spontaneität wird ein transzendentaler Wert beigelegt werden. Man wird von *Inspiration* sprechen und diese zur Intelligenz in Gegensatz stellen. Aber die Rolle des Intellekts besteht ganz einfach darin, als die *übrige Seite* des Wesens die jeweilige Tätigkeit zu kontrollieren, zu leiten, all seine Kenntnisse, Fähigkeiten, Kräfte einzubringen; und seine Rolle in der Kunst wächst mit der Kultur. Je höher die Kultur, desto größer der Anteil des Intellekts. Er wächst mit der Vorstellung, die der Künstler sich von den Wirkungen des Werkes auf das Publikum macht. Er nimmt auch mit der materiellen Dimension des Werkes zu: Bei umfangreichen Werken, die, wie zum Beispiel architektonische Gebilde, viel Zeit, eine Menge Mitarbeiter, eine ausgefeilte Technik benötigen, werden Intellekt und reflektiertes Wissen zum Ausschlaggebenden.

Und schließlich mindert noch etwas anderes die Rolle der Spontaneität – nämlich die von den äußeren Umständen auferlegten Bedingungen. Wenn Sie als Maler oder Bildhauer das Porträt einer Person anfertigen sollen, so wird Ihre Inspiration nicht hinreichen, die Abbildung mehr oder weniger ähnlich zu gestalten. Zwar macht erst die wirkliche, spezifische Begabung des Malers aus dem Porträt ein Kunstwerk, das aus sich heraus, ganz abgesehen von jeder Ähnlichkeit, *etwas in uns zum Klingen bringt.* Das Porträt mag dann als Gemälde etwas gelten, und nach dem Tod des Porträtierten besteht sein Wert überhaupt nur noch in dem Eindruck, den es als Kunstwerk hervorruft. Aber soweit das Abbild dem Modell gleichen soll, gilt, daß die exakte Darstellung, die Ähnlichkeit zwischen Zeichnung und Modell unmöglich durch einen spontanen Akt zu gewinnen ist. Mehr oder weniger genaue Messungen, *Korrekturen* sind einzuschalten; und die Korrektur korrigiert die spontane Inspiration. Bei jeder Korrektur (und Sie können nie wissen, wann es dazu nicht kam) trat ein neuer Faktor hinzu, der den spontanen Prozeß unterbrach und die intellektuellen Ressourcen des Künstlers mobilisierte.

Schließlich dieser hochbedeutsame Punkt (wir rühren hier an die großen Geheimnisse der Kunst, und ich weiß nicht, ob ich recht daran tue, mich Ihnen zu eröffnen!): Ein konstantes, unentbehrliches Element der Kunst besteht in der *Imitierung des Autors durch sich selbst*, und just in dem Maße, in dem der Autor eine glückliche Hand hatte, in dem günstige Zufälle ihm beistanden, ist er um der qualitativen Einheit des Werkes willen, an der ihm gelegen sein muß, gehalten, sich selbst nachzuahmen und also zu untersuchen, auf welche Weise er eigentlich Spontanes herstellt.

Niemand ist ein schärferer Kritiker des Künstlers als er selbst; niemand weiß genauer als er, was er wert ist, denn er hat, was ihm vom Himmel fiel, auf synthetischem Wege rekonstruiert. Daß er sich selbst imitiert, ist unvermeidlich, denn über ein ganzes Werk hin das an einigen Stellen erreichte Niveau durchzuhalten ist nicht möglich. Soll dieses Werk in seinem Wert homogen sein, dann gilt es, mit Hilfe geeigneter Mittel, durch Anwendung von »Tricks« der eigenen Spontaneität ein wenig nach- und so einem homogenen Ganzen aufzuhelfen.

Dies gilt ganz allgemein. Ein Werk von einiger Vollkommenheit geht zunächst einmal aus qualitativ ungleichen Momenten hervor. Ihnen muß anschließend ein in etwa vergleichbarer Wert verliehen werden. Hier interveniert die Fähigkeit des Künstlers zu Kritik, Analyse, Urteil und Synthese in höchstem Grade.

Einen weiteren Aspekt des Problems schließlich stellt die Komposition dar. In bestimmten Kunstgattungen ist gerade sie am allerseltensten anzutreffen. Zum Beispiel in der Poesie. Ich kenne verschwindend wenige wirklich *komponierte* Gedichte. Um mich deutlicher auszudrücken: Ich kenne sehr wenige komponierte Gedichte, wenn gilt, daß erstens: man unter Komposition nicht chronologische Aufzählung versteht. Die Geschehnisse folgen aufeinander, man erzählt sie in zeitlicher Reihenfolge; sie beginnen an diesem und jenem Tag dann und dann, sie enden an diesem und jenem anderen Tag. Dies ist eine Aufeinanderfolge von Geschehnissen, aber keine Komposition, denn Komposition heißt nicht: Ablauf der Dinge im Leben irgendeiner Person oder auf der Straße zwischen den Stunden H und H'. Das Kunstwerk, das solche Geschehnisse bloß reproduziert, ist als Werk nicht komponiert. Es ist eine Aufzeichnung. Wenn zweitens gilt: Komposition im künstlerischen Sinn ist nicht ein Vorgehen nach *Plan* (*Plan* im logischen Sinn des Wortes: Kategorien, Arten, Gattungen usw.); ein derartiger Plan hält die verschiedenen Teile des Werkes in Wirklichkeit nur sehr unzulänglich zusammen, und das ist der Hauptpunkt. Ein solcher Zusammenhalt wird nicht einzig von der Thematik des Werkes gestiftet, noch von der rein logischen Abhängigkeit der Teile, denn weder die Materie des Werks noch seine Form stehen zu dieser Logik in Beziehung. Die Komposition hingegen, an die ich denke, erheischt und realisiert bisweilen die Untrennbarkeit von Materie und Form des Werks, ihren unauflöslichen Zusammenhang.

Ich habe das Wort »Materie« ausgesprochen. Ich bitte die Philosophen um Entschuldigung, aber meines Erachtens sollte dieses Wort nie außerhalb eines Kontextes verwandt werden: Viele Diskussionen über die Materie (selbst in der Physik) ließen sich vermeiden, wenn man darin übereinkäme, diesen Begriff stets nur in Hinsicht auf eine bestimmte Transformation zu verwenden. Man sollte also festlegen: Bei dieser oder jener Transformation oder Operation werden wir das, was erhalten bleibt (es mag sich um Energie oder was immer handeln), *Materie* nennen. Unter dieser Voraussetzung darf ich auch von der *Materie des Kunstwerks* sprechen, denn abgesehen von der bildenden Kunst wäre die künstlerische Materie im gewöhnlichen Sinn des Wortes sonst schwer zu definieren – denken Sie nur an Musik oder Poesie. Wenn bei der Operation, die darin besteht, ein Musikstück oder ein Gedicht von Anfang bis Ende in sich aufzunehmen, irgend etwas erhalten bleibt, werden wir dies als Materie des betreffenden Gedichtes oder Stücks bezeichnen.

Kommen wir aber auf die Komposition und ihre Suche nach der so kostbaren Einheit von Form und Stoff zurück (in Kürze Genaueres zu diesen beiden Begriffen): Sie fordert, daß jedes Element mit einem anderen besonders innig verbunden sei. In einem Gedicht ist dies von einer logischen oder chronologischen Verbindung niemals zu leisten; eine Dichtung oder ein Text lassen sich allemal auf Prosa reduzieren, das besorgt schon der Geist des Lesers, der das Werk dadurch umbringt, daß er es verstanden hat.[6] Die Komposition ist in der Materie und durch sie aufzufinden – also in der Sprache. Womit gesagt ist: Die Substanz des Werkes muß sich der unmittelbaren Transformation von Wort in Bedeutung *widersetzen*. Dazu braucht es Ähnlichkeiten im Klang, im Rhythmus, im Aufbau usw., die einander entsprechen und die Aufmerksamkeit auf die Form lenken. In einem Gedicht geschieht dies auf recht einfache Weise durch Strophen. Damit läßt sich eine Art Einheit des Werkes erreichen, die von seinem *Körper* ausgeht.

Fügen wir hinzu (diese Parenthese ist sehr wichtig, zumal für den Unterricht), daß, was man gemeinhin *ein Gedicht* nennt, nur *in actu* existiert. Wer die Worte Gedicht, Dichtung oder Dichter benutzt, sollte stets hinzusetzen: »Wie ich es vortrage«, oder: »Nach meinem Verständnis«. Ganz wie ein Musikstück, so wird auch ein Gedicht erst dann Gedicht, wenn man es in seinem vollen Wert erklingen hört. Solange es auf dem Papier steht, ist man versucht, von der Hauptsache, seinem Gesamtwert, zu abstrahieren und es bloß auf die Lektüre durch die Augen hin zu beurteilen. Nichts ist der Dichtung fremder. Jedesmal wenn es um Dichtung und Dichter geht, geht es infolgedessen um das *Gedicht in actu*, und die einzig mögliche Definition für den Vers lautet: »Sprechweise«. Alles übrige zählt nicht. Wie Sie wissen, ist es einem geübten Sprecher ein leichtes, selbst ganz schwacher Prosa den Wert von *Versen* zu verleihen, während noch der schönste Vers von einem schlechten Sprecher ruiniert werden kann. Wenn Sie mit einem Gedicht zu tun haben, dann mit dem Klang einer menschlichen Stimme. Urteile aufgrund bloßer Lektüre gehen stets fehl.[7]

Da ich hier Gelegenheit habe, mich an Lehrer der Philosophie zu wenden, möchte ich anregen, daß Sie Ihren Schülern folgende Aufgabe stellen: »Definiere, was man in Literatur und Kunst unter einem *Thema* versteht!« Was ist eigentlich das Thema eines Gedichtes, eines Stückes, eines Bildes? Hier liegt ein kleines Rätsel verborgen, und es wäre hochinteressant, es einer Gruppe von Schülern oder Studenten vorzulegen. Ich habe natürlich meine eigene Vorstellung, kann sie Ihnen heute aber nicht mitteilen; ich fände es sehr aufschlußreich zu erfahren, was sich Literatur- oder Philosophiestudenten bei einem so gängigen Begriff eigentlich denken, und hoffe, daß der eine oder andere unter Ihnen mir die Ergebnisse seiner Befragung mitteilen wird.

Was nun die Ausführung des Kunstwerks angeht, zu der ich viel gesagt hätte, wenn die Zeit es mir erlaubte – was die Ausführung angeht (die man höchst treffend als Übergang von der Unordnung zur Ordnung, von der Formlosigkeit zur Form oder auch vom Unreinen zum Reinen, vom Beliebigen zum Notwendigen usw. definieren könnte, vom Verworrenen zum Klaren, gleich einem Lichtwechsel, dem das Auge sich anpaßt), so gilt es allererst, sie im Künstler zu erfassen, sodann, sie im Gegenstand wiederzufinden, und schließlich ihre Wirkungen in den Reaktionen des Rezipienten.

Die Ausführung des Kunstwerks wirft eine Menge von Fragen und Themen auf: zum Beispiel das Problem der Gewandtheit, der Unmöglichkeiten, der Schwierigkeiten aller Art; der Qualen des Künstlers angesichts dieser Schwierigkeiten; das gewaltige Problem der verschiedenen konventionellen Zwänge, der Freiheiten, des Metiers selbst; des Zufalls, der eine ungeheure Rolle spielt – sofern man hinsichtlich des Zufalls von einer Rolle sprechen kann; des Anteils der Überlegungen und Analogien; dessen, was man das *Modell*, den *Typ* nennen könnte, den bestimmte Künstler im Auge gehabt haben müssen. Sonderbarerweise gilt in manchen Fällen, zum Beispiel beim Porträt, daß der Künstler zwei Modelle im Sinn hat: die abzubildende Person und das künstlerische Genre, das seine eigene Natur ihm zu aktualisieren aufgibt.

Unter einem ganz anderen Gesichtspunkt spielen die Ethik der Künstler und ihr Gefühlsleben, ihre menschlichen Beziehungen bei der Hervorbringung ihres Werkes eine herausragende Rolle. Bedauerlicherweise bleibt diese Seite stets im dunkeln. Es ist sehr schwierig, ihren Anteil an den Werken zu bestimmen, wenn man ihr Werden nicht selbst erlebt hat (und auch dann, wenn man es erlebt hat).

Selbstverständlich haben die Faktoren, die man herkömmlicherweise als *Stolz, Eitelkeit, Eifersucht* bezeichnet, wesentlichen Einfluß: Wie viele Werke verdanken ihre Geburt oder Abtreibung nicht emotionalen Anwandlungen von Künstlern! Und noch ein Punkt: Auch die Vorstellung, die sich der Künstler von seinem Publikum macht, ist zu erwägen. Die Kunstwerke könnten unter anderem danach eingeteilt werden, ob sie vom Publikum geschaffen werden oder sich ihr Publikum schaffen. Unter diesem Aspekt gibt es demnach zweierlei Intentionen: erstens, dem Publikum ein Werk auf den Leib zu schneidern, ein Werk, wie es ihm paßt, oder zweitens, sich ein Publikum zu schaffen, das zu dem Werk paßt.

Und endlich hätte ich mit Ihnen noch über *Idole* in der Kunst zu sprechen: also über Mythen, über Glauben und Aberglauben der Künstler und des Publikums gegenüber den Künstlern, kann dieses Kapitel aber nur flüchtig streifen.

Oft habe ich mich gefragt, warum die Ausführung eines Kunstwerks nicht selbst ein Kunstwerk ist. Dies läßt sich durchaus vorstellen, zumindest für einige Künste. Ich erinnere mich in diesem Zusammenhang an folgendes Beispiel:

Goncourt erzählt, ein japanischer Maler, der nach Paris gekommen war, habe ein paar Kunstliebhabern seine Arbeitsweise vorgeführt. Nachdem er sein Malgerät vorbereitet hatte, befeuchtete er mit einem Schwamm das Papier, das er in einen Rahmen gespannt hatte, dann spritzte er einen Tropfen Tusche auf dieses feuchte Papier. Als der Tropfen auseinandergelaufen war, zündete er zerknüllte Zeitungen an, um das Papier zu trocknen. An einer anderen Ecke befeuchtete er das getrocknete Papier ein zweites Mal, machte einen zweiten Fleck usw. *Ein Stümper*, sagte man. Als er aber mit dem Trocknen und Tuschespritzen zu Ende war, nahm er das aufgespannte Papier, zog mit einem feinen Pinsel hie und da zwei, drei Striche, und siehe da: Das Werk – ein Vogel, der sein Gefieder sträubt – kam zum Vorschein. Nicht ein Handgriff war danebengegangen und das Ganze derart präzis ausgeführt worden, daß offenkundig war: Diese ans Wunderbare grenzende Darbietung verdankte sich hundertfacher Übung. Jener Mann machte aus der Herstellung eines Kunstwerks ein weiteres Kunstwerk. Es ist also vorstellbar, daß ein Maler oder Bildhauer gewissermaßen tanzend arbeitet, rhythmisch vorgeht. Die Ausführung ist letzten Endes Mimik. Könnte man alle ihre Gebärden rekonstruieren, ließe sich das Bild aus einer Abfolge wohlgeordneter Handlungen herleiten; diese Abfolge würde dann wiederholbar, reproduzierbar, und der bildende Künstler dem Schauspieler vergleichbar, der hundertmal dieselbe Rolle spielt.

Dies mag Ihnen in Form einer Phantasie anschaulich machen, daß all diese Kunstakte, sind sie erst einmal in Fleisch und Blut übergegangen, in gewissem Umfang wiederholbar sind und daß der wahre Künstler der ist, dem es gelingt, über eine bis ins Praktische und in den *automatischen* Einsatz seiner Persönlichkeit, seiner *Originalität* sich erstreckende Selbstkenntnis zu verfügen (wenn auch nicht so umfassend wie eben angedeutet).

Noch einige Worte: Zunächst zu einem Begriff, den man (wie so viele in der Kunst) mit Lächerlichkeit überzogen hat. Ich meine den der Großen Kunst. Meiner Ansicht nach ließe er sich mit Gewinn wieder verwenden. Die Große Kunst wird mit der sogenannten »akademischen« verwechselt: Man nannte Große Kunst die großdimensionale, höchst langweilige und offizielle Kunst. Ich aber werde von *Großer Kunst* als derjenigen sprechen, die vom Künstler den *Einsatz aller geistigen Fähigkeiten* verlangt. Wir haben gesehen, wie Spontaneität, dann Kalkül, Überlegung usw. sich einschalten; setzen Sie den Fall, daß der Künstler die Kraft in sich spürt, jedwedes Werk (gleich welcher Dimension) so anzupacken, daß noch das kleinste alle möglichen geistigen Fähigkeiten, die in der Kunst aufgeboten werden, oder vielmehr alle für das Kunstwerk brauchbaren, widerspiegelt, so haben Sie meine Definition von Großer Kunst: Sie ist *das Werk des ganzen Menschen.*[8] Andererseits muß dieses Große Kunstwerk auch dem Rezipienten die Entfaltung all seiner Fähigkeiten abverlangen. Einen Leser oder Zuschauer darf sich der Verfasser wünschen, der ihm nicht etwa Bewunderung zollt (was nichts besagt), sondern intensive Aufmerksamkeit entgegenbringt. Gewiß wird dieses Wesen oft etwas anderes wahrnehmen, als der Autor gewollt hat: Möglich, daß er weniger sagen wollte, als ihm die Achtsamkeit des Lesers oder Hörers abgewinnt; mit Sicherheit aber definiert die Absicht des Autors, durch sein Werk die Gesamtheit der menschlichen Fähigkeiten anzusprechen – und also dem Publikum eine ebenso hohe Anstrengung abzuverlangen wie sich selbst –, eine Kunst, die man durchaus »groß« nennen darf.[9]

# ZUM ALLGEMEINEN BEGRIFF VON KUNST

I. Unter KUNST verstand man ursprünglich *Fertigkeit*, nichts weiter. Diese umfassende Bedeutung ist aus dem Sprachgebrauch verschwunden.

II. Dann erfuhr dieser Terminus nach und nach seine Einengung, um die *Fertigkeit* hinsichtlich aller Arten von bewußter oder im Willen begründeter Tätigkeit zu bezeichnen, sofern diese Fertigkeit beim Handelnden eine bestimmte Vorbereitung, Ausbildung oder wenigstens eine besondere Konzentration voraussetzt und das zu erreichende Ergebnis durch mehr als eine Art des Vorgehens erzielt werden kann. Man sagt von der Medizin, sie sei eine Kunst; man sagt es auch vom Waidwerk, vom Reiten, von der Lebensführung oder einem Gedankengang. Es gibt eine Kunst zu gehen, eine Kunst zu atmen; es gibt sogar eine Kunst zu schweigen.

Da die verschiedenen Arten des Vorgehens, die auf dasselbe Ziel ausgerichtet sind, im allgemeinen nicht gleich wirksam und gleich zweckmäßig sind und sie außerdem nicht jedem Ausführenden im selben Maß zu Gebote stehen, dringt in die Bedeutung unseres Wortes naturgemäß die Vorstellung der Qualität, des Werts einer *Fertigkeit* ein. Man sagt: die *Kunst Tizians.*

In diesem Sprachgebrauch vermischen sich aber zwei dem Urheber der Handlung zugeschriebene Charakteristika: das eine ist seine einzigartige und angeborene Fähigkeit, seine persönliche und nicht übertragbare Eigenschaft; das andere besteht in seinem »Wissen«, der erworbenen, in Worten faßbaren und übertragbaren Erfahrung. Insoweit diese Unterscheidung getroffen werden kann, schließt man daraus, daß *jede Kunst erlernt werden kann*, jedoch nicht die *ganze Kunst.* Die Vermengung dieser beiden Charakteristika ist jedoch fast unvermeidlich, da es leichter ist, sie unterscheidend zu benennen, als sie bei der Untersuchung jedes Einzelfalls voneinander abzugrenzen. Jedes Erwerben setzt zumindest eine gewisse Veranlagung des Erwerbens voraus, indes die ausgeprägteste, einem Menschen zutiefst eingeprägte Fähigkeit wirkungslos oder in den Augen Dritter wertlos – und sogar dem, der sie besitzt, unbekannt – bleiben kann, wenn gewisse äußere Umstände oder ein günstiges Umfeld sie nicht wekken oder kulturelle Anregungen sie nicht nähren.

Fassen wir zusammen: so verstandene KUNST ist die Qualität der *Fertigkeit* (ungeachtet des Gegenstands), die eine *Ungleichheit der Arten des Vorgehens* und damit auch der Resultate voraussetzt – als Folgen der *Ungleichheit der Ausübenden.*

III. Diesem Begriff von KUNST sind nun weitere Überlegungen anzufügen, die erklären sollen, wie Kunst dazu gekommen ist, die Hervorbringung einer bestimmten Art von Werken und das durch sie erzeugte Lustgefühl zu bezeichnen. Man unterscheidet heute zwischen dem *Kunsterzeugnis*, das das Ergebnis irgendeiner Art manueller oder mechanischer Herstellung zu irgendeinem Zweck sein kann, und dem *Kunstwerk*[1], dessen wesentliche Merkmale wir zu ergründen suchen. Es handelt sich dabei um die Beantwortung der Frage: »Woran erkennen wir, daß ein Gegenstand ein *Kunstwerk* ist oder daß eine geordnete Folge von Handlungen im Hinblick auf *Kunst* vorgenommen wurde?«

IV. Das offensichtlichste Merkmal eines *Kunstwerks* läßt sich mit dem Wort *Nutzlosigkeit* wiedergeben, vorausgesetzt, daß es in dem hier anschließend erläuterten Sinn verstanden wird:

Die meisten Eindrücke und Wahrnehmungen, die wir über unsere Sinne empfangen, spielen im Funktionsablauf der für die Erhaltung des Lebens wesentlichen Apparate keine Rolle. Sie bewirken darin manchmal gewisse Störungen oder gewisse Änderungen des normalen Verhaltens, sei es durch ihre Intensität, sei es, daß sie uns als *Zeichen* motivieren oder in Erregung bringen; jedoch stellt man unschwer fest, daß von den zahllosen unablässig sich unseren Sinnen aufdrängenden Reizen nur ein bemerkenswert schwacher, gleichsam unendlich kleiner Teil für unsere rein physiologische Existenz notwendig oder verwendbar ist. Das Auge eines Hundes sieht die Sterne; doch dieser Anblick bleibt für das kreatürliche Sein dieses Tiers folgenlos: es tilgt ihn sofort. Das Ohr dieses Hundes nimmt einen Laut wahr, der ihn sich aufrichten und unruhig werden läßt; das Sein des Hundes aber nimmt von dem Laut nur das in sich auf, was notwendig ist, um ihn durch eine unmittelbare und völlig determinierte Handlung zu ersetzen. Das Sein des Hundes verharrt nicht in der Wahrnehmung.

Somit ist der größte Teil unserer Sinneseindrücke nutzlos für unsere wesentlichen Funktionen, und diejenigen, die uns zu etwas dienen, sind reine Übergangsphänomene und werden so rasch wie möglich durch Vorstellungen, Entscheidungen oder Handlungen ersetzt.

V. Andererseits führt die Betrachtung der uns möglichen Handlungen dazu, der oben näher bestimmten Vorstellung von *Nutzlosigkeit* jene von *Willkür* an die Seite zu stellen (wenn nicht miteinander zu verschmelzen). Ebenso wie wir mehr Sinneseindrücke empfangen, als notwendig wäre, besitzen wir auch mehr Möglichkeiten, unsere Bewegungsorgane zusammenwirken und betätigen zu lassen, als strenggenommen erforderlich wäre. Wir können einen Kreis beschreiben, unsere Gesichtsmuskeln spielen lassen, im Takt gehen usw. Wir können insbesondere unsere Kräfte einsetzen, um unabhängig von jeder praktischen Erwägung einen Stoff zu formen und anschließend den von uns geschaffenen Gegenstand zu verwerfen oder aufzugeben; wobei Herstellen wie Verwerfen vom Standpunkt des uns Lebenswichtigen gleichermaßen bedeutungslos sind.

VI. Dies einmal vorausgeschickt, kann man jedem Individuum einen bedeutenden Bereich seiner Existenz zuordnen, der aus der Gesamtheit seiner »nutzlosen Empfindungen« und seiner »willkürlichen Handlungen« besteht. Die Erfindung der Kunst war der Versuch, jenen eine Art *Nützlichkeit*, diesen eine Art *Notwendigkeit* zu verleihen.

Diese Nützlichkeit und diese Notwendigkeit aber besitzen weder die Evidenz noch die Allgemeingültigkeit jener der Lebenserhaltung dienenden Nützlichkeit und Notwendigkeit, von denen oben die Rede war. Jeder einzelne empfindet sie gemäß seiner Natur und urteilt oder verfügt souverän über sie.

VII. Unter den für uns nutzlosen Eindrücken gibt es aber mitunter solche, die sich aufdrängen und in uns den Wunsch erregen, sie dauerten fort oder wiederholten sich. Sie haben auch manchmal die Tendenz, in uns die Erwartung auf andere Empfindungen gleicher Prägung zu wecken, die eine Art von Bedürfnis befriedigen könnten, das sie geschaffen haben.

Sehen, Tasten, Riechen, Hören, Bewegung verleiten uns also gelegentlich dazu, im Empfinden zu verweilen, zu handeln, um die Eindrücke, die sie in uns hinterlassen, hinsichtlich Intensität oder Dauer zu steigern. Dieses Handeln, dessen Ursprung und Ziel das Empfindungsvermögen ist und das sich auch in der Wahl seiner Mittel vom Empfinden leiten läßt, unterscheidet sich klar von den Handlungen praktischer Natur. Denn diese entsprechen Bedürfnissen oder Impulsen, die, einmal befriedigt, erlöschen. Das Gefühl des Hungers hört auf, wenn der Mensch satt ist, und die Bilder, die dieses Bedürfnis veranschaulichen, entschwinden. Ganz anders ist es im Bereich der ausschließlichen Sensibilität, mit der wir uns im Augenblick beschäftigen: die *Befriedigung* erneuert das *Verlangen*; die *Antwort* läßt die *Frage* aufs neue entstehen; der *Besitz* erzeugt wachsende *Lust* auf das, was man bereits besitzt – mit einem Wort: der *Sinneseindruck* steigert die *Erwartung* seines Auftretens und reproduziert sie, ohne daß irgendein klar erkennbarer Endpunkt, irgendeine deutliche Grenze, irgendeine alles entscheidende Handlung diesen Effekt der wechselseitigen Reizung unmittelbar aufheben könnte.

*Ein System sinnlich wahrnehmbarer Dinge zu organisieren, das diese Eigenschaft besitzt*: darin liegt der Kern des Problems der Kunst; eine notwendige, aber bei weitem nicht hinreichende Bedingung.

VIII. Es ist angebracht, den letzten Punkt noch etwas zu vertiefen und, um seine Bedeutsamkeit ins rechte Licht zu rükken, ein spezielles Phänomen heranzuziehen, das mit der Empfindlichkeit der Netzhaut zusammenhängt. Sobald der auf die Retina wirkende Eindruck eine bestimmte Stärke erreicht hat, reagiert dieses Organ auf den von einer Farbe erzeugten Reiz mit der »subjektiven« Aussendung einer anderen Farbe, die, als sogenannte Komplementärfarbe jener ersteren, ganz durch diese bestimmt ist; dann nimmt wieder die vorhergehende Farbe ihren Platz ein, und *so immer fort.* Diese Art von Oszillation würde bis ins unendliche weitergehen, wenn die Erschöpfung des Organs ihr nicht ein Ende setzte. Dieses Phänomen zeigt, daß die örtlich gebundene Sensibilität sich als *isolierbare Produktionsquelle* aufeinanderfolgender und gleichsam symmetrischer Eindrücke erweisen kann, von denen ein jeder zwangsläufig sein »Antidot« zu erzeugen scheint. Nun spielt aber diese lokale Eigentümlichkeit überhaupt keine Rolle beim »zweckgebundenen Sehen« – sie kann es im Gegenteil nur stören. Das »zweckgebundene Sehen« behält von einem Eindruck nur zurück, was notwendig ist, um an etwas anderes zu denken, um eine »Vorstellung« zu wecken oder eine Handlung hervorzurufen. Andererseits definiert die einförmige Entsprechung von jeweils zu Paaren vereinigten Komplementärfarben ein System von Beziehungen, da jeder aktuellen Farbe eine virtuelle Farbe gegenübersteht, jede Farbempfindung durch eine ganz bestimmte andere abgelöst wird. Diese und ähnliche Beziehungen spielen zwar für das »zweckgebundene Sehen« keine Rolle, sind aber äußerst wichtig für jene Organisation sinnlicher Dinge und jenen Versuch, Eindrücke, die für die Lebenserhaltung wertlos sind, mit einer Art sekundärer Notwendigkeit und Nützlichkeit zu versehen, die wir soeben als grundlegend für den Begriff KUNST erachtet haben.

IX. Wenn wir von dieser elementaren Eigenschaft der von außen bewegten Netzhaut übergehen zu den Eigenschaften der Gliedmaßen und besonders zu denen der beweglichsten; wenn wir feststellen, wie viele zweckfreie Bewegungen und

Anstrengungen möglich sind, erkennen wir, daß es unter diesen Möglichkeiten ungezählte gibt, die Tast- und Muskelempfindungen miteinander in Beziehung setzen, wodurch die Voraussetzung geschaffen wird für jenen wechselseitigen Zusammenhang, für die Wiederholung oder die unendliche Verlängerung, von der wir gesprochen haben. *Einen Gegenstand betasten* bedeutet nur, daß man mit der Hand eine bestimmte *Folge von Kontakten* sucht; wenn wir nun, ob wir diesen Gegenstand wiedererkennen oder nicht (und jedenfalls das, was wir davon verstandesmäßig wissen, aus unserem Bewußtsein ausschalten), *veranlaßt oder gedrängt werden, den Gegenstand immer wieder von neuem mit unserer Hand zu umschließen*, verlieren wir allmählich das Gefühl der *Willkürlichkeit* unserer Handlung, während das einer gewissen *Notwendigkeit*, sie zu wiederholen, in uns entsteht. Unser Bedürfnis, die Bewegung immer wieder auszuführen und unsere Kenntnis der Beschaffenheit des betreffenden Objekts zu vervollkommnen, zeigt uns, daß seine Form *geeigneter ist als eine andere*, unser Tun fortbestehen zu lassen. Diese geeignete Form hebt sich ab von allen sonst möglichen Formen, verlockt sie uns doch in einzigartiger Weise, auf ihrer Oberfläche einen fortlaufenden Austausch zwischen motorischen und Spannungsempfindungen zustande zu bringen, die dank dieser Form füreinander gleichsam *komplementär* sind, da der Druck der Hand und ihr Weitergleiten sich gegenseitig hervorrufen. Wenn wir nun versuchen, aus einer geeigneten Materie eine Form zu bilden, die derselben Bedingung genügt, schaffen wir ein *Kunstwerk*. Man könnte dies alles summarisch mit den Worten »schöpferische Sensibilität« bezeichnen[2]; doch ist dies nur ein etwas hochtrabender Ausdruck, der mehr verheißt, als er hält.

X. Zusammenfassend könnte man sagen: es existiert ein ganzer Betätigungsbereich, der vom Individuum, wenn es sich darauf beschränkt, was seine unmittelbare Erhaltung betrifft, völlig vernachlässigt werden kann. Diese Aktivität ist darüber hinaus der eigentlichen geistigen Betätigung entgegengesetzt, da sie in der Entfaltung von Empfindungen besteht, die zur Wiederholung oder Fortdauer dessen neigt, was der Intellekt zu eliminieren oder zu überwinden sucht – wie er auch das rein Akustische und die Struktur einer Rede zu ignorieren sucht, um zu ihrem Sinn vorzudringen.

XI. Nun widersetzt sich diese Aktivität aber andererseits aus sich selbst heraus dem leeren Nichtstun. Die *Sensibilität*, die ihr Ursprung und ihr Ziel ist, *verabscheut die Leere.*[3] Sie reagiert spontan auf das Seltenerwerden von Reizerfahrungen. Jedesmal, wenn der Mensch einem Zeitraum ohne äußere und innere Inanspruchnahme ausgesetzt ist, verändert sich sein Zustand, was sich kenntlich macht durch eine Art Entäußerung, die das Gleichgewicht zwischen *potentiellem* und *aktualem Zustand* der Sensibilität wiederherzustellen sucht. Das Zeichnen eines Ornaments auf eine zu kahle Fläche, das Aufklingen eines Lieds in einer allzu spürbaren Stille sind nur Antworten, Ergänzungen, die fehlende Reizerfahrungen kompensieren – als ob dieses *Fehlen*, das wir durch eine bloße Negation bezeichnen, *positiv auf uns wirkte.*

Hier kann man dem wahren Kern der Erschaffung des Kunstwerks auf die Spur kommen. Wir erkennen es daran, daß keine »Idee«, die es in uns wecken kann, keine Handlung, zu der es uns anregt, es zu einem Abschluß bringt oder ausschöpft: man mag den Duft einer Blume, der dem Geruchsempfinden angenehm ist, noch so lange einatmen, man bekommt nie genug von diesem Geruch, denn der Genuß, den wir dabei empfinden, erneuert das Verlangen danach; keine Erinnerung, kein Gedanke, keine Handlung macht seine Wirkung zunichte und befreit uns im *buchstäblichen Sinn* von seiner Macht. Ebendas strebt derjenige an, der ein *Kunstwerk* erschaffen will.

XII. Aus dieser Analyse elementarer und wesentlicher die Kunst betreffender Fakten ergibt sich eine recht tiefgreifende Veränderung der Vorstellung, die man gemeinhin von der Sensibilität hat. Man faßt unter dieser Bezeichnung ausschließlich rezeptive und transitive Eigenschaften, aber wie wir erkannt haben, müssen ihr auch produktive Kräfte zugesprochen werden. Deshalb haben wir so nachdrücklich auf die Komplementärfarben verwiesen. Jemand, der die Farbe *Grün* nicht kennt, weil er sie noch nie gesehen hat, brauchte nur einen Augenblick einen *roten* Gegenstand zu fixieren, um aus sich selbst zu der ihm noch unbekannten Farbwahrnehmung zu gelangen.

Wir haben auch gesehen, daß die Sensibilität nicht nur antwortet, sondern bisweilen auch fragt und sich selbst die Antwort gibt.[4]

Alles das beschränkt sich nicht auf die Sinneswahrnehmungen. Wenn man aufmerksam das Entstehen, die Auswirkungen, die seltsam zyklische Folge sich ablösender Bilder unseres Geistes beobachtet, stellt man die gleichen Beziehungen von Kontrast und Symmetrie fest und vor allem das gleiche Prinzip nie endender Regeneration, die wir im Bereich der spezialisierten Sensibilität gefunden haben. Diese Gebilde können komplex sein, sich langsam entwickeln, den Schein der Ereignisse des äußeren Lebens wiedergeben, sich manchmal mit Forderungen praktischer Art verbinden – ihre Erscheinungsformen sind nichtsdestoweniger verwandt mit jenen, die wir bei der Behandlung der reinen Sensibilität beschrieben haben. Kennzeichnend ist im besonderen das Bedürfnis neuerlichen Sehens, neuerlichen Hörens[5], unbegrenzt langen Empfindens. Der Liebhaber der Form liebkost, ohne dessen überdrüssig zu werden, die Bronze oder den Stein, die seinen Tastsinn entzücken. Der Musikliebhaber verlangt ein Dakapo der Melodie, die ihn bezaubert hat, oder summt sie vor sich hin. Das Kind verlangt die Wiederholung des Märchens und ruft aus: *Noch einmal!* ...

XIII. Diese Grundeigenschaften unserer Sensibilität hat die Schaffensfreude des Menschen in ungeheurer Weise umzusetzen gewußt. Die Menge der im Laufe der Zeiten hervorgebrachten Kunstwerke, die Verschiedenheit der Mittel, die Vielfalt der Arten dieser den Sinnen und der Affekterregung dienenden Instrumente versetzen uns ins Erstaunen. *Diese gewaltige Entfaltung aber ist nur durch die Mitwirkung derjenigen unserer Fähigkeiten ermöglicht worden, bei deren Betätigung die*

*Sensibilität eine nur sekundäre Rolle spielt.* Diejenigen unserer Fähigkeiten, die nicht nutzlos, sondern für unser Dasein entweder unerläßlich oder nützlich sind, wurden vom Menschen weiterentwickelt, in ihrer Wirksamkeit und Genauigkeit erhöht. Der Mensch hat immer präziseren und nachdrücklicheren Zugriff auf die Materie. Die Kunst hat sich diese Vorteile zunutze zu machen gewußt, und die verschiedenen für die Bedürfnisse des praktischen Lebens geschaffenen Techniken haben dem Künstler ihre Werkzeuge und Verfahren zur Verfügung gestellt. Darüber hinaus haben der Intellekt und seine abstrakten Mittel (Logik, Methoden, Klassifizierungen, Faktenanalyse und Kritik, die sich zuweilen der Sensibilität widersetzen, da sie stets, im Gegensatz zu ihr, einer Grenze zustreben, ein bestimmtes Ziel – eine Formel, eine Definition, ein Gesetz – verfolgen und darauf ausgerichtet sind, der gesamten sinnlichen Erfahrung auf den Grund zu gehen oder sie durch konventionelle Zeichen zu ersetzen) der Kunst die (mehr oder minder segensreiche) Hilfe in Gestalt des immer wiederaufgenommenen und rekonstruierten Denkens gebracht, das aus deutlich unterschiedenen und bewußten Operationen besteht und reich an fixierten Erkenntnissen und Formen von bewundernswerter Allgemeingültigkeit und Kraft ist. Diese Intervention hat neben anderen Auswirkungen die Ästhetik – oder vielmehr diverse Ästhetiken – hervorgebracht, die, da sie die Kunst als Erkenntnisproblem betrachten, sie auf Ideen zu reduzieren versuchten. Abgesehen von der eigentlichen Ästhetik, die Sache der Philosophen und Gelehrten ist, lohnte es sich, die Rolle des Intellekts in der Kunst eingehender zu untersuchen, worauf hier nur hingewiesen werden kann. Es mag genügen, an die unzähligen »Theorien«, Schulen, Doktrinen zu erinnern, denen so viele moderne Künstler zur Geburt verholfen oder Gefolgschaft geleistet haben, sowie an die endlosen Dispute, in denen die ewigen und immer gleichen Figuren dieser »Commedia dell'arte« verhandelt werden: *die Natur, die Tradition, das Neue, der Stil, das Wahre, das Schöne* usw.

XIV. Die Kunst, in der gegenwärtigen Zeit als Aktivität betrachtet, hat sich den allgemein gewordenen Bedingungen des gesellschaftlichen Lebens dieser Zeit unterwerfen müssen. Sie nimmt einen festen Platz im Gesamtbereich der Wirtschaft ein. Produktion und Konsumtion von Kunstwerken sind nicht mehr voneinander unabhängig. Es bestehen Versuche zu ihrer Organisation. Die Laufbahn des Künstlers wird wieder zu dem, was sie in jenen Zeiten war, als er noch als Praktiker galt: ein anerkannter Beruf. In vielen Ländern ist der Staat bestrebt, die Künste zu verwalten; er sorgt dafür, daß ihre Werke erhalten bleiben, er »ermutigt« sie, so gut er kann. Unter gewissen politischen Regimen versucht er, sie für seine Propaganda zu gewinnen, womit er einer Praxis folgt, die seit jeher von allen Religionen geübt worden ist. Die Kunst hat vom Gesetzgeber ein Statut erhalten, das den Besitz an den Werken und die entsprechenden Ausübungsbedingungen definiert und dabei das Paradox sanktioniert, daß er einem Recht, das besser begründet ist als die meisten gesetzlich festgeschriebenen Rechte, eine nur begrenzte Dauer zuspricht. Die Kunst hat ihre Presse, ihre Innen- und Außenpolitik, ihre Schulen, ihre Märkte und Börsen; sie verfügt sogar über große Depositenbanken, in denen fortschreitend die enormen *Kapitalien* akkumuliert werden, die von Jahrhundert zu Jahrhundert durch die Anstrengungen der »schöpferischen Sensibilität« geschaffen werden: Museen, Bibliotheken usw.

Sie nimmt damit einen Platz neben der Gebrauchsgüterindustrie ein. Andererseits ist es unvermeidlich, daß die zahllosen und erstaunlichen Veränderungen in der gesamten Technik, die jegliche Vorhersage unmöglich machen, sich mehr und mehr auf die Geschicke der Kunst selbst auswirken, indem sie bisher ungeahnte neue Mittel schaffen, das Empfindungsvermögen anzuregen. Bereits die Erfindungen der Photographie und des Films verändern unsere Vorstellung von den bildenden Künsten.[6] Es ist keineswegs ausgeschlossen, daß die höchst subtile Analyse der Sinneswahrnehmungen, wie sie gewisse Methoden der Beobachtung oder Aufzeichnung (etwa der Kathodenstrahl-Oszillograph) in

Aussicht stellen, zur Entwicklung von Verfahren der Einwirkung auf die Sinne führen kann, neben denen selbst die Musik, und sogar die durch »Wellen« übertragene, mechanisch zu kompliziert und in ihren selbstgesteckten Zielen veraltet erscheinen wird. Zwischen dem »Photon« und der »Nervenzelle« können sich völlig überraschende Beziehungen ergeben.

Diverse Anzeichen lassen jedoch befürchten, daß die wachsende Intensität und Präzision sowie die andauernde Desorientierung der Sinne und des Geistes, ausgelöst durch die gewaltigen Neuerungen, die das Leben des Menschen grundlegend verändert haben, seine Sensibilität zunehmend abstumpfen und seine Intelligenz weniger beweglich machen, als sie es bisher war.

## REDE ÜBER DIE ÄSTHETIK

Meine Herren,

Ihr Komitee fürchtet sich wohl nicht vor der Paradoxie, da es entschieden hat, einen einfachen Amateur hier reden zu lassen – so, wie wenn man eine musikalisch unseriöse Ouvertüre an den Anfang einer großen Oper stellen würde –, der sich angesichts der wichtigsten Vertreter der Ästhetik, der Abgesandten aus allen Ländern, in großer Verlegenheit fühlt.

Vielleicht aber läßt sich dieser souveräne und zunächst einmal recht erstaunliche Akt Ihrer Organisatoren mit einer Überlegung erklären, die ich Ihnen hier unterbreite und die es vielleicht ermöglicht, die Paradoxie meiner Anwesenheit als Sprecher an dieser Stelle und in eben dem feierlichen Augenblick, da die Debatten dieses Kongresses eröffnet werden, in ein einigermaßen bedeutsames und tragfähiges Unternehmen zu verwandeln.

Ich habe oft schon gedacht, daß es bei der Entwicklung jeder etablierten und von ihren Anfängen bereits ziemlich weit entfernten Wissenschaft zuweilen nützlich und fast immer interessant sein könnte, einen gewöhnlichen Sterblichen anzusprechen, jemanden herbeizuholen, dem diese Wissenschaft hinlänglich fremd ist, und ihn zu fragen, ob er irgendeine Vorstellung vom Gegenstand, von den Mitteln, Resultaten und Anwendungsmöglichkeiten eines Faches hat, dessen Bezeichnung ihm, wie ich annehme, bekannt ist. Was er antworten würde, hätte im allgemeinen zwar keinerlei Bedeutung, aber ich bin mir sicher, daß diese Fragen, gerichtet an ein Individuum, das sich nur durch seine Schlichtheit und Gutwilligkeit auszeichnet, in gewisser Weise sich in seiner Naivität spiegeln und auf die Gelehrten, die ihn befragen, zurückstrahlen und bei ihnen einige elementare Schwierigkeiten oder gewisse anfängliche Übereinkünfte wiederbeleben würden, die man leicht vergißt und die im Geist ganz einfach getilgt werden, wenn man in den Feinheiten und der Feinstruktur einer leidenschaftlich und immer gründlicher betriebenen Forschung voranschreitet.

Eine Person, die zu einer anderen (unter der ich mir eine Wissenschaft vorstelle) sagen würde: *Was machen Sie? Wonach suchen Sie? Was wollen Sie? Wo denken Sie anzukommen? Und überhaupt, wer sind Sie?*, würde den befragten Geist zweifellos zu einem ertragreichen Rückgang auf seine anfänglichen Absichten und seine obersten Ziele, auf die Wurzeln und Hauptmotive seiner Neugierde und schließlich auf die eigentliche Substanz seines Wissens zwingen. Und vielleicht ist das nicht ohne Nutzen.

Meine Herren, wenn genau darin die Rolle des Naiven liegt, zu der das Komitee mich bestimmt hat, dann bin ich auch sofort erleichtert und weiß, was ich gleich tun werde: ich werde mit lauter Stimme meine Unwissenheit bekunden.

Zunächst einmal gestehe ich, daß allein schon das Wort »Ästhetik« mich seit je geradezu bezaubert hat und daß es mich nach wie vor blendet, wenn nicht gar einschüchtert. Es läßt meinen Geist in der Unentschiedenheit zwischen der seltsam verlockenden Idee einer »Wissenschaft vom Schönen«, die uns zum einen *mit unverrückbarer Sicherheit* unterscheiden ließe, was zu lieben oder zu hassen, zu loben oder zu vernichten ist, und die uns zum anderen beibringen würde, *mit unverrückbarer Sicherheit* Kunstwerke von unbestreitbarem Wert zu schaffen; und unentschieden läßt es mich, im Hinblick auf diese erste Idee, auch angesichts der Idee einer nicht weniger verlockenden »Wissenschaft von den Sinnesempfindungen«, die vielleicht sogar noch verlockender wäre als die erste. Wenn ich zu wählen hätte zwischen dem Schicksal eines Menschen, der weiß, wie und warum ein bestimmtes Etwas das ist, was man »schön« nennt, und demjenigen, der weiß, was *empfinden* heißt, so würde ich wohl das zweite wählen, und zwar mit dem Hintergedanken, daß diese Kenntnis, sofern sie möglich wäre (ich fürchte allerdings, daß sie sich nicht einmal ausdenken läßt), mir alsbald sämtliche Geheimnisse der Kunst offenlegen würde.

In dieser Verlegenheit kommt mir nun das Denken einer ganz und gar cartesianischen Methode zu Hilfe (es gilt ja in diesem Jahr Descartes zu ehren und ihm zu folgen)[1], die mir einen präzisen und einwandfreien Begriff der Ästhetik vermitteln wird, da sie sich auf reine Beobachtung stützt.

Ich werde mich also um eine »vollständige Aufzählung«[2] und um eine ganz allgemeine Übersicht bemühen, wie der *Discours* sie uns anrät. Ich stelle mich außerhalb der Umfriedung, in der die Ästhetik entwickelt wird (bin jedoch bereits in ihr plaziert), und sehe zu, was daraus hervorgeht. Es gehen aus ihr zahlreiche Produktionen von zahlreichen Köpfen hervor. Ich bemühe mich, die jeweiligen Gegenstände herauszufinden; versuche sie zu klassifizieren und werde die Anzahl meiner Beobachtungen für meinen Plan dann als hinreichend erachten, wenn ich sehe, daß ich keine neue Kategorie mehr zu bilden brauche. Dann werde ich für mich beschließen, daß die Ästhetik zu diesem bestimmten Zeitpunkt die Gesamtheit dessen ist, was genau so zusammengestellt und geordnet worden ist. Kann sie denn wirklich etwas anderes sein, und kann ich denn überhaupt etwas tun, das sicherer und klüger wäre? Das Sichere und das Kluge ist freilich nicht immer das Dienlichste und auch nicht das Klarste, und so komme ich auf den Gedanken, daß ich jetzt versuchen muß, in wenigen Worten den gemeinsamen Gegenstand aller dieser Geistesprodukte zusammenzufassen, um einen irgendwie brauchbaren Begriff der Ästhetik zu konstruieren. Meine Aufgabe besteht darin, diesen ungeheuren Stoff in mich aufzunehmen ... Ich schlage nach; ich blättere ... Und was finde ich da? Der Zufall bietet mir zunächst eine Seite reine Geometrie; eine andere, die sich auf die biologische Morphologie bezieht. Hier eine große Anzahl Geschichtsbücher. Und in der Sammlung fehlen weder Anatomie noch Physiologie, weder Kristallographie noch Akustik; es gibt kaum eine Wissenschaft, die nicht hier bei einem Kapitel und dort bei einem Absatz ihren Tribut zollen würde.

Und ich bin mit der Aufzählung noch keineswegs fertig! ... Ich komme nun zur unabzählbaren Unendlichkeit der Techniken. Vom Steinschneiden bis zur Gymnastik der Tänzerinnen, von den Geheimnissen der Glasfenster bis zum Mysterium des Geigenfirnis, vom Kanon der Fuge bis zum Guß mit verlorener Form, von der Versdiktion bis zur Wachsmalerei, zum Kleiderschnitt, zur Einlegearbeit, zur Gartenanlage – wie viele Abhandlungen, Alben, Dissertationen, Arbeiten von jedem Umfang, von jedem Alter und jedem Format! ... Die cartesianische Aufzählung wird illusorisch angesichts dieser überquellenden Vielfalt, bei der die *Handfertigkeit* neben den *Goldenen Schnitt* zu liegen kommt. Es scheint keine Grenze zu geben für dieses Ausufern von Experimenten, Verfahrensweisen und Beiträgen, die jedoch alle einen gewissen Bezug zum Gegenstand haben, an den ich denke und von dem ich eine klare Vorstellung verlange. Halb entmutigt, gebe ich die Erläuterung der unzähligen Techniken auf ... Wo kann ich noch nach Rat suchen? Bei zwei Anhäufungen von ungleicher Bedeutung: die eine scheint mir aus Werken zu bestehen, in denen die Moral eine große Rolle spielt. Ich stelle fest, daß von wechselnden Beziehungen zwischen der Kunst und dem Guten die Rede ist, und wende mich von diesem Haufen sofort ab, da ich von einem weitaus gewichtigeren angezogen werde. Irgend etwas sagt mir, daß in ihm meine letzte Hoffnung liegt, mir in wenigen Worten eine gute Definition der Ästhetik zurechtlegen zu können ...

Ich nehme also meinen ganzen Verstand zusammen und mache mich an diesen zurückgelegten Posten, der aus einer Pyramide von metaphysischen Produktionen besteht.

Und eben hier, meine Herren, glaube ich den Keim und das Anfangswort Ihrer Wissenschaft zu finden. Alle Ihre Forschungen, soweit man sie gruppieren kann, verweisen auf einen Anfangsakt der philosophischen Neugier. Die Ästhetik ging eines bestimmten Tages aus einer Bemerkung und einem Verlangen eines Philosophen hervor. Zweifellos war dieses Ereignis keineswegs zufällig. Es war beinahe unumgänglich, daß der Philosoph bei seinem Unternehmen eines allgemeinen Angriffs auf die Dinge und einer systematischen

Transformation alles dessen, was dem Geist einfällt, beim Fortgang von der Frage zur Antwort und bei der Bemühung, die Vielfalt der Erkenntnis anzugleichen und auf einen schlüssigen, in ihm selbst liegenden Ausdruck zu reduzieren, auf bestimmte Fragen stieß, die weder zu denen des reinen Verstandes noch in die Sphäre der ausschließlichen Sinnlichkeit gehörten, und auch nicht in den Bereich des gewöhnlichen Handelns der Menschen; Fragen, die vielmehr mit diesen verschiedenen Modi zusammenhängen und sie so eng miteinander verbinden, daß man sie einfach losgelöst von allen anderen Untersuchungsgegenständen betrachten und ihnen einen irreduziblen Wert und eine Bedeutung zuschreiben, sie also hervorheben und für sie eine Rechtfertigung vor der Vernunft sowie einen Zweck und eine Notwendigkeit im Rahmen eines plausiblen Weltsystems finden mußte.

Die auf solche Weise dekretierte Ästhetik entwickelte sich zunächst einmal und für lange Zeit *in abstracto* im Raum des reinen Denkens und wurde schichtweise aus dem Rohstoff der Alltagssprache konstruiert, von jenem bizarren und fleißigen dialektischen Tier, das diesen Rohstoff nach besten Kräften zerlegt, das die für einfach gehaltenen Elemente heraustrennt und sich bemüht, die Heimstatt des spekulativen Lebens aufzubauen, indem es die intelligiblen Teile zurichtet und gegeneinander abhebt.

Als Wurzel der Probleme, die sie sich zu eigen gemacht hatte, betrachtete die aufkommende Ästhetik eine bestimmte Art der *Lust*.

Lust und Schmerz (die ich nur aus Anpassung an die rhetorische Gewohnheit nebeneinanderstelle und deren Beziehungen, *sofern diese überhaupt existieren*, sehr viel subtiler sein müssen als die, »einander genau gegenüberzustehen«) sind in einer Konstruktion des Verstandes immer sehr störende Bestandteile. Sie sind undefinierbar, inkommensurabel und in jeder Hinsicht unvergleichlich. Sie verkörpern geradezu das Grundmuster jener Verwirrung oder jener wechselseitigen Abhängigkeit von Beobachter und Beobachtetem, die in der theoretischen Physik inzwischen ein Anlaß zur Verzweiflung zu werden beginnt.

Die Lust von gewöhnlicher Art, das rein sensorische Faktum oder Sinnesdatum, hatte jedenfalls ohne Schwierigkeiten eine ehrenwerte und eingeschränkte funktionale Rolle erhalten: man hatte ihr eine allgemein nützliche Rolle im Mechanismus der Erhaltung des einzelnen und eine ganz vertrauensvolle Rolle im Fortpflanzungsmechanismus der Gattung zugeschrieben; dem werde ich auch nicht widersprechen. Kurzum, das Phänomen *Lust* war in den Augen der Vernunft gerettet, und zwar mit Argumenten der Zweckbestimmung, die einstmals recht solide waren...

Nun gibt es aber Lust und Lust. Nicht jede Lust läßt sich so leicht auf einen wohlbestimmten Ort in einer wohlgeordneten Sachlage zurückführen. Es gibt Lüste, die in der Ökonomie des Lebens zwar zu nichts nütze sind, sich aber auch nicht als einfache Verirrungen eines für das Lebewesen notwendigen Empfindungsvermögens ansehen lassen. Sie lassen sich weder durch Nützlichkeit noch durch Mißbrauch erklären. Und das ist noch nicht alles. Solche Lust ist nicht abzutrennen von Entwicklungen, die über den Bereich der Sinnesempfindung hinausgehen und stets mit der Erzeugung von affektiven Veränderungen verbunden sind, welche sich in den Bahnen des Verstandes fortsetzen, sich dort anreichern und zuweilen zum Unternehmen von äußeren Wirkhandlungen auf die Materie, auf die Sinne und auf den Geist des anderen führen, wobei sie den kombinierten Einsatz aller menschlicher Vermögen erfordern.

Das ist die Pointe. Es handelt sich um eine zuweilen so intensive Lust, daß sie die Illusion eines innigen Verstehens jenes Objekts vermittelt, das die Lust hervorruft; eine Lust, die den Verstand erregt, ihn herausfordert und ihn dazu bringt, seine eigene Niederlage hochzuschätzen; außerdem eine Lust, die das seltsame Bedürfnis auslöst, das Ding, Ereignis, Objekt oder den Zustand zu produzieren oder zu reproduzieren, mit dem sie verbunden zu sein scheint und der dadurch zu einer Quelle von Aktivität *ohne einen bestimmten Endpunkt* wird, und die einem ganzen Leben Disziplin, Eifer und Beunruhigung aufprägen und es ausfüllen, wenn nicht gar überfüllen kann: eine solche Lust stellt für das Denken ein besonders trügerisches Rätsel dar, das sich dem Begehren und der Umarmung der metaphysischen Hydra nicht entziehen konnte. Nichts dem Willen zur Macht des Philosophen Würdigeres als diese Ordnung der Tatsachen, worin er das *Empfinden*, das *Erfassen*, das *Wollen* und das *Tun* mit einer wesenhaften Bindung verknüpft sah, die eine bemerkenswerte Reziprozität zwischen den beiden Endpunkten hervortreten ließ und sich dem scholastischen oder gar cartesianischen Bemühen um eine Zerkleinerung der Schwierigkeit widersetzte. Das Bündnis zwischen einer Form, einer Materie, einem Gedanken, einer Handlung und einer Leidenschaft; das Fehlen eines klar festgelegten Ziels und jeglicher Leistung, die sich in endlichen Begriffen ausdrücken ließe; ein Bedürfnis und dessen Befriedigung, die sich beide gegenseitig regenerieren, wobei dieses Bedürfnis schöpferisch, mithin zur Ursache seiner selbst wird, ein Bedürfnis, das sich zuweilen von jeder besonderen Schöpfung und jeder letzten Befriedigung loslöst, um sich als Bedürfnis des *schöpferischen Tuns um seiner selbst willen* zu erweisen – dies alles belebte den Geist der Metaphysik: er erwies ihm die gleiche Aufmerksamkeit, wie er sie gewöhnlich für alle anderen Probleme aufbringt, die er gewohnheitsmäßig ausheckt, um seine Funktion als Rekonstrukteur der Erkenntnis in universaler Form auszuüben.

Ein Geist aber, der diese erhabene Stufe anstrebt, wo er sich in der Vormachtstellung einzurichten hofft, greift in die Welt, die er doch nur darzustellen glaubt, gestaltend ein. Er ist viel zu mächtig, um nur das Sichtbare zu sehen. Er läßt sich dazu verleiten, unmerklich von seinem Vorbild abzurücken, dessen wahres Gesicht, das ihm nichts als das Chaos, die unmittelbare Unordnung des Beobachtbaren darbietet, er zurückweist: er ist versucht, die Einzigartigkeiten und die Unregelmäßigkeiten zu vernachlässigen, die sich unruhig bemerkbar machen und die distributive Einheitlichkeit der Methoden stören. Er analysiert das, was gesagt wird, mittels der Logik. Er wendet die Frage darauf an und holt damit aus dem Gegner sogar das heraus, was dieser selbst nicht einmal zu denken vermutete. Er zeigt ihm eine unsichtbare *Substanz* unter dem Sichtbaren, das *Akzidens* ist; er verwandelt dessen Reales in *Erscheinung*; es gefällt ihm, Namen zu schaffen, die der Sprache fehlen, um dem formalen Gleichgewicht der Sätze zu genügen: fehlt ihm irgendein *Subjekt*, so läßt er es durch ein *Attribut* erzeugen; droht ein Widerspruch, dann greift die Tätigkeit des Unterscheidens ins Spiel ein und rettet die Partie ...

Und alles dies geht gut – bis zu einem gewissen Punkt.

Angesichts des Mysteriums der Lust, von der ich spreche, ließ dieser Philosoph – mit Recht darauf bedacht, für sie einen kategorialen Platz, einen allgemeinen Sinn, eine intelligible Funktion zu finden; verführt, aber stutzig gemacht durch die Verbindung aus Wollust, Fruchtbarkeit und einer ziemlich ähnlichen Energie wie jene von der Liebe freigesetzte, die er in ihr entdeckte, und obwohl er in diesem neuen Gegenstand seines Blicks die Notwendigkeit nicht von der Willkür, die Kontemplation nicht vom Handeln und auch die Materie nicht vom Geist trennen konnte –, ließ er also nicht von seinem Willen ab, mit seinen gewöhnlichen Mitteln der Exhaustion und der immer feineren Unterteilung dieses Monstrum der Fabel des Geistes kleinzukriegen: eine Sphinx oder ein Greif, eine Sirene oder ein Kentaur, ein Monstrum, bei dem die Sinnesempfindung, das Handeln, der Traum, der Instinkt, die Reflexe, der Rhythmus und die Maßlosigkeit sich ebenso innig verbinden wie die chemischen Elemente in den lebendigen Körpern; ein Monstrum, das uns zuweilen von der Natur dargeboten wird, allerdings gleichsam als Zufall, dann wieder als ein Monstrum, das um den Preis ungeheurer Anstrengungen vom Menschen geformt wurde, der aus ihm das Produkt alles dessen macht, was er an Geist, an Zeit, an Hartnäckigkeit, kurzum: an Leben, verausgaben kann.

In ihrer leidenschaftlichen Verfolgungsjagd bedrängte die Dialektik diese wunderbare Beute, hetzte sie und sperrte sie in das Boskett der Reinen Begriffe ein.

Und ebendort erfaßte sie die *Idee des Schönen.*

Die dialektische Jagd ist freilich eine magische Jagd. In den Zauberwald der Sprache gehen die Dichter voller Absicht hinein, um sich darin zu verlaufen und sich an der Verirrung zu berauschen, um nach den Wegkreuzungen der Bedeutung zu suchen, nach unerwarteten Echos, nach seltsamen Begegnungen; dabei fürchten sie weder Umwege noch Überraschungen, noch Finsternisse – der Jäger hingegen, der in Erregung gerät über die Hetzjagd nach der »Wahrheit«, über die Verfolgung eines einzigen und ununterbrochenen Weges, bei dem jeder Wegteil der einzige zu sein hat, den er einschlagen muß, damit er weder vom Weg abkommt noch etwas vom zurückgelegten Weg verliert, läuft Gefahr, daß er am Ende nur seinen eigenen Schattten erhascht. Riesig zuweilen, dieser Schatten, aber eben doch nur ein Schatten.

Es war sicherlich verhängnisvoll, daß die Anwendung der dialektischen Analyse auf Probleme, die sich nicht auf einen wohlumgrenzten Bereich zurückziehen und nicht in exakten Termini ausdrückbar sind, nur »Wahrheiten« innerhalb der konventionellen Umzäunung einer Doktrin hervorbrachte und daß die Souveränität des Schönheitsideals und die Abgewogenheit seiner Definition ständig von ungebändigten schönen Realitäten gestört wurden.

Ich behaupte nicht, die Entdeckung der *Idee des Schönen* sei kein außerordentliches Ereignis gewesen und habe keine positiven Folgen von beträchtlicher Bedeutung gehabt. Jede Geschichte der abendländischen Kunst macht deutlich, was man ihr seit über zwanzig Jahrhunderten an erstrangigen Stilen und Werken verdankt. Das abstrakte Denken hat sich hier als nicht weniger fruchtbar erwiesen, als es beim Aufbau der Wissenschaft gewesen ist. Und dennoch trug diese Idee den ursprünglichen und unvermeidlichen Fehler in sich, auf den ich angespielt habe.

Reinheit, Allgemeinheit, Strenge, Logik waren bei dieser Materie Eigenschaften, die Paradoxien hervorbringen mußten, darunter auch die bewundernswerteste: die Ästhetik der Metaphysiker verlangte, daß man das *Schöne* von den *schönen Dingen* abtrennte! . . .

Wenn es zutrifft, daß es keine Wissenschaft vom einzelnen gibt, dann gilt umgekehrt auch, daß es keine Handlung und keine Produktion gibt, die nicht ihrem Wesen nach einzeln sind, und keine Sinnesempfindung, die im allgemeinen existiert. Das Reale widersetzt sich der Ordnung und der Einheit, die das Denken ihm auferlegen will. Die Einheit der Natur kommt nur in jenen Zeichensystemen vor, die ausdrücklich zu diesem Zweck geschaffen wurden, und das Universum ist nichts anderes als eine mehr oder weniger bequeme Erfindung.

Die Lust existiert schließlich nur in einem Augenblick, und es gibt nichts, was noch individueller und ungewisser und noch weniger mitteilbar wäre. Die Urteile, die man über sie fällt, lassen keinerlei Schlußfolgerung zu, denn sie analysieren ihren Gegenstand gar nicht; vielmehr fügen sie ihm in Wahrheit noch ein *Attribut der Unbestimmtheit* hinzu: von einem Objekt zu sagen, es sei *schön*, heißt, ihm den Wert eines Rätsels zu verleihen.

Allerdings wird es auch kaum noch einen Anlaß geben, von einem schönen Objekt zu sprechen, weil wir ja das *Schöne* von den *schönen Dingen* abgetrennt haben. Ich weiß nicht, ob man folgende erstaunliche Konsequenz hinreichend berücksichtigt hat: daß die Deduktion einer Metaphysischen Ästhetik, die die unmittelbare und einzigartige Wirkung von Phänomenen und deren spezifische Resonanz durch eine Verstandeserkenntnis ersetzen will, uns tendenziell von der Erfahrung des *Schönen* befreit, insoweit dieses in der sinnlichen Welt angetroffen wird. Hat man das Wesen der Schönheit auf diese Weise gewonnen, ihre allgemeinen Formulierungen aufgeschrieben, die Natur samt der Kunst ausgeschöpft, überwunden und ersetzt durch den Besitz des Prinzips und durch die Gewißheit seiner Weiterentwicklungen, dann können alle Werke und alle die Anblicke, die uns einst entzückten, ohne weiteres verschwinden oder vielleicht nur noch als Beispiele dienen, als provisorisch zur Schau gestellte didaktische Mittel.

Diese Konsequenz wird nicht eingestanden – daran zweifle ich nicht –, und sie ist auch kaum einzugestehen. Kein Dialektiker der Ästhetik wird zustimmend erklären, daß er außerhalb der Anlässe des praktischen Lebens nunmehr weder seine Augen noch seine Ohren braucht. Mehr noch, keiner wird behaupten, daß er dank seiner Formeln sich damit vergnügen könnte, unbestreitbare Meisterwerke auszuführen – oder zumindest in aller Genauigkeit zu definieren –, ohne dabei etwas anderes von sich einzusetzen als die Anwendung seines Geistes auf eine Art von Kalkül.

Im übrigen ist bei dieser Annahme nicht alles imaginär. Wir wissen, daß ein solcher Traum in manchen Köpfen herumspukt, und zwar nicht einmal in den schwächsten; andererseits wissen wir auch, wie sehr die Kritik einst, im Gefühl unfehlbarer Regeln, bei der Einschätzung von Werken jene Autorität gebraucht und mißbraucht hat, die sie bei ihren Prinzipien ziehen zu können glaubte. Es gibt nämlich keine größere Versuchung als die, in ungewissen Angelegenheiten selbstherrlich zu entscheiden.

Der einzige Vorschlag einer »Wissenschaft vom Schönen« sollte denn auch unwiderruflich zerstört werden durch die Vielfalt der Schönheiten, die in der Welt und in der Dauer der Zeit produziert oder zugelassen werden. Weil es sich um Lust handelt, gibt es nur noch Tatsachenfragen. Die Individuen genießen so, wie sie können, und das, was sie können; und die Tücke der Sinnlichkeit ist grenzenlos. Sie vereitelt die bestbegründeten Ratschläge, selbst wenn sie das Ergebnis der scharfsinnigsten Beobachtungen und der schlüssigsten Überlegungen sind.

Was ist beispielsweise richtiger und befriedigender für den Geist als die berühmte Regel der Einheiten, die den Anforderungen der Aufmerksamkeit so gut entspricht und für die Festigkeit und die Dichte der dramatischen Handlung so vorteilhaft ist?[3]

Und doch läßt etwa ein Shakespeare sie außer acht und bleibt siegreich. Ich werde mir hier beiläufig gestatten, einen Gedanken vorzubringen, der mir gerade einfällt und den ich genau so wiedergebe, wie er mir eben eingefallen ist, nämlich im zerbrechlichen Zustand der Phantasie: Shakespeare, der auf der Bühne so ungebunden ist, hat andererseits berühmte Sonette verfaßt, die nach allen Regeln der Kunst geschrieben und offensichtlich überaus sorgfältig gearbeitet sind; wer weiß denn überhaupt, ob der berühmte Mann diesen ausgefeilten Gedichten nicht einen sehr viel höheren Wert beimaß als den Tragödien und Komödien, die er improvisierte und sogar noch auf der Bühne fortwährend veränderte, und zwar für ein zufälliges Publikum?

Die Verachtung oder Vernachlässigung, die schließlich die Regel der antiken Autoren kraftlos werden ließ, bedeutet freilich nicht, daß die Vorschriften, aus denen diese Regel besteht, völlig wertlos sind, sondern nur, daß man ihnen einen Wert zuschrieb, der rein imaginär war: den Wert von absoluten Bedingungen der *erstrebenswertesten Wirkung* eines Kunstwerks. Unter »erstrebenswertester Wirkung« (eine Gelegenheitsdefinition) verstehe ich die Wirkung, die ein Werk hervorbringen würde, bei dem der unmittelbar aufgenommene Eindruck, der anfängliche Schock und das nach reiflicher Überlegung im Anschluß an die Untersuchung seiner Struktur und seiner Form in aller Ruhe gefällte Urteil einander nicht nur am wenigsten widersprechen, sondern vielmehr miteinander übereinstimmen würden, wobei Analyse und Untersuchung die Befriedigung des ersten Kontaktes bestätigen und noch verstärken würden.

Es kommt bei vielen Werken vor (und ist auch der eingeschränkte Gegenstand gewisser Künste), daß sie nichts anderes zu geben vermögen als Wirkungen der ersten Intention. Wenn man sich mit ihnen befaßt, dann entdeckt man, daß sie nur um den Preis einer Inkonsequenz, irgendeiner Unwahrscheinlichkeit oder eines Prestiges existieren; Eigenschaften, die durch einen etwas längeren Blick, durch indiskrete Fragen oder eine etwas übertriebene Neugier gefährdet würden. Es gibt Architekturdenkmäler, die einzig und allein vom Bestreben geleitet sind, ein eindrucksvolles Dekor zu errichten, das von einem bestimmten Gesichtspunkt aus zu betrachten ist; und eben diese Versuchung verleitet den Baumeister recht häufig dazu, Qualitäten zu opfern, deren Fehlen und Fehlerhaftigkeit sich dann zeigen, wenn man sich vom günstigen Blickpunkt auch nur ein wenig entfernt. Nur zu oft verwechselt das Publikum die begrenzte Kunst des Dekors, dessen Bedingungen im Verhältnis zu einem genau definierten und abgegrenzten Raum festgelegt sind und eine einmalige Perspektive und eine bestimmte Beleuchtung erfordern, mit der vollständigen Kunst, bei der die Struktur, die sinnlich faßbar gemachten Beziehungen zwischen Materie, Formen und Kräften dominieren und von allen Raumpunkten aus wiedererkennbar sind, und die irgendwie in das Sehen eine nicht näher bestimmbare Präsenz des Gefühls der Masse, der statischen Kraft, der Anstrengung und des muskulären Antagonismus einbringt, die uns kraft eines gewissen Bewußtseins unseres ganzen Körpers mit dem Gebäude identisch werden läßt.

Für diese Abschweifung bitte ich um Nachsicht. Ich komme nun auf die Ästhetik zurück, von der ich sagte, daß sie dem Ereignis fast ebenso viele Dementis entnommen hat wie Anlässe, bei denen sie glaubte, den Geschmack beherrschen, über das Verdienst von Werken endgültig urteilen und sich den Künstlern ebenso aufdrängen zu können wie dem Publikum, und wo sie glaubte, die Leute zwingen zu können, zu mögen, was sie nicht mögen, und zu verabscheuen, was sie gern haben.

Zerschlagen wurde jedoch nur ihre Anmaßung. Sie war besser als ihr Traum. Nach meiner Auffassung hing ihr Irrtum nur mit ihr selbst und ihrer wahren Natur zusammen: mit ihrem echten Wert und ihrer Funktion. Sie hielt sich für universell; dabei war sie vielmehr auf wunderbare Weise sie selbst, das heißt originell, eigenständig. Was ist origineller, als sich den meisten bestehenden oder möglichen Tendenzen, Geschmacksrichtungen und Produktionen zu widersetzen, Indien und China zu verdammen, das »Gotische« samt dem Maurischen und fast die ganze Fülle der Welt abzulehnen, um *etwas anderes* zu wollen und hervorzubringen: ein sinnliches genußbringendes Objekt, das in vollkommenem Einklang mit den Wechselfällen und Urteilen der Vernunft stünde, und eine Harmonie zwischen dem Augenblick und dem, was die Dauer in aller Ruhe entdeckt?

Zu der Zeit (die noch nicht vorüber ist), als große Auseinandersetzungen zwischen den Dichtern aufkamen und als die einen für die sogenannten »freien Verse«, die anderen dagegen für die traditionellen Verse eintraten[4], die verschiedenen herkömmlichen Regeln unterliegen, sagte ich mir zuweilen, daß die vermeintliche Kühnheit der einen und die vermeintliche Botmäßigkeit der anderen lediglich eine Frage der Chronologie waren und daß man dann, wenn die Freiheit der Prosodie genau bis dorthin bestanden und man nun plötzlich gesehen hätte, wie ein paar absurde Köpfe den Reim und den Alexandriner mit Zäsur erfinden, dies als Wahnsinn bezeichnet hätte oder als die Absicht, den Leser hinters Licht führen zu wollen... Es ist ziemlich einfach, sich in den Künsten die zeitliche Umkehrung von Antiken und Modernen auszudenken und sich einen Racine vorzustellen, der ein Jahrhundert nach Victor Hugo kommt...

Unsere im strengen Sinne reine Ästhetik erscheint mir deshalb als eine Erfindung, die sich als solche verkennt und sich als eine unwiderlegbare Deduktion aus ein paar einsichtigen Grundsätzen betrachtete. Boileau glaubte der Vernunft zu gehorchen: für die Verstiegenheit und die Eigentümlichkeit der Regeln und Vorschriften war er unempfänglich.[5] Was ist kapriziöser als die Hiatus-Regel? Und was ist subtiler als die Rechtfertigung der Vorzüge des Reimes?

Halten wir fest: Nichts ist natürlicher und vielleicht auch unumgänglicher, als etwas, das einfach, einsichtig und allgemein gültig erscheint, für etwas anderes zu halten, für ein ortsgebundenes Resultat einer rein persönlichen Überlegung. Alles, was sich für allgemein oder universell hält, ist eine besondere Wirkung. Jedes Universum, das wir bilden, entspricht einem einmaligen Punkt und schließt uns mit ein.

Ich bin weit davon entfernt, die Bedeutung der auf Vernunftschlüssen beruhenden Ästhetik zu verkennen; vielmehr erkenne ich ihr eine positive Rolle zu, und zwar eine mit der größten realen Konsequenz. Eine aus der Reflexion und aus dem vom Verständnis der Kunstziele begleiteten Willen hervorgegangene Ästhetik, die ihre Ansprüche so weit treibt, daß sie bestimmte Mittel verbietet oder dem Genuß von Kunstwerken ebenso Bedingungen vorschreibt wie ihrer Produktion, konnte und kann einem bestimmten Künstler oder einer bestimmten Familie von Künstlern unvergleichliche Dienste leisten, und zwar bezüglich der Kunstzugehörigkeit oder als Formelsammlung einer bestimmten Kunst (freilich nicht jeder Kunst). Sie gibt Gesetze vor, unter denen sich die zahlreichen Konventionen ordnen lassen und aus denen sich die Detailentscheidungen, die ein Werk zusammenfügen und koordinieren, ableiten lassen. Solche Formeln können übrigens in bestimmten Fällen schöpferisch wirken und zu zahlreichen Ideen anregen, die einem sonst vielleicht nie eingefallen wären. Beschränkung ist zumindest ebenso oft erfindungsfördernd, wie es ein Übermaß an Freiheit sein kann. Ich werde nicht so weit gehen und wie Joseph de Maistre behaupten, alles, was den Menschen behindere, stärke ihn.[6] De Maistre dachte vielleicht nicht daran, daß es zu enge Schuhe gibt. Da es hier aber um Kunst geht, würde er mir vermutlich wohl antworten, zu enge Schuhe würden uns auf die Erfindung völlig neuer Tänze bringen.

Wie man sieht, betrachte ich die sogenannte klassische Kunst, die Kunst also, die der Idee des Schönen entspricht, als etwas Singuläres und nicht als die allgemeinste und reinste Form von Kunst. Ich sage durchaus nicht, daß dies nicht meine persönliche Empfindung ist; schreibe aber dieser Präferenz keine andere Bedeutung zu als eben die, daß es meine ist.

Der Terminus *Entschiedenheit*[7], den ich benutzt habe, bedeutet in meinem Denken, daß die vom Theoretiker erarbeiteten Vorschriften – die Arbeit der Begriffsanalyse, die er im Hinblick auf den Übergang von der Unordnung der Urteile zur Ordnung, vom Faktischen zum Gesetzlichen, vom Relativen zum Absoluten geleistet hat, um sich, in dogmatischer Besitzhaltung, auf dem höchsten Punkt des Schönheitsbewußtseins anzusiedeln – sich in der Praxis der Kunst anwenden lassen, und zwar als eine Konvention, die aus anderen, ebenfalls möglichen Konventionen in einem freiwilligen Akt ausgewählt wurde, und nicht etwa unter dem Zwang einer unausweichlichen intellektuellen Notwendigkeit, der man sich nicht entziehen kann, sobald man einmal begriffen hat, worum es sich handelt.

Das, was auf die Vernunft Zwang ausübt, zwingt nämlich niemals nur sie allein.

Die Vernunft ist eine Göttin, von der wir glauben, daß sie wache, viel häufiger aber noch, daß sie in irgendeiner Grotte unseres Geistes schlafe: zuweilen tritt sie auf, um uns mit der Berechnung der verschiedenen Wahrscheinlichkeiten unserer Handlungsfolgen zu beschäftigen. Von Zeit zu Zeit (das Gesetz der Auftritte der Vernunft in unserem Bewußtsein ist nämlich völlig irrational) flüstert sie uns ein, eine vollkommene Gleichheit unserer Urteile zu simulieren, eine Verteilung der Prognosen ohne heimliche Präferenzen, ein wohlausgewogenes Gleichgewicht der Argumente; und alles dies fordert uns das ab, was unserer Natur am meisten zuwider ist – *unsere Abwesenheit.* Diese erhabene Vernunft sähe es gern, wenn wir uns mit dem Realen identifizierten, um es zu beherrschen, *imperare parendo*[8]; aber wir sind selber real (oder nichts ist real), und wir sind es vor allem dann, wenn wir handeln, wozu eine Neigung erforderlich ist, das heißt eine Ungleichheit oder eine Art von Ungerechtigkeit, deren fast unüberwindliches Prinzip unsere eigene Person ist, die singulär ist und von allen anderen verschieden, was wiederum der Vernunft entgegengesetzt ist. Die Vernunft ignoriert oder assimiliert die Personen, die es ihr manchmal heimzahlen. Sie beschäftigt sich ausschließlich mit Typen und systematischen Vergleichen, mit idealen Werthierarchien, mit der Aufzählung symmetrischer Hypothesen; und alles dies, durch dessen Ausformung sie sich selbst definiert, vollzieht sich im Denken und nirgendwo sonst.

Dagegen läßt sich die Arbeit des Künstlers selbst in dem rein geistigen Teil nicht auf Operationen eines steuernden Denkens reduzieren. Zum einen fügen die Materie, die Mittel sowie der Zeitpunkt und eine Menge von Zufällen (die, zumindest für den Nichtphilosophen, das Reale kennzeichnen) der Herstellung des Werkes eine Anzahl von Bedingungen hinzu, die nicht nur Unvorhergesehenes[9] und Unbestimmtes in das Drama der Schöpfung einführen, sondern auch noch dazu beitragen, das Werk rational unfaßbar zu machen, weil sie es in jenen Bereich der Dinge einbinden, wo es sich selbst in ein *Ding* verwandelt und wo es aus etwas Denkbarem zu etwas sinnlich Wahrnehmbarem wird.

Andererseits kann sich der Künstler aber, ob er will oder nicht, absolut nicht von dem Gefühl des Arbiträren, des Beliebigen oder Willkürlichen, lösen. Er bewegt sich, vom Arbiträren ausgehend, zu einer gewissen Notwendigkeit hin, von einer gewissen Unordnung zu einer gewissen Ordnung; und er kann gar nicht verzichten auf die fortwährende Empfindung des Arbiträren und der Unordnung, die sich dem widersetzt, was unter seinen Händen entsteht und was ihm als notwendig und geordnet erscheint. Eben dieser Kontrast vermittelt ihm die Empfindung, daß er schöpferisch tätig ist: weil er das, was ihm zufällt, nicht ableiten kann aus dem, was er hat.

Deshalb ist seine Notwendigkeit eine ganz andere als die des Logikers. Sie liegt ganz im Augenblick dieses Kontrastes und gewinnt ihre Kraft aus den Eigenschaften dieses Moments der Auflösung, den es anschließend *secundum artem*[10] wiederzufinden oder umzusetzen oder zu verlängern gilt.

Die Notwendigkeit des Logikers ergibt sich aus einer gewissen Denkunmöglichkeit, die sich auf den Widerspruch bezieht: ihr liegt die strenge Erhaltung der Notationskonventionen zugrunde – der *Definitionen* und Postulate. Dadurch wird jedoch aus dem dialektischen Bereich alles ausgeschlossen, was nicht oder nur schwer definierbar ist; alles das, was nicht wesentlich *Sprache* und auch nicht mittels Sprache auf Ausdrücke reduzierbar ist. Es gibt keine Kontradiktion ohne Diktion, das heißt *außerhalb des Diskurses.*[11] Der Diskurs ist deshalb für den Metaphysiker ein Zweck, während er für den Menschen, der es auf Handlungen abgesehen hat, höchstens ein Mittel ist. Der Metaphysiker, der sich zunächst mit dem *Wahren* beschäftigte, in das er seine ganze Dienstfertigkeit hineingelegt hat und das er am Fehlen von Widersprüchen erkennt, kann, wenn er danach die *Idee des Schönen* entdeckt und deren Eigenart und Folgen entwickeln will, gar nicht umhin, sich der Suche nach *seiner* Wahrheit zu entsinnen; und nun sitzt er da und verfolgt eine *Wahrheit* zweiter Art unter dem Namen des *Schönen*: ahnungslos erfindet er eine *Wahrheit des Schönen*, und damit trennt er, wie ich bereits gesagt habe, das *Schöne* von den Augenblicken und Dingen, darunter den schönen Augenblicken und den schönen Dingen ...

Wenn er sich dann wieder den Kunstwerken zuwendet, wird er versucht sein, sie nach Prinzipien zu beurteilen, weil sein Geist auf die Suche nach Übereinstimmungen abgerichtet ist. Er muß folglich zuerst seinen Eindruck in Worte übersetzen, und dann wird er anhand von Worten urteilen und über Einheit, Vielfalt und andere Begriffe spekulieren. Er setzt also im Bereich der Lust das Bestehen einer von jedem Menschen erkennbaren und wiedererkennbaren Wahrheit voraus: er verkündet die Gleichheit der Menschen vor der Lust und behauptet, es gebe richtige Lüste und falsche Lüste und man könne Richter ausbilden, die mit aller Unfehlbarkeit Recht sprechen werden.

Ich übertreibe keineswegs. Zweifellos ist der feste Glaube an die Möglichkeit, das Problem der Subjektivität von Urteilen in Sachen Kunst und Geschmack zu lösen, im Denken all jener mehr oder weniger gut verankert, die vom Aufbau einer dogmatischen Ästhetik geträumt, ihn versucht oder gar vollendet haben. Geben wir doch zu, meine Herren, daß keiner von uns dieser Versuchung entgeht und ziemlich oft vom Einzelnen ins Allgemeine hinübergleitet, weil er von den Versprechungen des dialektischen Dämons fasziniert ist. Dieser Verführer weckt in uns den Wunsch, daß sich alles auf kategoriale Begriffe reduzieren und darin auflösen lasse und daß am Ende aller Dinge das *Wort* stehe. Ihm muß man freilich mit der einfachen Beobachtung antworten: die Wirkung des Schönen auf irgend jemanden besteht gerade darin, daß es ihn *stumm* macht.

*Anfänglich stumm*, denn bald beobachten wir ja die höchst bemerkenswerte Folge der hervorgerufenen Wirkung: Wenn wir nämlich die unmittelbaren Eindrücke des Sensibilitätsereignisses, das uns affiziert hat, ohne die geringste Urteilsabsicht zu beschreiben versuchen, dann verlangt diese Beschreibung von uns, daß wir vom Widerspruch Gebrauch machen. Das Phänomen zwingt uns zu so skandalösen Formulierungen wie: *die Notwendigkeit des Arbiträren; die Notwendigkeit kraft des Arbiträren.*

Versetzen wir uns also in den gebührenden Zustand: in den Zustand nämlich, in den uns ein Werk versetzt, das zu denen gehört, die uns zu einer um so größeren Sehnsucht nach ihnen zwingen, je mehr wir sie uns angeeignet haben (wir brauchen nur unser Gedächtnis zu befragen, um darin hoffentlich ein Beispiel für diesen Zustand zu finden). Wir kommen uns dann wie in einem merkwürdigen Mischzustand oder vielmehr wie in einem merkwürdigen Wechsel von aufkommenden Gefühlen vor, für die, wie ich glaube, Gegenwärtigkeit und Kontrast kennzeichnend sind.

Einerseits spüren wir, daß die Quelle oder der Gegenstand unseres Willens so innig mit uns übereinstimmt, daß wir ihn nicht anders erfassen können. Sogar in Fällen von größter Befriedigung spüren wir, daß wir uns auf irgendeine tiefgründige Weise verwandeln, um uns zu demjenigen zu machen, dessen allgemeine Sensibilität ein solches Übermaß oder eine solche Fülle zu ertragen vermag.

Aber wir spüren auch nicht weniger und auch nicht weniger stark, gleichsam wie mit einem anderen Sinnesorgan, daß das Phänomen, das diesen Zustand in uns erzeugt und fördert und das uns seine unsichtbare Kraft auferlegt, auch *nicht hätte vorkommen können*; ja sogar *nicht hätte vorkommen müssen*, und daß es dem Bereich des Unwahrscheinlichen angehört. Während also unser Lusterleben oder unsere Freude so stark wie ein Faktum ist, erscheinen uns die Existenz und die Formung des Mittels, des Instruments zur Erzeugung unserer Sinnesempfindung als *zufällig*. Diese Existenz erscheint uns als die Wirkung eines überaus glücklichen Zufalls, als Chance, als unmotiviertes Geschenk der Fortuna. Wie wir feststellen müssen, zeigt sich darin eine besondere Analogie zwischen der Wirkung eines Kunstwerks und der Wirkung eines Naturanblicks, der einem geologischen Zufall, einer flüchtigen Verbindung von Licht und Wasserdampf am Himmel usw. zu verdanken ist.

Manchmal können wir uns nicht vorstellen, daß so ein Mensch wie wir der Urheber einer so außerordentlichen Wohltat sein soll, und der Ruhm, den wir ihm zukommen lassen, ist der Ausdruck dieser Ohnmacht.

Diese widersprüchliche Empfindung kommt nun beim Künstler im höchsten Grade vor: sie ist eine Voraussetzung für jedes Werk. Der Künstler lebt in der intimen Vertrautheit mit *seiner* Willkür oder seinem Arbiträren und in der Erwartung *seiner* Notwendigkeit. Letztere fordert er in allen Augenblicken: er gewinnt sie aus den überraschendsten und unbedeutendsten Umständen, und es gibt keine Übereinstimmung in der Beziehung zischen der Größe der Wirkung und der Bedeutung der Ursache. Er erwartet eine *absolut genaue* Antwort (weil sie ja eine Ausführungshandlung hervorrufen muß) auf eine ihrem Wesen nach unvollständige Frage: er sehnt sich nach der Wirkung, die in ihm ausgelöst werden wird durch das, was aus ihm selbst heraus entstehen kann. Manchmal geht das Geschenk der Frage voraus und überrascht jemanden, der sich überhäuft sieht und unvorbereitet. Dieser Fall einer plötzlichen Gnade manifestiert am stärksten jenen vor kurzem angesprochenen Kontrast zwischen den beiden Empfindungen, die ein und dasselbe Phänomen begleiten; was uns so vorkommt, als *hätte es auch nicht sein können*, drängt sich uns mit derselben Kraft auf wie das, *was nicht nicht sein konnte* und *das, was es ist, sein mußte.*

Ich gestehe Ihnen, meine Herren, daß ich in meinen Überlegungen zu diesen Problemen noch nie weiter vorankommen konnte, es sei denn, ich ginge das Risiko ein, über die Beobachtungen hinauszugehen, die ich an mir selber machen konnte. Wenn ich mich über die Eigenart der im eigentlichen Sinne philosophischen Ästhetik verbreitet habe, dann deshalb, weil sie uns dieselbe Art einer abstrakten Entwicklung darbietet, die auf eine unendliche Vielfalt konkreter und komplexer Eindrücke angewandt oder dieser auferlegt wird. Daraus ergibt sich, daß sie nicht über das spricht, worüber sie zu sprechen glaubt, und von dem man übrigens noch nicht bewiesen hat, daß man darüber *sprechen* kann. Dennoch war sie unbestreitbar kreativ. Die philosophische Ästhetik hat die größten Philosophen angelockt, ob es nun um Regeln des Theaters, um solche der Poesie, um die Kanons der Architektur, um den Goldenen Schnitt, um die Absicht zur Entwicklung einer Kunstwissenschaft oder zumindest zu einer institutionellen Festlegung von Methoden oder darum ging, ein Gebiet, das man endgültig erobert zu haben glaubt, auf irgendeine Weise zu organisieren. Deswegen ist es mir früher passiert, daß ich die beiden Gattungen durcheinandergebracht habe, und diese Verirrung hat mir natürlich auch schwerwiegende Vorwürfe eingetragen. In Leonardo glaubte ich einen Denker zu sehen[12], in Spinoza eine Art Dichter oder Architekt. Zweifellos habe ich mich geirrt. Allerdings schien mir die sichtbare Form des Ausdrucks eines Menschen zuweilen weniger wichtig zu sein als die Natur seines Strebens und die Verknüpfungsweise seiner Gedanken.

Wie dem auch sei, ich brauche nicht hinzuzufügen, daß ich die gesuchte Definition nicht gefunden habe. Dieses negative Ergebnis läßt mich nicht verzweifeln. Wenn ich diese richtige Defintion gefunden hätte, dann hätte sie mich vielleicht dazu verlockt, die Existenz eines ihr entsprechenden Gegenstandes zu leugnen und zu behaupten, die Ästhetik existiere nicht. Doch was undefinierbar ist, läßt sich nicht notwendig leugnen. Niemand, soweit ich weiß, hat sich eingebildet, die Mathematik zu definieren, und doch bezweifelt niemand deren Existenz. Einige Leute haben sich zwar daran versucht, das Leben zu definieren, aber ihre Bemühungen waren immer fruchtlos: das Leben gibt es deswegen nicht weniger.[13]

Die Ästhetik existiert, und es gibt sogar Ästhetiker. Zum Abschluß möchte ich ihnen einige Ideen oder Hinweise unterbreiten, die sie freilich für die eines Ignoranten oder eines Naivlings oder einer glücklichen Verbindung von beiden halten können.

Ich komme zurück auf die Anhäufung von Büchern, Abhandlungen oder Aufsätzen, die ich vorhin betrachtet und untersucht habe und bei der ich auf die Ihnen bekannte Vielfalt gestoßen bin. Könnte man sie nicht folgendermaßen klassifizieren:

Ich werde eine erste Gruppe bilden, die ich *Ästhesik*[14] taufen werde und in der ich alles das unterbringe, was sich auf die Erforschung der Sinnesempfindungen bezieht; insbesondere würden die Arbeiten dort hingehören, die jene sensorischen Reizungen und Reaktionen zum Gegenstand haben, *die keine wohldefinierte und einheitliche physiologische Rolle innehaben.* Es handelt sich dabei um die sensorischen Modifikationen, auf die das Lebewesen verzichten kann und deren Gesamtheit (welche als *Seltenheiten* die unentbehrlichen oder nutzbaren Sinnesempfindungen enthält) unseren Schatz bildet. In ihm liegt unser Reichtum. Der ganze Luxus unserer Künste entstammt seinen unendlichen Ressourcen.

Ein zweiter Stapel würde alles das versammeln, was die Produktion von Werken betrifft; hierbei würde eine allgemeine Idee von der *vollständigen menschlichen Handlung*[15], angefangen bei den psychischen und physiologischen Wurzeln, bis hin zu den Eingriffen in die Materie oder zu den Einwirkungen auf die Individuen, eine Unterteilung dieser zweiten Gruppe ermöglichen, die ich als *Poetik* oder vielmehr als *Poïetik* bezeichnen würde. Zum einen die Erforschung der Erfindungsgabe und der Komposition, der Rolle des Zufalls, der Reflexion und der Nachahmung sowie der Rolle von Kultur und Umwelt; andererseits die Untersuchung und Analyse der Techniken, Verfahrensweisen, Werkzeuge, Materialien, Mittel und Grundlagen des Handelns.

Diese Einteilung ist ziemlich grob. Außerdem ist sie unzulänglich. Es braucht zumindest einen dritten Stapel, auf dem sich jene Werke ansammeln würden, die solche Probleme behandeln, bei denen meine *Ästhesik* und meine *Poïetik* durcheinandergeraten.

Diese Bemerkung, die ich mir hier gestatte, weckt in mir allerdings die Befürchtung, daß mein Vorschlag rein illusorisch ist, und vermutlich wird jeder einzelne Kongreßbeitrag, der hier zu hören sein wird, seine Sinnlosigkeit aufzeigen.

Was bleibt mir also übrig, nachdem ich ein paar Augenblicke lang ästhetisches Denken versucht habe, und kann ich wenigstens die Vielfalt meiner tastenden Versuche zusammenfassen, wenn eine deutliche und erhellende Idee fehlt?

Diese Rückwendung auf meine Überlegungen liefert mir kaum mehr als negative Sätze; insgesamt doch ein bemerkenswertes Resultat. Gibt es denn nicht auch Zahlen, die in der Analysis nur durch Negationen definiert werden?

Hier also das, was ich mir sage:

Es gibt eine Form von Lust, die sich nicht erklären läßt, die sich nicht umreißen läßt; die sich weder auf das Sinnesorgan einschränken läßt, in dem sie entsteht, noch auf den Bereich der sinnlichen Wahrnehmung; die sich in ihrer Natur, in ihrem jeweiligen Anlaß, in ihrer Intensität, ihrer Wichtigkeit und in ihren Folgen je nach Person, Umständen, Epochen, Kultur, Alter und Umwelt unterscheidet; die ohne allgemeingültige Ursachen zu Handlungen anregt, welche zu unbestimmten Zwecken befohlen werden, und zwar bei Individuen, die bezüglich einer Gesamtbevölkerung einer Zufallsverteilung entsprechen; und diese Handlungen bringen Produkte verschiedener Gattungen hervor, deren Gebrauchs- und Tauschwert nur in ganz geringem Maße von dem abhängen, was sie sind. Und schließlich der letzte negative Satz: Alle die Bemühungen, die man auf sich genommen hat, um diese Lust und die mit ihr verbundene Produktion zu definieren, unter eine Ordnung zu bringen, zu reglementieren, zu messen, auf Dauer zu stellen oder zu sichern, waren bisher vergeblich und fruchtlos; da es aber notwendigerweise so sein muß, daß sich in diesem Bereich unmöglich etwas genau umreißen läßt, waren auch diese Bemühungen selbst nur in einem unvollkommenen Sinne vergeblich, und ihre Erfolglosigkeit hat nicht verhindert, daß sie sich zuweilen auf eine merkwürdige Art als schöpferisch und fruchtbar erweisen ...

Ich wage nicht zu behaupten, die Ästhetik sei die Untersuchung eines Systems von Negationen[16], obwohl diese Behauptung ein Körnchen Wahrheit enthält. Befaßt man sich mit den Problemen frontal, gleichsam von Mann zu Mann, wobei das eine Problem das des Lusterlebens ist und das andere Problem das des Vermögens zur Hervorbringung des Lusterlebens, so erweisen sich die positiven Lösungen und sogar die Formulierungen der Probleme für uns als widerständig.

Mir liegt umgekehrt daran, einen ganz anderen Gedanken

zum Ausdruck zu bringen. Für Ihre Forschungen sehe ich eine wunderbar weitläufige und strahlende Zukunft voraus.

Denken Sie doch nur daran: sogar bei ihrer Technik verweisen oder berufen sich alle hochentwickelten Wissenschaften auf die Mithilfe oder Berücksichtigung von Überlegungen oder Kenntnissen, deren eigentliche Erforschung doch zu Ihrem Gebiet gehört. Die Mathematiker sprechen nur noch von der Schönheit der Struktur ihrer Gedankengänge und ihrer Beweise. Ihre Entdeckungen vollziehen sich aufgrund der Wahrnehmung formaler Analogien. Am Schluß eines Vortrags, den Einstein im Institut Poincaré gehalten hat, sagte er, daß er zur Vollendung seiner Idealkonstruktion der Symbole gezwungen gewesen sei, »einige Gesichtspunkte der Architektur heranzuziehen« . . .[17]

Die Physik dagegen befindet sich heute in der Krise der uralten Vorstellungswelt, wie sie ihr seit Menschengedenken mit der Materie und der Bewegung dargeboten wird, die beide klar voneinander getrennt waren; Ort und Zeit, die beide in jeder Größenordnung deutlich voneinander zu unterscheiden und zu ermitteln waren; und sie verfügte über so großartige Hilfsmittel, wie das Kontinuum und die Ähnlichkeit sie gewähren. Ihre Handlungspotentiale haben jedoch jede Voraussicht übertroffen; sie reichen nun weit über unsere Mittel der bildlichen Darstellung hinaus und zersetzen sogar unsere altehrwürdigen Kategorien. Und doch hat die Physik unsere Sinnesempfindungen und unsere Wahrnehmungen zum grundlegenden Gegenstand. Sie betrachtet sie indessen als Substanz eines äußeren Universums, auf das wir in gewisser Weise einwirken können, und sie lehnt diejenigen unserer unmittelbaren Sinneseindrücke ab oder vernachlässigt sie, für die sie keine entsprechende Operation zur Verfügung hat, um sie unter Bedingungen der »Meßbarkeit«, d. h. in Verbindung mit der Dauerhaftigkeit, die wir den festen Körpern zuschreiben, reproduzieren zu können. So ist zum Beispiel für den Physiker die Farbe nur eine beiläufige Zusatzeigenschaft; er behält von ihr lediglich einen groben Hinweis auf eine Frequenz zurück. Was die Wirkungen des Farbkontrastes, der Komplementärfarben und anderer Phänome dieser Art betrifft, so schiebt er sie auf seinen Wegen beiseite. Man gelangt somit zu der interessanten Feststellung: während der Farbeindruck für das Denken des Physikers die Eigenschaft eines Zufalls hat, der sich für diesen oder jenen Wert aus einer wachsenden und unbestimmten Zahlenfolge ergibt, so bietet das Auge desselben Wissenschaftlers ihm eine beschränkte und abgeschlossene Menge von Sinnesempfindungen dar, die sich wechselseitig entsprechen, so daß dann, wenn die eine mit einer bestimmten Intensität und Dauer gegeben ist, ihr sofort die Erzeugung der zweiten nachfolgt. Für eine Person, die noch nie die Farbe *Grün* gesehen hat, würde es genügen, auf *Rot* zu blikken, um Grün kennenzulernen.[18]

Beim Nachdenken über die neuen Schwierigkeiten der Physik, über alle diese so unsicheren Hervorbringungen, zu denen sie gezwungen wird und die sie jeden Tag wieder überarbeiten muß, halbe Wesenheiten und halbe Realitäten, habe ich mich manchmal gefragt, ob nicht die Retina am Ende ebenfalls ihre Meinungen über die Photonen und ihre Theorie des Lichts besitzt, ob nicht die Tastkörperchen und die wunderbaren Eigenschaften der Muskelfaser bei dem großartigen Geschäft der Hervorbringung von Zeit, Raum und Materie ebenfalls überaus gewichtige Beteiligte wären? Die Physik müßte wieder auf die Untersuchung der Sinnesempfindung und ihrer Organe zurückkommen.

Aber gehört dies alles nicht zur *Ästhesik*? Und wenn wir in die *Ästhesik* schließlich gewisse Ungleichheiten und bestimmte Relationen einführen würden, befänden wir uns dann nicht ganz in der Nähe unserer undefinierbaren *Ästhetik*?

Ich habe Sie eben auf das Phänomen der Komplementärfarben hingewiesen, das uns auf eine höchst einfache und leicht zu beobachtende Weise eine echte Schöpfung demonstriert. Ein Organ, ermüdet durch eine Sinnesempfindung, scheint dieser auszuweichen, indem es eine symmetrische Sinnesempfindung aussendet. Ebenso könnte man eine ganze Menge von spontanen Hervorbringungen finden, die sich uns als Komplemente zu einem für unzulänglich gehaltenen System von Sinneseindrücken darbieten. Wir können kein Sternbild am Himmel sehen, ohne gleich die Verbindungslinien zwischen den Sternen zu ziehen, und wir können keine nah beieinanderliegenden Töne hören, ohne sie sogleich in eine Folge zu verwandeln und in unseren Muskelapparaten für sie einen Handlungsablauf zu finden, der die Vielfalt dieser voneinander getrennten Ereignisse durch einen mehr oder minder komplizierten Erzeugungsprozeß ersetzt.

Es handelt sich hierbei um lauter elementare *Werke*. Vielleicht besteht die Kunst aus nichts anderem als aus der Verbindung solcher Elemente. Das Bedürfnis, entweder mittels Symmetrie oder mittels Ähnlichkeit zu ergänzen und zu *antworten*, eine leere Zeit oder einen nackten Raum zu füllen, eine Lücke oder eine Wartezeit auszufüllen oder die häßliche Gegenwart hinter angenehmen Bildern zu verbergen, dies alles sind Manifestationen einer Kraft, die sich, vervielfacht durch die Operationen, welche der mit einer Menge von Verfahrensweisen und Mitteln aus der Erfahrung des praktischen Handelns ausgerüstete Verstand vollziehen kann, zu jenen großen Werken einiger einzelner emporheben konnte, die hie und da den höchsten Grad an *Notwendigkeit* erreichen, den die menschliche Natur aus dem Besitz ihres *Arbiträren* erlangen kann, gleichsam als Antwort auf eben die Vielfalt und Unbestimmtheit all des Möglichen, das in uns liegt.

# PHILOSOPHIE DES TANZES

Bevor Madame Argentina Sie packt, gefangennimmt in der durch ihre Kunst gestalteten Sphäre lichten Lebens voller Leidenschaft; bevor sie vorführt und darstellt, was aus einer Kunst mit volkstümlichen Wurzeln werden kann, Schöpfung der Sensibilität einer feurigen Rasse, wenn die Intelligenz sich ihrer bemächtigt, sie durchdringt und aus ihr ein unfehlbares Werkzeug des Ausdrucks und der Erfindungsgabe formt – müssen Sie sich mit einem Nichttänzer zufriedengeben, der es wagt, Ihnen einige Ausführungen über den Tanz vorzulegen.

Warten Sie noch ein wenig den Moment des Wunders ab! Sagen Sie sich ruhig, daß ich ebenso ungeduldig wie Sie meiner Begeisterung harre!

Ich komme ohne Umschweife auf meine Vorstellungen zu sprechen: Für mich ist der Tanz mehr als eine Übung, ein Zeitvertreib, mehr als eine Kunst des Ornamentalen und ein gelegentliches Gesellschaftsspiel; er ist eine ernstzunehmende und in mancher Hinsicht sehr verehrungswürdige Sache. Jedes Zeitalter, das ein Verständnis des menschlichen Körpers besaß – oder wenigstens ein Gespür für das Geheimnis seines Aufbaus hatte, für seine Möglichkeiten, seine Grenzen, für die Verbindungen der ihm eigenen Kraft und Sensibilität –, hat den Tanz kultiviert und verehrt.

Der Tanz ist eine grundlegende Kunstform, wie seine Universalität, sein unvordenkliches Alter, sein ritueller Gebrauch, die durch ihn von jeher hervorgerufenen Ideen und Reflexionen nahelegen oder zeigen. Der Tanz ist eine Kunst, die aus dem Leben selbst hervorgeht, da sie nichts anderes ist als das Handeln des ganzen menschlichen Körpers; ein Handeln freilich, das in eine Welt, eine *raumzeitliche Sphäre* transponiert ist, die sich vom praktischen Leben unterscheidet.

Der Mensch wurde sich bewußt, daß er mehr Kraft, mehr Beweglichkeit, mehr Möglichkeiten in der Bewegung von Gliedmaßen und Muskeln zur Verfügung hatte, als notwendig war, um den Anforderungen seines Daseins zu genügen, und er entdeckte, daß bestimmte dieser Bewegungen ihm in ihrer häufigen Wiederholung, ihrer Abfolge oder Stärke ein Vergnügen bereiteten, das sich bis zu einer Art Rauschzustand steigern konnte und manchmal so intensiv war, daß nur eine völlige, sozusagen ekstatische Erschöpfung sein Delirium, seine verbissene motorische Verausgabung unterbrechen konnte.

Wir haben also mehr Kräfte, als wir brauchen. Sie können leicht feststellen, daß die meisten, die weitaus meisten Eindrücke, die unsere Sinnesorgane uns vermitteln, zu nichts nütze, unbrauchbar sind, beim Funktionsablauf der wesentlichen Apparate zur Erhaltung des Lebens keine Rolle spielen. Wir sehen, hören zu viele Dinge, mit denen wir weder etwas anfangen noch überhaupt anfangen können; bisweilen sind dies nur die Ausführungen eines Vortragenden.

Gleiches gilt für unsere Handlungsvermögen: Eine Fülle von Handlungen, die keinerlei Chance haben, in den unentbehrlichen oder wichtigen Geschäften des Lebens ihre Verwendung zu finden, steht uns zu Gebote. Wir können einen Kreis beschreiben, unsere Gesichtsmuskulatur spielen lassen, im Takt gehen; alles das, was uns ermöglicht, die Geometrie, die Komödie, die Kriegskunst zu entwickeln, wurzelt in jener Handlung, die an sich, für den Funktionsablauf des Lebens, nutzlos ist.

So könnten die Hilfsmittel, die sich auf das Leben beziehen – unsere Sinne, unsere Gliedmaßen, die Vorstellungen und Zeichen, die unsere Handlungen und die Aufteilung unserer Kräfte steuern, die die Bewegungen unserer Marionette koordinieren –, sich nur für unsere physiologischen Bedürfnisse einsetzen lassen und sich darauf beschränken, sich mit der Umwelt, in der wir leben, auseinanderzusetzen oder sich gegen sie zur Wehr zu setzen, so daß ihre einzige Aufgabe in der Erhaltung unserer Existenz bestünde.

Wir könnten ein Leben führen, das völlig der Sorge um unseren Lebensapparat gilt, absolut gleichgültig oder unempfindlich gegenüber allem, was bei den Umwandlungszyklen, aus denen das Funktionieren unseres Organismus besteht, keine Rolle spielt. Und nichts verspüren, nichts vollbringen außer Notwendigem, nichts tun, was nicht einer beschränkten Reaktion gleichkäme, einem begrenzten Gegenschlag auf irgendeine äußere Einwirkung hin. Denn unsere nützlichen Handlungen sind endlich. Sie gehen von einem Zustand zum nächsten über.

Beobachten Sie, wie die Tiere anscheinend weder etwas wahrnehmen noch etwas Nutzloses tun. Das Auge eines Hundes sieht die Sterne, gewiß; aber dieser Anblick bleibt für das kreatürliche Sein dieses Hundes folgenlos. Das Ohr dieses Hundes nimmt einen Laut wahr, der ihn sich aufrichten und unruhig werden läßt, doch nimmt er von diesem Laut nur das in sich auf, was notwendig ist, um darauf mit einer unmittelbaren und gleichförmigen Handlung zu antworten. Er verharrt nicht in der Wahrnehmung. Die Kuh auf ihrer Weide – nicht weit davon rollt der Calais-Mittelmeer-Expreß mit Getöse vorbei – fährt hoch, der Zug entschwindet; kein Gedanke des Tieres begleitet diesen Zug: seine schönen Augen folgen ihm nicht, es wendet sich wieder dem zarten Gras zu. Der Index seines Gehirns kehrt sofort auf Null zurück.

Dennoch hat es den Anschein, als vergnügten sich die Tiere zuweilen. Die Katze spielt offensichtlich mit der Maus. Die Affen treiben Pantomime. Die Hunde jagen sich und springen die Nüstern der Pferde an; und ich kenne nichts, was mehr den Gedanken des Spielerischen, der völligen glückseligen Freiheit weckt als das Herumtollen der Tümmler auf offener See: wie sie aus den Wogen auftauchen, darin wieder eintauchen, ein Schiff auf seiner Fahrt überholen, unter seinem Vordersteven dahingleiten und wieder in der Gischt auftauchen, lebhafter als Wellen, in deren Mitte und ihnen gleich, in der Sonne glänzend und sich wandelnd. Ist das bereits Tanzen?

Doch alle diese Tierspiele lassen sich deuten als nützliche Handlungen, impulsive Schübe, aus dem Bedürfnis heraus, überschüssige Energie zu verbrauchen oder Organe, die für den Angriff oder die lebenserhaltende Verteidigung bestimmt sind, im Zustand der Geschmeidigkeit oder Kraft zu erhalten. Und ich meine zu beobachten, daß Arten, die anscheinend über den strengsten Aufbau und hochspezialisierte Instinkte verfügen, wie etwa Ameisen oder Bienen, im Umgang mit ihrer Zeit sich als überaus sparsam erweisen. Die Ameisen verlieren keine Minute. Die Spinne lauert und amüsiert sich nicht in ihrem Netz. Doch der Mensch?

Der Mensch ist dies einzigartige Tier, das sich beim Leben zuschaut, das sich einen Wert verleiht und den gesamten Wert, den es sich zu geben beliebt, in jener Bedeutung ansiedelt, die nutzlose Wahrnehmungen und Handlungen ohne physische vitale Folgen für es haben.

Pascal legte all unsere Würde in das Denken; aber genau dieses Denken, das uns – in unseren eigenen Augen – über unsere sinnliche Verfassung erhebt, ist zu nichts nütze. Wie Sie bemerken könnten, nützt es unserem Organismus gar nichts, wenn wir über den Ursprung der Dinge nachdenken, über den Tod; mehr noch: derart hochgegriffene Gedanken können vielmehr schädlich, ja fatal für unsere Art sein. Unsere tiefschürfendsten Gedanken sind für unsere Erhaltung völlig nebensächlich und in gewisser Weise belanglos in bezug auf sich selbst.

Doch unsere Neugier, die gefräßiger ist als nötig, unsere Geschäftigkeit, die reizbarer ist, als es irgendein lebenserhaltendes Ziel erfordert – sie entwickelten sich bis hin zur Erfindung der Künste, der Wissenschaften, der universalen Fragestellungen, bis hin zur Produktion von Gegenständen, von Formen, Handlungsweisen, die man leicht hätte missen können.

Aber mehr noch: dieses zwanglose und zweckfreie Erfinden und Produzieren, das ganze Zusammenspiel unserer Sinne und Fähigkeiten haben für sich allmählich eine Art *Notwendigkeit*, eine Art *Nützlichkeit* gefunden.

Kunst und Wissenschaft zielen jede gemäß ihren Möglichkeiten darauf ab, aus dem Unnützen eine Art Nützliches zu machen, aus dem Willkürlichen eine Art Notwendiges. Der künstlerische Schaffensprozeß ist nicht so sehr ein Schaffen von Werken als das Schaffen eines *Bedarfs für Werke*; denn Werke sind Produkte, Angebote, die Bedürfnisse, eine Nachfrage voraussetzen.

Da steckt wohl Philosophie dahinter, denken Sie jetzt ... Ich gebe zu ... Ich bin etwas zu weit gegangen. Aber wenn man kein Tänzer ist; wenn man nicht allein mit dem Tanzen Mühe hätte, sondern mit dem Erklären auch des kleinsten Schritts; wenn man nichts außer den Mitteln des Kopfes besitzt, um Wunder, die die Beine vollbringen, darzustellen, dann kann man sein Heil nur in einer Philosophie suchen – was heißt, daß man auf die entlegensten Dinge zurückgreift in der Hoffnung, daß die Schwierigkeit durch die Distanz verschwindet. Es ist viel einfacher, ein Universum zu konstruieren, als zu erklären, wie sich ein Mensch auf seinen Füßen hält. Fragen Sie Aristoteles, Descartes, Leibniz und andere.

Ein Philosoph kann indessen die Bewegungen einer Tänzerin genau beobachten, und wenn er feststellt, daß er dabei Vergnügen empfindet, dann kann er genausogut versuchen, aus seinem Vergnügen das fortgeführte Vergnügen zu gewinnen, nämlich seine Eindrücke in seiner Sprache auszudrücken.

Zunächst aber kann er einige schöne Bilder daraus gewinnen. Philosophen lechzen nach Bildern: Kaum ein Berufsstand verlangt mehr danach, wenngleich die Philosophen sie manchmal hinter wandfarbenen Wörtern verbergen. Sie haben berühmte Bilder geschaffen: der eine eine Höhle; der andere einen verhängnisvollen Strom, bei dem man, hat man ihn einmal überquert, nicht mehr zurückkommt; ein anderer einen Achilleus, der einer unerreichbaren Schildkröte hinterherhetzt. Parallele Spiegel, Läufer, die einander eine Fackel übergeben, bis hin zu Nietzsche und seinem Adler, seiner Schlange, seinem Seiltänzer, das alles ist Material, eine bildhafte Darstellung von Ideen, womit sich ein wunderschönes metaphysisches Ballett gestalten ließe – eine Begegnung so vieler berühmter Symbole auf der Bühne.[1]

Doch mein Philosoph begnügt sich nicht mit dieser Darstellung. Was tun im Angesicht von Tanz und Tänzerin, um sich der Illusion hinzugeben, etwas mehr zu wissen als sie selbst von dem, was sie am besten kennt und man selbst überhaupt nicht? Da muß er wohl seine technische Unkenntnis kompensieren und seine Verlegenheit hinter einer scharfsinnigen allgemeinen Deutung dieser Kunst verbergen, deren Nimbus er anerkennt und dem er erliegt.

Er macht sich an die Arbeit, widmet sich ihr auf seine Weise ... Die Weise eines Philosophen, sein persönlicher Zugang zum Tanz sind wohlbekannt ... Er entwirft den Schritt des *Fragens*. Und wie es einer unnützen, willkürlichen Handlung entspricht, liefert er sich dem aus, ohne ein Ende abzusehen; er beginnt mit einem grenzenlosen Fragen, im Unendlichen der Frageform. Das ist sein Beruf.

Er spielt sein Spiel. Er eröffnet mit seiner üblichen Eröffnung. Und so fragt er sich:

»Was also ist der Tanz?«

Was also ist der Tanz? Er verstrickt sich und paralysiert sofort die Geister – was ihn an eine berühmte Frage, eine berühmte Ratlosigkeit des heiligen Augustinus denken läßt.

Der heilige Augustinus bekennt, daß er sich eines Tages fragte, was die »Zeit« sei; und er gesteht, daß er dies sehr gut wußte, als er noch nicht daran dachte, sich selbst zu fragen; aber sobald er sich dieses Begriffs annahm, innehielt und ihn von einer unmittelbaren Anwendung, einem bestimmten Ausdruck isolierte, sich in den Verzweigungen seines Verstandes verlor. Eine äußerst tiefsinnige Beobachtung ...[2]

Mein Philosoph steht ebendort: Unschlüssig auf der gefürchteten Schwelle[3], die die Frage von der Antwort trennt, verfolgt von der Erinnerung an den heiligen Augustinus, im Halbschatten dieses großen Heiligen sinnierend über dessen Ratlosigkeit.

»Was ist die Zeit? Doch: Was ist der Tanz? ...«

Der Tanz aber (so sagt er sich) ist letzlich nichts anderes als eine Erscheinungsform der Zeit, nichts anderes als die

Schöpfung einer Art Zeit, einer Zeit von ganz klar abgegrenzter und besonderer Art.

Man sieht, daß er bereits weniger sorgenvoll ist: Hat er doch zwei Schwierigkeiten miteinander verbinden können. Jede, für sich genommen, ließe ihn rat- und mittellos zurück; nun aber sind sie vereint. Vielleicht wird die Verbindung fruchtbar sein. Es werden ihr einige Ideen entspringen, und genau das ist es, was er sucht, das ist sein Laster und sein Spielzeug.

Die Tänzerin betrachtet er nun mit außergewöhnlichen Augen, hellsichtigen Augen, die alles, was sie sehen, zu einer Beute des abstrakten Denkens verwandeln. Er schaut, er enträtselt auf seine Art das Schauspiel.

Es wird ihm bewußt, daß diese tanzende Person sich gewissermaßen in einer Dauer einschließt, die sie selbst erzeugt, einer Dauer, die ganz aus gegenwärtiger Energie besteht, aus nichts Dauerhaftem. Sie ist das Unbeständige, verschwendet das Unbeständige, führt durch das Unmögliche, beansprucht das Unwahrscheinliche; indem sie kraft ihrer Anstrengung den gewöhnlichen Zustand der Dinge verneint, erweckt sie in den Köpfen die Vorstellung von einem anderen, außergewöhnlichen Zustand – einem Zustand, der nichts als Handlung wäre, einer Dauerhaftigkeit, die durch eine unaufhörliche Hervorbringung von Arbeit entstehen und bestehen würde, vergleichbar dem vibrierenden Zustand einer Hummel, eines Schwärmers vor dem Blütenkelch, den er erkundet, der, voller treibender Kraft, nahezu reglos verharrt, getragen vom unwahrscheinlich raschen Schlag seiner Flügel.

Ebenso kann unser Philosoph die Tänzerin mit einer Flamme vergleichen oder alles in allem mit jedem Phänomen, das durch den starken Verbrauch von höherer Energie sichtbar in Gang gehalten wird.

Ebenso wird ihm klar, daß im tanzenden Zustand alle Empfindungen des Körpers, der zugleich Antrieb wie in Gang Gehaltenes ist, in einer bestimmten Ordnung miteinander verknüpft sind – daß sie sich gegenseitig Rede und Antwort stehen, als bestünde zwischen ihnen eine Wechselwirkung, eine Widerspiegelung auf der unsichtbaren Wandung der sphärischen Kräfte eines Lebewesens. Gestatten Sie mir diesen entsetzlich kühnen Ausdruck: ich finde keinen anderen. Aber Sie wußten ja bereits vorher, daß ich ein schwerverständlicher[4], komplizierter Schriftsteller bin ...

Mein Philosoph – oder, wenn Ihnen das lieber ist: der von der Manie des Fragens befallene Verstand – stellt sich angesichts des Tanzes seine gewohnten Fragen. Er wendet seine *Warum* und *Weshalb* an; seine üblichen, erhellenden Instrumente, die ihm die Mittel seiner Kunst bedeuten[5]; und wie Sie soeben bemerkt haben, versucht er den unmittelbaren und zweckentsprechenden Ausdruck der Dinge durch mehr oder minder bizarre Formeln zu ersetzen, die es ihm gestatten, diese anmutige Tatsache – den Tanz – in die Gesamtheit dessen einzufügen, was er darüber weiß oder zu wissen glaubt.

Er versucht das Geheimnis eines Körpers zu ergründen, der wie unter der Wirkung eines inneren Schocks ganz plötzlich in eine Art Leben eintritt, das zugleich merkwürdig unbeständig und merkwürdig geregelt erscheint; und zugleich merkwürdig spontan, doch merkwürdig kunstvoll und sicherlich ausgearbeitet.

Dieser Körper scheint sich losgelöst zu haben von seinen üblichen Gleichgewichtszuständen. Man könnte sagen, daß er auf das subtilste – will sagen: behendeste – mit seiner Schwere spielt, deren Neigung er in jedem Moment ausweicht. Sprechen wir nicht von Sanktion!

Allgemein gibt er sich einem mehr oder minder einfachen, wiederkehrenden Ablauf hin, der sich allein zu tragen scheint; als wäre ihm eine höhere Spannkraft gegeben, die den Impuls einer jeden Bewegung rückgewänne und augenblicklich umsetzte. Man denkt an einen Kreisel, der sich auf seiner Spitze hält und überaus lebhaft auf den geringsten Anstoß reagiert.

Doch hier eine bedeutsame Beobachtung, die dieser philosophierende Geist macht, der besser daran täte, sich rückhaltlos zu zerstreuen und sich dem hinzugeben, was er sieht.

Er beobachtet, daß dieser tanzende Körper seine Umgebung zu ignorieren scheint. Er scheint tatsächlich nur mit sich selbst beschäftigt und einem anderen Gegenstand, einem wesentlichen Gegenstand[6], von dem er sich losmacht oder befreit, zu dem er zurückkehrt, doch nur, um von dort neuerlich zu entfliehen ...

Es ist die Erde, der Boden, der feste Grund, die Ebene, wo der Alltag dahintrottet, diese Prosa der menschlichen Bewegung.[7]

Ja, dieser tanzende Körper scheint alles andere zu ignorieren, nichts von alledem zu wissen, was ihn umgibt. Es ist, als ob er auf sich und nur auf sich hörte; es ist, als ob er nichts sähe und die Augen in ihm nichts anderes als Juwelen wären, von jenem unbekannten Schmuck, von dem Baudelaire spricht[8], Schimmer ohne Nutzen für ihn.

Offenbar ist die Tänzerin in einer anderen Welt. Nicht mehr in jener, die sich malerisch vor unseren Blicken ausbreitet, sondern in der aus ihren Schritten gewebten, aus ihren Gesten erbauten Welt. In dieser aber gibt es keine äußeren Ziele für Handlungen; keinen Gegenstand, der sich anfassen, zusammenfügen, zurückweisen oder vor dem sich fliehen läßt, ein Gegenstand, der genau eine Handlung beschließt und vor allem den Bewegungen nach außen hin eine Richtung und Koordination vorgibt und dann einen klaren und sicheren Abschluß.

Und mehr noch: Hier gibt es nichts Unvorhergesehenes; wenn es manchmal so scheint, als handelte das tanzende Wesen wie vor einem unvorhergesehenen Zwischenfall, so ist dieser Zwischenfall Teil einer sehr offensichtlichen Voraussicht. Alles geht vor sich, als ob ... Doch nichts weiter!

Demnach gibt es weder Zielsetzung noch wirkliche Zwischenfälle, keine Äußerlichkeit ...

Der Philosoph frohlockt. Keine Äußerlichkeit! Die Tänzerin hat kein Außen ... Nichts existiert jenseits des Systems, das sie sich durch ihre Handlungen schafft; ein System, das an das völlig gegenteilige, nicht weniger geschlossene System denken läßt: den Schlaf, dessen völlig gegensätzliches Prinzip in der Aufhebung beruht, der völligen Enthaltung von Handlung.

Ihm erscheint der Tanz wie ein künstlicher Schlafwandel, eine Gruppe von Empfindungen, die sich eine eigene Wohnstatt schafft, in der bestimmte muskuläre Motive aufeinanderfolgen gemäß einer Abfolge, die ihm seine eigene Zeit vorgibt, seine absolut eigene Dauer. Mit einer immer *intellektueller* werdenden Sinnlichkeit und Liebe betrachtet er dieses Wesen, das dem tiefen Inneren seiner selbst diese schöne Abfolge von Veränderungen seiner Form im Raum entläßt; das sich fortbegibt, doch ohne wirkliches Ziel; sich auf der Stelle verwandelt, sich unter allen Blickwinkeln zur Schau stellt; und das manchmal kunstvoll aufeinanderfolgende Erscheinungen wie durch kräfteschonende Momente moduliert; manchmal sich behend in einen sich beschleunigenden Wirbelwind verwandelt, um plötzlich innezuhalten, zur Statue kristallisiert, sich mit einem fremden Lächeln zierend.

Doch diese Loslösung von der Umgebung, dieses Fehlen eines Ziels, diese Verneinung erklärbarer Bewegungen, diese vollständigen Drehungen (die kein alltäglicher Umstand unserem Körper abfordert), ja selbst dieses Lächeln, das niemandem gilt – alle diese Züge sind entschieden jenen gegenübergestellt, die unser Handeln in der praktischen Welt und unseren Bezug zu dieser darstellen.

Dort beschränkt sich unser Wesen auf die Funktion eines Vermittlers zwischen empfundenem Bedürfnis und jenem Impuls, der dieses Bedürfnis befriedigt. In dieser Rolle geht unser Wesen immer den ökonomischsten, wenn nicht kürzesten Weg: es strebt nach der Ergiebigkeit. Die Gerade, die minimale Handlung, der geringstmögliche Zeitaufwand scheinen es zu beflügeln. Ein praktischer Mensch trägt den Instinkt für den ökonomischen Einsatz von Zeit und Mitteln in sich, und um so leichter erlangt er diesen, je klarer und begrenzter sein Ziel ist: *ein äußerer Gegenstand.*

Wir sagten jedoch, daß der Tanz ganz das Gegenteil ist. Er genügt sich selbst, findet in sich selbst seine Bewegung, und er weist in sich keinerlei Grund, keinerlei Neigung hin zur

Vollendung auf. Eine Formel reinen Tanzes darf nichts enthalten, was sein Ende vorhersehen läßt. Ihm fremde Ereignisse sind es, die sein Ende herbeiführen; die Grenzen seiner Dauer sind ihm nicht eingegeben; es sind jene der Konventionen eines Schauspiels; Erschöpfung und schwindendes Interesse kommen hinzu. In ihm selbst aber ist nichts, was ihn aufhören ließe. Er hört auf, so wie ein Traum aufhört, der endlos weitergehen könnte: er hört auf, nicht weil irgendein Projekt vollendet wäre – es gibt gar kein Projekt –, sondern durch die Erschöpfung von etwas anderem, das nicht in ihm selbst liegt.

Und könnte man deshalb nicht – gestatten Sie mir eine verwegene Formulierung – ihn (wie ich Sie schon ahnen ließ) als eine Art *Innenleben* betrachten, wobei nunmehr diesem psychologischen Begriff eine neue, physiologisch geprägte Bedeutung beizumessen wäre?

Ein Innenleben, das jedoch ganz aus Zeit- und Energieempfindungen besteht, die sich wechselseitig anworten und gleichsam einen Resonanzbereich bilden. Diese Resonanz überträgt sich wie jede andere: Unser Vergnügen als Zuschauer besteht zum Teil darin, sich durch Rhythmen mitgerissen zu fühlen. Und in Gedanken tanzen wir selbst mit!

Schreiten wir fort zu Konsequenzen oder höchst kuriosen Anwendungen einer derartigen Philosophie des Tanzes. Sprach ich über diese Kunst – wobei ich mich an diese sehr allgemeinen Betrachtungen halte –, dann ein wenig mit dem Hintergedanken, Sie dort hinzuführen, worauf ich jetzt zusteuere. Ich wollte Ihnen eine recht abstrakte Vorstellung vom Tanz geben, und vor allem wollte ich Ihnen den Tanz als Handlung darstellen, die sich aus der gewöhnlichen und zweckgebundenen Handlung *ableitet*, sich dann *von ihr löst* und am Ende sich ihr *entgegenstellt*.

Doch umfaßt dieser höchst allgemeine Gesichtspunkt (und deshalb habe ich ihn heute aufgegriffen) letztlich viel mehr als den Tanz im engeren Sinne. Knüpft doch jede Handlung, die nicht nach dem Nützlichen strebt und andererseits der Ausbildung, der Perfektionierung, der Entwicklung fähig ist, an diesen vereinfachten Typus des Tanzes an. Und somit *können alle Künste als Sonderfälle dieser allgemeinen Idee aufgefaßt werden*, enthalten doch alle Künste qua Definition ein Moment von Handlung, *jene Handlung, die das Werk hervorbringt* oder auch offenkundig werden läßt.

Ein *Gedicht* zum Beispiel ist *Handlung*, denn ein Gedicht besteht nur im Moment seines Vortrags: es ist also *in actu*. Wie der Tanz will dieser Akt nur einen Zustand schaffen; er gibt sich seine eigenen Gesetze; auch er schafft sich eine Zeit und ein Zeitmaß, die ihm angemessen und wesentlich sind: er läßt sich nicht von der Form seiner Dauer unterscheiden. Wer Verse zu rezitieren beginnt, läßt sich in einen Tanz der Worte ein.

Beobachten Sie einen Virtuosen, Geiger, Pianisten bei der Arbeit. Betrachten Sie nur seine Hände. Halten Sie sich die Ohren zu, wenn Sie sich getrauen. Schauen Sie nur auf die Hände. Sehen Sie, wie sie auf der engen Bühne der Klaviatur agieren und laufen. Sind diese Hände nicht Tänzerinnen, die ebenso jahrelang einer eisernen Disziplin, endlosen Übungen unterworfen werden mußten?

Ich darf Sie daran erinnern, daß Sie nichts hören. Sie sehen nur diese Hände, die kommen und gehen, auf einem Punkt ruhen, übereinandergreifen, bisweilen Bockspringen spielen; eben verweilt die eine, während die andere scheinbar den Lauf ihrer fünf Finger bis zum anderen Ende der Bahn aus Elfenbein und Ebenholz sucht. Sie ahnen, daß dies alles bestimmten Gesetzen gehorcht, dieses ganze Ballett Regeln folgt, festgelegt ist ...

Nebenbei gesagt: Wenn Sie nichts hören und das eben gespielte Stück nicht kennen, können Sie überhaupt nicht vorhersehen, wo der Ausführende angelangt ist. *Was Sie sehen*, gibt Ihnen *keinerlei Hinweis* darauf, wie weit der Pianist in seiner Aufgabe gekommen ist; doch zweifeln Sie nicht, daß diese Handlung, in die er vertieft ist, ständig einer recht komplexen Regel unterworfen ist ...

Bei etwas mehr Aufmerksamkeit würden Sie in dieser Komplexität gewisse Einschränkungen in der Bewegungsfreiheit dieser am Klavier agierenden, sich vervielfältigenden

Hände entdecken. Was diese auch immer tun mögen: augenscheinlich können sie es nicht, ohne eine – ich weiß nicht welche – aufeinanderfolgende Gleichmäßigkeit zu respektieren. Takt, Metrum, Rhythmus offenbaren sich. Auf diese Probleme will ich nicht eingehen; in der Praxis wohlbekannt und ohne Schwierigkeiten, scheinen sie mir bis jetzt einer befriedigenden Theorie zu ermangeln; wie übrigens in allem, wo die Zeit unmittelbar eine Rolle spielt. Also kommt man zwangsläufig auf das zurück, was der heilige Augustinus gesagt hat.

Unschwer aber läßt sich beobachten, daß alle automatischen Bewegungen, die einem Zustand des Lebewesens entsprechen und nicht auf ein erkennbares, lokal begrenztes Ziel bezogen sind, in eine periodische Ordnung übergehen; der Gehende nimmt eine solche Ordnung ein; der Zerstreute, der mit seinem Fuß schlenkert oder auf Glasscheiben trommelt; der Nachdenkliche, der sich das Kinn streicht usw.

Ein wenig Mut noch. Dringen wir noch etwas weiter vor: entfernen wir uns von der unmittelbaren, gewohnten Vorstellung, die man sich vom Tanz macht.

Eben sagte ich Ihnen, daß alle Künste sehr verschiedene Formen von Handlung sind und sich auch in Begriffe der Handlung zergliedern lassen. Beobachten Sie einen Künstler bei seiner Arbeit, indem Sie von seinen Ruhezeiten oder den Augenblicken absehen, wo er sie liegenläßt; sehen Sie ihn handeln, innehalten, dann rasch wieder seine Tätigkeit aufnehmen.

Nehmen Sie an, daß er darin ziemlich geübt ist, sicher in seinen Mitteln, damit er im Moment der Betrachtung, die Sie mit ihm anstellen, nur ein Ausführender ist und damit die einzelnen Arbeitsschritte sich tendenziell in vergleichbaren Zeitabschnitten vollziehen, das heißt *rhythmisch*; Sie können dann die Verwirklichung eines Kunstwerks, eines Werks der Malerei und der Bildhauerei selbst als ein Kunstwerk auffassen, dessen materieller Gegenstand, wie er unter den Fingern des Künstlers sich gestaltet, nichts mehr ist als der Vorwand, das Bühnenrequisit, das Thema des Balletts.

Diese Ansicht erscheint Ihnen – denke ich mir – gewagt. Doch bedenken Sie, daß für so manchen großen Künstler ein Werk nie vollendet ist; das, was er als seinen Wunsch nach Perfektion betrachtet, ist vielleicht nichts anderes als eine Form jenes Innenlebens, das ganz aus Energie und Empfindsamkeit besteht im wechselseitigen Austausch und wie umkehrbar, wovon ich schon gesprochen habe.

Erinnern Sie sich andererseits jener Bauwerke der Antike, die zum Rhythmus der Flöte errichtet wurden, wo Kolonnen von Arbeitern und Maurern den Anweisungen folgten.

Ich könnte Ihnen auch jene merkwürdige Geschichte aus dem *Journal* der Gebrüder Goncourt erzählen: von jenem japanischen Maler, der nach Paris kommt und ihrer Einladung folgt, vor einer kleinen Schar von Liebhabern einige Werke auszuführen.

Doch ist es höchste Zeit, diesen Tanz von Gedanken rund um den lebendigen Tanz zu beschließen.

Ich wollte Ihnen zeigen, daß diese Kunst – weit davon entfernt, ein flüchtiger Zeitvertreib zu sein oder eine Spezialität, die sich auf die Hervorbringung irgendwelcher spektakulärer Schaustellung beschränkt, auf die Belustigung der Augen, die sie schauen, oder der Körper, die sich ihr hingeben – vielmehr ganz einfach eine *allgemeine Poesie vom Handeln der Lebewesen* ist: sie isoliert und entwickelt die wesentlichen Merkmale dieses Handelns, löst und enfaltet es, und macht den Körper, über den sie verfügt, zu einem Gegenstand, dessen Verwandlung, dessen Abfolge von Erscheinungsformen, dessen Suche nach den Grenzen der augenblicklichen Kräfte des Wesens zwangsläufig an die Funktion denken lassen, die der Dichter seinem Geist zuweist, an die schwierigen Probleme, die er diesem aufgibt, an die Metamorphosen, die er daraus gewinnt, die Abschweifungen, die er sucht und die ihn, manchmal im Übermaß, vom Erdboden entfernen, von der Vernunft, vom Durchschnittsbegriff und von der Logik des gesunden Menschenverstandes.

Was ist eine Metapher, wenn nicht eine Art Pirouette der Vorstellung, der man verschiedene Bilder oder Bezeichnungen näherbringt? Und was sind alle diese Figuren, die wir verwenden, alle diese Mittel wie Reime, Inversionen, Antithesen, wenn nicht Gebrauchsformen aller Möglichkeiten der Sprache, die uns von der praktischen Welt lösen und auch uns unser eigenes Universum, den bevorzugten Ort des geistigen Tanzes, schaffen?

Nunmehr des Wortes müde, doch um so begieriger auf sinnliche Verzauberung und müheloses Vergnügen, überlasse ich Sie jetzt der Kunst selbst, der Flamme, dem feurig feinen Ausdruck von Madame Argentina.

Welche Wunder an Einfühlungsvermögen und Erfindungsgabe diese große Künstlerin geschaffen hat, was sie aus dem spanischen Tanz gemacht hat – das wissen Sie. Was mich betrifft, nachdem ich zu Ihnen ausschließlich – und mehr als genug – über den Tanz *in abstracto* gesprochen habe, so kann ich Ihnen gar nicht sagen, wie sehr ich die von Argentina geleistete, intelligente Arbeit bewundere. Sie hat in äußerst noblem, tief durchdrungenem Stil eine Form von Volkstanz wiederaufgegriffen, dem es unlängst noch beschieden war, herabgewürdigt zu werden, vor allem außerhalb Spaniens.

Ich denke, dieses großartige Ergebnis – ging es doch um die Rettung einer Kunstform, die Wiederherstellung ihrer Würde und legitimen Kraft – hat sie erreicht kraft einer ungemein durchdringenden Analyse der Mittel einer solchen Kunstform – und ihrer eigenen. Das berührt mich und interessiert mich leidenschaftlich. Ich bin einer, der nie Verstand und Gefühl gegenüberstellt oder gegenüberzustellen versteht, das reflexive Bewußtsein seinen unmittelbaren Gegebenheiten.[9] Und ich begrüße Argentina mit genau jener Wertschätzung, die ich mir selbst gerne entgegenbringen würde.

# TANZ, ZEICHNUNG UND DEGAS

# DEGAS

Wie ein etwas zerstreuter Leser seinen Bleistift an den Rändern eines Buches spazierenführt und je nach seiner Zerstreutheit und der Laune des Stifts kleine Figuren oder unbestimmtes Schnörkelwerk neben den gedruckten Text kritzelt, so will ich das Folgende nach Einfall und Belieben an den Rand dieser wenigen Studien von Edgar Degas schreiben.

Ich begleite diese Bilder mit einem kleinen Text, der nicht unbedingt gelesen zu werden braucht oder zumindest nicht in einem Zug, und der nur einen ganz losen Zusammenhang mit diesen Zeichnungen aufweist, ja eigentlich in keiner unmittelbaren Beziehung zu ihnen steht.

Es handelt sich also lediglich um eine Art Monolog, darin aufs Geratewohl meine Erinnerungen und die verschiedenen Ansichten zur Sprache kommen werden, die ich mir über eine eigenartige Persönlichkeit gebildet habe: über einen großen und ernsthaften Künstler, der, im tiefsten eigenwillig und von seltenem, wachem, scharfem und rastlosem Verstand, hinter der Unbedingtheit seiner Meinungen und der Strenge seiner Urteile einen unerklärlichen Zweifel an sich selber, eine durch nichts zu befriedigende Ungenügsamkeit verbarg – äußerst bittere und äußerst edle Regungen, in denen seine feine Kenntnis der Meister, seine Begierde nach Geheimnissen, die er ihnen beilegte, seine unablässige Beschäftigung mit ihren sich gegenseitig ausschließenden Vorzügen ihn bestärkten. Kunst – darunter verstand er Probleme einer gewissen Mathematik, die noch subtiler ist als die gewöhnliche und die bis jetzt niemand zu formulieren vermocht hat, ja von deren Vorhandensein nur die wenigsten etwas ahnen können.[1] Er gebrauchte gern den Ausdruck *gelehrte Kunst*, er pflegte zu sagen, ein Gemälde sei das Ergebnis *einer Reihe rechnerischer Operationen* ... Dieweil der naive

Betrachter sich die Entstehung von Kunstwerken aus dem glücklichen Zusammentreffen eines Stoffes und einer Begabung erklärt, zögert ein so tiefer Künstler – tiefer vielleicht, als man es vernünftigerweise sein sollte – den Augenblick des Genusses hinaus, schafft selbst den Widerstand, fürchtet den kürzesten Weg.

Degas wies jede *Leichtigkeit* von sich, wie er alles von sich wies, was nicht ausschließlich den Inhalt seines Denkens betraf. Im Grund war ihm nur daran gelegen, vor sich selber zu bestehen – und das hieß freilich, den anspruchsvollsten, strengsten und unbestechlichsten Richter zufriedenzustellen. Niemand hat Ehrungen, Vorteile, Reichtum gründlicher verachtet als er, von jenem Ruhm schon gar nicht zu reden, wie der Schriftsteller ihn dem Künstler so leicht und mit verschwenderischer Unbekümmertheit zu spenden vermag. Für jene, die das Schicksal ihres Werkes vom Belieben der öffentlichen Meinung, amtlicher Institutionen oder von Geldinteressen abhängig machen, hatte er nur Spott und Hohn. Wie der wahrhaft Gläubige sich allein auf Gott bezieht, vor dessen Auge weder Ausflüchte noch Kniffe, weder Berechnungen noch Einverständnisse, weder Stolz noch Schein gelten, so blieb auch er, zutiefst unangefochten und unwandelbar, einzig der absoluten Idee verpflichtet, die er von seiner Kunst hatte. Nur was er von sich selber kaum jemals zu erreichen hoffte, erschien ihm erstrebenswert.

Auf das alles werde ich ohne Zweifel noch zurückkommen... Eigentlich weiß ich selber noch nicht so recht, womit ich mich sogleich befassen werde. Da ich es schon mit *Degas* zu tun habe, werde ich möglicherweise ein wenig vom Wege abkommen, in Richtung auf den *Tanz*, auf das *Zeichnen*. Es handelt sich hier ja nicht um eine Biographie, wie sie im Buch steht; ich habe nicht allzuviel übrig für Biographien, was höchstens beweist, daß ich wohl nicht geeignet bin, eine zu schreiben. Letzten Endes ist ein Menschenleben nur eine Reihe von Zufällen – und eine Reihe von mehr oder weniger genauen *Antworten* auf diese oder jene Vorkommnisse...

Überdies sind es nicht die *zufälligen Ereignisse*, die mir an einem Menschen wichtig erscheinen, und weder mit seiner

Herkunft noch mit seinen Liebschaften, noch mit seinen Nöten, ja mit überhaupt fast nichts, was der Beobachung zugänglich wäre, ist mir gedient. Denn aus alledem erwächst mir nicht die geringste *wirkliche* Einsicht in das, was ihm seinen Wert verleiht und ihn von jedem anderen, und von mir, letztlich unterscheidet. Ich leugne nicht, daß ich öfter neugierig bin auf solche Einzelheiten, aus denen wir nichts Rechtes erfahren; *was mich interessiert, ist nicht immer, was Bedeutung für mich hat*, darin ergeht es mir wie jedermann. Aber es heißt auf der Hut sein vor dem bloß *Amüsanten*.

Sehr viele für Degas bezeichnende Züge, die ich anführe, stammen nicht aus meiner eigenen Erinnerung. Ich verdanke sie Ernest Rouart[2], der ihn von klein auf aus nächster Nähe gekannt hat, in ehrfürchtigem Aufblicken zu diesem schrulligen Meister herangewachsen, mit seinen Aphorismen und Lehrsätzen erzogen worden ist und unter seinem herrischen Kommando sich mehrfach bald auf dem Gebiet der Malerei, bald der Graphik versucht hat; auf seine Erzählungen voll Witz und Beobachtungsschärfe, die er für mich abgefaßt hat, werde ich in meinem Text zurückgreifen.

Endlich: keine Ästhetik; keine *Kritik* – oder doch nur ein Mindestmaß davon.

Degas, vor dem nur wenige Dinge Gnade fanden, stimmten Kunstkritik und ästhetische *Theorien* nicht milder. Gern pflegte er zu sagen – und wiederholte es später bis zum Überdruß –, daß die Musen nie miteinander diskutierten. Sie arbeiten den ganzen Tag, streng getrennt. Finden sie sich am Abend, nach getaner Arbeit, wieder zusammen, so tanzen sie: *sie reden nicht.*

Er war indessen selber ein großer Kampfhahn und schrecklicher Räsonierer, den namentlich Probleme der Politik und des Zeichnens in Harnisch brachten. Nie gab er klein bei, geriet rasch ins Schimpfen und Schreien, warf mit den schärfsten Ausdrücken um sich, brach schroff ab. Alceste[3] hätte neben ihm wie ein gutmütiger Schwächling gewirkt.

Doch in Anbetracht des neapolitanischen Blutes in seinen Adern, das ihn so rasch mit überlauter Heftigkeit aufbrausen ließ, konnte man sich manchmal fragen, ob er sich nicht darin gefalle, den Unbequemen zu spielen und allgemein dafür zu gelten.

Indessen, es gab bei ihm auch entzückende Stunden.

Ich habe Degas ums Jahr 1893 oder 94 bei Henri Rouart kennengelernt, in dessen Haus ich durch den einen seiner Söhne eingeführt worden war, um mich binnen kurzem auch mit den drei anderen anzufreunden.[4]

Dieses Haus an der Rue de Lisbonne war von unten bis oben eine einzige Galerie erlesener Gemälde. Sogar der Concierge pflegte, von dieser Kunstleidenschaft angesteckt, die Wände seiner Loge mit bisweilen trefflichen Bildern zu schmücken, die er im Auktionshaus erstand, wo er sich ebenso häufig blicken ließ wie andere Bedienstete auf der Rennbahn. Wenn er einen besonders guten Fang getan hatte, kaufte ihm seine Herrschaft das Bild ab, das dann unverzüglich aus der Loge in die Ausstellungsräume wanderte.

Ich bewunderte, ich verehrte an Henri Rouart die Erfülltheit eines Lebens, darin fast alle Vorzüge von Charakter und Geist sich vereinigt fanden: Weder Ehrgeiz noch Neid, noch die Sucht aufzufallen haben ihn je gequält. Er liebte nur die wahren Werte, die er auf mehr als einem Gebiet zu beurteilen fähig war. Der gleiche Mann, der einer der hervorragendsten Kunstliebhaber seiner Zeit gewesen ist, der so früh schon die Werke eines Millet, Corot, Daumier, Manet – und El Greco – schätzte und sammelte[5], hatte sein Vermögen als Maschinenbauer erworben, mit Erfindungen, zu denen er auf rein theoretischem Wege gekommen war und die er in der Folge zunächst technisch, dann industriell verwertete. Dankbarkeit und Anhänglichkeit, die ich Henri Rouart bewahre, brauchen hier nicht mitzureden. Ich will nur betonen, daß ich ihn zu den Menschen zähle, die geistig auf mich eingewirkt haben. Seine Tätigkeit als Maschinenbauer, als Fachmann und Erfinder auf dem Gebiet der Metallurgie und der Thermomechanik ging Hand in Hand mit einer glühenden Leidenschaft für die Malerei; er kannte sich in ihr aus als Künstler und praktizierte sie selbst als Maler. Aber dank seiner Bescheidenheit ist sein eigenes Œuvre, das sich durch eine merkwürdige Brüchigkeit auszeichnet, beinahe unbekannt und ausschließlich im Besitz seiner Kinder geblieben.

Es gefällt mir, wenn ein und derselbe Mensch sich in verschiedenen Berufen auskennt und sich mit Schwierigkeiten von mehr als einer Art auseinanderzusetzen vermag. In Fällen, wo er es mit einem Problem zu tun bekam, vor dem sein mathematisches Wissen versagte, nahm Henri Rouart zu ehemaligen Studienkameraden Zuflucht, die nach ihrem Weggang von der École Polytechnique[6] nicht aufgehört hatten, analytische Untersuchungen zu pflegen und zu vertiefen. So zog er etwa den großen Mathematiker Laguerre zu Rate, einen Mitbegründer der Theorie der imaginären Zahlen und Urheber einer spezifischen Definition der Distanz. Er ließ sich von ihm bei der Lösung gewisser Differentialrechnungen beraten.[7] Handelte es sich aber um Malerei, so war es Degas, mit dem er darüber diskutierte. Er verehrte und bewunderte Degas.

Sie waren Schulfreunde gewesen, im Lycée Louis-le-Grand, hatten sich jahrelang aus den Augen verloren und durch eine wundersame Verkettung der Umstände wiedergefunden. Degas kam gern auf die näheren Einzelheiten dieses Wiedersehens zu sprechen. Dieweil 1870, während der Belagerung von Paris, Henri Rouart sich in doppelter Hinsicht an der Verteidigung der Stadt beteiligte – als ehemaliger Kriegsschüler von Metz eine Batterie der Festungstruppe befehligte, in seiner Eigenschaft als Fachmann auf dem Gebiet der Metallurgie aber Kanonen fabrizierte –, diente Degas als gemeiner Soldat bei der Infanterie. Anläßlich einer Schießübung in Vincennes kam heraus, daß er mit dem rechten Auge die Scheibe nicht erkennen konnte. Der ärztliche Befund erkärte dieses Auge für so gut wie verloren, was er selber (ich habe alles von ihm selbst gehört) der Feuchtigkeit eines Dachzimmers zuschrieb, das er lange Zeit als Schlafraum benutzt hatte. Da er unter diesen Umständen als Infanterist nicht zu gebrauchen ist, *steckt* man ihn in die Artillerie. In seinem Hauptmann erkennt er dann seinen ehemaligen Mitschüler Henri Rouart. Sie sollen einander nicht mehr aus den Augen verlieren.

Jeden Freitag – getreulich, launig, unausstehlich – belebt Degas die Abendtafel bei Henri Rouart. Er sprüht von Einfällen, erregt Entsetzen, verbreitet Fröhlichkeit. Er giftet, er äfft nach, er überbietet sich in Witzeleien, Gleichnissen, Maximen, Übertreibungen, in allen Spielarten der intelligentesten Ungerechtigkeit, des sichersten Geschmacks, einer ebenso engstirnigen wie luziden Leidenschaftlichkeit. Er zieht her über die Literaten, das Institut[8], die Schein-Eremiten, die *arrivierten* Künstler; zitiert Saint-Simon, Proudhon, Racine und die wunderlichen Sentenzen des Monsieur Ingres ...[9] Ich meine ihn zu hören. Sein Gastgeber, ihm in Anbetung zugetan, hing mit bewundernder Nachsicht an seinen Lippen, während andere Geladene, junge Leute, alte Generäle, schweigsame Damen, mit sehr gemischten Gefühlen die Lektionen in Ironie, Ästhetik oder Draufgängertum genossen, die ihnen der *wortgewaltige* Spötter erteilte.

Nicht ohne Interesse beobachtete ich den Gegensatz, der zwischen diesen beiden Spielarten eines außergewöhnlichen Menschentums bestand. Zuweilen wundere ich mich, daß die Literatur bisher so selten mit der Verschiedenartigkeit der Intelligenzen etwas anzufangen gewußt hat, mit den Übereinstimmungen oder Nichtübereinstimmungen, die, bei annähernd gleicher Kraft und Aktivität des Geistes, zwischen den einzelnen Individuen sich beobachten lassen.

Ich habe Degas also am Tisch bei Henri Rouart kennengelernt. Ich hatte mir eine Ansicht über ihn gebildet, die auf ein paar mir bekannte Werke von ihm zurückging sowie auf ein paar seiner *Aussprüche*, die die Runde machten. Ich finde es stets sehr interessant, eine Sache oder einen Menschen mit der Vorstellung zu vergleichen, die ich mir, noch ehe ich sie gesehen, von ihnen gebildet habe. Für den Fall, daß diese Vorstellung deutlich war, kann es aufschlußreich sein, sie mit dem betreffenden Gegenstand zu konfrontieren.

Aus Vergleichen dieser Art gewinnen wir einen ungefähren Begriff von unserer Fähigkeit, auf der Grundlage unvollkommener Gegebenheiten uns etwas vorzustellen. Ebenso führen sie uns wiederum die ganze Nichtigkeit der Biographien im besonderen und der Geschichte im allgemeinen vor Augen. Noch weit einleuchtender dürfte allerdings die folgende Tatsache sein: die erstaunlich große Wahrscheinlichkeit nämlich, die dafür besteht, daß unsere unmittelbare Beobachtung *ungenau* ist – das Werk der Verfälschung also, das unsere Augen begehen. *Beobachten*, das ist hauptsächlich ein Sich-Vorstellen dessen, was man mit Sicherheit zu sehen erwartet. Vor ein paar Jahren wurde eine Persönlichkeit, die ich kenne (und die überdies ziemlich bekannt ist), anläßlich ihres Aufenthalts in Berlin, wo sie einen Vortrag hielt, in zahlreichen Zeitungen geschildert, die ihr übereinstimmend schwarze Augen gaben. In Wahrheit besitzt sie sehr helle. Aber sie ist aus dem Süden Frankreichs gebürtig, die Journalisten wußten das und sahen dementsprechend.[10]

Unter Degas hatte ich mir einen Menschen vorgestellt, streng wie eine harte Zeichnung, einen Spartaner, einen Stoiker, einen Jansenisten der Kunst. Eine Art Brutalität, die aus dem Intellekt stammte, schien mir an ihm der wesentlichste Zug. Kurz zuvor hatte ich die *Soirée avec Monsieur Teste* geschrieben[11], und dieser kleine Versuch eines imaginären Porträts, wiewohl auf feststellbaren, möglichst genauen Beobachtungen und Verhältnissen beruhend, dürfte durch *einen bestimmten, in meiner Vorstellung lebenden Degas* mehr oder weniger *beeinflußt* sein. Die Manie, allerhand Monstren der Intelligenz und des Bewußtseins von sich selbst zu erfinden, ließ mich zu jener Zeit nicht los. Alle Vagheiten waren mir zuwider, und ich wunderte mich, daß vielleicht niemand, in keinem Bereich, gewillt war, seine Gedanken bis zu Ende zu denken ...

Meine Vorstellung von Degas beruhte nicht völlig auf Einbildungen. Nur daß der wirkliche Degas, worauf ich mich hätte gefaßt machen können, in Wahrheit bei weitem komplexer war, als ich ihn erwartet hatte.

Er behandelte mich so höflich, wie man jemanden behandelt, der Luft ist. Ich war in seinen Augen keinen Schuß Pulver wert. Ich begiff indessen, daß die jungen Literaten von anno dazumal seine Zuneigung nicht genossen: er mochte ganz besonders nicht Gide, den er im gleichen Hause kennengelernt hatte.[12]

Viel besser war er auf die jungen Maler zu sprechen. Nicht daß es ihn etwas gekostet hätte, ihre Bilder und Theorien in Grund und Boden zu verdammen, aber er vollzog diese Hinrichtungen mit einer Art von Zärtlichkeit, die sich auf seltsame Weise mit der Grausamkeit seiner Ironie paarte. Er besuchte ihre Ausstellungen; er beachtete das kleinste Anzeichen von Talent; war der Künstler zufällig in der Nähe, sagte er ihm etwas Artiges, gab ihm guten Rat.

*Betrachtung:* Die Literatur- und die Kunstgeschichte sind ebenso belanglos wie die allgemeine Historie. Diese Nichtigkeit beruht auf einem seltsamen Mangel an Wißbegierde seitens der Autoren. Die Fähigkeit, Fragen zu stellen, selbst ganz einfache, scheint ihnen völlig abzugehen. So kümmert man sich, um nur ein Beispiel zu nennen, wenig genug um Wesen und Wichtigkeit der Beziehungen, die, in einer bestimmten Epoche, die *junge* Generation mit der *alten* verbinden: Bewunderung, Neid, Verständnislosigkeit, Auseinandersetzungen; übernommene Vorschriften und Methoden, die verschmäht werden; wechselseitige Beurteilungen; gegenseitige Ablehnung, Verachtung, reuige Rückkehr ... Das alles, aus dem ein höchst lebendiges Bild der *Komödie des Intellekts* sich gewinnen *ließe*, verdient nicht, stillschweigend übergangen zu werden. In keiner *Geschichte der Literatur* steht zu lesen, daß gewisse *Geheimnisse* der Poetik vom Ausgang des sechzehnten bis Ende des neunzehnten Jahrhunderts sich vererbt haben und daß es darum, für diese Periode, ein leichtes ist, zwischen Dichtern zu unterscheiden, die diesen Winken gefolgt sind, und solchen, die sich darüber hinwegsetzten. Und was gibt es Aufschlußreicheres als jene gegenseitigen Bewertungen, von denen ich gerade gesprochen habe?

Kurz vor seinem Tod erzählte mir Claude Monet[13], wie ein Händler in der Rue Laffitte, bei dem er, ganz zu Beginn seiner Laufbahn, ein paar Bilder ausgestellt hatte, eines Tages einen Herrn mit Begleiterin vor seinem Schaufenster stehen sieht, die beide einen sehr würdigen, beinahe majestätisch bürgerlichen Eindruck machen. Angesichts der Monets kann sich der Herr nicht mehr zurückhalten: er tritt ein, macht eine Szene, findet es unbegreiflich, daß man derartige Scheußlichkeiten ausstellen könne ... »Ich habe ihn übrigens erkannt«, fügte der Händler hinzu, als er Monet bei nächster Gelegenheit diese Geschichte erzählte. »Und, wer war es?« fragte Monet. »Daumier[14] ...«, antwortete der Händler. Kurze Zeit danach – die nämlichen Bilder hängen im nämlichen Schaufenster – bleibt wiederum, doch diesmal in Monets Anwesenheit, ein Unbekannter davor stehen, betrachtet sie lange mit zusammengekniffenen Augen, stößt die Tür auf und tritt ein. »Welch hübsche Malerei«, meint er, »und von wem?« Der Händler weist auf den anwesenden Künstler. »Was für ein Talent, mein Herr ...« usw. Monet stammelt seinen herzlichsten Dank. Schließlich möchte er den Namen seines Bewunderers wissen. »Ich bin Decamps[15]«, versetzt der andere, bevor er sich empfiehlt.

## ÜBER DEN TANZ

Warum nicht ein wenig vom Tanz reden – wenn man schon vom Maler der Tänzerinnen spricht?

Ich möchte gern zu einer klaren Vorstellung darüber gelangen und will sehen, wie sich dies vor einem breiteren Publikum bewerkstelligen läßt.

Das Tanzen ist eine Kunst, die sich menschlicher Bewegungen bedient, und zwar jener, die *willentlich* sein können.

Die Mehrzahl unserer willentlichen Bewegungen steht im Dienst einer äußeren Handlung: entweder gilt es, einen Ort oder einen Gegenstand zu erreichen, oder irgendeine Wahrnehmung oder Empfindung in bestimmter Hinsicht zu verändern. Sehr zutreffend sagte der heilige Thomas:[16] »Primum in causando, ultimum est in causato.«

Ist das Ziel erreicht, die Angelegenheit abgeschlossen, kommt auch die Bewegung zum Stillstand, die ja gewissermaßen in der Verbindung unseres Körpers mit dem Gegenstand und mit unserer Intention *vorgezeichnet* war. Ihre Bestimmung war zugleich ihre Begrenzung; man konnte sie weder planen noch ausführen, ohne sich von der Vorstellung eines Ereignisses erregen und leiten zu lassen, das ihr Ziel war.

Bewegungen dieser Art stehen immer unter einem Gesetz der Wirtschaftlichkeit von Kräften, das unterschiedliche Bedingungen zwar komplizieren mögen, das aber niemals ohne entscheidenden Einfluß auf die Verausgabung unserer Kräfte ist. Selbst eine *abgeschlossene* äußere Handlung kann nicht gedacht werden, ohne daß sich dem Bewußtsein die Vorstellung eines bestimmten Minimalaufwandes aufdrängt. Habe ich die Absicht, mich von der Place de l'Étoile zum Louvre zu begeben, so werde ich nie auf den Gedanken kommen, daß ich dies *auch* auf dem Weg übers Panthéon tun könnte.

Andererseits gibt es aber auch Bewegungen, zu denen sich schlechterdings kein örtlich bestimmter äußerer Gegenstand denken läßt, der ihre Entwicklung förderte oder festlegte, sie zu verursachen und zu beendigen vermöchte. Keine *Sache*, die, einmal erreicht, die Auflösung dieser Akte zur Folge hätte. Sie kommen erst zum Stillstand, wenn etwas ihrer Veranlassung, ihrem Verlauf, ihrer Art Fremdes dazwischentritt; und anstatt wirtschaftlichen Bedingungen unterworfen zu sein, scheinen sie vielmehr die Verschwendung selber als Zweck zu haben.

Die freudigen Luftsprünge etwa eines Kindes oder eines Hundes, das *Gehen um des Gehens, das Schwimmen um des Schwimmens willen* sind Tätigkeiten, die kein anderes Ziel haben, als unser Energiegefühl zu verändern, einen bestimmten Zustand dieses Gefühls herbeizuführen.

Die Akte dieser Ordnung können und müssen sich so lange wiederholen, bis ein Umstand, der von einer selbstverursachten äußeren Veränderung grundsätzlich verschieden ist, dazwischentritt. Dieser Umstand kann *ein ganz beliebiger* sein: *Ermüdung*, zum Beispiel, oder *Konvention*.

Diese Bewegungen, die ihren Sinn in sich selbst haben und die Schaffung eines *Zustandes* zum Ergebnis haben, entspringen zwar einem Bedürfnis, vollzogen zu werden, oder werden durch einen Anlaß ausgelöst, ohne daß ihnen indessen diese Antriebe irgendeine Richtung im Raum erteilten. Sie können völlig ungeordnet sein. Das zur Bewegungslosigkeit verurteilte Tier bricht, seiner Lage überdrüssig, schnaubend aus, auf der Flucht vor einer Empfindung, nicht vor einer Sache; *es macht sich Luft* in Galoppaden und ungezügeltem Betragen. Ein Mensch, in dem Freude, Wut, die Unrast des Herzens oder plötzlich aufwallende Vorstellungen Energien freisetzen, die kein eindeutiger Akt zu fassen und im Keim zu erschöpfen vermag, steht auf, geht hinaus, läuft mit großen, stürmischen Schritten herum im Raum, den er wie blind durchmißt, gehorcht dem Sporn dieser überschäumenden Gewalt ...

Und doch existiert eine beachtenswerte Form dieser Verausgabung unserer Kräfte: sie besteht im Ordnen und Leiten unserer der Verschwendung entspringenden Bewegungen.

Wie wir oben sagten, ist bei dieser Art von Bewegungen der Raum lediglich der Ort der Akte: *ihren Gegenstand enthält er nicht.* Jetzt ist es nämlich die Zeit, die die entscheidende Rolle spielt ...

Diese Zeit nun ist jene organische Zeit, der wir im Bereiche aller wechselweise sich vollziehenden Grundfunktionen des Lebens begegnen. Jede dieser Funktionen vollzieht sich vermittels eines Zyklus von Muskeltätigkeiten, deren Fortgang sich so darstellt, als ob der Abschluß oder Ablauf der jeweils voraufgehenden den Antrieb zur nächstfolgenden auslöste. Nach diesem Modell vermögen unsere Glieder eine Folge von *Figuren* auszuführen, die sich fortlaufend miteinander verketten und durch ihre Wiederholung eine Art von Trunkenheit erzeugen, die von Sehnsucht bis zum Delirium, von einer sozusagen hypnotischen Hingabe bis zu einer Art Raserei sich steigern kann. Der eigentliche Zustand des *Tanzes* ist geschaffen. Eine eindringlichere Untersuchung würde darin vermutlich ein neuromuskuläres Phänomen erkennen, verwandt dem der *Resonanz*, das in der Physik eine so wichtige Rolle spielt; aber meines Wissens ist eine solche Untersuchung noch nie durchgeführt worden ...

Zwischen der Welt des Tanzes und der Welt der Musik

bestehen enge Zusammenhänge, um die gefühlsmäßig jedermann weiß, obwohl bis heute noch niemand ihren Mechanismus ergründet, ihre *Notwendigkeit* bewiesen hat.

Nichts ist in Wahrheit geheimnisvoller als der in Worten so simple Befund: *Gleichheit der Dauer* oder der *Zeit*intervalle. Wie vermögen wir abzuschätzen, daß Geräusche in *gleichen* zeitlichen Abständen aufeinanderfolgen, wie ist es uns möglich, eine taktmäßige Folge von Schlägen auszuführen? Und was bedeutet überhaupt diese von unseren Sinnen bestätigte *Gleichheit*?

Nun, dem Tanz entspringt eine ganze Welt der körperlichen Gestaltung: Die Tanzlust erweckt in ihrem Umkreis die Lust, tanzen zu sehen. Indem dieselben Glieder sich verschränken, entfalten und wieder verschränken oder Bewegungen in gleichen oder harmonischen Zeitabständen einander antworten, entsteht ein *Ornament im Bereich der Dauer*, wie durch die Wiederholung von Figuren im Raum oder von ihren Symmetrien das *Ornament im Bereich der Ausdehnung* entsteht.[17]

Bisweilen gehen diese beiden Formen einen wechselseitigen Austausch ein. So gibt es bei Ballettaufführungen Augenblicke scheinbarer Reglosigkeit des Ensembles, während deren die Anordnung der Tanzenden den Eindruck einer starren Dekoration erweckt, die freilich keine Dauer kennt, eines Systems von lebendigen, in ihren Stellungen schlagartig erstarrten Leibern, das ein einzigartiges Bild der Unbeständigkeit bietet. Die Darstellerinnen wirken wie in Posen gebannt, die von solchen weit entfernt sind, in welchen wir dank der Gesetze der Mechanik und unserer menschlichen Kräfte uns aufrecht zu halten vermögen ... dieweil wir in Gedanken anderswo sind.

Daraus ergibt sich diese wunderbare Erkenntnis: daß in der Welt des Tanzes die Ruhe keinen Platz hat; die Bewegungslosigkeit ist etwas Unnatürliches und Erzwungenes, ein vorübergehender, ja fast gewaltsamer Zustand, während die Sprünge, die abgezählten Schritte, Spitzentanz, *entre-chats* oder schwindelerregende Drehungen zum alltäglichsten Sein und Tun gehören. Aber im gewöhnlichen und täglichen

Leben sind die Akte nur Übergänge aus einer Ruhelage in die andere, und alle Energie, die wir bisweilen für sie aufwenden, erschöpft sich in der Erfüllung irgendeiner Aufgabe, ohne sich dank der Spannkraft eines *überreizten* Körpers wiederum herstellen und aus sich selber erneuern zu können.

Was innerhalb der einen Welt unter die *Wahrscheinlichkeiten* zu rechnen ist, gehört also in der anderen zu den allerseltensten *Zufällen.*

An diese Feststellungen ließen sich allerhand Analogien anknüpfen.

Ein Zustand, der sich nicht fortsetzen läßt, der uns *außerhalb* oder *fern* von uns selbst versetzt, aber in dem dennoch das *Unbeständige* uns beisteht, während das *Beständige* darin nur zufälligerweise eine Rolle spielt – ein solcher Zustand vermittelt uns die Anschauung einer Existenz anderer Art, die die seltensten Augenblicke unseres Seins in sich zu fassen vermag, ganz aus *Grenzwerten* unserer Fähigkeiten zusammengesetzt ist. Ich denke an das, was man gewöhnlich *Inspiration* nennt.

Was könnte unwahrscheinlicher sein als eine Rede, die unseren Geist mit jedem Bild, jeder Vorstellung, die sie ihm vor Augen führt, verführte und entzückte, während gleichzeitig die Folge der sie dem Gehör vermittelnden Lautzeichen und Artikulationen uns gefangennimmt und den emotionalen Wert des sprachlichen Ausdrucks unüberhörbar macht, ihn trägt und nachwirken läßt?

Von Mallarmé stammt das Wort: die Tänzerin ist keine Frau, die tanzt, denn erstens ist sie keine Frau, und zweitens tanzt sie nicht.[18]

Diese tiefsinnige Bemerkung hat nicht nur einen tiefen Sinn: sie ist wahr; und sie ist nicht nur wahr, was heißt, daß man in ihr, bei längerem Nachdenken, nicht nur immer mehr bestärkt wird, sondern sie ist überdies beweisbar, und ich habe sie mit eigenen Augen bestätigt gesehen.

Den unbeschwertesten, geschmeidigsten, wollüstigsten aller Tänze sah ich auf einer Leinwand, auf der große Quallen zu sehen waren:[19] keine Frauen also, und sie tanzten nicht.

Keine Frauen, sondern Wesen aus einem unvergleichlichen, durchscheinenden und empfindlichen Stoff, höchst reizbare Leiber aus Glas, Kuppeln von fließender Seide, diaphane Kronen, lange lebende Peitschenschnüre, ganz durchströmt von hastigen Wellen, wogenden Fransen und Rüschen, die sie zusammenfalten und wieder entfalten, während sie sich wenden, wandeln, entziehen, selber nicht minder flüssig als die flüssige Masse, die sie umdrängt, sich mit ihnen vermählt, sie allenthalben stützt, jeder noch so leisen Biegung ihrer Gestaltungen nachgibt und ihre Form einnimmt. Hier, in der unendlich gedrängten Fülle des Wassers, die ihnen nicht den mindesten Widerstand zu bieten scheint, verfügen diese Geschöpfe über das ideale Höchstmaß an Beweglichkeit, breiten darin ihre strahlenförmige Symmetrie auseinander und ziehen sie wieder zusammen. Keinerlei Boden, nichts Festes für diese absoluten Tänzerinnen; keine Bretter; aber eine Umgebung, in der man sich lauter Stützpunkten überläßt, die nach jeder beliebigen Richtung hin zurückweichen. Ebensowenig Festigkeit in ihren Leibern aus elastischem Kristall: keine Knochen, keine Gelenke, noch sonst irgend bestimmte Verbindungen, keine Einzelteile, die man zählen könnte...

Nie hat eine menschliche Tänzerin, eine in allen Sinnen fiebernde Frau, berauscht von der Bewegung, vom Gift ihrer überreizten Kräfte, der glühenden Gegenwart begehrlicher Blicke, die gebieterische Hingabe des Geschlechts und den mimischen Ausdruck eines Bedürfnisses von Prostitution so hinreißend auszudrücken vermocht wie diese große Meduse, die mit stoßweisen, gleitenden Bewegungen ihrer flutenden, üppig gesäumten Röcke, die sie seltsam herausfordernd und unkeusch immer wieder hochnimmt, sich in einen Traum des Eros verwandelt –: um plötzlich all die flatternden Falbeln, ihre Gewänder aus zerfransten Lippen weit zurückzuschlagen, sich nach hinten fallen zu lassen und sich zur Schau zu stellen, zum Erschrecken geöffnet.

Aber gleich danach nimmt sie sich wieder zusammen, erzittert, durchschwebt aufs neue den Raum und steigt als Montgolfiere hinauf in verbotene Bezirke des Lichts, wo das Gestirn herrscht und die todbringende Luft.

Degas wirkte anziehend und abstoßend zugleich. Er hatte das schwierigste Naturell, das man sich vorstellen kann, und tat sich etwas darauf zugute. Mitunter – man wußte es nie im voraus – konnte er reizend sein. Dann war er der amüsanteste Gesellschafter, entzückend in seiner Mischung aus Übertreibung, Posse und Vertraulichkeit, darin irgendein Schuß Neapolitanertum[20] und etwas vom Malschüler des Ateliers von einstmals rumorten.

Mehr als einmal, wenn ich an seiner Haustüre klingelte, fühlte ich mich ein wenig beklommen vor dem Empfang. Er öffnete voller Mißtrauen. Er erkannte mich. Er hatte seinen guten Tag. Er führte mich in einen langgestreckten Raum im Dachgeschoß, der mit seiner langen Fensterseite (die Scheiben wurden fast nie geputzt) Licht und Staub den schönsten Tummelplatz bot. Hier häuften sich in buntem Durcheinander: der Badekübel, die angelaufene Zinkwanne; abgetragene Frisiermäntel; in ihrem gläsernen Käfig die Tänzerin aus Wachs, ausstaffiert mit einem Ballettröckchen aus echter Gaze; schließlich die Staffeleien, auf denen sich die Geschöpfe seines Zeichenstifts drängten, stumpfnasige, verrenkte Mädchen, die sich, den Kamm in der Faust, um den zusammengefaßten Schwall ihres Schopfes zu winden scheinen, den die andere Hand strafft. Längs der Fensterseite, die leichter Sonnenschein streifte, lief ein schmales Gesimsbrett, über und über beladen mit Schachteln, Fläschchen, Bleistiften, Resten von Pastellkreiden, Radiernadeln sowie all jenen namenlosen Dingen, die immer einmal von Nutzen sein können ...

Bisweilen kommt mir der Gedanke, die Arbeit des Künstlers sei eine Arbeit noch ganz urtümlicher Art; der Künstler selbst etwas Überlebtes, zu einer im Aussterben begriffenen Spezies von Arbeitern oder Handwerkern gehörig, die unter Anwendung höchst persönlicher Methoden und Erfahrungen Heimarbeit verrichtet, im vertrauten Durcheinander ihrer Werkzeuge lebt, blind für ihre Umgebung, nur das sieht, was sie sehen will, die zerbrochenen Töpfe, häuslichen

Eisenkram, als unbrauchbar ausrangierte Gegenstände ... Vielleicht wird sich dieser Zustand ändern, und man wird eines Tages anstelle des wunderlichen Wesens, das mit so weitgehend vom Zufall abhängigem Werkzeug sich behilft, dereinst einen peinlich in Weiß gekleideten, mit Gummihandschuhen versehenen Herrn in seinem Mal-Laboratorium antreffen, der sich an einen strikten Stundenplan hält, über streng spezialisierte Apparate und ausgesuchte Instrumente verfügt: jedes an seinem Platz, jedes einer bestimmten Verwendung vorbehalten? ... Bis jetzt freilich ist der Zufall aus unserem Tun noch nicht ausgeschaltet, sowenig wie das Geheimnis aus den Verfahrensweisen, die Berauschtheit aus dem Stundenplan; aber ich möchte mich für nichts verbürgen.

Dieses schmucklose Atelier nahm das dritte Stockwerk des Hauses in der Rue Victor-Massé ein, das Degas zur Zeit unserer Bekanntschaft bewohnte. Im ersten hatte er sein *Museum* eingerichtet, eine Anzahl Gemälde, die er teils durch Tausch, teils aus eigenen Mitteln erworben hatte. Im zweiten wohnte er. Hier hingen Werke, die er ganz besonders liebte, eigene und fremde: ein großer, sehr schöner Corot[21], Zeichnungen von Ingres[22], ferner ein Blatt mit einer Tänzerin, um das ich ihn jedesmal beneidete. Er hatte sie weniger gezeichnet als im Bau und in den Gelenken wie eine Gliederpuppe durchkonstruiert; ein Arm und ein Bein scharf abgewinkelt, straffer Rumpf, jeder Strich von unnachgiebigem Willen erfüllt, das Ganze da und dort mit Rot gehöht. Unwillkürlich mußte ich an eine der Basler Zeichnungen Holbeins denken, die eine *Hand* darstellt.[23] Nehmen wir an, es handle sich darum, eine Hand aus Holz herzustellen, wie sie an den Stumpf eines Einarmigen passen würde, und der Künstler habe sie gezeichnet, noch bevor sie ganz fertig war: die Finger schon vorhanden und leicht gekrümmt, doch noch in der Rohform, so daß ihre einzelnen Glieder *vierkantig geschnitten*, als ebenso viele verlängerte Würfel wirken. So sieht die Hand in Basel aus. Ich habe mich schon gefragt, ob Holbein diese merkwürdige Studie nicht gewissermaßen als Übung *gegen* die Weichheit und Rundheit des Zeichnens gemeint hat.

Heute scheinen gewisse Maler die *Notwendigkeit* von Konstruktionen dieser Art eingesehen zu haben; indessen, nur zu oft verwechselten sie die Übung mit ihrem Werk, und was nur ein Mittel sein sollte, ist ihnen zum Zweck geworden. Nichts könnte *moderner* sein.

Ein Werk *vollenden* heißt: es von allem befreien, was von seiner Herstellung zeugt oder an sie erinnern könnte. Der Künstler soll dieser veralteten Auffassung zufolge seine Eigenart nur durch seinen Stil bekunden und sich so lange mühen, bis durch Arbeit die Spuren seines Arbeitens verwischt sind. In dem Maße jedoch, in dem man um das Individuum und den Augenblick statt um das Werk selbst und seine Dauer sich zu kümmern begann, mußte der Anspruch auf Vollendung nicht nur unnötig und störend, sondern der *Wahrheit*, der *Empfindung* und jeder *genialen* Äußerung geradezu entgegengesetzt erscheinen. Die Persönlichkeit schien den Ausschlag zu geben, sogar in den Augen der Öffentlichkeit. Die Skizze galt soviel wie das Gemälde. Nichts, was Degas' Neigungen oder, wenn man will, seinen Manien weniger entsprach.

In dieser Wohnung im zweiten Stock befand sich ein Eßzimmer, wo ich so manches Mal ziemlich mittelmäßig gespeist habe. Degas lebte in ständiger Angst vor Verstopfung und Darmkatarrh. Das allzu schlicht zubereitete Stück Kalbfleisch und die nur in Wasser gekochten Makkaroni, von der alten Zoé mit der gebührenden Umständlichkeit aufgetragen, schmeckten ausgesprochen fade. Nachher mußte man eine Orangenmarmelade aus Dundee über sich ergehen lassen, die ich nicht ausstehen konnte, an die ich mich aber mit der Zeit gewöhnte und die mir, wie ich glaube, *der Erinnerung wegen* nicht mehr zuwider ist. Wenn ich jetzt in die Lage komme, von diesem mit karottenfarbenen Fäserchen durchsetzten Mus zu kosten, sehe ich mich unwillkürlich einem schrecklich einsamen, verdüsterten alten Mann gegenüber, der wegen des Zustands seiner Augen auf die Arbeit verzichten mußte, die sein Alles war. Er bietet mir eine Zigarette an, sie ist hart wie ein Bleistift, und ich muß sie, um sie rauchen zu können, zwischen den Handflächen rollen – eine

Prozedur, die er jedesmal mit Aufmerksamkeit verfolgt. Zoé bringt den Kaffee, sie lehnt mit der ganzen Fülle ihres Leibes am Tisch und plaudert. Sie redet sehr gut; sie soll Lehrerin gewesen sein; mit ihrem breiten, grundehrlichen, immer ernsthaften Gesicht und der riesigen runden Brille hat sie ein geradezu gelehrtes Aussehen.

Zoé besorgt den Haushalt, ein junges Mädchen namens Argentine hilft ihr dabei. Eines Abends stürzt Argentine ganz außer sich herein: ihre Tante läge im Sterben. Degas scheint völlig den Kopf zu verlieren. Ich eile in die Küche, bette die Kranke auf den Boden und leiste ihr aufs Geratewohl etwas *Hilfe*; sie erholt sich, und man wohnt Zoés Auferstehung bei. Degas erstaunt und strahlt vor Dankbarkeit: er hat soeben ein Wunder miterlebt. Ich meinerseits staune über den Mangel an primitivsten Begriffen und einfachsten praktischen Kenntnissen bei einem so intelligenten Menschen, noch dazu *von klassischer Bildung*. Von vielen Dingen hatte er die Vorstellung einer braven Kleinbürgersfrau.

Der Unterricht, den man um 1850 an den Gymnasien erteilte, muß nicht weniger absurd, wiewohl *nachhaltiger* gewesen sein als der von heute. Nicht einer jener Musterschüler, die aus der jährlichen Preisverteilung als Sieger hervorgingen, wäre imstande gewesen, die Sterne, von denen Vergil spricht, am Firmament zu zeigen; diese Jünglinge schmiedeten lateinische Verse und hatten nicht die leiseste Ahnung von der Musik eines französischen Verses. Weder für Reinlichkeit noch für die elementarsten hygienischen Begriffe, noch für gute Haltung, ja nicht einmal für eine richtige Aussprache des Französischen hatten die Lehrpläne dieses unglaublichen Unterrichts das geringste übrig; Körper, Sinne, Weltraum, Künste und gesellschaftliches Leben waren daraus streng verbannt ...[24]

Degas' Schlafzimmer wirkte keineswegs gepflegter als die übrigen Räume, wie denn überhaupt alles in dieser Wohnung einen auf den Gedanken brachte, dieser Mensch lebe nur noch, um zu leben, und weil man trotz alledem, ob man will oder nicht, am Leben hängt. Einige Möbel standen darin, Empire oder Louis-Philippe. Eine ausgetrocknete Zahnbürste in einem Glas erinnerte mich mit ihren blaßrosa angehauchten Borsten ein wenig an jene aus dem Reisenecessaire Napoleons, die man im Hôtel Carnavalet oder sonstwo zu sehen bekommt.

Eines Abends, als Degas das Hemd wechseln wollte, um zum Essen auszugehen, führte er mich in dieses Zimmer. Er zog sich vor mir ohne die geringste Hemmung völlig aus und kleidete sich wieder an.

Ich betrete das Atelier. Hier geht Degas wie ein Bettler angezogen umher, in Pantoffeln, die schlotterige Hose nie ganz zugeknöpft. Eine weit offene Tür läßt deutlich im Hintergrund eine Örtlichkeit erkennen, die man sonst nicht den Blicken preisgibt.

Zu denken, daß dieser Mann einmal elegant war, daß sein Benehmen, wenn er will, von natürlicher Vornehmheit ist, daß er seine Abende einst in den Kulissen der Oper verbrachte, daß man ihm bei den Rennen von Longchamp begegnen konnte! Er, der sensibelste Beobachter der menschlichen Gestalt, der grausamste Liebhaber der Linien und Haltungen des Frauenkörpers, ein gewiegter Kenner der Schönheiten edelster Pferde, der hellsichtigste, wachste, anspruchsvollste, unnachgiebigste Zeichner der Welt... Und dazu der geistvolle Gesellschafter, dessen Sarkasmen in kühnem Mißbrauch der Gerechtigkeit ein paar schlagende Wahrheiten festnageln – und tödlich verwunden...

Da steht er: ein nervöser Alter, fast immer trübsinnig, mitunter mißmutig und finster zerfahren, um im nächsten Augenblick aufzuflammen, von irgendeinem jähen Zorn gepackt, irgendeiner plötzlichen Eingebung, einer kindlichen Regung oder Ungeduld, irgendeiner Laune gehorchend...

Dann wieder besänftigt er sich, hat lichte Augenblicke und Anwandlungen von rührender Zartheit.

Doch *heute* ist ein besonderer Tag! Er singt mir auf italienisch eine Kavatine von Cimarosa vor.

Etwas bei Künstlern durchaus nicht Alltägliches: Degas war ein Mann von *kultiviertem Geschmack*. Er bildete sich nicht wenig darauf ein, es zu sein, und war es.

Mochte er immerhin zur Zeit der »Romantik« geboren sein, zu Beginn seiner reifen Jahre der »naturalistischen« Bewegung beigetreten, mit den Duranty, Zola, Goncourt, Duret[25] verkehrt ... und zusammen mit den ersten »Impressionisten« ausgestellt haben: im Grund war und blieb er einer jener köstlichen, hartnäckig und mit Wollust engstirnigen Kenner, die – schonungslos gegen alle Neuheiten, die lediglich Neuheiten sind – durch Racine und die alte Musik gebildet wurden, immer ein Zitat im Mund führen und sich bei ihrer Parteinahme für das »Klassische« zu Überspanntheiten, zu Wut und Ausbrüchen hinreißen lassen, die wir Heutigen leider nur noch vom Hörensagen kennen.

Oder wuchs er vielleicht erst mit vorrückendem Alter in diese Rolle hinein, er, der trotz seiner abgöttischen Verehrung für Monsieur Ingres leidenschaftlich Delacroix bewundert hatte?[26]

Es kommt vor, daß der Mensch mit zunehmenden Jahren sich unmerklich die alten Leute zum Vorbild nimmt, die er in seiner Jugend beobachtete und lächerlich oder unmöglich fand. Manchmal eignet er sich ihr äußeres Gehaben an, gibt sich feierlicher, höflicher, gebieterischer, manchmal auch galanter – oft sogar leichtfertiger –, als er es jemals in seinen jungen Jahren war.

Ich erinnere mich, vor langer Zeit in der Provinz sehr alte Leute gesehen zu haben, die sich nicht mehr so kleideten, wie sie sich fast ein Leben lang gekleidet hatten, sondern nach der Mode der Greise ihrer Jugendzeit. Ein gewisser Marquis brachte es gar bis zu mondfarbenen Westen und zum *viereckigen* Monokel.

Blieb Degas dank seines wählerischen Geschmacks hinter mehr als einem seiner Altersgenossen zurück, so war er andererseits an wirklicher geistiger Kühnheit und logischer Schärfe so manchem Künstler der Zeit überlegen. Als einer der ersten hat er erkannt, was der Maler von der Photographie lernen konnte, doch auch in welchen Stücken er sich vor ihr hüten mußte.

Wohl möglich, daß sein eigenes Werk unter der bemerkenswerten Anzahl und Verschiedenheit seiner künstlerischen Neigungen ebenso gelitten hat wie unter der verbissenen Aufmerksamkeit, die er den höchsten, aber einander entgegengesetztesten Zielen seiner Kunst zuwandte.

Alle Künste verdichten sich bei anhaltender Betrachtung zu unlösbaren Problemen. Der auf den Dingen verharrende Blick ruft eine Unzahl Schwierigkeiten ins Leben, und zwar vollzieht sich dieser Zuwachs an vermeintlichen Hindernissen und sich widerstreitenden Wünschen, an Skrupeln und Korrekturen im Verhältnis zum Verstand und zu den Kenntnissen, über die einer verfügt, in proportionalem, wenn nicht sogar überproportionalem Maße. Wie sich entscheiden zwischen Raffael und den Venezianern, wie Mozart für Wagner, Shakespeare für Racine aufgeben? Weder dem Kunstfreund noch dem Kritiker können solche Schwierigkeiten gefährlich werden; für den schaffenden Künstler aber sind sie der Anlaß zu Gewissensqualen, die sich erneuern, sooft er auf das gerade Gemachte zurückkommt.

Degas sieht sich gefangen zwischen den Vorschriften Monsieur Ingres' und den seltsamen Reizen von Delacroix; während er noch zaubert, beginnt die zeitgenössische Kunst entschlossen das Schauspiel des modernen Lebens auszubeuten. Komposition und hoher Stil verlieren in der öffentlichen Meinung sichtbar an Ansehen. Die Landschaft bemächtigt sich der Wände, die die Griechen, Türken, Ritter und Liebesgötter räumen müssen. Sie vernichtet den Begriff des *Sujets*, um in wenigen Jahren die ganze geistige Seite der Kunst auf Wortgefechte über *das Stoffliche* und die Farbe der Schatten einzuschränken. Das Hirn wird ganz zur Netzhaut, und es kann sich von jetzt an nicht mehr darum handeln, mit dem Pinsel die Gefühle von ein paar Greisen vor irgendeiner schönen Susanna auszudrücken oder den edlen Widerstand eines großen Arztes zu schildern, dem man Millionen anbietet.

Um die gleiche Zeit liefern die Gelehrsamkeit und die Erforschung der Welt Stoff zu neuen Freuden und neuen Zweifeln. Eine Menge teils ganz neuer, teils längst vergessener Sehweisen erhält Geltung. Der Sinn für die »Primitiven« prägt sich aus: die Griechen der Hochepoche, Italiener, Flamen, Franzosen ... Andererseits werden die persischen

Miniaturen und vor allem die japanischen Holzschnitte bewundert und von den Künstlern studiert, während gleichzeitig Goya und Theotokopoulos erstmals oder wieder in Mode kommen.[27] Und schließlich die *lichtempfindliche* Platte.

So ungefähr liegen die Dinge für Degas, der nichts übersieht, sich auf alles einläßt und deshalb an allem leidet.

Neidvoll bewundert er die Unbeirrbarkeit eines Manet[28], der sich auf Auge und Hand mit Sicherheit verlassen darf, der am Modell unfehlbar das wahrnimmt, was ihm Gelegenheit bieten wird, sich völlig auszugeben, ganze Arbeit zu leisten. Manet besaß in seltenem Maße die Gabe rascher Entscheidung, eine Art strategischen Instinkts für das Vorgehen beim Malen. In seinen besten Werken erreichte er die Höhe der *Dichtung*, das heißt das Höchste der Kunst, und zwar kraft jenes geheimnisvollen Etwas, das man mir ... *die Resonanz der Ausübung* zu nennen erlaube.

– Aber wie überhaupt Malerei in Worte fassen?

## DEGAS UND DIE REVOLUTION

Heute, am 28. Juli 1904, kramt Degas die folgende Erinnerung aus:

Er war vier- oder fünfjährig, als ihn seine Mutter eines Tages auf eine Visite zu Madame Le Bas mitnahm, der Witwe jenes berühmten Konventsmitgliedes und Freundes Robespierres, das am 9. Thermidor mit der Pistole seinem Leben ein Ende gemacht hat. Madame Le Bas' Sohn, Philippe Le Bas, war ein hervorragender Gelehrter. Er ist der Lehrer von Degas' Oheimen gewesen.

Die alte Dame wohnte in der Rue de Tournon. Degas entsann sich noch genau des *Rots* der gebohnerten Fliesen an den Fußböden der Wohnung.

Wie man sich verabschiedet und Madame Degas, ihr Söhnlein an der Hand, von Madame Le Bas zur Tür geleitet wird, gewahrt sie an den Wänden des Flurs die Bildnisse von Robespierre, Saint-Just, Couthon ...[29]

»Wie«, ruft sie entsetzt, »hier hängen noch immer die Häupter dieser Scheusale?«

»Still, Célestine, es waren Heilige...«

Am selben 28. Juli 1904 erzählt mir Degas, einmal im Zug seiner Erinnerungen, von seinem Großvater, den er noch persönlich gekannt und ums Jahr 18.. in Neapel (oder war es in Rom?) porträtiert hatte.

Dieser Großvater spekulierte während der Revolution mit Getreide. Wie er eines Tages – es war im Jahr 1793 – an der Börse, die sich damals im Palais-Royal befand, seinen Geschäften nachgeht, macht sich unvermerkt ein Freund an ihn heran und flüstert ihm zu: »Hau ab!... Rette dich!... Man ist in deiner Wohnung...«

Unverzüglich borgt er sich so viele Assignaten, als im Augenblick aufzutreiben sind, verläßt Paris auf der Stelle, reitet zwei Pferde zuschanden, erreicht Bordeaux, besteigt ein eben auslaufendes Schiff. Das Schiff legt in Marseille an. Es lädt hier, nach Degas' Bericht (den ich mich zu unterbrechen hüte), eine Ladung Bimsstein, was mich wenig wahrscheinlich dünkt... Ob es nicht wohl eher dazu ersehen war, in Sizilien Schwefel zu laden?

Monsieur De Gas gelangt endlich nach Neapel, wo er sich niederläßt. Dank seiner Tüchtigkeit und Rechtschaffenheit wird er schon zwei Jahre nach seiner Ankunft mit der Schaffung des »Großen Buches der Staatsschuld der Parthenopäischen Republik« betraut, einer neuesten Erfindung Cambons.[30] Er verheiratet sich mit einer vornehmen Genueserin, einer Frappa, und wird Stammvater.

Degas hatte familiäre Beziehungen zu Neapel bewahrt, wohin er von Zeit zu Zeit reiste. Auf einer dieser Reisen wurde er das Opfer eines Eisenbahndiebstahls. Er behauptete, im Schlaf gestochen und mit einem stark wirkenden Betäubungsmittel geimpft worden zu sein; dank dieser »Verstärkung« seines Schlummers sei es gelungen, ihm die Brieftasche zu entwenden.

Auch verbanden ihn mit Neapel allerhand Eindrücke und Erinnerungen, die er sich gern ins Gedächtnis rief. Er sprach den neapolitanischen Dialekt mit dem denkbar echtesten

Akzent, der glaubwürdigsten Zungenfertigkeit, auch sang er bisweilen Bruchstücke von Volksliedern vor sich hin, wie man sie dort an den Straßenecken hört.

In Degas' Schilderung, die ich oben wiedergegeben habe, ist ein Nebenumstand von einiger Bedeutung hervorzuheben.

Jener Großvater, dem das Schafott drohte und der so hurtig vom Getreidemarkt verschwand, figurierte auf der Liste der »Verdächtigen«, weil er als Bräutigam einer jener berüchtigten »Jungfrauen von Verdun« denunziert worden war, die den Empfang, den sie 1792 der zur Wiederaufrichtung der Monarchie in Frankreich einfallenden preußischen Armee bereitet hatten, zum Teil mit ihrem Leben bezahlen mußten. Mit Blumen und weißen Fahnen waren sie diesen fremden Truppen entgegengezogen, in denen man auf der einen Seite Feinde, auf der anderen Bundesgenossen und Befreier erblickte.

Alles das hatte ich längst vergessen, als ich, mehrere Jahre nach der hier wiedergegebenen Unterhaltung mit Degas, bei einem Buchhändler im Odéon zufällig ein historisches Werk aufschlug. Es handelte von der Revolution. Schon wollte ich es wieder schließen, da fiel mein Blick auf den Namen Mallarmé. Ich las, daß das Konventsmitglied Mallarmé im Jahre 1793 vom Wohlfahrtsausschuß beauftragt worden war, die Affäre von Verdun in die Hand zu nehmen und dabei nicht allein die an dieser Kundgebung eines strafbaren Einverständnisses mit dem Feind unmittelbar Beteiligten, sondern (wie das bei allen ernsthaften politischen Verfolgungen üblich ist) auch alle, die mit ihnen mehr oder weniger nah in Berührung gekommen waren, gerichtlich zu belangen. Es war mir bekannt, daß dieser Mallarmé aus der Familie des Dichters stammte – gleichviel, ob er nun dessen Ahne war oder nicht.[31]

Mit Behagen verweile ich bei der köstlichen Vorstellung von einem Mallarmé, der sich Gedanken macht, einem Degas den Kopf abschlagen lassen zu müssen, und die Beziehungen, die zwischen Edgar Degas und Stéphane Mallarmé bestanden hatten, fielen mir wieder ein.

Es waren dies, wie kaum anders zu erwarten, beileibe nicht Beziehungen sehr einfacher Natur. Nichts konnte dem *gewolllt ruppigen*, ja bis zur Brutalität unverblümten Wesen von Degas unähnlicher sein als der *gewollte* Charakter Mallarmés.

Mallarmé lebte für einen gewissen Gedanken: er war besessen von der Vorstellung eines absoluten Werkes, das für ihn das höchste Ziel, die Rechtfertigung seines Daseins, den einzigen Zweck und den einzigen Sinn des Weltalls bedeutete. Um diese ihm einzig wesentliche, reine und erhabene Idee, an der er die sämtlichen übrigen Werte maß, unversehrt zu erhalten, sie in immer deutlicherer Gestalt in sich aufzurichten, hatte er sein äußeres Leben, seine Haltung gegenüber den Mitmenschen und Verhältnissen umgewandelt und von Grund aus erneuert. Es steht zu vermuten, daß er Menschen und Werke gemäß ihrem mehr oder minder entschiedenen Verhältnis zu dieser von ihm entdeckten *Wahrheit* einteilte und *würdigte*. Daß er, mit anderen Worten, innerlich eine Menge Wesen verwerfen, ihnen in Gedanken den Kopf abschlagen lassen mußte: was ihn bewog, allen mit einer in der Tat *erlesenen* Anmut, Geduld und Artigkeit zu begegnen, jedermann Zutritt zu gewähren, auf sämtliche ihn erreichenden Briefe in stets ebenso zierlichen wie überraschend neuartigen Wendungen zu antworten ... Er setzte einen immer wieder in Erstaunen mit dieser zauberhaft raffinierten Höflichkeit, diesem System allseitiger Rücksichtnahme, daran ich mich bisweilen ehrlich stieß, an dem er selber aber eine *undurchdringliche Schutzzone* besaß, wo das Wunder seines Stolzes sein unangetastetes Eigentum blieb, die Krypta der einsamsten Zwiesprache dieses Mannes mit seiner eigenen Rätselhaftigkeit.

Zu Degas' unerhörter Unduldsamkeit, seinen schonungslos übertreibenden Urteilen, seinem unüberwindlichen Hang zu summarischen und höhnischen Abfertigungen, seiner ständig fühlbaren Bitterkeit, seinen schrecklichen Stimmungsumschwüngen und Zornausbrüchen läßt sich kein größerer Gegensatz denken als das ausgeglichene, anmutige und feine, köstlich ironische Wesen Mallarmés.

Es ist wohl kaum anders möglich, als daß Mallarmé vor diesem seinem eigenen so unähnlichen Charakter heimlich gezittert hat.

Was Degas angeht, so äußerte er sich stets sehr nett über Mallarmé, aber vorzüglich über den Menschen. Das Werk erschien ihm als eine Frucht sanften Wahnsinns, dem der Geist eines wundervoll begabten Dichters zum Opfer gefallen war. Solche Verkennungen sind zwischen Künstlern nicht selten. Es ist leicht einzusehen, daß es ihrem Wesen angemessener ist, sich gegenseitig – nicht zu verstehen. Zudem boten Mallarmés Schriften Lachern und Spöttern jeden Kalibers Angriffsflächen genug. Degas ging in diesem Punkt durchaus einig mit den Stammgästen des »Grenier« der Gebrüder Goncourt, wo auch Mallarmé sich hin und wieder einfand.[32] Diese Schriftsteller fanden ihn reizend und begriffen nicht, wie ein Mann von so feinem Verstand, der sich überdies mit einer unvergleichlichen Reinheit und Genauigkeit, einer geradezu faszinierenden Gewandtheit und Überzeugungskraft auszudrücken und anderen mitzuteilen wußte, kaum daß er die Feder zur Hand nahm, wahre Monstren an Dunkelheit und Kompliziertheit ausheckte und, vor allem, wie er es über sich brachte, dem Publikum Trotz zu bieten, um dessen Gunst und Gefolgschaft sie selber so gierig buhlten. Man hätte diese kleine Gesellschaft großer, nach *Riesenauflagen* lechzender und von gegenseitigem Neid gräßlich gepeinigter Autoren nicht wenig überrascht mit der Prophezeiung, daß noch vor Ablauf eines halben Jahrhunderts das Ansehen ihrer Doktrinen, der Ruhm und der Absatz ihrer Romane auf den Nullpunkt sinken würden, indessen dieses schmächtige und *dunkle* Werk[33] dank seiner so langwierig und hartnäckig erkämpften formalen Eigenschaften unversehrt vom Wechsel der Mode und der Herrschaft der Ziffern sich behauptete, um in den wachsten Geistern die ganze Wirkungskraft des Vollendeten zu entfalten.

Wie sie einst im »Grenier« miteinander diskutierten, meinte Zola zu Mallarmé, daß in seinen Augen ein Dreck und ein Diamant gleich viel wert seien. »Kann sein«, antwortete Mallarmé, »aber der Diamant ist – seltener.«

Degas ließ es sich nicht nehmen, Mallarmés Poesie zur Zielscheibe verschiedener boshafter Witze zu machen.

»Victime lamentable à son destin offerte ...«[34]

So erzählte er zum Beispiel, wie Mallarmé seinen Jüngern einmal ein Sonett vorgelesen habe, worauf diese in ihrer Bewunderung das Gehörte in Worte zu fassen versucht und es, jeder auf seine Weise, interpretiert hätten: die einen sahen darin einen Sonnenuntergang, die anderen den Triumph der Morgenröte; Mallarmé erklärte ihnen: »Aber ganz und gar nicht ... es ist meine Kommode.«[35]

Es scheint, daß Degas so weit ging, dieses Geschichtchen in Gegenwart seines Helden zum besten zu geben, der dazu gelächelt haben soll – aber mit einem etwas mühsamen Lächeln.

Übrigens dürfte die Anekdote selber kaum auf Wahrheit beruhen. Soviel ich weiß, las Mallarmé seine Verse nie vor Zuhörern. Wohl hat er mir 1897 den *Coup de Dés* vorgelesen; aber das war unter vier Augen; auch erschien ihm mit Hinsicht auf die außerordentliche Neuartigkeit des Werkes eine unmittelbare Erprobung von dessen Effekt offenbar gerechtfertigt.[36]

Es kam weiterhin zu recht eigenartigen Streitigkeiten zwischen Degas und Mallarmé, die ausnahmslos auf den schwierigen Charakter des ersteren zurückzuführen waren.

Mallarmé hatte den Einfall gehabt, den Staat zum Ankauf eines Degas zu bewegen. Endlich erhält er von seinem Freunde Roujon, dem damaligen Direktor der Staatlichen Kunstakademie, den gewünschten Bescheid und eilt, so rasch ihn seine Füße tragen, mit der Neuigkeit zu Degas.

Degas, auf den schon die bloße Erwähnung der Kunstakademie wie ein rotes Tuch wirkte, gerät außer Rand und Band und rast, mit Schimpfwörtern und Verfluchungen um sich werfend, wie ein brüllender Löwe im Atelier hin und her.

»Es sah aus, als hüpften die Staffeleien unter seinen Fingern«, erzählte Mallarmé später ...

Er fügte, wie mir Madame Ernest Rouart berichtete, hinzu, »daß er bei dieser Gelegenheit selber gern einen schönen, wohlgezügelten, weislich geregelten Zorn entwickelt hätte – und nicht diese polternde, ungehobelte Wut«.

Es kam übrigens noch zu einer Reihe weiterer Schwierigkeiten zwischen ihnen.

Da ich um diese mancherlei Stürmen ausgesetzten Beziehungen wußte, belustigte mich die zufällige Entdeckung nicht wenig, durch die ich von der Rolle erfuhr, die das Konventsmitglied Mallarmé bei der Flucht von Degas' Großvater nach Neapel und somit im Stammbaum unseres Malers gespielt hat.

Dieser Mallarmé (François-Auguste), um 1756 in Lothringen geboren, war Abgeordneter des Departements Meurthe in der Gesetzgebenden Versammlung, später Mitglied des Konvents und berechtigt zur Stimmabgabe über Leben und Tod. Am 9. Nivôse des Jahres II der Republik entsandte ihn der Wohlfahrtsausschuß in ganz spezieller Mission in die Departements Meuse und Moselle »zur Durchführung der Maßnahmen im Interessse der öffentlichen Wohlfahrt und zur Einsetzung der revolutionären Regierung«. In dieser Funktion hatte er über die Affäre von Verdun zu erkennen und mußte gegen die Unruhestifter, die vor das Revolutionstribunal gestellt wurden, die volle Schärfe der Gesetze anwenden. Fünfunddreißig Köpfe fielen. An seine Stelle trat danach in Lothringen der Abgeordnete Charles Delacroix, der – zum mindesten dem Namen nach – niemand anders als der Vater von Eugène Delacroix gewesen ist.

François-Auguste Mallarmé wurde 1814 von Napoleon zum Unterpräfekten des Bezirkes Avesnes ernannt; er hatte sein Vermögen dafür verwendet, im Augenblick des feindlichen Einmarsches Truppen von Parteigängern auszuheben. Die Restauration verwies ihn als einen Feind der Monarchie außer Landes, und er starb im Jahre 1835.

Alle diese Einzelheiten über ihn und seine politische Rolle entnehme ich dem sehr interessanten Werk von Edmond Pionnier: *Essai sur la Révolution à Verdun* (1905).[37]

Kam man auf Monsieur Ingres zu sprechen, verbat sich Degas jede Diskussion. Wandte man ein, die Figuren dieses großen Mannes seien die reinste Zinkgußware, bekam man zur Antwort: »Mag sein! ... Dann ist er eben ein Genie von einem Zinkgießer.«

Eines Tages erlaubte sich Henri Rouart, der *Apotheose Homers* Kälte vorzuwerfen und darauf hinzuweisen, daß alle diese in ihren edlen Haltungen erstarrten Götter ja in einer wahren Eisluft atmeten.[38]

»Was!« rief Degas, »ist das nicht das Wunderbare! ... Dieser erhabene Hauch aus dem Empyreum, der das Bild erfüllt ...«

Er hatte leider nur vergessen, daß das Empyreum eine Stätte des Feuers ist.

Bei jeder Gelegenheit berief er sich auf die Sinnsprüche des Meisters von Montauban:

»Die Zeichnung lebt nicht außerhalb des Strichs, sie steckt darinnen ...«

»Man soll der Modellierung nachgehen, wie die Fliege über ein Blatt Papier läuft.«

»Die Muskeln, das sind meine Freunde, aber ich habe ihre Namen vergessen.«

Degas war viel mit Gustave Moreau zusammengekommen, den er porträtiert hatte.[39] Eines Tages nahm ihn Moreau ins Gebet: »Sie bilden sich also ein, der Kunst durch den Tanz auf die Beine zu helfen?«

»Und Sie«, gab Degas zurück, »erheben den Anspruch, sie mit Schmuckstücken zu verjüngen?«

Auch äußerte er sich gelegentlich über Moreau: »Er will uns weismachen, die Götter hätten Uhrketten getragen ...«

Ein Besuch, den er dem Museum Gustave-Moreau an der Rue de La Rochefoucauld abstattete, ließ ihn seinerzeit davon absehen, sich selber ein »Museum« einzurichten, das seine Sammlung (und vielleicht einen Teilbestand seines Ateliers) umfaßt hätte. »Es kann einem geradezu angst werden«, sagte er beim Hinausgehen, »man kommt sich vor wie in einer

Totengruft ... In ihrer Gesamtheit machen mir die hier vereinigten Gemälde irgendwie den Eindruck eines *Thesaurus*, eines *Gradus ad Parnassum.* «

Moreau hatte seine unbestreitbaren Qualitäten, seine Schüler, heißt es, hätten ihn bewundert und verehrt. Man muß zugeben, daß seine Absichten sehr hoch gesteckt waren. Er hat die Poesie gesucht, aber wie damals so mancher suchte er sie in Nebensächlichkeiten. Dazu kommt, daß er im tiefsten vielleicht kein Maler gewesen ist. Noch entsinne ich mich meiner großen Enttäuschung, als ich, durch die närrischen und überschwenglichen Beschreibungen in Huysmans' *A Rebours*[40] aufs höchste entflammt, endlich ein paar von Moreaus Werken zu Gesicht bekam. Ich konnte mich nicht enthalten, Huysmans gegenüber zu bemerken, mir komme diese Malerei »grau und trüb wie ein Trottoir« vor.

Huysmans machte nur mäßige Anstrengungen, sich zu verteidigen. Er berief sich darauf, daß Moreau mit Farben von geringer Qualität gearbeitet habe, daß der Glanz, der ihn damals bezaubert hätte, inzwischen verblichen sei usw.

## 22. OKTOBER 1905

Heute erzählt mir Degas von Ingres und den persönlichen Beziehungen, die zwischen ihnen bestanden hatten.

Er war bekannt mit einem älteren Kunstliebhaber namens de Valpinson[41] – reizender Name übrigens, richtiger Vaudeville-Name –, einem großen Bewunderer und Freund Monsieur Ingres'.

»Was ich hier erzähle«, bemerkt Degas, »spielt sich im Jahr 1855 ab.«

Eines Tages sucht er diesen Valpinson auf und trifft ihn bei ziemlich schlechter Laune.

»Soeben«, erzählt der Kunstfreund, »war Ingres bei mir. Er scheint sehr beleidigt zu sein. Er veranstaltet eine Ausstellung, und ich weigerte mich, ein bestimmtes Gemälde von ihm zur Verfügung zu stellen. Ich befürchtete Brandgefahr. Die betreffende Lokalität erscheint mir zu wenig sicher.«

Degas protestiert, schimpft, beschwört Valpinson. Schließlich läßt sich dieser erweichen.

Tags darauf begeben sich beide zum Meister ins Atelier und bitten ihn, das betreffende Bild abholen zu lassen.

Während des Gesprächs sieht sich Degas an den Wänden um. (Er besitzt gegenwärtig Studien, die er an jenen Wänden gesehen haben will.)

Ingres entläßt sie mit einer äußerst ehrerbietigen Verneigung. Im Augenblick, da er sich bückt, packt ihn ein plötzlicher Schwindelanfall, und er stürzt mit dem Gesicht voran zu Boden. Er blutet aus Mund und Nase, als man ihn aufrichtet. Degas wäscht ihm das Gesicht ab. Hierauf eilt er in die Rue de l'Isle, um Madame Ingres zu holen. Er reicht ihr den Arm und geleitet sie zu Fuß zum Quai Voltaire 10.

Hier treffen sie auf Ingres, der, noch ganz benommen, die Treppe herabkommt. Am anderen Tag erkundigt sich Degas nach des Meisters Befinden. Madame Ingres empfängt ihn sehr huldvoll und läßt ihn ein Gemälde sehen.

Einige Zeit hernach fordert ihn Herr de Valpinson auf, abermals bei Ingres vorzusprechen und diesen in seinem Namen zu bitten, er möchte das ausgeliehene Gemälde zurückerstatten.

Ingres erklärt, er habe es dem Eigentümer bereits zugestellt. Aber diesmal will Degas auf seine Rechnung kommen. Er sagt sich: Ich muß unbedingt mit ihm reden. Schüchtern beginnt er eine Unterhaltung, um schließlich mit der Erklärung herauszurücken: »Ich male; ich bin Anfänger, und mein Vater, der über Geschmack verfügt und ein Kunstliebhaber ist, hält meinen Fall für nicht absolut hoffnungslos ...«

Ingres gibt ihm zur Antwort: »Ziehen Sie Linien ... Viele Linien, sei es aus dem Gedächtnis oder nach der Natur.«

Degas schilderte mir ein andermal die nämliche Begegnung mit einer bemerkenswerten Abweichung.

Er hätte unter den oben beschriebenen Umständen Ingres ein zweites Mal aufgesucht, doch in Begleitung von Valpinson und mit einer Mappe unterm Arm. Ingres habe die darin enthaltenen Studien durchblättert, um sie ihm schließlich zurückzugeben mit den Worten: »Recht so, junger Mann!

Nur nie nach der Natur. Immer aus dem Gedächtnis und nach den Stichen der Meister.«

Diese beiden Versionen böten Stoff zu allerlei Betrachtungen. Ich entsinne mich nicht, daß Degas sie in meiner Anwesenheit kommentiert hätte.

Degas besuchte Ingres' Atelier noch ein drittes Mal. Er wollte sich ein paar Gemälde ansehen, die der Meister ausgestellt hatte. Ingres zeigte seine Werke gerade einem Unbekannten (Degas sagte: einem Idioten), der, während seine Blicke von einem *Homer* zu einem *Türkischen Bad* wanderten, in die Worte ausbrach: »Oh, und hier, Monsieur Ingres, hier haben wir die Anmut, und dazu die Wollust ... ja sogar noch etwas mehr ...«

»Mein Herr«, gibt ihm Ingres zur Antwort, »ich besitze mehrere Pinsel.«

## SEHEN UND ZEICHNEN

Es besteht ein ungeheurer Unterschied zwischen dem bloßen Sehen einer Sache und dem Sehen, *während man sie zeichnet.*

Oder vielmehr: es sind zwei sehr verschiedene Sachen, die man sieht. Selbst aus einem unseren Augen höchst vertrauten Gegenstand wird etwas völlig anderes, sobald man sich anschickt, ihn zu zeichnen: man wird inne, daß er einem unbekannt war, daß man ihn überhaupt noch nie wirklich *gesehen* hatte. Das Auge hatte bis dahin nur die Rolle eines Vermittlers gespielt. Wohl gingen von ihm Antriebe zum Sprechen, zum Denken aus; es leitete unsere Schritte, unsere Bewegungen; es erregte zuweilen unsere Gefühle. Es vermochte uns sogar zu bezaubern, aber immer nur durch Ergebnisse, Nach- oder Rückwirkungen seines Sehens, die an die Stelle der Schau selber traten und diese also, indem sie von ihr zehrten, zunichte machten.

Aber das Zeichnen nach einem Gegenstand erteilt dem Auge einen von unserem Willen genährten Befehl. Man muß also *wollen*, in diesem Fall, um zu *sehen*, und dieses *gewollte Sehen* findet im Zeichnen sein *Mittel* und sein *Ziel*.

Es ist mir unmöglich, von irgendeinem Ding, das ich wahrnehme, ein deutliches Bild zu gewinnen, ohne daß ich es *in Gedanken* zeichne, und es ist mir ebenso unmöglich, dieses Ding zu zeichnen, ohne eine freiwillige Aufmerksamkeit, *die das, was ich zuvor wahrzunehmen und gut zu kennen geglaubt habe, in eigentümlicher Weise verwandelt.* Ich entdecke, daß ich nicht kannte, was ich kannte: die Nase meiner besten Freundin . . .

(Etwas diesem Vorgang Analoges widerfährt einem, wenn man bei der Formulierung eines Gedankens sich um einen schlagenderen Ausdruck müht. Oft ist es dann nicht mehr derselbe Gedanke.)

Der gespannte Wille gehört wesentlich zum Zeichnen, denn das Zeichnen verlangt das Zusammenwirken einer ganzen Reihen von selbständigen Organen, die nur darauf warten, die Freiheit ihrer Funktionen zurückzugewinnen. Der Blick möchte umherschweifen; die Hand abrunden und die Tangente erreichen. Um zu jener Freiheit des Zeichnens zu gelangen, die dem Willen des Zeichners zum Sieg verhilft, muß man mit allen diesen örtlich gebundenen Freiheiten fertig werden. Letzten Endes eine Frage der Selbstbeherrschung . . . Damit die Hand frei werde *für den Dienst der Augen*, muß man sie ihrer Freiheit *im Dienste der Muskeln* berauben; im besonderen: sie dazu abrichten, Linien nach jeder beliebigen Richtung zu ziehen, was ihr nicht behagt. Giotto zeichnete mit dem Pinsel einen reinen Kreis, rechtsum und linksum.

Die Unabhängigkeit der verschiedenen Organe, ihr Versagen, ihre Spannungen, ihre *Geschicklichkeiten* widerstreben einer völlig dem Willen untergeordneten Funktion. Es folgt daraus, daß das Zeichnen, wenn ein Gegenstand so genau wie möglich wiedergegeben werden soll, den denkbar *wachsamsten* Zustand erfordert: nichts, was mit dem Traum sich weniger vertrüge, weil ja diese Spannung jeden Augenblick den natürlichen Ablauf der Vorgänge unterbrechen muß, sich zu hüten hat vor den Verlockungen der Kurve, die entstehen will . . .

Ingres pflegte zu sagen, der Stift auf dem Papier müsse die Feinfühligkeit einer Fliege besitzen, die auf einer Fensterscheibe herumspaziert. (Das sind nicht genau seine Worte, die ich vergessen habe.)

Ich stelle über das Zeichnen nach Gegenständen bisweilen die folgende Betrachtung an: die Formen, die uns der Gesichtssinn als Umrisse vermittelt, ergeben sich aus der Perzeption der mit *konstanter* Sehschärfe von unserem Augenpaar vollzogenen Bewegungen. Diese *verbindende* Bewegung ist *Linie.*

Die Linien sehen heißt: sie nachziehen. Wenn unsere Augen auf mechanischem Wege einen Zeichen*stift* zu befehligen vermöchten, so brauchten wir einen Gegenstand nur zu betrachten, will sagen: mit dem Blick den Grenzen seiner ungleich gefärbten Zonen zu folgen, um unabhängig von unserem Willen eine genaue Zeichnung davon zu erhalten. Ebensowohl vermöchten wir den Raum zwischen zwei Körpern zu zeichnen, der für die Netzhaut mit der gleichen Deutlichkeit gegeben ist wie ein Gegenstand.

Aber die Hand wird vom Blick auf sehr indirekte Weise geleitet. Mancherlei *Relais* treten dazwischen: unter ihnen das Gedächtnis. Jeder Blick auf das Modell, jede vom Auge nachgezogene Linie wird zum vorübergehenden Bestandteil einer Erinnerung, und diese Erinnerung ist es, der die Hand auf dem Papier das Gesetz ihrer Bewegung entlehnt. Es kommt zur Umformung der visuellen Linienführung in eine manuelle.

Dieser Vorgang steht und fällt mit der Zeitdauer dessen, was ich einen »momentanen Bestandteil einer Erinnerung« genannt habe. Unsere Zeichnung wird schrittweise entstehen, Abschnitt für Abschnitt, und gerade dieser Umstand ist es, der die Möglichkeit von Fehlern in hohem Maße begünstigt. Es wird nämlich sehr leicht vorkommen, daß diese aufeinanderfolgenden Abschnitte im Maßstab voneinander verschieden sind und nicht genau zusammenpassen.

Ich möchte demnach, um ein Paradox zu wagen, geradezu behaupten, daß noch in der schlechtesten Zeichnung dieser Art jeder einzelne Abschnitt sich mit dem Vorbild sehr wohl zu decken vermag, daß, in einem unähnlichen Porträt, zwar alle Einzelheiten genau getroffen sein können, dennoch das

*Ganze* so verfehlt sein dürfte wie nur möglich. *Ich möchte sogar noch weiter gehen und behaupten, daß es* (immer vorausgesetzt, der Künstler war bei der Sache) *sehr unwahrscheinlich ist, daß alle Teile einer Zeichnung ungenau geraten*; denn es wäre überhaupt nur dank einer fortlaufenden Folge von Erfindungen möglich, mit jedem einzelnen Strich gegen die uns vom System unserer Augen vorgeschriebene Linie zu verstoßen. Aber ihre *Summe* stimmt mit dieser Linie ebenso leicht *nicht überein*, als jeder einzelne Bestandteil wahrscheinlich, ja fast zwangsläufig mit ihr *übereinstimmt* ...

Der Künstler tritt vor und tritt zurück, er neigt sich bald nach dieser, bald nach jener Seite, er blinzelt, er benimmt sich, als sei sein gesamter Körper nur ein Zubehör seiner Augen, er selber vom Scheitel bis zur Sohle ein bloßes Instrument im Dienste des Zielens, Punktierens, Linierens, Präzisierens.

## ARBEIT UND MISSTRAUEN

Jedes Werk von Degas ist ernst zu nehmen.

Welch spaßigen, welch unbeschwerten Eindruck er selber gelegentlich erweckte, sein Stift, seine Kreide, sein Pinsel halten sich stets im Zaum. Das Element des Willens herrscht vor. Sein Strich kann ihm nie bestimmt genug sein. Die Beredsamkeit sowohl wie die Poesie auf malerischem Gebiet bleiben ihm versagt; er sucht nur Wahrheit im Stil und Stil in der Wahrheit. Seine Kunst läßt sich mit derjenigen der Moralisten vergleichen: einer Prosa von größtmöglicher Klarheit, die eine neue und kontrollierbare Beoachtung mit Nachdruck in sich birgt oder formuliert.

Mag er sich noch so innig den Tänzerinnen widmen: weit eher, als daß er sie überredet, macht er sie zu Gefangenen. Er definiert sie.

Wie ein Schriftsteller, um die letzte Genauigkeit seines Ausdrucks zu erreichen, Entwurf an Entwurf reiht, ausstreicht, in immer neuen Anläufen fortschreitet und sich niemals zugesteht, daß er den *postumen* Zustand seiner Arbeit erreicht hat, so auch Degas: er nimmt seine Zeichnungen unablässig wieder vor, vertieft sie, strafft sie, faßt sie zusammen, von Blatt zu Blatt, von Pause zu Pause.

Er kommt bisweilen auf diese Arten von Probedrucken zurück, legt sie farbig an, Kohle und Pastell durcheinander: auf dem einen Blatt sind die Röcke gelb, auf dem andren violett. Aber die Linie, die Positionen, die Prosa befinden sich darunter, wesentlich, trennbar, und lassen sich in anderen Zusammenstellungen neu verwerten. Degas gehörte zu jener Familie abstrakter Künstler, die zwischen der Form und der Farbe oder *Materie* unterscheiden. Ich glaube, er hätte sich gefürchtet, auf der Leinwand zu experimentieren und sich den Wonnen der Ausführung zu überlassen.

Er war ein vortrefflicher Reiter, der den Pferden mißtraute.

## PFERD, TANZ UND PHOTOGRAPHIE

Das Pferd geht auf den Spitzen. Seine Hufe sind seine Zehennägel. Kein Wesen hat so viel an sich von einer Primaballerina, dem Stern des Balletts, wie ein Vollbut in seiner besten Verfassung, wenn es, von der Hand seines Reiters gleichsam in der Schwebe gehalten, an der prallen Sonne tänzelnd im Schritt geht. Degas hat es mit einem Vers gemalt; er nennt es:

»Tout nerveusement nu dans sa robe de soie«[42]

in einem äußerst wohlgeratenen Sonett, darin er die sämtlichen Lebensäußerungen des Rennpferds und alles, was damit zusammenhängt, auf kleinstem Raum ebenso spielerisch wie gründlich abgehandelt hat: Dressur, Schnelligkeit, Wetten und Mogeleien, Schönheit, höchste Eleganz.

Als einer der ersten hat er mit Hilfe der Momentaufnahmen von Major Muybridge die wirklichen Stellungen des edlen Geschöpfes während der Bewegung studiert. Übrigens mochte und schätzte er die Photographie zu einer Zeit, da die Künstler sie verachteten oder nicht zuzugeben wagten, daß sie sich ihrer bedienten. Ihm selber sind ein paar sehr schöne

Aufnahmen geglückt: so besitze ich aus seiner Hand eine *Vergrößerung*, die ich eifersüchtig hüte.[43]

Man sieht darauf, dicht neben einem großen Spiegel, Mallarmé, der an der Wand lehnt, und ihm gegenüber auf einem Sofa sitzend: Renoir. Im Spiegel lassen sich die Schemen von Degas und seiner Kamera, Frau und Fräulein Mallarmé gerade noch erraten. Neun Petroleumlampen, eine schauerliche Viertelstunde, während der keiner der Anwesenden sich rühren durfte, waren die Voraussetzungen für das Gelingen eines derartigen Meisterwerks. Es ist dies übrigens das schönste Porträt Mallarmés, das ich kenne, wenn man von der vortrefflichen Whistlerschen Lithographie absehen will, deren Herstellung für das Modell eine weitere, freilich mit größter Grazie erduldete Folter bedeutete: der Ärmste mußte während einer ganzen Reihe von Sitzungen wie festgeklebt an einem Stubenofen schmoren, ohne daß er den Mut fand, sich darüber zu beklagen. Das Ergebnis rechtfertigte dieses Martyrium. Es gibt nichts Zarteres, auf *vergeistigtere Weise* Ähnliches als dieses Porträt.

Die Aufnahmen von Muybridge machten die Fehler offenkundig, an denen die Darstellungen der sämtlichen Bildhauer und Maler kranken, die sich bis dahin mit der Wiedergabe der verschiedenen Gangarten des Pferdes befaßt hatten.

Jetzt erkannte man mit eins, wie erfinderisch das Auge ist – oder vielmehr: wie gründlich unsere Wahrnehmung verarbeitet, was sie uns als ein unpersönliches und untrügliches Ergebnis der Beobachtung vor Augen führt. Eine ganze Reihe geheimnisvoller Operationen vermittelt zwischen einer lediglich aus *Flecken* bestehenden Welt und der Welt der *Dinge* oder *Gegenstände*, bringt rohe, unzusammenhängende Gegebenheiten nach Kräften in Einklang, überbrückt Gegensätze, beruft sich auf überlieferte, uns von Kindheit an geläufige Meinungen, läßt uns an Kontinuitäten, Verbindungen, Umwandlungsweisen glauben, die wir unter den Namen *Raum*, *Zeit*, *Materie* und *Bewegung* zusammenfassen. Man stellte sich demnach das bewegte Tier so vor, wie man es zu sehen glaubte; und es ist wohl möglich, daß eine eingehendere Prüfung jener Darstellungen von ehemals das *Gesetz* dieser unbewußten Verfälschungen entdeckte, die flüchtigste Momente des Vogelflugs oder des Pferdegalopps so zu zeichnen erlaubten, als hätte man sie in Ruhe beobachten können: aber in Wahrheit beruhen solche Ausschnitte auf Täuschung. Man versuchte diesen schnell beweglichen Körpern eine *wahr scheinende* Gestalt zuzuweisen, und es wäre nicht ohne Reiz, anhand von Dokumenten vergleichsweise diese Art von »Schöpfung« genauer zu bestimmen, bei der die Lücken des sinnlichen Wahrnehmens durch den Verstand ausgefüllt werden.

Hinsichtlich des Vogelflugs sei hier im Vorbeigehen bemerkt, daß die Momentaufnahme die Darstellungen bekräftigte, die Leonardo da Vinci in seinen Skizzen und die Japaner in ihren Holzschnitten davon gegeben hatten: jener vielleicht mit Hilfe gedanklicher Erwägungen, diese wohl kraft ihres natürlichen Spürsinns und geduldiger Beobachtung.

Für Degas war das Rennpferd ein ausgesuchtes Thema, das den Bedingungen zu genügen vermochte, die seinen Wünschen durch das eigene Naturell und durch die Zeit auferlegt waren. Wo etwas Reines finden in der modernen Wirklichkeit? Nun, Realismus und Stil, Eleganz und Strenge begegneten und durchdrangen sich in dem ebenso kostbaren wie reinen Wesen des Rassepferds. Nichts, was einen so raffinierten, so schwer zu befriedigenden Künstler, der in die Vorbereitungen auf lange Sicht, die peinlichen Ausscheidungsverfahren, die feine Arbeit der Dressur förmlich verliebt war, in höherem Maße zu bezaubern vermocht hätte als dieses englisch-arabische Meisterwerk. Degas war ein so ausgesprochener Liebhaber und Kenner des Reitpferds, daß er die Verdienste ihm innerlich selbst ganz fernstehender Künstler anzuerkennen geneigt war, so sie sich in ihren Werken nur über ein gründliches Studium des Pferdes auswiesen. Einmal, bei Durand-Ruel, verweilte er mit mir sehr lange vor einer kaum ellenhohen Bronze von Meissonier[44], einem Napoleon zu Pferd, und machte mich im einzelnen auf die Schönheiten oder vielmehr Genauigkeiten aufmerksam, die er an dem kleinen Werk zu rühmen fand: Schienbeine, Fesseln, Köten, Sitz, Hintergestell ... Ich mußte eine ganze kritische Analyse über mich ergehen lassen, die schließlich in einem Loblied ausklang. Er pries mir auch in hohen Tönen das Pferd der Jeanne d'Arc von Paul Dubois, die vor der Kirche Saint-Augustin aufgestellt ist.[45] Von der Heldin selbst, deren Rüstung mit so großer Genauigkeit gegeben ist, sagte er nichts.

## VOM BODEN UND VOM UNGESTALTEN

Degas ist einer der seltenen Maler, die dem *Boden* zu seinem Recht verholfen haben.

Man findet bei ihm herrliche Fußböden.

Bisweilen gibt er eine Tänzerin aus ziemlicher Höhe, so daß die ganze Erscheinung von der flachen Unterlage sich abhebt wie die Krabbe auf dem Strand. Diese Gestaltung verhilft ihm zu neuartigen Aspekten und eindrucksvollen Möglichkeiten.

Der Boden spielt beim Sehen der Dinge eine wesentliche Rolle. Von seiner Beschaffenheit sind zum großen Teil die Lichtreflexe bedingt. Sobald der Maler die Farbe nicht mehr als eine örtlich gebundene Eigenschaft betrachtet, die aus sich selber und durch ihren Gegensatz zu den benachbarten Farben wirkt, sondern als eine örtliche Wirkung der sämtlichen Strahlungen und Brechungen, die im Raum und zwischen allen darin befindlichen Körpern sich abspielen; sobald er sich ferner bemüht, diesen subtilen Effekt des verstreuten Lichtes zu erfassen, sich seiner zu bedienen, um seinem Werk eine bestimmte Einheit zu verleihen, die von derjenigen der Komposition sich grundsätzlich unterscheidet – von dem Augenblick an hat seine Auffassung der *Form* sich gewandelt. An diesem äußersten Punkt gelangt er zum Impressionismus.

Obgleich Degas diese *Sichtweise*[46] sehr wohl kannte und sie rings um sich immer mehr hatte aufkommen sehen, gab er ihr zuliebe doch niemals die Umrißlinie preis, zu deren Dienst er durch Anlage und Erziehung bestimmt war.

Die Landschaft, deren Darstellung die Künstler zu immer neuen Interpretationen verlockt und schließlich zum »Impressionismus« geführt hat, berückte ihn nie. Die wenigen Landschaften, die es von ihm gibt, sind im Atelier gemalt, *frei aus dem Handgelenk*. Sie waren für ihn ein Zeitvertreib – nicht ohne gewisse Bosheit gegenüber den Freilichtfanatikern. Sie wirkten seltsam willkürlich: während umgekehrt diejenigen, die seinen Reitern und verschiedenen anderen Sujets als Hintergrund dienen, mit der Genauigkeit gegeben sind, die er liebte.

Man behauptet, er habe Felsstudien *im Zimmer* gemacht, wobei er nach aufgehäuften *Koks*stücken aus seinem Ofen arbeitete. Er hätte den Kohleneimer auf den Tisch geleert und sich darangemacht, die »Gegend« sorgfältig abzuzeichnen, die der von ihm arrangierte Zufall geschaffen hatte. Kein Merkmal der fertigen Zeichnung ließ vermuten, daß diese aufgetürmten Felsklötze in Wahrheit nur faustgroße Kohlenstücke waren.

Wenn das wahr ist, so scheint es mir ein Einfall zu sein, der geradezu *leonardesk*[47] anmutet. Auch mahnt er mich an gewisse Gedanken, die mich vor sehr langer Zeit beschäftigt haben und die vielleicht gar nicht so unendlich verschieden sind von denen, die mir meine Erinnerung an Degas eingibt.

Ich dachte bisweilen ans *Ungestalte*. Es gibt Dinge, Flekken, Massen, Umrisse, Volumina, die gewissermaßen nur eine faktische Existenz haben: wir nehmen sie lediglich wahr, aber wir wissen nichts von ihnen; es ist uns nicht möglich, sie auf ein einheitliches Gesetz zurückzuführen, von einem ihrer Teile auf das Ganze zu schließen, sie auf gedanklichem Wege zu rekonstruieren. Wohl aber vermögen wir sie uns mit der größten Leichtigkeit auch anders zu denken. Daß sie einen Platz im Raum beanspruchen, ist sozusagen ihre einzige greifbare Eigenschaft ... Sie »ungestalt« nennen heißt: ihnen nicht sowohl die *Gestalt* absprechen als vielmehr behaupten, daß sich nichts in uns vorfindet, was uns diese auf zeichnerischem oder gedanklichem Wege deutlich wiederzugeben erlaubte. Und in der Tat hinterlassen uns die ungestalten Gestalten weiter nichts als die Erinnerung an eine Möglichkeit ... Sowenig eine Folge von zufällig angeschlagenen Tönen eine Melodie ist, sowenig sind eine Lache, ein Fels, eine Wolke, ein Stück Strand faßbare Gestalten. Ich will auf diese Überlegungen kein besonderes Gewicht legen: sie führen sehr weit. Ich komme zurück aufs Zeichnen. Angenommen, wir möchten eines dieser ungestalten Dinge zeichnen, aber immerhin eines, das einen gewissen Zusammenhang seiner Teile erkennen läßt. Ich werfe ein zerknülltes Taschentuch auf den Tisch. Dieses Ding erinnert an nichts. Für das Auge ist es zunächst ein Gewirr von Falten. Ich vermag es am einen Ende aus seiner Lage zu bringen, ohne dadurch den anderen Zipfel in Mitleidenschaft zu ziehen. Meine Aufgabe besteht nun aber darin, auf meiner Zeichnung ein Stück Stoff von bestimmter Sorte, Weichheit, Dichte sowie durchgängiger Einheitlichkeit zur Darstellung zu bringen. Es handelt sich also darum, eine bestimmte Struktur eines Gegenstandes *verständlich* zu machen, der eine solche in keinem ausgesprochenen Maße besitzt, und es existiert weder ein *Cliché* noch eine Erinnerung, auf die man sich bei der Arbeit berufen könnte – wie dies möglich ist bei der Wiedergabe der Gestalt etwa eines Baumes, eines Menschen oder eines Tieres, die in einzelne, uns wohlbekannte Abschnitte zerfallen. Hier nun also hat die Intelligenz des Künstlers einzuspringen, hat das Auge die Aufgabe, mit Hilfe der Bewegungen, kraft deren es über das wahrgenommene Objekt hingleitet, die Pfade des Stifts auf dem Papier zu finden – einem Blinden vergleichbar, der die durch Berührung gewonnenen Elemente der Gestalt, die er abtastet, im Gedächtnis aufspeichern, sich das Wissen um die Einheitlichkeit eines ganz regelmäßig gebauten Körpers Punkt für Punkt erringen muß.

Eine solche Auseinandersetzung mit dem Ungestalten lehrt einen unter anderem auch unterscheiden zwischen dem, was man zu sehen glaubt, und dem, was man wirklich sieht. An unserem Sehen ist irgendein konstruktives Element beteiligt, das uns die Macht der Gewohnheit entbehrlich gemacht hat. Wir erraten oder erahnen in der Regel mehr, als wir sehen, und die vom Auge empfangenen Eindrücke sind für uns bloße Zeichen, und nicht *einmalig-gegenwärtige Ereig-*

*nisse*, vorgängig allen jenen Vereinbarungen, Zusammenfassungen, Abkürzungen und unwillkürlichen Unterstellungen, an die eine erste Erziehung uns gewöhnt hat.

Wie der Denker sich zur Wehr zu setzen versucht gegen die *Wörter* und abgestempelten Ausdrücke, die das praktische Leben überhaupt erst möglich machen, die Geister aber ihrer Pflicht entheben, über alles und jedes in Erstaunen zu geraten – so kann auch der Künstler durch ein Studium der ungestalten Dinge, will sagen: von einmaliger Gestalt, seine eigenste Einmaligkeit und jene urtümliche und ursprüngliche Grundverfassung zurückzugewinnen versuchen, darin Auge und Hand, Gegenstand und Wille wechselseitig zugeordnet sind.

Empfinden und Mittel stehen beim großen Künstler in einer besonders innigen *wechselseitigen* Beziehung, die in dem gemeinhin unter dem Namen »Inspiration« bekannten Zustand zu einer Art Genuß wird, einem beinahe vollkommenen Austausch oder Übereinkommen zwischen Wunsch und Erfüllung, Wollen und Können, Idee und Tat, und sich steigert bis zum Punkt der Lösung, wo dieses Übermaß an geordneter Einheit abnimmt und das von unseren Sinnen, aus unseren Kräften, unseren Idealen, unseren aufgespeicherten Schätzen bestrittene Ausnahme-Sein aus den Fugen gerät, zerfällt und uns unserem gewöhnlichen Gewerbe zurückgibt, dem Austausch von *Minuten ohne Wert* gegen *Wahrnehmungen ohne Zukunft*, nichts hinterlassend als irgendein Bruchstück, das nur in einer *Zeit* oder in einer *Welt* oder unter einem *Druck* oder dank einem *Wärmegrad* der Seele hat entstehen können, die von denjenigen, die *das X-Beliebige* enthalten oder hervorbringen, sehr verschieden sind ...

Ich sage: *ein Bruchstück*; denn es ist wenig wahrscheinlich, daß aus solchen nur allzu flüchtigen Verbindungen ein *ganzes* Werk von einigem Umfang hervorgeht.

Für diesen Fall nämlich müßte das Wissen hinzukommen, brauchte es Zeit, neue Anläufe, Kritik. Man muß einen guten Kopf haben, um die Glücksfälle auszunützen, die Funde zu meistern und – *fertig zu werden*.

Es gibt Leute, die sich fragen, ob der Maler außer der

Fähigkeit, *zu sehen* und sich seiner Mittel zu bedienen, noch anderweitige Kenntnisse besitzen sollte.

Da heißt es zum Beispiel: viele schlechte Maler haben etwas von Anatomie verstanden, während umgekehrt viele gute keine Ahnung davon hatten. Folglich: keine Anatomie.

Und nicht viel anders denkt man von der Perspektive.

Ich meinerseits gebe ihnen zur Anwort, daß man nie genug wissen kann; vor allem aber, daß man sich seiner Kenntnisse zu bedienen wissen sollte.

Einen Gegenstand, dessen Struktur uns bekannt ist, sehen wir mit ganz anderen Augen. Es handelt sich nicht darum, unter der Haut verborgene Muskeln sichtbar zu machen, wohl aber sollte man ein wenig an das denken, was sich unter ihr befindet. So kompliziert und vertieft sich die Auseinandersetzung. Ich halte das für einen Vorteil.

Denn dies ist meine Beobachtung: im Maße als die Epoche, da Anatomie und Perspektive noch nicht völlig vernachlässigt wurden, der Vergangenheit angehört, reduziert sich die Malerei auf ein bloßes Arbeiten nach Modell, sterben Erfindung, Komposition und *das wahrhaft Schöpferische* aus.

Die Vernachlässigung der Anatomie und der Perspektive bedeutete für die Malerei: Vernachlässigung der geistigen Tätigkeit zugunsten von Wirkungen, die ausschließlich dem momentanen Augengenuß dienen.

Die europäische Malerei hat in diesem Augenblick einen Teil ihres Machtanspruchs preisgegeben . . .

Und, folglich, etwas von ihrer Freiheit.

Wer besäße heutzutage den Mut, mit einem Michelangelo oder Tintoretto zu wetteifern, mit anderen Worten: sich auf Kompositionen einzulassen, die der Schwierigkeiten der Ausführung spotten, in denen Gruppierungen, Verkürzungen, Bewegungen, Architekturen, Attribute und Stilleben, Handlung, Ausdruck und Aufmachung mit ebenso unerhörtem Wagemut wie Gelingen in Angriff genommen und bewältigt werden?

Zwei Äpfel auf einer Schüssel, eine Aktfigur mit einem kleinen schwarzen Dreieck, weiter bringt's heutzutage keiner.

Die Mode, der Sport, verschiedene Theorien, wunderbare Kuren, die Vereinfachung der Sitten, die für die wachsende Komplizierung der materiellen Lebensbedingungen entschädigt, das Nachlassen aller herkömmlichen Hemmungen (und bestimmt auch der Teufel) haben die ehemalige Strenge des Nacktheitsstatuts in auffälliger Weise gemildert.

Auf dem von zahllosen Nacktheiten wimmelnden Badestrand bereitet sich vielleicht ein völlig neues gesellschaftliches Leben vor. Man duzt sich zwar noch nicht; es gibt noch ein paar äußere Formen, wie es noch ein paar zur Not verhüllte *Bezirke* gibt; aber zu hören, wie ein nackter Herr und eine nackte Dame einander »mein Herr« und »gnädige Frau« titulieren, ist schon eher etwas anstößig.

Kaum ein paar Jahre ist es her, da waren der Arzt, der Maler und der Stammkunde zweideutiger Häuser die einzigen Sterblichen, die etwas vom Nackten verstanden, jeder im Rahmen seiner Angelegenheiten. Ein wenig gaben sich auch die Liebenden damit ab; aber ein Trinker braucht nicht unbedingt ein wirklicher Genießer und Kenner der Weine zu sein. Trunkenheit hat mit Kennerschaft nichts zu tun.

Das Nackte war tabu, will sagen: etwas Unreines. Man duldete es an den Statuen, bisweilen mit einigen Vorbehalten. Gesetzte Personen, die es im lebendigen Zustand verabscheuten, bewunderten es in Marmor. Jedermann fühlte dunkel, daß weder der Staat noch die Justiz, noch das Unterrichts- und Kirchenwesen, ja überhaupt nichts Seriöses *sich zu halten vermöchte*, wenn die Wahrheit nackt zutage läge. Der Richter, der Priester, der Lehrer haben Kleider nötig, denn ihr Nacktsein zerstörte jenen Nimbus von Unfehlbarkeit, ohne den eine Person, die die Rolle einer Abstraktion zu spielen hat, nicht auskommt.

Alles in allem ließ man das Nackte nur unter zwei Gesichtspunkten gelten: einerseits als Symbol des Schönen, andererseits als ein Symbol des Obszönen.

Aber für den Maler menschlicher Gestalten war es die wichtigste Sache von der Welt. Den bildenden Künstlern bedeutete es, was die Liebe Erzählern und Dichtern bedeutet; und wie diesen die Liebe unendlich verschiedenartige Möglichkeiten bot, ihre Fähigkeiten zu entfalten, von der ungezwungensten Wiedergabe von Wesen und Handlungen bis zur abstraktesten Zergliederung von Gefühlen und Gedanken – so erwies sich für die Maler das Nackte, angefangen beim idealen Körper bis zu den realsten Nuditäten, als ein schlechthin unerschöpfliches Thema.

Wenn Tizian eine Venus gibt, schimmernden Leibes schwelgerisch auf Purpur gebettet, ebenso herrlich als Göttin wie vollkommen als Malerei, so hat man das Gefühl, daß für ihn *Malen* ein Liebkosen war, die Verbindung zweier Formen von Wollust in einem erhabenen Akt, darin der Besitz seiner selbst und seiner Mittel und der mit allen Sinnen erlebte Genuß der Schönen einander durchdringen.

Die Reißkohle Monsieur Ingres' huldigt der Anmut bis zum Monströsen: nie ist ihm der Rücken geschmeidig und langgestreckt genug, der Hals zu biegsam, nie sind die Schenkel glatt genug, erzwingen sämtliche Kurven der Körper, die der Blick mehr umfaßt und berührt, als daß er sie sieht, vom Auge die letzte mögliche Gefolgschaft. Seine *Odaliske* hat etwas von der vorsintflutlichen Echse; sie führt einem vor Augen, was eine gutgeleitete Zuchtwahl aus einer Frauenrasse hätte machen können, die seit Jahrhunderten mit der gleichen Ausschließlichkeit zum Genuß erzogen worden wäre, mit der man das englische Pferd für die Rennbahn gezüchtet hat.

Rembrandt weiß, daß das Fleisch Kot ist, aus dem das Licht Gold macht. Er nimmt in Kauf und billigt, was er sieht: die Frauen sind, was sie sind. Es gibt für ihn nur beleibte und abgezehrte. Selbst die wenigen schönen, die er gemalt hat, sind es weniger dank ihrer Formen als kraft einer geheimnisvollen Lebendigkeit, die von ihnen ausstrahlt. Er schrickt nicht zurück vor Hängebäckchen mit prall gestaffelten, feisten Hautwülsten, fürchtet sich nicht vor klobigen Gliedmaßen, geröteten und plumpen Händen, höchst vulgären Gesichtern. Aber diese Hinterteile, Wänste, Zitzen, Fleischklumpen, diese Vetteln und Mägde, die er vom Kochtopf weg ans Lager von Göttern und Königen geleitet – er durchtränkt oder umspielt sie mit einer Sonne, die nur er hat; wie niemand vermengt er Wirklichkeit und Geheimnis, Tierisches mit Göttlichem, ein ebenso subtiles wie unerhört wirkungsvolles *Handwerk* und das tiefste, einsamste Empfinden, dem die Malerei jemals Ausdruck verliehen hat.

Degas sucht am Nackten, das er in allen seinen Erscheinungsformen, in einer geradezu unglaublichen Menge von Stellungen, ja selbst im Zustand der vollen Bewegtheit studiert hat, zeit seines Lebens das einmalige Liniensystem, das eine bestimmte Körpergebärde so präzis und zugleich so allgemein wie möglich *formuliert.* Weder um Grazie noch um den poetischen Effekt ist es ihm zu tun. Von seinen Werken geht kein Gesang aus. Man muß dem *Zufall* einigen Anteil einräumen, damit bei der Arbeit gewisse Reize sich regen, stimulierend wirken, der Palette und der Hand sich bemächtigen ... Aber er mit seinem ausgesprochenen Eigenwillen, seiner ewigen Unzufriedenheit mit jedem Zug, der nicht mühsam erkämpft werden mußte, seiner fürchterlichen Bereitschaft zur Kritik, seiner allzu innigen Vertrautheit mit den großen Meistern – er überläßt sich niemals dem natürlichen Willen. Ich liebe diese Strenge. Es gibt Menschen, die nur dann das Gefühl haben, zu handeln, eine Leistung zu vollbringen, wenn sie dies im Kampfe gegen sich selber tun. Vielleicht liegt hierin das Geheimnis des wahrhaft Tugendhaften.

Eines Tages durchwanderte ich mit Degas die Grande Galerie des Louvre. Vor einem Rousseau blieben wir stehen, der grandiosen Darstellung einer Allee von riesigen Eichen.[48]

Nachdem wir das Bild eine Weile schweigend bewundert hatten, machte ich ihn darauf aufmerksam, mit welcher Gewissenhaftigkeit, welcher Geduld der Maler, ohne darüber je die großartige Wirkung der Laubmassen aus dem Auge zu verlieren, eine Unsumme Einzelheiten bewältigt oder doch wenigstens in einem Grade vorzutäuschen gewußt habe, der eine Unsumme von Arbeit vorauszusetzen scheine.

»Prachtvoll«, meinte ich, »aber wie mühsam, alle diese Blätter zu malen ... Das muß höllisch langweilig sein ...«

»Ach was«, fiel mir Degas ins Wort, »wenn es nicht langweilig wäre, wäre es nicht amüsant.«

Tatsache ist, daß man sich heute kaum mehr auf so mühselige Art *amüsiert*, und ich hatte mit meiner Bemerkung nur recht naiv der wachsenden Abneigung Ausdruck gegeben, wie man sie nachgerade jeder Arbeit gegenüber empfindet, die eintönig ist oder nur mit Hilfe von wenig voneinander verschiedenen, längere Zeit hindurch wiederholten Verrichtungen geleistet werden kann. Die Maschine hat die Geduld ausgerottet.

Ein Werk war für Degas das Ergebnis einer unbegrenzten Anzahl von Studien sowie einer *Reihe rechnerischer Operationen.* Er war, wie ich fest überzeugt bin, der Ansicht, man könne von einem Werk niemals sagen, es sei »fertig«, und der Künstler blieb ihm unverständlich, der eines seiner Werke nach einiger Zeit zufällig wiederum zu Gesicht bekommt, ohne das Bedürfnis zu empfinden, es sich wieder zu nehmen und sich erneut damit abzugeben. Er war imstande, Bilder, die schon seit geraumer Zeit bei seinen Freunden hingen, plötzlich zu beschlagnahmen und in seine Höhle zurückzutragen, aus der sie nur selten wiederauftauchten. Seine näheren Bekannten kamen denn auch schließlich dazu, alles zu verstecken, was sie von ihm besaßen.

Es ließen sich hierüber mancherlei Betrachtungen anstellen. Insbesondere erheben sich dabei zwei Probleme. Einmal: Was bedeutet einem bestimmten, so und so gearteten Künstler das eigene Schaffen? Eine Leidenschaft? Eine Unterhaltung? Mittel oder Zweck? Es gibt Künstler, deren Leben es völlig beherrscht; andere, bei denen es sich damit vermischt. Je nach Veranlagung werden daher die einen leicht von einem Werk zum anderen fortschreiten, was hinter ihnen liegt, zerstören oder verkaufen und sich wiederum an etwas völlig Neues wagen; gewisse andere dagegen verkrallen und versteifen sich, schneiden sich selber ins Fleisch, bessern unaufhörlich und sehen sich zum Schluß gefangen: sie bringen es nicht über sich, die Partie aufzugeben, aus dem Kreis ihrer Gewinne und Verluste herauszutreten – Spieler, die ihren Einsatz durch Hartnäckigkeit und Eigensinn verdoppeln.

Das zweite Problem folgt aus dem ersten: Was hält (oder hielt) der und der Künstler von sich selber?

Wie dachte ein Velázquez, ein Poussin, einer der zwölf Götter des Olymps der Museen über das, was wir seine »*Meisterschaft*« nennen? Mein Problem ist unlösbar. Wäre es ihnen selber vorgelegt worden und wir besäßen ihre Anworten, so wäre selbst noch mit Bezug auf die aufrichtigste einiger Zweifel am Platz; denn die Frage reicht weiter, besser: sie reicht weiter zurück als jede *Aufrichtigkeit*. Die Meinung, die man von sich selber hat und die eine wesentliche Rolle spielt in einem Beruf, der mit den Kräften steht und fällt, die man sich zutraut, vermag sich dem Bewußtsein weder völlig zu entwirren noch deutlich mitzuteilen. Sie schwankt übrigens wie diese Kräfte selber, die um höchst geringfügiger Ursachen willen aufflackern, abnehmen, wieder aufleben.

So unlösbar dieses Problem ist, so ist es meiner Ansicht nach doch tatsächlich vorhanden und wert, aufgeworfen zu werden.

## DEGAS ALS POLITIKER

Degas hatte seine bestimmten politischen Ansichten. Sie waren unkompliziert, unumstößlich, durchaus pariserisch. Er bewunderte an Rochefort den *gesunden Menschenverstand.* Als Drumont auftauchte, ließ er sich jeden Morgen dessen neuesten Artikel vorlesen. Die Dreyfusaffäre brachte ihn außer Rand und Band. Er kaute gereizt an seinen Nägeln. Beim geringsten Anzeichen schöpfte er Verdacht, legte los, brach schroff ab: »Adieu, mein Herr ...«, und kehrte dem Gegner für immer den Rücken. Sehr alte und sehr intime Freundschaften wurden solchermaßen von ihm *aufgesagt*, fristlos und ohne Widerruf.[49]

Die Politik *im Stile Degas'* war zwangsläufig so edelmütig, gewalttätig, unmöglich wie er selber.

Er hatte seinerzeit die Bekanntschaft Clemenceaus gemacht, in den Kulissen der Großen Oper, wo dieser wunderliche Egoist und unbedingte Jakobiner, hochfahrendste Aristokrat und erbarmungslose Spötter sich einzufinden pflegte – ein Mensch des Genusses, der Überheblichkeit, der Gefahr; niemandes Freund, mit Ausnahme des einzigen Monet, aber beschirmt von Getreuen; hart, stolz darauf, gefürchtet zu sein, aber fähig, ein Volk zu lieben, es zu stählen zu seinem Heil. Er verehrte Frankreich glühend und verachtete alle Franzosen . . .

Es war damals die Zeit, da auf dem Parlament, auf den Ministern, der Presse der immer wieder auftauchende Argwohn der Korruption lastete, das Odium geheimer Machenschaften, der Bestechlichkeit, unerlaubter Begünstigungen. Namen gingen von Mund zu Mund, schwarze Listen von Tasche zu Tasche. Alles wurde möglich, fand Glauben, prägte sich unauslöschlich den Köpfen ein. Je skeptischer man war, desto empfänglicher für die übelsten Gerüchte. Die Schriftsteller und Künstler, die diese Wirrnisse aus genügender Distanz sahen, weideten sich daran auf ihre Art, setzten die schrecklichsten *Sprüche* in Umlauf, feilten an ihren Antipathien, brauten aus den Gesinnungen des Volkes eine Essenz entweder der reinen Anarchie oder des vollendeten Autokratismus.

Degas, als der gründlichste Verächter der Wahl per Stimmabgabe, als ein in geschäftlichen Dingen höchst unwissender, für die Wonnen des Gelderwerbs völlig unempfänglicher Mensch, dachte in einer Weise von der staatlichen Gewalt, als ob deren tatsächliche Voraussetzungen wirklich je erlaubt hätten, sie in idealer Reinheit, einem großen Stil auszuüben.

Wie so mancher andere ließ er sich von der Historie und den Historikern übertölpeln, die die Politik für eine Kunst und eine Wissenschaft ausgeben – wofür sie höchstens in den Büchern gelten kann –, unter Zuhilfenahme von perspektivischen Täuschungen, willkürlichen Scheidungen und einer Menge von Spielregeln, die zum Teil denjenigen des Theaters, zum Teil denen des Schachspiels ähneln. Es läßt sich indessen nicht leugnen, daß diese Illusion auf den tatsächlichen Verlauf der Dinge einwirkt und hier fühlbare Ergebnisse zeitigt – in der Regel verheerende.

Degas vermochte sich also einen idealen Staatsmann von leidenschaftlicher Lauterkeit der Gesinnung vorzustellen, der in der Ausübung seiner Pflicht Menschen und Verhältnissen gegenüber die gleiche ingrimmige Unvoreingenommenheit und *Prinzipien*strenge walten läßt, die er selber in seiner Kunst befolgte.

Eines Abends, im Foyer de la Danse, als er zufällig mit Clemenceau auf dieselbe Bank zu sitzen kam, nahm er diesen vor ... Er hat mir, rund fünfzehn Jahre später, diese Unterredung oder vielmehr: diesen Monolog geschildert.

Er setzte ihm also seine hochherzige und kindische Auffassung auseinander: Wie die Größe seiner Aufgabe, wenn er an der Macht wäre, in seinen Augen alles beherrschte, wie er ein asketisches Leben führen, mit der einfachsten Wohnung vorliebnehmen, jeden Abend zeitig seinen fünften Stock aufsuchen würde ... usw. »Und Clemenceau«, fragte ich, »was gab er Ihnen zur Antwort?«

»Einen Blick, voll von einer namenlosen ... Verachtung! ...«

Ein andermal, als er wiederum in der Großen Oper mit Clemenceau zusammentraf, erzählte er ihm, daß er am gleichen Tag einer Kammersitzung beigewohnt habe. »Während der ganzen Sitzung«, meinte er, »vermochte ich kein Auge von der kleinen Seitentür zu wenden. Jeden Augenblick erwartete ich den leibhaftigen Grobian dort eintreten zu sehen ...«

– »Keine Angst, Monsieur Degas«, gab Clemenceau zurück, »wir hätten ihn nicht zu Worte kommen lassen ...«

## MIMIK

Degas besaß einen merkwürdig ausgeprägten Sinn für *Mimik*. Dazu kommt, daß er seine Tänzerinnen und Büglerinnen in typischen Situationen ihrer beruflichen Tätigkeit belauscht hat – was ihm erlaubte, sich beliebig oft mit ein und derselben Ansicht der Körper auseinanderzusetzen und eine Menge von Stellungen zu studieren, mit denen sich vor ihm die Maler niemals befaßt hatten. Die schwelgerisch hingegossenen Schönheiten, appetitlichen Aphroditen und Odalisken ließ er links liegen; ebensowenig war ihm daran gelegen, irgendeine schamlose und souveräne Olympia auf ihrem Bett zur Schau zu stellen – brutal wie ein Faktum. Das Fleisch, ob golden, ob weiß, ob karminfarben, schien ihn als Maler nicht zu interessieren. Aber er war erpicht darauf, das auf einem Sondergebiet tätige Weibsbild mit allen seinen animalischen Zügen darzustellen: die Sklavin der Tanzkunst, des Stärkemehls oder des Strichs; und diese mehr oder weniger verunstalteten Körper, die er in sehr unbeständigen Lagen ihrer ausgeprägten Struktur gibt (etwa beim Schnüren eines Tanzschuhs oder ein Bügeleisen mit beiden Fäusten gegen die Wäsche pressend), erwecken den Eindruck, das gesamte Bewegungssystem eines Lebewesens vermöge *Grimassen zu schneiden* wie ein Antlitz.

Wäre ich Kunstkritiker, würde ich mich hier zu einer Hypothese versteigen, die in dreifacher Hinsicht naheliegt. Ich würde versuchen, diese *mimische Form des Sehens* bei Degas aus dem Zusammentreffen dreier Bedingungen zu erklären. In erster Linie wäre da jener neapolitanische Bluteinschlag zu nennen, von dem oben gesprochen wurde: die Mimik kommt aus Neapel, wo jedes Wort mit Gestikulationen begleitet, jeder Bericht in Handlungen umgesetzt wird, jedermann über seine Anzahl Rollen verfügt, die immer möglich, ihm immer geläufig sind.

Ich würde ferner bemerken, daß Degas seine eigenste Aufgabe, das heißt: die von ihm in jenem Alter, da ein Künstler seine Entscheidungen trifft, den Strömungen des Tages, den Schulen, den sich widerstreitenden Stilrichtungen gegenüber geforderte Stellungnahme – daß er diese Aufgabe meisterte, indem er sich den vereinfachenden Formeln des »Realismus« verschrieb. Er verzichtete auf Semiramis und die Erzeugnisse im edlen Geschmack, um ein für allemal das ins Auge zu fassen, was jedermann sieht.

Aber er besaß eine viel zu feine Bildung und war viel zu gescheit, als daß er sich dazu hätte entschließen können, lediglich ein wahlloser Beobachter und blinder Draufgänger zu sein, der alles Gewesene abgeschafft und alles durch sich selber ersetzt sehen will. Degas verwandte auf das Studium des Wirklichen jene Sorgfältigkeit, aus der die »Klassiker« hervorgehen. Damit wäre die dritte Bedingung genannt.

Ein inbrünstiges Erpichtsein auf die einzige Linie, die eine Gestalt endgültig ausdrückt, aber eine Gestalt, die im gewöhnlichen Leben, auf der Straße, im Opernhaus, bei der Putzmacherin, ja selbst an noch anderen Orten ausfindig gemacht wurde; eine Gestalt ferner, die in ihrer bezeichnendsten Gebärde, in einem bestimmten Augenblick überrascht worden ist, nie anders als handelnd, immer ganz Ausdruck –: das ist für mich, schlecht und recht mit ein paar Stichwörtern abgetan, Degas. Er hat den Versuch gewagt und unternommen, das Momentbild und die endlose Arbeit im Atelier zu vereinigen; den Eindruck in tiefer reichenden Studien zu verwahren, das Unmittelbare hinüberzuretten in die Dauer bewußten Wollens.

Seine besondere Empfänglichkeit für Mimik aber, von der oben die Rede war, sei hier an einem Beispiel illustriert.

Degas, der zusehends einsamer und mürrischer wurde, war endlich darauf verfallen, seine Abende, mit denen er immer weniger etwas anzufangen wußte, während der schönen Jahreszeit auf den Verdecken von Tramways oder Omnibussen zu verbringen. Er erklimmt also seinen hochgelegenen Sitz, fährt bis zur Endstation und von diesem Ziel wiederum zurück an die seiner Wohnung nächstgelegene Haltestelle. Eines Tages schilderte er mir eine kleine Szene, die er am Abend zuvor auf seinem Verdeck hatte beobachten können. Es ist dies eine jener Beobachtungen, die vor allem für den Beobachter charakteristisch sind. Ganz in seiner Nähe, erzählte er, hätte eine Frau Platz genommen; die Sorgfalt, die sie darauf verwendet, gediegen und endgültig-wohlgeordnet dazusitzen, erregt seine Aufmerksamkeit. Sie führt ihre Hände über ihr Kleid, streicht dessen Falten glatt, rückt zurecht und sinkt in sich zusammen, wie um sich noch inniger der Krümmung der Bank anzuschmiegen; dann macht sie sich an ihren enganliegenden Handschuhen zu schaffen, versucht sie so glatt wie möglich den Händen anzuschließen, knöpft sie sorgfältig zu, nun fährt sie mit der Zunge über die Lippen, an denen sie fast unmerklich ein wenig nagt, regt sich in ihren Kleidern, um sich in der weichen Wärme ihrer Wäsche völlig heimisch und frisch zu fühlen. Endlich, nachdem sie sich leicht an der Nasenspitze gezupft, strafft sie ihr Schleierchen, weist mit flinkem Finger eine Locke an ihren Platz und scheint, nicht ohne den Inhalt ihres Täschchens noch rasch gemustert zu haben, diese Reihe von Verrichtungen endgültig abschließen zu wollen, indem sie die Miene eines Menschen annimmt, der seine Arbeit erledigt hat oder der, nachdem er alle menschenmöglichen Vorkehrungen für sein Unternehmen getroffen hat, das Weitere beruhigt dem lieben Gott überläßt.

Schütternd setzt die Tramway ihre Fahrt fort. Wohl fünfzig Sekunden lang verharrt die endgültig geschniegelte Dame in dieser Vollendung ihres gesamten Wesens. Aber nach Verlauf dieser Zeitspanne, die ihr wie eine Ewigkeit vorkommen muß, bemerkt Degas (der geradezu wunderbar in Szene setzte, was ich hier mit großer Mühe zu schildern versuche), wie es um ihre Zufriedenheit geschehen ist: sie richtet sich auf, läßt ihren Hals in ihrem Kragen spielen, rümpft ein wenig die Nase, schneidet ein Mäulchen; dann beginnt sie von neuem an ihrer Haltung und ihrem Äußeren herumzubessern: das Kleid, die Handschuhe, die Nase, das Schleierchen ... Ein ganzes, *sehr persönliches* Stück Arbeit, das abermals eine scheinbar stabile Gleichgewichtslage herbeiführt, die aber nur einen Augenblick andauert.

Degas, seinerseits, konnte nicht umhin, mir seine Pantomime ein zweites Mal vorzuführen. Er war entzückt. Zu seiner Genugtuung gesellte sich ein Anflug von Weiberhaß. Ich habe oben Ausdrücke wie »animalisch« und »Weibsbild« gebraucht: ich fürchte, mit Recht. Steht nicht irgendwo bei Huysmans, daß er seine Tänzerinnen nur mit Abscheu gemalt habe? Huysmans übertrieb; aber abgesehen von ein paar ganz seltenen Wesen, die das Geschick mit aller Anmut, allem Geist ausstattete, die ein so verfeinerter Mensch sich nur wünschen konnte, beurteilte Degas das weibliche Geschlecht offenbar nach seinen durchschnittlichen Modellen, die er in den oben beschriebenen Haltungen studierte. Es war ihm nicht darum zu tun, sie zu verschönern.

Ich weiß nicht, welcher Art seine Liebesgeschichte gewesen ist: unsere Urteile über die Frauen tragen vielfach das Gepräge unserer Erfahrungen.

Man muß eine Art Weiser sein, um es nur sich selber zuzuschreiben, wenn diese Sorte Angelegenheiten einem nichts als Verdruß, Bitterkeit, ja bisweilen noch Schlimmeres zurückläßt. Aber ein Blick auf Degas' Charakter legt die Vermutung nahe, daß sein verflossenes Leben nur sehr wenig zu schaffen hatte mit seiner Neigung, die Frau lediglich in der Rolle gelten zu lassen, die er ihr in seinen Werken zuwies. Sein finsterer Blick sah nichts rosa.

## ABSCHWEIFUNG

Ich wüßte keine Kunst, die das *Denkvermögen* allseitiger in Anspruch zu nehmen vermöchte als das Zeichnen. Ob es sich nun darum handelt, aus der Komplexität der Schau den Fund des *Striches* herauszulösen, ein Gefüge schlagend wiederzugeben, Herr über seine Hand zu bleiben, eine Form, noch ehe sie *niedergeschrieben*, im Geist *abzulesen* oder auszuprägen; oder ob umgekehrt die Erfindung den Augenblick beherrscht, die Idee sich Gehorsam erzwingt, sich klärt und um ebensoviel sich bereichert, als auf dem Papier, unter den Augen aus ihr wird – immer werden bei dieser Arbeit sämtliche Geistesgaben zur Anwendung gelangen, nicht minder als in ihr alle Eigentümlichkeiten des Menschen, so er schon solche besitzt, zum Vorschein kommen.

Wer erführe nicht etwas von Leonardos oder Rembrandts Geist und Willen, indem er sich mit ihren Zeichnungen beschäftigt? Wer sieht nicht ein, daß jener zu den größten Philosophen[50], dieser unter die Moralisten und *innerlichsten* Mystiker zu rechnen ist?

Ich behaupte: wenn Schulvorurteile oder -fertigkeiten es uns nicht unmöglich machten, das zu sehen, *was wirklich ist*; wenn wir, unter ihrem Einfluß, die Hauptformen des Geistes nicht nach ihren Äußerungsweisen einteilten, sondern aufgrund des in ihnen zum Ausdruck drängenden Gehalts – daß dann an die Stelle der Geschichte der Philosophie, der Kunst, der Literatur und der Wissenschaften eine *alleinige Geschichte der Belange des menschlichen Geistes* treten müßte.

In einer solchen Analogien-Geschichte hätte Degas unschwer seinen Platz zwischen Beyle und Mérimée. Mit Stendhal teilt er die Vorliebe für italienische Musik, die Abneigung gegen deutsche Grübelei, das sehnsüchtige Schwanken zwischen *romantischer* Mannigfaltigkeit und klassischer Simplizität; neben Stendhal rücken ihn ferner seine unzweideutigen, rücksichtslosen, vernichtenden Urteile, seine Manien. Sein Stift behandelt die Körper mit der gleichen Verliebtheit, der gleichen Unerbittlichkeit, mit der Stendhal Charaktere und Triebe schildert. Beide waren sie von Bewunderung für Raffael erfüllt, und bei beiden fällt dem Ideal-Schönen die Rolle des absoluten Wertmaßes zu.[51]

## ANDERE ABSCHWEIFUNG

Die moderne Kunst steht im Verdacht der Unwissenheit oder Unfähigkeit, ein Verdacht, den die absonderlichsten *Experimente* weit eher bekräftigen denn zerstreuen.

Erfindung gibt es nicht mehr. Die Komposition ist auf die Stufe bloßen Arrangements gesunken.

Es ist einfacher, in einem Schaufenster Seidenstoffe gefällig auszulegen oder einen Blumenstrauß zu ordnen, als eine figürliche Szene zu organisieren, wo die zu bewältigenden Formen und der Ausdruck mit keinem kleineren Maß von *Harmonie* verbunden sein müssen. Ein derartiges *Fest für die Augen* ist *auch* eine *Schlacht* ...

Heute wird fast nichts mehr ohne Modell gemacht. Fast alles ohne vorbereitende Studien, oder vielmehr: fast alles sind nur Studien, dazu noch unbrauchbare! Eine gute Studie sollte gründlicher ausgearbeitet sein als irgendein Gemälde und gehört in die Verborgenheit des Ateliers. Niemals in den Handel, nie ins Museum.

Wie hat es nur zu einem solchen Grade von Laxheit kommen können?

Vor allem deshalb, weil die Idee einer *Rangordnung* unter den Werken und Gattungen hinfällig geworden ist. Wenn zwei Pflaumen auf einem Teller *soviel gelten wie* eine Kreuzabnahme oder eine Schlacht bei Arbela[52], ja *unendlich* viel mehr gelten können; wenn eine Skizze von X *unendlich* viel mehr gilt als ein riesiges Gemälde von Y – mit anderen Worten: wenn das Ergebnis wichtiger erscheint als das Thema –, dann freilich (mag auch im einzelnen diese Art, zu urteilen, durchaus gerechtfertigt und unvermeidlich sein) müssen diejenigen Elemente der Wertschätzung, welche nicht ausschließlich *subjektiven* Charakter haben, allmählich ihre *Bedeutung* verlieren. (Die »akademische« Einstellung ist im Grunde nur ein mehr oder minder bewußtes Festhalten an den mehr oder minder stichhaltigen *Kriterien objektiver* Urteile: Anatomie, Perspektive, Naturtreue, traditionelle »Richtigkeit« der Farben usw.)

Und die Folge: die zunehmende Zahl schlechter Maler; denn die Entwertung meiner verpönten »objektiven« Kriterien räumt ja in erster Linie auf mit allen *Schwierigkeiten* der Kunst, zumindest den herkömmlichen. Niemand mehr *leistet sich das Vergnügen*, sorgfältig und mit einer Gedankenarbeit, die sehr weit führen kann (Leonardo), ein über einen Stuhl gebreitetes Stück Stoff, ein Blatt, eine Hand zu studieren... noch gar aus dieser ohne Hast und ohne unmittelbaren Zweck geführten Zwiesprache mit dem Gegenstand eine gewisse Selbsterkenntnis zu schöpfen, Einblicke zu gewinnen in das Zusammenspiel von Intellekt, Anschauung, Wunsch und Hand anläßlich eines *gegebenen Dinges* ... und unter Ausschluß des Publikums. (Dieser letzte Punkt ist wesentlich: man soll niemanden überraschen wollen als sich selber.)

Eine weitere Folge:

Die Literatur ist zur allmächtigen Herrin, Schöpferin oder Vernichterin des öffentlichen Ansehens geworden. *Der Wert oder die Einschätzung eines malerischen Kunstwerks hängt* (zumindest für eine gewisse Zeitspanne) *vom Talent des*

*Schriftstellers ab, der es hervortreten läßt oder zugrunde richtet.* Keine Formlosigkeit, kein koloriertes Sächelchen, keine willkürlichen Zerrbilder, für die man nicht Aufmerksamkeit, ja Bewunderung zu erwecken vermöchte, dadurch daß man sie beschreibt oder erklärt, immer gestützt auf die (im Laufe des neunzehnten Jahrhunderts zwanzigfach bewährte) Tatsache eines möglichen Meinungsumschwungs, der die zunächst unbegriffene und verspottete Leistung zum Rang eines Meisterwerks erhebt und ihren anfänglichen Verkaufspreis um ein Tausendfaches erhöht.

So ist es gekommen, daß die unglückliche Malerei sich eines Tages den flinken und wirksamen Methoden der Politik und der Börse überantwortet sah.

Wir haben die sonderbare Gewohnheit angenommen, jeden Künstler für mittelmäßig zu halten, der bei seinem ersten Auftreten nicht Anstoß erregt, nicht hinlänglich beschimpft oder verhöhnt wird. Wer uns nicht vor den Kopf stößt oder uns ein Achselzucken abnötigt, wird nicht beachtet. Man zieht daraus den Schluß, daß es darauf ankommt, Anstoß zu erregen, und handelt dementsprechend. Eine gründliche Darstellung der modernen Kunst hätte auf die Lösungen aufmerksam zu machen, die seit zwei oder drei Vierteljahrhunderten für *das Problem, Anstoß zu erregen,* alle fünf Jahre gefunden werden.

In alledem sehe ich die Gefahr der Leichtigkeit, und ich stelle fest, daß die Idee der Kunst immer weniger mit dem Ideal der möglichst allseitigen Ausbildung einer Persönlichkeit sich vereinigen läßt – und, in der Folge davon, von ein paar weiteren Persönlichkeiten.

## DEGAS UND DAS SONETT

Das *Sonett,* aus dem sich die Romantik wenig gemacht hatte und die Romantiker wenig zu machen wußten, kam gegen Ende des neunzehnten Jahrhundets wiederum in Mode. Viele vortreffliche Sonette entstanden – und eine Menge überflüssiger. Vor allem war eine Rückkehr zur Regelstrenge nötig –

damit befaßten sich die Dichter des Parnasse.[53] In der Folge verbanden Verlaine, Mallarmé und einige andere mit dieser altertümlich-unumstößlichen Form Wirkungen von unerhörter Anmut oder Gedrängtheit.

Es gibt kaum eine zweite Form in der Literatur, die ebenso geeignet wäre, das Element des Willens gegen jegliche Art von Schwäche herauszufordern, die Kluft fühlbar zu machen, die zwischen Absichten und Regungen und dem fertigen Werke besteht; und vor allem: den Geist dazu zu bringen, *Inhalt* und *Form* als einander ebenbürtige Bedingungen anzuerkennen. Um es deutlicher zu sagen: das Sonett verhilft uns zur Entdeckung, daß eine Form als solche ergiebig an *Ideen* sein kann – scheinbar ein Widersinn, in Wahrheit ein tiefes Prinzip, aus dem die mathematische Analyse einen Teil ihrer erstaunlichen Leistungsfähigkeit geschöpft hat.

Große Dichter haben das Sonett verachtet oder herabgesetzt, was weder seinen Wert noch ihre Verdienste beeinträchtigt. Diesen Verwahrungen oder Spöttereien seitens verschiedener Lyriker, die jeglichen Zwang verabscheuen, wäre entgegenzuhalten, daß ein Michelangelo und ein Shakespeare, wahrlich keine kleinen Geister, es nicht für unter ihrer Würde hielten, nach allen Regeln der Kunst die Quartinen und Terzinen zu meistern, die sich in dieser kanonischen Form vereinigt finden.

Michelangelo, der geschrieben hat:

> Non ha l'ottimo artista alcun concetto
> Ch'un marmo solo in se non circonscriva
> [Der beste Meister plant kein Werk,
> Das nicht ein einziger Marmorblock umschlösse][54]

hätte mit ebendiesen Worten die Beziehungen umschreiben können, die zwischen dem Sonett und einem vollkommenen Dichter bestehen.

Aber was soll hier das Sonett?

Nun, Degas hat an die zwanzig hinterlassen, die Beachtung verdienen.[55] Ich weiß nicht, wie er auf diese Liebhaberei verfiel. Wollte er es Heredia nachtun, oder bewog ihn dazu vielleicht allein schon der Umstand, daß ein gutes Sonett unendlich viel Zeit und Arbeit kostet? Er schätzte nur, was errungen werden muß; die Arbeit als solche tat es ihm an. Die des Dichters, so sie darin besteht, auf dem Wege fortschreitender Annäherung zu einem Text zu gelangen, der recht präzisen Anforderungen genügen soll, mochte in seinen Augen mit derjenigen des Zeichners, wie er sie auffaßte, eine gewisse Verwandtschaft haben. Aber vielleicht hat er seine ersten Verse auch lediglich spaßeshalber oder in parodistischer Absicht verbrochen.

Außerdem steckte etwas von einem Literaten in ihm, der sich hinlänglich verriet an seinen *Sprüchen* sowie an seinen ziemlich häufigen Zitaten aus Racine oder Saint-Simon.

Bei seinen Bemühungen um das Sonett pflegte er Heredia oder Mallarmé zu Rate zu ziehen, eröffnete ihnen seine Schwierigkeiten, weihte sie ein in Fragen des Gewissens, in die Konflikte des werdenden Gedichts mit dem Dichter.

Einmal, so erzählte er mir, wie er mit Mallarmé zusammen bei Berthe Morisot speiste, habe er sich diesem gegenüber beklagt, wie außerordentlich schwer ihm das Dichten falle. »Was für ein Beruf!« rief er aus. »Den ganzen Tag habe ich mit einem verwünschten Sonett verloren, ohne auch nur einen Schritt vorwärts zu kommen ... Und dabei fehlt es mir durchaus nicht an Ideen ... Ich habe Ideen genug ... Ich habe nur zu viele ...«

Und Mallarmé darauf, sanft und tief wie immer: »Aber Degas, Verse macht man doch nicht mit Ideen ... Sondern *mit Wörtern*!«

Einzig darin bestand das *Geheimnis*. Man bilde sich nicht ein, seinen Sinn erfassen zu können ohne einiges Nachdenken.

Wenn Degas vom Zeichnen sagte, es sei *die Art und Weise, wie man die Form sieht*, und Mallarmé lehrte, *die Verse seien aus Wörtern gemacht*, so versuchten sie damit, jeder innerhalb seiner Kunst, etwas zu formulieren, was man völlig und im richtigen Sinn nicht zu erfassen vermag, »so man es nicht schon erfahren hat«.

Die meisten von Degas' Sonetten gelten den Lieblingsgegenständen seines Stifts oder seines Pinsels: den Tänzerinnen, dem Vollblut, Eindrücken aus dem Opernhaus oder von der Rennbahn. Dieser Umstand allein schon sicherte ihnen ein besonderes Interesse, denn kein legitimer Vertreter der Dichtkunst hatte es sich bis dahin einfallen lassen, den Turf oder die Tanzbühne poetisch auszuwerten – sprächen nicht Vorzüglichkeit und Eigenart dieser Gedichte für sich selber.

Eine gewisse *Unbeholfenheit* in Verbindung mit einem (wie bei einem so verfeinerten Künstler nicht anders zu erwarten steht) sehr ausgeprägten Gefühl für die Wirkungsmöglichkeiten einer gepflegten Sprache machen den Reiz dieser kleinen, äußerst dicht gefügten Stücke aus, die, reich an überraschenden Zügen, weder des Humors noch der Satire entraten und vor allem wunderschöne Verse enthalten – ein bizarres und seltenes Gemisch, darin Elemente von Racine und allerhand tolle Einfälle, willkürlich aufgelockerte Wendungen der Parnassiens und mitunter etwas vom besten Boileau sich durchdringen ...

Dieser Amateur, der es sich mit seiner Arbeit so sauer werden ließ, um gerade dadurch, im Kampf mit den Schwierigkeiten und Widerständen des *Handwerks*, ins eigentliche Geheimnis oder Wesen unserer Kunst einzudringen, hätte, so er sich nur völlig eingesetzt, ohne Zweifel einer der beachtenswertesten Vertreter der Dichtergeneration von 1860 bis 1890 werden können.

Die Hindernisse sind die vieldeutigen Zeichen, vor denen die einen verzweifeln, andere begreifen, daß es hier etwas zu begreifen gibt.

Schließlich gibt es auch solche, die sie überhaupt nicht sehen ...

## DEGAS, AUFS ZEICHNEN VERSESSEN ...

Degas, aufs Zeichnen versessen, angstvolle Figur in der Tragikomödie der modernen Kunst, mit sich selber im Zwiespalt: einerseits von einem quälenden *Wahrheits*bedürfnis gemartert, erpicht auf all die mehr oder weniger glücklichen Neuerungen auf dem Gebiet des künstlerischen Sehens und der malerischen Technik; andererseits von streng klassischem Geiste durchdrungen, dessen Eleganz, Einfachheit, Stil ihm sein Leben lang zu schaffen machten – Degas bot mir alle Züge des reinen Künstlers, der in sämtlichen Dingen des Lebens, die nicht in ein Werk einzugehen noch es unmittelbar zu fördern vermögen, von einer unglaublichen Unwissenheit ist; und daher, aus purer Naivität, vielfach kindlich, aber mitunter kindlich bis zum Tiefsinnigen ...

Die Arbeit, das Zeichnen waren bei ihm zur Leidenschaft geworden, einer strengen Übung, Gegenstand einer Mystik und einer Ethik, die sich selber genügten, zu einem höchsten Anliegen, das jeden anderen Belang schlechterdings aufhob, einem Anstoß nie gelöster, genau umrissener Aufgaben, der ihn jeder weiteren Neugierde entband. Er war Spezialist und wollte es sein, in einem Bereich, der sich bis zu einer gewissen Universalität zu steigern vermag.

Mit *siebzig Jahren* erklärte er Ernest Rouart:

»Man muß eine hohe Meinung haben, nicht sowohl von dem, was man im Augenblick macht, als *vielmehr von dem, was man eines Tages wird machen können*; ohne das lohnt es sich nicht zu arbeiten.«

Mit siebzig Jahren ...

So spricht der echte Stolz, Gegengift jeder Eitelkeit. Wie der Spieler fieberhaft seinen Partien nachsinnt, nachts vom Gespenst des Schachbretts oder des Spieltisches, auf den die Karten fallen, heimgesucht, von taktischen Kombinationen und ebenso spannenden wie nichtigen Lösungen bedrängt wird, so auch der Künstler, der wesentlich Künstler ist.

Ein Mensch, der nicht ständig von einer derart heftig ihn erfüllenden *Gegenwart* sich belagert fühlt, ist ein Mensch ohne Bestimmung: ein brachliegendes Erdreich.

Die Liebe, gewiß, und der Ehrgeiz sowie die Habgier beanspruchen viel Raum in einem Menschenleben. Aber das Vorhandensein eines sicheren Ziels und die damit verbundene Gewißheit, daß es näher oder ferner, erreicht oder nicht erreicht ist, ziehen diesen Leidenschaften *bestimmte* Grenzen.

Dagegen rückt der Wunsch, etwas zu schaffen, wovon eine größere Macht oder Vollkommenheit ausgehen soll, als wir sie uns selber zutrauen, den betreffenden, jedem irdischen Augenblick entschlüpfenden und sich versagenden Gegenstand von uns ab in unermeßliche Fernen. Jeder Fortschritt unsererseits entrückt ihn ebensosehr, als er ihn verschönert.

Die Vorstellung, die Technik einer Kunst völlig zu beherrschen, dereinst in der Lage zu sein, über ihre Mittel ebenso sicher und mühelos verfügen zu können, wie man über den normalen Gebrauch seiner Sinne und Glieder verfügt, gehört zu jenen Wunschbildern, auf die gewisse Menschen mit einer unendlichen Beharrlichkeit, unendlichen Aufwendungen, Übungen, Qualen reagieren müssen.

Ein großer Mathematiker pflegte zu mir zu sagen, daß man zwei Leben haben sollte: eines, um sich das mathematische Rüstzeug zu verschaffen; das andere, um es zu benützen.[56]

Flaubert, Mallarmé, jeder auf seinem Gebiet und auf seine Weise, sind literarische Beispiele für das völlige Aufgehen eines Lebens im Dienste des alles umfassenden imaginären Anspruchs, den sie der Kunst des Schreibens beimaßen.

Was wäre der Bewunderung würdiger als Schneid und Begeisterung eines Baucher, der, ein glühender Perdefanatiker, besessener Trainer und Zureiter, und dies noch im Augenblick seines Todes, der in seiner Art schöner ist als der Tod des Sokrates – mit seinem letzten Atem seinem Lieblingsschüler einen letzten Ratschlag gibt: »Die Trense«, haucht er, »ganz große Sache ...« Und indem er die Hand des Schülers ergreift und sie so plaziert, wie es seiner Ansicht nach sein muß: »Wie gut, daß ich Ihnen vor meinem Tod wenigstens das noch zeigen kann.«[57]

Bisweilen führen solche Leidenschaften des Geistes dazu, die äußeren Werke zu verachten, sie zu vernachlässigen, wogegen man die ihrer Hervorbringung dienenden Kräfte zu mehren trachtet. Diese Art von Habsucht ist widersinnig, erklärt sich aber entweder aus gewissen Tiefen des Verlangens oder aus Liebe zu Resultaten, die man niemand gönnen möchte und für die man überdies fürchtet, sie könnten von der Menge verhöhnt oder mißbraucht werden ...

Einer der schönsten – imaginären – Auftritte der Komödie des menschlichen Geistes[58] ist die große und einzigartige *Szene*, die Michelangelo dem Leonardo gemacht haben dürfte, als er ihm mit Heftigkeit vorwarf, er verliere sich an endlose Untersuchungen und Tüfteleien, statt schöpferisch tätig zu sein und sein Werk um weitere Werke zu mehren – *greifbare Zeugnisse seines Werts*. Der Meister des Abendmahls hätte dem Manne des Jüngsten Gerichts sonderbare und tiefsinnige Dinge zur Antwort geben können ... In ihrer Auffassung von der Kunst stimmten sie durchaus nicht überein. Vielleicht sah Leonardo in den Werken lediglich ein *Mittel* – oder vielmehr: eine Möglichkeit, durch den Vollzug von Akten zu philosophieren – eine Form der Philosophie übrigens, derjenigen notwendig überlegen, die sich bei ihren Kombinationen auf nicht eindeutig festgelegte und jeder zuverlässigen Beglaubigung bare sprachliche Zeichen stützt.

Aber ohne Zweifel ist dieser Auftritt aus der Luft gegriffen, was indessen an seiner Bedeutung, und daher an seiner *Existenz*, nichts ändert. Ich weiß nicht, was die »historische Wahrheit« ist; alles, was nicht mehr ist, ist falsch.

## FORTSETZUNG DES VORIGEN

Möglicherweise gibt es keine inständigere Versuchung des Geistes als das Zeichnen ... Oder sollte man sagen: selbst des Geistes?

Die Dinge sehen uns an. Die Welt des Sichtbaren ist ein ständiger Stimulus: alles weckt oder nährt den Trieb, die Gestalt oder das Vorbild des Dinges sich anzueignen, *das der Blick entwirft*.[59]

Oder aber das Verlangen, dem im Geiste flüchtig angedeuteten Bild eine bestimmtere Gestalt zu geben, läßt einen zum Bleistift greifen – und schon entspinnt sich ein wunderliches, bisweilen mit wahrer Wut betriebenes Spiel, darin dieses Verlangen, darin der Zufall, darin Erinnerungen, das Wissen, die momentanen Fähigkeiten der Hand, Idee und Werkzeug miteinander in Verbindung treten, einen gegenseitigen

Austausch vornehmen, als dessen mehr oder weniger glückliche, mehr oder weniger erwartete Ergebnisse die Striche, Schatten, Formen, die Bilder von Wesen und Räumen, mit einem Wort: das Werk, sich darstellen ...

Bisweilen ergreift dieses Aus-dem-Kopf-Zeichnen den Zeichner wie ein Rausch, wird zu einem besessenen Tun, das sich selber verzehrt, sich aus sich selber nährt, beschleunigt, an sich selber verzweifelt, ein stürmisches Getriebensein, das seiner Erfüllung zudrängt, dem Vollbesitz dessen, was man zu *sehen* wünscht.

Die ganze Willkür des Geistes wie die ganze Fläche, die es zu füllen gilt, sehen sich von einer ständig bestimmter, ständig anspruchsvoller werdenden Notwendigkeit angegriffen, überflutet, eingenommen.

Wundervoll, wie wenig es braucht, damit die *höhere Seele*[60] alles leiste, was sie von sich erwartet; daß sie alle in ihr aufgestauten Kräfte aufbiete, *um sie selber zu sein*; denn sie fühlt wohl, daß sie dies nicht ist, solange sie sich von ihrem alleralltäglichsten Zustand nicht sehr verschieden weiß. Sie will sich nicht dazu verstehen, das zu sein, was sie für gewöhnlich ist.

Ein paar Tropfen Tinte und ein Blatt Papier – Material genug, die Reihung und Beiordnung von Momenten und Vorgängen zu ermöglichen – reichen dazu hin ...

## MORALITÄT

Auf allen Gebieten ist der wahrhaft *starke* Mensch derjenige, der am besten einsieht, daß einem nichts geschenkt ist, daß alles gemacht, daß alles erkauft werden muß; und der zittert, wenn er keine Widerstände spürt, der sie sich selber schafft ...

Bei ihm ist die Form ein begründeter Entschluß.

Degas war in seinen Urteilen äußerst schroff und konnte aus übertriebener Gerechtigkeit ungerecht werden.

Eines Abends, als er vor Grausamkeit nur so funkelte, fühlte ich einen kleinen Neid in mir aufflammen.

(Er nannte mich indes bisweilen den *Engel*. Ich habe nie genau gewußt, wie er das meinte.)

Ich konnte nicht umhin, zu ihm zu sagen:

»Ihr anderen, die ihr Maler seid, verbringt den ganzen Tag vor eurer Staffelei. Aber ein großer Teil eurer Zeit kommt Auge und Hand zugute und läßt euch den Kopf, soweit er mit diesem *Kurzschluß* nichts zu tun hat, völlig frei. Ihr mischt eure Farben und eure Malmittel, braut eure Töne, tragt auf, kratzt ab ... Nun, während dieser Ruhepause des Geistes ist eure Boshaftigkeit am Werk! Sie wählt, sammelt, schärft ihre Waffen mit Hinblick auf den Abend. Es naht sich die Dämmerung; die Palette ist geschabt ... Obacht vor den Giftpfeilen, die ein Maler im Bewußtsein, daß er abends auswärts essen wird, erbarmungslos in Galle taucht ...

Bei Tisch hört euch der verdutzte Schriftsteller schweigend zu. All seinen Geist hat er zu Hause gelassen, auf dem Papier. Es verbleiben ihm nur Überbleibsel ...«

## EIN PAAR »SPRÜCHE« UND ALLERHAND CHARAKTERISTISCHES

Wie er einmal am Rennen zufällig mit Detaille zusammentrifft, borgt sich dieser sein Opernglas. Als Detaille sich umwendet, um es ihm zurückzugeben, meint Degas: »Nicht wahr, ganz wie ein Meissonier?« Der andere steift den Rükken und gibt, begreiflicherweise, keine Antwort.[61]

Von Meissonier, der fast ebenso winzig war wie seine Malerei und der sich damals einer großen Wertschätzung erfreute, pflegte er ferner zu sagen: »Er ist der Riese unter den Zwergen!«

Eines Tages, wie er in Gesellschaft einiger »Pompiers«[62], mit denen er mehr oder weniger bekannt war (denn er verkehrte mit Leuten aus fast allen Lagern), im Kaffeehaus sitzt, wendet sich einer an ihn:

»Na, finden Sie wirklich, daß Corot einen Baum gut zeichnet?«

»Sie werden sich wundern«, entgegnet Degas, »ich finde, daß er eine Figur noch weit besser zeichnet!«

»Lassen Sie ihn«, wehrt ein dritter ab, »sonst tischt er Ihnen noch eine von seinen Verrücktheiten auf!«

Um auf seine allgemeinen Ansichten über Malerei zurückzukommen, so behauptete er immer, daß die Kunst eigentlich eine Konvention sei, daß das Wort »Kunst« den Begriff des Künstlichen in sich schließe.

Um dagegen auszudrücken, daß die Kunst, wie abstrakt auch immer, es doch von Zeit zu Zeit nötig habe, auf unmittelbare Natureindrücke zurückzugreifen, hatte er sich die Sage von Antäus[63] folgendermaßen zurechtgelegt:

Der besiegte Riese sei von Herakles nicht etwa kurzerhand erwürgt worden, vielmehr habe dieser seine Umklammerung gelockert und ihm zugerufen: »Komm wieder zu dir, Antäus!« und ihn auf dem Erdboden Fuß fassen lassen.

Er sagte auch: »Die Malerei bietet nicht besondere Schwierigkeiten, solange man noch kein Wissender ist ... Wenn man aber einmal weiß ... oh! dann! ... Dann ist es etwas anderes!«

Mit Vorliebe zitierte er Ingres' Aussprüche über die Malerei und das Zeichnen; ihre Bündigkeit war ganz nach seinem Sinn, und er pflegte sie den uns von Delacroix hinterlassenen Äußerungen über die Künste, Ästhetik, Philosophie usw. ... entgegenzustellen, die mitunter etwas gesucht und zu »literarisch« anmuten.

Streng gegen sich selber, wie er war, berief er sich mit einem gewissen Vergnügen auf die Äußerung, die einst ein Kritiker in einem Ausstellungsbericht über ihn geschrieben hatte: »Ständige Unsicherheit in den Proportionen.«

Er behauptete, daß seine Verfassung bei der Arbeit, während er über einem Werk sich abmühe, nicht schlagender charakterisiert werden könnte. Des weiteren über das Zeichnen, dieses sein ständiges Hauptanliegen:

»Die Zeichnung ist mit der Vorzeichnung nicht zu verwechseln. Das sind grundverschiedene Dinge.« Nach ihm hätte Monsieur Ingres' großes Verdienst darin bestanden, vermittels der formalen Arabeske über ein einzig und allein auf die Richtigkeit der Proportionen bedachtes Zeichnen hinausgekommen zu sein, wie es damals in der Schule Davids üblich war.

Nach einer *Faust*-Vorstellung! ... Der Ankleideraum des Schauspielers (Faure) strotzte von Bewunderern, die sich mit Huldigungen nicht genugtun konnten: »Vortrefflich, famos, unvergleichlich!« usw.

»Und so simpel!!!« meint eine Stimme aus dem Hintergrund. Es war Degas.

Faure, indem er sich wütend umdreht: »Das werden Sie mir büßen, Kleiner!«

Und wirklich, er ließ es ihn mit tausend Scherereien entgelten, indem er ihm den Gerichtsvollzieher ins Haus schickte für Bilder, die er nicht zeitig abgeliefert hatte usw. ...[64]

Er pflegte auf ergötzliche und höchst lebendige Art gewisse Erinnerungen aus seiner frühesten Jugend zum besten zu geben, zum Beispiel die folgende kleine Szene, die während des Frühstücks zwischen seinen Eltern sich abspielte.

Seine Mutter, durch gewisse Bemerkungen ihres Mannes zum Äußersten gebracht, beginnt nervös mit den Fingern auf den Tischrand zu trommeln und sagt beständig: »Auguste! Auguste!«

Der Vater hält sich ruhig, entwischt nach beendigter Mahlzeit durch die Tür, hängt einen Mantel um und drückt sich lautlos die Treppe hinunter.

Er schilderte auch einen Spaziergang, den er seinerzeit mit seinem Hund in der Touraine unternommen hatte (es ekelte ihn damals noch nicht vor diesen Tieren). Es war sehr heiß, und der Hund, dem die Hitze zusetzte, fing an zu hecheln.

Degas, der sich nicht mehr zu helfen weiß, läuft zu einem Tierarzt und zeigt ihm das arme Biest. Der Mann netzt ohne viele Umstände sein Taschentuch im Bach und tröpfelt dem Hund ein wenig Wasser auf die Schnauze, der sich denn auch im Nu erholt. Degas stammelt seinen herzlichsten Dank und will wissen, was die Behandlung kostet. Der Tierarzt gibt ihm zur Antwort: »Was dächten Sie von mir, mein Herr, wenn ich dafür, daß ich ein wenig Wasser mit einem Taschentuch geschöpft und damit die Nase Ihres Hundes benetzt habe, von Ihnen Geld *verlangt hätte*?«

Degas wiederholte mit sichtlichem Vergnügen diesen Satz, den er als ein bemerkenswertes Beispiel der in der Touraine üblichen eleganten Redeweise hinstellte.[65]

Als Degas sich nach dem Krieg von 1870 nach New Orleans begab, kam er sich ein wenig verwaist vor in diesem Amerika, wo er indessen auf einen Teil seiner Familie stoßen sollte.

Er erzählte, wie er, von Norden (New York) kommend, nach der ersten in New Orleans verbrachten Nacht frühmorgens durch Maurer geweckt worden sei, die an einem in der Nähe gelegenen Haus arbeiteten: »Ohé! Auguste!« – »Das war Frankreich!« meinte Degas, und dieser unerwartete, so fern von der Heimat vernommene Ruf habe ihn tief bewegt.

Er war ein glühender Patriot, ja sogar Chauvinist; Halévy hielt ihm das oft genug vor, namentlich während der Dreyfusaffäre.[66]

Wenn er auf die »Schlacht von Taillebourg«[67] zu reden kam, für die er schwärmte, so pflegte er unter anderem zu sagen:

»Dieses Blau des Mantels Ludwigs des Heiligen – das ist Frankreich!!!«

Léon Brunschvicg[68] hat mir erzählt, daß er seinerzeit als junger Philosophiestudent bei Ludovic Halévy in der Rue de Douai mit Degas zusammengetroffen und ihm vorgestellt worden sei.

Wie Degas erfuhr, daß er es mit einem Metaphysiker zu tun hatte, zog er ihn in eine Fensternische und fiel über ihn her: »Nun, junger Mann, SPINOZA – können Sie mir das in fünf Minuten erklären?«

Ich finde, daß diese irgendwie ungeheuerliche Frage zu denken gibt. Vielleicht wäre es kein so großes Vergehen gegen die Philosophie, ja führte möglicherweise zu interessanten Konsequenzen, wenn man sämtliche Kenntnisse in zwei Klassen einteilte: in solche, die sich in fünf Minuten auseinandersetzen lassen, und in die übrigen ...

Brunschvicg hat mir nicht gesagt, was er Degas in jener fatalen Nische zur Antwort gab; wäre ich an seiner Stelle gewesen, so hätte ich von Degas verlangt, er möge mir in fünf Minuten die MALEREI erklären.

Die Rennen betreffend noch die folgende Anekdote, die er mit Vorliebe erzählte:

Er fährt mit der Eisenbahn zu einem in der Bannmeile gelegenen Hippodrom, wo er Gelegenheit haben wird, Pferdebeine zu zeichnen. In seinem Abteil sitzen ein paar verdächtig aussehende Kerle, die miteinander »Kümmelblättchen« zu spielen beginnen, wozu sie ihn sofort auch einladen. Degas verwahrt sich: er spiele nicht um Geld. »Wozu besuchen Sie denn das Rennen, wenn Sie doch nicht spielen?« klingt es drohend zurück. Degas, der von dieser Wendung des Gesprächs gar nicht erbaut ist, erwidert, um ihnen heimzuzahlen, mit rätselhaft vielsagendem Lächeln: »Sie wären baß erstaunt, wenn Sie wüßten, was ich dort zu tun habe!« Die anderen, in der Meinung, er sei von der Polizei, sagen hierauf nichts mehr und machen sich bei der ersten Haltestelle schleunigst aus dem Staub.

## WEITERE »SPRÜCHE«

Über einen Künstler, der seiner – ästhetischen – Strenge zum Trotz sich auf die weltmännischen und politischen Voraussetzungen des *Erfolgs* zu verstehen schien:

»Wieder einer jener Eremiten, die wissen, wann der nächste Zug abgeht.«

Über einen anderen, der um 1885 dem Ausstellungspublikum einen gemäßigten, aus zweiter oder dritter Hand stammenden Modernismus mundgerecht zu machen wußte:

»Er macht seinen Flug mit unseren Flügeln.«

Degas plauderte gern mit seinen Modellen.

Die Modelle spielten in der Welt der Malerei eine noch andere Rolle als nur die, ihre Formen analysierenden Blicken preiszugeben. Einige, Insekten in einem Garten vergleichbar, die von Blume zu Blume schwirren, sie befruchten und aufs Geratewohl neue Kreuzungen bewirken, trugen Aussprüche und Meinungen von Atelier zu Atelier, brachten dem einen die neueste Mär des anderen zu Ohren.

Eine von ihnen hinterbringt Degas, wie Bouguereau, neidisch auf das Bankett, das Puvis de Chavannes zu Ehren veranstaltet werden sollte, zornig ausgerufen habe: »Hat man denn Raffael zu Ehren ein Bankett gegeben?...«

Degas machte daraus eine wahre Staatsaffäre.

Degas war Forain innig zugetan.

Forain sagte: »Mossieu D'gâs«, so wie Degas seinerseits »Monsieur Ingres« sagte. Sie wechselten miteinander ihre fürchterlichen »Sprüche«.

Als Forain sich ein Haus baute, ließ er das Telephon einrichten, was damals noch eine Seltenheit war. Zunächst hätte er gern einmal Degas damit geblufft. Er lädt ihn also zum Mittagessen ein, nachdem er sich zuvor mit jemandem verabredet, der Forain während des Essens am Apparat verlangt. Sie wechseln ein paar Worte, dann kommt Forain zurück... Degas meint seelenruhig: »So, das ist also das Telephon?... Man schellt Ihnen, und Sie rennen hin.«[69]

## BETRACHTUNG ÜBER DIE LANDSCHAFT UND ANDERES MEHR

Die Landschaft war zunächst ein ländlicher Hintergrund, vor dem sich etwas abspielte. Ich glaube, als erste haben sich die Holländer für sie interessiert, wo nicht um ihrer selbst, so doch um der schönen Kühe willen, die sie in ihr zur Schau stellten. Bei den Italienern und bei uns erlangt sie die Bedeutung eines Zierstücks. Poussin und Claude Lorrain haben sie prächtig geordnet und durchkomponiert. Der dargestellte Fleck Erde singt: er verhält sich zur *Natur* wie die Oper zum gewöhnlichen Leben. Über Busch und Baum, Gewässer, Berge und Baulichkeiten verfügt man nach ausgesprochen ornamentalen oder theatralischen Gesichtspunkten. Gleichwohl macht man daneben *Studien*, die sehr genau sind und sich in jeder Beziehung mit denjenigen vergleichen lassen, die ein Jahrhundert später entstehen. Schließlich sind alle Möglichkeiten der Phantasie erschöpft. Das Schicksal der imaginären Landschaft vollendet sich auf den Papiertapeten und bedruckten Stoffen von Jouy. Die *Wahrheit* tritt auf den Plan. Ein paar sehr bedeutende *Landschaftsmaler* erscheinen, die ihre Werke zunächst noch kunstvoll organisieren; sie wählen, verwerfen, berichtigen; aber allmählich beginnen sie sich mit der Natur, *so wie sie ist*, auseinanderzusetzen. Immer seltener begegnet man ihnen im Atelier, immer häufiger im Freien. Sie ringen mit der Festigkeit der Dinge und bemühen sich selbst um die Wiedergabe des Flüssigen; einige halten sich ans Licht, versuchen die Stunde, den Augenblick einzufangen, ersetzen die festen Formen durch eine Hülle von Reflexen, von feindosierten Bestandteilen des Spektrums. Andere dagegen mauern, was sie sehen.

Derart hat sich das Verhältnis zur Landschaft allmählich völlig gewandelt. Aus dem Zubehör einer Handlung, das dieser mehr oder weniger zu dienen hatte, ward eine Stätte der Wunder, ein Eiland des Traums, die Wonne müßiger Augen... Alsdann trägt der augenblickliche Eindruck den Sieg davon: *Substanz* oder *Licht* dominieren.

Es läßt sich in der Folge beobachten, wie das gesamte Gebiet der Malerei binnen weniger Jahre von Bildern einer Welt ohne Menschen beherrscht wird. Das Meer, der Wald, verwaiste Fluren – wessen Auge gäbe sich damit nicht zufrieden? Aus alledem ergibt sich eine Reihe bemerkenswerter Konsequenzen. Da uns Baum und Gelände weit weniger vertraut sind als die Lebewesen, ist jeglicher Willkür Tür und

Tor geöffnet, nehmen Vereinfachungen, selbst ganz grobe, in der Kunst überhand. Wir nähmen Anstoß, wenn einer ein Bein oder einen Arm mit der gleichen Unbekümmertheit behandelte wie etwa einen Ast. In Ansehung mineralischer oder pflanzlicher Formen unterscheiden wir nur sehr mangelhaft zwischen dem Möglichen und dem Unmöglichen. Die Landschaft bietet dem Künstler daher verhältnismäßig *wenig Schwierigkeiten*. Jedermann fing an zu malen.

Weitere Folge: Die menschliche Gestalt, ehemals Gegenstand spezieller Bemühungen – und dies in einem so hohen Maße, daß, seit Leonardo, die Anatomie zu den unentbehrlichen Kenntnissen eines Künstlers zählte –, ist plötzlich nur noch ein Gegenstand unter vielen: über Schimmer und Körnung der Haut vernachlässigt man die Modellierung der Formen; jeglicher Ausdruck verschwindet aus den Gesichtern, es fehlt ihnen die innere Bestimmung. *Dem Porträt droht Gefahr.*

Kurz: *die Bevorzugung der Landschaft dürfte Hand in Hand gehen mit einer merkwürdig ausgeprägten Schwächung der geistigen Seite der Kunst.*

Der Maler braucht sich geistig nicht mehr zu überanstrengen. Es gibt zwar eine Menge Maler, die über ästhetische und technische Fragen ihres Berufs nachdenken: aber es gibt, glaube ich, nur sehr wenige, die *ein bestimmtes Werk*, das ihnen vorschwebt, im voraus kalkulieren. Nichts zwingt sie dazu, da ja alles auf Landschaft oder *Stilleben* sich zurückführen läßt, die ihrerseits nur noch als Augenweide von lediglich *lokaler Bedeutung* zu gelten haben. Die Zeiten sind vorbei, da ein Künstler sich nicht vorwerfen mußte, seine Zeit zu verlieren, wenn er zum Beispiel über die Bewegungen oder Haltungen, die den Frauen, den Greisen, den kleinen Kindern eigentümlich sind, nachdachte und seine Beobachtungen sogar *aufschrieb*, bevor er sie sich einprägte. Ich will nicht behaupten, daß darauf nicht verzichtet werden kann. Aber ich behaupte, daß die *Große Kunst* auf Nutzlosigkeiten dieser Art nicht verzichtet, und ich behaupte ferner, daß es eine *Große Kunst* gibt. Ich werde vielleicht nächstens auf sie zu sprechen kommen.

Alles, was ich soeben hier darlegte, gilt nicht allein für das Gebiet der Malerei, sondern findet auf dem der Literatur eine wunderbare Entsprechung: die Bevorzugung der *Beschreibung* in der Literatur ging parallel mit derjenigen der *Landschaft* in der Malerei; sie verlief im gleichen Sinn und zeitigte die nämlichen Folgen.

In beiden Fällen war der Erfolg dem Eingreifen großer Künstler zuzuschreiben und führte gleicherweise zu einer gewissen »capitis diminutio«.[70]

Eine *Beschreibung* setzt sich aus Sätzen zusammen, die man, im allgemeinen, miteinander *vertauschen* kann: ich vermag ein Zimmer vermittels einer Reihe von Sätzen zu schildern, deren Aufeinanderfolge beinahe belanglos ist. Der Blick schweift, wie er will. Nichts ist natürlicher und der »Wahrheit« näher als dieses Schweifen, denn ... die »Wahrheit« ist *das vom Zufall Gegebene* ...

Aber wenn dieses unverbindliche Ungefähr, samt der daraus sich ergebenden Gewöhnung zur Leichtigkeit, in den Werken vorzuherrschen beginnt, so dürfte es die Schriftsteller schließlich dazu bringen, aller Abstraktion zu entsagen, ebenso wie es den Leser noch der geringsten Verpflichtung zur Aufmerksamkeit entbinden wird, um ihn einzig und allein für *Augenblickswirkungen empfänglich zu machen*, für die *Rhetorik des Schocks* ...

Diese Art von Kunstschaffen, die prinzipiell ihr Recht hat und der wir so manche wunderschönen Dinge zu danken haben, führt indessen gleicherweise wie der mit der Landschaft getriebene Mißbrauch *zu einer Schwächung der geistigen Seite der Kunst.*

Hier wird nun mehr als einer ausrufen, was schon daran liege! Ich meinerseits glaube, es ist wichtig genug, daß an der Hervorbringung des Kunstwerks der *ganze Mensch* sich beteiligt.

Aber wie ist es nur möglich, daß das, was man heute ohne weiteres glaubt vernachlässigen zu dürfen, ehemals so wichtig genommen wurde? Ein Liebhaber, ein Kenner aus der Zeit Julius' II. oder Ludwigs XIV. wäre höchst erstaunt, vernehmen zu müssen, daß beinahe alles, was ihm an der Malerei wesentlich erschien, heutzutage nicht nur vernachlässigt wird, sondern für die Absichten des Malers und für die Ansprüche des Publikums völlig belanglos ist. Ja, je *verfeinerter* dieses Publikum ist, desto *fortgeschrittener*, das heißt: desto weiter entfernt ist es von jenen früheren Idealen. Aber es ist der *gesamte Mensch*, von dem man sich solchermaßen entfernt. Der Vollmensch stirbt aus.

## MODERNE KUNST UND GROSSE KUNST

Die moderne Kunst sucht fast ausschließlich die sinnenhafte Seite unseres Empfindungsvermögens auszuwerten auf Kosten der allgemeinen oder *gemüthaften* Sensibilität, auf Kosten auch unserer konstruktiven Kräfte sowie unserer Befähigung, Zeitintervalle zu addieren und mit Hilfe des Geistes Umformungen zu vollziehen. Sie versteht es ausgezeichnet, Aufmerksamkeit zu erregen, und verwendet alle Mittel, um sie zu erregen: Höchstspannungen, Kontraste, Rätsel, Überraschungen. Bisweilen gewinnt sie dank ihrer subtilen Mittel oder der Kühnheit der Ausführung sehr kostbare Beute: höchst verwickelte oder höchst flüchtige Zustände, *irrationale* Werte, eben erst aufkeimende Empfindungen, Resonanzen, *Korrespondenzen*, Ahnungen von ungewisser Tiefe... Aber diese Gewinne wollen bezahlt sein.

Handle es sich nun um Vergnügungen, um Formen der Lebensführung oder um politische, wirtschaftliche, verkehrstechnische Belange – immer beobachte ich, daß der Verlauf des modernen Lebens durchaus dem einer *Vergiftung* ähnelt. Entweder müssen wir *die Dosis erhöhen* oder *zu neuen Giften greifen*. Anders geht es nicht.

Und diese Erfordernisse, die mit der mählichen Abstumpfung des Empfindungsvermögens notwendigerweise Hand in Hand gehen, *führen* von Mal zu Mal *weiter*, werden immer *heftiger*, *größer*, *eiliger* und vor allem: immer *neuartiger*. Um uns lebendig zu fühlen, bedürfen wir einer zunehmenden

Intensität der physischen Kräfte sowie ständiger Ablenkung... Die Sorge um den *Fortbestand*, die in der früheren Kunst eine so wichtige Rolle spielte, ist heute nahezu ausgeschaltet. Ich glaube, heute rechnet niemand mehr damit, daß sein Werk nach zweihundert Jahren noch geschätzt wird. Der Himmel, die Hölle und die Nachwelt haben in der öffentlichen Meinung viel von ihrem Ansehen verloren. Übrigens haben wir heute gar nicht mehr Zeit, in die Zukunft zu blikken oder etwas zu lernen...

. . . . . . . . . . . . . . . . . . . . . . . . . . . . . . .

Das, was ich die »Große Kunst« nenne, ist, mit einem Wort, die Kunst, die gebieterisch *alle Fähigkeiten* eines Menschen für sich beansprucht und deren Werke so sind, daß *alle Fähigkeiten* eines anderen sich von ihnen angesprochen fühlen und aufgeboten werden müssen, um sie zu begreifen...

Was gibt es Wundervolleres als jenen Übergang vom Willkürlichen zum Notwendigen, welcher der souveräne Akt des Künstlers ist, zu dem ein Bedürfnis, das ebenso mächtig und ausschließlich sein kann wie das Liebesbedürfnis, ihn treibt? Nichts Schöneres als der gespannteste Wille, das wachste Empfinden sowie das Wissen (das echte Wissen, das wir selber erworben oder immer wieder neu erprobt haben) – wenn sie Hand in Hand gehen und, für eine kurze Zeitdauer, jenen *Austausch* zwischen dem Ziel und den Mitteln, zwischen Zufall und Auswahl, Substanz und Akzidens, der Voraussicht und der Gelegenheit, Stoff und Form, Gewalt und Widerstand herbeiführen, der, dem glühenden, seltsamen, innigen Ringen der Geschlechter vergleichbar, alle Energien des menschlichen Lebens zusammenfaßt, die eine durch die andere erregt und – etwas *erzeugt*.

Wenn eine malerische Richtung einer Epoche zusagt, so sieht die folgende Epoche in dieser Übereinkunft eine Konvention.

Die *Zeit* (die bekanntlich für alle möglichen Erklärungen herhalten muß) läßt konventionell erscheinen, was man soeben noch als Natur und Notwendigkeit betrachtete.

Der *Dämon der Veränderung um der Veränderung willen* ist in Wahrheit der Vater vieler Dinge ...

Er hetzt uns vom *Schönen* zum *Wahren*, vom *Wahren* zum *Reinen*, vom *Reinen* zum *Absurden* und vom *Absurden* ins *Platte*.

Er läßt durch die Jahrhunderte sein großes Lied von der »Rückkehr zur Natur« erschallen, zumindest einmal alle hundert Jahre. Aber *es ist niemals die gleiche Natur*.

Dies tut immer eine gewisse Wirkung. Aber sowie er einige Gefolgschaft um sich versammelt sieht, macht er sich aus dem Staub und nimmt eine andere Gestalt an, um neuerdings murrend aufzutauchen. Dem und jenem raunt er ins Ohr, die Natur, auch sie, sei eine Konvention. Er fängt an, den *Impressionismus* gegen den *Realismus* auszuspielen. Er will glauben machen, es beständen keine *Objekte* und man dürfe nichts anderes wiedergeben als die Eindrücke der Netzhaut ... Und schon beginnt alles zu vibrieren.

Aber kaum ist man auf den Bildern dem Licht mühsam gerecht geworden, beklagt er sich darüber, daß es alle Formen aufzehre; in dieser Welt aus Farben gebe es nur noch Phantome, flirrendes Laubwerk, geriefelte Lachen, Schatten von Mauerwerk und, im übrigen, recht wenig Lebewesen. Alsdann zieht er aus irgendeinem verborgenen Behälter, der so tief ist, daß der älteste Trödel, den man ihm entnimmt, bei Licht beinahe schon wieder wie eine Neuheit wirkt, eine *Kugel*, einen *Kegel* und eine *Walze* hervor; und zu guter Letzt einen *Würfel*, den er sich für den Nachtisch aufsparte.

Er macht sich anheischig, mit diesen festen Körpern, will sagen: diesem mathematischen Kinderspielzeug, alles und jedes zu *konstruieren.* Das Universum des Malers geht auf in Vielflächnern und runden Körpern. Brüste, Schenkel, Wangen, Pferde, Kühe – nichts, was man sich aus diesen ungefügen Elementen nicht zurechtzimmern könnte. Es kommt in der Folge zu fürchterlichen Aktdarstellungen. Sicherlich aber nimmt die Liebe Reißaus vor diesen Klötzen, deren Winkel sie entsetzen.

Und gerade damit hatte dieser Dämon gerechnet, der verstohlen zu den Reni und Albani[71] zurückkehrt: die Grazien und die Nymphen, die milden, in Mandelmilch gebadeten Madonnen, die weich anzufühlenden Aphroditen, die man im Unendlichen glaubte, scheinen bereits wieder am Horizont des in der Malerei Möglichen aufzutauchen.

## ROMANTIK

Es gibt wundersame Fälle gleichzeitigen In-der-Welt-Seins, die man mit dissonierenden und durch köstliche Unterschiede der Klangfarben bereicherten Akkorden vergleichen könnte.

Degas *und* Renoir; Monet *und* Cézanne; so wie es damals Verlaine *und* Mallarmé gab...

Wie reich war das Paris dieser Epoche! ... Welche Unmenge von Erfindungen auf malerischem und dichterischem Gebiet zwischen 1860 und 1890! ... Wir haben das Ende dieses schönen Konzerts von Menschen und Ideen miterlebt. Will man meine Ansicht darüber hören?

Diese rund dreißig Jahre umspannende Periode wird dereinst für glücklicher und bedeutender gelten als jene von 1825 bis 1855, die die berühmte »Romantik« umfaßt.

Und dies darum, weil alle oder fast alle »Romantiker« von Sagen und von der Historie vergiftet waren, deren Kern sie im Grunde ebenso gleichgültig ließ, wie Äußerlichkeiten sie anregten oder bezauberten. Die Größten von ihnen schleppen sich mit Rüstungen, Satteldecken, Rosenkränzen und Nargilehs, einem ganzen hohlen Theater- und Faschingsarsenal, sowie mit einer Sammlung von Idolen, von absurden und naiv überspannten Wesen, die sie voneinander übernahmen und nach Möglichkeit steigerten.

Ein echter Romantiker ist vor allem Schauspieler. Die Verstellung, die Übertreibung (die ein Sich-Verstellen kraft der Intensität des Ausdrucks ist), die Leichtigkeit, der immer verfällt, wem es einzig um die Erzeugung unmittelbarer Sensationen zu tun ist, gehören zu den Lastern, die diesem Zeitpunkt der Künste sein besonderes Gepräge geben.

Es ist auffällig, daß diejenigen unter ihnen, deren Ruhm sich nun schon beinahe ein ganzes Jahrhundert unvermindert behauptet hat, auch die gleichen sind, bei denen der Wille zur Arbeit, die Hingabe ans *Handwerk* als solches, der Wunsch, in den Besitz einer immer gediegeneren und subtileren Kenntnis ihrer Mittel zu gelangen, keineswegs zu den Eigenschaften gehören, die sie vernachlässigt oder den Irrtümern ihrer Zeit zum Opfer gebracht haben. Hugo, Delacroix sind Zeugen dafür. *Je weiter ihr Weg sie führt, desto wissender werden sie, und sie wissen um ihr Wissen.*

Die Verse, die Hugo mit siebzig schrieb, stellen alles in den Schatten, was er in seinem übrigen Leben dichtete.

Bei anderen dagegen stammt ihr Bestes aus der ersten Zeit. Auch rührt es vom ersten Wurf her.

## DIE ZEICHNUNG IST NICHT DIE FORM ...

Degas, der selber gern über Malerei redete, ertrug es nicht, andere darüber reden zu hören.

Am unerträglichsten waren ihm in dieser Beziehung die Literaten. Er betrachtete es als seine heilige Pflicht, ihnen ins Wort zu fallen. Er hatte für solche Gelegenheit einen bestimmten Aphorismus von Proudhon auf Lager über die »Sippschaft der Schreiber« ...

Da ich selber nicht schrieb und er jenen Spruch schon allzuoft wiederholt hatte, machte ich mir nichts daraus. Im Gegenteil: Ich fand es lustig, ihn mir nichts, dir nichts außer Rand und Band bringen zu können.

So sagte ich etwa zu ihm: »Also, was verstehen Sie denn nun eigentlich unter *Zeichnung*?«

Er antwortete mit seinem berühmten Axiom: »Die Zeichnung ist nicht die Form; sie ist die Art und Weise, wie man die Form sieht.«

Jetzt ging's los.

Ich murmelte: »Mir unverständlich«, und dies in einem Ton, der hinlänglich verriet, wie leer und nichtssagend mir die Formel erschien.

Alsogleich fing er an zu toben. Ich hörte ihn schreien, daß ich von alledem nichts verstände, daß ich mich in Dinge einmischte, die mich nichts angingen...

Beide hatten wir *recht*. Die Formel besagt, was man will, und zudem war ich tatsächlich in keiner Weise befugt, sie zu diskutieren.

Ich ahnte indessen wohl, was er sagen wollte. Er machte einen Unterschied zwischen dem, was er die »Vorzeichnung« nannte, will sagen: der naturgetreuen Wiedergabe der Dinge, und der »Zeichnung«, das heißt jener eigentümlichen Umwandlung, die mit dieser exakten Wiedergabe, wie sie etwa die Camera lucida[72] leistet, kraft der besonderen Seh- und Arbeitsweise eines bestimmten Künstlers vor sich geht.

Diese Art von *persönlichem Versehen* macht es möglich, daß das Unterfangen, Dinge durch Linien und Schatten darzustellen, eine *Kunst* sein kann.

Die Camera lucida, auf die ich mich hier *zur Erläuterung des Begriffs* »Vorzeichnung« beziehe, würde erlauben, mit der Arbeit an einem beliebigen Punkt zu beginnen, ohne daß dabei das Ganze im mindesten berücksichtigt, nach Beziehungen zwischen den Linien oder Flächen geforscht noch sonst irgendwie auf den Gegenstand eingewirkt werden müßte, um ihn aus einem bloß *gesehenen* in einen *erlebten* Gegenstand, in die Tat *einer bestimmten Persönlichkeit* zu verwandeln.

Nun gibt es aber Zeichner, und ihre Verdienste sollen nicht geleugnet werden, die mit der Präzision, der Gleichmäßigkeit und der Naturtreue einer Camera lucida arbeiten. Ihr

Schaffen krankt aber auch an deren Ausdruckslosigkeit, und je vollkommener sie ihr Handwerk verstehen, desto schwieriger wird es sein, ihre Werke voneinander zu unterscheiden. Gerade umgekehrt liegt der Fall bei den *Künstlern.* Die Stärke des Künstlers hängt ab von gewissen *Ungleichmäßigkeiten* verwandter Art oder Tendenz, in denen, gleichviel ob es sich nun um eine figürliche Darstellung, eine Komposition oder eine Landschaft handle, im Verein mit seiner individuellen Befähigung, Gegebenheiten zu verwandeln und zu ergänzen, *Leichtigkeit, Launen* und *Ansprüche* einer *bestimmten Persönlichkeit* zum Ausdruck kommen. Nichts von alledem ist an sich schon in den *Dingen* enthalten; und es findet sich auch nie in gleicher Weise in zwei verschiedenen Individuen vor.

Die »besondere Art und Weise des Sehens«, von der Degas sprach, muß daher in einem umfassenden Sinne begriffen werden – als besondere *Art und Weise des Seins, Könnens, Wissens, Wollens . . .*

Er wiederholte häufig eine Definition der Kunst, die er, glaube ich, von Zola hatte, und dieser von Bacon, die Formel: *Homo additus naturae.* Bliebe nur noch übrig, jeder dieser Vokabeln einen Sinn zu verleihen . . .

## BERTHE MORISOTS ERINNERUNGEN AN DEGAS

Hier ein paar Bemerkungen, die Degas gelegentlich an der Tafel von Berthe Morisot äußerte und die diese in einem Notizbuch aufgeschrieben hat.*

*Degas hat gesagt, daß es auf das Studium der Natur nicht ankomme, da die Malerei eine Kunst sei, die auf Konvention beruhe, und daß es darum viel gescheiter sei, nach Holbein zeichnen zu lernen; Edouard*** *selber, wiewohl er sich brüste, ängstlich genau die Natur nachzubilden, sei der manierierteste Maler der Welt; er tue keinen Pinselstrich, ohne an die Meister zu denken, und zeichne zum Bei-*

* Mitteilung von Madame Ernest Rouart.

** Édouard Manet.

*spiel nur darum keine Fingernägel, weil Frans Hals sie nicht zu zeichnen pflegte.* (Degas scheint mir hier zu irren. Hals gibt die Fingernägel, sogar bei Descartes.)

*(Beim Mittagessen, im Beisein Mallarmés:) »Kunst ist – Vorspiegelung!« Und er setzt auseinander, wie der Künstler nur zu gewissen Stunden und kraft eines besonderen Willensaufwandes Künstler ist. Die Dinge selbst sehen für jedermann gleich aus . . .*

*Degas sagt: »Orange wirkt farbig, Grün neutral, Violett ist Schattenton.«*

*Degas hatte Charpentier den Rat gegeben, eine mit Stoffmustern und Posamenterien illustrierte Neujahrsausgabe von* Bonheur des Dames *zu veranstalten. Aber Charpentier wollte davon nichts wissen. Er (Degas) bezeugt für den so menschlichen Charakter des jungen Ladenmädchens die lebhafteste Bewunderung. Nach ihm hat Zola* L'Œuvre *nur geschrieben, um die große Überlegenheit des Schriftstellers über den Künster darzutun; der unglückliche Maler stirbt daran, daß er das* Nackte *im gewöhnlichen Leben sucht.*

*Degas, der eines Tages an eine Ecke des Tisches zu sitzen kommt, wo Goncourt, Zola und Daudet sich über ihre Angelegenheiten unterhalten, bleibt auffällig schweigsam. »Na«, wendet sich Daudet an ihn, »Sie scheinen uns zu verachten!« – »Ich verachte Sie als Maler«, gibt Degas zur Antwort.*

*Er zitiert ein Wort von Édouard Manet, der ihm P. Alexis vorstellt: »Er malt allerhand Kaffee nach der Natur!«*

## KÜNSTLERSPRACHE

Degas hielt große Stücke auf die Sondersprache seines Berufs.

Weder diese noch sonst irgendeine künstlerische Fachsprache ist ein Muster der Genauigkeit: die Künstler sind es zufrieden, sich gegenseitig so weit zu verstehen, daß sie aneinander vorbeireden können. Bei den Philosophen ist es übrigens nicht viel anders.

Degas' Hang zur malerischen Berufssprache erklärt sich aus einer gewissen Vorliebe für Heimlichkeiten. Er betrachtete die Malerei als eine streng spezialisierte Disziplin, sah in ihr Mysterien, eine technische Geheimlehre, und es konnte ihm nur recht sein, daß ein Vokabular, zu dem einzig die Praxis und die ihr entspringenden Bedürfnisse und Überlegungen den Schlüssel lieferten, die Uneingeweihten verwirrte, namentlich wenn es zudringliche *Literaten* waren...

Das Bedürfnis, ein als kostbar Erkanntes geheimzuhalten, entspricht ältester Tradition. Mein hervorragender Kollege von der Académie des inscriptions et belles lettres, Alexandre Moret, belehrt uns, daß in Ägypten »jedes Amt oder Handwerk außerhalb des Kreises der Sachverständigen geheimgehalten werden konnte«.[73]

Ich sehe zunächst nur Vorteile in dieser Eifersucht, die dem allgemeinen Hang, über alles und jedes daherzureden, entgegen ist. Nicht einer von uns, dem beim ersten Anblick, von was immer es sei, eine Meinung entschlüpft, sagt sich: »Wenn ich lange Zeit auf diesem Gebiet praktisch gearbeitet, zwanzig Jahre lang über das und das nachgedacht, alle diesbezüglichen Werke gelesen hätte, käme ich dann wohl zum nämlichen Schluß? Würde ich dann dieses Buch, dieses Bild, diese Politik so zu beurteilen wagen, wie ich es jetzt tue – einer plötzlichen Eingebung folgend, auf den ersten Anhieb? Welchen Wert hat diese meine Schnellfertigkeit?«

Aber damit eine Sondersprache, die überdies nicht einmal den Vorzug besonderer Klarheit besitzt, sich im praktischen Gebrauch restlos bewähre, müßte sie sich bescheiden, lediglich das umzubenennen, was sich ausschließlich und eindeutig auf die eigentliche Ausübung der Kunst bezieht. Dem ist aber nicht so. Die Künstlersprache ist von einer ganzen Metaphysik durchsetzt, die sich mit den rein fachlichen Begriffen allzu innig vermischt. Während diese, schon von Haus aus klar und zuverlässig, sinnenfällige und faßliche Eigenschaften oder Verfahren bezeichnen, entspringt dieser metaphysische Teil aus dem Gefühl, allerhand undenklichen Fügungen des *Ungefährs*, der Mode und ihren Gegenströmungen und führt zu jenen unersprießlichen Auseinandersetzungen, die nie beigelegt werden können. Es gibt eine Menge Wörter, die gleichsam damit beauftragt sind, das Vage von Geschlecht zu Geschlecht weiterzugeben . . .

Im Gegensatz hierzu lassen sich die wesentlichen Probleme daran erkennen, daß einige Erfahrung mit ihnen fertig wird – oder zumindest fertig werden kann. Und die wirklich brauchbaren Begriffe daran: daß sie diese wesentlichen Probleme mit der nötigen Schärfe auszudrücken erlauben.

Gibt es etwas Schöneres und Zuverlässigeres als die Sprache der Marine oder die der hohen Jagd? Diese letztere, zum Beispiel, enthält lediglich Bezeichnungen für das, was man auf weidmännischem Gebiete *sehen* und *tun* kann, für alles, was es braucht, um die Fährte eines gehetzten Wildes, die Kennzeichen und Spuren, die es zurückläßt, genau benennen, ja selbst noch den Ruch der Losung angeben zu können, den man schnuppernd in der Nase behalten und im Hutschnabel oder in der Stürze des Jägerhorns mit sich forttragen soll. Aber es findet sich nichts in diesem edlen Wortschatz – sowenig übrigens wie in dem der Seeleute –, was den Geist dazu bewegen könnte, sich nach und nach auf irgendeine Form von Metaphysik einzulassen; denn es handelt sich in diesen Künsten ja ausschließlich darum, innerhalb der denkbar verschiedenartigsten Verhältnisse den denkbar kürzesten und sichersten Weg zur Tat zu finden. Man weiß, was man will.

Sondersprachen dieser Art neigen dazu, noch die unbedeutendsten Einzelheiten deutlich beim Namen zu nennen, während die Fachsprache der großen Künste ständig mit neuen Wirrnissen und unlösbaren Zweideutigkeiten zu rechnen hat. Noch immer wird auf eine Art diskutiert, als sei bis zur Stunde noch nie etwas gemalt, gezeichnet oder geschrieben worden. *Stil*, *Form*, *Natur*, *Leben* und ähnliche Schlagwörter, die zu Mißverständnissen Anlaß geben, spuken in den Köpfen und gängeln die Geister mit einer Unzahl von ebenso erregenden wie nichtigen Kombinationen, dieweil über das, was tatsächlich ist, nirgends etwas Bestimmtes vernommen oder gelesen werden kann. So ist mir zum Beispiel nie etwas einigermaßen Klares und Zuverlässiges über das Zeichnen begegnet, das doch in erster Linie eine komplexe Kunst ist, die meines Wissens freilich noch niemand weder nach der optischen noch nach der motorischen Seite hin je erforscht, ja zu erforschen auch nur versucht hat.

Um wirklich etwas zu taugen, hätte Degas' berühmte Formel von der »Art und Weise, wie man die Form sieht«, ganz anders beschaffen sein müssen: sie müßte tatsächlich besagen, was er mit ihr sagen wollte, und nicht, was jedermann in sie hineinlesen kann.

Das Ärgerlichste an dieser *Unreinheit* der Sprache der großen Künste aber ist, daß schließlich der Künstler selber nicht mehr weiß, was er will. Es gibt nichts Erstaunlicheres als die hochphilosophischen, auf bald mathematische und oft recht naive Argumente abstellenden Äußerungen und Programme gewisser Künstler, die auf diesem Weg zum besseren Verständnis ihrer Kunst beitragen, das Publikum dazu erziehen möchten, dem Anblick ihrer Werke standzuhalten. Und doch ist es, in den bildenden Künsten, ja gerade die *Anschauung*, die aus eigenen Stücken zum Genuß führen, ja selbst noch Ideen auf rein optischem Wege zu erfassen imstande sein soll. Ein Maler sollte immer für jemand zu malen trachten, dem die Fähigkeit zur artikulierten Rede abginge... Vergessen wir nicht, daß etwas sehr Schönes uns vor Bewunderung *stumm* macht...

Und diese und nur diese Wirkung ist es, auf die man ausgehen soll. Sie ist nicht zu verwechseln mit der Sprachlosigkeit aus Verblüffung, diesem Hauptanliegen mancher modernen Künstler, bei dem es auf die verschiedenen Formen der Überraschung freilich nicht ankommt. Es gibt eine, und es ist die gute Überraschung, die sich mit jedem Blick erneuert und bei näherer Prüfung und wachsender Vertiefung in das betreffende Werk immer unerklärlicher, immer lebhafter wird. Und es gibt die andere, die einzig als Folge des Schocks zu verstehen ist, der mit irgendeiner Konvention oder Gewohnheit aufräumt, und die darum mit diesem Schock steht und fällt. Wer es übrigens um jeden Preis zum Schock *kommen lassen will*, hat sich nur dazu zu entschließen, mit einer Konvention oder einer Gewohnheit zu brechen.

Um auf die so interessante Frage der Fachsprache zurückzukommen, so erlaube ich mir laut unserer Vereinbarung, wonach alles, was mir gerade einfällt, auf diesen Blättern zur Sprache kommen soll, den Leser daran zu erinnern, daß die primitiven oder wilden Völker (deren Beobachtungsgabe sich zu der unsrigen etwa verhält wie der Geruchssinn des Hundes zu dem des Menschen) den sämtlichen noch so feinen Unterschieden, die ihnen an den Zuständen der Dinge oder Wesen auffallen, in ihrem Wortschatz Rechnung tragen. Der uns leider zu früh entrissene schwedische Gelehrte Nordenskjöld, der vor drei oder vier Jahren das Gebiet von Panama erforscht hat, berichtet, daß die dortigen Eingeborenen, die Cunas, sogar Ausdrücke besitzen für die je nach Stunde und Wind verschiedenen Fältelungen der Blätter und über nicht weniger als *vierzehn Zeitwörter* verfügen, um die vierzehn verschiedenen Kopfbewegungen des Alligators zu benennen.[74]

Ich weiß nicht, ob die Maler ebenso viele Bezeichnungen kennen für die verschiedenen Arten der Pinselhaltung und der Pinselführung, oder gar für die sämtlichen Rollen, die das Auge bei ihrer Tätigkeit zu spielen hat. Ich bezweifle es; aber ich zweifle nicht daran, daß sie sich wundern, wo nicht laut lachen werden über diese Bemerkung, für deren völlige Naivität ich einstehe.

## VON DEN ZEITPERIODEN

Degas pflegte seinen Spott zu ergießen über eine bestimmte Sorte Menschen, die er die »Denker« nannte.

Die Weltverbesserer, die Rationalisten, die Kämpfer für »Wahrheit und Gerechtigkeit«, die Theoretiker, die Kunstkritiker ... Alle diese so seriösen Leute waren seiner temperamentvollen Art zuwider; sie beleidigten seinen Sinn für Eleganz, für geistige Unvoreingenommenheit und Unabhängigkeit, kurzum sein ganzes Wesen, darin mit einem beinahe tragischen Wissen um die Schwierigkeit und Strenge seiner Kunst eine gewisse Lausbüberei sich verband sowie ein fast widernatürlicher Hang, an den Idealen anderer nur das Lächerliche und Läppische zu sehen.

Dicht neben diese »Denker« (man mußte ihn dieses gewichtige und traurige Wort aussprechen hören!) reihte er gern die »Architekten« ... Er zählte sie zur »untersten Stufe der Gesellschaft« ...

Die Denker und Architekten waren in seinen Augen für fast alle Übel verantwortlich, an denen unsere Zeit krankt. Es machte sich übrigens damals (um 1890) bei mehreren führenden Geistern eine gewisse Reaktion bemerkbar gegen den Modernismus und seine Theoretiker. Ein empirischer Positivismus war im Aufkommen, der, statt wie jener andere von einer »Tabula rasa« auszugehen, sich auf die Erfahrung berief, zwar nicht diejenige der Laboratorien, sondern, unverfänglicher und höchst simpel: die der Jahrhunderte. Die Summe der Jahrhunderte erteilt jede gewünschte Auskunft. Man begann wieder von den Kathedralen, von Poussin und Racine zu sprechen. Man schwärmte für den mittelalterlichen Handwerker, und ein paar Maler oder Bildhauer gefielen sich in seiner Tracht. Das Wort *Tradition* wurde geläufig. Einige führte ihre Liebe zur Vergangenheit wiederum vor die Altäre, um die man sich seit der Kindheit fast nicht mehr gekümmert hatte, andere gar ins Kloster. Wieder andere blieben Heiden, indem sie von der Tradition nur übernahmen, was ihnen behagte. Endlich habe ich mehrere gekannt, die, wiewohl im Grunde ihres Herzens Anarchisten, Ludwig XIV. über alles stellten.

Man übersah, daß eine Tradition nur lebensfähig ist, solange sie unbewußt bleibt, und daß sie keine Unterbrechung duldet. Unmerkliche Stetigkeit ist eine ihrer wesentlichen Eigenschaften. Die Redensart »eine Tradition aufnehmen, erneuern« ist eine Heuchelei. Eine Veranstaltung wie die Krönung König Karls X. mußte notwendigerweise minder erhaben denn komisch wirken. Sobald eine Tradition sich als solche zu erkennen gibt, ist sie plötzlich nur noch eine unter vielen Formen des Seins oder Tuns, und mit dem gleichen Recht wie diese einer Kritik ihres Eigenwerts ausgesetzt. Oft hat man notgedrungen solche Prüfungen vorzunehmen und sieht sich unvermutet vor die heikle Aufgabe gestellt, das, was vom Erbe einer Vergangenheit erhalten zu werden verdient, vom Minderwertigen zu scheiden. Es ist nicht immer ganz leicht, den *Schmutz* von der *Patina* zu sondern ...

Im übrigen ist es nur natürlich, wenn die Künstler unserer Tage nach anderen, wie sie glauben, besseren Zeiten Ausschau halten. Die Zukunft sieht für sie unheilvoll genug aus. Ihre Glanzzeit war die Zeit der großen persönlichen Launen und des Glaubens an einen Fortbestand, handle es sich nun um den Fortbestand einer Regierungsform, einer Familie, einer Glaubenslehre oder des Ruhms.

Heute aber ist *weit und breit niemand mehr da* ... Keine Monarchen, keine großen Bischöfe, keine allmächtigen Gebieter mehr, die, in ebenso hohem Maße Schöngeister und Originale, in der Lage wären, Paläste, Gärten, Kirchen, Grüfte, Geschmeide oder Möbel für sich herstellen zu lassen, Denkmäler ihres Stolzes, ihres Grams oder ihres Behagens ... denn, ach, es gibt keine Originale, keine großen Eigenwilligen mehr, die allein sich selber pflichtig sind. Es gibt nur noch Massen; Bevollmächtigte und Kommissionen. Wohl sehe ich da und dort ein paar *Einpeitscher* am Werk, die Völker abrichten, aber sie selber vermögen kaum noch etwas anderes zu wollen, als was die Menge unter ihrem Einfluß oder auf ihr Geheiß zu wollen beliebt.

Die ausgesprochenen *Typen* werden selten; Eigenbrötler und Sonderlinge verschwinden; übrigens wandern sie, kaum entdeckt, in unsere Irrenanstalten, wo sie den Psychiatern Stoff zu schönen Büchern liefern.

Zwar haben neuerdings ein paar amerikanische Milliardäre versucht, die Medici zu spielen, aber ohne innere Überzeugung, will sagen: *wohlweislich beraten!* ...

Sie taten es überdies mit Rücksicht auf den Effekt, die Zeitungen, Museen, das öffentliche Wohl ...

*Nicht zu ihrem Vergnügen.*

Und dies ist der springende Punkt: die Wollust stirbt aus. Man versteht nicht mehr zu genießen. Unsere Sache ist das

Intensive, das Ungeheure, die Geschwindigkeit, sind die unmittelbaren Beeinflussungen der nervösen Zentren auf dem kürzesten Weg.

Die Kunst, und sogar die Liebe, werden neuen Formen der Zeitverschwendung und des Lebensüberschwangs Platz machen müssen; und wie diese Formen aussehen, wird sich zeigen ...[75]

## DÄMMERUNG UND FINALE

Heute, am 25. September 1917, erfahre ich von Degas' Tod.

Seit Jahren sah man ihn nicht mehr, und in den Jahren zuvor war er zusehends unzugänglicher, härter, unerträglicher geworden.

Ist er sich überhaupt bewußt gewesen, daß man sich im Krieg befand? Die lange, unselige Dämmerung seines Lebens geht zu Ende, bevor der Schluß der ungeheuren und vergeblichen Schlacht abzusehen wäre.

Er stirbt, nachdem er allzulang gelebt; sein Augenlicht war schon vor Jahren erloschen. Sein allmählicher Niedergang begann mit der merklichen Schwächung seines Sehvermögens. Nach und nach wurde ihm die Arbeit unmöglich, und der Sinn seines Lebens schwand dahin noch vor dessen Ende. Eines seiner letzten Werke war sein Selbstbildnis mit Schirmmütze und weißem, kurzem, borstigem Bart. Er zeigte es und meinte: »Ich gleiche einem Hund.«

Doch seine Hände suchten noch immer nach Formen. Er betastete die Dinge; da der Tastsinn sich bei ihm immer stärker ausprägte, gebrauchte er beim Beschreiben gern Ausdrücke aus diesem Sinnesbereich; er konnte ein Gemälde loben mit den Worten: »Das hat die Glätte sauberer Malerei«, und mit Handbewegungen gab er diese von ihm bewunderte Glätte wieder. Abwechselnd mit Handballen und Handrükken fuhr er über eine imaginäre Fläche hin und her, glättete und streichelte sie wie mit einer weichen Bürste. Als einer seiner alten Freunde gestorben war, ließ er sich an den Leichnam führen und wollte das Gesicht des Toten abtasten.

Erblindet die Augen, die so viel gearbeitet; der sonst so wache Geist schwankend zwischen Apathie und Verzweiflung; die Absonderlichkeiten und Redensarten ins Uferlose wiederholt; langes, schreckliches Schweigen, gefolgt von einem grauenhaften »Ich denke an nichts als an den Tod« – was ist trauriger als die Verwüstung einer so edlen Existenz durch das hohe Alter? Ein furchtbarer Partner bemächtigt sich seiner und verdrängt nach und nach die lebendige Vielfalt der Ideen, Wünsche, Pläne des großen Künstlers.

Man kann sich des Gedankens nicht erwehren, daß dieser erbarmungswürdige Verfall, diese Selbstaufgabe des Greises, der das äußere Leben nicht mehr erträgt, sich hier an einem Charakter auswirkte, der schon von Natur dazu neigte, sich abzusondern, den Menschen zu mißtrauen, sie in den schwärzesten Farben zu malen oder mit ein paar vernichtenden Zügen abzutun. Der Menschenhaß enthält überhaupt einen Keim von Senilität; denn er ist *a priori* eine grämliche Einstellung, eine gleichmäßig starre Haltung gegenüber der Vielfalt der Individuen . . .

Degas hat sich immer *allein* gefühlt, und er ist allein gewesen in jedem Sinn und Betracht: durch seinen Charakter; durch die Vornehmheit und Eigenart seines Wesens; durch seine Rechtschaffenheit; durch seinen Stolz und seine Strenge; durch die Unbeugsamkeit seiner Grundsätze und seiner Urteile; *allein* durch seine Kunst: durch die Forderungen, die er an sich stellte.

Gewisse Bestrebungen, die unbeschränkte Anforderungen stellen, isolieren denjenigen, der sich ihnen hingibt. Diese Isolierung mag unmerklich sein: aber ein Mensch, der sich ernstlich zu vertiefen begehrt, kann lang mit anderen Menschen verkehren, plaudern, disputieren – er wird ihnen vorenthalten, was seiner Ansicht nach seinem eigensten Wesen angehört, und nur das preisgeben, wovon er fühlt, daß er es zu seinem großen Vorhaben nicht benötigt. Ein Teil seines Geistes mag sich dazu hergeben, den *anderen* Antwort zu stehen, ja sogar vor ihnen zu glänzen; aber weit entfernt davon, zufolge jener Selbstvergessenheit, wie sie der anregende Austausch von ähnlichen Eindrücken und gegensätzlichen Ideen mit sich bringt, darin aufzugehen, sondert er sich vielmehr ab, und zwar gerade aufgrund jenes Austausches, der ihm seine Abseitigkeit deutlicher vor Augen führt und ihn zwingt, sich bei jeder Berührung noch intensiver in sich selbst und mit sich selbst zurückzuziehen. So schafft er sich, als Reaktion, eine zweite Einsamkeit, die er irgendwie braucht, um sich seine heimlich, inständig und eifersüchtig gehütete Unvergleichlichkeit zu sichern. Mehr noch, er wird, in immer neuen Anläufen, diese Verschanzung so weit treiben, daß er sich selber ausnimmt von seinem bisherigen Sein und Tun: kein Werk seiner Hände kann er wiedersehen, ohne den glühenden Wunsch, es zu zerstören oder sich erneut damit abzugeben ...

Gehören übrigens solchermaßen heikle und unbestechliche Persönlichkeiten nicht einer heutzutage beinahe ausgestorbenen Menschenklasse an? Die Zeit ist den *Originalen* nicht hold. Die Mißachtung der großen Zahlen trifft man in ihr immer seltener. Das Individuum siecht dahin, unfähig, den ihm durch die ungeheuren und zahllosen Bindungen und Beziehungen, die die moderne Welt regieren, aufgenötigten Zustand äußerster Abhängigkeit zu ertragen. Degas machte sich eines Abends lustig über Forain, der auf ein alarmierendes Geklingel hin ans Telephon eilte. »So, das ist also das Telephon! ... Man schellt Ihnen, und Sie rennen hin .. « Man könnte diese sarkastische Formel leicht verallgemeinern. »So, das ist also der Ruhm? ... Man spricht von Ihnen, und Sie bilden sich ein, etwas zu sein! ...«

Aber Degas verbat sich diese vage und gemachte Art des Ruhmes, wie sie das statistische Blendwerk der Presse erzeugt. Er verachtete das Lob derjenigen, denen er verbot, etwas von seiner Kunst verstehen zu wollen. Er schrie es ihnen ins Gesicht. Ein kompetentes Urteil über diese Kunst traute er nur sehr wenigen Menschen zu; denn er hatte selber so lang und inbrünstig über die Probleme der Malerei nachgedacht, er hatte so viele Schwierigkeiten in ihr entdeckt oder in sie hineingetragen, daß sich seine Ideen darüber dem großen Haufen nicht mitteilen ließen, der ja keine Ahnung hat von der Subtilität des Suchens, den Geheimnissen des Vorgehens, vom Adel oder vom Geist des Komponierens, von Kraft oder Feinheit der Ausführung.

Pascal war selbstverständlich im Irrtum, der diese Kunst von oben herab glaubte abtun zu können und in ihr nur das *eitle Bestreben* sah, mit vielem Fleiß der Ähnlichkeit von Dingen nachzugehen, deren Anblick um ihrer selbst willen sich nicht lohnte – was nur beweist, daß er nicht zu sehen, das heißt: die Namen des Gesehenen zu vergessen imstande war. Und was hätte er gesagt zu den verfeinerten Methoden und der Spitzfindigkeit solcher Jansenisten der Malerei und der Dichtung wie Degas, wie Mallarmé, die ihr Leben lang nur – der eine irgendeine Form, der andere irgendein System von Worten zu erreichen und zu vollenden suchten; die aber in diese an sich unbedeutenden Gegenstände ihrer Sehnsucht und ihrer Mühen eine Art von Unendlichkeit legten, mit einem Wort ... alles, was es braucht, um zu glauben, daß wer sucht, je und je *schon gefunden* hat!

# KLEINERE SCHRIFTEN ZU DEN KÜNSTEN

# IM UMGANG MIT COROT

Von Malerei zu sprechen bedarf immer einer Entschuldigung.

Dabei gibt es gewichtige Gründe, sich nicht über sie auszuschweigen. Alle Künste leben von Worten. Jedes Werk fordert, daß man ihm antworte; und zu dem, was den Menschen treibt, Werke zu schaffen, gehört ebenso wie zu den Geschöpfen dieses absonderlichen Instinkts untrennbar eine »Literatur«, sei diese nun zu Papier gebracht oder nicht, entspringe sie der Unmittelbarkeit des Erlebens oder denkerisch bewältigter Verinnerlichung.

Ist denn nicht die Grundursache eines Werkes ein Wunsch, daß darüber gesprochen werden möge, und geschähe dies nur in der Zwiesprache eines Geistes mit sich selbst? – Ist ein Museum nicht ein Ort der Selbstgespräche – was weder die Zwiegespräche noch die Wandervorträge ausschließt, die dort gehalten werden? – Nehmt den Bildern die Aussicht, Gegenstand eines Selbstgesprächs oder eines anderen Gesprächs zu werden, und alsbald werden die schönsten Gemälde der Welt ihren Sinn und ihren Zweck verloren haben.

Die »Kunstkritik« ist die Literaturgattung, die diese Einfälle, die einem Geiste angesichts der künstlerischen Phänomene in den Sinn kommen, verdichtet oder ausweitet, schärft, oder ordnet, oder miteinander in Einklang zu bringen versucht. Ihr Herrschaftsbereich reicht von der Metaphysik bis zum Schimpfwort.

Oft aber lehnt gerade der Künstler das Urteil der Literatur ab oder glaubt, es ablehnen zu können. Degas, der doch im Grunde ganz und gar ein Bürger jenes Reichs der Literatur war, äußerte einen unsäglichen Abscheu vor unserer Gattung, soweit sie sich irgendwie in sein Handwerk einmischte.

Er zitierte gerne Stellen, wo Proudhon »das Literatengesippe« geißelt. Ich machte mir einen Spaß daraus, ihn zu nekken, und tat dies, um vorzubeugen: ich bat ihn zu definieren, was denn Zeichnen sei. »*Sie verstehen nichts davon*«, pflegte er dann jedesmal seine Antwort zu beschließen. Unfehlbar kam dann das Gleichnis: Die Musen täten ihr Werk, eine jede für sich und abseits der andern; von ihren Geschäften redeten sie nie miteinander; am Ende des Tages gäbe es keine Auseinandersetzungen, kein Vergleichen ihrer jeweiligen Geschäfte. »*Sie tanzen*«, rief er aus.

Doch ich wußte schon immer, daß das Stillschweigen der Maler vor ihrer Staffelei unecht und bloßer Schein ist. In Wahrheit halten sie vor ihrer Spiegelwelt aus Leinwand unendliche aus lyrischen Ausbrüchen und Ungereimtheiten gemischte Reden an sich selber – und das ist doch nichts anderes als eine »Literatur«, gegen die man sich aufgebäumt hatte, die verdrängt, bisweilen im Ziegelofen nachgebrannt worden war, und nun, da es Abend ward, in einen Feuersturm knalliger Sentenzen von bemerkenswerter Richtigkeit zerstiebt – deren richtigste ganz und gar nicht die am wenigsten ungerechten sind.

Doch kommt hinzu, daß bisweilen die Literatur in den Kulissen des künstlerischen Schaffens eine recht bemerkenswerte Rolle spielt.

Ein Maler, der auf Größe, auf Freiheit, auf Selbstsicherheit aus ist; der sich das mächtige und köstliche Gefühl abverlangt, *voranzukommen*, steilere Stufen erklommen zu haben, von bislang ungekannten Entwicklungen seiner Zielsetzungen, nach höherem Lorbeer greifenden Kombinationen von *Wollen, Wissen, Können* durch sich selbst überrascht zu werden – ein solcher Maler kommt ganz von selbst dazu, seine Erfahrungen zusammenzufassen, sich wissend und im Gewissen in seinen eigenen »Wahrheiten« zu bestätigen und auch die Wesensmerkmale der von ihm ins Auge gefaßten weitergespannten oder vielschichtigeren Arbeiten in seinen Gedanken zu bestimmen.

*Dann fangen sie an zu schreiben.* Leonardo beschreibt sich bis in die Einzelheiten hinein Schlachten und Sintfluten. Delacroix denkt und entwirft mit der Feder in der Hand; er schreibt Rezepte und Verfahren auf. Corot wiederholt sich in seinen kostbaren Tagebüchern immer wieder die selbstgegebenen Gesetze. So einfach sie auch sein mögen, er muß sie in der Verfestigung, die die Schrift verleiht, vor sich *sehen*; und es ist seine Absicht, durch dieses *Relais* seinen Glauben zu mehren.

Doch bei ihm gibt es zwischen dem Leben, dem Sehen und dem Malen nur wenig oder gar nichts von einem vermittelnden Zwischenbereich des »Intellekts«.

Ingres hat *Lehrmeinungen*, die er in absonderliche Sätze faßt. Oft verkündet er in einer Bildersprache knappe und gebieterische Orakel.

Delacroix macht gerne Ausflüge in das Reich der *Theorie.*

Corot bietet nur den Rat an, sich der Betrachtung und der Arbeit hinzugeben.

Dies veranlaßt mich, darauf aufmerksam zu machen, daß die Künstler, die versucht haben, aus den Mitteln, die ihnen eigneten, die kräftigste Wirkung auf die Sinne herauszuholen; die von der Eindringlichkeit, den Kontrasten, den Resonanzen, den Klangwirkungen einen Gebrauch gemacht haben, der an Mißbrauch grenzt; die die schärfsten Reize mischten; die auf die Tiefenschichten des Empfindungsvermögens und seine Allgewalt, die auf die *irrationalen* Verbindungen der oberen Nervenzentren mit dem Vagus und dem Sympathikus setzten – daß diese Künstler unsere unbeschränkten Meister, zugleich die »intellektuellsten«, am meisten theoretisierenden, am eifrigsten auf Gesetze der Ästhetik versessen gewesen sind.

Delacroix, Wagner, Baudelaire – allesamt große Theoretiker, allesamt sind sie darauf aus, die Seelen auf dem Wege über die Sinne in ihre Gewalt zu bekommen. Sie träumen von nichts denn unwiderstehlichen Effekten: es geht darum, trunken zu machen oder zu zermalmen. Sie fordern der Erforschung der inneren Zusammenhänge ab, ihnen im Menschen die Klaviatur aufzuzeigen, auf der man mit der

Gewißheit, die gewünschte Wirkung zu erzielen, spielen kann, und sie suchen in abgelösten Gedankengängen die Rezepte, die ihnen erlauben sollen, mit tödlicher Sicherheit auf Nerv und Gemüt des Menschen zu *wirken* – ihr eigentliches Thema.

Nichts liegt Corot ferner als die Sorge dieser gewaltsamen und unruhigen Geister, die so angstvoll sich mühten, an diesen gebrechlichen und verborgenen Punkt des Wesens heranzukommen und ihn zu etwas von ihnen *Besessenem* (im diabolischen Sinn dieses Wortes) zu machen, der es auf dem Umweg über die Tiefenschichten des Organismus und die Eingeweide ganz und gar ausliefert. Sie wollen versklaven; Corot will zu dem von ihm Erfühlten verführen. Er denkt nicht daran, sich zum Herrn über einen Sklaven zu machen. Doch hofft er, aus uns sich Freunde zu schaffen, Gefährten seines glückhaften Schauens an einem schönen Tag vom silbernen Morgen bis an die Schwelle der Nacht.

Corot sucht kaum je Rat. Er geistert nur wenig im Museum herum; Delacroix wird dort Qualen ausstehen, auf sehr edle Weise eifersüchtig sein, Geheimnisse vermuten, denen er auf die Spur zu kommen sucht, wie man es mit militärischen oder politischen Geheimnissen hält. Er eilt im Fluge hin, um dort die Lösung eines Problems zu suchen, das seine Arbeit gerade vor ihm aufgetan hat. Von der rue de Furstenberg muß er, stehenden Fußes und alles liegenlassend, zum Louvre eilen, Rubens auffordern, ihm zu antworten, fieberhaft Tintoretto um Auskunft befragen, in der Ecke eines Bildes Anzeichen von *Anordnung* entdecken, ein weniges von der *Grundierung*, das, nicht übermalt, manches klarstellt.

Corot verehrt die Meister. Aber er scheint zu meinen, daß ihre »Mache« nur sie etwas angehe. Vielleicht denkt er, die Art und die Mittel der anderen möchten ihn mehr hemmen als fördern. Er gehört nicht zu denen, deren grenzenlose Eifersucht sich auf alles erstreckt, was vor ihnen da war, und deren Ehrgeiz sich darin erschöpft, jegliche vergangene Größe aufzusaugen – jeder für seine Person die größten Anderen insgesamt zu sein und das eigene Selbst dazu ...

Er glaubt ganz schlicht an die »Natur« und an die »Arbeit«. Im Mai 1864 schreibt er an Berthe Morisot: »Lassen Sie uns fest und mit Ausdauer arbeiten; denken wir nicht zuviel an Vater Corot; die Natur um Rat zu fragen ist noch besser.«

Das ist ein recht einfaches Wort. Es lebt in Corot ein Geist der Einfachheit. Aber die Einfachheit ist keineswegs eine Methode. Sie ist im Gegenteil ein Ziel, ein ideeller Endzustand, der voraussetzt, daß die Vielschichtigkeit der Dinge und die Vielheit der möglichen Blicke und der Versuche reduziert, erschöpft sind – bis an ihre Stelle schließlich eine Form oder die Formel für einen Akt tritt, die für jemanden wesentlich sein könnte. Jeder hat seinen Punkt der Einfachheit; man erreicht ihn recht spät.

Der Wille zum Einfachen in der Kunst ist immer tödlich, wo er sich selbst genug sein will und uns verführt, uns um eine anfallende Mühsal zu drücken. Aber Corot müht sich und müht sich freudig sein ganzes Leben lang.

Oft setzt man das »Einfache« mit dem »Klassischen« gleich – ein Satz, dessen Unrichtigkeit nach Belieben bewiesen werden kann, den jedoch die Unbestimmtheit sowohl des einen als auch des anderen Begriffes gestattet. Hier ein Histörchen, das recht gut verdeutlicht, was gemeint ist.

Einer der ruhmvollsten Meister der Reitkunst aller Zeiten erhielt, arm und alt geworden, vom Zweiten Kaiserreich eine Stallmeisterstelle in Saumur. Dorthin kam eines Tages, ihn zu besuchen, sein Lieblingsschüler, ein junger Rittmeister und glanzvoller Reiter. Baucher sagte zu ihm: »Ich will für Sie ein wenig in den Sattel steigen.« Man hebt ihn auf ein Pferd; er durchquert die Bahn *im Schritt*, kommt zurück ... Der andere, geblendet, sieht einen vollkommenen Kentauren daherkommen. »So«, sprach der Meister zu ihm, »ich mag keine Wichtigtuerei. Ich stehe auf dem Gipfel meiner Kunst: *Reiten im Schritt, und dies fehlerlos.*«[1]

Was nun die Natur anlangt, diesen Mythos ...

Im Schauspiel der Künste ist die Natur eine Figur, die unter tausend Masken auftritt. Sie ist alles und ein bloßes Irgendetwas. Sie ist ganz Einfachheit, ganz Vielschichtigkeit; sie verbirgt sich dem Blick, der die Ganzheit umspannt, und fordert uns heraus, sie in den einzelnen Dingen zu finden; sie ist spendender Quell und Widerstand, geliebte Herrin, Magd, Idol, Feindin und Helfershelferin – sei es, daß man sie nachbilde oder ausdeute, man sie vergewaltige, man sie sich zusammenbaue und in eine neue Ordnung bringe, sei es, daß man sie als Stoff oder als Ideal nehme. In jedem Augenblicke steht sie neben dem Künstler, ist sie um ihn her, mit ihm, gegen ihn – und in seiner eigenen Brust ihr Widersacher ...

Die Natur – für Delacroix ist sie ein *Nachschlagebuch*, für Corot das *Modell*.

Was hier an Unterschiedlichkeit des Erfassens der Funktionen dessen, *was man sieht*, bei diesen beiden Malern in Erscheinung tritt, gilt es, eindringlicher Betrachtung zu unterziehen.

Jeder Künstler hat sein eigenes Verhältnis zum Sichtbaren. Die einen lassen es sich angelegen sein, so getreu, als sie irgend können, wiederzugeben, was sie wahrnehmen. Es sind dies jene, die glauben, es gebe nur eine einzige und allgemeingültige Sicht der Welt. Sie halten dafür, alle anderen nähmen sie so wahr wie sie. Fest in diesem Dogma eingerichtet, hängen sie ihr ganzes Herz daran, aus ihren Werken jegliches Gefühl, jegliche Ungleichheit persönlichen Ursprungs fernzuhalten. Sie hoffen, ihren Ruhm in einem besinnlichen Nachdenken zu finden, das ob soviel Genauigkeit in Staunen fällt, um sich am Ende dem Menschen zuzuwenden, der sich im Erschaffen solcher Ähnlichkeit auslöschte.

Die anderen machen es wie Corot: obwohl sie anfänglich wie jene Erstgenannten ans Werk gehen und im allgemeinen bis an ihr Ende auf ein den Gegenstand eng umgreifendes Erkennenwollen bedacht sind – wohin sie von Zeit zu Zeit zurückkehren, um daran ihre Geduld und ihr Aufnahmevermögen zu messen –, wünschen sie indessen, uns empfinden zu lassen, was sie angesichts der Natur empfinden, und, indem sie die Natur darstellen, sich darzustellen. Ihre Sorge ist viel weniger, ein Modell abzubilden, als vielmehr in uns den Eindruck zu erzeugen, den es in ihnen hervorruft. Dies erheischt und bringt mit sich eine besonders feine – allerdings schwer zu benennende – Verbindung der optischen Wahrheit und der gegenständlichen Vergegenwärtigung der Empfindung. Sie wirken durch Betonung und Abschwächung. Sie gehen mit ihrer Arbeit in die Tiefe oder werfen Ballast ab; zuweilen reichern sie die Gegebenheiten an, zuweilen treiben sie ihr Begehren bis zur völligen Entdinglichung und schonen selbst die Formen nicht.

Andere schließlich – die »Delacroix« –, für die die Natur ein Wörterbuch ist, schöpfen aus dieser Sammlung Grundformen für die Komposition. Die Natur ist für sie vor allem ein Komplex der Dinge, die ihr Erinnerungsvermögen speisen, und der Materialien für ihre Vorstellungskraft – immer gegenwärtige oder neu hinzukommende, doch unvollständige oder unzuverlässige Dokumente, die sie aufgrund unmittelbarer Beobachtungen bestätigen oder richtigstellen, sobald das im Geist Geschaute durch die Skizze festgehalten ist, und wenn der lebendigen Vergegenwärtigung eines bestimmten *Moments* die Ausformung der Gestalten nachfolgt.

Die Natur ist also für Corot ein Modell, doch ist sie es unter mehreren Gesichtspunkten.

Zunächst vergegenwärtigt sie für ihn das Äußerste an Genauigkeit, wie das Licht sie verkündet. Wenn er sich daranmacht, Landschaften im Schleierflor der Nebel zu malen, Bäume im Gelock dampfender Schwaden, werden in den verschwimmenden Formen immer auch die ungetrübten stecken, die der Dunst verhüllt. Der Bauriß liegt verborgen unter dem Schleier; er ist nicht vergessen, sondern verlegt.

Dann ist er einer der Maler, die, was das Anlitz des Erdreichs ausmacht, am ausgiebigsten beobachtet haben. Das Gestein, der Sand, die Faltung des Landes, der modellierte Gang eines Weges quer durch die Landschaft, die nichtabreißende Flucht von Formen ohne ursächlichen Zusammenhang, die der gewachsene Boden darstellt, sind für ihn Gegebenheiten höchster Bedeutung. Bei ihm wächst der Baum nur an seinem Ort, und nur dort kann er leben: und an diesem besonderen Ort gerade dieser besondere Baum. Und dieser so fest eingewurzelte Baum ist nicht nur ein Stück einer Gattung bestimmten Gepräges: er wird als Person gesehen; er hat seine eigene Geschichte hinter sich gebracht, der keine andere gleicht. Bei Corot ist er ein Jemand.[2]

Mehr noch: für Corot ist die Natur *dort, wo sie gut geraten ist*, ein Musterbild oder ein Beispiel für den einzigartigen dichterischen Wert gewisser Anordnungen, in denen die sichtbaren Dinge gelegentlich beieinanderstehen. »Schönheit« ist einer der Namen für diesen allgemeingültigen, wenngleich doch so zufälligen Wert eines Blickpunktes.[3]

Die meisten Gesichter, die die Welt uns zeigt, darin wir leben und uns bewegen, sind uns entweder gleichgültig oder haben für uns eine bestimmte Bedeutung: im ersten Falle lassen wir sie völlig außer acht; im zweiten gehen wir auf sie mit einem bestimmten Tun ein, das die Wirkungen unserer Wahrnehmungen ausschöpft oder auslöscht. Aber es kommt vor, daß gewisse andere Bilder, die der Tag uns darbietet, uns jenseits aller Verkettung von Ursache und Wirkung und außer aller Einordnungsmöglichkeit anrühren: da es weder ein Verhalten gibt, das sich ganz und gar mit ihnen deckte, noch natürliche Lebensvorgänge, die durch sie in ihrem Ablauf in der Tiefe beeinflußt würden, bleiben demnach die Wirkungen dieser eigentümlichen »Gemütsbewegung« für uns in Ursache und Wirkung unbestimmbar; so kommt es, daß sie uns das Denkbild einer Art von »Welt« vermitteln, deren unvollkommene, uns durch eine Laune oder ein glückliches Zusammentreffen geschenkte Offenbarung sie sein könnten. So weckt ein glückliches Ereignis in uns den Traum von einem Leben in reiner Freude.

Die Welt des Gehörs bietet uns dafür das aufschlußreichste und einfachste Beispiel. Während die *Geräusche*, die an unser Ohr dringen, uns entweder gleichgültig sind oder die Bedeutung von Zeichen für irgendein anderes gegenwärtiges oder bevorstehendes Etwas haben, das wir einordnen müssen und das uns ein Verhalten anzubefehlen vermag, erzeugt der *Ton*, kaum vernommen, in uns – nicht die Schau oder die Erkenntnis einer Begebenheit der Außenwelt, die es zu beurteilen und in den Zuständigkeitsbereich des Tuns zu überweisen gilt, sondern – einen *Zustand* der Vorahnung oder der Erwartung eines Schöpfungsvorgangs. *Wir wissen in einem Nu*, daß es in uns selbst ein »Universum« möglicher Wechselbeziehungen gibt, in dem für eine gewisse Zeit uns aufzuhalten die Musik uns erlaubt und zwingt. Es ist, als ob die Aufeinanderfolge ausgewählter und gleichen Maßstäben zugeordneter Empfindungen uns ein Leben höherer Ordnung zu leben gäbe und die Zeit unseres Verweilens mit Strömen einer reinen Kraft speiste . . .

Nun aber gibt es Aspekte, Formen, Zustände auch in der Welt des Sichtbaren, *die Gesang sind.* Die jenes Singens als erste innewerden, sind selten.[4] Es gibt Orte dieser Welt, bei denen wir erlebt haben, wie man begann, sie zu bewundern. Corot hat einige davon gewiesen. Bald läuft alle Welt dort in Haufen zusammen; Malervolk macht den Ort zu einem Gewimmel; der Gastwirt, der Händler, der Reisen und Erlebnisse verkauft, machen ihn gemein.

Ist es so, daß das Geheimnis dieses Zaubers eines Ortes in einem besonderen Zusammenklang von Figürlichem und Licht liegt, dessen Gewalt über uns ebenso mächtig und unbegreiflich wäre, wie es die Macht eines Duftes, eines Blickes, des Klanges einer Stimme sein kann? Oder hängt es an einem undeutbaren Widerhall der Gemütsbewegungen von Menschen aus uralter Zeit – vielleicht jener, die da, die dort die auffallendsten Gegenstände der Natur – Quellen, Felsen, Gipfel, hohe Bäume – zu Göttern machten und aus ihnen durch den bloßen Umstand, sie von den anderen ihresgleichen abzuschneiden, ihnen Namen zu geben, sowie durch die Art von Leben, das sie ihnen einflößten, ohne es zu wissen, leibhaftige Schöpfungen der Kunst schufen – der ältesten der Künste, die schlicht darin besteht zu fühlen, wie Erleben zum Ausdruck wird und wie ein einmaliger Augenblick sich zu einem Moment des Erinnerns verfestigt: erhebende Gnade einer Morgenröte oder eines wundervollen Sonnenunterganges, heiliger Schauer eines Waldes, Aufschwung des Herzens auf den Bergeshöhen, von denen aus man die Reiche der Erde entdeckt?

Doch wenn wir auch unfähig sind, in klare Gedanken zu fassen, was uns solcherart bewegt, so sollten wir doch wissen, daß wir weniger ungeschickt sind, es wiederzugeben.

Wir haben ausgeführt, daß Corot zunächst unter der Natur dienen, ihr treulich gehorchen will. Dann aber gedenkt er, sie um einiges anzugehen. Wie das Instrument, das der Künstler angeht, ihm nach und nach immer köstlicher werdende und sich gleichsam immer näher an die Seele seiner Seele schmiegende Schwingungen schenkt, so sieht man Corot dem durchsichtigen Raum, der welligen und sanft sich entfaltenden oder in schroffen Verwerfungen klaffenden Erde, dem Baum, dem Gehölz, den Fabriken und allen Stunden, die dem Lichte gehören, »Zauberwirkungen« entlocken, die immer mehr denen der eigentlichen Musik gleichen.

Einige unter diesen Skizzen, wie etwa jene »*blonden Abzüge auf körnigem Papier von unvergleichlicher Feinheit und Zartheit, darauf der schwarzbraune oder veilchendunkle Strich bisweilen vom kostbaren Widerschein alten Goldes nuanciert wird*« (wie sich mit soviel Liebe Jean Laran ausdrückt)[5], beziehen sich so unmittelbar, so übergangslos auf die Musik – ja auch darauf, was sie in uns an Feinstem auszuleuchten und zu erlesen vermag –, daß zuzeiten in unseren Seelen unwiderstehlich und unversehens eine Entsprechung zwischen einer dieser Landschaften und einer jener einmaligen göttlichen Tonfolgen für Singstimme oder Saiteninstrumente ins Licht tritt, deutliche Erinnerungen an Themen oder Klänge gerade in dem Augenblick aufsteigen, da unser Auge sich an die Wunderwerke der Arbeit der Nadel oder des Griffels heftet und verliert.

Welche Überraschung, beim fragenden Blick des entzückten Auges auf ein Kupfer von Corot – eine köstliche Stelle aus Parsifal *wiederzuerkennen* (wie es mir widerfuhr)!

Beim Grauen des Morgens, nach einer endlosen Nacht der

Pein und der Verzweiflung, läßt König Amfortas – den eine undeutbare Wunde martert, die Sinnenlust seiner Seele, seinem Fleische geheimnisvoll zu ungeteilter Strafe schlug – seine Sänfte ins Freie tragen: der Unreine will die Frische des Morgens atmen.

Es sind nur einige Takte, aber sie sind unvergleichlich. Sollte denn es so sein, daß vielleicht diese Vergegenwärtigung der Morgenfrühe – ganz wehende Brise und fröstelndes Blätterschauern –, die Wagner zuteil ward und die er wundersam einfing – beglückendes Wunder ohne Wiederkehr, das er einem ungeheuren Werke verarbeitete, das sich ganz auf der ewigen Wiederholung hieratischer Themen aufbaut –, mehr noch an Erfahrung und Wissenschaft, deren innigere Aneignung, eine tieferdringende Verwandlung eines Menschen in einen Meister seiner Kunst erforderte als der mächtige Bau des Werkes selbst?

Ich behaupte, daß der Künstler sich schließlich im Naturhaften vollende; aber im Naturhaften eines neuen Menschen. Der spontane Schöpfungsakt ist die Frucht einer Eroberung. Er steht nur denen zu, die sich die Gewißheit erarbeitet haben, eine Arbeit zur äußersten Möglichkeit der Ausführung vorantreiben zu können, beim Schaffen der Teile, ohne unterwegs weder den Geist noch die Natur preiszugeben, ihre Einheit in der Vielheit zu bewahren. Nur ihnen widerfährt – am bestimmten Tage, bei bestimmter Gelegenheit – das Glück, in einigen Noten, einigen Strichen *das Sein eines Erlebens* einzufangen und auszusagen. In diesem winzigen Stück tönender oder bildhafter Stofflichkeit machen sie uns in einem einzigen Vorgang die Erschütterung sichtbar, die ein Augenblick brachte, und die Tiefe einer Wissenschaft, die ein ganzes Leben in Anspruch genommen hat. Nun endlich kommt ihnen zugute, sich zu Werkzeugen ihrer erlauchten Entdeckungen gemacht zu haben, und jetzt, im Vollbesitze ihrer Schaffenskraft, dürfen und können sie aus dem Stegreif schaffen. Sie haben sich mit ihren Funden angereichert und entdecken in sich neues Verlangen. Mit Stolz können sie ihren ganzen Werdegang sich inmitten zweier Zustände beglückender Ungehemmtheit vollenden sehen. Die eine ist ganz ursprünglich: Erwachen des naiven Instinktes zu schaffen, der aus den Träumereien einer lebhaften und empfindsamen Jugend aufsteigt (doch bald wird dem jungen Schöpfergott offenbar, wie unzulänglich das Unbefangensein ist und wie groß die Verpflichtung, nie und nimmer mit sich selber zufrieden zu sein). Die andere Ungehemmtheit ist das Gefühl, im Besitz erkämpfter Freiheit und Einfachheit zu sein, die dem Geist zwischen den Sinnen und Ideen das lebendigste Spiel erlauben. Daraus entsteht *das Wunderwerk eines improvisierenden Schaffens von höherem Grad.* Zwischen den Absichten und den Mitteln, zwischen den *inhaltlichen* Vorstellungen und den Handlungen, aus denen die *Form* hervorgeht, klafft kein Gegensatz mehr. Zwischen dem Gedanken des Künstlers und dem Stoff seiner Kunst schwingt nunmehr das Band einer innigen Entsprechung, *deren bemerkenswerte Eigenschaft eine Wechselwirkung ist, die sich jene, die sie nicht erlebten, nicht vorzustellen vermögen.* Das Wesen von alldem hat Michelangelo in zwei Versen umrissen, dort wo er die Formel seines herrscherlichen Ehrgeizes niederschreibt:

»Non ha l'ottimo Artista alcun concetto
Ch'un marmo solo in se non circonscriva.«[6]

Für viele visuelle Ausdrucksweisen reichen *Hell* und *Dunkel* völlig aus; Leibniz soll aus dem Nachweis, daß man alle Zahlen niederschreiben kann, ohne dazu mehr zu brauchen als das Zeichen für *Null* und die Ziffer *Eins*, eine ganze Metaphysik abgeleitet haben: auf der gleichen Linie liegt, was Flächen in *Weiß* und *Schwarz* zu bringen vermögen, wenn ihnen ein *Meister* gebietet.[7]

Allein, wie es geschehen mag, daß solches Schwarz und Weiß bisweilen tiefer in das Innere unserer Seelen vorzudringen vermögen als Gemaltes; wie es kommt, daß eine dem Tag nichts als seine Helligkeitsunterschiede entnehmende und darum allein auf Licht- und Schattenwirkung beschränkte Arbeit uns anrührt, uns versonnen stimmt, tiefer, als es das ganze Register der Farben zuwege bringt – das vermag ich mir nicht recht zu erklären.

Bemerkenswerter Umstand: unter den Malern, die das Spiel, ohne die Farbe auszukommen, am meisten geliebt, am besten gespielt haben, trugen jene den Sieg davon, die am meisten der Farbe verschworen waren: Rembrandt, Claude Lorrain, Goya, Corot.

Doch sind ebendiese Maler allesamt wesenhaft *Poeten.*

Poesie ist der Name für eine Kunst, die mit dem Mittel der Sprache gewisse Wirkungen erzielt; allmählich hat man ihn dann auf den Zustand *des Erfindens aus der Bewegung des Gemüts heraus* ausgedehnt, den diese Kunst voraussetzt und mitteilen will.

Man sagt von einer Landschaft, von einer Gegebenheit und sogar von einem Menschen, sie seien *poetisch.*

Dieser Zustand besteht in Mitschwingen und Mitschwingenlassen.[8] Damit will ich sagen – doch wie es sagen? –: weil das ganze Gefüge unseres Gefühls- und Geisteslebens von ihm ergriffen wird, entsteht zwischen unseren Sinneswahrnehmungen, unseren Denkbildern, unseren Antrieben, unseren Ausdrucksmitteln etwas wie ein wechselseitig rückwirkendes harmonisches Verbundensein – gleichsam als ob alle unsere Vermögen mit einem Schlag auf einen Generalnenner gebracht worden wären. Dies kommt in den Werken zum Ausdruck durch eine auf geheimnisvolle Weise stimmende Entsprechung zwischen den wahrnehmbaren *Ursachen*, die die *Form* begründen, und den erkennbaren *Wirkungen*, die den *Gehalt* darstellen.

In diesem Zustand ist das Erfinden ebenso natürlich wie das Erregtsein, der Tanz und das Gebärdenspiel und ihnen einigermaßen gleichwertig. Angehörige primitiver Völker tanzen und singen angesichts des Schauspiels, das sie entzückt oder erregt, und entbinden sich solcherart im Verhältnis ihrer Hingabe an die Verzückung – während wir Geschöpfe der Zivilisation für eine Schönheit oder Seltsamkeit, die uns überwältigen, aus uns nichts herauszuholen vermögen als *Epitheta.*

Der Maler jedoch fühlt dann alsbald in sich das rasende Verlangen zu malen.

Aber es sind nicht alle Maler auch Poeten; dies gilt auch für die besten.

Es gibt eine ganze Menge bewundernswerter Gemälde, die sich kraft ihrer Vortrefflichkeit durchzusetzen vermögen, die indessen nicht »Gesang« sind.

Ja, es kommt vor, daß es spät erst zur Geburt des *Poeten* in einem *Maler* kommt, der bis dorthin nur ein großer Künstler gewesen ist. So Rembrandt, der von dem obersten Rang, den er von seinen ersten Arbeiten an einnimmt, sich in der Folge über alle Ränge erhebt.

Bei Corot kommt der Poet schon sehr früh zum Vorschein. Vielleicht zeigt sich gegen Tagesende hin dieser Poet absichtsvoll ein wenig mehr, als recht wäre. Man hat in der Gesellschaft des Künstlers zu viel von Vergil und La Fontaine gesprochen. Schließlich hat er dann dem Wunsch nachgegeben, ganz willentlich der zu sein, auf den diese literarischen Vergleiche zutreffen sollten – *bar jeden Zweifels.* Zu viele Nymphen gehen allzu leicht aus seinen Händen hervor, und zu viele dunstverhangene Gehölze bevölkern schwerelos eine Unzahl von Gemälden.

Die Malerei sollte, will sie sich nicht gefährden, uns nicht den Traum vortäuschen wollen. Die *Einschiffung nach Kythera* scheint mir nicht vom Besten Watteaus zu sein. Die Zauberwelten Turners bringen es bisweilen fertig, mich zu entzaubern.

Gibt es etwas, dem das Verweilen im Traumzustand strenger verwehrt wäre, als was der Zeichner tut? Ich kann mich angesichts eines Bildes nicht enthalten, mir dunkel dieses Tun vorzustellen, das die Festigkeit und das Festhalten eines bestimmten Blickpunktes, die Verkettung von Bewegungen, das gesteuerte Zusammenwirken der Hand, des Blickes, der Bilder (eines mag gegeben oder gewollt sein, ein anderes gerade aufkeimen) und das *Wollen* erfordert. Der schroffe Gegensatz des Fühlens dieser energetischen Bedingungen der Arbeit zur Scheinwelt des Traumes zeitigt, wenn es darauf ausgeht, diese hervorzubringen, nie ganz glückliche Ergebnisse.

– Und dann: wir müssen uns allzeit hüten, dem modernen

und allgemein verbreiteten Mißverständnis zu erliegen, *Traum* und *Poesie* deckten sich.

Doch die Schwarzweißgraphik, die Bleistiftzeichnung, die Lithographie, die Radierung (doch nicht der Stich!) begünstigen durch die anscheinende Leichtigkeit der Handhabung und die Freiheiten, die sie für Aufbau, Durchführung und Abschluß gestatten, viel stärker als buntestes Wechselspiel der Farben die Einführung des Verschwimmenden und der mehr suggerierten denn ausgeformten Gegenstände in die bildende Kunst.

Die Schwarzweißgraphik steht auf gewisse Art näher am Geist und dem Geschäft des Schreibens; die Malerei hat es näher zur Erfassung des Stofflichen und ist immer mehr oder weniger versucht, dem *Auge etwas vorzumachen.*

Corot bringt mit diesen abstrakten Werkzeugen – als da sind: Feder, Bleistift, Nadel – Wunderwerke an Räumlichkeit und Licht zustande; nie wurden lebendigere Bäume, unruhigere Wolkengebilde, mächtiger sich weitende Fernen noch festere Erde mit ein paar Strichen auf das Papier geworfen.

Man fühlt beim Durchblättern dieser erstaunlichen Seiten, daß dieser Mensch in der Betrachtung der naturgeschaffenen Dinge gelebt hat, wie ein in innere Schau Versunkener in seiner Denkwelt lebt. Die Schau des Künstlers vermag in fast mystische Tiefen zu dringen. Die angeleuchteten Gegenstände verlieren ihren Namen: Schatten und Helle bilden Ordnungsgefüge und stellen Aufgaben ganz eigener Art, die zur Zuständigkeit keiner Wissenschaft gehören, die auf keinerlei Fertigkeit Bezug haben, sondern ihr Dasein und ihren Wert ganz und gar von bestimmten einzigartigen Akkorden der Seele, des Auges und der Hand eines Menschen empfangen, dessen Bestimmung es war, sie in seiner Brust aufzuspüren und in sich zu entfalten.

Ich halte dafür, daß es eine Art von Mystik der Sinneserfahrungen gibt, das heißt ein »Leben nach außen« von einer Eindringlichkeit und Tiefe, die denen mindestens gleich sind, die wir dem Dämmerschatten in der Brust der Asketen und ihren geheimsten Erleuchtungen zuschreiben: der Sufis, der Menschen, die sich ganz in Gott versenken – aller jener, die eine Lebensführung der Enthobenheit kennen und üben und sich ein voll ausgeschriebenes zweites Leben schaffen, dem das gewöhnliche Dasein nichts einbringt als Zwänge, Unterbrechungen, Anlässe zu Minderung oder Widerstände – und im übrigen alle Bilder und Ausdrucksmittel, ohne die auch das Unsagbare sich nicht vom Nichts unterscheiden würde. Die mit den Sinnen erfahrene Welt greift die andere an und versorgt sie mit Nahrung und Waffen.

Es ist nämlich an dem, daß die Empfindung, die nicht ein für sich bestehender Schmerz oder eine herausgehobene Lust ist, den meisten Menschen nicht mehr bedeutet als ein vorübergehendes Ereignis oder ein Zeichen. Sie schrumpft auf einen Beginn zusammen, auf den nichts folgt, oder auf eine »Ursache«, deren Wirkungen von ihr ebenso unterschieden sind, wie für unseren Geist die erhellten Dinge von dem Lichte unterschieden sind, das sie erhellt.

Es will scheinen, daß wir in der unermeßlichen Mehrheit der Fälle außerstande sind, in der Empfindung zu verweilen oder sie innerhalb ihrer Bezogenheiten zu entwickeln. Immerhin lassen gewisse Erscheinungen, die wir für anormal halten (weil wir mit ihnen nichts Nutzbringendes anfangen können und sie im Gegenteil oft uns an verwertbarem Wahrnehmen hindern), uns die Empfindung als ersten Ansatz harmonischer Entwicklungen erfahren. Das Auge bringt in Antwort auf jede Farbe eine andere Farbe als symmetrische Entsprechung der gegebenen hervor. Entsprechende, aber sehr viel unmerklicher wirkende Eigenschaften scheinen mir im Bereich der Formen vorzuherrschen. Ich gehe so weit zu denken, daß das *Ornament* in seinem Ursprung eine natürliche Reaktion unserer Sinne angesichts eines leeren Raumes ist: sie versuchen, ihn mit dem zu füllen, was ihrer Zweckbestimmung, die da ist aufzunehmen, am besten Genüge zu tun vermöchte. So malt sich der Mensch, der vor Durst umkommt, köstliche Getränke aus, und der Vereinsamte, den ein innerer Brand verzehrt, bevölkert das Schattendunkel mit Leibern.

Die isolierte Empfindung und das Bild einer solchen Empfindung sind bisweilen von erstaunlicher Mächtigkeit. Sie jagen jäh den Instinkt auf, der uns treibt, zu erschaffen. Mir kommt eine recht bemerkenswerte Stelle aus den *Kreisleriana* E. T. A. Hoffmanns in die Erinnerung[9]; ein von Musik Besessener erkennt das Nahen der Eingebung an folgendem Zeichen: er glaubt, einen Ton von außerordentlicher Eindringlichkeit und Reinheit zu vernehmen, den er den *Euphon* nennt und der ihm das unendliche und eigene Universum des Gehörsinns aufschließt.

Claude Monet hat mir einige Wochen nach der Staroperation, der er sich unterziehen mußte, von dem Augenblick gesprochen, da der Stahl die trüb gewordene Linse aus dem Auge schnitt. Er habe dabei, so sagte er, die *Offenbarung eines Blaus* von grausamer und unvergleichlicher Schönheit erfahren...

Bestimmte *Worte* zwingen mit einem Schlag dem Dichter sich auf, scheinen innerhalb des zugeordneten Bestandes gedanklichen Seins die eine und andere eingesprengte Erinnerung auf sich auszurichten, sie verlangen, sie rufen oder sie erleuchten in enger Bezogenheit, was sie an tönenden Bildern oder Gebilden brauchen, um ihr Auftauchen und das Bedrängende ihrer Gegenwart zu rechtfertigen. Sie wachsen sich zu Keimen von Gedichten aus...

So erlebt sich innerhalb der Ordnungen der bildenden Kunst der *Mensch, der sieht*, unversehens als *Seele, die singt*, und dieser Zustand – »Ich singe ja!« – läßt in ihm einen Durst nach Schöpfung entstehen, der das Geschenk des Augenblicks festhalten und verewigen möchte. Eine natürliche Aufwallung schwingt sich von der Begeisterung oder dem Entzücken zum Willen auf, Besitz zu ergreifen, und treibt den Künstler, den geliebten Gegenstand neu zu erschaffen. Besitzergreifen ist *auch* ein Erkennen, das im Schöpfungsakt, der eine Form hervorbringt, die Schaffenswut sich verströmen läßt, die eine Form hervorbrachte...

Ich weiß nicht, ob es heute einen gibt, der Corot die Auszeichnung »Großer Künstler« verweigern würde. In der Malerei wie in der Literatur ist das »Handwerk« nicht mehr gefragt, in der Praxis sowenig wie in den Augen der Kenner: die intellektuelle Nichtigkeit derer, die es zuletzt noch beherrschten, brachte es in Verruf, und die Kühnheit jener, die es nicht beherrschten, trat es zu Boden. Jene Welt der Kenner ist übrigens nicht mehr, was sie einmal war.

Ich sehe darum niemand, der Corot das Wissen um die Gesetze seiner Kunst bestreiten könnte. Aber wir wissen durch Baudelaire, daß man im Jahre 1845 darüber ein wesentlich anderes Urteil hatte.[10]

Baudelaire sagt uns: »Alle halben Kenner finden, nachdem sie zunächst einem Gemälde Corots gewissenhaft Bewunderung gezollt und ihm, weil es sich so gehört, ihren Tribut an Lobeshymnen entrichet haben, daß es bei ihm doch mit der Ausführung hapere, und alle miteinander stimmen dann in der Erkenntnis überein, daß Corot letztlich und im Grunde eben nicht wisse, was malen heißt.«

(Wenn Baudelaire nie einen anderen Stil geschrieben hätte, stimmte man darin überein: daß er *letztlich und im Grunde* nicht gewußt habe, was schreiben heißt.)

Baudelaire widerlegt die Meinung dieser halben Kenner mit völlig unscharfen Argumenten, in denen ich zu meinem Bedauern kaum etwas anderes zu sehen vermag als Spiele mit Worten.

Ich habe diese Frage nur gestreift, um den Leser zu veranlassen, sich Gedanken darüber zu machen, was sie alles umfaßt, und ihn auf den Weg zu einer Überlegung zu bringen, die einigen Tiefgang hat. Der Vorwurf gegen Corot, die Gegenrede des großen Dichters, der endliche Siegeszug der künstlerischen Leistung, deren Verteidigung er übernahm – all dies sind Anzeichen oder Spuren der Krise, die gegen Mitte des 19. Jahrhunderts die Kunst und die Kritik zu befallen begann. Der einfältige und verhängnisvolle Gedanke, das tiefdurchdachte Wissen um alles, was zur Ausführung gehört; die Beachtung erprobter Regeln; den überlegten Fluß der Arbeit, die immer im *Auftrag* ihrem Abschluß zugeführt wird (wobei der Zeitpunkt, an dem sie für abgeschlossen gelten darf, weil das Werk nunmehr für vollkommen gelten kann, der Bestimmung durch die Willkür des einzelnen entzogen ist), für unvereinbar mit dem Peitschenhieb der jeweiligen Empfindsamkeit des Betroffenen zu erklären ist einer der sichersten und beklagenswertesten Züge der Leichtfertigkeit und des Mangels an Entschiedenheit, die für das Zeitalter der Romantik kennzeichnend waren. Schon begann die Sorge um das Dauern eines Werkes sich abzuschwächen und trat hinter dem Wunsch zurück, Aufsehen zu erregen: die Kunst sah sich zu ständig sich ablösenden Umbrüchen verurteilt. Es entstand ein Automatismus der Verwegenheit. Sie wurde so gebieterisch, wie es die Überlieferung gewesen war. Schließlich unterschob dann die Mode – dieser Hochfrequenzstrom zur Veränderung des Geschmacks einer Kundschaft – ihre wesenseigene Beweglichkeit den sich langsam vollziehenden Herausbildungen der Stile, der Schulen, des Nachruhms für die Großen. Doch besagt die Feststellung, daß die Mode das Schicksal der schönen Künste in ihre Hand nimmt, im Grunde nicht viel anderes, als daß der Kommerz es zu seiner Sache macht.

Den Kritikern zum Trotze sah Corot Jahr für Jahr seinen Namen wachsen und seine Meisterschaft anerkannt werden.

Nicht seine Kunst nur war dieserart vorangekommen: der Hauptgegenstand seiner Wahl, das *Landschaftsbild*, fand mehr und mehr das Interesse der Liebhaber und nahm nun in der Wertschätzung der Kritik und der Gunst des Publikums fast den gleichen Rang ein wie die erhabensten Gattungen. Bis dahin pflegte man das Landschaftsbild unterhalb der Historienmalerei, des Genrebildes und des Porträts einzustufen, auf gleicher Höhe mit dem Stilleben. Landschaftsdarstellungen und Stilleben, ja sogar Porträts wurden von Rechts wegen als Einzelbeigaben und Zubehörstücke betrachtet, die man sicherlich innerhalb der geschlossenen Mannigfaltigkeit des Bildinhaltes, darin alle Vorwürfe für die Malerei gleichzeitig angesprochen und miteinander verarbeitet sind, für sich betrachten kann, die ihr aber untergeordnet bleiben müssen, welches Talent auch immer sich daran verschwendet haben mochte.

Dieses Gefühl für Rangordnungen ist unbegreiflich, fast untragbar geworden. Wer gäbe für einen Chardin, für einen Corot nicht einige hundert mit Heiligen und Göttinnen übervölkerte Bilder her? Geben wir doch zu, daß wir nur noch aus Pflichtgefühl bewundern, was uns zwingt, der Vielschichtigkeit des Vorwurfs, den scharfen Bedingungen, denen ein Künstler sich unterworfen hat, unsere Achtung zu zollen. Doch wir haben recht zu lieben, was wir lieben – und wir lieben nun einmal, was am wenigsten Bildung erheischt und was auf uns nach Art der Gegenstände wirkt. Doch sei dem, wie ihm wolle – recht haben wir nur für *jeden einzelnen Fall.* Das ist eine Behauptung, die ich etwas erläutern muß.

Der moderne Geschmack, dem es nur noch auf die unmittelbare Beglückung des Auges, auf die Art zu sehen, auf die *Unterhaltung* des Empfindungsvermögens ankommt – auf alle jene Eigenschaften eines Bildes, *die sich durch Vergleiche ausdrücken lassen* –, hat schließlich in recht begrenzten Experimenten volles Genüge gefunden: drei in kräftigen Farben gehaltene Äpfel; Akte fest wie Mauerwerk oder zart wie Rosen; aus der Lostrommel gegriffene Geländestücke.

Doch wie sollte ich es mir versagen, darüber nachzusinnen – bei aller Bewunderung, die auch ich für diese guten Arbeiten empfinde –, daß man es einmal fertiggebracht hat, zwanzig menschliche Gestalten auf die Leinwand oder den Kalk zu werfen, und dies in den mannigfaltigsten Haltungen, und daß es um sie her weder an Früchten noch an Blumen, noch an Bäumen, noch an Baulichkeiten mangelte – und auch nicht an Wahrhaftigkeit der Zeichnung; nicht an der Kunst rechter Verteilung des Lichtes; nicht an ungemeiner Besorgtheit, diese völlig verschiedenartige Vielfalt richtig zu verteilen und in einer und derselben Arbeit Probleme fünf oder sechs ganz und gar verschiedenartiger Ebenen zu lösen, von der Perspektive angefangen bis zur Psychologie? *Die das fertigbrachten, waren gestandene Männer!* Sie hatten durch einen außerordentlichen Aufwand an Arbeit und nie abreißendes Überlegen *das Recht* erworben, *improvisieren zu dürfen.* Sie ersannen und schufen ihr Werk, als ob für sie die Schwierigkeit der Ausführung, die der *Zuweisung des rechten Ortes an die Gestalten*, der Verteilung von Hell und Dunkel und der Farbgebung nicht daseien. Sie konnten darum die ganze Mächtigkeit ihres Geistes an die Komposition wenden, die der Bereich der Malkunst ist, worin das Erfinden zu seinem Ausdruck kommt.

Was ist uns ferner gerückt als der bestürzende Ehrgeiz eines Leonardo, der in der Malerei eines der erhabensten Ziele oder eine der erhabensten Selbstdarstellungen der Erkenntnis sah und darum meinte, sie erfordere den Erwerb der Allwissenheit, und der nicht vor einem das All in seine letzten Bestandteile zerlegenden Denken zurückschreckte, dessen Tiefe und Genauigkeit uns in Verwirrung stürzen?

Der Übergang der Malerei von der einstigen Größe auf den Stand von heute ist in den Arbeiten und den Schriften des Eugène Delacroix in hohem Maße fühlbar. Die Unruhe, das Gefühl des Unvermögens zerreißen diesen modernen Maler voller Einfälle, der immer dort die Grenzen seiner Möglichkeiten erreicht, wo er sich müht, es den Meistern von einst gleichzutun. Nichts läßt deutlicher die Minderung einer wie auch immer zu bezeichnenden Kraft sichtbar werden, die einstmals – und in welcher Fülle! – wirken konnte, als das Beispiel dieses sehr vornehmen Künstlers, der mit sich selber zerfallen war und mit zuckenden Nerven die letzte Schlacht für den Großen Stil in der Kunst schlug.

Die Corot, die Théodore Rousseau, die bewunderungswürdigen Maler, die durch ihr großes Talent das Landschaftsbild durchgesetzt haben – sollten sie demnach nicht allzu vollkommen gesiegt, die Öffentlichkeit und die Künstler nicht allzu sehr daran gewöhnt, nicht allzu sehr verführt haben, auf Werke »hoher Schule« zu verzichten?

Das Landschaftsbild hat seine Gefahren. Die ersten »reinen« Landschaftsmaler komponierten. Noch Corot komponiert. Eines Tages richtete einer, der stehengeblieben war, um ihm beim Malen zuzuschauen – es war im Forst von Fontainebleau –, an ihn angstvoll die Frage: »Wo denn sehen Sie, Verehrtester, diesen schönen Baum, den Sie da hinmalen?«

Corot nimmt seine Pfeife aus dem Mund und zeigt, ohne sich umzuwenden, auf eine Eiche, die *hinter beiden steht* ...

Doch bald wird die Naturstudie, die einst nur ein Mittel war, zum eigentlichen Sinn und Ziel der Kunst. Die »Wahrheit« wird Dogma; dann wird es die »Impression«. Und nun komponiert man nicht mehr – sowenig wie die Natur, die ja auch nicht komponiert. Die Wahrheit kommt ohne Form aus. Alles, was auf nichts denn Wahrheit ausgehen will, alles, was auf nichts denn die schiere Beobachtung gründen will, führt paradoxerweise zum Absturz in die völlige Wesenlosigkeit. Im übrigen dürfte es einleuchten, daß, wenn die Komposition – das heißt, die *begründete Willkür* – erfunden und so lange Zeit gefordert wurde, dies geschah, um einer erkannten Notwendigkeit Genüge zu tun: der Notwendigkeit, an die Stelle der unbewußt befolgten Regeln, die im Gefolge der schlichten Nachahmung dessen, was wir sehen, entstehen, bewußt geschaffene Regeln zu setzen, die (unter anderen Wohltaten) den Künstler daran erinnern, daß es nicht das gleiche ist, das Schöne zu sehen oder in sich erstehen zu lassen, und zu bewirken, daß andere es sehen und in sich erstehen lassen.

Das Fazit ist: von nun an wird dem Künstler alles Nachdenken erspart, und Bildung wird für ihn noch eher ein Schaden als nur ein unnützes Ding; mehr bleibt fortan nicht gefordert, denn was die Reaktion der Netzhaut gebietet; das »Beinahe« genügt für die Form, und die Schwierigkeiten der Einzelausführung werden weggeschwindelt; eine unglaubliche Fertigkeit des Erklärens, ja sogar des Rechtfertigens dieser Unzulänglichkeiten kommt auf; dann greifen alle diese Übel vom Landschaftsbild auf das Menschenbild über, als habe eine Art flüchtiger Leichtigkeit des Schaffens anstekkend gewirkt; endlich wird man nachlässig im Technischen, wozu die Gewohnheit, im Freien zu arbeiten, allzu leicht Vorschub leistet; Vorbereitungsarbeiten werden unterlassen, grobschlächtige Verfahren angewandt – dies ist, so will mir scheinen, eine Zusammenstellung der recht bedauerlichen Auswirkungen sehr schöner Vorbilder und bewunderungswürdiger Hervorbringungen.

Doch das Zeitalter hat dies so haben wollen. Die Malerei ist nicht das einzige, das unter diesem recht düsteren Licht zu betrachten ist: wie das Landschaftsbild der Malerei Abbruch zu tun vermochte, hat das Genügefinden am Beschreiben die Kunst des geschriebenen Wortes ungefähr in derselben Weise abfallen lassen. Ein ausschließlich beschreibendes Werk (wie deren so viele geschaffen worden sind) *ist in Wahrheit nur Stückwerk*. Damit ist gesagt: wie groß auch das Talent des Beschreibers sein mag, es kann dieses Talent nur einen Bruchteil des Geistes ins Spiel bringen: *Geist, der nicht voll zum Zuge kommt, reicht unmöglich aus, ein brauchbares Werk zu schaffen, und schon gar nicht ein vortreffliches.*

Mehr noch: jede Beschreibung kommt auf die Aufzählung der Bestandteile oder der verschiedenen Seiten eines Dinges hinaus, das einer gesehen hat, und dieses Inventar kann in beliebiger Reihenfolge aufgestellt werden; damit kommt die Ausführung unter die Herrschaft des Zufalls. Man kann, im allgemeinen wenigstens, die Reihenfolge der Aussagen umkehren, und nichts ruft den Verfasser auf, diesen Bausteinen von gewissermaßen paralleler Struktur Formen zu geben, deren Verschiedenheit als Gebot der Notwendigkeit in Erscheinung tritt. Die Aussage wird zu einer bloßen Abfolge von Vertauschbarkeiten. Im übrigen kann eine Aufzählung dieser Art so knapp oder so ausführlich gehandhabt werden, wie man Lust hat. Man kann auf die Beschreibung eines Hutes zwanzig Seiten verwenden, auf die Beschreibung einer Schlacht zehn Zeilen.

Wie bei der Malerei zu sehen, ist das Ergebnis einer Entwicklung nicht immer glücklich gewesen, die darin bestanden hat, die Bedeutung der geistigen Arbeit bis ins unendliche zu mindern und die Ausführung ausschließlich vom »Empfindungsvermögen« abhängen zu lassen. In allen Künsten hat der souveräne Vorrang des Geistes vor seinen Antrieben den Eigenschaften des Künstlers weichen müssen, die nur noch das Mindestmaß an Koordinationsvermögen, nur noch das Mindestmaß an geistiger Vertiefung, an vorgängigen Studien, an technischer Vorbildung verlangen und damit in summa – ein Mindestmaß an *Charakter*.

All das – ich habe es gesagt – ist nur durch das Vorangehen einiger erstrangiger Männer möglich geworden. Nur solche sind es, die eh und je die Wege bahnen: um einen Verfall einzuleiten, bedarf es nicht geringeren Könnens, als erforderlich ist, um etwas seinen möglichen Höhepunkten zuzuführen.

# TRIUMPHZUG MANETS

*»Manet et Manebit«*[1]

Wenn die Mode es mit den Allegorien hätte, und wenn ein Maler es sich einfallen ließe, einen »Triumphzug Manets« zusammenzustellen, würde ihm vielleicht der Gedanke kommen, die Gestalt dieses großen Künstlers von dem Gefolge berühmter Kunstgenossen einrahmen zu lassen, die seinem Talent Beifall spendeten, ihm in der Mühsal seines Kampfes zur Seite standen und nach ihm in den Ruhmeshimmel eingingen, ohne daß man jedoch ihre Gemeinschaft im mindesten mit einer »Schule« gleichsetzen könnte.

Im Kreis um Manet würde das Konterfei eines Degas, eines Monet, eines Bazille, eines Renoir und der eleganten und einzigartigen Morisot zu sehen sein, jeder durch seine Art der Schau, durch Handwerk und Charakter verschieden und alle anders als er.

Monet, einzigartig durch die Empfindungsfähigkeit seiner Netzhaut, der das Licht extrem zerlegte, fast Gebieter des Spektrums; Degas, unter dem Gebot des Verstandes mit den Waffen der Strenge, der unerbittlichen Kritik an sich selbst, die jene an den anderen nicht ausschloß, und durch unablässige Verinnerlichung des Nachdenkens über Wesen und Möglichkeiten seiner Kunst erbittert der *Form* (ja, auch der Anmut) nachstellend; Renoir, ganz Sinnenfreude und ganz naturdurchdrungen, den Frauen verschworen und den Früchten – ihnen allen war nichts gemeinsam als der Glaube an Manet und die Leidenschaft für die Malerei.

Nichts ist seltener, nichts ist ruhmvoller, als sich eine solche Mannigfaltigkeit von Temperamenten botmäßig zu machen, sich solche Maler als Kampfgenossen zu gesellen: Maler, solch unabhängigen Sinnes, in ihren Instinkten, ihrer Gedankenwelt, in den Gewißheiten ihrer Brust so voneinander geschieden, so eifersüchtig erpicht auf das, was ihnen an sich selber vorzüglicher und *außer aller Vergleichbarkeit* erschien, und alle höchst bemerkenswert. Ihre Dissonanzen lösen sich prachtvoll zu einem vollkommenen Akkord auf: sie bleiben bis ans Ende auf den Namen des Malers der *Olympia* eingeschworen.

Doch in dieser akademischen Entfaltung eines Triumphgepränges müßte notwendig noch eine ganz anders geartete Gruppe ihren Platz bekommen, eine Gruppe anderer Männer hohen Ruhms – vielleicht noch abgelöster voneinander als jene und in dem Eifer und der Leidenschaft, gleichermaßen ihren Ruhm zu künden und für sie einzutreten, in der Liebe zu Manets Kunst nicht weniger gleichgestimmt als sie.

In diese Gruppe gehören Schriftsteller. Gewiß sähe man darin Champfleury, Gautier, Duranty, Huysmans ... Doch unter allen vorzüglich Charles Baudelaire, Émile Zola, Stéphane Mallarmé.

Baudelaire der Kritiker hat sich nie geirrt. Damit meine ich, daß seit 70 Jahren, trotz zehnmaligen Umschlags der Launen des Kunstgeschmacks, alle jene, die er gemocht, denen er Talent und Genie zugeschrieben hat, nicht aufgehört haben, in Geltung zu stehen und im Ansehen zu wachsen. Handle es sich um Poe, um Delacroix, um Daumier, um Corot, um Courbet – vielleicht sogar um Guys –, handle es sich um Wagner, handle es sich schließlich um Manet – alle, die er bewundert hat, werden weiter bewundert.

Die Art von geistdurchwobener Sinnlichkeit, die ihm eignete, hat den Geschmack von morgen vorgefühlt oder in die Richtung gebracht; jenen Geschmack, der gegen Ende des 19. Jahrhunderts der Geschmack der erlesensten Geister werden sollte. Er hat eine Ordnung von Werten erahnt – oder aufgerichtet –, die noch kaum beginnt aufzuhören, »modern« zu sein. Ein Zeitalter empfindet sich als »modern«, wenn es bei sich das Vorhandensein einer Vielheit untereinander sehr verschiedener, ja sich gegenseitig ausschließender Lehrmeinungen, Richtungen, »Wahrheiten« feststellt, die gleichermaßen anerkannt sind, nebeneinander bestehen und in den gleichen Menschen zur Wirkung kommen. Diese Zeiten kommen uns darum verständnisvoller oder »wacher« vor als jene, in denen nur ein einziges Ideal, ein einziger Glaube, ein einziger Stil vorherrschend ist.

In der Liste von Namen, die ich hier niedergeschrieben habe und die den Ort Baudelaires durch das System seiner Vorlieben bestimmt, sind vertreten die Romantik und der Realismus, die Begabung für das Logische und der Sinn für das Mystische, die Naturpoesie und die der Geschichte oder der Mythen und sogar des Augenblicks, alle vergegenwärtigt durch Männer ersten Ranges.

Baudelaire muß wohl der Meinung gewesen sein, daß Manet in gewissem Umfang halb der malerischen Romantik, die schon zur Neige ging, und halb dem Realismus zugehöre, der nach dem Gesetz des Umschlags notwendig aus ihr hervorgehen mußte und sich ohne jede Schwierigkeit, gleichsam spiegelverkehrt, durch das bloße Wirken der Mechanik der Erlahmung der Geisteskräfte durchsetzte.

Wie das Auge auf einen zu langen oder zu scharfen Reiz von »Rot« mit »Grün« antwortet, so stellt in der Welt der Künste allzeit nach Ausschweifungen der Phantasie eine Wahrheitstherapie das gestörte Gleichgewicht wieder her. Es gibt keinen triftigen Grund, sich Beschimpfungen an den Kopf zu werfen; auch nicht, in dem einen Lager von sich zu glauben, man sei sehr viel kühner, noch in dem anderen, man sei unendlich viel weiser . . .

Der noch von dem malerischen Reiz des Fremden verführte Manet, der noch dem Stierkämpfer, der Gitarre und der Mantilla seine Verehrung zollte, aber schon den Gegenständen der nächsten Nachbarschaft und den Modellen von der Straße halb verfallen war, vergegenwärtigte für Baudelaire ziemlich genau, was Baudelaires eigenes Problem war: den kritischen Zustand eines Künstlers, in dessen Brust eine Reihe widerstreitender Versuchungen sich um ihre Beute raufen, und der im übrigen über mancherlei bewunderungswürdige Arten verfügt, ganz er selbst zu sein.

Man braucht nur die schmale Sammlung der *Fleurs du Mal*

durchzublättern, die bedeutungsreiche und gleichsam auf das äußerste verdichtete Verschiedenartigkeit der Gegenstände dieser Gedichte zu betrachten und damit die Mannigfaltigkeit der Motive zu vergleichen, die man dem Katalog von Manets Werken entnehmen kann, und man wird ganz von selber eine konkrete Wahlverwandtschaft zwischen den Dingen, die den Dichter und den Maler in Unruhe versetzten, feststellen können.

Jemand, der »Bénédiction«, die »Tableaux parisiens«, »les Bijoux« und »Vin des Chiffonniers« geschrieben hat, und ein Mann, der nacheinander »Christus bei den Engeln« und die »Olympia«, »Lola« und den »Absinthtrinker« malt, sind nicht ohne mancherlei tiefgehende wechselseitige Bezogenheit.

Einige Beobachtungen erlauben uns, diese Verwandtschaft zu erhärten. Ihnen beiden, die denselben Kreisen der alten Pariser Bourgeoisie entstammen, ist die seltsame Verbindung von äußerster Verfeinerung des Geschmacks mit einem sehr eigenen Willen zur Bündigkeit der Ausführung eigen.

Mehr noch: sie versagen es sich auf die gleiche Art, ihre Wirkungen mit Mitteln zu erzielen, die nicht aus einem klaren Wissen um die Notwendigkeiten und Möglichkeiten ihres Handwerks und deren voller Meisterung herkommen. Das ist es ja, worin im Bereich der Malerei wie der Dichtung die *Reinheit* zu Hause ist und was sie ausmacht. Diese beiden Künstler haben nicht im Sinn, sich etwas vom »Gefühl« zu erwarten, noch liegt ihnen daran, *Ideen* ins Spiel zu bringen, ohne zuvor mit vollkommener Sachkenntnis und noch das Flüchtigste erfassend das »Gefühlte« voll ausgeformt und aufgegliedert zu haben. Sie gehen recht eigentlich dem obersten Gegenstande der Kunst nach – und sie erreichen ihn –, der da heißt *Charme*[2], und ich nehme dieses Wort hier in seiner vollen Kraft.

Das ist es, woran ich denke, wenn mir der köstliche Vers wieder in Erinnerung kommt (der Vers, der in den Augen der Abseitigen zweideutig ist und der den Unwillen der Justiz erregte) – das berühmte »bijoux rose et noir«, das Baudelaire *Lola de Valence* zum Geschenk machte.[3] Dieses geheimnisvolle Kleinod kommt, so möchte ich meinen, weniger der kernigen und stämmigen Tänzerin zu, die im schweren und reichgestickten Reifrock, doch der Geschmeidigkeit der Muskeln versichert, in prangendem Stolz im Schutz einer Kulisse auf das Zeichen für den Auftritt im Schwung, im Rhythmus und im Stakkato der Raserei ihrer Gebärden wartet, denn der nackten und kalten *Olympia*, Untier abgedroschener Liebesspiele, dem eine Negerin Reverenz erweist.

*Olympia* gibt uns einen Stoß, löst heiliges Entsetzen aus, besiegt unseren Widerstand und triumphiert. Sie ist Skandal, sie ist Idol; sie ist Mächtigkeit und gegenwartsträchtige Offenlegung eines elenden Winkelgeheimnisses der Gesellschaft. Ihr Kopf ist leer: ein Faden schwarzen Samtes hält ihn für immer abseits des Wesentlichen ihres Seins. Die Reinheit eines vollkommenen Umrisses umschließt die Unreine schlechthin, jene, deren Beruf das friedliche und unschuldige Nichtwissen um alles, was Schamhaftigkeit ist, erfordert. Ganz und gar dem absoluten Nacktsein geweihte tierhafte Vestalin, macht sie, daß wir über all das vor uns hin träumen, was sich in den Bräuchen und dem Betrieb des Hurenwesens der großen Städte an urtümlicher Barbarei und ritueller Tierhaftigkeit verbirgt und erhalten hat.

Das ist es vielleicht, warum der Realismus sich Manet so leidenschaftlich verband. Die Naturalisten zielten darauf ab, das Leben und alle menschlichen Verhältnisse zu vergegenwärtigen, wie sie sind – ein Vorsatz und ein Programm von unbestreitbarer Harmlosigkeit. Sie haben aber, so scheint mir, ein wirkliches Verdienst: sie haben in Gegenständen oder Vorwürfen, die bis auf ihre Zeit für schmählich oder bedeutungslos galten, *Poesie* entdeckt (oder vielmehr darin eingebracht), und bisweilen solche von höchstem Rang. Es gibt aber in der Ordnung der Künste weder Themen noch Gegenstände, die nicht durch die Art der *Ausführung* geadelt oder befleckt, zur Ursache von Ekel oder zum Anlaß eines Entzückens gemacht werden könnten. Boileau hat es gesagt! . . .

Émile Zola stellte sich also mit einer Heftigkeit, die sich, wie es seine Art war, ohne viel Zutun zu Gewaltsamkeit steigern konnte, hinter einen sehr anders als er gearteten Künstler, dessen Wucht, dessen bisweilen schonungslos abbildende Kunst, dessen Kühnheit im Erfassen indessen aus einer Natur flossen, die ganz und gar in die Anmut verliebt und völlig von dem Geiste leichter Freiheit durchflossen blieb, der in Paris noch zu atmen war. Was Schulmeinungen und Theorien anlangt, so kannte Manet, dieser skeptische und recht unbeschwerte Pariser, nur einen Glaubenssatz: Malerei muß gut sein.

Die seinige unterwarf ihm ununterschieden Seelen, die nichts Vergleichbares an sich hatten. Daß Zola und Mallarmé an den entgegengesetzten äußersten Enden der schönen Literatur durch seine Kunst ergriffen wurden und derart für sie entbrannten, war wahrlich Stoff genug, ihn stolz zu machen.

Der eine glaubte in aller Einfalt an die Dinge, »wie sie sind«: da gab es kein Ding, das ihm zu handfest, zu grobschlächtig und mächtig gewesen wäre; und in der Literatur gab es für ihn nichts allzu deutlich Ausgedrücktes. Er war davon überzeugt, daß es der Prosa gegeben sei, die Erde und die Menschen, die staatlichen und die gesellschaftlichen Verbände, die Sitten und die Leidenschaften, das lebendige Fleisch und die Maschinen wirksam *wiederzugeben* – ja, fast neu zu erschaffen. Überzeugt von der *Massenwirkung* der Fülle der Einzelheiten, der Anzahl der Seiten und der Bände, fühlte er sich getrieben, über den Roman auf die Gesellschaft, auf die Gesetze, auf die Massen Einfluß zu gewinnen, und diese Bemühung, an etwas ganz anderes heranzukommen als die Unterhaltung eines Lesers, dafür aber die große Menge in Bewegung zu versetzen, führte ihn dazu, in die Kritik den Stil des Sarkasmus, der Bitterkeit und der Drohworte einzuführen, den, wie es scheint, die politische Aktion – oder was sich dafür hält – verlangt. Mit einem Wort: Zola gehörte zu den Künstlern, denen die Meinung des Durchschnitts gilt und die die Statistik befragen. Übriggeblieben sind bewunderungswürdige Bruchstücke seiner Riesenarbeit.

Der andere, Stéphane Mallarmé, war sein genaues Gegenteil: sein Eigentliches war, auszuwählen. Unendliches Auswählen seiner Worte und Wortgebilde bedeutet jedoch schließlich und endlich, seine Leser übermäßig auszuwählen. Im Tiefsten um Vollkommenheit besorgt, bar allen Kinderglaubens an die Gunst der großen Menge, schrieb er kaum und für wenige nur, für seinesgleichen. Weit entfernt davon, die Wesen und die Dinge durch das Aufgebot schriftstellerischen Könnens und durch gewissenhaftes Beschreiben nachschaffen zu wollen, forderte er, daß die Dichtung ihr Wesen ausschöpfe, hegte er den Traum, ihre einzige Bestimmung, ihr einziger vorstellbarer Sinn sei, in ihr zu verlohen. Er dachte, die Welt sei geschaffen worden, um in ein schönes Buch auszulaufen, und daß ein absolutes, ein aus aller Bedingtheit gelöstes Gedicht ihre Vollendung sei.

Ich kann an dieser Stelle – der starken Worte wegen – nicht wiedergeben, wie eine Unterhaltung verlief, die vor fünfzig Jahren zwischen Zola und Mallarmé im *Grenier* der Goncourt stattfand.[4] In der Form so höflich wie ungeschminkt, machte sie die ganze Spannweite des Gegensatzes offenbar.

Was »Manets Triumphzug« ausmacht, ist demnach, daß (und dies noch zu Lebzeiten des Malers) das Äußerste an Vielfältigkeit des Genies und sogar die allumfassende Gegensätzlichkeit der Menschen, die ihn geliebt und zum Sieg geführt haben, nebeneinander hergehen. Während zum Beispiel Zola in Manets Kunst die gegenständliche Gegenwart der Dinge, die lebendig und kraftvoll erfaßte »Wahrheit« sah und bewunderte, genoß im Gegensatz dazu Mallarmé darin das Wunderwerk einer auf der Leinwand vollzogenen Umsetzung von Sinnlichem und Geistigem. Im übrigen war er von Manet selbst unendlich angetan.

Ich füge hinzu, daß er (Kritiker von unbestechlichstem Gerechtigkeitssinn, der er war) im Gesamtwerk Zolas zu schätzen verstand, was darin an machtvoll Dichterischem und kraft seiner Eindringlichkeit gleichsam Berauschendem enthalten ist. Einige Zeilen, die er über *Nana* geschrieben hat, diese sehr fleischliche Kreatur des großen Schriftstellers, die zu malen der große Maler auch sich vorgenommen hat, bezeugen es.[5]

So stand der Ruhm von Manets Namen lange vor dem Ablauf seines recht kurzen Lebens auf sicheren Fundamenten, nicht weil deren so viele gewesen wären, die diesen Namen und seine Bedeutung kannten, sondern – und das war bedeutsamer und gab festeren Bestand – weil seine Bewunderer so bedeutend waren, vor allem aber, weil sie so wenig miteinander gemein hatten.

Diese einander so unähnlichen Liebhaber seiner Malerei versicherten gleichermaßen, daß er seinen Sitz inmitten der *Meister* habe: dies sind die Menschen, deren Kunst und Ruhmesglanz den Wesen ihrer Zeit, den Blüten eines bestimmten Tages, den vergänglichen Gewändern, dem Fleische, den Blicken, die nur einmal leuchteten, eine Art von Dauer verleihen, die länger währt als Jahrhunderte, und ihrer Betrachtung und Deutung einen Wert, der dem heiliger Schriften gleichkommt. Sie stellen einer ganzen Reihe von Generationen ihre Art vor Augen, die sinnlich wahrnehmbare Welt zu betrachten und zu verarbeiten, und die nur ihnen eignende Wissenschaft, mit Auge und Hand zu werken, um Sehen in Sichtbares umzusetzen.

Ich habe weder die Absicht, noch steht es mir zu, das innere Wesen von Manets Kunst, das Geheimnis seines Einflusses zu erforschen, noch im einzelnen zu bestimmen, was er in der Ausführung anhebt, was er dabei fallenläßt (ein Grundproblem!). Die Ästhetik ist nicht meine Stärke[6]; und überhaupt – *wie sollte einer von Farben sprechen können?* Es hat seinen vernünftigen Sinn, daß nur die Blinden darüber Streitgespräche führen, wie wir anderen alle über die Metaphysik. Die Sehenden aber wissen nur allzu gut, daß das Wort und das, was sie sehen, nicht aneinander gemessen werden können.

Doch will ich allemal versuchen, einen meiner Eindrücke festzuschreiben.

Im Gesamtwerk Manets stelle ich nichts höher als ein bestimmtes Porträt, das Berthe Morisot darstellt und 1872 datiert ist.

Dieses Gesicht ist auf den neutralen und hellen Hintergrund eines grauen Vorhangs gemalt – ein wenig kleiner als die natürliche Größe.

Vor allem war es das *Schwarz*, das absolute Schwarz, das Schwarz eines Trauerhuts und der mit Locken kastanienbrauner Haare, auf denen rosiger Widerschein liegt, verflochtenen Bänder dieses kleinen Hutes, das Schwarz, das nur Manet eignet, was mich ergriff.

Ein breites und schwarzes Bandgehänge schließt sich an; es ragt über das linke Ohr hinaus, umrahmt und verkürzt den Hals; der schwarze Umhang, der die Schulter deckt, läßt im Ausschnitt eines Kragens von weißem Linnen ein weniges an heller Haut erscheinen.

Diese vor lauter Schwärze blendenden Flächen umrahmen und unterstreichen ein Antlitz, darin übergroße schwarze Augen Zerstreutheit verraten und etwas wie ein Sehr-weit-weg-Sein. Die Farben fließen, sind schwerelos, von gleichmäßigem Auftrag, gehorchten sichtlich der Geschmeidigkeit des Pinsels, und die Schatten auf diesem Angesichte sind so durchscheinend, die Lichter darauf so hingehaucht, daß mir dabei die Zartheit und Kostbarkeit jenes Hauptes einer jungen Frau von der Hand Vermeers in den Sinn kommen, das im Museum in Den Haag hängt.

Doch hier erscheint die Durchführung geraffter, freier, unmittelbarer. Der Mensch von heute hat es eilig: er will handeln, ehe starb, was seine Sinne bewegte.

Die Allgewalt des Schwarz dieser Flächen, die ungegliederte Kälte des Hintergrundes, die fahlen und rosigen Hellen der Haut, der seltsame zerrissene Schattenriß des Hutes, der »letzter Schrei der Mode« war und der »jung machen« sollte; das Durcheinander der Locken, der Bänder, der Schleife, die den Zugang zu diesem Antlitz verstellen; zu diesem Antlitz mit den großen Augen, deren ins Leere starrender Blick äußerstes Nicht-Dabeisein ausdrückt und, wenn man so will, uns etwas wie *ein Dasein von Nicht-Dasein*[7] vorstellt – all dies wirkt einstimmig zusammen und erzwingt in mir ein eigentümliches Gefühl ... von *Poesie* – ein Wort, das ich sogleich erläutern muß.

Manches Gemälde, das wir bewundern, braucht keinen notwendigen Bezug auf Poesie zu haben. Viele Meister schufen Meisterwerke ohne Resonanz.

Ja, es kommt vor, daß spät in einem Menschen, der bis dahin nur ein großer Maler war, der Dichter geboren wird. So Rembrandt, der von der seit seinen ersten Werken erreichten Vollkommenheit schließlich bis zur höchsten Stufe aufstieg, bis zu dem Punkt, an dem die Kunst sich vergißt, sich unsichtbar macht: da ihr oberster Gegenstand gleichsam ohne Vermittler erfaßt ist, zehrt das Entzücken darüber das Gefühl, daß Erstaunliches gelang und Mittel angewandt worden sind, auf, wischt es weg oder läßt es verlohen. So kommt es bisweilen vor, daß die Verzauberung durch eine Musik uns sogar vergessen machen kann, daß da Töne sind.

Nunmehr bin ich so weit, daß ich sagen kann: das Porträt, von dem ich sprach, ist Dichtung. Durch den fremdartigen Einklang der Farben, die Dissonanz ihrer Kräfte, durch die Gegenüberstellung der Einzelheiten eines Kopfputzes von einst und dieses Unsäglichen an Tragik im Ausdruck des Gesichtes bringt Manet sein Werk zum Klingen, verbindet er etwas vom Mysterium mit der festen Fügung seiner Kunst. Er unterlegt der gegenständlichen Ähnlichkeit mit dem Modell den einmaligen Akkord, der einer einzigartigen Persönlichkeit zukommt, und bannt den unbezogenen und abgelösten Zauber der *Berthe Morisot* fest in seine Form.

# ERINNERUNGEN RENOIRS

Dieser jüngstverstorbene, reizende Maler konnte, wenn er wollte, der amüsanteste, maliziöseste, gescheiteste Plauderer sein, den man sich nur vorstellen kann. Seine geistreichen Bemerkungen waren zwar weniger funkelnd als jene, die Degas von sich gab, und, wie es scheint, auch weniger scharfzüngig, aber deshalb nicht minder tödlich. Seine Konversation hatte nichts von jenen außergewöhnlichen Reizen, die sich aus jedem Wort Stéphane Mallarmés entfalteten; doch Finesse und Tiefe trieben darin leichtfüßig und in köstlicher Nachlässigkeit ihr Spiel. Der Vergleich dieser drei Menschen, die sich vor etwa dreißig Jahren ziemlich häufig trafen, kommt mir ganz natürlich.

Zuweilen gab sich Renoir Erinnerungen hin. Ich weiß nicht mehr, was er über Wagner sagte, den er porträtierte; hier aber eine Episode aus seinem Leben, die etwas *Historisches* an sich hat. Mitte des Jahres 1869 trieb er Studien im Wald von Fontainebleau. Eines Tages, er war gerade beim Malen, hörte er ein Geräusch und hatte plötzlich das Gefühl, jemand beobachte ihn. Ärgerlich drehte er sich um: Vor ihm stand ein unbekannter Mann mit Bart, auf seinen Spazierstock gestützt. Er grüßte Renoir und bat ihn freundlichst um die Erlaubnis, ihm beim Malen zuschauen zu dürfen. Derartige Anersuchen lassen sich schwer abschlagen.

Nachdem die Arbeitssitzung beendet, der Farbkasten zugemacht und die Staffelei wieder zusammengeklappt ist, versucht Renoir, bepackt mit seinen Utensilien, sich des mysteriösen Zeugen zu entledigen; er trachtet, ihn im Wald stehenzulassen. Doch der Mann bleibt an ihm wie ein Schatten kleben. Und obwohl stumm, da er sich offenbar fürchtet, etwas zu sagen, läßt er sich durch keine Miene aus der Fassung bringen, durch keinen Umweg, keinen abrupten Wechsel der Gangart abschütteln ... Renoir, der alles versucht hat, der gerannt ist, stehengeblieben ist, der gesungen, geträllert, der alle Zeichen des Belästigtseins von sich gegeben hat, Renoir schreit plötzlich los:

»Was denn, Monsieur, wohin wollen Sie eigentlich? Soll ich Ihnen den Weg zeigen?«

»Mein Gott, Monsieur«, antwortet ihm der andere, »mir war es höchst peinlich, Sie danach zu fragen. Ich suche den Weg, der mich nicht nach Mazas führt.«

»Nach Mazas?« sagt Renoir, leicht beunruhigt beim Gedanken an seine Uhr und die Dichte des Waldes.

»Ja doch«, sagt der andere, »mir wurden heute morgen sechs Monate verpaßt. Ich schreibe in der Zeitung von Rochefort; sie haben mir eine gepfefferte Strafe aufgebrummt, und ich möchte den Sommer nicht in den Mauern des Kaiserreichs verbringen. Ich habe mich bis hierher verdrückt, aber ich kann mich nicht ewig versteckt halten. Ich schwanke zwischen den Eichhörnchen und den Gendarmen.«

»Teufel auch!« sagt Renoir.

Und der Mann:

»Ich habe Sie vorhin kommen und Ihr Plätzchen wählen sehen. Ich habe mir gedacht, daß die Maler wackere Leute sind, daß sie die Gegend kennen ... Na ja, ich wußte nicht, was ich tun sollte ... Es hat mir Vergnügen bereitet, Ihnen beim Malen zuzuschauen, und ich habe auf die Gelegenheit gewartet, Sie um einen Rat zu bitten.«

Renoir war gewitzt. In einer klassischen Epoche hätte man ihn den Odysseus der Malerei getauft. Bei einem Gedanken, der ihm kam, mußte er lächeln.

»Haben Sie je mit Farben gekleckst?« fragt er seinen Journalisten.

»Ein wenig«, sagt der andere, »als ich zwölf war.«

»Das macht für die ganze Sache gar nichts«, fügte Renoir hinzu. »An Ihrer Stelle würde ich mir einen Tuschekasten beschaffen, würde ein Zimmer in Barbizon nehmen und meine Tage im Wald verbringen, bei einer ewigwährenden Studie und dabei Zigaretten rauchend. Kein Gendarm der Welt käme auf den Gedanken, mich dort zu suchen!«

Dem Mann schien eine Erleuchtung gekommen zu sein. Er schüttelte Renoir kräftig die Hände, versicherte ihn seiner unendlichen Dankbarkeit, nahm ihm das Versprechen ab, daß man sich wiedersehen werde, und reichte ihm, bevor er sich in den Feldern verdrückte, seine Visitenkarte. Darauf stand:

RAOUL RIGAULT
*Redakteur beim »Marseillaise«*

»Kenn' ich nicht«, sagte sich Renoir.

Es kam der Krieg, dann die Pariser Commune. Die Commune fiel mit dem Frühling zusammen. Renoir, der seinen Beruf verehrte und die Mittel fand, davon zu leben, verspürte ein wahnsinniges Verlangen nach dem Land und ein gebieterisches Bedürfnis, ein paar Landschaftsporträts zu malen, die er verkaufen könnte. Aber die Tore waren gut bewacht. Versailles draußen, Paris drinnen verboten die Natur. Wo ließe sich eine Staffelei aufstellen, wie verhindern, daß man nicht wie ein gefährlicher Spion ausschaut, auch wenn man es geschafft hätte, sich durch die Posten, Schildwachen und Schlagbäume hindurchzuschlängeln und sich irgendwo im *no man's land*, zwischen den feindlichen Lagern niederzulassen?

Renoir war auf den Frühling der öffentlichen Gärten beschränkt. Eines Morgens, auf dem Weg durch die Rue de Castiglione zu den Kastanienbäumen in den Tuilerien, um dort das Laubwerk sprießen zu sehen, mit der Seele im Wald von Meudon, das Auge aber immer hellwach, immer unterhalten durch die gegenwärtigen Auseinandersetzungen des Lichts mit den Dingen, hielt er plötzlich vor der Vitrine eines Photographen an.

Wie schön doch die Photographien unter dem Kaiserreich und sogar noch einige Zeit danach waren! Sie beanspruchten noch nicht die nebligen Reize der Kohlezeichnung, äfften noch nicht die Lithographie nach, sie waren sie selbst: bemerkenswert fein und klar, mit hübschem schokoladenbraunen Hintergrund, und sie waren wahrhaft unverwüstlich...

Da war nun die gesamte Spitze der Commune zu sehen: Rossel, Dombrowski, Ferré ... Unter ihnen der allmächtige Staatsanwalt, Raoul Rigault. Renoir erkannte seinen Mann aus dem Wald wieder. Welch unverhoffte Gelegenheit, einen kleinen Passierschein zu bekommen! Hier war er also, ließ sich den gerade ausgedachten Plan durch den Kopf gehen, so wie er ihm in seinem jugendlichen Drang kam. Er wendet sich nach links und nähert sich durch die Rue de Rivoli, das Châtelet ruhigen Schritts seinem Ziel.

In der Polizeipräfektur angekommen, steigt er nach oben. Ein mächtiger Gerichtsdiener, der seit Pietri weder Rolle noch Würde gewechselt haben mochte, führte ihn in den Wartesaal. Dort wartete eine Menge ängstlicher Wesen, Witwen von Föderierten in Trauerkleidung, Bittsteller aller Art. Der Gerichtsdiener verschwand und brachte dem Herrscher des Tages Raoul Rigaults eigene Visitenkarte, worauf Renoir seinen Namen mit Bleistift geschrieben hatte. Der Gerichtsdiener kam zurück: »Der Bürger Renoir!« ließ er sich mit unverändert imperialer Stimme vernehmen ...

Und wann immer Renoir sein Eintreten schilderte, versäumte er nie zu sagen, daß er noch nie in seinem Leben so pompös empfangen worden sei. Rigault, in Schärpe und Stiefeln, umgeben von einem zahlreichen Stab, empfängt ihn mit offenen Armen. Den Anwesenden stellt er »den Bürger Maler, meinen Retter«, vor. Er befiehlt: »Die *Marseillaise* für den Bürger Renoir!« Nach der *Marseillaise* kam der Champagner; mit dem Champagner die Toasts. Toast auf die Commune, Toast auf die Malerei, Toast auf den Bürger Renoir ... Doch weder die Toasts noch die Hurrarufe, noch die *Marseillaise* konnten den Bürger Maler seinen Gedanken ans Naturgrüne vergessen machen. Zwischen zwei Schlukken gab er dem Delegierten sanft zu verstehen, daß er nicht nur gekommen war, um sich einen Triumph verleihen zu lassen. Rigault, der wohl ein Gesuch nach Maßgabe seiner weitreichenden Vollmachten erwartete und der sich nichts anderes wünschen konnte, als dies seinen Besucher spüren zu lassen, bietet ihm all seine Gunst: »Alles, was Sie möchten, werter Bürger, Sie brauchen es nur zu sagen!«

Er war höchst erstaunt zu hören, wie sehr sich Renoir über eine Art Geleitbrief freuen würde, gut genug, um frei von allem ärgerlichen Wagnis einige Malstudien am Rand der Befestigungsmauern treiben zu können ... Renoir ging davon, mit einem wundervollen Papier, auf dem in den schmeichelhaftesten Worten sein Talent und seine Bürgertugend vermerkt waren. Alle Tore von Paris wichen vor diesem Instrument der Macht, das alle Stempel der Präfektur trug und mit allen nötigen Unterschriften versehen war.

# »TANTE BERTHE«

In Sachen Berthe Morisot – »Tante Berthe«, wie ich sie so oft um mich herum nennen höre – werde ich mich nicht in den Bereich der Kunstkritik wagen, in dem mir alle Erfahrung fehlt, noch denke ich daran, in bezug auf sie zu wiederholen, was bereits allen denen, die es wissen sollten, bekannt ist. Sie sind reichlich unterrichtet, bezwungen von der Anmut ihres Werkes, und es fehlt ihnen nicht an Kenntnissen über die wenig auffallenden Eigenschaften ihres Lebens, die darin bestanden, daß sie einfach war, rein, auf ihre vertrauliche und leidenschaftliche Art arbeitsam und eher zurückgezogen, aber zurückgezogen in die Eleganz. Sie wissen wohl, daß die Ahnen ihres Geschmacks und ihrer Vision jene leuchtkräftigen Maler waren, die angesichts von David verschwinden; ihre Freunde und Anhänger – Mallarmé, Degas, Renoir, Claude Monet und sehr wenige andere; daß sie ohne nachzulassen die edlen Aufgaben der stolzesten und auserwähltesten Kunst verfolgte, derjenigen Kunst, die sich erschöpft in dem Eifer, durch unzählige Versuche, die man hervorbringt und zerstört ohne Erbarmen, den Anschein zu erreichen, als ob das Wunder dieser Schöpfung aus dem Nichts hervorgegangen sei, ganz und gar glücklich auf den ersten Hieb.

Was ihre Person selbst angeht, so ist genug verbreitet, daß sie zu den seltenen und zurückhaltenden Wesen gehörte; unterschieden von Natur; leicht schweigsam und auf eine gefährliche Art; und daß sie allen denen, die sich ihr näherten, wenn sie nicht zu den ersten Künstlern ihrer Zeit gehörten, ohne es zu wissen einen unerklärlichen Abstand auferlegte.

Ich werde versuchen, mir die tiefe Natur dieses Malers, der auf so besondere Weise Maler war, mit Hilfe einiger Ideen klarzumachen; dieses Malers, der neulich noch gelebt hat in Gestalt einer immer mit dem empfindlichsten Geschmack gekleideten Dame, mit außerordentlich bestimmten Zügen, einem klaren und eigenwilligen Gesicht, fast tragisch im Ausdruck, wo manchmal durch die Lippen allein ein bestimmtes Lächeln aufkam, das den Gleichgültigen zugedacht war und ihnen genau das anbot, was sie zu fürchten hatten.

Alles an ihr atmete *Auswahl*, ihre Gewohnheiten, ihre Blicke...

Darauf wollte ich kommen, auf ihre *Augen*. Sie waren fast zu weit und von so mächtiger Dunkelheit, daß Manet in mehreren Bildnissen, die er von ihr gemacht hat, in der Absicht, ihre ganz unaufklärbare und magnetische Kraft festzuhalten, sie schwarz gemalt hat, statt grünlich, wie sie in Wirklichkeit waren. Diese Pupillen schienen von der Iris übertroffen.

Ist es unsinnig, zu denken, daß, wenn man eines Tages daranginge, die Bedingungen der Malerei sehr genau zu untersuchen, man nicht umhinkönnte, Vision und Augen der Maler zum Gegenstand eingehender Studien zu machen? Das hieße schließlich nur mit dem Anfang anfangen.

Der Mensch lebt und stirbt in dem, was er sieht; aber er sieht nur das, womit er innerlich beschäftigt ist. Macht den Versuch mit verschiedenen Personen, inmitten einer Landschaft. Ein Philosoph wird im ganzen nichts aufnehmen als *Phänomene*; ein Geologe nichts als kristallisierte, vermengte, zerstörte und zu Staub gewordene Zeitschichten; ein Militär nur Gelegenheiten und Widerstände; und für einen Bauern wird nichts dasein als Hektar, Arbeitsschweiß und Gewinn... Aber alle werden sie das gemein haben, daß sie nichts sehen, was reines *Sehen* wäre. Sie empfangen von ihren Eindrücken gerade nur den Anstoß, den es braucht, um zu ganz andern Dingen überzugehen, nämlich zu dem, was sie beschäftigt. Alle stehen sie unter dem Einfluß eines gewissen Farbenzusammenhangs; aber jeder von ihnen setzt auf der Stelle diese Farben in *Zeichen* um, die zu seinem Geiste sprechen wie die vereinbarten Färbungen auf einer Karte. Diese Gelb, diese Blau, diese Grau, in so seltsamer Weise angeordnet, verschwinden im gleichen Moment; die Erinnerung verjagt die Gegenwart; das Nützliche – die Wirklichkeit; und die Bedeutung der Körper – ihre Gestalt. Wir sehen augenblicklich nichts als Hoffnungen oder Ursachen des Bedauerns, Eigentümlichkeiten und entscheidende Eigenschaften, Versprechungen der Ernte, Anzeichen der Reife, mineralogische Ordnungen; wir sehen nur Zukünftiges oder Vergangenes, aber nicht die Pinselstriche des reinen Augenblicks. Irgendein Ding ohne Farbe verdrängt unwiederbringlich die chromatische Gegenwart, wie wenn der Stoff, aus dem der Nicht-Künstler gemacht ist, den Eindruck in sich aufsöge und ihn nie wieder hergäbe, da er ihn schon verflüchtigt hat in seine Folgerungen.

Im Gegenpol zu dieser Abstraktion erscheint die Abstraktion des Künstlers. Die Farbe spricht zu ihm als Farbe, und er antwortet der Farbe mittels der Farbe. Er lebt in seinem Gegenstand, in der Mitte dessen, was er zu ergreifen sucht, und ständig in einer Versuchung, einer Herausforderung, Beispielen, Problemen, in einer unaufhörlichen Analyse, in einem Rausch ohne Ende. Er kann nicht anders als sehen, woran er denkt, und denken, was er sieht.

Seine Mittel selbst stammen aus dem Raum seiner Kunst. Nichts bereitet den Augen mehr Lebhaftigkeit als ein Farbenkasten oder eine aufgesetzte Palette. Sogar eine Klaviatur erregt nicht in dem Maße den unbestimmten Wunsch nach »produktiver Leistung«, denn sie ist ganz und gar Stille und Erwartung, während die köstliche Auslage der Lacke, der Erden, der Chrom- und Ockerfarben schon in allen Tönen das Vorspiel der Möglichkeiten anstimmt und mich hinreißt. Ich wüßte nichts damit zu vergleichen als das wimmelnde Chaos von reinen und leuchtenden Tönen, das sich während des Stimmens aus dem Orchester erhebt, wenn dieses zu träumen scheint vor dem Beginn. Jeder einzelne sucht sein *a* und entwirft für sich allein seine Stimme in dem Wald aller der anderen Laute, in einer Unordnung, die voller Versprechungen ist und allgemeiner als alle Musik, und die die ganze empfindliche Seele mit Entzückungen reizt und einwirkt auf alle Wurzeln des Genusses.

Berthe Morisot lebte in ihren großen Augen, die mit so außerordentlicher Aufmerksamkeit bei ihrer Aufgabe waren, bei ihrer ständigen Leistung, daß ihr von da dieses fremde Aussehen zukam, dieses Abgetrenntsein, das von ihr trennte. *Fremd*, das will sagen *fremdartig*; aber fremd auf eigentümliche Art – fremd, entfernt durch ein Übermaß von Gegenwart. Nichts entwickelt mehr diesen abwesenden Ausdruck, der sich abhebt von seiner Umgebung, als die Fähigkeit, das Gegenwärtige in seiner ganzen Reinheit zu sehen. Nichts, vielleicht, ist abstrakter als das, was ist.

*Abschweifung.* – Nach einer uralten allgemeinen Meinung gibt es ein »inneres Leben«, von dem die durch die Sinne vermittelten Dinge ausgeschlossen, dem sie schädlich sind, für welches Düfte, Farben, Bilder und vielleicht die Ideen, Behelligungen bedeuten, Störungen seiner Vollkommenheit; und es besteht demnach die Annahme, daß die Wesen, die aufgehen in dem Wunsch, dem Genuß und dem heimlichen Verkehr ihrer unübertragbaren Wahrnehmungen, diese um so stärker empfinden und ihnen um so wirklichere Ergebnisse abgewinnen, je weiter sie vorgedrungen sind in ihre Tiefe und ihre Abkehr, je mehr sie sich frei gemacht haben von dem Draußen, oder von dem, was man für das Draußen hält.

Man ist gewohnt, dem Leben, das sich der bekannten Sinne bedient und sich mit ihren Phantasmen begnügt, ein gewisses »Leben des Herzens« entgegenzustellen, oder der Seele, oder ein Leben des reinen Verstandes; das eine wie das andere fortgerückt von der oberflächlichen Erregung, die das begreift, was man berührt und sieht. Man findet bei manchen Weisen die maßgebende Ansicht, daß die Sinne auf seiten des Gegners stünden und daß wesentliche Organe als Zwischenträger zu behandeln seien. »Odoratus impedit cogitationem«, sagt der heilige Bernhard unter anderem. Ich bin nicht so völlig sicher, daß die tiefere Besinnung unter Verschluß und das Abstandnehmen im Innern immer unschuldig seien, noch daß der in sich Abgesonderte sich immer in lauter Reinheit vertiefe. Wenn aus Versehen, bei diesem Sich-Zurückziehen des Geistes, irgendeine Begier mit der Seele eingeschlossen bleibt, so kann es geschehen, daß sie sich wie in einem Treibhaus entwickelt, in einer Fülle und Heftigkeit ohnegleichen.

Sosehr diese den Sinnen feindliche Lehre im allgemeinen anerkannt ist, und getragen von sehr großen Männern, so scheint sie doch nicht von solcher Festigkeit, daß man nicht für Augenblicke versucht wäre, in einer genau gegenteiligen sich zu gefallen und zu unterhalten. Warum sollte der Grund, der sogenannte Grund in uns, dieser Anschein eines Grundes, den wir gelegentlich in uns entdecken, durch seltsame Zwischenfälle oder mit Hilfe einer grenzenlosen Erwartung, warum sollte er – wenn anders wir ihn nicht überhaupt schaffen, indem wir ihn suchen – wichtiger sein als das Antlitz dieser Welt? Das, was wir wahrnehmen, so vollkommen allein gelassen, so unsicher, mit so viel Mühe, und beinah wie durch Glück oder Betrug, sollte es notwendig unserer Erfahrung köstlicher sein, von höherem Range, und näher an unserem wesentlichen Geheimnis als das, was wir mit Genauigkeit sehen? Sollte nicht vielmehr dieser Abgrund, in den sich der unbeständigste und leichtgläubigste unserer Sinne wagt, der Schauplatz und das Ergebnis unserer hinfälligsten Eindrücke sein, der unverarbeitetsten und gröbsten, derjenigen Eindrücke, deren Mittel ungeordnet sind und am weitesten entfernt von der Genauigkeit und dem Bezug in jenen anderen, denen wir das, was die Äußere Welt heißt, als ihr Meisterwerk verdanken? Wir verachten diese Welt der Sinne, weil wir überhäuft sind mit ihren Vollkommenheiten. Sie ist das Gebiet des unerwartet Zusammentreffenden, der Unterscheidungen, der Beziehungen und der Abstufungen, das Gebiet, auf dem die Verschiedenheit unserer Sinne und die zahlreichen Elemente unserer Dauer sich untereinander vertragen und in Einklang setzen. Gestatten wir uns, um es besser zu verstehen, eine recht einfache Annahme. Stellen wir uns vor, daß die Wahrnehmung der Dinge, die uns umgeben, uns nicht gewohnt wäre, daß sie uns nur ausnahmsweise gewährt sei, daß wir nur wie durch ein Wunder Kenntnis hätten vom Tage, von den Himmeln, der Sonne und den Gesichtern. Was würden wir sagen von diesen Offenbarungen, in welchen Ausdrücken sprächen wir von der Grenzenlosigkeit dieser wunderbar angepaßten Gegebenheiten? Was würden wir sagen von der Welt, der klaren, vollzähligen und festen, wenn diese Welt nur in außergewöhnlichen Augenblicken erschiene, um die schwankende und unzusammenhängende Welt der vereinsamten Seele zu durchkreuzen, zu blenden und zu überwältigen?

Der Mystizismus besteht vielleicht in der Wiederauffindung einer elementaren und, in gewisser Weise, primitiven Empfindung, der *Empfindung zu leben*, längs einer ungenauen Spur, die sich bildet und sich hinzieht quer durch ein schon fertiges, und gewissermaßen *angekommenes*, Leben.

Ich habe mich sehr entfernt von meinem Gegenstand – es sei denn, das Gebiet eines Gegenstandes wäre eben die Grenzenlosigkeit der Gedanken, die ihn bestimmen. – Ich wollte verständlich machen, daß ein den Farben und Formen gewidmetes Leben a priori nicht minder tief sei und nicht weniger bewundernswert als ein Leben, das in den Schatten des »Innern« verläuft und dessen geheimnisvoller Stoff vielleicht nichts anderes ist als das dumpfe Bewußtsein der Wechselseitigkeiten des vegetativen Lebens und der Widerhall der Lebensvorfälle in den Gefäßen.

# ERNEUT ZU BERTHE MORISOT

Das Bürgertum hat diese paradoxe Eigenschaft, unvermittelt Künstler hervorzubringen, ohne daß irgend etwas in den Geschmacksrichtungen, in den Moralvorstellungen, im Vorwärtsstreben dieser wohltemperierten Familien eine solch spontane Hervorbringung von Individuen, die nicht auf die Eigenschaften ihrer Erzeuger oder Verwandter zurückführbar sind, hätte vorhersehen lassen. Das Moderate, die Furcht vor dem Risiko, erprobte und klar definierte Ideale, der Kult von Sicherheit und Solidität in jedweder Form scheinen plötzlich herausgefordert und mystifiziert zu werden durch den Dämon der Malerei oder den der Dichtung, die aus den plötzlich hochschlagenden Flammen eines ansonsten lauwarmen und schläfrigen Herdfeuers hervortreten. Wesen von außergewöhnlicher Sensibilität, von einem rastlosen Ausdruckswillen geformt, erscheinen inmitten eines ruheliebenden Milieus, das sich erstaunt, sich bisweilen indigniert fühlt und manchmal auch verführen läßt. Vielleicht wird darin das Spiel eines Naturgesetzes erkennbar: der Künstler stellt eine Reaktion dar; er antwortet auf das Gewohnte durch das Ungewöhnliche, nimmt wahr, was im Banalen seltsam ist, destilliert das Reine aus dem Unreinen vermittels einer geheimnisvollen Operation, die alles für ihre Durchführung Notwendige an Gebräuchlichem, Gewohntem, Überkommenem und Konformem verlangt. Unsere Dämonen trachten danach, das Prinzip der Degradation der Empfindungen durch Gewohnheit außer Kraft zu setzen.

In den vierziger Jahren des 19. Jahrhunderts, der Blütezeit des bürgerlichen Lebens in Frankreich im Stile Balzacs, bietet sich das von uns angesprochene Phänomen mit erstaunlicher Klarheit dem Blick eines Beobachters von heute. Zwischen 1839 und 1845 werden nacheinander Cézanne, Monet,

Renoir, Berthe Morisot, Stéphane Mallarmé, Paul Verlaine geboren ... Ungefähr dreißig Jahre später entwickelte sich dann unter diesen verschiedenen ruhmverheißenden Namen eine Produktion von Werken, die heute aber doch (unverwechselbar) als zusammengehörig betrachtet werden, so wenn man von *Impressionismus* oder von *Symbolismus* spricht. Nach weiteren ungefähr drei Jahrzehnten dann werden alle diese Maler oder Dichter gestorben sein oder kurz vor dem Tode stehen, und sie werden etwas hinterlassen, was vielleicht zum Originellsten gehört, das Frankreich seit dem Ende des Mittelalters hervorgebracht hat. Betrachtet man allein die Menge ihrer zeitgenössischen Arbeiten, kommt man notwendigerweise zur Vorstellung einer ganz außergewöhnlichen Vielfalt von Sichtweisen und Gestaltungsformen, die sich an ein und demselben Ort und zu ein und derselben Zeit manifestieren. Die zeitgleiche Existenz von Cézanne und Monet, die von Verlaine und Mallarmé[1], genügen schon als Beweis dafür, welch reiche Verschiedenartigkeit an Absichten und Ausführungsmitteln sich während der zweiten Hälfte des letzten Jahrhunderts behauptet hat. Die Romantik und die Klassik sind um 1860 nur noch Karikaturen ihrer selbst. Das Interesse am Bühnenwerk, die Historien- oder Sagenstücke, die Genrebilder und die Anekdoten erregen keinen feinsinnigen Geist mehr. Die Landschaft gewinnt eine bis dahin ungekannte eigenständige Bedeutung und sträubt sich immer mehr, dem »Stil« zu opfern. Der Realismus tritt auf, jedoch berührt seine Neuheit eher die Auswahl der Gegenstände als die Weise des Sehens und Empfindens. Unter dem Schutz der Freiheiten, die er erobert, und mit Hilfe des Beobachtungsgeistes, den er erneuert hat, macht sich bald schon eine subtilere Tendenz bemerkbar. Die Sinnesfreude für die Augen selbst, ihre vertiefte Analyse und der Ehrgeiz, sie auf die Leinwand zu übertragen, werden zum wesentlichen Ziel der Leidenschaft des Malens. Die Einbildungskraft, die noch die Romantiker entflammen wollten, die Wahrheit, die noch die Realisten festzulegen vorgaben, sie sind wie ausgelöscht. Die Kunst will etwas ganz anderes: Es geht um nichts Geringeres als *das Heraufkommen der reinen Sensibilität*. Es handelt sich dabei um eine grundlegende Veränderung des Verlangens, des Handelns und der Werte im Bereich der ästhetischen Produktion, um eine geradezu organische Veränderung, die mit dem wachsenden Einfluß der Musik in jener Epoche zusammengeht. Andererseits beobachtet man in der Lyrik den Beginn eines Drangs zu »Reinheit« und den Versuch ihrer Verwirklichung – trotz der ungeheuren Schwierigkeiten, die das gesprochene Wort als eine Funktion der Alltagspraxis ihren harmonischen Entwicklungen entgegensetzt. So wie Monet und seine Gefährten ihre Kunst auf das allgemeine Faktum des Sehens und auf die genaue Studie der empfindlichsten Reaktionen des dem Licht ausgesetzten Auges begründen (was das »Subjekt« zu einem reinen Vorwand werden läßt und den Künstler dahin führen wird, ein und dasselbe Motiv in Serie und zu wechselnden Zeiten zu behandeln), bemüht sich Mallarmé, die Dichtung insgesamt vom eigentlichen Prinzip der Sprache abzuleiten, d. h. sie in ihrer ganzen Allgemeinheit zu betrachen; jedes Werk bietet sich dann – und muß so behandelt werden – wie ein Sonderfall dar, dessen wesentliche Funktion es ist, den Geist wieder zur eigenen Kraft des gesprochenen Wortes zurückzuführen. Die absolute Dichtung, wie Mallarmé sie verstand, und der im Entstehen begriffene Impressionismus – wobei erstere auf den eigentlichen Ursprung jeglichen Ausdrucks zurückging, letzterer von den Dingen und den Lebewesen nur ihre Abhängigkeit vom Licht zurückbehielt, von dem sie für das reine Auge nichts anderes als Modulationen sind –, beide meine ich einander annähern zu müssen: diese Richtungen haben eine engere und tiefere Beziehung als die einer chronologischen Koinzidenz. In beiden liegt so etwas wie »Mystik«. Der Impressionismus führt ein spekulatives Leben des Sehens ein: Ein Impressionist ist ein kontemplativer Mensch, dessen Meditation auf der Netzhaut beruht: er empfindet sein Auge als schöpferisch, und diese Empfindung erhebt er zu einer Offenbarung. Und was gibt es auch schon Wundervolleres? Sofern das Wort »Mysterium« eine Bedeutung hat, so sehe ich keinen treffenderen Gebrauch dafür, als damit jene Substanz von allem zu charakterisieren: die Sensibilität.

Der Kult des Lichts läßt ebenso viele Modi und Rituale zu, wie er Anhänger zählt. Jeder von ihnen betet auf seine eigene Art. Monet drängt immer mehr zum eigentlichen Schockmoment der Leuchtkraft. Renoir, der Fleischlichste dieser Gruppe, komponiert die Lust des Schauens mit allen anderen Lüsten, färbt gewissermaßen jenes Vergnügen, die Früchte, die Seidenstoffe, den Akt wie das ganze Leben abzutasten. Andere wiederum werden durch ihr Nachdenken über die Empfindung zu Abstrakten: sie werden bis zur »Aufteilung des Farbtons« gehen, die darin besteht, jeden Bereich einer Farbe des Kontinuums durch ein statistisches Semé von kleinen Komplementärelementen zu ersetzen.

Ein wenig abseits davon eine Frau: *Berthe Morisot.* Sie malt ganz nach eigenem Belieben.

Diese abseits stehende Dame, die seit 1874 gelegentlich mit den Impressionisten ausstellt und wie diese von Corot und Manet herkommt, bleibt fast ihr ganzes Leben lang weitgehend im Hintergrund. Ihr Œuvre, von einer kleinen Schar sehr geschätzt, wird gleichsam verdeckt durch den zunehmend verkündeten Ruhm der anderen Maler ihrer Gruppe. Doch die Zeit, die zwangsläufig alle Überraschungs- und Neuigkeitseffekte verblassen läßt, wird für dieses Werk von außergewöhnlicher und diskreter Harmonie, dessen Wert immer nachdrücklicher sich einer wachsenden Anhängerschaft vermittelt, zum Gewinn. Heute erkennt man darin Qualitäten, über die nur sie innerhalb der Impressionisten verfügte und die zudem in der Malerei selten zu finden sind. Es ist nicht leicht, diese subtilen Qualitäten herauszustellen und zu bestimmen: man kann auch ohne sie ein großer Maler sein.

Die Malerei sucht sich über die Gegenstände, träumt mittels offener Augen, schöpft aus den gesehenen Dingen das, wodurch sie singen. Aber nicht für jedermann singen sie, und die, für die sie singen, hören nicht dasselbe Lied. Jeder echte Maler ist ein Resonanzkörper, der sich von allen anderen unterscheidet, und diese eigene Resonanz stellt das Wesentliche seiner Künstlerpersönlichkeit dar; diese nimmt jedoch nicht immer seine ganze Person ein. Man könnte sogar annehmen, je mehr sich in einem Maler die Tendenz zur Vertiefung und Interpretation der visuellen Empfindung entwickelt (was bei den Impressionisten der Fall war), desto mehr entfernt ihn diese besondere Anwendung vom Rest seines Wesens; er lebt somit in verdoppelter Weise, und es kommt vor, daß diese Verfeinerung seiner Künstlersensibilität ihn zu Entwicklungen seiner Meisterschaft führt, die auf seltsame Weise mit denen des abstraktesten Denkens vergleichbar sind. Bei Degas steigert sich die Leidenschaft des Zeichnens bis hin zur Unmenschlichkeit. Cézanne und Monet erörtern spekulativ vor ihrer Leinwand, zwischen Empfindung und Palette, die »Volumina« oder die Kontraste; sucht der eine eine wie auch immer erträumte Solidität, so der andere den ursprünglichen Pulsschlag des visuellen Augenblicks, wobei alle beide, »ganz an ihrer Beute hängend«, gleichermaßen ihrem gesamten Gefühlsleben unterworfen sind, von dem nichts, oder nur wenig und dann rein zufällig, in ihre Werke eingeht.

Im Gegensatz dazu bestand die Einzigartigkeit von Berthe Morisot darin, ihre Malerei zu leben und ihr Leben zu malen, gerade so, als ob dieser Austausch von Beobachtung gegen Handlung, von schöpferischem Willen gegen Licht für sie eine natürliche und notwendige, mit ihrer Lebensordnung verwachsene Funktion sei. Sie griff zum Pinsel, legte ihn fort, ergriff ihn erneut, so wie uns ein Gedanke ergreift, zurücktritt und uns wieder kommt. Genau dies verleiht ihren Werken den ganz besonderen Charme einer engen, fast unlösbaren Beziehung zwischen einem Künstlerideal und der Intimität eines Lebens. Dem Schicksal als junges Mädchen, Ehefrau, Mutter folgen ihre Zeichnungen und Gemälde und begleiten es aus nächster Nähe. Fast bin ich versucht zu sagen, daß das Gesamtœuvre an das Tagebuch einer Frau denken läßt, deren Ausdrucksmittel Farbe und Zeichnung sind.

Ganz zu Beginn dieser kleinen Studie habe ich über das Heraufkommen und Wachsen von Künstlern innerhalb eines gestandenen, tüchtigen Bürgertums gesprochen. Das war jenes Bürgertum vor ungefähr hundert Jahren. Der Vater von Berthe Morisot war Präfekt des Departements Cher und vordem Chef des Kabinetts von Thiers. Manet, der dann ihr Schwager werden sollte, war Sohn eines Magistratsbeamten. Mallarmé, der ihr gegenüber Bewunderung und Freundschaft empfand, wie er es in einem tiefsinnigen und poetischen Vorwort ausgedrückt hat, wurde einige Monate nach ihr als Sohn eines Aufsichtsbeamten für Hypotheken geboren. Man kann daraus ersehen, daß auch verwalterische oder gerichtliche Erbanlagen glückhafte Überraschungen zeitigen können.

Monsieur Morisot, Beamter im höheren Staatsdienst an der Cour des Comptes, war weit davon entfernt, der frühreifen Neigung seiner Tochter zur Malerei entgegenzuwirken, gab ihr vielmehr einen hervorragenden Lehrmeister, nämlich Guichard, an die Seite, der seinerseits sie dann mit Corot in Verbindung brachte. Damit war die Laufbahn vorgezeichnet...

Ich kann hier nun freilich keine umfassende Biographie der Künstlerin geben. Ich verweise den Leser auf das zuverlässige und der Form nach sehr gefällige Werk von Monique Angoulvent, der Madame Rouart, die Tochter von Berthe Morisot, alle von ihr aufbewahrten Erinnerungen und Dokumente zugänglich gemacht hat.[2]

Ich möchte lediglich die Verwobenheit eines Schicksals offenlegen, worin einzelne Momente, einzelne Phasen weniger mit der Kunst geteilt als vielmehr von ihr durchdrungen waren und gleichsam nicht zu trennen sind von dem Bedürfnis zu sehen und dem instinktiven Drang, die Blüte des Gesehenen zu erfassen. Die Erleuchtung des Augenblicks gibt uns einen Text, jedoch abgeschwächt und durch Gewohnheit überladen; der Blick des Malers wendet sich zuerst darauf, ihn in seiner Reinheit einer isolierten Empfindung wieder entstehen zu lassen: danach ist dieser Text zu entziffern, so zu interpretieren, wie ein intelligenter Leser die Akzente setzt, den Ton, die Nuancen und Rhythmen, die der Lektüre eine

Seele auferlegen. Und danach muß zu den Akten übergegangen werden und das, was ist, erschaffen werden.

Genau dies findet kaum ein Ende und verbindet sich darin mit allem im Leben Berthe Morisots. Für sie gibt es kein Atelier. Kein besonderes Organisieren ihrer Arbeit als Künstlerin. Ihre Modelle sind um sie herum. Ihr Ehemann, ihre Schwester, ihre Nichten, irgendeine Freundin oder das junge Mädchen der Concierge. Und was die Gegenstände angeht, so sind es alltägliche Dinge, die Blumenvasen, die Möbel, die Blumen, inmitten deren sie lebt.

Sie wohnt am Rande des Bois de Boulogne, der liefert, was ihr als Natur genügt: Bäume, Lichtschattierungen des Sees, bisweilen Eis, auf dem Schlittschuh gelaufen wird. Mallarmé, von lyrischer Begeisterung für den Wald von Fontainebleau eingenommen, macht sich nicht selten lustig über diesen ihren Geschmack an den bescheidenen Wäldchen und mittelmäßigen Weiten zwischen Porte Dauphine und der Seine. Der Bois erscheint ihm ziemlich kümmerlich, aller Geheimnisse und erhabenen Hochwälder beraubt. Berthe jedoch gibt sich mit diesem Pariser Minimum an Natur zufrieden: sie zieht daraus das, was es ihr bietet: Prätexte für außergewöhnliche Werke. Was auch immer Mallarmé dazu gesagt hätte, ich kenne nichts, was rascher und zwingender an bestimmte kurze und wundervoll musikalische Stücke von ihm denken läßt, als dies eine oder andere kleine, bei bedecktem Himmel am Ufer des Sees gemalte Bild von ihr. Es ist aus Nichts gemacht, einem durch höchste Kunst des Pinselstrichs gesteigerten Nichts, einem Nichts aus Nebel, Mutmaßungen von Schwänen, Zauberwerk eines Pinsels, der nur ganz leicht die Leinwand berührt. Diese leichte Berührung legt alles offen: die Stunde, den Ort, die Jahreszeit, das Können, die sich übertragende Lebendigkeit, die große Begabung, sich auf das Wesentliche zu beschränken, die Materie bis zum äußersten leicht zu machen und dadurch die Impression des geistigen Akts bis zum Höchstpunkt zu bringen ... Ebenso genügte es Mallarmé, auf einem Fächer zu schreiben »O rêveuse, pour que je plonge ...«[3], und augenblicklich wurde das Wesen aller Poesie für den Geist gegenwärtig und sinnlich erfahrbar. Die komponierte und geradezu sublimierte Eleganz des Dichters, der der damaligen realistischen Vergötterung sein Gelübde entgegensetzte, alles auf Anspielungen zu reduzieren, fand ihre Übereinstimmung in der natürlichen Eleganz von Madame Morisot, in jener Distinguiertheit ihrer ganzen Person, die alle beeindruckte, die mit ihr bekannt wurden, darunter die vorrangigen Künstler ihrer Zeit. Selbst Monet, der sie bewunderte, sie mehrfach zum Modell wählte und dessen Art und Weise sie zuerst so stark beeinflußt hatte, schätzte ihr Urteil. Bei ihr trafen sich in den letzten Jahren ihres Lebens regelmäßig Degas, Renoir, Mallarmé. Sie diskutierten unter ihrem aufmerksamen Blick. Sie waren auf wunderbare Weise einander unähnlich; es gibt schon sprühende Dissonanzen ... Und mitten hinein, seltener, der Einwurf – eines Wortes, das ganz plötzlich aus der Stille der großen Augen von Berthe Morisot entstanden war und die so undurchdringliche Arbeit ihres Geistes bezeugte. Diesem Trio nicht von Amateuren, sondern von Meistern widerfuhr der Einfluß dieser aufmerksamen und nach innen gerichteten Person, deren Anmut und Distanziertheit einen ungewöhnlichen Zauber entfalteten.

# HONORÉ DAUMIER

Über Daumier wurde bereits alles gesagt, was sich nur irgendwie sagen läßt ... Doch beschleicht einen dann zwangsläufig das Gefühl, daß in Wirklichkeit nichts gesagt wurde und es nichts zu sagen gab. Ein Kunstwerk, das uns nicht verstummen macht, hat geringen Wert: Es läßt sich in Worten ermessen. Woraus folgt: Wer über Kunst schreibt, kann sich nur damit schmeicheln, daß er jene Stille bezauberter Erstarrung wiederhergestellt oder vorbereitet hat – jene Liebe ohne Worte ...

Dem Werk wurde insbesondere nachgesagt, daß es Gedanken an Michelangelo und Rembrandt wachruft. Und nichts trifft mehr zu! Denn was ist ehrenvoller, als den menschlichen Geist zwingend an jene so großen (und für sich genommen so verschiedenartigen) Meister zu erinnern – in Karikaturen, Zeitungslithographien oder irgendeinem kleinen Gemälde, das sich oft kaum Skizze nennen läßt? Und mehr noch – sehr bedeutende Schriftsteller, die Schöpfer unverwechselbarer Gestalten, ruft unübertroffen der rasche und überaus erfindungsreiche Zeichner wach. Der Erfinder von Gespenstern, Dämonen, Verdammten, habgierigen, überheblichen, egoistischen oder närrischen Scheusalen im Paris seiner Zeit: in Gossen und auf Trottoirs, im Palais, in Zügen und Alkoven, bei der Concierge und dem Obsthändler, auf Thron und Tribüne. Den Todsünden, den Lastern, den Manien verlieh er ihre anatomischen Wesenszüge, ihre Verhaltensformen, ihre Eigenheiten. Und weckt so die Namen Dante, Cervantes, Balzac. Die sich ihrerseits dem von Daumier gepackten Geist anbieten, ja aufzwingen.[1]

Die – weithin anerkannte – Annäherung seiner Kunst an die Michelangelos und Rembrandts offenbart sich uns in dieser nahezu universellen Zustimmung mit der Kraft einer unausweichlichen Wahrheit, wie sie unter dem Schock einer Realität in Umlauf gebracht und dann durch die daran ansetzende Reflexion erhärtet wird. Sie entsteht also und erweist sich nicht nur als wohlbegründet, sondern auch als fruchtbar – was sich nicht von allen Wahrheiten behaupten läßt. Hinsichtlich ihrer Stilmittel gestatten unsere drei Künstler sehr lehrreiche Unterscheidungen. Jedoch bleibt ihre gedankliche Assoziation im wesentlichen erhalten. Man will folglich ihre Ähnlichkeiten und Gegensätze näher untersuchen. Drei Formen der Manier, zwischen denen sich zunächst eine unbestreitbare Analogie zeigte, schließen sich plötzlich gegenseitig aus; drei recht unterschiedliche Naturen äußern sich, drei unterschiedliche Sichtweisen des Menschen, drei nicht zu vereinfachende Arten, den Menschen zu interpretieren und sich seiner zu bedienen.

Wohlgemerkt: Das »Handwerk« jedes einzelnen steht nicht zur Debatte. Ihre gegenständlichen Kunstmittel haben nahezu nichts Gemeinsames.

Nun behaupte ich, daß es das Bedürfnis, der Trieb, die Leidenschaft sind, das Bild des Menschen für irgendein höheres Ziel zu nutzen, ihm einen Sinn zu geben, einen Wert, sozusagen eine Mission, eine Lebensaufgabe von einer ganz anderen Art als der, die irgendein reales Wesen geben kann, die uns verpflichten, diese wahrhaft »schöpferischen Menschen« einander gleichzustellen. Wir spüren, daß sie im selben Maße um diese Aufgabe bemüht, ihr geradezu verfallen sind. Vielleicht entdeckte in einem bestimmten Alter jeder von ihnen, daß sich mit der Ähnlichkeit des Menschen, der Vielfalt der Typen und Verhaltensweisen etwas anfangen ließ, indem man sie weniger als Ausdrucks- denn als Einwirkungsmittel auf den Geist nahm. Und jedem von ihnen wurde dieser Gedanke vielleicht zu *der* Idee in seinem Leben ...

Hierin heben sie sich gemeinsam von jenen Künstlern ab, denen die Darstellung der Individuen und ihrer Anpassung an ihre Umwelt Selbstzweck ist. Deren Werke trachten bald nach einer möglichst getreuen Nachahmung der Natur, die sich mit der Persönlichkeit und dem Charme der Ausführung in Einklang bringen läßt, bald streben sie nach einer Art ornamentalen Komposition aus Figuren und Beiwerk, die in Form und

Farbe eine überwältigende oder reizende Vision schaffen soll. Doch die einen wie die anderen gewähren dem, den ihre Werke gefangennehmen, nichts außer selbsterfüllter Kontemplation. Meisterwerke dieser Art erwecken jenes Verlangen, das sie befriedigen; sie erneuern, sie erfüllen es; und durch einen Austausch des zunehmend verliebteren Blicks, des zunehmend genaueren Studiums mit der Befriedigung und dem Entzücken, die jenes zunehmend entlohnen, entsteht die Perfektion. Restlos abstrahiert wird dabei von der Person, die all dies schuf, von ihrem Leben, ihren Leidenschaften, den Ereignissen, die sie durchlebte. Die Gesamtwirkung kommt ohne all das aus. Mögen sich die Wißbegierigen darüber beunruhigen; doch welche Bedeutung hat schon der Wissensdurst für das Genießen? Hier zwingt uns nichts dazu, uns auf die Existenz eines Wesens zu berufen, dessen Werk die Stimme wäre, einen Jemand zu erfinden, dessen Werk Ausdruck eines Urteils wäre, das er vertritt; eines Zorns, den er versprüht; einer Meditation, die er von sich gibt, auf daß sie begriffen werde.

Doch ist es mir ganz im Gegenteil völlig unmöglich, noch die geringste Arbeit eines Michelangelo, Rembrandt oder Daumier zu betrachten, ohne mich im Halbdunkel meiner Aufmerksamkeit bei der Vorstellung irgendeiner gewaltigen Persönlichkeit zu ertappen, deren Charakter, Lebenserfahrungen gemeiner und sozialer Art, Qualen und einzigartige Reaktionen notwendig bedingt sind durch das, was ich sehe; denn was ich sehe, verweist auf einen, verlangt nach einem Sinn. Dies zeigt sich bis hinein in die ästhetischen Entscheidungen dieser Künstler: Licht und Schatten sind für sie nicht weniger bedeutsam als die Körper, und sie werden wie diese benutzt, um ein Höchstmaß an Bedeutung zu erreichen.

Doch sogleich erscheinen ihre Gegensätze und trennen die drei Männer voneinander, die den Menschen nicht als einen Gegenstand ansehen, der mit und aus Vergnügen sich zeichnen läßt; sondern als ganz besonders geeignete Figur, um durch die bewußte Übertreibung bestimmter Züge Absichten, menschliche als auch un- oder übermenschliche Gefühle zu veranschaulichen.

Michelangelo prophezeit, schleudert Blitze, beherrscht,

verdammt, überwältigt. Sein Mensch steht in Beziehung zum Universum. Er bepackt ihn mit Muskeln, die immer angespannt scheinen. Er will jene Stärke fühlbar machen, die seine Stärke ist; selbst in seinen Frauengestalten, die er kräftig und stets gewichtig darstellt. Was er erschafft, ist Ausdruck der Autorität, schwerster Verantwortung, die nur Titanenschultern tragen können. Die Strenge eines Richters ist in ihm und niederschmetternde Traurigkeit. Von den dreien ist er der Theologe, Rembrandt der Philosoph. Denn die Häßlichkeit der Wesen kümmert diesen wenig. Was ihn interessiert, sind ihr Ausdruck und die Vorgänge ihres Innenlebens, aus dem er manchmal Wirkungen von außerordentlicher religiöser Erhabenheit zieht. Am menschlichen Körper zeigt sein Realismus das Elend, gelebt zu haben, die Niedergeschlagenheit, gedacht zu haben, die Anzeichen von Vergreisung; er liebt es, das Schäbige zu beleuchten und zu verklären, gedunsene Fleischpartien, Hautfalten ... Die Geheimnisse der Prachtentfaltung in der venezianischen Malerei sind ihm allesamt vertraut, und er setzt sie auf absonderliche Weise ein, um mürrische Lust zu verbreiten.

Daumier aber ist zugleich der Polemiker und Moralist des Trios.

Über seine Herkunft, seinen Werdegang weiß man nicht viel. Dieser Schausteller von »Phänomenen« ist selbst ein »Phänomen«. Geboren wird er in Marseille als Sohn eines Glasers und Verseschmieds. Erst tritt er als Gerichtsschreiber auf (ein Umstand, der ihm später nützlich sein soll) und greift dann zum Stift. Die gerade erst erfundene Lithographie bietet ihm all ihren Reichtum: Daumier versucht sich in der Karikatur der bürgerlichen und politischen Welt. Dort verschwendet er sich, endet schließlich bei der Malerei. Was ihn geleitet, ihn geformt hat, bleibt unentdeckt: Woraus hat er die Grundbegriffe des Handwerks geschöpft? Was in ihm ist, macht ihn schließlich zum denkbar ausdrucksstärksten Zeichner. Menschen, die er sprechend darstellt, glaubt man zu hören. Und selbst seine stummen Figuren lassen bisweilen ihre wahrscheinlichen inneren Worte vermuten. Gern reduziert er die Individuen auf ihre Marionette. Oft ist in seinen Figuren das

Skelett ebenso gegenwärtig wie bei Michelangelo die anatomischen Lehrfiguren. Bisweilen sind bei ihm die Muskeln Fetzen, die das Knochensystem umhüllen: – daher der Eindruck des Makabren, der so wundervoll zum Anschein des Vorläufigen dieser Menschheit paßt. Das Lächerliche bei Daumier ist so etwas wie ein Vorletztes Gericht. Die Gesamtheit seiner Karikaturen vermittelt den Eindruck eines Totentanzes mit moralisch oder intellektuell Toten. Alle Berufe, alle Leidenschaften, alle Formen von namenloser Dummheit, Niederträchtigkeit und Gaunerei werden vor den Zeichenstift zitiert. Dort wird die ganze Gesellschaft im Bild verhöhnt, wie es noch nie zuvor dagewesen war.

Doch welche Gesellschaft? Jene, die 1830 posiert. Als die Romantik und der »Bourgeois« gleichzeitig auf dem Welttheater dieses Jahrhunderts erscheinen. Der »Bourgeois« ist ein Ungeheuer der nachnapoleonischen Zeit, von dem man nicht weiß, ob er eine Schöpfung der Balzacs, der Daumiers und anderer ist oder ganz im Gegenteil ihr Schöpfer! Auch der Kaiser hatte daran durchaus seinen Anteil ... Denn ohne *Code civil*, ohne Verwaltung, ohne Paragraphendschungel, ohne Mitgift, Hypothek und Testament, ohne Diplome, ohne festverzinsliche Wertpapiere, ohne Musterkarrieren; *letzlich alles, was vom Menschen jedes Risiko fernhalten kann*, ist der Bourgeois nicht zu begreifen. Und was die Romantik angeht, so war sie nichts anderes als die genaue Ergänzung dieser »bürgerlichen« Geisteshaltung.

Die Beschränktheit der Nation setzt in jener Epoche ein, in der die Billigkeit die wesentliche Qualität der Dinge ausmacht. Sparsamkeit und restringierte Fortpflanzung rühren von da her. Die Vorsicht entwickelt sich und tötet.

Daumier ist der große Geschichtsschreiber dieser Periode. Nichts davon findet sich in den Büchern, die vorgeben, diese Geschichte zu erzählen; in der Sie den Krämer, den Leichtgläubigen, den Taschendieb, die Rechtsgelehrten, die Beamten und die ganze Gelehrtenwelt dieses mediokren, selbstzufriedenen Zeitalters wiederfinden.

Am Ende faßt Daumier eine liebevolle Zuneigung zu Don Quijote ...

# DIE FRESKEN DES PAOLO VERONESE

Die Künstler von heute haben ihre Verdienste, doch muß man wohl zugeben, daß sie die großen Meisterwerke nicht erreichen; sie fühlen sich vor den Problemen der Komposition unbehaglich und lieben keineswegs die Erfindung. Wenn sie erfinden, erliegen sie zu oft dem Detail; wenn sie nicht erfinden, sind sie unfähig, ein Ganzes zu gestalten. Das Teilstück beansprucht sie völlig: es sollte das Gegenteil der Fall sein.

Unsere Kunst scheint nur mehr *durch Exhaustion* zu schaffen. Sie flüchtet sich in Experimente, deren Summe noch zu ziehen ist.

Nichts scheint ihr also ferner zu liegen, nichts gibt es vielleicht, wozu wir weniger befähigt wären, als diese umfangreichen dekorativen Unternehmungen zugleich freier wie gelehrter Art, wie man sie in den Villen von Venetien sieht.

Solche dem epischen Zeitalter der Malerei zugehörenden Arbeiten fordern einen in unseren Tagen mehr als seltenen Zusammenfall von Bedingungen: sie setzen beim Künstler eine vollkommene Kenntnis seiner Kunst voraus, einer Kunst, die ihm zur zweiten Natur geworden ist. Das Äußerste an Virtuosität ist ihm unerläßlich. Andererseits: um dieser fleischgewordenen Technik den Platz und die Mittel zur Entfaltung zu bieten, müssen die sozialen Umstände eine Aristokratie ermöglichen und am Leben erhalten, der es weder an Reichtümern noch an Geschmack fehlt und die noch den Mut zu ihrem Prunk besitzt.

Zur Zeit, als diese Bedingungen zusammentrafen, entstand eine ganze Kunst des Überflusses. Ihr dröhnendster Held war zweifelsohne Rubens; aber in der Campagna, an den Ufern der Brenta, auf den Decken und Wänden der berühmten Villen Palladios hatten Veronese und seine Schüler bereits ihre außergewöhnlichen Begabungen entfaltet.

Während die Ausführung eines simplen Einzelakts, einer Landschaft oder eines Stillebens den Ehrgeiz, wenn nicht die Kräfte unserer zeitgenössischen Malerei aufzuzehren scheint, verschwendeten diese erstaunlichen Geschöpfe die Geschöpfe. Die nackten Gestalten, in Dutzenden von Gruppen, die Landschaftsszenerien, die Gebäude, die verschiedenartigsten Tiere und, als Stilleben, die Bündel von Blumen und Früchten, die Anhäufungen von Instrumenten und Waffen ... alle diese Personen und Dinge fügen sie zu lebendigen und klangvollen Kompositionen; sie verschwenden sich in Göttern, Nymphen, Heroen, in Verzierungen voll nobler Leichtigkeit und erstaunlichen Erfindungsreichtums.

Aber darüber hinaus verwirklichen sie diese Großtaten, indem sie von den Mitteln den verwegensten Gebrauch machen. Sie übten das Handwerk ohne Widerruf aus, ein Handwerk, das keine Retusche, keine Reuezüge, kein Zaudern, ja nicht einmal die Geduld zuläßt; das die Vorzeichnung und die Zeit ausschließt und auf seltsame Art die abenteuerliche Tätigkeit des Künstlers der mechanischen Tätigkeit des Maurers unterordnet, dessen Kelle, Zug für Zug, vor dem zum Malen bereiten Pinsel ein begrenztes Stück der zu belebenden Oberfläche aufträgt und ausbreitet.

Das Fresko verlangt die Improvisation. Die Improvisation erfordert für jedes Ding eine intime Kenntnis, eine nahe und sofortige Verfügbarkeit der Hilfsmittel und der glücklichsten Lösungen, ein unmittelbares Gedächtnis für alle möglichen Formen.

Ob es sich um Perspektive oder Anatomie handelt, um das Wissen von den Farb- und Massengegensätzen und um das Helldunkel – keine örtliche Schwierigkeit darf den Schwung des Schaffenden hemmen, seine Handarbeit behindern, während er seine Zeichnung entwickelt und fortschreitend das frisch beworfene Feld bedeckt, indem er allmählich von der Leere Besitz ergreift und sie bevölkert.

Die bewundernswerten Gaben Paolo Veroneses kamen mit besonderer Generosität zur Geltung in den Dekorationen der Villen, die Palladio und Sansovino für prunkfreudige Patrizier erbaut haben. Die »Weisen« der Republik verstanden es, der künstlerischen Einbildungskraft eine freie und prachtvolle Gastfreundschaft zu bieten. Sie gefielen sich darin, eine karnevaleske und mythische Welt um sich herum entstehen zu lassen und aus dem halbgeöffneten Himmel den ganzen Trupp olympischer Gottheiten zu empfangen, als ob zu ihnen ein glänzender Zug erlesener Gäste herabstiege.

Ein schöner Überschwang an Phantasie und Meisterschaft bewegt den entfesselten Künstler, die Ähnlichkeit der Körper und Dinge bis zur Augentäuschung zu treiben. Dieser burleske Realismus, diese Mischung aus Poesie und Trug – ein gelehrter Mißbrauch der illusionistischen Projektion – sind von der reinen Kunst ausgeschlossen. Aber hier handelt es sich um Lustbarkeiten des Landaufenthalts, um leicht faßliche Unterhaltungen, ausgeführt zum Vergnügen eines Grandseigneurs des Staats von einem Grandseigneur der Malerei als Schmuck eines Sommersitzes.

Das wirkliche Leben in diesen von wunderbar verwirklichten Einfällen bevölkerten Salons mußte sich selbst vorkommen wie eine etwas zu simple Komödie, die von den Sterblichen den Unsterblichen, von den Dingen den Trugbildern, von der realen Existenz den Blendwerken einer Oper vorgeführt wurde.

Die zügellose Malerei verspottet die Architektur, vermählt sich mit ihr, verrät sie, unterstreicht sie und wirft sie über den Haufen, indem sie von den Mitteln einen ungestüm ausschweifenden Gebrauch macht. Sie spielt mit der Schwere, mit der Festigkeit, mit den Widerständen. Sie foppt den Baumeister, wie ein Zauberkünstler einen Physiker hinters Licht führt. Die Decken zerreißen und lassen die Himmel und die Götter in ihrer Glorie erscheinen. Die Statuen setzen, außerhalb der Senkrechten, ihrer Stützen, ihren Schwerpunkt aufs Spiel. Eine weiße Venus wippt ein göttliches Bein in der Leere des Saals, dessen Gesims sie bewohnt. Auf Fußgleiche mit wirklichen Menschen betritt ein Jüngling ohne Seele die Schwelle einer fiktiven Tür, deren Behang von der Hand eines nicht existierenden Bedienten gehoben wird.

Solcher Art sind die Spiele des Fresken malenden Veronese.

Ach, ich kenne sie nur sehr von weitem!

Die Spiele eines Meisters bleiben nie ohne Folgen. Von den Erfindungen Veroneses geht eine ganze Mode der *Landschafts*dekoration aus. Von der Mitte des 16. Jahrhunderts bis zum Beginn des 19. wird die Landschaft in Italien und Frankreich in einem wesentlich *theatralischen* Stil behandelt. Nicolas Poussin verwendet edle Dekors für Tragödien. Claude Lorrain errichtet an Meeresufern die Paläste der Dido, stellt im Hintergrund der Szene auf leuchtender Woge die vergoldete Flotte des sagenhaften Äneas dar. Watteau sucht in den Parks die Effekte von Feerien und zerfließenden Gemälden.

Canalettos venezianische Veduten gleichen Hintergründen zu den Komödien Goldonis; und Guardi bevölkert mit deliziösen Puppen die winzigen Perspektiven einer Stadt, in der ewig Karneval herrscht.

Aber unmittelbarer hervorgegangen aus den Landschaften der Veronese-Schule auf der Terra ferma sind Gaspard Poussin, später Piranesi, Hubert Robert, Joseph Vernet; und eine Menge geringerer Künstler bewahren und vervielfachen dieses umfangreiche lyrische, entschieden konventionelle Genre, das ländliche Ansichten der Dekoration von Innenräumen anpaßt. Auf die Dauer erschöpfte sich das System. Diese Tempel, Felsen, Landschaften wurden ungenießbar. Die Zeit änderte ihren Geschmack, suchte das *Wahre* ... Sie hat nur zwei Saiten auf ihrer Leier.

# ÜBER DIE CHINESISCHEN MALER

Nur zu wenige sind sich des Umfangs und der Wichtigkeit der Veränderungen, die gegenwärtig in der Welt vor sich gehen, klar bewußt. Wir leben inmitten der Gehversuche eines absolut neuen Zeitalters, in dessen Organisation alle Menschen, alle Rassen, alle Kulturformen zwangsläufig immer enger eingebunden und daran beteiligt sind, was so bislang noch nicht voraussehbar war. Ein kurzes Nachdenken darüber läßt die große Bedeutsamkeit dieser universalen, sich abzeichnenden Beziehung an geringsten Anzeichen erkennen. Eine Ausstellung moderner chinesischer Malerei in Paris – welches auch immer der Wert der ausgestellten Werke (die ich mir noch nicht angeschaut habe) in unseren Augen sein mag – ist ein Bemühen und ein Ereignis, die gleichermaßen Würdigung und Nachdenken verdienen.

Über längere Zeit hatte sich Europa damit begnügt, in der Kunst der Chinesen nichts anderes zu sehen als mehr oder weniger einfallsreiche und kostbare Kuriositäten, bizarre Erfindungen, Monstrositäten. Danach entdeckte man in ihr Qualitäten des großen Stils. In heutiger Zeit wird diese Kunst als den allerhöchsten ebenbürtig eingeschätzt: man ist einhellig der Meinung, daß sie die zarteste und kühnste Poesie mit den Mitteln einer höchst kunstvollen Technik verbindet. Doch diese große Kunst gibt es nicht mehr. In China wie anderenorts dauern die Epochen, in denen Wunder hervorgebracht werden, nicht endlos. So gibt es fast völlig leere Zeiten, Schlafzeiten des Talents, mehr oder weniger lange Zeiten der Ruhe: es gibt Jahrhunderte, in denen »man nicht am Zuge ist«. Diese Phase geringerer künstlerischer Kraft fällt für China mit tiefgreifenden Veränderungen seines allgemeinen Zustands zusammen. Das Leben seines Volkes wurde seit hundert Jahren durch die immer stärker spürbare Intervention der »fremden Teufel«, die wir sind, durcheinandergewirbelt. Wieviel Neues in allen Lebensbereichen durch das, was dort unvermittelt und brutal eingeführt oder auferlegt wurde ... Wie viele Traditionen gebrochen ...

Und doch erhebt sich inmitten dieser Ruinen und dieser Innovationskrise eine Jugend, die ihre eigenen Kräfte spürt. Der Wille zu schaffen bricht hervor, sucht, versucht sich. Er steht vor einem kapitalen Problem. Dieses Problem im Bereich der Kunst folgt aus und entspricht dem, das sich China in allen Bereichen stellt.

In nur wenigen Jahren haben die jungen chinesischen Künstler sich ein Bild von der Gesamtheit der europäischen Werke verschafft. Sie sind gewissermaßen in den Besitz von zwei Vergangenheiten gekommen, der ihrigen und der unsrigen. Von diesem Zusammentreffen kann man sich eine stark verkleinerte Vorstellung machen, wenn man sich in den geistigen Zustand eines Künstlers des Mittelalters versetzt, dem auf einen Schlag das Werk der alten Griechen offenbart wird. Die Kluft ist hier jedoch noch unendlich viel größer, denn es handelt sich um die Auflösung einer tieferen Dissonanz als jener, die aus einem Unterschied der Kultur oder der Gewohnheiten oder der Erfahrung oder des Geschmacks hervorgehen. Die Physiologie interveniert, das Sehen selbst ist im Spiel. *Zwei Sichtweisen*[1], die ungeheuer verschieden sind, bieten sich dem Künstler an. Was wird er tun? Welche Lehre kann er aus unseren Museen mitnehmen? Welche Werke wird er mit unseren Pinseln und unseren ölgeriebenen Farben erfolgreich zu Ende führen können? Wie wird er einen Tizian interpretieren, wenn er ihn kopiert? ... Doch diese Fragen sind endlos. Ich wollte damit nur so etwas wie ein Ereignis aufzeigen und die hochgesteckten und kühnen Bestrebungen der jungen chinesischen Maler mit all meinen guten Wünschen begrüßen.

Was ich an der chinesischen Malerei bewundere, ist, daß sie die ganze Anmut, den vollen Nuancenreichtum und alle Feinheiten eines im wahrsten Sinne des Wortes hochzivilisierten Denkens widerspiegelt.

# KLEINE REDE AN DIE GRAPHISCHEN KÜNSTLER

Meine Herren, gern würde ich Sie mit »liebe Kollegen« anreden dürfen, aber die wenigen Beziehungen, die ich einst zur Kunst der Graphik gehabt habe, waren von der Art, die man nicht einzugestehen wagt; sie schrumpften recht bald zusammen auf das, was nötig war, um mich recht eindeutig begreifen zu lassen, daß ich nicht auf die Welt gekommen bin, um in Kupfer zu stechen . . .

Nun denn: Meine Herren! Nach diesem Eingeständnis meiner Unwürdigkeit suche ich nach einer Form der Danksagung, die sie auszugleichen vermöchte . . . Wie anders kann ich Sie wissen lassen, was ich fühle, wenn nicht durch den Versuch, Ihnen auf meine Weise zu sagen, was Ihre edle Kunst mir ist und welche besondere Bedeutung ich ihr zumesse?

Zum Beginn will ich Ihnen das Eingeständnis machen, daß ich Sie gar oft mit Neid betrachte und in mir das Verlangen (ohne die Hoffnung) aufsteigen fühle, meine Feder gegen eine Radiernadel zu tauschen; ich wage nicht zu sagen: gegen einen Stichel.

Und nun will ich unsere beiden Künste im Geiste in Vergleich setzen. Ich entdecke in der graphischen Kunst wie im literarischen Schreiben eine enge und ganz innerliche Beziehung zwischen dem Werk, das Gestalt gewinnt, und dem Künstler, der sich daran müht. Man kann die Platte (oder den Stein) durchaus mit dem Blatt vergleichen, das einer in Arbeit genommen hat: eines wie das andere machen uns beben; eines wie das andere liegen vor uns in der Entfernung, die zu *klarem Sehen* zwingt; wir umfassen das Ganze und das einzelne mit demselben Blick; der *Geist*, das *Auge* und die *Hand* konzentrieren ihre Erwartung auf diesen kleinen Fleck, darauf wir um unser Schicksal würfeln . . . Ist so nicht das ganze Ausmaß schöpferischen Einsseins umschrieben, das der Graphiker und der Schriftsteller gleichermaßen kennen – jeder an seinen Tisch gebannt, wo er *all sein Wissen* und *alles, was seinen Wert ausmacht*, heraufbeschwört?

Doch wenn ich meine Gedanken ein wenig weitertreibe, begibt sich, daß ich unter uns eine tiefere Verwandtschaft entdecke, eine freilich recht gesuchte Ähnlichkeit, die eine Überlegung eigener Art sichtbar werden läßt und die ein kleiner Kunstgriff unseres Denkens dem Geist gerade noch annehmbar zu machen vermag.

Sie werden mir das bißchen Metaphysik (und das heißt: Phantasie) verzeihen, dessen man bedarf, um dies darzutun.

Die Natur, wie man gern sagt – ein bequemer und durch den Gebrauch abgesegneter Name –, die Natur schafft recht viele Dinge, deren einige außerordentlich schön sind. Nicht alle. Sie ist ein recht ungleicher, doch an ihren guten Tagen unvergleichlicher Schöpfergott. Da rückt sie uns einige auf das glücklichste gebaute Lebewesen vor das Auge; sie stellt in den *Ausstellungshallen* der wechselnden Jahreszeiten großartige Bäume, zauberische Blumen aus und richtet uns von Zeit zu Zeit prunkende oder erhabene Kulissen zu Bühnen unserer Taten oder Wundersphären unserer Gedanken her.

Doch so fruchtbar, ja so verschwenderisch sie auch sein mag, so hat doch diese Urmutter Natur nicht alles erfunden. Sie hat uns da und dort eigene Bereiche, Gelegenheiten für eigene Schöpfungstaten überlassen, und wir haben dann von uns aus Werke ans Licht gebracht, zu denen ihr das Wissen fehlt, ja, die zu schaffen sie schlechthin unfähig ist. Das ist der Punkt, der mir wichtig ist.

Wir spüren in uns gewisse Verlangen, denen die Natur nicht zu genügen vermag, und uns sind Vermögen eigen, die sie nicht hat.

Sicher hätten der Mensch und seine Welt sich genau aufeinander abstimmen können. Man kann sich ein Eden, ein irdisches Paradies vorstellen, darin unsere Blicke und unsere Antriebe alles fänden, was sie wünschten, und wo sie nur zu wünschen imstande wären, was sie dort fänden: einen Garten, darin wir von nichts zu träumen vermöchten, das nicht geringer sein würde, als was es schon gäbe.

So verhält es sich nicht. Diese Welt süßer Beglückung ist nicht unsere Welt, und ich behaupte, daß man dessen im Grunde froh sein muß.

Die Kinder selbst haben nicht lange Geschmack an diesen von Sirupbächen durchflossenen Ländern aus Schokolade und Zuckerwerk, die ihnen manche Märchen vorführen. Sie ziehen ausgedachte Abenteuer und ihre wunderbaren *Schwierigkeiten* vor.

Denn, meine Herren, es wirkt in uns noch anderes als der Drang nach der reinen und einfachen Lust, ja selbst als der Drang nach der unreinen und der vielschichtigen ... Es gibt da doch einen ganz eigentümlichen Durst, den weder der Genuß noch der sehr beglückende Besitz des Vollkommenen aufheben noch zum Versiegen bringen. Die Wonne, im gesicherten Haben eines Gutes auszuruhen, ist uns nicht genug. Das tatenlose Glück im reinen Entgegennehmen ermüdet uns und wird uns zum Ekel. Wir brauchen auch die *Lust des Schaffens.* Eine seltsame Lust, eine vielschichtige Lust, eine Lust, die Qualen schütteln, in die sich Leiden mengen, eine Lust, bei deren Verfolgung es weder an Hindernissen noch an Bitternissen, noch an Zweifeln, noch an Anlässen der Verzweiflung mangelt.

Sie kennen sie, meine Herren, wir kennen sie alle, diese Lust voller Mühsal, diese *Lust des Schaffens*, die uns eine zweite Natur ist, die der ersten und unmittelbar gegebenen Natur, von der ich Ihnen sprach, entgegengesetzt ist.

Diese geht bei ihren Schöpfungen in enger Verbindung mit sich selber vor. Um ein Beispiel zu nennen: sie arbeitet ihre Formen heraus, indem sie den Stoff selbst wirken läßt, von dem sie ihre Kräfte nie ablöst und von dem sie sich nicht abzusondern vermag. Wenn die Natur eine Pflanze hervortreibt, dann zieht sie diese unmerklich hoch, faltet sie auseinander und breitet sie aus, gleichsam als werde dies von einer Reihe aufeinanderfolgender Gleichgewichtszustände hervorgebracht, und dies so, daß in jedem Stadium des Älterwerdens der Pflanze ihre Maße, die gezackte Zeichnung ihres Blattwerks und die physikalischen Bedingungen ihrer Umwelt in einer unteilbaren Wechselbeziehung stehen, die in der Gestalt der Pflanze auf geheimnisvolle Weise ihren streng gesetzmäßigen Ausdruck findet.

Das Wirken des Menschen jedoch ist ganz anderer Art. Der Mensch handelt; er übt seine Kräfte an einem fremden Stoff, er sondert seine Verrichtungen von deren stofflichem Unterbau ab, er hat davon ein klar umrissenes Bewußtsein; darum kann er sie sich ausdenken und aufeinander abstimmen, ehe er sie ausführt; er kann ihnen die mannigfachsten Leistungen aufgeben und sie recht verschiedenen Stoffen anpassen – und gerade dieses Vermögen, seine Vorhaben zusammenzusetzen oder seine Entwürfe in gesonderte Verrichtungen zerlegen zu können, ist es, was er seine Intelligenz nennt. Er ist dem Stoff seines Werkes nicht eingeschmolzen, sondern er geht zwischen diesem Stoff und seiner Idee, zwischen seinem Geist und seinem Modell hin und her und tauscht in jedem Augenblick, *was er will*, gegen das, *was er kann*, und *was er kann*, gegen das, *was er erreicht*.

Solchermaßen das Lebendige und die Gegenstände, die Ereignisse und die Motive verarbeitend, die die Welt und die Natur ihm bieten, löst er davon schließlich jene Symbole seiner Verrichtung ab, in denen sein Vermögen zu begreifen und sein Vermögen zu gestalten zusammenfallen und die da heißen: *Linie*, *Oberfläche*, *Zahl*, *Ordnung*, *Form*, *Rhythmus* ... und was es da sonst noch geben mag.

Durch dieses Vermögen des Abstrahierens und des willentlich Fügens setzt er sich aber in einen ganz deutlichen Widerspruch zur Natur, denn diese abstrahiert weder, noch fügt sie zusammen; sie hält weder inne, noch wendet sie sich zurück; sie entwickelt sich ohne Umkehr. Wir sehen nunmehr, wie gegensätzlich ihr der Geist des Menschen ist, und dies, meine Herren, ist der Punkt, den ich angesteuert habe.

Mir lag daran, meine Gedankenreihe mit der Behauptung abzuschließen, die uns angeht und die lautet: wenn die Kunst vom Geist her bestimmt ist, von jenem Geist, dessen Überdauern aus unstofflichen Verrichtungen gewoben ist, dann ist die dem Geist zunächst stehende Kunst jene, die uns das *Höchstmaß* unserer Empfindungen oder unserer Ansichten durch einen *Mindestaufwand* sinnlicher Mittel wiedergibt.

Haben Sie denn mehr nötig als einige Striche, einige Kerben, um uns ein Gesicht, eine Landschaft nicht nur in ihrem Ähnlichsein darzubieten, sondern so in unseren Vorstellungen lebendig werden zu lassen, daß wir darin die Farbe, die doch fehlt, und sogar das allerreichste Licht nicht vermissen?

Und hat denn der Schriftsteller, der in seinem Handwerk Bescheid weiß, mehr nötig als einige Worte, als einen einzigen Vers, um in der Seele alles wachzurufen, was in den Dingen steckt und an ihnen ist, und dies bis zu allen Obertönen und dem Mitschwingen der Erinnerung an einen bedeutungsvollen Augenblick im Leben?

Das ist es, was uns einander nahe sein läßt, meine Herren. Wir sind verbunden durch die gemeinsame Hingabe an jene Wechselbeziehung von Weiß und Schwarz, mit dem die Natur nichts anzufangen weiß. Sie weiß mit ein bißchen Tinte nichts anzufangen. Sie bedarf eines schlechthin unendlichen Vorrats an Stoffen, wir aber brauchen an *Dingen* nur wenig und, wenn es geht, viel an *Geist*.

Darum liebe ich den graphischen Künstler. Ich liebe euch, ihr Graphiker, und teile eure Bewegung, wenn ihr – es ist noch ganz feucht, und ihr faßt es zart mit den Kuppen eurer Finger an – ein kleines Rechteck aus Papier, das gerade erst aus den Windeln der Presse kommt, ans Licht hebt. Dieser erste Abzug, dieses Neugeborene, dieses Kind eurer geduldigen Ungeduld (kann doch das Wesen des Künstlers nicht anders bestimmt werden als durch Widersprüchlichkeiten) trägt jenes unendlich kleine Teilchen des Weltganzen, dieses Nichtige und doch Wesenhafte, das die ganze Fülle der Einsicht und des Wissens zur Voraussetzung hat.

*Intelligenti pauca*, sagt man im Lateinischen. Ist das nicht der gemeinsame und stolze Wahrspruch all derer, die sich zum größten Ruhm der Kunst zusammengetan haben, die durch nichts wirkt als durch Weiß und Schwarz?

# VARIATIONEN ÜBER BEBILDERTE KERAMIK

Alle Künste, deren Hervorbringungen zu etwas nütze sind und in unser Leben etwas einführen, das uns das Schöne und das Nützliche im Zwielicht der Doppelsinnigkeit erscheinen läßt, finden in den Ansprüchen ihrer Zweckbestimmung gewisse unumgängliche *Themen* vor, die von der Natur der Dienste oder des Stoffes aufgegeben werden, Grundformen, auf denen alsdann die Erfindungsgabe, der Geschmack, der Stil, die Mode oder eine beliebige Laune mit mehr oder weniger Glück die Variationen des Erscheinungsbildes entwikkeln.

In der Architektur zum Beispiel treibt die Notwendigkeit, Öffnungen für das Licht oder für die Menschen zu lassen, oder jene andere, Stege für den gestuften Übergang von einer Ebene zur anderen zu schaffen, die abstrakten Themen der *Tür*, des *Fensters* oder der *Treppe* aus sich heraus, lauter Denkbilder, die gleichermaßen Gelegenheiten sind, zartes oder prunkendes Linienwerk anzubringen wie auch gehäuft auftretende Formelemente abzuwandeln.

In der Tischlerkunst sind das *Bett*, der *Sitz*, der *Schreibtisch* alle miteinander durch unsere häuslichen Gewohnheiten ganz eindeutig bestimmte Grundformen, die dem Künstler den Versuch nahelegen, die Behaglichkeit einer gedachten Person beim Sitzen oder Liegen zu vereinen mit der Befriedigung eines Betrachters, den die Gestalt des Gestelles, das sie trägt, entzückt. Von den obligaten Themen, die das Hausgerät anbetreffen, will ich insbesondere jenes des *Tisches, von dem man ißt*, abhandeln.

Kann etwas bedeutsamer sein, als was beim Einnehmen unserer Mahlzeiten vor sich geht? Sieht der Mann von Welt – und sei er der am wenigsten zur Befolgung der Regel aufgelegte – nicht in der Ausrichtung und dem in festliegenden

Formen fortschreitenden Ablauf einer Mahlzeit ein Ordnungsgefüge, so fest und so reich wie jenes der Liturgie? Ist es nicht so, daß in diesen Zurichtungen und in diesem Achtgeben, die einen Sieg des Geistes über den unmittelbaren Verzehrtrieb in Form bringen, der ganze Gehalt einer Zivilisation in Erscheinung tritt? Auf der *Platte* des Tisches breitet sich *das Linnen.* Es erwartet die Gegenstände, die zur Mahlzeit gehören: das Geschirr und die Gefäße, in denen die Stoffe, deren Bestes sich schließlich in uns selbst verwandeln wird, dargeboten und angeordnet werden.

Zu sagen, daß diese Speise sich in uns selber verwandeln wird, bedeutet, daß es für jedermann nichts Ernsthafteres gibt (noch geben kann) als den Vorgang des Essens. Man sieht es deutlich im Auge des Tieres, das Nahrung aufnimmt: es bildet die seltsame Bewußtseinsleere eines Wesens ab, das ganz und gar von der Allmacht des Lebenswillens besessen ist.

Doch die Menschen sind die ungewichtigsten unter den Lebewesen. Ihre Blicke, ihre Gedanken schweifen ab und tummeln sich im Spiel, sogar noch inmitten der Verrichtungen, die durchaus würdig wären, ihre ganze Gegenwart in Anspruch zu nehmen.

»Diese Suppenschüssel ist entzückend«, sagt einer von ihnen, seiner Suppe nicht achtend. Ein anderer – die grünen Erbsen werden aufgetragen – stößt einen Ruf des Erstaunens aus: auf seinem Teller ist er *Bonaparte* begegnet. Eine Dame schwenkt den *Tempel des Höchsten Wesens.*[1] Jeder macht auf dem Teller, der vor ihm steht, eine Entdeckung. Die Geschichte, die Sitten, die Prunkbauten und die Erfindungen, die Gewerbe und die Spiele, die Lustbarkeiten und die Moden, alle Schauseiten des Lebens, das vergangen ist, machen in der Höhlung der Teller den Saucen und den Bissen, die die Gegenwart speisen, den Blick streitig.

Von den Vorspeisen und dem ersten Hauptgang bis zur Käseplatte und dem Obst gibt es im Ablauf einer Mahlzeit keinen Abschnitt, der uns nicht Gestalten, Geschichten und Begebenheiten, Bilderrätsel oder Sinnbilder vorstellte und in unser Tun nicht eine Augenweide einsickern ließe – fast hätte ich gesagt: im physiologischen Drama, worin im Fortschreiten von Appetit zu Sättigung bei der Entfaltung der abgründigen Eindringlichkeit, der samtenen Milde, der ausgreifenden Mächtigkeit der Reize und des Wohlgeschmacks der Speisen in jedem die Blicke, die Nüstern, der Gaumen zusammenspielen.

Die Mannigfaltigkeit der Gegenstände der Darstellung und der Verzierungen, die unter dem Schmelz der Glasur erscheinen, wird zum Echo der Buntheit der Unterhaltungen der Tischgäste, und die Worte, die sie tauschen, sind nicht immer von einer Einfalt, die außer jedem Vergleiche mit jener der entzückenden Zierkulissen auf den bemalten Fayencen oder Porzellanen stünde.

Es kommt vor, daß die Literatur höchstselbst sich auf dem Geschirr breitmacht und daß eine Lebensweisheit, ein Epigramm, ein Wappenspruch, ein politisches, dionysisches und manchmal erotisches Wunschwort dem einen oder anderen Gerät, das auf dem Tische prangt, eine Stimme verleiht. Der Platz ist streng bemessen; hier sind die Autoren gezwungen, auf den knappsten Ausdruck zu gehen. Wenn die Literaturgeschichten nicht wären, was sie sind – Fabuliererereien, in denen man nichts finden kann, was uns von der wahrhaften Arbeit der Geister Kunde geben könnte –, welch ein Kapitel über die *Spruchdichtung* würde darin zu finden sein ... Welch ein Kapitel wäre zu schreiben über die bedeutende und unermeßliche Hervorbringung von Sinnsprüchen, von Losungen, Grabschriften und Tafeln, von Sprichwörtern und Denksprüchen, in denen die Menschen aller Zeiten versucht haben, einiges *vom Wesen der Dinge* zu verdichten ... Es gibt mehr als ein Meisterwerk des Genius des Weglassens. Ich muß freilich bekennen, daß man kaum je eines in den Werken des Töpfers zu lesen bekommt. Obwohl ich gerade anmerkte, in welch hohem Maß eine Mahlzeit eine ernst zu nehmende Angelegenheit sei, räume ich ein, daß es nicht der Brauch ist, die Betrachtung eines schönen Gedankens dem Tun und Fühlen eines Menschen, der ißt, zuzugesellen. Von

Pascal und La Rochefoucauld will die Töpferkunst nichts wissen. Doch gesetzt den Fall, es gäbe ein Tafelgeschirr, das Forain mit einem Dutzend seiner »Sprüche« beschrieben hätte, würde von ihm zu essen unserem Appetit nicht bekömmlich sein?[2] Eine bestimmte Gattung der Dichtkunst könnte es darauf anlegen, vom Grund unserer Teller abgelesen zu werden. Mir fallen welche ein, deren jeder in kurzen Versen redend an den Gast einen Vierzeiler ohne Harm richtete. Zu einem ein wenig reifen Fräulein sprach ihr Teller:

Je suis ronde, frêle et claire,
Avec peut-être une ride
Si fine que je sais plaire
Encore à quelqu'un d'avide.

[Rund bin ich, leicht, zerbrechlich, zag
Trotz einer Runzel, doch so fein,
Daß ich Dir wohl gefallen mag;
Doch mußt Du dann wohl hungrig sein.]

Auf einem anderen fand ich dieses boshafte Rätsel:

Je suis le lac où repose
Comme une voile paresse
L'aile de dinde que laisse
Percer ta métamorphose.

[Auf dieses Weihers Spiegel ruhte
Dem Segel gleich, das träge hängt,
Der weiße Flügel einer Pute,
Der Deine Trugverkleidung sprengt.]

Verlassen wir diesen Scherzbold von Dichter und schauen wir unseren Töpfereien mehr auf den Grund.

Cagliostro habe, so sagt man, denen, die Wert darauf legten, die Zukunft durch eine Karaffe klaren Wassers hindurch gezeigt. In Sèvres jedoch läßt die ausgestellte Keramik uns eine ganze Vergangenheit wieder lebendig werden. Jene, die diese Porzellane und Fayencen schufen und verzierten, haben darauf das Bild der Dinge festgehalten, in denen ihr Zeitalter sein Entzücken und seine Wunderwelt fand. Der Wunsch, doch ja zu gefallen und Käufer zu finden, machte sie mühelos und absichtslos zu gewissenhaften Geschichtsschreibern der Gefühlswelt ihrer Zeit: was das Publikum kauft, kennzeichnet es genau. Dies ist ein Lehrsatz, aus dem jedes Zeitalter Nutzen ziehen kann. Und hier ein anderer von allgemeingültigem Charakter – ich wage nicht zu sagen: von philosophischem Charakter ...

Ich schrieb soeben, daß diese Keramikschau in uns eine ganze Vergangenheit wieder lebendig werden lasse. Sie tut aber mehr: sie offenbart uns in aller Genauigkeit das eigentliche Wesen einer jeglichen Vergangenheit. Die Vergangenheit ist ganz und gar nicht, was man dafür hält. Die Vergangenheit ist nicht, *was einmal war*; sie ist nur, was von dem, was einmal war, übrigblieb. Das sind Spuren und Erinnerungen. Sonst ist einfach nichts vorhanden.

Man betrachte alle diese Dinge in dem Museum mit rechten Augen und bedenke dann die erstaunlichen Mengen gleichartiger Dinge, die notwendig in Gebrauch gewesen sind; man denke an die Millionen Teller, die während des hier vergegenwärtigten Zeitabschnitts hergestellt und in Gebrauch genommen werden mußten; danach erwäge man den Zugriff aller vorstellbaren zerstörenden Ursachen auf diese unermeßliche Anzahl von Stücken; man denke an die Tonnen Scherben, an die Trümmerberge, die zu dem, was übriggeblieben ist, hinzuzurechnen sind; man denke an die Sterblichkeitsquote all dessen, was zerbrechlich ist; an die wahrscheinliche Lebensdauer einer Untertasse oder einer Gemüseschale ...

Ich will daraus keine billigen Überlegungen über das Leben der Menschen ableiten. Sie könnten nicht anders denn abgeschmackt und eitel sein. Ich will Sie lediglich einladen, eine Bemerkung anzuhören, die ihre eigene Bedeutung hat.

Nichts gleicht dem bis zum heutigen Tage angehäuften Kapital unserer Kenntnisse, unserem *Haben* im Buche der

Geschichte so wie diese Sammlung von Dingen, die der *Zufall* uns erhalten hat. All unser Wissen ist wie sie ein Rückstand. Unsere Geschichtsurkunden sind Strandgut, das ein Zeitalter einem anderen überläßt, wie es der Zufall will, und in vollem Durcheinander.

Doch kundige und fromme Hände heben da und dort auf, was von diesen Überbleibseln übriggeblieben sein mag, ordnen sie nach bestem Wissen und Können und setzen sie, so gut sie es eben vermögen, zu einem Gesamtbild zusammen, das uns zum Denken bringt und Umrisse erkennen läßt. Wenn wir sagen: »Zeitalter der Revolution« oder auch »Stil Louis-quinze«, geben wir in Wirklichkeit nur einer dieser Zusammenstellungen von Reliquien und immer wiederkehrenden Wiederholungen einen Namen – mit all der Willkür, die dazu gehört ...

Wie viele Lücken! Sicherlich ... Doch lassen Sie uns ein wenig weiterdenken: wir werden dann alsbald finden, daß, hätten wir das *Ganze*, wir damit *ganz und gar nichts anzufangen* vermöchten. Es gäbe nämlich dann für unseren Geist nichts zu tun.

Darum sollten wir uns freuen, nur etwas zu haben, und hier in guter Ordnung, in gutem Lichte so viele zauberhafte Schöpfungen der verbundenen Kräfte des Lebens und der Phantasie vorzufinden, denen die glückliche Zusammenstellung, die man ihnen angedeihen ließ, einen Sinn gibt, dessen Vielschichtigkeit in Entwicklungsstufen zu ordnen sie uns ermöglicht – die also im Grunde gestattet, den Kategorien der Vernunft zu unterstellen, was einst für die Annehmlichkeiten der Tafel erfunden ward.

# MEIN BILDNIS

Ich hatte viel Bildhauerwerk gesehen, viele Statuen bewundert, die alle Welt bewundert oder zu bewundern glaubt oder bewundern will – und von denen alle Welt redet, und sogar ganz trefflich.

Ich war also wie alle diese Leute der sicheren Überzeugung, auf diesem Gebiete einen ausreichenden Vorrat an richtigen und eigenen Vorstellungen zu besitzen – und darum weit entfernt, aus dieser Sicherheit selbst den Schluß zu ziehen, daß ich von der Sache so gut wie nichts verstand. Ich hatte noch nicht gelernt, mich diesbezüglich vor mir in acht zu nehmen, meine Beurteilungen zu verwerfen und all die Sprüche, die einem vor den Werken der Kunst so hurtig in den Sinn kommen. Man stellt sich nie die Frage, woraus sich angesichts dieser Hervorbringungen der Kunst denn zusammensetzt, was uns beeindruckt und was in uns nach Ausdruck drängt: man würde darin sehr wenig Eigenes finden, aber sehr viele Lesefrüchte. Was unsere eigenen Beobachtungen anlangt, so versteht unser naiver Blick es nicht, den Gegenständen auf den Grund zu sehen: unsere Wahrnehmungen sind Kinder des Zufalls, kann man uns doch in einem Werke *immer* Aspekte, Schönheiten, Fehler aufzeigen, die wir nicht wahrgenommen hatten, und uns sachgerechte Fragen suggerieren, die wir uns nicht hatten einfallen lassen.

Ich war also unwissend, und ich war meiner Unwissenheit unwissend – was sehr viel mißlicher ist –, als mich, der ich nun Frau Renée Vautier Modell stand, das Schauspiel ihrer unermeßlichen Arbeit, deren Teil ich nun war, zwang, endlich innezuwerden, daß ich erstaunlich wenig Ahnung davon hatte, was Bildhauerei ist. Zuerst lernte ich, daß ich nicht einmal verstand, sie anzuschauen: ebenso geht es mit der Dichtung, über die so viele Leute ein Urteil haben, denen nicht die mindeste Ahnung des musikalischen Vermögens der Sprache eignet und die *nicht* verstehen zu *lesen* ...

Ich verdanke dem Umstand, daß ein plastisches Bildnis von mir geschaffen wurde, nicht nur dieses recht schöne Bildnis selbst, sondern auch das sehr kostbare Wissen um die Mühen und die erstaunlich feinen und heiklen Probleme, darein die vertiefte Ausübung einer Kunst, *deren Grundgegebenheit die einfachste der Welt ist*, den verstrickt, der diese edlen Martern verdient und sich auferlegt.

Unter *Mühen* und *Problemen* verstehe ich nicht nur jene augenfälligen, vordergründigen und gewissermaßen naturgegebenen Schwierigkeiten, die jedes Vollbringen, jedes Verfertigen uns leichthin und in undeutlichen Umrissen vor Augen stellen. Das sind *endliche* Schwierigkeiten, die man im Ungefähren aufzählen könnte, deren Lösung einem schließlich ein für allemal gelingt und bei denen man die Verfahren zu ihrer Lösung recht wohl in der Schule oder in der Werkstatt von einem Kopf zum anderen weitergeben kann. Ich aber denke an jene ganz anderen Schwierigkeiten, an jene der großen Menge (sogar etlichen Leuten vom Handwerk) unverständlichen Probleme höherer Art, die der wahre Künstler sich *ausdenkt* und aufgibt. Wie man eine Form erfindet, ein Denkbild oder einen Versuch, so erfindet er versteckte Bedingungen und Beschränkungen, unsichtbare Hindernisse, die seiner Zeichnung das Besondere geben, sich seinen erworbenen Fertigkeiten entgegenstemmen, sein Zufriedenwerden verzögern und schließlich aus ihm herausholen, was er suchte – nämlich das, von dem er nicht wußte, daß er es besaß ... Ich behaupte, daß dieses unmerkliche Erfinden von Begehren und Bedenken in ihm ein Werk vollbringt, das vielleicht tiefer und bedeutsamer ist als das sichtbare Werk, auf das hin er sich müht; und ich behaupte, daß dieses geheime Sich-Mühen gegen sich selber jenen, der es unternimmt, mehr noch formt und verwandelt, als seine Hände den Stoff verwandeln, über den sie sich hermachen.

Ich habe gesehen, wie Renée Vautier sich diese Schwierigkeiten der zweiten Art schuf und wie diese Frau, die doch jung ist und rascher Entschlüsse fähig, gleichwohl sich in ihrem Suchen verzehrte, sich unter meinen Augen von Sitzung zu Sitzung einen lebendigen Sinn für eine immer anspruchsvollere Strenge erwarb, sich mehr und mehr die Leichtigkeit ihres Schaffensvermögens versagte und je und je wachsende Furcht vor jenem *Beinahe* empfand, worin in unseren Tagen so viele ihr Genüge finden, die sogar die Stirn haben, es zum Lehrsatz vorzuschlagen.

Sie schuf sich im Fortschreiten ein immer strengeres und erleseneres Bild ihrer Kunst. Vielleicht läßt sich das tiefinnerste Ziel jeglicher Kunst darauf zurückführen, daß man schließlich erkennt, worin sie im Eigentlichsten besteht, und sie von dem zu unterscheiden lernt, was nicht sie ist und sich ihr in jedem Menschen in dem Maße beimischt, in dem jedermann eben eine Verbindung von Zufälligkeiten ist? ... Einmal im Künstler allgegenwärtig und allmächtig geworden, führt diese Unruhe ihn auf den Weg der Vollendung, verkettet sie ihn einem Verlangen, das in ihm eine unendliche Geduld zum Wachsen bringt, das ihm eingibt, sein Können seinem Wollen aufzuopfern, und ihn in die Lage versetzt, unablässig zu erleiden, daß sein Werk noch unvollendet ist.

Damit wird die Arbeit zum Zweck ihrer selbst.

Ich hatte mich einigermaßen darauf eingestellt, all dies zu beachten und darum die Folter des Modellstehens so gut wie schweigend zu erleiden. Ich ergab mich der Buße, für eine lange Weile versteinern zu müssen, und suchte über eine Bewegungslosigkeit (die mir bisweilen wie eine Ewigkeit vorkam) hinwegzukommen, indem ich mir im Geist die Fragen, die Abwandlungen, die Zweifel, den Mißmut über Mißglücktes und die Entscheidungen vorstellte, die im Innersten meiner Bildhauerin vor sich gehen mußten.

Ihr klar geschnittenes und bezauberndes Antlitz ging – und ging immer wieder – von dem Ausdruck gebieterischer Härte in den einer kindlichen Freude über, und es bedurfte jeweils nur weniger Augenblicke, um darauf immer wieder die ganze Schar der Gemütsbewegungen, die ein Kampf um das Ideal auszulösen vermag, zum Vorschein zu bringen. Es ist erstaunlich, wie das Antlitz des Menschen, der erschafft, arbeitet.

Ich habe bemerkt, daß ich einigermaßen darauf eingestellt war, das rechte Verhältnis zur bildenden Kunst dadurch zu finden, daß ich mich daranmachte, die Verrichtungen eines Bildhauers zu beobachten. Das kommt daher, daß die Werke der Kunst mich durch das unmittelbare Vergnügen, das sie mir zu geben beanspruchen, weniger – oder doch weniger tief – berühren als durch die Vorstellung, die sie mir vom Tun dessen, der sie schuf, eingeben. Es lebt in mir eine ursprüngliche, eine unüberwindliche Neigung – vielleicht ist sie abscheulich –, das abgeschlossene Werk, das zu seinem Ende gebrachte Stück für eine Art von Ausscheidung, von Ausschuß, für ein totes Ding anzusehen, das bisweilen gewiß so schön und so rein sein mag wie eine Muschel, deren Perlmuttergewand und deren Gewinde durch den Lebenstrieb eines Geschöpfes ihre Form erhielten, aus der aber das Leben schied, die Reglose dem Geschiebe der Fluten überantwortend.[1]

Vor diesen Gegenständen kann ich von dem Augenblick an, da sie meinen Schritt aufhalten, nicht anders als versuchen, mir im Geiste das verlorengegangene Gedicht ihrer Erschaffung wiederherzustellen. Ich denke an den Stoff dieser Gebilde, der zugleich feindlich oder freundlich, Sklave oder Herr ist, in Ketten geschlagen wurde oder Gehorsam gefunden hat, und ich sehe ihn, wie er aus Ungeordnetem in Geordnetes, aus Unform in Form, aus Unreinem in Reines übergeht. Ich stelle mir den Künstler vor, wie er der Reihe nach zu dieser oder jener Figur wird, diese oder jene Haltung einnimmt: Erfinder und Dichter, Praktiker, Kämpfer und Spieler, der sein Glück versucht, und das eine Mal Stegreifkünstler, das andere Mal peinlich genauer Beobachter, vielleicht gar Rechner. Ich vergesse nicht die gewaltige Rolle des Zufalls, dem er trotzt, den er bekämpft, den er bisweilen herbeiruft, der manchmal gnädig ist ... Das ist es, wovon zu mir ein Werk vor allem reden soll. Nichts bewegt mich mehr als die Vorstellung dieses Verwandlungsdramas, das man sich aus Mienenspiel, Tanz, Gestaltwandel, die sich vor unseren Augen vollziehen, zusammenträumen kann ...

So habe ich denn, Zeuge und Opfer, der Handlung beigewohnt und mein Teil an ihr getragen – an jener dramatischen Beziehung, die zwischen dem Licht, dem Stoff, dem abzubildenden Gegenstand, den Kräften, dem Ziel und dem Geist besteht. Den Knoten der Handlung, ihr *Pathos*, schürzen die Wirkungen, die auf den Künstler bei jeder Runde der neue Stand ausübt, den er gerade seinem Werk aufgeprägt hat: er tritt zurück; er schätzt ab und berechnet. Er gibt sich recht; er verwirft, was er getan; er kehrt von der Kritik zur Tat zurück, gewinnt neue Kraft, faßt neuen Mut.

Ich nehme an, daß diese jähen Sprünge aus Hoffnung in Verdrossenheit, aus dem Ekel, der zu sein, der man ist, in die Wonne, eben dieser selbe zu sein, beim Bildhauer geschwinder und häufiger erfolgen als bei den Künstlern der anderen Gattungen.

Ich habe im vorstehenden behauptet, die Bildhauerei sei die Kunst, deren *anfängliche Gegebenheit* die einfachste der Welt sei. Es handelt sich in der Tat darum, durch den Umriß, den man einem festen Gegenstand aufzwingt, wiederzugeben, was ein Augenblick dem Dasein von Lebewesen an Form abringt. Während die Malerei Lügen auf eine Wand wirft, die sie nicht wahrhaben will, eine Trugwelt aufschließend, in der nicht allein die Gegenstände Trugwerk sind, die sie hineinstellt, sondern auch der Raum und das Licht, dehnt sich das Werk des Bildhauers in einem Raum aus, der auch der des Betrachters ist: es will kein anderes Licht, und seine Helligkeiten wie seine Schatten sind *wirklich*. Der Betrachter aber, der einem Gemälde gegenüber bewegungslos ist, kann einem Werk der Bildhauerkunst gegenüber seinen Ort verändern, und so kann das Gebilde von einer unendlichen Anzahl von Punkten aus betrachtet werden. Dazuhin kann das einfallende Licht seine Richtung ändern, was zahllose

Abwandlungen des zurückgeworfenen Lichtes im Gefolge hat. Das Gebilde muß darum so entworfen werden, daß es den Blick in einer Unendlichkeit möglicher Stellungen zu befriedigen vermag, deren jeder einzelnen eine Unendlichkeit von Richtungen, aus denen das Licht einfällt, entsprechen kann. Jeder Schritt, den der Betrachter tut, jede Stunde des Tages, jede Lampe, die aufflammt, läßt an einer Skulptur ein ganz bestimmtes, *von den anderen völlig verschiedenes* Erscheinungsbild erstehen. Es genügt also die allergeringste Bewegung des Künstlers, um ihm, was er eben für die Ausführung getan hat, im selben Augenblick als peinlichen Fehlgriff erscheinen zu lassen. Ein Griff, der bezogen auf einen gegebenen Punkt glücklich wäre, wird durch nicht viel mehr als eine kleine Bewegung zu einem groben Fehler. Das gleiche gilt, wenn sich die Lage der Lichtquelle auch nur im mindesten verschiebt.

All dies macht die Bildhauerei zu einer Kunst voller Überraschungen. Jeder Augenblick des Bildhauers wird durch eine *Unendlichkeit einer Unendlichkeit* möglicher Wechselfälle bedroht. Er läuft jeden Augenblick Gefahr, an einer Stelle, die er nicht sieht, zu verlieren, was er an der Stelle, die er sieht, gewinnen mag. Seine Arbeit führt ihn so zu einer Art von Einkreisung seines Werkes – der unablässigen Abwandlung einer Tonfolge vergleichbar –, womit er im Fortschreiten von einem Blickpunkt zum anderen und einem Akt seiner Hände zu einem anderen sich bemüht, diese nacheinander auftretenden Hebelkräfte der Ausführung kraft eines sehr fein durchgebildeten Gefühls für die Form miteinander zu einer zusammenhängenden Kette von Wirkungen zu vereinen; dieses Gefühl aber sperrt sich jeder Zergliederung.

Sehen Sie ihn am Werk: nichts als umkreisende Bewegungen des Künstlers und kreisende des Modells. Das Modell und der Werkstoff (Ton oder Gips) lassen uns vage an die beiden Brennpunkte einer Ellipse denken: an beide gebannt, ist der Bildhauer in ständiger Tätigkeit begriffen. Das Geschehen im Atelier hat etwas von der Bewegung der Planeten und vom Tanz an sich.

Während der Sitzungen vor mich hin träumend, komme ich schließlich dahin, mir, was bei der Bildhauerei geschieht, als eine Art Verbindung von Tanz und Mienenspiel, als eine Aufeinanderfolge von Figuren und Bewegungen vorzustellen – als Tanz, ja –, aber als einen Tanz, der im Unterschied zum gewöhnlichen Tanz ein Ziel hätte: ein zu Ende gebrachtes Werk, das seine Hinterlassenschaft sein würde.

Meine Träumerei zu diesem Thema geht weiter: mir kommt der Gedanke, daß einer den Plan fassen könnte, die Notenschrift zu diesem Tanz aufzuzeichnen. So könnte man einer gegebenen Plastik ein bestimmtes Musikstück zuordnen, das ganz auf dem Rhythmus der Hantierungen des Künstlers aufgebaut wäre.

Ich gehe gern und in Liebe mit diesen widersinnigen Vorstellungen um. Ohne Scheu spiele ich alle ihre Abwandlungen in meinem Geiste durch ... – *Warum sollte man denn die Ausführung eines Kunstwerkes nicht auch als Kunstwerk ansehen dürfen?*

Während ich dieserart auf einem hohen, freilich recht schmalen und nur mäßig standfesten Schemel die Zeit meines Sitzens vertrödele, ist Renée Vautier tätig.

Ich bin das »lebendige Modell« neben meinem Klumpen, der langsam Form annimmt, beide im Bann von hundert um sie herumwirbelnden Gebärden und Ausbrüchen der Künstlerin: eben ist sie hartnäckig am Werk und ganz verschlossen, befaßt sich mit der Einzelausführung; nun ist sie entfesselt und voller Lebhaftigkeit, fliegt in einem Satze vom *Tun* zum *Sehen* und vom *Sehen* zum *Neubeginnen*. Plötzlich hält sie ein, geht näher hin, tritt ein Stück zurück, steht in regloser Anspannung da, ohne Atem, harte Falten auf der Stirn. Ich will reden... Man gebietet mir Schweigen. Man schaut mich an, als sei ich ein Ding. Man lächelt, aber was man anlächelt, das bin nicht ich. Es ist meine Nase, an der man endlich einen gewissen kleinen »Zug« zu entdecken kam, worin, wie es scheint, das Geheimnis der Individualität dieses Vorsprungs seinen Sitz hat. Doch der nun ganz dunkle Blick haftet fester, wird noch härter; er wird dem des Degenfechters gleich, dessen bohrendes Auge die Lücke in der Deckung des Gegners ausmacht. Der Gegner, das bin ich. Ich bin die Schwierigkeit. Die Beweglichkeit, die Vielschichtigkeit meiner Züge erfordern so viel Ausforschung, eine so peinlich genaue, aber den Stil so aufmerksam im Auge behaltende Zergliederung, ein so vorsichtiges Aufheben der Gegensätze!

Mehr noch: meine Büste geht nicht unerheblich über die natürliche Größe hinaus. Der Entschluß, es so zu machen – es kommt der Darstellung der Einzelzüge eines recht zerklüfteten Angesichts sehr zugute –, verlangt vom Künstler noch gebieterischer, daß er sich ständig des Zusammenhangs bewußt bleibe. Man braucht viel Mut, um sich auf die Jagd der Ähnlichkeit zu begeben, wenn man sich an solchen Maßstab wagt.

Doch die Ähnlichkeit ist selber eine Falle, in der sich so mancher Künstler verfängt, um darin zugrunde zu gehen. Da gibt es eine Ähnlichkeit der Oberfläche, die man recht schnell erreichen kann, und eine hinreichend ausdrucksvolle Wiedergabe der Physiognomie, die ein geschickter Mensch ebenso geschwind erfassen wird wie gewisse Karikaturisten. Ein derart leichthin betriebenes Geschäft hält jedoch keiner Erprobung stand. Man kann dieser Art von Werken durch die Betrachtung nicht mehr Tiefe geben, als ihre Schöpfer ihnen kraft der Durcharbeitung und kraft der Durchdachtheit der »Konstruktion« zu geben vermochten. Je mehr man sie ansieht, desto schwanker werden ihre Formen, desto mehr fallen sie auseinander. Man darf nicht bei der Ähnlichkeit erster Hand haltmachen. Ich gehe weiter: Man darf die Ähnlichkeit nicht *vor allem anderen wollen*; diese muß vielmehr aus der Übereinstimmung einander zugewandter Beobachtungen und Verrichtungen hervorgehen, die in die Form des Ganzen eine ständig sich mehrende Vielheit von Bezogenheiten der einzelnen Teile speichern, die der Künstler wahrgenommen hat. Es kennzeichnet die Güte einer Arbeit, daß man sie immer weiter der Genauigkeit zu vorantreiben kann, ohne daß man ihre Anlage oder die Bezugspunkte zu ändern brauchte.

Mir fehlten die Worte, um auszudrücken, in welchem Grad die Sorgfalt und die erstaunliche Geduld meiner Bildhauerin mich entzückt und wissend gemacht haben. Wenige Menschen sind mir je in den Künsten solcher Energie, solch anhaltender und klarsichtiger Aufmerksamkeit fähig erschienen.

Wir haben uns bisweilen recht lebhaft gestritten. Ich behauptete, sie sehe da, sie sehe dort etwas falsch. Ich rannte an den Spiegel, von dem sie nichts wissen wollte. Ich fühlte und tastete an meinem Gesicht herum, und ich suchte auf dem der Büste, ob ich durch das Berühren die Entsprechung der Formen fände.

Doch der große Streit zwischen Künstler und Modell brach aus, als das ernste und schwierige Problem der *Augen* sich stellte. Barbar, der ich war, gab ich ihr auf, beschwor ich sie, in deren Wölbung kleine Höhlungen zu bohren, die der Pupillen schwarze Schächte naturgetreu wiedergeben sollten, und weder die hellen Punkte noch die Faserungen der Regenbogenhaut auszulassen. Ich berief mich auf Houdon[2], der es verstanden hat, uns den Blick so vieler seiner Modelle zu bewahren. Nichts brachte es ein! Es blieben die eigensinnige Frau unbeugsam und meine Augen ohne Pupillen.

Für sie gab es eben richtigerweise die Ähnlichkeit nur in ihrer Bezogenheit auf das allgemeine Prinzip der Kunst und deren eigentlichen Gegenstand. Die Bildniskunst erheischt die Verbindung zweier Werte. Die Ähnlichkeit ist nur eine vorübergehende Bedingung, die sich der Künstler auferlegt: ist das Modell dahingegangen, kann sie nur noch bei denen Zuflucht suchen, die es kannten; wenn diese eines Tages nicht mehr sein werden, wird auch sie jegliches Dasein verloren haben. Übrig bleibt das Werk.[3] Abseits aller Ähnlichkeit ist dieses Werk ein Kunstwerk, wenn einige Menschen, deren Blick zerstreut darüber streift, stehenbleiben und wenn dieser selbe Blick sich verändert, sich in seinen Gegenstand vertieft, darauf verweilt, das »Handwerk« befragt und sinniert, wie dies alles wohl zustande gebracht worden sein mag. Das ist dann der Augenblick, da der Geist dieses Betrachters, der von dem Gegenstand, auf den sein Blick fiel, ergriffen, ja, aus einem gleichgültigen Bummler zu einem Betrachter erst umerschaffen wurde, von dem Kunstwerk den vielschichtigen Genuß zum Geschenk erhält, darin das Erfühlen der bildhaft festgehaltenen Gegenwärtigkeit eines Menschen sich mit dem des Inbegriffs der Tätigkeiten zur Einheit fügt, die den gestaltlosen Stoff geformt haben, um ihm das Erscheinungsbild des Lebens aufzuprägen. Zwischen dem Werk und dem Betrachter richtet sich ein Austauschverhältnis ein, durch das Wesentliches geschieht: das Werk gibt ebenso viele Antworten, wie es Fragen stellt. Seine Quellen strömen desto reicher, je schwerer sie es uns machen zu trinken. Je mehr man das Werk betrachtet, desto größer wird die Begierde nach Wissen, die es erregt.

Doch die Hervorbringung einer solchen Wirkung fordert dem Künstler ein Gleichgewicht von Fähigkeiten ab, das selten vorkommt: die Meisterung seiner selbst ebensosehr wie die Beherrschung der technischen Mittel; *die Kunst, sich im Weitertreiben der Arbeit die Fragen zu stellen, auf die es ankommt*; die Fähigkeit, eine Tätigkeit, die auf Genauigkeit ausgehen muß, gleichzeitig mit einer anderen durchzuführen, die zu Versenkung in Betrachtung aufrufen will – wobei die eine sich auf ein Modell bezieht, das *gegenwärtig* ist, die andere eine Gewißheit befragen muß, die im verborgenen ruht. Dazu bedarf es einer immer sehr heiklen, dauernden Verbindung von diesen von ihrem Wesen her voneinander unabhängigen Unternehmungen.

Diese Eigenschaften habe ich bei meiner Bildhauerin angetroffen, und ich habe gesehen, wie sie sich entfalten. Ich habe mit dem Blick auf die Ausführung der Werke der Kunst gelegentlich von Tanz gesprochen. Ich habe Renée Vautier im Verdacht, daß sie von Tanz und Rhythmik einiges weiß. Es ist mir bekannt, daß sie auch den Umgang mit Flugmaschinen versteht, wobei Kaltblütigkeit und Genauigkeit des Reagierens lebensnotwendig sind. Diese Übungen haben einiges mit der Art gemein, wie sie als Bildhauerin arbeitet, und ihre Kunst beweist die wirkende Kraft der methodischen Schulung und einer überlegten Selbstzucht. Der Mensch und das

Werk, das Verwirklichung ist, finden so ihre sich immer klarer abzeichnende Entsprechung. Es ist dies der wahre Weg.

Ich habe meine Bildhauerin beobachtet, wie sie, durch die Schwierigkeit an sich nach und nach wissender geworden, ihren Geist fortschreitend all jene Vorstellungen abwerfen ließ, über die Kunst keine Aussagen zu machen vermag: jene ehrfurchtgebietenden, dem wirklichen Geschehen in der Kunst so fremden Betrachtungen, die die Umgänglichkeit der Sprache zu vielen Schriftstellern erlaubt, zu vielen Künstlern zur Verfügung zu stellen, denen das Ausmaß ihrer Bildung nicht genügend Schutz gewährt und die sich in ihrer Eitelkeit gekitzelt fühlen. Mehr als ein Bildhauer – für diese gilt es besonders, und es sind berühmte darunter – hat seinem Geist erlaubt, sich in nichtssagenden und sinnlosen Theorien zu verlaufen. Darunter sind welche, die glaubten, sich zu erhöhen, indem sie über das, was sie wußten, in Worten sprachen, deren Sinn sie nicht verstanden! Der Künstler hat jedoch durch sein »Handwerk« und seiner Art gemäß darzutun, was er will und was er denkt. Die Beziehung, in der ein Mensch zu seiner Kunst steht, enthält in sich selber unausgesprochen alles, was es braucht, um den Menschen und die Kunst zu erhöhen. Alles übrige führt ins Verderben.

# VON DER ÜBERRAGENDEN WÜRDE DER KÜNSTE, DIE DAS FEUER WIRKT

Jegliches Werk vereint in sich ein *Verlangen*, eine *Vorstellung*, ein *Handeln*, einen *Stoff*.

Diese Grundelemente stehen untereinander in Beziehungen, die recht unterschiedlich, keineswegs einschichtig und oftmals so subtil sind, daß ihre Darstellung unmöglich wird. Ist dies der Fall, sind wir somit außerstande, ein Gebilde durch etwas wie eine Formel zu vergegenwärtigen oder zu umreißen, die uns erlauben könnte, es als ein Ding zu begreifen, das man nach Willen erschaffen oder nacherschaffen könnte, dann nennen wir es ein *Kunstwerk*.

Den Adel einer Kunst bedingen die Reinheit des *Verlangens*, aus dem sie hervorgeht, und die Ungewißheit des Schöpfers über das Glücken seines *Handelns*. In je größere Ungewißheit über den Erfolg seines Mühens der Künstler durch die Besonderheit des *Stoffes* versetzt wird, den er zurechtquält, und der wirkenden Kräfte, die er in seinen Dienst nimmt, um ihn zu meistern, desto reiner ist sein Verlangen, desto offensichtlicher sein Künstlertum.

Darum befällt in allen Künsten, deren Stoff nicht schon durch sein bloßes So-Sein gegenwirkende Widerstände häuft, die wahren Künstler das Gefühl der Gefahren und der Langeweile allzu großer Leichtigkeit des Schaffens. Die Feder und der Pinsel erscheinen ihnen zu ungewichtig. Sie machen sich Sorgen um die Dauer dessen, was sie so wenig kostet und sich so unbeschwert entfaltet. In Zeiten, da es gut um die Künste steht, kann man sehen, wie sie sich Schwierigkeiten schaffen, die nur Geschöpfe ihrer Einbildung sind; wie sie sich ganz und gar willkürliche Gesetzlichkeiten und Regeln erfinden, Freiheiten beschneiden, die fürchten zu müssen sie begriffen haben, und sich den Gebrauch der

Fähigkeit untersagen, mit sicherem Griff und im Augenblick *alles* machen zu können, was in ihrem Wollen liegt.

Das ist der Grund, warum uns die Arbeit am Marmor von größerer Würde zu sein scheint als die Verarbeitung des Tons; warum uns der Kupferstich ehrenwerter vorkommt als die Radierung, das Fresko – es wird unter dem antreibenden Druck der Zeit geschaffen, und *Handeln*, *Stoff* und *Dauer* sind bei ihm auf das innigste verwoben – als vornehmere und reinere Malerei denn irgendwelche andere Malweise, die *Ausbesserung*, Übermalung, ein Umbesinnen zuläßt.

Doch weiß ich unter allen Künsten keine, die größerer Abenteuer und Ungewißheiten voll und darum adliger wäre als jene, die das *Feuer* berufen.

Ihr Wesen schließt jede Nachlässigkeit aus oder vergilt sie mit Strafe. Kein Aufgeben der Spannung, kein Atemholen, kein Schwanken des Gedankens, des Mutes oder des Gemüts! Sie erzwingen – und das auf die dramatischste Art – den verschärften Kampf des Menschen mit der Form. Ihr wesentlichstes Werkzeug, das *Feuer*, ist zugleich ihr größter Feind. Es ist ein fürchtenswertes Präzisionswerkzeug, dessen wundersamer Zugriff auf den Stoff, den man seiner Glut anheimgibt, durch einige physikalische oder chemische *Konstanten*, denen Rechnung zu tragen schwierig ist, erbarmungslos an enge Grenzen gebunden, bedroht und festgelegt wird. Jede Abweichung wird zum Verhängnis: das Stück ist verdorben. Schläft das Feuer ein, mag es sich aufbäumen – seine Laune wirkt Unheil, das Spiel ist hin. Dahin sind in einem Nu die anmutige Rundung, der langausgesonnene Zierat, die kundig ausgewogene und aufgetragene Glasur, die Zeit, das Geld, die Mühe, die Liebe. Ist das Werk aus Metall, dann mag es auch vorkommen, daß dieses Metall, das tausend leichte, in formzeugender Ordnung rhythmisch geführte Hammerschläge zurichteten und streckten, zusammenfällt und, aufflackernd in einem jähen Erwachen der Flamme, unversehens schmilzt.

Handle es sich um das Kupfer, um das Glas, um den Ton – während das Feuer wirkt, verzehrt sich der Mensch. Er wacht, er brennt; er ist in einem ein Spieler, dessen Schicksal der Fall eines Würfels entscheiden wird, und einer Seele in Ängsten gleich, die im Gebet verharrt.

Seine Hand, die das Feuer anfachte, die es nährt, schürt, zähmt, lauert auf den einmaligen Augenblick, da sie ihm das weißglühende Gebilde entreißen kann, das es eben hervorbrachte und im nächsten Augenblick vernichten wird, wie es mit ihren Geschöpfen die blinde und eintönige Gewalt des Lebens macht.

So muß auch der Dichter zur rechten Zeit das kostbare Augenblicksgeschenk des Überschwangs der Gefühle aus seinem Geist reißen und unverzüglich in Form bringen, ehe daß dieser selbe Geist noch – *fortgetragen über die Linie des Allerschönsten* – ihn wieder vornähme, auflöse und in dem Schmelzofen seiner endlosen Gestaltungsmöglichkeiten untergehen lasse.

Doch all die Wachsamkeit des erlauchten Handwerks am Feuerofen, alles, was seine Erfahrung, sein Wissen von der Hitze, den gefährlichen Zuständen, den Temperaturen für die Schmelze und die Reaktion der Stoffe vorauszusehen erlauben, lassen die adelnde Ungewißheit in ihrer Unermeßlichkeit bestehen. *Sie alle schaffen den Zufall nicht ab.*[1] Seine hohe Kunst bleibt unter der Herrschaft des Wagnisses und wird dadurch gleichsam geheiligt.

So wie die Alten ihren Pythien zitternd ihre Vorhaben und ihre Zweifel unterbreiteten und wie sie dem Rasen einer Seherin das Amt anvertrauten, Antworten zu bilden, die ihnen das *kalte* Denken der Vernunft und der Wissenschaft zu formen nicht gestattete, genauso gibt der Töpfer oder der Glaser dem Feuer das Problem einer Vase auf; und das Feuer gibt das Orakel. Zuweilen ist es glückhaft, zuweilen voller Unheil, zuweilen vieldeutig, zuweilen eine unwiederholbar einzigartige und beseligende Überraschung. Zuweilen erschuf das Feuer eine der Natur ganz und gar unbekannte Substanz: aus dem Sand schuf es ein Glas, einen absonderlichen Körper, der über die Jahrhunderte hin durchsichtig blieb wie ein fest gewordenes Wasser, gebannt in ein Gleichgewicht von Zwängen, durch etwas wie tiefinneres Ergriffenwordensein der Bestimmung entzogen, auf das Gesetz der Kristalle hinleben zu müssen. Zuweilen erfüllt das Spiel die Erwartung ganz und entläßt verwandelt, mit Schmelzwerk beladen, im Gewande einer in Ewigkeit beständigen mineralischen Haut, die doch so sanft und lebendig ist wie die einer Frucht, den Gegenstand, den die Hände des Künstlers fromm dem Gotte geweiht und in den mystischen Bereich gestellt hatten, wo die in Haft gehaltene Strahlung über sich hinauswächst und aus der vollkommenen Unform der Schwingungen den allgewaltigen einenden Gleichklang der wirkenden Kräfte fügt.

Was tun die Künste, die das Feuer wirkt, anderes, als die grundlegende Eroberung des Menschen zu zelebrieren? Sie stammen von seinen ersten Handwerken ab. Kaum hatte er das Feuer gezähmt, kaum diese Glut sich untertan gemacht und durch sie den Ton und die Metalle, woraus er Werkzeuge, Waffen, Hausrat schuf, da lenkt er es auch schon ab, damit es ihm ein Wert der Betrachtung und der Lust sei. Es hat einen ersten Menschen gegeben, der, gedankenabwesend ein beliebiges grobes Gefäß liebkosend, in sich den Gedanken keimen fühlte, ein anderes Gefäß auszuformen, *nur um es liebkosen zu können.*

Darf ich das Bekenntnis wagen, daß ein schöner Gegenstand, der aus der Feuerprobe hervorgegangen ist, mir immer wieder eine Sternengeschichte vergegenwärtigt? Ich bewege in meinem Sinn, daß eine bewohnbare Erde oder ein bewohnbarer Mars schließlich nichts anderes sind denn *erkaltete Körper*, worauf die sehr vielfältigen, sehr eng gesteckten, sehr zusammengesetzten Bedingungen der Möglichkeit des Lebens sich in einer Art und Weise vereinigt finden, für deren Zustandekommen *sehr wenig Wahrscheinlichkeit* bestand. Sie sind vielleicht die sehr selten und sehr schwer, abseits aller Gewißheit nur glückenden Gebilde irgendeines Töpfers, von dem man sich keine Vorstellung zu bilden vermag. Vielleicht sind die Planeten nichts anderes als Gegenstände, die einem unbestimmbaren Plan dienstbar sind, den die Lebenden, ohne es zu wissen, fördern oder behindern. Die Künste, die das Feuer wirkt, wären damit die verehrungswürdigsten von allen, ahmen sie doch so genau das überirdische Wirken eines Weltenschöpfers nach.

# DAS PROBLEM DER MUSEEN

Ich habe keine ausgesprochene Vorliebe für Museen. Zwar gibt es sehr viele bewunderungswürdige unter ihnen, aber kein einziges ist wirklich bezaubernd. Der Gedanke der Einteilung in Schulen, der Konservierung und der allgemeinen Nützlichkeit, der an sich richtig und klar ist, hat wenig mit Entzückungen zu tun.

Schon beim ersten Schritt, mit dem ich mich den schönen Dingen nähere, entreißt mir eine Hand den Stock. Ein Schild verbietet mir zu rauchen.

Bereits durch diese autoritäre Geste und von einem gewissen Zwangsgefühl eisig erfaßt, betrete ich einen Saal mit Skulpturen, in dem kalte Verwirrung herrscht. Eine blendende Büste erscheint zwischen den Beinen eines Bronzeathleten. Die Stille und doch wieder heftige Bewegtheit, die Albernheiten, das Lächeln, die Gezwungenheit und die gefährlichsten Gleichgewichtslagen rufen in mir ein Gefühl der Unerträglichkeit hervor. Ich befinde mich mitten in einem Tumult eisesstarrer Wesen, von denen jedes einzelne vergeblich das Nichtvorhandensein aller anderen fordert. Und dabei will ich nicht einmal von dem Chaos dieser Größen ohne gemeinsames Maß sprechen, weder von der unentwirrbaren Vermengung von Riesen und Zwergen noch von dem kurzgehaltenen Entwicklungsabriß, die uns eine derartige Versammlung vollendeter und unvollendeter, verstümmelter und restaurierter Wesen, von Ungeheuern und feinen Herren bietet ...

Bereit, alle Qualen zu ertragen, nähere ich mich der Gemäldeabteilung. Ein organisiertes Durcheinander ersteht lautlos vor mir. Ich werde von einem heiligen Schauder gepackt. Mein Schritt wird andächtig. Meine Stimme wandelt sich. Sie wird etwas lauter als in der Kirche, bleibt aber immer noch leiser als gewöhnlich. Bald weiß ich gar nicht mehr, was ich eigentlich unter diesen wächsernen Einsamkeiten suche, die etwas vom Tempel und Salon, von Friedhof und Schule haben. Bin ich gekommen, um mich zu bilden? Suche ich mein persönliches Vergnügen? Will ich einer Pflicht oder nur den gesellschaftlichen Verpflichtungen Genüge tun? Oder aber sollte es doch nur eine Studie besonderer Art sein, dieses Wandeln zwischen willkürlich sich in den Weg stellenden Kunstwerken, bei dem man ihnen bald links, bald rechts ausweichen und sich wie ein Betrunkener zwischen den Schanktischen hindurchlavieren muß?

Traurigkeit, Verdruß, Bewunderung, das prächtige Wetter draußen, Gewissensbisse, das bedrückende Bewußtsein, daß die Zahl der großen Künstler beträchtlich ist: all das begleitet mich.

Ich fühle, wie ich schrecklich aufrichtig werde. Wie ermüdend, wie barbarisch, sage ich mir. Nichts daran ist menschlich, nichts echt. Es ist paradox, diese unabhängigen, aber gegensätzlichen Wunderwerke einander näherbringen zu wollen, denn wenn sie sich am meisten ähneln, stehen sie im schroffsten Gegensatz zueinander.

Nur eine Zivilisation, die weder üppig noch vernünftig ist, kann dieses Haus der Zusammenhanglosigkeit errichtet haben. Ich weiß nicht, auf welche Unsinnigkeit dieses Nebeneinander toter Visionen hinausläuft, die sich den Blick, der ihnen zur Existenz verhilft, neiden und streitig machen. Von allen Seiten fordern sie meine ungeteilte Aufmerksamkeit. Sie geraten in Verzückung über das Fünkchen Leben, das den Mechanismus des Körpers mit sich fortreißt zu dem, was ihn anzieht ...

Das Ohr ertrüge nicht, zehn Orchester zur gleichen Zeit zu hören. Der Verstand kann mehreren unterschiedlichen Vorgängen weder folgen noch sie durchführen. Man kann nicht zur gleichen Zeit verschiedene Dinge überlegen. Aber dem Auge in der Öffnung seines beweglichen Blickwinkels wird im Moment seiner Wahrnehmung zugemutet, ein *Porträt*, ein *Seestück*, das Interieur einer *Küche* und ein *historisches Bild*, Personen in verschiedensten Zuständen und Ausmaßen zu registrieren. Nicht genug damit, soll es mit demselben Blick

Farbharmonien und Malweisen aufnehmen, die jedem Vergleich miteinander widerstreben.

Ebenso wie der Gesichtssinn durch den Mißbrauch der räumlichen Gleichzeitigkeit, den eine Bildersammlung mit sich bringt, vergewaltigt wird, leidet auch der Verstand unter der Anhäufung bedeutender Werke. Je schöner sie sind, je stärker sie wirken als ausgewählte Manifestationen menschlichen Strebens, um so entschiedener sollten sie voneinander getrennt werden. Es sind Dinge erlesener Seltenheit, von denen die Schöpfer gewünscht hätten, sie wären einmalig. Man sagt zuweilen, *dieses Bild TÖTET alle anderen in seiner Umgebung* . . .

Ich glaube, daß weder Ägypten noch China, noch Griechenland, denen man Weisheit und Verfeinerung nachrühmt, dieses System des Nebeneinanderstellens von Kunstwerken gekannt haben, wo eins das andere verschlingt. Sie pflegten nicht, aufgrund abstrakter Prinzipien, unvereinbare Werke mit Katalognummern zu versehen.

Aber unser Erbe erdrückt uns. Der moderne Mensch, geschwächt durch die Enormität seiner technischen Mittel, verarmte unter dem Übermaß seiner Reichtümer. Der Mechanismus der Schenkungen und Stiftungen, die Kontinuität von Produktion und Ankäufen und jene andere Ursache der Vermehrung, die auf den Schwankungen der Mode und des Geschmacks beruht, auf dem Zurückgreifen auf einst verschmähte Werke, tragen ständig zur Anhäufung eines übermäßigen und daher unausnutzbaren Kapitals bei.

Das Museum übt eine stete Anziehungskraft aus auf alles, was Menschenhand hervorbringt. Der schaffende wie der sterbende Mensch bereichern es. Alles endet letztlich an der Wand oder im Schaukasten. Ich muß dabei stets an die Spielbank denken, die bei allen Einsätzen gewinnt.

Indessen steht die Möglichkeit, sich dieser Sammlung zu bedienen, in keinem Verhältnis zu ihrem ständigen Anwachsen. Unsere Schätze erdrücken und lähmen uns. Die Notwendigkeit, sie an einem Ort zu konzentrieren, erhöht noch diese Wirkung, die uns betäubt und traurig macht. Die Galerien mögen noch so weitläufig, noch so geeignet, noch so trefflich geordnet sein, wir werden uns stets in ihnen etwas verloren und trostlos fühlen, allein gegen so viel Kunst! Die Produktion dieser nach Tausenden zählenden Arbeitsstunden, von so vielen Meistern für ihre Zeichnungen und Malereien aufgebracht, wirkt in wenigen Augenblicken auf unsere Sinne und unseren Geist; und diese Arbeitsstunden selbst waren Stunden, auf denen das Gewicht jahrelangen Suchens, Experimentierens, Beobachtens lag, voll von Genie und künstlerischer Eingebung...! Wir werden dem notwendigerweise erliegen. Was tun? *Wir werden oberflächlich.*

Oder aber wir werden zu gelehrten Sachkennern. Auf dem Gebiet der Kunst ist Gelehrsamkeit eine Art Niederlage: Sie erhellt die Oberfläche und vertieft das Unwesentliche. Sie ersetzt das Empfinden durch ihre Hypothesen und die Gegenwart des Kunstwerkes durch ihr erstaunliches Gedächtnis. Sie ergänzt das umfangreiche Museum durch eine Bibliothek, die keine Grenzen kennt. Aus der Venus wird ein Dokument.

Ich verlasse mit brummendem Schädel und wankenden Knien diesen Tempel der edelsten Genüsse. Aber die äußerste Erschöpfung ist zuweilen mit einer fast schmerzhaften Aktivität des Verstandes verbunden. Das prächtige Chaos des Museums verfolgt mich und verschmilzt mit dem bewegten Leben der Straße. Mein Unbehagen sucht nach einer Ursache. Es bemerkt oder erfindet ich weiß nicht welche Beziehungen zwischen dieser Konfusion und dem verwirrten Zustand der Kunst in unserer Zeit.

Wir befinden und bewegen uns in einem Taumel der Vermischung, und wir geben die Schuld der Kunst der Vergangenheit.

Plötzlich sehe ich wie durch einen Schleier etwas Klarheit. Eine Antwort wächst in mir, löst sich langsam von meinen Eindrücken und verlangt ausgesprochen zu werden. Malerei und Bildhauerei, sagt mir der Dämon der Erklärung, sind Findlinge. Ihre Mutter, die Baukunst, ist tot. Zu ihren Lebzeiten wies sie den beiden Kindern ihren Platz, ihr Amt, ihre Grenzen an. Die Freiheit, in die Irre zu gehen, war ihnen verwehrt. Sie hatten ihren Bereich, ihre bestimmte Bedeutung, ihre Untertanen und Bundesgenossen. Solange die Mutter lebte, wußten sie, was sie wollten.

– Leb wohl, sagt dieser Gedanke, ich gehe nicht weiter.

# VORWORT ZU EINER AUSSTELLUNG ITALIENISCHER KUNST

Jetzt, in einem kritischen Moment für alle menschlichen Dinge, da die Völker sich bewaffnen und die allgemeine Besorgnis das Leben lähmt und seine Wechselbeziehungen stört[1], kommt ein Schatz an erlesensten Schönheiten zusammen, die Mal- und Bildhauerkunst je hervorgebracht haben, und schenkt uns einen Augenblick reiner alkyonischer Freude und innerlich berührender geistiger Schau.

Mehr als vierhundert Werke ersten Ranges sind hier ausgestellt, die Früchte einer Arbeit, die über fünf Jahrhunderte hinweg eine wundervoll begabte Nation geleistet hat. Frankreich hat es sich gewünscht: italienisches Wohlwollen hat den Wunsch erhört; der machtvolle Wille, der jenseits der Berge herrscht, hat ihn erfüllt.

Diese feierliche, gewichtige Ansammlung von Meisterwerken – ist sie nicht eine Herausforderung für die sonderbare Bestialität dieser Zeit, ein Zeichen der Mißbilligung ihrer törichten Vergnügungen und ein Tadel für die herrschende angsterfüllte Oberflächlichkeit?

Es ist also das geistige Auge, das zuerst das Ganze sehen muß, und das erste, was es in diesem Palais de la Ville de Paris zu bewundern gibt, ist nicht so sehr die Anzahl der Wunderwerke als vielmehr das Erlebnis von ideellem Wert, wie sie das noble Ansinnen Frankreichs und die wahrlich großartige Zustimmung Italiens ermöglicht haben.

Wie unter Schutt oder dem Haufen ungestalteter Erde plötzlich ein Bruchstück von göttlicher Gestalt sich enthüllt, so tritt heute dieser Liebesakt des Schönen hervor.

Doch erwächst diesem ersten Blick jetzt ein Gedanke von besonderer Art. Für die höheren Schöpfungen des menschlichen Geistes sind die Zeiten, die wir erleben, nicht weniger schwierig, die Umstände nicht weniger beunruhigend, die

Zukunft nicht weniger ungewiß als in der Sphäre des Politischen und der materiellen Zwänge. Können wir angesichts dieser blendenden Zusammenschau von unvergleichlichen Gemälden und Skulpturen anders denn mit gelinder Verbitterung an den gegenwärtigen Zustand unserer Künste denken?

Was sich hier an Anmut, Stil, Wissen und Gefühl zusammenfindet, wirkt erdrückend. Wir mögen uns noch so sehr einreden, daß unser Eindruck ungerechtfertigt und das ausgestellte Ensemble eine Auswahl des Kostbarsten sei, fünfhundert Jahre ungeheuren Kulturschaffens darstelle, wir nicht die Tausende von Werken sähen, an denen sie sich über Jahrhunderte hinweg erprobt habe, und sie im Grunde nicht den Arbeiten der letzten Jahre gegenübergestellt werden dürfe – wir spüren gleichwohl so etwas wie einen *Stich*: »Glücklich diese Künstler«, so denken wir, »die nichts daran hinderte, sich zu verzehren, um groß zu werden.«

Wir aber, wir nehmen ringsum in den Menschen und Werken – wie auch in uns selbst – die Folgen von Verwirrung und Zerstreutheit wahr, die der ungeregelte Lauf der modernen Welt uns auferlegt. Die Künste halten mit der Hetze nicht Schritt. Unsere Ideale dauern zehn Jahre! Der absurde Aberglaube an das *Neue* – der fatalerweise den uralten, trefflichen Glauben an das Urteil der *Nachwelt* abgelöst hat – weist aller Anstrengung das trügerischste Ziel zu und mißbraucht es, um das Allervergänglichste zu schaffen, zu schaffen, was schon seinem Wesen nach nur vergänglich sein kann: die Sensation des Neuen. Alle Werte werden durch die Kunstkniffe der Reklame verdorben und dabei fast ebenso jähen Schwankungen ausgesetzt, wie sie tagtäglich an der Börse zu verzeichnen sind. Einst kam die Bewertung von Kunstwerken einigen hundert schwer zufriedenzustellenden und leidenschaftlichen Persönlichkeiten zu, die Städte bewohnten, die noch keine Stadtungetüme waren: Athen, Florenz und Amsterdam. Diese beschränkten und diskutierfreudigen Kreise boten der Kunst, was die Kunst nur schwer entbehren kann: lebhafteste Anteilnahme, wirkliche Begeisterung, offene Streitgespräche und das unmittelbare Gefühl ihrer

Bedeutung. Die großen Augenblicke der Kunst finden sich nur in diesen Mikrokosmen, wo die Temperatur der Begierde nach schönen Dingen erstaunlich hochschnellen konnte. Geschmack, Enthusiasmus und kritischer Sinn befanden sich dort in ständiger Erregung. Ich will gern glauben, daß es an schöpferisch begabten Menschen, an zum Schaffen Geborenen niemals fehlen wird; aber was ihnen oft – und ganz besonders heute – fehlt, sind jene lebenserfüllten Bedingungen, jene unbestechlichen Liebhaber und Kenner, denen weder die Hoffnung auf ein gutes Geschäft noch der Nimbus irgendeiner Feder, noch der Ehrgeiz, einer Modeströmung zuvorzukommen oder ihr zu folgen, die Lust und das Vermögen trübten, ihrem persönlichen Vergnügen zu frönen und ihren ureigenen Verstand zu üben.

In Italien gab es schon sehr früh derartige Männer. In seinem Testament schreibt Petrarca:

»Nachdem ich nichts anderes besitze, was ich ihm überlassen kann und was seiner würdig wäre, vermache ich meinem Herrn, dem Gebieter über Padua, mein Bild mit der Geschichte der Allerseligsten Jungfrau Maria, welches von der Hand des ausgezeichneten Malers Giotto stammt und mir als ein Geschenk meines Freundes Michele Vanni aus Florenz übersandt wurde. *Für die Schönheit dieses Werks haben Ignoranten keinerlei Empfindung, aber die Meister der Kunst sind darüber bis zur Bestürzung verwundert.*«[2]

Noch viele andere Ursachen für Unbehagen und Ohnmacht wirken auf den zeitgenössischen Künstler ein. Ich vermöchte sie weder aufzuzählen noch irgendwie zu ordnen, denn das Bild eines Ungeordneten bleibt Ungeordnetes. Vielleicht ließen sie sich leicht auseinanderhalten, wenn man die offensichtlichsten Bedingungen der Schaffung eines Werks untersuchte, das bestimmt ist, für alle Zeiten die Seele der Menschen für sich einzunehmen? Die *Muße* zum Beispiel, also die Unabhängigkeit von der Zeit und das Vermögen, über diese Zeit zu verfügen, ohne sie zu bemessen. Wir dagegen leben und leiden unter Zeitdruck, immer dabei, der aberwitzigen Hetze der Welt die Zartheit und Tiefe unserer Arbeiten abzuringen. Die Daseinsbedürfnisse und das

System des äußerlich überorganisierten Lebens gestatten kein endloses Forschen und immer wieder in Angriff genommenes Studium mehr und stören die Herausbildung jener langwierigen und eigensinnigen inneren Ordnungsgefüge, aus denen die Werke von wahrer Schönheit erwachsen. Kann man sich in unserer Zeit einen Leonardo vorstellen (*Lionardo, che tanto pensate*)[3], der sich scheinbar fern von seiner Kunst verliert, der seine grenzenlosen Wissensbegierden entfaltet, um dann plötzlich aus seiner universellen Zeit der Selbstversenkung und analytischen Träumereien zurückzukehren zu seiner geliebten Malerei?

Wenn Dinge von größtmöglicher Schönheit entstehen sollen, dann ist die *Einfachheit des Ziels* ebenso wichtig wie Muße. Weil nämlich alle Künste gleichzeitigen und voneinander unabhängigen Anforderungen genügen müssen und in der Tragödie der Ausführung die Einheit der Handlung »physiologisch« wesentlich ist. Die Poesie verbindet Klang und Sinn des Wortes, so gut sie kann. Die Malerei spielt mit einem subtilen Zusammenklang der Ähnlichkeit der Dinge, des Vergnügens oder der Emotion des Betrachtens und ihren geistigen Resonanzen. Doch wie es bei jeder, und noch der durchdachtesten, Strategie vor allem darauf ankommt, zu wissen, *was man will*, und sich dies in wenigen Worten, ein für allemal klarzumachen – derart, daß man ein einziges und klar festgelegtes Ziel verfolgt und ihm die vielfältigen Mittel zuordnet –, so gilt es auch für jedes Werk und für jenes Werk der Werke: die Karriere und die Gesamtentwicklung des Künstlers. Nun liegt aber gerade darin, was es einmal gab und was es heute kaum mehr gibt. Der Geist der meisten modernen Künstler ist uneins mit sich selbst. Sie bauen sich Systeme zusammen, die sich nur dank des Beistands irgendeiner entsprechend zurechtgemachten Literatur für eine Weile halten. Doch weder Tizian noch Veronese, noch Robusti genannt Tintoretto hatten es nötig, daß man sie »präsentierte«. Ihnen genügte, daß sie sich durchsetzten. Man widmete ihnen Sonette, erklärte sie nicht. Sie gaben keine Absichtserklärungen ab, sie boten vielmehr Wunder, und sie belasteten sich nicht mit fremden Systemen, sondern taten, was ihnen die lebhafteste Empfindung ihres Könnens vermittelte, das sie unaufhörlich herausforderten und entwickelten.

Ein Bildnis des unverfälschten Raffael – was könnte schlichter sein in seinem Wollen und zielsicherer in seiner Wirkung?

Wir dagegen irren von einer Theorie zur nächsten. Der Triumph, der jähe Zusammenbruch der gegensätzlichsten Thesen, die sich wie komplementäre Effekte ergänzen, verursachen am Ende geistige Gleichgültigkeit. Von Jahrzehnt zu Jahrzehnt schaukelt die öffentliche Meinung hin und her zwischen Dingen, die nicht sterben können, und Dingen, die nicht leben können; und die Extreme bestärken sie ...

Und wie wäre denn zu übersehen, daß rings um uns her das Streben nach vollkommener Ausführung und zielsicherer Wahl der Mittel, sorgfältigste Vorbereitung, Sicherheit und Gelöstheit bei der Arbeit, die Sorge, nichts dem Zufall oder der Nachlässigkeit zu überlassen – all diese Sorgfalt, die den Künstler von dem unterscheidet, der lediglich mit dem Pinsel spielt –, nicht nur vernachlässigt, sondern von manchen als unter der Würde ihres Genies angesehen werden? Und welch ein Paradox, daß eine Epoche, in der das Leben selbst der genauen Bestimmung durch viele Zahlen unterworfen ist, in der Wissenschaft und Industrie den Gebrauch empfindlichster Apparaturen und die peinlichste Befolgung kleinster Vorsichtsmaßnahmen erfordern, in der »Technik« der Künste derartige Laxheiten duldet und Gefallen an den Spielereien der Unzulänglichkeit und an den Dreistigkeiten des Leicht-von-der Hand-Gehens zu finden scheint!

Was man heute von einem Läufer, einem Tennisspieler, einem Athleten, der sich auszeichnen will, verlangt – gezieltes Training, harte Disziplin, durch lange auferlegte Zwänge erworbene Freiheit –, steht in merkwürdigem Gegensatz zu dem wenigen, das es braucht, um als Künstler zu erscheinen.

Dies sind die harten Worte und dies sind die Klagen, die angesichts dieser erlesenen Sammlung früher italienischer Kunstwerke und gleichsam unter ihrem Schock im Bewußtsein des modernen Menschen aufsteigen könnten. Wenn wir an dieser inneren Stimme vorbeihören, werden der noble Eifer und die immense Arbeit, die aufgewandt wurden, um all dies zusammenzutragen, als Dank nur das Vergnügen vieler und das Entzücken einiger geerntet haben; nicht aber die Tiefenwirkung, die man sich hätte erhoffen dürfen.

Es geht keineswegs darum, zur Nachahmung dieser Meister anzustacheln. Ihre Art, zu sehen und zu schaffen, wurde vielleicht allzuoft wiederaufgegriffen und reproduziert. Lust wecken und nachdenklich stimmen müssen uns vielmehr die Tugenden, die für eine solche Meisterschaft notwendig sind! Hier ist keiner, von dem man nicht spürte, daß er ein *universaler Mensch*[4] gewesen sein oder sich zu einem solchen gemacht haben muß. Keiner, der auf den Gedanken verfallen wäre, die umfassende handwerkliche Beherrschung seiner Kunst könnte seine Leidenschaft zum Erkalten bringen; Studium und gezielte Selbstversenkung ihn hindern, er selbst zu werden: so etwas stößt Schwächlingen zu, und die zählen nicht. Keiner, der an die Notwendigkeit einer eigenen »Ästhetik« und die Deformation der Natur, die nur ihm gehörte, glauben mochte! Sie erforschten sich nicht, um aufzufallen, sondern um möglichst lange betrachtet zu werden – was etwas völlig anderes ist. *Staunenmachen* währt nur kurz; *Schockieren* ist kein Ziel von größerer Tragweite. Aber die Erinnerung wieder nach einem verlangen lassen, ein großes Verlangen stiften, wiedergesehen zu werden – das bedeutet, nicht den vergehenden Augenblick des Menschen ins Auge zu fassen, sondern die Tiefe seines Wesens. Ein Werk, das die Menschen zu sich zurückruft, ist mächtiger als jenes, das sie nur provozierte. Dies gilt allgemein, und was mich betrifft, so bewerte ich Bücher nach dem mehr oder weniger durch sie geweckten Bedürfnis, sie nochmals zu lesen.

Alles, was hier zu sehen ist, wurde seit Jahrhunderten geschätzt, als reizvoll und hinreißend empfunden. Und dieser Glanz sagt uns in aller Deutlichkeit: ICH BIN NICHTS NEUES. Die Zeit mag das Material, das ich entliehen habe, verderben; aber solange sie mich nicht zerstört hat, kann die Gleichgültigkeit oder Geringschätzung irgendeines Menschen, der dieses Namens würdig ist, mich nicht vernichten.

Und nicht nur das ist seine Botschaft.

Er fügt hinzu: Wenn die Bilder und Objekte, die diesen Schatz bilden, jedes für sich das Werk ihres Künstlers sind, so ist ihre Gesamtheit doch als das Werk eines ganzen Volkes zu begreifen, dessen Kunstverständnis immer eng mit dem Leben verbunden war. Kunst war ihm keineswegs ein Überflüssiges oder ein außergewöhnliches Element des Daseins, sondern eine natürliche und geradezu notwendige Voraussetzung, deren Fehlen ihm einen spürbaren Verlust bedeutete – und das findet sich nicht in allen Ländern. In Italien wurde der Künstler nicht als unnützes Wesen angesehen, dem man wohl noch zugesteht, daß es lebt, dem man ansonsten aber aus einer Art Übereinkunft keine größere Beachtung schenken muß. Im Gegenteil, in diesem Land wird seit dem Mittelalter jenen eine große Hochachtung entgegengebracht, die das Gestalten des Schönen zu ihrem Beruf machen. Zur selben Zeit bleiben die Namen der bewundernswerten Erbauer und Steinmetzen unserer Kathedralen im dunkeln: ihnen wird kein Ruhm zuteil, und ihr Ruf beschränkt sich auf den ausgezeichneter Spezialisten.

Von Cimabue bis Tiepolo entwickelt sich in diesem Italien die ganze Tradition der bildenden Kunst Europas. Es gibt wohl auch andernorts große Künstler; aber in Italien wird das große Werk vollbracht: *die Anknüpfung an die Antike* und jenes ungewöhnliche *Bündnis der umfassendsten Kultur mit der Kunst und künstlerischen Praxis*, das einigen Unvergleichlichen gelang. Dies erforderte ein Milieu und Umstände von beispielloser Art. Im richtigen Augenblick gab es in Italien einen Gärungsprozeß im Leben und in der Welt der Ideen; darin verbanden sich Allmacht und Anarchie, Reichtum und Andacht, Sehnsucht nach Ewigkeit und Sinnlichkeit, Raffinesse und Gewalttätigkeit, allergrößte Schlichtheit und allerkühnster intellektueller Ehrgeiz – kurzum, nahezu alle Extreme vereinter Lebens- und Geisteskraft... Mit den Alten wetteifern; die Verbindung gestalten von Mystizismus, Philosophie und entstehender experimenteller Wissenschaft; in einem einzigen Leben Platz lassen für alle Wißbegierden und alle Formen des Handelns – das vollbrachten dort im Verlauf einiger Generationen einige hundert Menschen, in einigen dreißig Städten, inmitten von Zwisten, die gefördert und gefordert wurden durch Päpste, Prioren, Bankiers, Podestas, Signorien oder Kaufleute; jedoch getragen vom Instinkt des Volkes und der leidenschaftlichen Anteilnahme jener Liebhaber und Kenner, über deren unschätzbaren Eifer und Urteilskraft ich bereits gesprochen habe.

Aus dem Dialog zwischen Michelangelo und Francisco de Hollanda[5] geht deutlich hervor, wie stark in diesen Menschen das Gefühl der künstlerischen Überlegenheit Italiens war. Mit merkwürdiger Strenge macht Michelangelo die flämische Malerei herunter. Aber die Gründe, die er für sein barsches Urteil anführt, sind recht bemerkenswert. Wirft er doch den Flamen vor, zu malen, »um den äußeren Blick zu täuschen«. Er findet, daß sie »mit Perfektion zu viele Dinge wiedergeben wollen, wo ein einziger Gegenstand in seiner Bedeutung ausreichen würde«, und er fügt hinzu: »Die wahre Malerei ist Musik, Melodie, und nur eine äußerst rege Intelligenz vermag deren große Schwierigkeit zu erkennen.«

»*Eine äußerst rege Intelligenz . . .*« Italien hatte verstanden, daß weder die Nachahmung der Wirklichkeit noch die Beteuerung von Sensibilität das gesamte Wesen zufriedenstellen können und daß diese beiden Bedingungen der bildenden Kunst – die voneinander unabhängig sind, da man ihnen einzeln Genüge tun kann – sich in einem Werk nur vereinen kraft jener Subtilität und gelehrten Strenge, die die Arbeit *gemäß der eigentlichen Hierarchie des Geistes* bestimmen. Nicht anders hat Dante die Kunst des Dichters begriffen.

# VORSTELLUNG EINES »MUSEUMS DER LITERATUR«

Das allgemeine Problem einer Ausstellung ist es, sichtbar zu machen; es besteht darin, das gewöhnlich Verstreute, Zurückgehaltene, für einige wenige Vorbehaltene, das wenig Zugängliche und für viele regelrecht Unbekannte zu sammeln, zur Darstellung und zur Geltung zu bringen. Man bemüht sich, die Mittel und Ergebnisse einiger (oder der meisten) Formen der menschlichen Tätigkeit innerhalb eines geschlossenen Raums und so anschaulich wie möglich anzuordnen; dabei handelt es sich um Gegenstände und Funktionsweisen, um Produkte der verschiedenen nützlichen oder interessanten Umwandlungen, denen man die Materie oder die Energie oder Lebewesen zu unterwerfen weiß. Eine Maschine, eine Statue, ein Möbelstück, eine ausgewählte Spezies: alles das ist sichtbar, und das Problem ihrer Ausstellung ist lediglich eine Frage der Auswahl sowie der Anordnung und der Aufstellung.

Doch der Hauptfaktor all dieser vom Menschen gedanklich entwickelten, gewollten und ausgeführten Veränderungen entzieht sich aller Zurschaustellung. In einer Ausstellung ist er durch seine Wirkungen überall gegenwärtig, durch seine Natur aber überall abwesend. Der Geist, dieses ursprüngliche Vermögen zur Veränderung, offenbart sich lediglich in der von ihm in die Welt der sinnlichen Dinge eingeführten Ordnung oder Unordnung.

Der von den Organisatoren der Ausstellung von 1937 entworfene Plan war eine großartige und paradoxe Neuerung: diesem unsichtbaren Prinzip, dem Geist selbst, ein Gesicht zu geben und den Akt der Erfindung an den erfundenen Dingen sowie das, was sich vom schöpferischen Tun jenseits dessen, was er erschafft, wahrnehmen oder erahnen läßt, den Besuchern anschaulich vor Augen zu führen.

Was die Naturwissenschaften anbetrifft, so war die Schwierigkeit nicht unüberwindlich. Die Naturwissenschaft ist per definitionem nichts anderes als wohldefinierte Akte, und jedes wissenschaftliche Denken bewegt sich in Richtung auf eine einheitliche und universelle Verifizierung, die eine so weitgehend wie mögliche Übertragbarkeit von einem Geist auf den anderen erfordert. Von diesem Fortschritt bleiben die Spuren eines experimentellen Tastens oder die Momente einer wachsenden Verallgemeinerung, deren Fortsetzung sich recht klar zeigen läßt. Der Palais de la Découverte ist ein Meisterwerk seiner Art. In bezug auf die Naturwissenschaft ist das Problem also prächtig gelöst. Aber was ist mit der Literatur und den Geisteswissenschaften? ... Was gibt es Abstrakteres als geisteswissenschaftliche bzw. literarische Aktivität? Was soll hier sichtbar gemacht werden? Was ist innerhalb dieses sonderbaren Gebrauchs von Zeit und Kräften des Menschen sinnlich erfaßbar, dieses Gebrauchs, der so schwer zu bestimmen ist und in dem die umfassendste Willkür, die launischste Verschiedenheit, die verschiedensten Motive, die Empfindungen, Gefühle, Verstand, Leidenschaften und Umstände, die unterschiedlichsten Temperamente und Begabungen sich verausgaben, sich zum Ausdruck bringen und organisieren, um Erzählungen und Märchen, Gedichte, Systeme hervorzubringen – alles das, was das freieste Vermögen zur Veränderung dadurch, daß es auf einige tausend Wörter einwirkt und dabei deren unzählige Möglichkeiten der Kombination sich zunutze macht, in Werken zu verdichten und einem ungewissen Konsum, der Lektüre, der Aufmerksamkeit auszuliefern vermag – der Verachtung oder aber der Bewunderung einer unbestimmten Zahl von Unbekannten?

Jene, deren schwierige Aufgabe es war, die Mittel zu suchen, um all das auszustellen, waren sich zunächst über eines einig: daß es unmöglich sei. Sicher ist nichts einfacher, als Bücher zu zeigen. Das wurde getan: dem Publikum wurden einige vor Augen geführt; auch die Geschichte des Buches ist ausgestellt worden – ich will sagen: das Buch in all seinen Zuständen der Fabrikation, also Papier, Tinte, Drucktypen, Satz und Druck, Illustration und Einband. Freilich konnte die Geschichte des Buches uns kaum in Verlegenheit bringen. Anders dagegen jenes ganz Mysteriöse und nicht auf klare und eindeutige Vorstellungen Zurückführbare, das man seine *Vorgeschichte* nennen könnte: die innere Arbeit, an deren Ende das Werk steht.

Da nun kam uns der Gedanke, in die allernächste Nähe des Denkens aufzusteigen und am Tisch des Schriftstellers das Dokument des ersten Akts seiner geistigen Anstrengung zu erfassen, gleichsam die Graphik seiner Antriebe, seiner Variationen, seiner Wiederholungen wie zugleich die unmittelbare Aufnahme seiner persönlichen Rhythmen, die die Form seines lebenden Energiehaushalts bilden: Das *Ursprungsmanuskript*, darauf sein Blick und seine Hand ruhen, auf dem sich von Zeile zu Zeile das Duell des Geistes mit der Sprache einschreibt, der Syntax mit den Göttern, des Deliriums mit dem Verstand, der Wechsel von Warten und Überstürzung – das ganze Drama der Erarbeitung eines Werkes und der Fixierung des Unsteten.[1]

Eine weitere Überlegung, die uns von allergrößter Wichtigkeit erschien, stärkte in unserem Geist dieses gerade erst sich herausbildende Vorhaben.

Viele sind der Ansicht, und dies um so selbstverständlicher und treuherziger, je weniger gebildet sie sind, daß *Literatur* notwendigerweise *Leichtigkeit* bedeutet. Ich behaupte keineswegs, daß sie sich immer täuschen. Unser Gewerbe erfordert nahezu nichts: Federhalter, Papier, Ehrgeiz genügen. Verständlich wird, daß eine Beschäftigung, die weder besonderes Material, sichere Technik noch Lernen oder irgendeinen Zwang zu erfordern scheint, von so vielen Menschen als ein Amüsement betrachtet wird, zuweilen begünstigt durch einen glücklichen Erfolg in Gestalt von befriedigter Eitelkeit oder Geld. Sie wissen nicht, können nicht wissen, daß dieses bizarre Gewerbe all dies in dem Wesen, das es ausübt, einschließt, sofern dieses einen gewissen Wert hat. Deshalb haben wir versucht, der Menge das vor Augen zu führen, was sie noch nie gesehen hat: die bearbeiteten, durchgestrichenen Seiten einiger der größten Schriftsteller des letzten Jahrhunderts, in der Hoffnung, daß sie zu verstehen helfen, daß deren Ruhm durch strengste und wie keine andere durch Kontinuität gekennzeichnete Arbeit erkauft wurde, die weder feste Zeiten, Urlaub, Pensionierung noch geistige Entspannung kannte. Es war vielleicht nicht schlecht, in einer vom Begriff der meßbaren Arbeit beherrschten Epoche das Vorhandensein und die Würde einer Arbeit ohne Maß ganz sinnlich erfaßbar zu machen.

Hugo, Balzac, Flaubert erscheinen an dieser Wand. Dort Renan, Sainte-Beuve, Anatole France. Und da Baudelaire, und dort Marcel Proust.

In ihrer Nähe entfaltet sich eine, wie mir scheint, ziemlich vollständige Sammlung jener kleinen Zeitschriften (von denen einige sehr groß geworden sind), die seit mehr als sechzig Jahren die Vitalität unserer Literatur aufrechterhalten, die wie die Ideen entstehen und sterben; die – zuweilen mit einiger Gewalttätigkeit – auf den Kontakt mit den herrschenden Gloriolen und dem allgemein verbreiteten Geschmack reagieren. Sie sind es, die alle zehn Jahre das in die geistige Atmosphäre einführen, dessen es an Erstaunlichem und gegenüber dem, was gerade da ist, Andersgeartetem bedarf, um den zum Schaffen geschaffenen jungen Menschen Gründe zum Leben und zum Schreiben an die Hand zu geben. Sie sind es, die die Kultur der seltenen Wesen verwirklichen und die den einzigartigsten Talenten Chancen der Realisierung bieten. Ist es mir erlaubt, an dieser Stelle diese wenigen Gelegenheitsworte mit etwas Melancholie und persönlichen Gedanken zu würzen? Sehe ich doch vor meinen Augen, was wir waren, und genügt doch ein Blick auf diese Porträts und dieses vielfarbige Regal, um inmitten von Toten wiederaufzuleben.

Diese kleine Literaturausstellung ist ein Experiment, das bisher noch nie konzipiert oder in Angriff genommen wurde. Das Labor ist nicht groß. Ausgaben und Mittel waren von mäßigem Umfang. Aber es ist ja bekannt, daß sich unter den beschränktesten Bedingungen sehr schöne Ergebnisse erzielen lassen, und wir wissen, daß Intelligenz, Wille, eine gewisse Leidenschaft für gelungene Arbeit manchmal aus Liebe zu einem Werk vollbringen, was nicht einmal prunkvollsten Installationen und bedeutendsten Ressourcen immer gelingt.

Diese Tugenden waren bei der Erfindung, Verfügung und Realisierung unserer Literaturausstellung am Werk. Es ist Zeit, daß ich sie gebührend würdige. Was hätten wir gemacht ohne den steten Beistand, die gleichbleibende, unwiderstehliche Überzeugungskraft von Monsieur Julien Cain, dem Leiter der Bibliothèque nationale, deren Wirkungsweise er vollkommen verändert hat und deren Bau er veranlaßte und die er durch kontinuierlichen Ausbau ihrer Räumlichkeiten und Hilfsmittel der Reichtümer, die sie birgt, würdig und den vollkommensten im Ausland ebenbürtig machte? Er ist gewiß der Mensch in Frankreich, dem die Organisation der Literatur am meisten verdankt. Die Bedürfnisse der Arbeit des Geistes lassen sich unmöglich besser erfassen und hellsichtiger voraussehen, als er es tat, wann immer Probleme dieser Ordnung ihm vorgelegt wurden. Unter seiner eminenten Leitung haben Eifer, Einfallsreichtum, Gelehrsamkeit unserer Mitarbeiter wahre Wunder vollbracht, und innerhalb dieses engen Rahmens, von dem sie begriffen, daß gerade dessen Beschränktheit zur Intensivierung der Eindrücke benützt werden konnte, haben sie die Dokumente in dichter Folge ausgestellt, die aussagekräftigen Bilder und jene Vergrößerungen von Manuskripten zusammengetragen, die sprechender sind als so manche Erklärung. Bis zur letzten Minute waren sie bei ihrer uneigennützigen emsigen Arbeit zu sehen: Jean Babelon, Jean Fraysse, Léon Pierre-Quint, jeder damit beschäftigt, seinen bedeutenden Menschen oder seine Lieblingsepoche zu rekonstruieren. Ich kann nicht jeden nennen, aber wie sollte nicht unserem Marcel Bouteron ganz besonderer Dank abgestattet werden, der seinen Balzac besser kennt als dieser sich selber und der zwischen zwei Sprechstunden, die er freundlicherweise Mitgliedern des Instituts gibt, in stetem vertrautem Verkehr mit seinem Helden, der keiner war, lebt?

Wir hoffen, daß diese Mühen belohnt werden und dieser Versuch Früchte trägt. Seine wahre Entschädigung muß darin bestehen, daß er im vorbeigehenden Betrachter eine richtigere und vorteilhaftere Vorstellung von Literatur, als dieser vordem gehabt haben mag, weckt. *Wie*, so wird er sich fragen, *und warum wurde so viel Arbeit für ein so nichtiges Objekt aufgebracht? Bedarf es, um Papier zu schwärzen, so vieler Mühen?* Und vielleicht wird dieser Besucher begreifen, was begriffen werden muß, um wirklich würdigen zu können, was der Schriftsteller auf diesem Blatt Papier unter der Lampe sucht und was ihn treibt.

Morgen wird das Schicksal der Kunst und der höheren Bestrebungen des Geistes vollkommen der Meinung der größten Zahl überantwortet, die zwangsläufig vom Gedanken des unmittelbaren Nutzens beherrscht ist. Schon Stendhal sagte: »Die Gesellschaft zahlt nur die Dienste, die sie sieht.« Ein Wort, das immer schon allzu richtig war, aber heute zu einem furchtbaren Ausspruch wird. Nichts darf unterlassen werden, um die Drohung abzuwenden und allen begreifbar zu machen, daß der Mensch nur in dem Maße Mensch ist, wie das Nützliche nicht all sein Tun leitet und all sein Geschick bestimmt.

# BÜCHER

Nichts führt sicherer in vollkommene Barbarei als eine ausschließliche Bindung an den reinen Geist. Gegenstände und Körper fallen der Verachtung anheim. Man verbleibt nur in Dingen außerhalb des Blickfelds. Jedwedes lokale Vergnügen, unbewegte Genießen und wollüstige Verweilen wird negiert. Der Spiritualist stimmt ohne Umschweife zu, daß die Materie ein Übel sei und schlecht gestaltet. Die Flasche ist ihm unwichtig, reduziert sie sich doch auf die Trunkenheit, die ihm gelegentlich gefährliche Eingebungen verschafft. Der Geist sucht alles übrige zu verzehren, und so ist es immer wieder vorgekommen, daß Zerstörung und wirkliche Flammen ihm gehorchen.

Diesen Fanatismus habe ich an mir selbst kennengelernt. Es erinnert mich an jene Zeit, da ich an Büchern all das verachtete, was nicht eigentliche Lektüre war. Von Nagelköpfen beschmutzte Papierfetzen hätten mir durchaus schon genügt. Ich redete mir ein, daß ein ärmliches Papier, plattgewalzte Drucktypen, eine nachlässige Seitenaufteilung den wahrhaft intellektuellen Leser schon zufriedengestellt hätten, wenn nur der Text selbst es zustande brächte, ihn zu verführen.

Aber die Geschmäcker ändern sich, wie auch der Ekel. Kinder mögen keine Austern. Nicht wenige Erwachsene verabscheuen die Milch unserer Kindheit. Wenn wir länger als gewöhnlich lebten, könnten wir zweifellos alle möglichen Kombinationen dessen ausschöpfen, wovon unsere Sinne angezogen oder abgestoßen werden; am Ende würden wir gar all unsere Idole verbrannt und alle Objekte unserer frühesten Antipathien angebetet haben.

Was mich betrifft, so bin ich unmerklich dahin gekommen, die äußere Gestalt von Büchern nicht mehr zu verachten. Mit Bewunderung und Zärtlichkeit nehme ich gern einen jener teuren Bände in die Hand, die ihren Platz inmitten schönster Möbel haben und ihnen gleichen. Allerdings liebe ich sie nicht mit heftiger Begehrlichkeit. Dies würde nur Leiden bewirken.

Auch der Seltenheitswert berührt mich nicht übermäßig. Dahinter steht übrigens eine völlig abstrakte und imaginäre Vorstellung, die allenfalls bei Auktionen zu Buche schlägt. Die Augen wissen nicht, daß ein bestimmtes Buchexemplar ein Unikat ist; und seine Berührung muß keinen einzigartigen Genuß vermitteln. Jedoch schätze ich die soliden und »komfortablen« Bücher, wie man sie im 17. Jahrhundert machte. Da findet man bequem die *Imitation* von Corneille, die *Prinzipien* von Descartes, den *Discours sur l'Histoire universelle* oder die *Histoire des Variations*[1] im ehrwürdigen Quartformat oder in dunkel leuchtendes Kalbsleber gebunden, druckgeschwärzt und breit gesetzt, mit Blumenornamenten und Schlußvignetten geschmückt wie auch mit angemessen großem Rand versehen. Ein Autor kann sich selbst und seinem von Ernst durchdrungenen Wunschleser keine robusteren, keine besser geeigneten Ausgaben wünschen. Bossuet sorgte sich um den Druck seiner Werke, und so versäumte er nicht, der Witwe Sébastien Mabre-Cramoisy Empfehlungen und Druckanweisungen zu überantworten. *Esther* und *Athalie* im großen Quartformat, sorgfältig gesetzt von Denis Thierry und Claude Barbin, sind gleichfalls recht schöne Dinge.[2] Fast nur mit Bedauern kann man daran denken oder vielmehr davon träumen, denn diese Bände in der genannten Aufmachung waren 1860 fünf- oder sechshundert Francs wert, wie ein Katalog jener Zeit ausweist, aber ich befürchte sehr, daß es sich damit heute wie mit anderen Dingen verhalten wird.

Doch immerhin gibt es in der Typographie noch etwas Vollendeteres, und so scheint mir ein Höchstmaß an Geschmack mit Didot, der am Vorabend der Revolution druckte, wie auch mit seinem Konkurrenten Bodoni in Parma erreicht zu sein.[3] Der eine wie der andere haben Drucktypen von unvergleichlicher Klarheit und Eleganz geschaffen. Bodoni hat einen Racine gedruckt, dem ich immer voller Sehnsucht nachtrauern werde. Stendhal, der seine Werkstätten besuchte, hat sich ein wenig über die Experimente dieses Buchkünstlers lustig gemacht.

Didot der Ältere hat eine Drucktype entworfen und zustande gebracht, die alle durch seine Pressen gedruckten Texte zeitlos erscheinen läßt. Einer der letzten Akte der alten Monarchie war es, in wohlgesetzten Worten ihm wegen der Schönheit seiner Arbeiten und der Vorzüglichkeit seiner Kunst den Auftrag zu erteilen, auf Kosten des Staates die Fabeln von La Fontaine und andere berühmte Werke zu drucken.

# DIE BEIDEN TUGENDEN EINES BUCHES

Wenn ich ein Buch aufschlage, so bietet es meinen Augen zwei sehr verschiedene Möglichkeiten, ihm etwas abzugewinnen. Zweierlei Arten ihres Gebrauchs stehen zur Wahl.

Das Buch kann sie anregen, sich einer regelmäßigen Bewegung zu bequemen, die eine Zeile entlang von Wort zu Wort weiterleitet, bei der nächsten Zeile, nach einem Sprung, der nicht zählt, von neuem anhebt und derart fortschreitend eine Folge geistiger Verhaltensweisen auslöst, die alle darauf hinauslaufen, die sinnlich wahrgenommenen Zeichen jeweils aufzuheben zugunsten von Gedächtnisinhalten und deren Kombinationen. Und jedesmal, wenn dies geschieht, liegt hierin so etwas wie der Ansatz zu einer unabsehbaren Entwicklung.

Das heißt man *Lesen.* Symbolisch ließe die Lektüre sich darstellen durch eine sich fortfressende Flamme, durch einen Faden, der von einem Ende zum anderen abbrennt, mit kleinen Explosionen hin und wieder und Augenblicken helleren Erglühens.

Diese Folge geradlinig verlaufender Akte fordert die *Deutlichkeit* des Druckbildes, und die Bewahrung dieser Deutlichkeit – als unerläßliche Vorbedingung für die elementaren Verrichtungen des Gehirns, die auf die Reizungen durch das Druckbild mit möglichen oder wirklichen Lauten, mit Bedeutungen antworten.

*Die Lesbarkeit eines Textes beruht auf seiner Deutlichkeit für das Auge.*

Man könnte demnach auch sagen, die Lesbarkeit eines Textes sei diejenige seiner Eigenschaften, die bestimmt ist, sein Verzehren zu erleichtern, seine Zerstörung durch den Geist, die Verwandlung in geistige Ereignisse.

Neben der Lektüre selber und unabhängig von ihr gibt es noch den bleibenden Gesamtaspekt alles Geschriebenen und

Gedruckten. Eine Seite ist ein Bild. Sie liefert einen Totaleindruck, bietet dem Auge ein Ganzes oder ein Gefüge von größeren Blöcken und Schichten, von schwarzen Flächen und weißen Leerräumen, einen Fleck von mehr oder minder glücklicher Gestalt und Überzeugungskraft. Diese zweite *Art zu sehen*[1], nicht mehr sukzessiv und linear fortschreitend wie bei der Lektüre, sondern als eine Zusammenschau auf den ersten Blick, gestattet uns, die Typographie in die Nähe der Architektur zu rücken, wie man vorher bei der Lektüre darauf verfallen konnte, sie mit der melodischen Musik zu vergleichen, und überhaupt mit allen Künsten, die sich in der Zeit vollziehen.

So ist das Buch einerseits imstande, durch seine *Deutlichkeit* eine Bewegung auszulösen und fortzuleiten – eine Bewegung, die diskontinuierliche intellektuelle Wirkungen hervorbringt und die nach und nach die Zeile entlang in Gedanken aufgeht; andererseits ist es ein *Gegenstand*, eine Gesamtheit *bleibender* Eindrücke, mit unmittelbaren, *von keiner Übereinkunft festgelegten* Eigentümlichkeiten ausgestattet, die geeignet ist, unser sinnliches Wohlgefallen oder Mißfallen zu erregen.

Diese beiden Einstellungen des Blickes sind unabhängig voneinander. Der *gesehene* Text, der *gelesene* Text sind durchaus zweierlei, weil die Aufmerksamkeit, die man dem einen widmet, jene auf den anderen ausschließt. Es gibt sehr schöne Bücher, die nicht zum Lesen reizen, schöne Massen sehr reiner Schwärze auf sehr reiner Fläche; aber diese Fülle und diese Mächtigkeit des Kontrastes, die man auf Kosten der Zeilenabstände erreicht und die sich in England und Deutschland großer Beliebtheit zu erfreuen scheinen, wo man gewissen Vorbildern des 15. und 16. Jahrhunderts nacheifert, bereiten dem Leser doch Beschwerde und wirken auch bisweilen etwas altväterisch. Zu modernen Texten jedenfalls passen diese kompakten Formen nicht, die gleichsam mit Buchstaben überstopft sind. Dagegen gibt es gut lesbare Bücher mit angemessenem Durchschuß, die ohne Anmut sind, *ohne Geschmack* für das Auge, und gar von offenkundiger Häßlichkeit.

Weil die Eigenschaften, die ein Buch besitzen muß, derart

voneinander unabhängig sind, ist der Buchdruck zu den Künsten zu rechnen.

Wo das Druckerhandwerk nur dem einfachen Lesebedürfnis genügen will, kann es der Künstler entraten, denn was die Lesbarkeit erfordert, läßt sich genau bestimmen und durch gleicherweise festgelegte und einheitliche Mittel befriedigen. Erfahrung und Untersuchung genügen, um auszumachen, welchen Grundbedingungen der Letternstecher, der Setzer und der Drucker zu genügen haben, um einen klaren und sauberen Text zu erzielen.

Kaum aber erwacht in dem Buchdrucker das Bewußtsein von der Komplexität seines Werkes, so fühlt er sich alsbald aufgerufen, als Künstler zu handeln, denn dem Künstler ist es eigentümlich, zu wählen, und die Wahl entspringt der Vielzahl von Möglichkeiten. Alles, was dem Unbestimmten einen gewissen Spielraum läßt, ruft nach dem Künstler; der sich nicht immer einstellt.

Der Buchdrucker als Künstler befindet sich angesichts seiner Aufgabe in der gleichen verwickelten Lage wie der Architekt, den ja vor allem die Übereinstimmung der *Tauglichkeit* seines Bauwerks mit dessen *Erscheinung* beschäftigt. Selbst der Dichter kann nicht anders: er muß zusehen, wie er zwischen den Formen und dem Inhalt, zwischen seinen Absichten und der Sprache sich durchhilft. In allen Künsten, und ebendarum sind sie Künste, kann die *Notwendigkeit*, die jedes wohlgeratene Kunstwerk uns vermuten läßt, nur der freien Entscheidung entspringen. Die zuletzt erreichte Übereinstimmung und Harmonie voneinander unabhängiger Eigenschaften, die es zu verknüpfen gilt, können niemals das Ergebnis eines Rezepts oder eines Automatismus sein: es bedarf des Wunders oder der Anstrengung – der Verbindung von Wundern *und* bewußten Anstrengungen.

Das Buch ist der Sache nach vollkommen, wenn es angenehm zu lesen, köstlich anzuschauen ist; kurz, wenn der Übergang von der Lektüre zur Betrachtung, und wiederum von der Betrachtung zur Lektüre, ohne große Hindernisse erfolgt und es nur unmerklicher Umstellungen des leicht sich anpassenden Auges bedarf. Dann erholt man sich bei den schwarzen von den weißen Flächen, und umgekehrt; das Auge geht unangestrengt in seinem wohlgeordneten Bereich umher, würdigt das Ganze und die Einzelheiten und empfindet die Bedingungen seines Tätigwerdens aufs glücklichste verwirklicht. Dieses Ideal kann nur durch eine Zusammenarbeit zwischen dem Schriftschneider und dem Buchdrucker erreicht werden. Letzten Endes muß alle Form aus der Drucktype hervorgehen. Diese darf kein Werk der bloßen Phantasie sein. Ihre Gestalt, ihre Grund- und Haarstriche müssen von ihrer Größe abhängen. Ich erlaube mir die Ansicht, daß es ein Irrtum ist, die gleichen Formen in verschiedenen Schriftgraden herzustellen.[2]

Die Kunst des Buchdrucks wimmelt von subtilen Schwierigkeiten, von Feinheiten, für die den meisten jedes Gefühl abgeht. Niemand jedoch hat es sich bisher einfallen lassen, den Meistern dieser Kunst einen Vorwurf daraus zu machen, daß sie so unermüdlich bei ihrer Arbeit bleiben, um eine der Zahl nach unerhebliche Elite zufriedenzustellen. Was viele Leute gewissen Autoren nicht zugestehen wollen, die sie tadeln, daß ihre Schriften nicht für jedermann bestimmt seien, das nehmen sie bei Künstlern einer anderen Gattung ohne weiteres in Kauf. Stendhal allerdings ist nahe daran, des großen Bodoni zu spotten. Als er durch Parma kam, versäumte er nicht, die berühmte Großherzogliche Druckerei zu besuchen. Bodoni verzehrte sich in der Bemühung um die ideale Anordnung einer Titelseite. Wie war diese reine Fassade zu gliedern, die er für einen *Boileau* erträumte?

»Nachdem er mir alle seine französischen Autoren gezeigt hatte, fragte er, welchem ich den Vorzug gäbe, seinem Telemach, seinem Racine oder seinem Boileau. Ich gestand, daß mir alle gleichermaßen schön erschienen. – ›Ach! Monsieur, sehen Sie doch das Titelblatt des Boileau!‹ – Lange betrachtete ich es, und endlich gestand ich, daß ich nicht sähe, wodurch dieser Titel vollkommener sei als die übrigen. – ›Ach! Monsieur‹, rief Bodoni aus, ›Boileau-Despréaux in einer einzigen Zeile in Majuskeln! Sieben Monate habe ich gebraucht, Monsieur, bis ich diesen Schriftgrad fand.‹ Die Titelseite bietet in der Tat folgende Anordnung:

ŒUVRES
DE
BOILEAU-DESPRÉAUX

Da sieht man das Lächerliche der Leidenschaften, für das mir, wie ich gestehen muß, in diesem Jahrhundert des Erkünstelten und Gesuchten der Glaube fehlt.«

Kurz, ein schönes Buch ist eine vollkommene *Lese-Maschine*, deren Bedingungen sich mit ziemlicher Genauigkeit nach den Gesetzen und Methoden der physiologischen Optik bestimmen lassen; und gleichzeitig ist es ein Kunstgegenstand, ein Ding, aber eines mit eigener Persönlichkeit, das den Stempel eines besonderen Geistes trägt und das hohe Bemühen um eine ausgewogene und bewußte Ordnung verrät. Wobei angemerkt sei, daß das typographische Werk die Improvisation ausschließt; es ist die Frucht von Versuchen, die selber verschwinden, der Gegenstand einer Kunst, die nur die gelungenen Werke behält, die alle Entwürfe und Skizzen verwirft und keine Zustände zwischen Sein und Nichtsein kennt. Dadurch erteilt es uns eine große und erschreckende Lehre.

Der Geist des Schriftstellers betrachtet sich in dem Spiegel, den die Druckerpresse ihm liefert. Wenn Papier und Druckfarbe zueinander passen, wenn die Letter angenehm für das Auge, wenn der Satz sorgfältig, die Justierung ohne Makel, der Druck vorzüglich ist, so empfängt der Autor einen frischen Eindruck von seiner Sprache und seinem Stil. Beschämung und Stolz streiten in ihm. Er sieht sich mit Ehren bekleidet, die ihm vielleicht nicht zustehen. Ihm ist, er vernehme eine sehr viel entschiedenere und festere Stimme als die seine, höre eine unerbittlich reine Stimme seine Worte aussprechen, jedes einzelne seiner Wörter mit drohender Deutlichkeit. Alles, was er je Schwaches, Nachgiebiges, Willkürliches, Unelegantes niedergeschrieben hat, spricht nun allzu klar und vernehmlich. Ein schreckliches Urteil, und ein höchst kostbares zugleich, wird da über einen gefällt, wo man sich prächtig gedruckt sieht.

# CHINESISCHE GEDICHTE

Liang Tsong Taï war der erste seiner Rasse, den ich kennenlernte. Er erschien eines Morgens bei mir, sehr jung und sehr elegant. Er sprach ein sehr klares Französisch, zuweilen etwas ausgefeilter als gewöhnlich.

Monsieur Liang unterhielt sich mit mir über Poesie mit besonderer Begeisterung. Kaum hatte er sich in dies sublime Thema begeben, hörte er auf zu lächeln. Sogar ein gewisser Fanatismus brach bei ihm durch. Diese seltene Flamme gefiel mir. Mein Vergnügen wandelte sich bald in Überraschung, als ich die Blätter, die Liang mir vorlegte, las und sofort wiederlas.

Es waren Verse auf Englisch und Französisch. Erstere erschienen mir ziemlich gut; doch wagte ich mich nicht zu äußern, da ich nicht wagte, mir zu glauben. Was die französischen Verse anging, so stand ihre Qualität außer Frage.

*Woran erkannten Sie das?* wird man fragen.

Gott weiß, ob mein Stand mich verpflichtet, Verse anzuschauen! Tagtäglich schickt man mir welche, als käme das Urteil denen zu, deren Tätigkeit darin besteht, Verse zu schmieden! Sicher gab es früher gewisse gemeinsame »Wahrheiten« oder Prinzipien, gewisse Ansprüche, die definiert waren und sich so weit durchsetzten, daß eine Art Wissenschaft von den Versen existierte, mit deren Hilfe sich Gedichte auswählen und die Verfasser beraten ließen. Man war sich über gewisse Finessen des Handwerks und bestimmte zentrale Schwierigkeiten einig. Es bestand eine Übereinkunft hinsichtlich der Erkenntnis von Gut und Schlecht. Doch mittlerweile sind alle Künste frei; keiner ist mehr Fachmann als ein anderer. Die alte Unterscheidung von Gut und Schlecht ist durch die Formel ersetzt: *Genie oder nicht?*

Ich sehe dazu keinen Einwand. Allerdings finde ich es ziemlich bemerkenswert, daß eine Epoche, von der man mit

Fug und Recht behaupten kann, daß sie sich die Technik als Souverän und fast als Idol vorgegeben hat; die sich förmlich dabei verzehrt, alle Akte der Herstellung zu organisieren, zu gliedern, sie auseinanderzunehmen und wieder zusammenzufügen; die nur von Kontrollen, Tests, Standards, Spezialitäten und Spezialisten spricht – daß diese Epoche im Gegenteil bei der Industrie der Literatur und schönen Künste jede übertragbaren Methoden, jede gemeinsamen Maße, jede universell gebilligten Voraussetzungen eines Vergleichs abgelehnt hat. Doch die Kunst ist nach Ansicht der Modernen derart eng mit der fixen Idee von Spontaneität verknüpft oder mit einer Art revolutionärem Spiritualismus, daß ein Werk, das nicht jenes irgendwie Rebellische oder Aufrührerische atmet, als wenig interessant angesehen wird. Im Grunde ersetzt hier nur eine Konvention des Bruchs und der Inkommensurabilität die alten Konventionen – mit dem Vorteil diesen gegenüber, daß sie einfach und einheitlich ist.

Dennoch gibt es noch die Tradition des *Urteilens*, als einer jener Bräuche oder Riten, die auch dann noch weiterleben, wenn ihre Kraft bereits verbraucht ist. Wie ohne Gesetze urteilen? – Und dann: Wie über ein Werk sich äußern, wenn man es verschmäht, sein Urteil auf etwas anderes als den Eindruck des Augenblicks zu begründen? – Man muß sich also eine einfache und mehr oder minder konstante Regel vorgeben, die sicher prinzipiell nur willkürlich sein kann, aber die, einmal gewählt, so bleibt, wie sie ist – die sich auf Merkmale des Werks einstellt, die notwendig in allen Werken anzutreffen sind, und die soweit wie möglich den Anteil an persönlichem Gefühl beschränkt.

Ich habe mir zum Prinzip erhoben, in den Texten, über die ich nun einmal zu urteilen habe, vor allem anderen die Sprache und deren Harmonie zu betrachten.

Nicht daß ich mich allzusehr um erztrockene grammatikalische Korrektheit bekümmerte: Orthographie und grammatische Übereinstimmung sind nichts als eitle Vorschriften, die die wirklichen Interessen der Rede nicht berühren und mit den lebendigen Kräften des Geistes nichts zu tun haben. Sie sind nur für die beschränktesten Ansprüche von Wichtigkeit. Die Orthographie ist ein Kind des Zufalls; grammatischer Übereinstimmung eignet nichts Wesentliches; verschiedene Völker verzichten darauf. Allerdings gibt es ein Gespür für das Eigengewicht und das Vermögen der Wörter, es gibt eine tiefgreifende und gleichsam organische Beherrschung der Funktionen der Syntax, ein Empfinden für die Verbindung der Formen, für die Handhabung der Einheiten der Rede und für die Unterordnung der Figuren, aus denen sie besteht: Sie in einem Text wahrzunehmen heißt, darin die Zukunft eines Schriftstellers zu lesen.

Handelt es sich um ein Gedicht, ist die musikalische Voraussetzung absolut: Hat ein Autor nicht mit ihr gerechnet, nicht auf sie spekuliert; zeigt sich, daß sein Ohr nur passiv war, daß die Rhythmen, Akzente und Timbres in der Komposition des Gedichts keine substantielle Bedeutung gleich dem Sinn gewonnen haben – dann muß dieser Mensch wohl aufgegeben werden, der singen will, ohne recht die Notwendigkeit dazu zu verspüren, und dessen angebotene Wörter andere Wörter nahelegen.

Dieses einfache System erlaubt ziemlich rasch und ziemlich vernünftig, Schlußfolgerungen zu ziehen. Findet man in einem Geschriebenen ein gewisses Bewußtsein der Ressourcen der Sprache, ihrer Werte und Gliederungen; erkennt man darin auch glückliche musikalische Dispositionen, dann kann man davon ausgehen, daß der Autor über ausreichend Sensualität und Konstruktions- oder Kombinationskraft verfügt, so daß er, ohne wahnsinnig zu werden, daran denken kann, sich zu einem Poeten zu entwickeln.

Ich war erstaunt, fast etwas beunruhigt, als ich bemerkte, daß in den Versuchen meines jungen Chinesen diese von mir gerade genannten guten Symptome vorhanden waren. Seine Verse waren *im positiven Sinn besser* als die meisten, um deren Lektüre ich gebeten oder aufgefordert werde. Ich fand darin etwas mehr. Diese kleinen Stücke waren unverkennbar entstanden unter dem Einfluß französischer Dichter vierzig Jahre früher. In jener Zeit, zwischen dem Parnasse und dem Symbolismus, machte sich das Streben nach einem Ausgleich zwischen äußerster Strenge und äußerster Freiheit bemerkbar; und dieses Bemühen um das Zusammenbringen der Architektonik der einen und der Musikalität der anderen führten jene, die daran Gefallen fanden, dazu, sich dem Studium, der Erfindung oder Vermehrung diverser zuweilen köstlicher Kunstgriffe zu widmen.

Obwohl Chinese und obwohl er erst vor kurzem unsere Sprache erlernt hatte, schien Monsieur Liang Tsong Taï in seinen Versen und Äußerungen nicht nur in diesen höchst spezifischen Finessen bewandert, sondern geradezu versessen darauf. Er wandte sie an, und er vermochte erstaunlich gut darüber zu reden.

Doch bald fand ich heraus, daß meine Überraschung naiv gewesen war. *Obwohl Chinese ...* Aber nein! *Weil er Chinese war*, mußte Liang notwendigerweise besser als ein Europäer, besser als ein *Durchschnitts*franzose, ja besser als ein Abiturient – jene delikaten Mittel vermuten, erahnen, aufdecken, versuchen zu erwischen und sich anzueignen, jene höchst kostbaren Mißbräuche, die die gemeine Sprache in Stoff für auserlesene Verfahren verwandeln und daraus allzu reine oder allzu köstliche Objekte ziehen; die ein Wort zu einem seltenen Stein behauen und aus einem Vers eine endgültige Struktur machen, deren innere Vollkommenheit ein ewiges Ereignis unvergänglicher Wollust birgt.

Die chinesische Rasse ist – oder war – die literarischste, die einzige Rasse, die es einst gewagt hat, die Regierungsgeschäfte in die Hand von Gebildeten zu legen, jene, bei der die Herrscher sich mehr ihres Pinsels als ihres Zepters rühmten und in ihre Schatzkammern Gedichte verschlossen.

Ich weiß wohl, daß die Chinesen nicht sehr viel Mathematik getrieben haben; eine unselige Vernachlässigung, an der sie heute leiden; und eine unbegreifliche Vernachlässigung, da kaum begreiflich ist, wie es dazu kommen konnte, daß ihr so erstaunlich erfinderischer Geist sich nicht zu den Zahlen hin verirren und zu den Symbolen verführen ließ. In Anbetracht bestimmter höchst komplizierter Arbeiten, die sie in Elfenbein und Hartholz ausführen, könnte man allerdings sagen, daß sie gerne und mit großer Präzision Modelle *steter Größen* ersinnen. Die Komplexitäten dieser Gattung nun interessieren eine noch ganz junge Wissenschaft, einen der schwierigsten Zweige der Geometrie. Allerdings gab es bei den Chinesen keine Geometer, ihre Intuitionen sind Künstlerintuitionen geblieben und haben nicht als Vorwand und erste Stütze für logische Entwicklungen eines abstrakten Denkens gedient ...

Mit Hilfe dieser Gedanken finde ich es am Ende ganz natürlich, daß Monsieur Liang in unserer Literatur, kaum war sie ihm bekannt, das wahrgenommen hat, was sie den Schöpfungen der subtilsten und ältesten Kunst der bestehenden Künste ähnlich macht. Die Chinesen gelten für Erfinder vielfältigster Raffinements. Es heißt, sie hätten die Liebe nicht minder zugespitzt wie die Martern und hätten auf die tote wie die lebende Materie dieselbe Kühnheit, dieselbe Geduld und Neugierde verwandt wie der Okzident in seinen Deduktionen und Analysen auf die Ideen.

Ein Sproß dieser Rasse hat folglich große Chancen, gegenüber den subtilsten Strebungen nach Genuß weit mehr *sensibilisiert* zu sein als der europäische Mensch.

Ich brauche nun diesen Gedanken nur etwas weiter zu verfolgen, um zum vorliegenden Werk zu kommen. Das zum Extrem getriebene Raffinement mündet in allen Ländern und in allen Epochen in eine Art Selbstmord: es erlischt im Verlangen nach einer höchsten Einfachheit; einer höchsten, aber kunstvollen und gleichsam vollkommenen Einfachheit, ähnlich der ruinösen Einfachheit eines sehr reichen Mannes, der sich beim teuersten Schneider Kleider machen läßt, denen man den Preis nicht sofort ansieht, oder der sich nur von Früchten ernährt, die er jedoch kostspielig auf eigenen Feldern anbaut. Denn es gibt zwei Einfachheiten, eine ursprüngliche, primitive, die aus dem Mangel erwächst; und eine andere, aus dem Überfluß, dem Exzeß erwachsend und kraft ernüchterten Mißbrauchs. Die berühmte Einfachheit der Klassiker, ihre komponierte Nacktheit, ihre der Unschuld so ferne Reinheit können immer nur nach Zeiten ungeordneten Überflusses und angehäufter Erfahrungen zum Vorschein treten, kraft des Ekels, der aus der Überfülle des Reichtums entsteht und dazu treibt, ihn auf seine Essenz zu reduzieren. In den unter solchen Umständen geschaffenen Werken enthält man sich, ihn zu zeigen; man zeigt lieber das, was er voraussetzt.

Genau dies erkenne ich in den Gedichten von T'au Yuan Ming, deren vorzügliche Übersetzung Monsieur Liang Tsong Taï uns vorlegt. Und dies veranlaßt mich, diesen antiken Dichter mit den alten Klassikern und bestimmten französischen Dichtern zu vergleichen.

Schauen Sie, wie T'au Yuan Ming die »Natur« betrachtet. Er mischt sich in sie ein, nimmt daran teil; doch denkt er nicht daran, seine Empfindungen völlig auszuschöpfen. Die Klassiker enthalten sich solcher Beschreibungen, die besondere Augen eines Malers voraussetzen oder die ein ganzes Wörterbuch auf die Bühne rufen. Einem Klassiker, auch wenn er Chinese ist, widerstrebt jene zuweilen durchaus bewundernswerte Inhumanität, der es von Präzisierung zu Präzisierung oder von Metapher zu Metapher gelingt, dem Leser die Dinge tausendfach sinnlicher zu machen, als sie für den Schriftsteller in der Wirklichkeit waren. Diese diskreten Künstler betrachten die Landschaft zuweilen als Liebende, zuweilen als mehr oder minder lächelnde Weise. In anderen Fällen zeigen sie sich als Liebhaber von Gärten, als Liebhaber des Fischens oder der Jagd; oder schlicht als Liebhaber der Frische und der Seelenruhe. So ist es auch mit den chinesischen Vergils und La Fontaines.[1]

T'au Yuan Ming hätte mühelos den *frigus opacum*, die *amica silentia* gefunden; und was die *trübe Lust eines melancholischen Herzens* angeht, so macht er kaum anderes, als sie uns vorzusingen. Zuweilen malt er sich selbst in köstlichen Farben:

Je m'appuie sur la fenêtre,

[Ich lehne am Fenster,]

sagt er,

Je contemple dans ma joie mes branches favorites ...
[Ich betrachte in meiner Freude meine Lieblingszweige ...]

oder auch:

L'ombre s'épaissit; cependant, je m'attarde
A caresser le pin solitaire

[Der Schatten wird dichter; dennoch halte ich
mich damit auf,
Die einsame Kiefer zu liebkosen]

Diese Liebkosung geht sehr weit.

Gewiß geht den Dichtern in den Übersetzungen nahezu alle Substanz ihrer Kunst verloren; doch ich vertraue dem literarischen Sinn, der mich bei Monsieur Liang Tsong Taï so freudig überrascht hat, und bin mir sicher, daß er für uns aus dem Original alles herausgezogen hat, was der ungeheure Unterschied der beiden Sprachen herauszuziehen erlaubte.

# DIE EROBERUNG DER ALLGEGENWÄRTIGKEIT

Unsere schönen Künste wurden ins Leben gerufen, ihre Merkmale und ihr Gebrauch festgelegt zu einer Zeit, die von der unsrigen sehr verschieden war, durch Menschen, deren Macht über die Dinge im Vergleich zu der, die wir besitzen, unbedeutend war. Doch das erstaunliche Anwachsen unserer Möglichkeiten, die von ihnen erreichte Geschmeidigkeit und Treffsicherheit, die Vorstellungen und die Gewohnheiten, die sie einführen, versichern uns baldiger und sehr einschneidender Umwälzungen in der alten Behandlung des Schönen. Es gibt in allen Künsten einen physischen Bereich, den man nicht mehr betrachten und behandeln kann wie ehedem: es ist nicht möglich, ihn den Unternehmungen der modernen Erkenntnis und Macht vorzuenthalten. Weder die Materie noch der Raum, noch die Zeit sind in den letzten zwanzig Jahren geblieben, was sie vordem seit jeher waren. Man muß damit rechnen, daß so bedeutsame Neuerungen die ganze Technik der Künste umwandeln, damit auf die Erfindung selbst wirken – so sehr, daß sie vielleicht in erstaunlicher Weise bestimmen könnten, was künftig unter Kunst zu verstehen sein wird.

Sicher werden davon zunächst nur die Wiedergabe und die Übermittlung der Werke betroffen werden. Man wird das Gefüge der Empfindungen – genauer: das Gefüge der Reize – überallhin zu befördern oder an jedem Ort neu zu erzeugen verstehen, das irgendwo ein Gegenstand oder irgendein Geschehnis ausstrahlt. Die Werke werden eine Art von Allgegenwärtigkeit gewinnen. Auf unseren Zuruf hin werden sie überall und zu jeder Zeit gehorsam gegenwärtig sein oder sich neu herstellen. Sie werden nicht mehr nur in sich selber dasein – sie alle werden dort sein, wo ein Jemand ist und ein geeigneter Apparat. Sie werden nur mehr etwas wie Quellen oder Ursprünge sein, ihre Gaben werden sich ungeschmälert überall einfinden oder neu befinden, wo man sie wird haben wollen. Wie das Wasser, wie das Gas, wie der elektrische Strom von weit her in unseren Wohnungen unsere Bedürfnisse befriedigen, ohne daß wir mehr dafür aufzuwenden hätten als eine so gut wie nicht mehr meßbare Anstrengung, so werden wir mit visuellen und auditiven Bildern versorgt werden, die auf eine Winzigkeit von Gebärde, fast auf ein bloßes Zeichen hin entstehen und verschwinden. Wie wir gewohnt – wenn nicht gar abgerichtet – sind, ins Haus die Energie in verschiedenster Gestalt geliefert zu erhalten, so werden wir es ganz natürlich finden, dort jene sehr geschwinden Wechselbilder oder auch Schwingungen zu bekommen oder in Empfang zu nehmen, aus denen unsere Sinnesorgane, die sie aufnehmen und zu Einheiten zusammenfassen, alles machen, was wir wissen. Ich weiß nicht, ob je ein Philosoph in seinen Träumen sich eine »Gesellschaft Zur Lieferung Sinnlich Erfahrbarer Wirklichkeit Frei Haus«[1] ausgedacht hat.

Unter allen Künsten ist die Musik dem Umschlag in die Ordnungen der neuen Zeit am nächsten. Ihr Wesen und die Stellung, die sie in der Welt einnimmt, bestimmen sie dazu, als erste eine Wandlung der sie betreffenden Formeln der Distribution, der Reproduktion und selbst der Produktion erfahren zu müssen. Von allen Künsten ist sie die am meisten begehrte, die am innigsten in die gesellschaftliche Wirklichkeit einbezogene, die nächste am Leben, dessen organisches Funktionieren sie beseelt, begleitet oder nachahmt. Handle es sich um den Gang oder das Wort, um Erwartung oder Tat, um die Gesetze, unter denen wir dauern, oder das Unberechenbare dabei – die Musik versteht es, Ablauf und Gestalt dieser Vorgänge und was sie an Gemütswerten auf dem Weg über die Sinne zu vermitteln imstande sind, sich anzueignen, miteinander in Beziehung zu setzen, zu verwandeln. Sie webt uns Stunden eines Lebens jenseits der Wirklichkeit, indem sie leicht über die Linien und Farben des Lebens wegstreicht, das wir in der Wirklichkeit leben. Man gewöhnt sich an sie, man gibt sich ihr mit dem gleichen Wonnegefühl hin wie den *gerechten, machtvollen* und *unkörperlichen* Wesenheiten, die Thomas de Quincey[2] rühmte. Da sie unmittelbar auf die Mechanik der Gefühle geht, mit der sie spielt und schaltet, wie sie will, ist sie schon ihrem Begriff nach an keinerlei Grenzen gebunden. Überall auf Erden wirkt ihr beglückender Zauber, überall auf Erden ruft sie zum Tanze. Wie die Wissenschaft wird sie internationales Bedürfnis und internationale Ware. Zusammen mit den neuerlichen Fortschritten auf dem Gebiet der Übertragungsmittel rief dieser Umstand zwei technische Probleme ins Bewußtsein:

I. Wie kann man an jedem Punkt der Erdkugel im gleichen Augenblick ein Werk der Tonkunst zu Gehör bringen, wo auch immer es aufgeführt worden ist?
II. Wie kann man an jedem Punkt der Erdkugel und zu jedem Zeitpunkt nach Wunsch ein Werk der Tonkunst neu ertönen lassen?

Diese Probleme sind gelöst. Die Lösungen erreichen jeden Tag größere Vollkommenheit.

Wir sind noch ziemlich weit entfernt davon, die Welt des Sichtbaren unserem Willen bis zu diesem Punkte dienstbar gemacht zu haben. Die Farben und die Reliefgebung sind noch recht widerspenstige Gesellen. Eine Sonne, die über dem Pazifik untergeht, ein Tizian, der in Madrid hängt, wollen noch nicht in unsere Schlafzimmer kommen, um sich dort so eindringlich und truggewaltig auf die Wände zu malen, wie wir darin eine Sinfonie empfangen.[3]

Das wird noch geschafft werden. Vielleicht wird man noch ein Stück weiterkommen und eines Tages fertigbringen, uns einiges von dem sehen zu lassen, was sich auf dem Meeresgrund tut. Was aber die Welt des Gehörs anlangt, so stehen die Töne, die Geräusche, die Stimmen, die Klangfarben von nun an in unserem Eigentum. Wir rufen sie herbei, wann und wo es uns gefällt. Ehedem konnten wir Musik nicht zu unserer Stunde und nach unserer Laune genießen: unser Genuß mußte sich einer Gelegenheit, einem Ort, einem Zeitpunkt, einem Programm anbequemen. Wie viele

Dinge mußten da nicht miteinander zusammenfallen! Nunmehr ist es aus mit einer Knechtschaft, die der Lust entgegensteht und damit auch der Möglichkeit, das Köstlichste eines Werkes mit ausgesuchtestem Bedachte aufzunehmen. Den Augenblick für einen Genuß wählen zu können, ihn kosten zu können, wenn es nicht nur vom Geiste her wünschbar, sondern von Seele und Sein gefordert und gleichermaßen wie im Entwurf vollzogen ist, dies heißt, den Absichten des Komponisten die größten Möglichkeiten des Gelingens zu bieten – bedeutet es doch, seinen Geschöpfen zu gestatten, in einer Umgebung zu neuem Leben zu erwachen, die selbst lebendig und nur wenig von jener verschieden ist, darin sie geschaffen wurden. Die Arbeit des Musikers – sei er Komponist oder ausführender Künstler – findet in der auf Band aufgenommenen Musik die für das äußerste Ausmaß ihrer ästhetischen Ergiebigkeit entscheidende Voraussetzung.

Mir fällt hier ein Märchenstück ein, das ich als Kind in einem Theater des Auslands gesehen habe oder das ich gesehen zu haben glaube. Im Schloß des Zauberers sprachen die Möbel, sie sangen, sie nahmen poetisch und schalkhaft an der Handlung teil. Eine Tür, die aufging, blies eine dünne oder gellende Fanfare. Man setzte sich nicht auf einen Puff, ohne daß dieser eine passende Höflichkeitsfloskel ausgeseufzt hätte. Jedes Ding, das angerührt wurde, hauchte eine Melodie.

Ich hoffe sehr, daß wir nicht dabei sind, dieser Ausschweifung tönender Magie entgegenzugehen. Schon kann man in einem Café weder mehr essen noch trinken, ohne durch Darbietung von Musik gestört zu werden. Aber es wird von wundersamer Köstlichkeit sein, nach eigenem Belieben eine leere Stunde, einen Abend, der eine Ewigkeit dauert, einen Sonntag, der nicht zu Ende gehen will, in Wunderwelten, in Zärtlichkeiten, in geistiges Erleben verwandeln zu können. Es gibt Tage der Verdrießlichkeit; es gibt Menschen, die sehr allein sind, und es ist kein Mangel an solchen, die Alter oder Siechtum mit sich selber einsperren, mit sich, den sie doch nur zu sehr kennen ... Diese leeren und freudlosen Weilen und diese dem Gähnen oder den düsteren Gedanken ausgelieferten Wesen, nun haben sie endlich etwas, das ihnen das Herrenrecht gibt, in die Leere, zu der sie verurteilt sind, etwas zu holen, das ihr Farbe gibt, oder darin den Atem der Leidenschaft wehen zu lassen.

Dies sind die ersten Früchte, die uns die neue Vertrautheit von Musik und Physik in Aussicht stellt, deren unvordenklich alter Bund uns ihrer schon so viele geschenkt hat – und es ist noch nicht aller Tage Abend.

# 1893 IM CONCERT LAMOUREUX

Darf ich hier sprechen? Die Notenständer verrücken, inmitten der wunderbaren Streicher, der wohlklingenden Holz- und allmächtigen Blechbläser auftreten? Nicht um zu singen, sondern um eine Stimme hören zu lassen, die weder singend noch wohlklingend ist und die der Taktstock Monsieur Wolffs nicht trägt? Ich gestehe Ihnen, ich bin bewegt, daß ich als einziger meiner Spezies in diesem recht eigentlichen Zauberwald stehe, wo im mannigfaltigen Astwerk der Klänge so sanft wie stürmisch das Genie weht.

Wie nur den Bruch des Zaubers rechtfertigen, den man mich begehen läßt? Ich fühle mich im schmachvollen und schuldbewußten Zustand jenes Herrn, der im ehemaligen Cirque d'Été während eines Satzes hereinplatzte und mit Entsetzen zusehen mußte, wie Lamoureux mit dem Stab einen blitzschnellen Bogen beschrieb, zu dirigieren aufhörte, sich langsam nach ihm umdrehte, die Arme verschränkte und ihn mit der plötzlichen, betretenen Stille mit einem Schlag niederschmetterte. Fünfhundert auf ihn gerichtete Blicke verwandelten den Mann in ein Häufchen Asche.

Wie erklärt sich also mein Frevel, das Eindringen eines Schriftstellers mit seiner platten, armseligen Rede in dies Heiligtum?

Die Literatur ist Charles Lamoureux eben ungeheuer viel schuldig; und man begleicht seine Rechnung dort, wo man kann.

Halten Sie zunächst fest, daß jede Literaturgeschichte des auslaufenden 19. Jahrhunderts, die nicht über Musik spricht, eine vergebliche Geschichte bleiben wird; eine mehr als unvollständige – eine ungenaue; eine mehr als ungenaue – eine unverständliche Geschichte. Im übrigen ist jede Literaturgeschichte, die nur über die Literatur spricht, generell ein ebenso verstümmeltes Werk wie zum Beispiel eine Geschichte der Politik, die wirtschaftliche Vorgänge außer acht läßt.

Jede Epoche hat ihre kraftvollen Stimulantia, ihre gewichtigen Themen. Und die Literatur ist immer davon betroffen – manchmal mehr, manchmal weniger.

Meiner Meinung nach lassen sich die literarischen Strömungen seit 1840 oder 1850 bis hin in unsere Zeit nur dann verstehen, wenn die grundlegende, wesentliche Rolle der Musik bei jener bemerkenswerten Neugestaltung tatsächlich veranschaulicht, erhellt und bestimmt wird. Die musikalische Erziehung des französischen Publikums – und insbesondere einer zunehmenden Anzahl französischer Schriftsteller – hat mehr als alle theoretischen Überlegungen dazu beigetragen, der Dichtkunst eine reinere Bestimmung zu geben und in deren Werken all das zu tilgen, was Prosa ebenso klar ausdrücken kann. Wie die Musik in ihren Anfängen die gehörten Eindrücke voneinander schied – und die einen, nämlich die *Geräusche*, die eine Bedeutung haben, sich jedoch schlecht aufeinander abstimmen lassen, zurückwies, während sie andererseits die *Klänge*, die für sich allein nichts bedeuten, sich jedoch gut wiedergeben und kombinieren lassen, sammelte –, so hat sich auch die Poesie auf bisweilen sehr mühsame oder sehr gefährliche Weise (so gut wie irgendwie möglich) bemüht, in der Sprache die Ausdrücke zu unterscheiden, in denen Sinn, Rhythmus, Stimmgebung und Bewegtheit einander ergänzen und verstärken, während sie andererseits jene Ausdrücke zu verwerfen versuchte, in denen der Sinn unabhängig von der musikalischen Form, von jedem Klangwert bleibt.

Betrachtet man die Periode von 1880 bis 1900, dann waren Lamoureux und die Concerts Lamoureux treibende Kräfte von größter Bedeutung für diese Umerziehung der Poesie. Was Baudelaire die Concerts Pasdeloup bedeuteten, waren für Mallarmé und seinen Kreis die Concerts Lamoureux.

Charles Lamoureux war die Gewissenhaftigkeit in Person, die absolute Hingabe, Unerbittlichkeit und Redlichkeit, wenn es um sein bewundernswertes Handwerk ging – nämlich das wahrhaft heilige eines Dirigenten. Dieses verlangt, daß man gleichzeitig Kritiker und Apostel ist, Kenner und Zauberer, Kapitän und Virtuose. – Der Dirigent – ein merkwürdiger Solist, ein einhundertzwanzigfach Mitwirkender. Maestro, Sie sind wirklich ein Ungeheuer aus der Sage! ...

Lamoureux, in den so vornehmen Wesenszügen seiner Natur, in seinen Ansprüchen, seiner Liebe zur Perfektion und seiner Gewissenhaftigkeit, gehörte schlechthin zu dieser Epoche, die angesichts des Schönen beinahe religiös war und in der wir unsere Jugend verlebten.

Diese Jugend sah in der Kunst den einzigen Ausweg, die einzige künftig mögliche Kultur der erhabensten Gefühle. Das Tun des Künstlers, das durch die Werke vermittelte Gefühl erschienen ihr als der einzige unanfechtbare Gegenstand der Liebe, der Arbeit, der Sehnsucht, das einzige Mittel der Erlösung; mit einem Wort: als die einzig denkbaren unmittelbaren Gewißheiten, die, aller Kritik entzogen, schließlich Glaubensstärke vermitteln würden, ohne irgendeinen Glauben zu fordern.

Nun war die Musik – insbesondere die Orchestermusik – unter allen Künsten am besten geeignet, diesen Gefühlen der Gewißheit und Macht Nachdruck zu verleihen und zum Durchbruch zu verhelfen.

Im übrigen erscheint die große Musik der modernen Meister durchaus als das Analogon in der Kunst zu den gewaltigen und geradezu ins Exzessive gesteigerten Möglichkeiten, die der moderne Mensch sich im materiellen Bereich schuf. Solch großartige Musik verfügt gleichsam über eine unerschöpfliche ästhetische Energie. Sie spielt mit den Tiefgründigkeiten des Lebens, mit den Extremen der Leidenschaft, ahmt die Kombinationen des Denkens nach, scheint Berge zu versetzen; bewegt, beruhigt, durchläuft das gesamte Nervensystem – und all dies schafft ein faszinierender Vorgang in wenigen Augenblicken mit manchmal einer einzigen Note. Die Musik spielt mit uns, macht uns traurig, vergnügt, trunken oder nachdenklich, je nach Belieben leidenschaftlicher, tiefgründiger, zärtlicher oder stärker, als Menschen jemals gewesen sind.

Wie unsere Maschinen Arbeiten für uns verrichten, uns

Geschwindigkeiten erreichen lassen, die unsere eigenen Kräfte gewaltig übersteigen, so schenkt die großartige Musik – Ekstase, Raserei, die überall lauert, um uns zu packen; fiktive, grenzenlose Erkenntnis, nahezu völlige Besessenheit des Menschen – ja drängt sie uns in Zustände, die halb-trügerisch sind und doch mächtiger als die meisten unserer realen Zustände. Keine der anderen Künste kann solche Souveränität für sich geltend machen.

Es erstaunt deshalb nicht, wenn die Musik beinahe den Charakter eines Kults annahm. Sie predigte im Namen der Kunst und war zugleich eine Erfahrung, die den gesamten Raum des seelisch-gemüthaften Seins erforschte – und war zudem in sich höchster Genuß.

Sie war heftige innere Erregung und zugleich Kommunion. Denn tausend zusammengeführte Wesen – die aus denselben Gründen die Augen schließen, dieselbe Begeisterung, das Gefühl der eigenen Nähe erleben und trotzdem diese intime Empfindung mit so vielen ihrer Nächsten teilen, die nun wahrhaftig zu ihren *Mitmenschen* werden –, sie bilden sehr wohl die religiöse Bedingung schlechthin, die fühlbare Einheit einer lebendigen Vielheit.

Künstlich löst die Musik aus, was große öffentliche Freuden oder Betrübnisse auslösen, was sich an Feiertagen beobachten läßt, wenn auf der Straße die Menschen miteinander reden, ohne einander zu kennen, und sich am liebsten umarmen würden ...

Dieser Kult, diese heilige Handlung, dieses Hochamt wurde in meiner Jugend im Cirque d'Été zelebriert. Von Spätherbst bis Frühlingsende waren die Concerts Lamoureux das allwöchentliche Ereignis – ein Segen für die Gläubigen der Kunst, und ganz besonders für die Dichter.

Stellen Sie sich diesen mittlerweile verschwundenen Cirque vor: eine überfüllte Rotunde, vollgepfropft mit allem, was Paris an Elegantestem, Tiefsinnigstem, Begeisterungsfähigstem aufzubieten hatte. Eine Kombination, der eine beklemmende wie äußerst bekömmliche Schwüle entstieg.

Lamoureux erschien; stets voller Würde und selbst während des Beifalls nie mit einem Lächeln. Er erklomm das

Pult. Als stiege er zum Altar empor, um die höchste Macht zu ergreifen. Und tatsächlich – er ergriff sie, um dann die göttlichen Gesetze der Musik zu verkünden.

Er hob die Arme ... und machte sich sechshundert Seelen mit einer Geste gefügig. Es stellte sich augenblicklich der Gleichklang der Atemzüge und des Herzschlags ein. Andacht und Lust am Erschaudern breiteten sich aus. Niemand wagte an die leiseste Bewegung auch nur zu denken, gab es doch in der Rotunde des Cirque zwei Wesen von einer völligen, geradezu brutalen Unduldsamkeit: das eine war Lamoureux; das andere, das waren wir, zusammengepferchte junge Leute in den Galerien zu zwei Francs – fanatisch und wie alle Puristen stets bereit, all die Unwürdigen zu massakrieren, deren Stuhl knarrte oder deren Schnupfen sich zu Wort meldete.

Doch auf einer Bank des Promenoir im Schatten einer aufrecht stehenden Menschenmauer saß ein einzelner Zuhörer, der seinen Zutritt zum Cirque ganz besonderer Gunst verdankte: STÉPHANE MALLARMÉ. Beseligt, aber auch mit jenem engelsgleichen Schmerz, der aus bedeutungsschweren Rivalitäten erwächst, ertrug er den Zauber Beethovens oder Wagners. Er protestierte nur in Gedanken und entzifferte als großer Sprachkünstler, was die Gottheiten reinen Klangs auf ihre Weise aussprachen und verkündeten. Mallarmé verließ die Concerts voll sublimer Eifersucht. Er suchte verzweifelt nach Mitteln und Wegen, um das, was die übermächtige Musik ihm an Wundern wie an Bedeutung genommen hatte, für unsere Kunst zurückzuerobern.

Geblendet und gedemütigt verließen mit ihm die Dichter den Cirque. Doch wir sind gute Verlierer. Es fällt mir überhaupt nicht schwer, Loblieder auf die Musik und ihren bewundernswerten Diener Charles Lamoureux zu singen. Denn vergessen wir nicht, daß die Glorie aller Künste den Schriftsteller als unentbehrlichen Mittler braucht. Nicht alle Trompeten schmettern für Sie, Maestro! ... Was würde aus dem Namen eines Lamoureux wohl werden, wenn nicht irgendeine Feder ihn am Rande der französischen Literatur- oder Musikgeschichte nennen würde?

# BRIEF AN MADAME C...

Andere, liebe Croiza, werden jene feiern, die singt. Ich aber, den die Umstände von einem so erwünschten und so lebendig ausgemalten Diner fernhalten – ich werde Ihnen etwas anderes sagen. Lassen Sie den Abwesenden von einem Freunde entlehnen, was es an Gegenwart und Atem bedarf, um Ihnen seine Glückwünsche zu übermitteln.

Schon seit langem war mir die Idee gekommen, eine Sängerin zur Poesie zu verführen. Wie kam es dazu und mit welchen Gedanken?

Die Poesie ist nicht Musik; noch weniger ist sie Rede. Vielleicht erwächst ihr aus dieser Zwiespältigkeit die Zartheit, die sie auszeichnet. Man könnte sagen, daß sie eher singen wird, als daß sie singt; daß sie eher sich erklären wird, als daß sie erklärt. Sie wagt weder, in zu hohen Tönen zu singen, noch zu klar zu reden. Sie ergeht sich weder auf den Gipfeln noch in den Abgründen der Stimme. Sie begnügt sich mit ihren Hügeln und einem höchst maßvollen Profil. Doch durch Rhythmus, Hebungen und Konsonanzen versucht sie, so gut sie kann, dem Ausdruck bestimmter Gedanken eine gleichsam musikalische Kraft zu vermitteln. Nicht aller Gedanken.

Die gewöhnliche Diktion geht von der Prosa aus und erhebt sich bis zum Vers. Nicht selten verwechselt sie den dramatischen Ton oder die Bewegungen der Eloquenz mit der inneren Musik der Sprache. Dann gewinnt der Interpret an Wirkung, was das Gedicht an Harmonie verliert.

Ich aber wollte es mit einer Stimme versuchen, die ganz im Gegenteil von der vollen, ganzen Melodie der Musiker zu unserer Melodie der Poeten hinabsteigt, die beschränkt und temperiert ist. Ich hatte davon geträumt, zu dieser einzigartigen Weise, sich hörbar zu machen, eine Stimme zu bewegen, die sich ihrer ganzen Stimmlage sicher war, eine Stimme, umfassender als jene, die der Poesie genügt: eine kunstvolle, lebendige Stimme, weitaus bewußter, klarer in ihren Einsätzen, reicher an Klangfülle, wachsamer gegenüber den Tempi und Pausen, markanter im Tonwechsel als die gemeinhin Verswerken geliehene Stimme.

Diese Idee ist Ihnen begegnet. Oder vielmehr: sie ist auf sich selbst gestoßen, unter Ihren Zügen, liebe Croiza.

Als ich Ihnen also sagte:

> Vous chantez, j'en suis fort aise!
> Eh! bien, osez maintenant! ...
> Osez vous mettre aux vers![1]

Da boten Sie mir ein Gesicht, worin Furcht und Begeisterung sich zu einem großen Verlangen fügten. Ihre Blicke schienen der Poesie zu sagen: Du hättest mich nicht gefunden, hätte ich dich nicht bereits gesucht![2]

Erinnern Sie sich an unsere Versuche?

Ronsard, offen vor uns; die Werke jenes Ronsard, der seine Verse vor sich hin summte und sich dabei auf seiner Laute begleitete, dienten uns als Experimentierstoff ... Die Studien währten nicht lange. Ich habe nie ein rascheres Verständnis des musikalischen Systems der Poesie gesehen. Ihre Seele, liebe und werte Künstlerin, besaß es in seiner ganzen Kraft. Ich grüße Sie und bewundere Sie. In Ihnen lodert das reinste Feuer.

# ZUM LOB DER VIRTUOSITÄT

Befremden und sogar Entrüstung ruft bei einigen das Plakat einer Theateraufführung oder eines Konzerts hervor, auf dem die Namen eines Molière oder Beethoven in mikroskopisch kleinen Lettern gedruckt stehen, der des Schauspielers oder Pianisten dagegen sich fett gedruckt darstellt, hervorspringt und sich aufdrängt.

Andere (und das dürften wohl dieselben sein) beklagen und verurteilen die maßlose Gunst, die das Publikum dem Künstler entgegenbringt, der es durch sein Spiel auf Bühne oder Podium in Entzücken versetzt: Sie irritiert diese Begeisterung, die ihm entgegengebracht wird und die ihn mit ihren hallenden Wogen verfolgt, deren Geschrei und Geraune um ihn hinter den Kulissen rivalisieren, von wo er unzähligemal durch den Applaus herausgerufen wird.

Man munkelt, die Würde der Kunst werde beschmutzt durch derartige Demonstrationen, die sich auf die wirkliche Person ihrer Diener beziehen, von denen man Porträts, Autogramme, Zukunftspläne, die geringsten Einzelheiten ihres menschlichen Lebens zu ergattern sucht, als ob sich die schöpferischen Menschen nicht gerade deshalb in das Denken ihrer Werke, fern der Welt, zurückgezogen hätten, um alles Unglück und alle individuellen Niedrigkeiten an sich zu erfahren oder sich dagegen zu schützen. Man findet, der Priester verberge so Gott und setze sich in den Augen der Menge an dessen Stelle.

Es steckt mehr oder weniger erkennbare Eifersucht, mehr oder weniger bewußter Neid in dieser Bitterkeit und diesen mit Spöttereien verzierten strengen Beurteilungen, die zugleich das Idol und seine Anhänger treffen, die ihm die Menge an Blumen und Epitheta zum Vorwurf machen, die durch es erregten Leidenschaften, die phantastisch hohen

Honorare und die einzigartige Herrschaft, die es über so viele Wesen ausübt, deren aller Sinne zu bewegen und deren aller Herzen es zu ergreifen versteht.

Allerdings ist nicht zu verhehlen, daß solch minderwertige Gefühle gelegentlich auch Substanz aufweisen und durch Ungerechtigkeit auf manche Unsitte reagieren. Wenn der Überschwang von Lobeshymnen und Würdigung, diese zumeist höchst schwelgerische Anbetung, die eine Epoche ihren Lieblingskünstlern entgegenbringt, bei bestimmten schwierigen Geistern auch Widerstände hervorruft, Vergleiche von Meriten und Schicksal und ziemlich scharfe Reaktionen, so lassen es diese Rebellen keineswegs an recht verführerischen Argumenten der Kritik fehlen.

Oft klagen sie den Interpreten eines Werks an, mit seinen Talenten auf Kosten der Reinheit des Werks zu brillieren, dessen Proportionen zu verändern, dessen Wirkungen und sogar dessen Bedeutung zu überladen, so daß der schriftlich niedergelegte Wille des Autors aufs gröbste entstellt würde. Sie schreiben ihm die Kraft zur Perversion des Publikumsgeschmacks zu, daß er zur bewältigten Schwierigkeit verführe, zu blendender Schnelligkeit, zu all dem, was uns im Spiel erstaunt und was die Vorstellung verwirrt, die wir von den Begrenztheiten der Mechanik unseres lebendigen Handelns haben. Oder aber sie werfen ihm vor, daß er dem Allervulgärsten im Gefühlsbereich schmeichle oder dem Allereinfachsten der seelischen Regung, indem er die Zartheit bei den Abwandlungen und Modulationen übertrieben hervorhebt, indem er auf jenen Schwachpunkten beharrt, die die Seele gefügig machen und es zustande bringen, in ihr Begierde, Bedauern, Erinnerungen zu erregen und dort den Quell der Tränen anzuschlagen.

Es gibt mithin ein *Problem* der Virtuosität.

Es stellt sich immer dann, wenn man zweierlei unterscheiden und sogar gegenüberstellen kann: die Vorstellung, die wir uns von einem Werk machen können, und den *Eindruck*, den uns eine gewisse Art seiner Interpretation vermittelt. So kann es vorkommen, daß ein von uns als mittelmäßig *einge-*

*schätztes* Gedicht oder eine Melodie durch eine souverän eingesetzte Stimme mit schöner Stimmlage solch eine Kraft und solch ein Wohlgefallen entfalten, daß sie unsere Urteilskraft zunächst überraschen. Das Gegenteil, so scheint mir, ist häufiger der Fall: Kein Meisterwerk, das nicht tausendundeinmal erschlagen worden wäre – und vielleicht erkennt man gerade daran ein Meisterwerk – denn man kann nur das töten, was lebendig ist.

Bemerkenswert dabei ist, daß jene exemplarischen Meisterwerke die bevorzugten Opfer entweder *allzu großer* oder *allzu geringer* Talente sind.

Dem Gesagten zufolge muß man dieses Vorurteil in seinem Denken beseitigen, seine Urteile neu bilden, es wie der Richter machen, der beim Einnehmen seines Richterstuhls alles das verwirft, was öffentliches Gerücht und Zeitungen ihm über die Sache, von der er hören wird, nahegebracht haben. Und wenn wir kurz darüber nachdenken, kommen wir sofort darauf, daß der Prozeß der Virtuosität mit dem grundlegenden Problem der Kunst zusammenhängt, und zwar dem Problem der *Ausführung* beziehungsweise *Interpretation*, denn der Virtuose ist per definitionem ein Interpret von ausgezeichnetem Wert, dem es gelegentlich passiert, sich von dem Überschwang des Gefühls, das er von seinem technischen Können besitzt, geradezu berauschen zu lassen und seine Mittel mißbräuchlich einzusetzen.

Betrachten wir das etwas genauer.

Man vergißt allzuoft, daß Kunst nur *in actu* existiert: *Kunst ist Handlung*; sie ist jene Handlung, die darauf abzielt, die Sensibilität des Menschen zu erregen und zu verändern und daraus solche Entwicklungen entstehen zu lassen, die man sich endlos wünscht. So bilden sich mehr oder weniger intensive Bedürfnisse heraus, die sich jedoch erheblich von jenen unterscheiden, die uns zu Sklaven der Ansprüche unseres Organismus machen. Sie zeigen an – und gewissermaßen zeichnen oder konstruieren sie in uns – ein Wesen, das aus Rhythmen, Kontrasten, Symmetrien und Ähnlichkeiten lebt, diese aus sich selbst oder aus einer anderen Quelle einklagt und empfängt.

Wenn Kunst also Handeln ist, so ist indirekt damit gesagt, daß ein Kunstwerk in sich nur eine Handlungsformel ist. In diesem Zustand ist das schönste aller Kunstwerke nur das, was es ist, sei es, daß man in ihm nichts als Zeichen auf dem Papier sieht, sei es – wenn man diese Zeichen zu lesen versteht –, daß man dieser Lektüre das Erforderliche an menschlich aktueller und angemessener Energie nicht geben kann oder will, um in der Sensibilität jene Resonanzwirkungen hervorzubringen, die ich gerade in wenigen Worten aufgezeigt habe. Dieses Werk, das noch nichts anderes als Schrift ist, besitzt also nur eine virtuelle Existenz. Es ist ein Scheck, der durch das Talent eines möglichen Künstlers gedeckt ist. Es ist ebensogut einem Mechanismus vergleichbar, der lediglich ein System von willkürlich zusammengestellten festen Körpern darstellt, sofern man es versäumt, darauf die Kräfte anzuwenden, die der Konstrukteur eingeplant hatte.

Eine Art Paradox, das jedoch eigentlich keines ist, wird Ihnen meinen Gedanken verständlich machen. Wenn man Ihnen sagt: »Vergil ist ein großer Dichter«, wäre es erforderlich, damit Sie dem in Ihren Herzen zustimmen und nicht nur rein abstrakt, daß jemand Ihnen heute die *Äneis auf Vergilsche Art* deklamieren könnte und daß Sie als Zeitgenosse und Mitbürger des Verfassers sie hören könnten.

Somit kommt es dem Interpreten zu, diese menschliche Energie, diese mit Intelligenz geführten Kräfte, die der Konstrukteur vorgesehen hatte, dieses Leben, diesen Akzent, diese Klangbilder, die Racine oder Mozart in ihrem Sein gefunden hatten, in sich selbst wiederzufinden und sie auf den Mechanismus anzuwenden, wie er durch eine Partitur oder einen Text konstituiert wird. Und all dies, dieser so wesentliche Teil des Werks ist nicht schriftlich festgelegt. Und läßt sich auch nicht festlegen.

Texte und Partituren sind in der Tat nur Systeme von konventionellen Zeichen; jedes einzelne davon – Silbe oder Note – soll einen Akt, dem es entspricht, auslösen. Die Qualität jedes einzelnen dieser Akte, die Qualität ihrer Verkettung und ihrer geheimnisvollen sukzessiven Abhängigkeit hängen ganz von demjenigen ab, der *handelt* und die Verwandlung des *virtuellen* Werks in ein *wirkliches* durchführt.

Während nun aber der Schöpfer bei der Erschaffung und Festlegung des virtuellen Werks kaum etwas anderes als innere, intermittierende und seltsam verteilte Kräfte einsetzt – die Gesamtheit seines Seins nur auf unbeständige und gewissermaßen laterale Weise an dieser besonderen Arbeit teilhat –, fordert der öffentliche Vortrag demgegenüber die großzügigste Verausgabung des ganzen Menschen, sein *vollständiges Handeln*, das direkt und beständig sein muß, bis zum allerhöchsten Grad von *Präsenz* aller Fähigkeiten des Interpreten gesteigert. Der Schöpfer berechnete seine Taktmaße nach Lust und Laune, und seine schwache oder gar falsche Stimme war ihm genug, damit sich im Zustand des Murmelns beim Herumirren in den Grenzgebieten zwischen Traum und Form höchst zufällige Melodien abzeichneten, unbesorgt um Höhe und Tiefe der Laute oder um die Schwierigkeit der Arabesken, da er anderen Organen die Sorge und Sorgfalt überlassen wird, sie hörbar zu machen und zur Geltung zu bringen. Aber das Schicksal dessen, was er auf solche Weise komponiert, ist von jener Handlung abhängig, die das Werk in die Welt setzen wird. Derart ist ein Werk, das Jahre der Ausarbeitung erforderte, dem Erfolg oder Mißerfolg eines Vortrags anheimgestellt, was sich in einigen wenigen Viertelstunden vollzieht. In diesen kritischen Momenten wird das Werk *wirklich*; erst im Akt wird es ganz Werk; aber dieser Akt ist immer der Akt von jemandem, und wenn das Werk ganz neu ist, ist die Funktion dieses Jemand von allergrößter Wichtigkeit. Der Interpret gibt die ersten Eindrücke dieses noch unveröffentlichten Werks an das Publikum: von ihm hängt ab, ob es verstanden oder angenommen wird, ob es Karriere machen wird mit all den Vorzügen, die ihm durch Begabung, Geschmack, Hingabe, Instinkt oder Wissen um das Publikum durch den Interpreten an das Werk herangetragen werden. Man kann diesem also Freiheit und eine gewisse Initiative, deren Grenzen unmöglich festzulegen sind, nicht verweigern.

An dieser Stelle möchte ich noch bemerken, was mir von

ziemlichem Interesse zu sein scheint: Kein Werk von größerer Schönheit, das nicht immer auch verschiedenartige und gleichwohl plausible Interpretationen zuließe. Der Reichtum eines Werks liegt in der Fülle an Bedeutungen und Werten, die ihm beigelegt werden können, wobei es doch immer noch es selbst bleibt.

Der Virtuose ist somit jener, der letztlich *dem* Leben und wirkliche Gegenwärtigkeit verleiht, was als reine Schrift dem Belieben von jedermann anheimgestellt war, dem Belieben seiner Ignoranz, seiner Unbegabtheit, seines unzureichenden Verständnisses. Der Virtuose ist die Verkörperung des Werks . . .

# EINLEITUNG ZU EINEM ZWIEGESPRÄCH ÜBER KUNST

Da der Autor des kleinen, hier vorgelegten Werks seit nahezu einem halben Jahrhundert zu meinen besten Freunden gehört, dieses Werk sich zudem an einigen Stellen auf Gedanken über den Tanz bezieht, die ich früher an dieser Stelle dargelegt habe, erschien es der *Revue Musicale* selbstverständlich, mich zu bitten, den Autor und sein Werk der Öffentlichkeit vorzustellen. Doch dieselben Gründe – und im übrigen mein, offen gesagt, geringer Glaube an den Nutzen derartiger Vorspiele, die nur selten die Einstellung des Lesers verändern – hätten mich wohl zu einer Absage bewegt, wäre mir nicht eine völlig andere Erwägung in den Sinn gekommen. Tatsächlich liegt der Reiz des vorliegenden Zwiegesprächs nicht zur Gänze in seinem Text. Es muß darin auch so etwas wie ein *Akt* gesehen werden, das Element eines bestimmten Handelns, das von Bedeutung sein kann; weshalb es mir auch nützlich – und vielleicht mehr als nützlich – erschien, mit wenigen Worten das zu erklären, was man die *Funktion dieses Textes* nennen könnte – eine Funktion, die bei unvorbereiteter Lektüre nicht offenkundig wird.

Es ist bemerkenswert – und zweifelsohne für unsere Zeit, die voller unvorhergesehener Resonanzen und Annäherungen ist, auch recht charakteristisch –, daß im Zuge eines Zwiegesprächs über Kunst an das schwierigste Problem der gegenwärtigen Weltpolitik erinnert werden muß, eines der folgenschwersten von morgen: die Beziehungen zwischen Europäern (und Assimilierten) und den anderen Bewohnern des Erdballs, insbesondere jenen, die als Untertanen oder Schützlinge einer europäischen Macht dennoch eine eigene Kultur und eigene künstlerische oder intellektuelle Traditionen besitzen wie auch eine Elite von Kunstschaffenden, Liebhabern und Kennern.

Bis jetzt bestand die europäische Haltung entweder in der Vernachlässigung dieser alteingesessenen lebendigen Werte oder (und das ist der günstigere Fall) im Versuch, unser Wissen und etwas von unserem Geist an unsere Untertanen und Schützlinge weiterzugeben. Wenn wir nun – manchmal recht erfolgreich – versucht haben, ihnen etwas beizubringen, ist uns doch nie der Gedanke gekommen (und konnte wohl auch kaum kommen), daß wir von ihnen etwas lernen könnten. Von Austausch kann keine Rede sein. Vielmehr erscheint uns der Gedanke unmöglich und geradezu absurd, daß wir auch nur den geringsten geistigen Anstoß von Völkern erhalten könnten, die wir unterworfen haben. Außerdem ist die europäische Bildung unbestritten in jedem Fachgebiet, das gelehrt wird, (wenigstens dem Buchstaben nach) haushoch überlegen.

Aber alles läßt sich nicht lehren. Es gibt subtilere geistige Errungenschaften als solche, die sich in Formeln mit endlichen Ausdrücken oder in systematische Methoden und Praktiken auflösen lassen. Was diese unermeßlichen Schätze angeht, bin ich längst nicht von unserer Überlegenheit überzeugt. Ich stelle fest, daß unsere intellektuelle Vormachtstellung mit bestimmten Opfern erkauft worden ist. Ich habe bereits an anderer Stelle erklärt, daß unsere Lebensweise, unsere Hast, unser exzessiver Gebrauch der mechanischen Kraft und allzu starker Reizmittel, unsere sinnentleerte Geschäftigkeit die Ursachen wie Folgen eines geschwächten Empfindungsvermögens sind. Die Forderung nach Intensität, Neuheit, Augenblickshaftigkeit kommt geradezu einer Vergiftungserscheinung gleich. Unser Fortschritt will bezahlt sein, und wir können ermessen, wieviel köstliche Mußestunden, tiefempfundene Freuden, wahrhaftiges innerstes kontemplatives Verständnis von Kunstwerken er uns kostet: es genügt, ein wenig zu verreisen und die Bewohner unserer Territorien und Protektorate leben zu sehen.

Nein, ich bin mir nicht so sicher, daß unsere Durchschnittsbürger einen ausgeprägteren Schönheitssinn haben als die Stammgäste maurischer Cafés; und selbst unsere Dekorateure ein feineres Gespür für Ornamentik als die eingeborenen Handwerker. Geben wir doch zu, daß das Bedürfnis und der Instinkt visueller Bezauberung sehr selten bei uns anzutreffen sind.

Und was den Rhythmus anbelangt – hier gibt es keinen Zweifel mehr! Die schlichte Tatsache, daß er völlig in unserer Erziehung fehlt und ein merkwürdiger Gebrauch von der Poesie gemacht wird, spricht gegen uns und kommt einem Urteil gleich.

Fügen wir dem noch den rasanten Verfall der Umgangsformen und der Sprache hinzu, der gegenseitig erwiesenen Achtung, die dafür einstehen, daß eine Gesellschaft mehr ist als ein statistisches Gleichgewicht sinnlich wahrnehmbarer Kräfte ... Ich lasse es dabei bewenden und möchte nur die Einsicht nahelegen, daß jene Rassen, für die wir Verantwortung übernommen haben, uns in mancherlei Hinsicht Anstöße geben können. Ihre Art zu leben ist abgeklärter als unsere und insgesamt vornehmer. Finden sich bei ihnen Züge des Grobschlächtigen, so begegnet man dort doch keiner anderen Vulgarität als jener, die man ihnen beigebracht hat.

Wollen wir wirklich diese Völker uns assoziieren (und alle Welt spürt die zunehmende Bedeutung dieser Fürsorge), dann ist es unsere Aufgabe, in den Beziehungen eine Wechselseitigkeit herzustellen zwischen ihnen und uns, einen echten Austausch, der – wie ich zeigen wollte – nicht unmöglich ist. Ich habe summarisch erklärt, daß wir uns täuschen, wenn wir glauben, daß sie nur empfangen können und nichts haben, das sie uns geben können. In der Politik wird das Dogma von der Ungleichheit der Menschenfamilien täglich mehr und mehr zur Gefahr: für Europa wird es sich fatal auswirken! Die Technik breitet sich aus wie die Pest.

Zweifelsohne ist es genau dies gewesen, was Pierre Féline seit seiner ersten Begegnung mit Marokko (es war 1908 während des Feldzugs) argwöhnen mußte. Er selbst verliebte sich in dieses Land; kam nach dem Krieg von 1914 zurück, um sich schließlich dort niederzulassen. Fes hat ihn verführt – nun versucht er, es zu verführen. Als geborener Mathematiker und Musiker könnte er seinen marokkanischen Freunden die Differentialrechnung oder auch »Die Kunst der Fuge« beibringen. Aber das hieße, keinen Austausch mit ihnen zu pflegen, sondern nur – zu geben, ohne zu nehmen. Eine unbefriedigende Lösung und – wie ich schon sagte – eher gefährlich als nützlich. Er hat deshalb engagiert versucht, mit den einheimischen Künstlern und Kunstliebhabern einen echten Austausch von Ideen, ästhetischen Formen und Werten zu pflegen. Eingehend studierte er die so verzwickten rhythmischen Kompositionen, wie sie in der dortigen Musik vorherrschen und worin merkwürdige und geheimnisvolle Verwandte der Arabeske sind, jene erstaunliche Schöpfung des islamischen Genius, die sich aus der Geometrie der Polygone, wie sie die Griechen kannten, entwickelte.

Deshalb darf dieses *Zwiegespräch über Kunst* nicht nur von seinem Inhalt her verstanden werden als ein in sich bezauberndes Werk; sondern auch als Dokument und als ein Akt im Rahmen eines individuellen Unternehmens, dessen Kühnheit, Wichtigkeit, Opportunität oder intellektuellen Anspruch, den es impliziert, ich nicht eigens loben möchte, ist doch, wie ich bereits erklärt habe, der Autor ein mir teurer Freund, der mich oft zitiert.

# BLICKE AUFS MEER

Himmel und Meer, voneinander untrennbar, gewähren den weitesten Blick; soweit ihre ungeheure Einheit reicht, ist nichts einfacher, scheinbar freier, veränderlicher als sie; dabei nichts so stet, nichts so sichtlich an den gleichen Wechsel von Stille und Sturm, von Trübe und Helle gebunden.

Wenn man am Strand des Meers in Muße zu erfassen versucht, was sein Anblick in uns hervorruft, wenn man, mit salzigen Lippen, das Rauschen und Tosen der Wasser kosend oder dröhnend im Ohr, dieser übermächtigen Gegenwart Antwort geben will, so findet man nur Ansätze von Gedanken, Fragmente von Gedichten, traumhaftes Handeln, Hoffnungen, Gefahren; ein ganzes Gewirr von Gelüsten und Bildern, aufgerufen und erregt durch dies Große, das sich darbietet, sich wehrt, dessen Fläche den Wagemut lockt, dessen Tiefe ihn schreckt.

Darum gibt es nichts Unbelebtes, das so häufig, so selbstverständlich *personifiziert* worden ist wie das Meer. Man nennt es gut, böse, tückisch, launisch, traurig, unbändig, entweder wütend oder großmütig, man spricht von seinen Widersprüchen, seinem Auffahren, seinem Ruhen wie von denen eines lebenden Wesens. Es ist dem Geist fast unmöglich, diese große flüssige Masse nicht naiv zu beseelen, auf welche die Einflüsse von Erde, Mond, Sonne und Luft einwirken. Die Vorstellung von einem launischen und heftig eigenwilligen Wesen, wie die Alten es ihren Gottheiten andichteten und wir selbst es zuweilen den Frauen zuschreiben, drängt sich dem auf, der nachbarlich mit dem Meer lebt. Ein Sturm zieht unerwartet in kaum zwei Stunden auf. Eine Nebelbank verdichtet sich, löst sich auf wie durch Zauber.

Zwei weitere Gedanken – allzu einfach und gleichsam splitternackt – tauchen aus Woge und Geist empor.

Der erste ist der der *Flucht, der Flucht um der Flucht willen*; ein Gedanke, hervorgerufen von einer seltsamen *Lockung des Horizonts*, einem uns innewohnenden Drang ins Ferne, einer Art von Leidenschaft oder blindem Trieb zur Fahrt. Der herbe Duft des Meers, der salzige Wind, der uns gleichsam den Hauch der Weite atmen läßt, das farbige, bewegte Gewühl der Hafenplätze strömen eine wundersame Unruhe aus. Die Dichter der Neuzeit, von Keats bis Mallarmé, von Baudelaire zu Rimbaud, sind reich an Versen voll innerer Ungeduld, den Menschen drängend und aufrüttelnd, wie die frische Brise übers Takelwerk streichend die vor Anker liegenden Schiffe lockt.

Der andere Gedanke ist vielleicht die eigentliche Ursache des ersten. Man kann nur vor dem flüchten wollen, was sich wiederholt. Das unendliche Einerlei, das elementare, unnachgiebige Sichwiederholen, der eintönige Anprall und das immer gleiche Heranfluten der Brandung, deren Wogen ohne Unterlaß antönen gegen die Grenzen der See, wecken in der vom Vorauswissen ihres unbezwingbaren Rhythmus ermüdeten Seele den Wahngedanken der *Ewigen Wiederkehr*. Aber in der Welt der Gedanken schließen Wahnsinn und Größe einander nicht aus: das große, das unerträgliche Schauspiel eines ewigen Wiederbeginnens erregt ein wildes Verlangen, den immer neu zu vollendenden Kreislauf zu durchbrechen, einen quälenden Durst nach *unbekannten Meeresschäumen*, nach unerlebten Zeiten und unendlich wechselnden Geschehnissen ...

Ich für mein Teil deute mir diesen ganzen Zauber des Meers so: daß es meinen Augen unablässig *Möglichkeiten* zeigt. Wie viele Stunden habe ich damit verbracht, hinauszuschauen, ohne es zu sehen, oder es zu beobachten, ohne daß in mir ein Wort sich regte! Bald sehe ich darin nur ganz Allgemeines: jede Woge gleicht einem ganzen Leben. Bald sehe ich nur noch, was das Auge unbefangen aufnimmt und was keinen Namen hat. Wie sich von solchem Anblick trennen? – Wer vermag sich der Wirkung des dumpfen Lebens der Masse der Wasserfluten zu entziehen? Sie treibt ihr Spiel mit Klarheit und Widerschein, mit Ruhe und Bewegung, mit Stille und Sturm; in fließenden Gestalten führt sie dem Menschen vor und entfaltet vor ihm Gesetz und Zufall, Regellosigkeit und Ordnung; sie gibt freie Bahn oder sperrt den Weg.

Eine halbwissende, halbkindliche Träumerei vermengt, klärt, verknüpft angesichts des Meers mannigfache Erinnerungen, geistiges Strandgut verschiedener Art, verschiedener Altersstufen: Kindheitslektüre, Reiseerinnerungen, Grundlagen der Schiffahrtskunde, Bruchstücke naturwissenschaftlicher Erkenntnis . . .

Man weiß vielleicht, daß dieses ungeheure Meer hemmend auf den Erdball wirkt, seine Umdrehung verlangsamt. Dem Geologen ist es eine Lagerung flüssigen Gesteins, die Atome aller Stoffe unseres Planeten in Schwebe hält. Zuweilen wagt sich der Geist in die Meerestiefe hinab. Er fühlt den wachsenden Druck; er malt sich das immer dichtere Dunkel aus. Hier findet er Strömungen reineren oder wärmeren oder kälteren Wassers; Flüsse im Innern der See, die kreisen und in sich münden mitten in der Flut, die sich teilen und wieder vereinen, an Kontinenten entlangstreifen, die Wärme zur Kälte hinüber-, die Kälte zur Wärme zurücktragen, die eisigen Kiele von den Polarbänken losgerissener Blöcke schmelzen – und eine Art Austausch, dem im Leben waltenden vergleichbar, innerhalb der einheitlichen Masse des trägen Wassers herbeiführen.

Dessen tiefe Stille wird übrigens häufig genug durch die sehr raschen, sich schneller als Töne fortbewegenden Schwingungen erschüttert, wie sie durch Umschichtungen unter See, durch jähe Veränderungen des Meeresgrunds ausgelöst werden. Die dumpfe Welle, sich vom einen Ende eines Weltmeers zum anderen weiterwälzend, prallt unversehens gegen die gewaltigen Festen übers Wasser emporragender Länder, bestürmt, verwüstet, verheert die dichtbevölkerten Flächen, vernichtet Äcker, Wohnstätten und alles Leben.

Wessen Geist hat nicht in diese Tiefenwelt zu dringen versucht? Wie es berühmte Stätten gibt, die jeder Reisende besucht haben muß, so gibt es Traumlandschaften und Phantasiereiche, die in jedem Kopf auftauchen als harmlose Befriedigung der immer gleichen, unwiderstehlichen Wißbegier.

Wir alle sind Dichter und gleichen Kindern, wenn wir an die Meerestiefe denken und uns darin mit Wonne verlieren. Bei jedem Traumschritt spielen wir uns Abenteuer und Theater vor. Jules Verne ist der Vergil, der die Jugend durch diese Unterwelt führt.[1]

Abhänge, Ebenen, Wälder, Vulkane, einsame Grüfte, Dome aus Korallen mit halblebendigen Armen, leuchtende Siedlungen – Büsche mit Fangarmen, spiralförmige Lebewesen und schuppiges Gewölk – alle diese undurchdringlichen und möglichen Landschaften, uns sind sie vertraut. Wir wandeln, Taucher, in diesen schillernden Schatten, auf denen flüssige Himmel lasten, durch die von Zeit zu Zeit – wie gefallene Engel der See – die wuchtigen und behenden Gestalten kreuzender Haie gleiten.

Auf Felsen oder Schlamm, auf ein Bett von Muscheln oder Pflanzen senkt sich zuweilen, schlaff, sacht zum Schlafe, am Ende eines langen Niedergleitens, der riesige Rumpf eines Schiffs, das *sich vollgetrunken* hat. Hier, zweitausend Meter unter dem Meer, birgt eine *Titanic*[2] das fast vollständige Rüstzeug unserer Kultur: die Maschinen, das Geschmeide, die Moden eines bestimmten Tages ...

Doch es gibt in den Meeren wirklich sichtbare, fast greifbare Wunder, die alle Vorstellung überwältigen. Ich habe von den Wäldern unter See gesprochen; was wäre erst zu sagen von einem *freischwimmenden Wald* ohne Wurzeln, üppiger, dichter verflochten, wimmelnder von Leben als der unberührteste Urwald der Erde? Man denke an jene von einer Schleife des Golfstroms umschlossene Gegend im Atlantischen Ozean, wo das Sargasso-Gras treibt, eine ungeheure Masse von Algen, eine Art von Nebelfleck aus Zellulose, die sich nur vom Wasser selbst nährt und alle Stoffe in sich aufnimmt, die dieses Wasser aufgelöst enthält. Nichts fesselt dieses seltsam Treibende an den Grund, dessen mittlere Tiefe eine Meile mißt,

mißt, ausgebreitet über einen Raum so ausgedehnt wie das europäische Rußland und märchenhaft bevölkert von allen Arten Fischen und Schaltieren. Manche Gelehrte errechnen seinen Riesenumfang, sagen, daß es Hunderte Millionen Kubikkilometer von pflanzlichen Stoffen darstellt, in denen unschätzbare Vorräte an Natron, Kali, Chlor, Brom, Jod, Fucose enthalten sind.

Diese wuchernde Üppigkeit des Lebens, diese Anhäufung von organischer Substanz dient manchen Forschern dazu, sich über die Entstehung der Rohöl-Lager klarzuwerden. Die an manchen Stellen durch das Sichheben des Meeresgrunds über das Wasser emporgetragene Alge würde sich, nach und nach mit Erde bedeckt und der Wirkung von Regengüssen preisgegeben, zersetzen und sich auflösen zu Hydrokarbid[3] ...

Das Meer ist mit dem Leben geheimnisvoll verbunden. Wenn das Leben seinen Anfang im Meer nahm, wie so viele glauben möchten, dann begreift man, daß es sich in seinem ursprünglichen Bereich weitaus kraftvoller, mannigfaltiger, verschwenderischer, fruchtbarer zeigt als zu Land. An gewissen Stellen im Meer, in mittleren Zonen zwischen der Oberfläche und den großen Tiefen hausen, auf gewissen wechselnden Wegen durch das gestaltlose Wasser ziehen unglaubliche Mengen von Wesen, zuweilen dichter aneinandergedrängt, als wir es im Gewühl oder an der Straßenkreuzung einer Großstadt sind. Nichts gibt so sehr Anlaß, darüber nachzudenken, was das Leben eigentlich und als solches ist, als ein Schwarm Fische. Vielleicht müßte ich, um das, was ich meine, auszusprechen, dieses Wort in der Einzahl schreiben – und so die Tiere einfach als *Stoff* behandeln, freilich als einen Stoff, zusammengesetzt aus einzelnen Organismen, deren Gesamtheit sich aber verhält wie eine unter ganz einfachen äußeren Bedingungen und Gesetzen stehende Substanz.

Ich frage mich, ob der ganze Wert, den wir dem Dasein beimessen, der Eigenwert, die Bedeutung, die wir ihm zuschreiben, die metaphysische Leidenschaft, mit der wir darauf bestehen, daß jedes Individuum ein Ereignis für sich sei, sondergleichen, einmal in aller Ewigkeit entstanden, nicht irgendwie die Folge der Seltenheit und mäßigen Fruchtbarkeit der Säugetiere darstellen, die wir nun einmal sind. Im Meer wird die abnorme Vermehrung der hier wimmelnden Tiere dadurch günstig ausgeglichen, daß sie einander vernichten. Es besteht hier eine Rangordnung der Fresser; ein statistisches Gleichgewicht stellt sich unablässig her zwischen den *fressenden Arten* und denen, die *gefressen* werden.

Hier erscheint der Tod als eine wesentliche Bedingung des Lebens und nicht mehr als ein Zufall, der uns jedesmal grauenhaft und unfaßbar ist; er dient dem Leben, er ist ihm nicht mehr feind. Um des Lebens willen muß der Atem des Lebens Tag für Tag so und so viele Geschöpfe einsaugen, wieder so und so viele ausströmen; und zwischen diesen Mengen muß ein ziemlich gleichbleibendes Verhältnis bestehen. Das Leben liebt also das Überleben nicht.

Bei jener Häufung von Einzelwesen, wie man sie in den begrenzten Gebieten, innerhalb deren das Leben am intensivsten ist, wahrnimmt, scheint uns dies fast eine besondere Eigenheit der Wasseroberfläche der Erde zu sein, indem sie *undifferenzierte Lebewesen* der Beschaffenheit, der Zusammensetzung, der Temperatur, den Strömungen einer günstigen Zone *anpaßt.*

Das glücklichste Völkchen dieser Welt, ich meine es in einem kleinen Rudel von Delphinen zu gewahren. Man sieht sie vom Deck des Schiffs und glaubt halbgöttliche Wesen zu sehen. Bald durch den Schaum tauchend, an den Grenzen des luftigen Reichs, in der ungeschwächten Glut der Sonne spielend; bald gerade vor der Spitze des Schiffs, mit ihr ringend, die die Fülle der Wasser spaltet und teilt, hereilend und anspringend gegen die Bahn wie Hunde vor dem Pferd, sind sie ein Bild von Laune und Kraft. Sie sind stark, sie sind lebhaft, nur wenig haben sie zu fürchten; sie tummeln sich wundervoll in der Fülle ihres Raums, von der Schwere befreit, keiner Stütze bedürftig: das heißt, sie leben in einem Zustand, wie wir ihn nur aus Träumen kennen und den wachend wiederzuerlangen wir mit Hilfe von Rauschmitteln oder von Maschinen versuchen. Unbeschränkte Bewegungsfreiheit gilt dem Menschen als höchstes »Glück«, er erstrebt sie mit seiner ganzen Betriebsamkeit, er spiegelt sie sich vor durch Tanz und Musik; er schreibt sie den verklärten Leibern der Auserwählten zu. Diese springenden und tauchenden Delphine bieten sie seinem Blick dar und erregen seinen Neid. Darum auch betrachtet er Schiffe, und seien sie noch so plump und unschön, mit dem ganzen Anteil, den sein Herz an allem nimmt, was ihn durch den Raum zu tragen vermag.

Kein noch so herrlicher Ort – kein Hochgebirge, kein Wald, keine erhabene Landschaft, kein zauberhafter Garten – kommt für meinen Blick dem gleich, was man von einer freien Terrasse über einem Hafenplatz erschaut.[4] Das Auge beherrscht Meer und Stadt in ihrem Gegensatz, beherrscht alles, was der durchbrochene Ring von Dämmen und Molen zu jeder Tagesstunde umschließt, einläßt, entläßt. Mit Entzücken atme ich den Rauch, den Dampf, die Gerüche, die Brise. Ich liebe selbst den Stroh- und Kohlenstaub, der von den Quais aufsteigt; selbst die absonderlichen Düfte der Lagerhäuser und Schuppen, wo Früchte, Petroleum, Vieh, ungegerbte Felle, Fichtenbretter, Schwefel und Kaffee durcheinander duften. Ich würde Tage damit hinbringen, dem zuzuschauen, was Joseph Vernet die »mannigfachen Arbeiten in einem Hafen am Meer« genannt hat.[5] Vom Horizont bis zu der reinen Linie des künstlichen Ufers und von den duftigen Bergen der fernen Küste bis zu den idyllisch weißen[6] Signal- und Leuchttürmen umfängt das Auge zugleich das Werk des Menschen und das Element. Ist nicht eben hier die Grenze, an der das ewig Wilde, die nackte Naturkraft, das immer Ursprüngliche und die völlig unberührte Wirklichkeit sich begegnen mit dem Gebilde von Menschenhand, mit der umgestalteten Erde, der erzwungenen Symmetrie, der geordneten, der emporgetürmten Materie, der übertragenen und gebändigten Kraft, mit allem Rüstzeug eines Willens, der sichtlich von Zweckmäßigkeit,

Ökonomie, Anpassung, Vorausschau, Hoffnung bestimmt wird?

Glücklich die Faulenzer, die sich sonnen, gestützt auf die Brüstungen aus dem leuchtendweißen Stein, den das Straßenamt[7] für Dämme und Wellenbrecher verwendet. Manche liegen draußen auf den äußersten Blöcken, welche die Flut allmählich zernagt, spaltet und lockert. Andere fischen, verwunden sich im Wasser die Finger an den Stachelpanzern der Seeigel, lösen mit dem Messer die an Felsen klebenden Muscheln los. Es gibt im Umkreis jedes Hafens eine ganze Fauna solcher Müßiggänger, die halb wie Philosophen, halb wie Mollusken leben. Keine besseren Gefährten für einen Dichter. Sie sind die wahren Genießer des Meeresschauspiels; nichts vom Treiben des Hafens, das ihnen entgeht. Für sie wie für mich sind Landen und Abfahrt etwas stets Neues. Man unterhält sich über die schattenhaften Umrisse, die man weit draußen erspäht. Eigentümlichkeiten der Form oder des Takelwerks geben Anlaß zu allerlei Vermutungen. Man beurteilt den Kapitän nach der Art, wie der Lotse, der seine Dienste anbietet, aufgenommen wird ... Aber ich höre nicht mehr zu: was ich sehe, lenkt mich ab von ihren Worten. Ein großes Schiff nähert sich; ein Fischersegel bläht sich und setzt sich dem Meer zu ab. Das rauchende Ungeheuer kreuzt das kleine beschwingte Ding in der Einfahrt, stößt ein seltsames Geheul aus und geht vor Anker; die Klüse speit plötzlich den Fluß ihrer Ringe aus, mit dem silbrigen Klingen, dem dumpfen Rasseln und Kreischen einer gußeisernen Kette, die heftig aus ihrem Schacht herausgezogen wird. Wie auf der Straße Reiche und Arme einander streifen, gleitet zuweilen eine Jacht, schlank und blank blitzend von Sauberkeit und Luxus, vorbei an den armseligen Küstenseglern, den alterslosen Barken und Briggs mit ihrer Fracht von Ziegeln oder Fässern, angefüllt von rostigem Gerümpel, mit lahmem Pumpwerk, mit zerfetzten Segeln, greulich bemalt, mit Hühnern und einem Hund von zweifelhafter Rasse als Passagieren. Doch es kommt vor, daß der betagte Rumpf, der diese Herrlichkeiten trägt, noch immer Linie hat. Fast alle eigentliche Schönheit eines Schiffs liegt unter der Wasserfläche, der Rest ist *totes Machwerk*. Man gehe auf die Werften oder in die Docks, man betrachte die Anmut und Wucht der Kiele, ihr Ausmaß, die sehr feinen und genau berechneten Abwandlungen ihrer Formen, die gleichzeitig so vielen Erfordernissen entsprechen sollen. Hier ist die Kunst mit im Spiel; es gibt keine zartere Architektur als jene, die auf das bewegte Element einen Bau gründet, der zugleich ein Beweger und ein Bewegter ist.

# INSCRIPTIONS AU PALAIS DE CHAILLOT

DANS – CES – MURS – VOUÉS – AUX – MERVEILLES
J'ACCUEILLE – ET – GARDE – LES – OUVRAGES
DE – LA – MAIN – PRODIGIEUSE – DE – L'ARTISTE
ÉGALE – ET – RIVALE – DE – SA – PENSÉE
L'UNE – N'EST – RIEN – SANS – L'AUTRE

IL – DÉPEND – DE – CELUI – QUI – PASSE
QUE – JE – SOIS – TOMBE – OU – TRÉSOR
QUE – JE – PARLE – OU – ME – TAISE
CECI – NE – TIENT – QU'A – TOI
AMI – N'ENTRE – PAS – SANS – DÉSIR

TOUT – HOMME – CRÉE – SANS – LE – SAVOIR
COMME – IL – RESPIRE
MAIS – L'ARTISTE – SE – SENT – CRÉER
SON – ACTE – ENGAGE – TOUT – SON – ÊTRE
SA – PEINE – BIEN-AIMÉE – LE – FORTIFIE

CHOSES – RARES – OU – CHOSES – BELLES
ICI – SAVAMMENT – ASSEMBLÉES
INSTRUISENT – L'ŒIL – A – REGARDER
COMME – JAMAIS – ENCORE – VUES
TOUTES – CHOSES – QUI – SONT – AU – MONDE

# INSCHRIFTEN
# AM PALAIS DE CHAILLOT

IN DIESEN MAUERN DEM WUNDERBAREN GEWEIHT
SAMMLE UND BEWAHRE ICH DIE WERKE
DER FREIGEBIGEN HAND DES KÜNSTLERS
EBENBILD UND RIVALIN SEINES DENKENS ZUGLEICH
DIE EINE IST NICHTS OHNE DEN ANDEREN

VOM VORÜBERGEHENDEN HÄNGT ES AB
OB ICH NUN GRAB BIN ODER SCHATZ
OB ICH NUN SPRECHE ODER SCHWEIGE
NUR VON DIR HÄNGT DIES AB
FREUND, OHNE ECHTES VERLANGEN TRITT HIER
NICHT EIN

JEDER MENSCH IST SCHÖPFER OHNE ES ZU WISSEN
EBENSO WIE ER ATMET
DER KÜNSTLER ABER ERFÄHRT SICH BEIM SCHÖPFEN
SEIN HANDELN BINDET SEIN GANZES WESEN
SEIN WOHL-GELIEBTES LEID GIBT STÄRKE IHM

SELTENE WIE AUCH SCHÖNE DINGE
SIND HIER KUNSTREICH ZUSAMMENGESTELLT
SIE LEHREN DAS AUGE SCHAUEN
ALS OB ES NIE ZUVOR GESEHEN HÄTTE
ALL DIESE DINGE, DIE DIE WELT ENTHÄLT

# ANHANG

# EDITORISCHE NACHBEMERKUNG

Der Band 6 der *Frankfurter Ausgabe* der *Werke* Paul Valérys versammelt die Schriften und Vorträge zur Ästhetik und Philosophie der Künste: einerseits die theoretisch ausgerichteten Arbeiten zu allgemeinen Grundfragen und Wirkungsweisen, andererseits gut zwei Dutzend kleinere Gelegenheitsarbeiten: zur Malerei, Zeichnung und Skulptur, zur Graphik und Keramik, zur Problematik von Ausstellungen, Museen von Kunst und Literatur, zu Tanz, Gesang, virtuoser Interpretation und Musik.

Als große Namen der Kunstgeschichte stehen Leonardo da Vinci und Edgar Degas, daneben jedoch Manet, Monet, Berthe Morisot wie Veronese, Daumier, Corot, Ingres oder Renoir; man sollte sich aber nicht täuschen lassen: hinter diesen Namen verbirgt sich in dem jeweiligen Aufsatz, Vorwort oder Vortrag Valérys eigene Auffassung von den Künsten, von ihren aktiven Wirkungsweisen bei der Produktion und der Rezeption durch einen möglichen Betrachter, durch die jeder Text oder Gegenstand, jedes Kunstwerk überhaupt erst zu einem solchen werden kann.

In den drei berühmten Essays zu »Leonardo da Vinci«, die sowohl den Beginn als auch einen Höhepunkt seines Schaffens markieren (1894, 1919 und 1929), erlebt der Leser die Anverwandlung dieses universalen Geistes und unübertroffenen Genies der Renaissance wie der Moderne; Leonardo, der symbolische und konstruktiv-methodische Geist, wird zum Modell der Überschreitung und wechselseitigen Durchdringung von Kunst und Wissenschaft, zum interdisziplinären Geist *par excellence*, der wie Valéry einem *hostinato rigore* verschworen ist und jeden kunsttheoretischen Irrationalismus (»Inspiration«, »Genie« etc.) verabscheut. Vorrangig geht es Valéry mit Leonardo darum, das methodische Denken und die menschliche Vorstellungskraft zu erfassen und damit zugleich die Grenzen der Erkenntnisfähigkeit, die Verbindung von Erkennen und Konstruktion, von Erfinden und Entdecken. Die drei Essays zu Leonardo, die in deutscher Übersetzung schon seit 1960 vorliegen, werden jetzt durch zwei kleinere, konkretere Aufsätze aus den vierziger Jahren ergänzt, in denen Valéry den Schriftsteller Leonardo und den Philosophen (und dies *vor* Karl Jaspers' Monographie) herausstellt und neu bewertet.

Der zweite Teil des Bandes bringt dann die grundlegenden Vorträge und Aufsätze zur Architektur, Malerei und Musik, zum künstlerischen Schaffen, zu einer Philosophie des Tanzes. Besondere Aufmerksamkeit verdient die frühe – und hier erstmalig auf deutsch vorgelegte – Arbeit »Das Paradoxon des Architekten« (1891), eine Art Replik auf Diderots »Paradoxe sur le comédien«, wo Valéry die analoge Natur von Architektur und Musik herausstellt, die beide durch Exaktheit, Rekurrenz von Motiven und die Suche nach harmonischen Proportionen charakterisierbar sind; Schellings paradoxale Definition der Architektur als einer »verstummten Tonkunst« klingt an. Der Leser Valérys erinnert sich sofort der »singenden Säulen« (»Charmes/Carmina«), und auch die Theorie der *harmoniques*, wie sie über viele Jahre in den Cahiers/Heften verfolgt und umrissen wird, findet hier ihre ersten Anfänge. Das damit eng verbundene Prinzip des »infini esthétique« (des Unendlichkeitsfaktors in der Ästhetik) gewinnt einen neuen Stellenwert. Wesentliche Aspekte seiner Summa aesthetica faßte Valéry in den dreißiger Jahren dann in 14 Punkten »Zum allgemeinen Begriff von Kunst« sowie in der »Rede über die Ästhetik« (auf dem 2. Internationalen Kongreß zur Ästhetik und Kunstwissenschaft 1937 in Paris) zusammen.

Der dritte und vierte Teil des Bandes wenden sich dann gewissermaßen der praktischen Umsetzung ästhetischer Ideen zu, durch das Werk und seine Wirkung, durch die Biographie eines Künstlers, durch Institutionen der Künste wie etwa die Museen. Herausragend ist die thematische Sammlung von Miniatur-Texten über Degas, sein Werk, sein Leben (er starb 1917), seine Zeit, hatte Valéry ihn doch persönlich gekannt und zeitlebens verehrt. Die Texte von »Tanz, Zeichnung und Degas« (1933-35) umkreisen konzentrisch den experimentierenden »Maler der Tänzerinnen« Degas, das Ballett und den Tanz (vgl. auch »Die Seele und der Tanz«, *Werke*, Bd. 2), die Zeichnung und Fotografie, doch ebenso finden sich Abschnitte über die künstlerischen Techniken eines Ingres, Flaubert oder Mallarmé. Durch Degas hindurch werden Valérys eigene Positionen zu Strenge und Reinheit der Kunstauffassung, zur »modernen« und »großen« Kunst, zur Rolle von Studien und Entwürfen, zum »Sehen«, zur Landschaftsmalerei und Romantik, zum Atelierjargon wie zur Fachsprache der Malerei, zur Semiotik von Mimik und Gestik, zu Akt und Nacktheit, zum bewußten und unbewußten künstlerischen Gestalten deutlich.

Der letzte Teil des Bandes, ausnahmsweise nicht chronologisch geordnet, bringt fünfundzwanzig kleinere Schriften zu den diversen

Künsten – zu großen Teilen erstmalig in deutscher Übersetzung – und stellt erneut die ungeheure Spannweite des Valéryschen Kunstbegriffs unter Beweis. In Vorworten zu Katalogen verschiedenster Ausstellungen und zu Büchern thematisiert Valéry die Wirkungskraft der Künste: in der Öffentlichkeit, sei es in Gestalt der Fresken von Veronese, der sozialkritischen Modernität eines Daumier, der kunsthandwerklichen Keramiken von Sèvres, des künstlerischen Buchdrucks oder der chinesischen Malerei, sei es durch die allumfassende Macht der Musik, der menschlichen Stimme, durch die Interpretation des Virtuosen, im interkulturellen Dialog über Kunst mit einem Araber oder durch die bekannten Inschriften an der Stirnseite des Palais de Chaillot in Paris. Und dazu wird die Funktion des Museums – der darstellenden Künste wie der Literatur – ebenso diskutiert wie jene der Bücher. Der ästhetische Blickwinkel als grundlegend sinnlicher Natur und Kultur (aisthesis) vermag all dies in einem Betrachter/Hörer zusammenzubringen und führt damit zugleich die Ästhetik auf ihre »poietischen« Grundlagen zurück: Visuelle und lautliche, physische und psychische Sinnlichkeit kann aufgrund einer ästhetischen und symbolischen Zeichenhaftigkeit zu einem Alltagsbedürfnis des einzelnen werden.

Alle Texte dieses Bandes wurden gewissenhaft-kritisch anhand des französischen Originals auf der Grundlage der Édition de la Pléiade durchgesehen, gegebenenfalls überarbeitet, erläutert und der Begrifflichkeit des Gesamtwerks angeglichen. Die Anmerkungen sind als Lesehilfen zu verstehen, um die allgemeinen, literarischen, zeitgeschichtlichen und werkimmanenten Hintergründe offenzulegen wie auch mögliche Forschungshinweise zu geben.

Jürgen Schmidt-Radefeldt

# VERZEICHNIS DER ABKÜRZUNGEN

*Œuvres*: Paul Valéry, *Œuvres*. Édition établie et annotée par Jean Hytier (Bibliothèque de la Pléiade), Gallimard, Paris, 2 Bände (I und II) 1957 und 1960, Neuaufl. 1980 und 1984.

*Vues*: Paul Valéry, *Vues*, La Table Ronde, Paris 1948.

*C.*: Paul Valéry, *Cahiers*. Édition en facsimilé du C.N.R.S., Centre National de la Recherche scientifique, Paris; Préface de Louis de Broglie, 1957 bis 1961, 29 Bände.

*C.* Pl.: Paul Valéry, *Cahiers*. Édition établie, présentée et annotée par Judith Robinson (Bibliothèque de la Pléiade), Gallimard, Paris, 2 Bände (I und II) 1973 und 1974.

*C*. Éd. int.: Paul Valéry, *Cahiers 1894-1914*. Édition intégrale, établie, présentée et annotée sous la co-responsabilité de Nicole Celeyrette-Pietri et Judith Robinson-Valéry, Gallimard, Paris, 12 Bände, Bd. I (1987), Bd. 2 (1988), Bd. 3 (1990), Bd. 4 (1992), Bd. 5 (1994) ff.

*Briefe*: Paul Valéry, *Briefe*. Aus dem Französischen übersetzt, mit einem Nachwort und Anmerkungen von Wolfgang A. Peters, Insel-Verlag, Wiesbaden 1954 (Titel der Originalausgabe: *Lettres à quelques-uns*, Paris 1952).

*Briefwechsel*: André Gide – Paul Valéry, *Briefwechsel 1890-1942*, eingeleitet und kommentiert von Robert Mallet, mit einem Nachwort von Daniel Moutote. Aus dem Französischen von Hella und Paul Noack, S. Fischer Verlag, Frankfurt am Main 1987.

*Cahiers/Hefte*: Paul Valéry, *Cahiers/Hefte*. Herausgegeben von Hartmut Köhler und Jürgen Schmidt-Radefeldt. 6 Bände. S. Fischer Verlag, Frankfurt am Main: Band 1, 1987; Band 2, 1988; Band 3, 1989; Band 4, 1990; Band 5, 1992; Band 6, 1993; (Titel der Originalausgabe: *Cahiers*, 2 Bände, Paris 1973 und 1974).

*Werke*: Paul Valéry, *Werke*. Frankfurter Ausgabe in 7 Bänden. Herausgegeben von Jürgen Schmidt-Radefeldt: Band 1, hg. von K. A. Blüher u. J. Schmidt-Radefeldt, *Dichtung und Prosa*, 1992; Band 2, hg. von K. A. Blüher, *Dialoge und Theater*, 1990; Band 3, *Zur Literatur*, 1989; Band 4, *Zur Philosophie und Wissenschaft*, 1989; Band 5, *Zur Theorie der Dichtkunst und Vermischte Gedanken*, 1991; Band 6, *Zur Ästhetik und Philosophie der Künste*, 1995; Band 7, *Zur Zeitgeschichte und Politik*, 1995.

# ANMERKUNGEN

## LEONARDO DA VINCI

Mehrfach ist Valéry der Vorwurf gemacht worden, daß es ihm in seinen verschiedenen Aufsätzen zu Leonardo da Vinci eigentlich nicht um den berühmten Renaissance-Künstler gehe. Valéry stellt sich diesem Vorwurf, begründet den hohen Abstraktionsgrad seiner Darstellung, bekennt, daß es ihm vorrangig um das Erfassen der *Vorstellungskraft*, ihrer Möglichkeiten und Grenzen, die Analyse des Geistes allgemein anhand von Leonardo gegangen sei, und er liefert schließlich gegen Ende seines Lebens das konkrete Faktenwissen zu Leonardo nach, das ihm jedoch durchgehend präsent war. Das Genie des Leonardo da Vinci hat Valéry zeitlebens fasziniert. Seit den ersten *Cahiers* findet sich sein Name und wird zum ständigen Begleiter (und höchsten Anspruch an sich selbst), gewissenhaft wird der erste Aufsatz – die »Introduction à la méthode de Léonard de Vinci« – vorbereitet, in seinen einzelnen Schritten bis ins kleinste kalkuliert; das hat Daniel Moutote als Valérys eigene Methode in den *Cahiers* rekonstruiert (vgl. seinen Aufsatz in dem Themenheft Leonardo/Valéry, *Forschungen zu Paul Valéry* 4, Kiel 1991). Unbestritten ist, daß die *Quaderni* dieses universalen Künstlers, Philosophen, Schriftstellers, wissenschaftlichen Geistes für Valéry der erste, entscheidende Anstoß in jeder Hinsicht waren.
Die Arbeiten Valérys zu Leonardo da Vinci umfassen zunächst eine »Einführung in die Methode des Leonardo da Vinci« (1894 geschrieben), die »Anmerkung und Abschweifung« (1919) sowie den »Brief« an Leo Ferrero »Leonardo und die Philosophen« (1929). Diese drei großen Arbeiten sind versammelt in *Divers Essais sur Léonard de Vinci de Paul Valéry commentés et annotés par lui-même*. Der Band wurde zwar im September 1931 gedruckt, jedoch erst 1933 ausgeliefert; alle Randbemerkungen (auch die zur »Einführung«) hat Valéry zwischen 1929 und 1930 verfaßt.
Weiterhin schrieb Valéry noch zwei kleinere Texte (»Das Schriftwerk des Leonardo da Vinci« und »Zu den ›Heften‹ des Leonardo da Vinci«), die wir aus Gründen der Vollständigkeit in die *Werke*-Ausgabe aufnehmen; sie finden sich nicht in den *Œuvres*.

## EINFÜHRUNG IN DIE METHODE DES LEONARDO DA VINCI

Übersetzung: Karl August Horst, in: *Leonardo. Drei Essays*, Insel Verlag Frankfurt am Main 1960.
Erstmals erschienen in: *La Nouvelle Revue* 17 (1895), S. 742-770. Der Text wurde 1919 von Valéry leicht überarbeitet (die Varianten in: *Œuvres* I, S. 1821-1825), dann erneut mit *Note et digressions* (hier steht *digression* noch im Plural) in ebenderselben Zeitschrift. Die Randbemerkungen wurden jedoch erst 35 Jahre später ergänzt. Vgl. allgemein dazu N. Celeyrette-Pietri, »Le Moi et Léonard – d'après *Note et Digression*«, in: *Bulletin des Études Valéryennes* 3 (1974), S. 32-44.
In: *Œuvres* I, S. 1153-1199, »Introduction à la Méthode de Léonard de Vinci«.

1 Valéry widmete diesen Essay dem Romancier Marcel Schwob (1867-1905), mit dem er zu jener Zeit befreundet war; vgl. auch Anm. 9 zu »Die Semantik von Michel Bréal«, in: *Werke*, Bd. 5, S. 500.

2 Frz. »le cerveau monstrueux«: wohl in Anspielung auf Baudelaires Charakterisierung von E. A. Poes »ce merveilleux cerveau toujours en éveil« (vgl. *Cahiers/Hefte*, Bd. 1, S. 231, und Anm. 144). Die Metaphorik der Spinne findet sich mehrfach bei Valéry, so etwa in »Aurore« (»Morgenröte«), *Werke*, Bd. 1, S. 93.

3 Der griechische Komödiendichter Menander (342-290 v. Chr.) soll über einhundert Stücke geschrieben haben; ganz erhalten ist »Der Menschenfeind«, in Teilen »Das Schiedsgericht«.

4 Frz. »comédie personnelle«: der Begriff des intellektuellen Komödiantentums zieht sich wie ein roter Faden durch Valérys Werk; vgl. auch E. Gaède, *Nietzsche et Valéry. Essai sur la comédie de l'esprit*, Paris 1962.

5 Begriffe wie »Genie«, »Inspiration« stellt Valéry an den Pranger; vgl. dazu die Rubrik »Poietik« in: *Cahiers/Hefte*, Bd. 6.

6 In einem seiner ersten Werkentwürfe »Le Souper de Singapour« schreibt Valéry, daß Napoleon sowie Stendhal, Descartes, Poe, Lord Kelvin, Wagner, Rimbaud, Talleyrand und Pascal als Schriftsteller ihn am stärksten herausgefordert hätten, sie seien für ihn ein »alphabet de manières de penser ou d'inventer« (»ein Alphabet der Arten, zu denken oder zu erfinden«) (*C. Éd. int.*, Bd. 1, S. 422).

7 Frz. »limite après laquelle tout sera changé«: der Anspruch, geistig bis an seine Grenzen zu gehen, ist für Valéry von größter Bedeutung, vgl. wortwörtlich in: *C.* Éd. int., Bd. 2, S. 61.

8 Frz. »raisonnement par récurrence«: dazu *C.* Éd. int., Bd. 1, S. 108 und 443. Den Artikel »Sur la nature du raisonnement mathématique« von Henri Poincaré las Valéry in der *Revue de métaphysique et de morale* (Juli 1894), er wurde später in *La Science et l'Hypothèse* (Paris 1902) aufgenommen. Zu Poincaré vgl. *Werke*, Bd. 3, S. 349 und 429, sowie zu seinem Porträt in: *Cahiers/Hefte*, Bd. 6, S. 443.

9 Der Eintrag findet sich unter der Nr. 340 in: Leonardo da Vinci, *Traktat von der Malerei.* Nach der Übersetzung von Heinrich Ludwig neu herausgegeben und eingeleitet von Marie Herzfeld, Diederichs, Jena 1925 [erneut 1989], S. 151.

10 Ende der zwanziger Jahre besuchte Valéry mehrfach Kliniken und Labors (etwa das von Ludo van Bogaert), vgl. Judith Robinson-Valéry (Hg.), *Funktionen des Geistes. Valéry und die Wissenschaften*, Campus, Frankfurt/New York 1993.

11 Hinter diesen Beispielen der Vorstellungskraft stehen konkret viele Zeichnungen und Entwürfe Leonardos, die Valéry studiert hatte.

12 Zum Begriff der »chronolyse« (gebildet aus Chronologie und Analyse) vgl. *C.* Éd. int., Bd. 1, S. 334 und 428. Valéry verweist hier auf seine *Cahiers*, die seine Leser zu seinen Lebzeiten jedoch gar nicht kennen konnten.

13 Wahrscheinlichkeit als mathematisches und imaginäres Problem faszinierte Valéry gerade um die Jahrhundertwende, vgl. *C.* Éd. int., Bd. 3 (Index).

14 Diese neue Meinung Valérys (1930) geht auf seine zwischenzeitlichen Leseerfahrungen zurück; für seine Aufsätze und Vorträge zur Belletristik hatte er die »klassischen« Autoren neu gelesen (vgl. *Werke*, Bd. 3).

15 Frz. »la blancheur de son papier«: dahinter steht das ganze Drama der *écriture* eines Schriftstellers. Mallarmé hatte zuerst die »weiße Seite« mythisiert; vgl. dazu Robert Pickering, *Espace de la page et formation de l'écriture chez Valéry* (Diss. phil., 13. April 1992, Université de Paris XII, Faculté de Lettres et Sciences humaines) sowie die Rezension dazu in: *Forschungen zu Paul Valéry* 5 (1992), S. 143-146.

16 Das Buch *The Grammar of Ornament* von Owen Jones hatte Valéry bereits 1884 gelesen; vgl. *Cahiers/Hefte*, Bd. 6, S. 672.

17 Die Prinzipien der *poésie pure*, wie Valéry sie im Anschluß an

Mallarmé zwischenzeitlich formuliert hatte, scheinen hier deutlich durch; vgl. auch *Werke*, Bd. 3.

18 Valéry hat seinerseits auch dieses Lächeln der Mona Lisa interpretiert; für ihn besagt es, »Leonardo denkt für mich«, bzw. es sei einfach eine Gesichtsfalte (vgl. Kenneth Clark, *Leonardo da Vinci*, Rowohlt, Reinbek 1969, S. 108).

19 Zum Begriff Intervention entwarf Valéry sogar eine Theorie; dazu J. Schmidt-Radefeldt, »L'intervention – concept sémiotique et phénomène scénique dans ›Mon Faust‹«, in: K. A. Blüher/J. Schmidt-Radefeldt (Hg.), *Paul Valéry. Le cycle de ›Mon Faust‹ devant la sémiotique théâtrale et l'analyse textuelle*, Tübingen 1991, S. 85-100.

20 Die Architektur hatte Valéry bereits zu Schulzeiten fasziniert. Er konsultierte das *Dictionnaire raisonné de l'architecture française du XIe au XVIe siècle* (Morel, Paris 1869) sowie das Standardwerk des Vitruv (*De architectura libri decem* – Zehn Bücher über Architektur). Vgl. dazu auch N. Celeyrette-Pietri, »Rythme et symétrie«, in: *Musique et architecture*, hg. von H. Laurenti, Minard, Paris 1987, S. 45-75. Valéry entwarf gelegentlich in seinen *Cahiers* die Architektur einen Theaters ganz im Stil Leonardos: eine Abbildung der Zeichnung findet sich in: *Forschungen zu Paul Valéry* 3 (1990), S. 70.

21 Die unter Physikern geführte Kontroverse um die Wellentheorie (de Broglie u. a.) hat Valéry in späteren Jahren lebhaft verfolgt, vgl. dazu durchgehend in: *Cahiers/Hefte* sowie unten Anm. 38.

22 Diese Formulierung nimmt das Prinzip der »offenen« Mehrdeutigkeit auf (vgl. *Werke*, Bd. 1, S. 676f., Anm. 2).

23 Der Gedanke von der Maschinenhaftigkeit des Kunstwerks wird später zentral für die »Poietik« werden. Vgl. K. A. Blüher, »La fonction du ›public‹ dans la pensée esthétique de Valéry«, in: *Poétique et Communication: Paul Valéry*, hg. von K. A. Blüher und J. Schmidt-Radefeldt, Klincksieck, Paris 1979, S. 105-128.

24 Bezeichnenderweise schließt Valéry seinen Essay mit dem Schwingenflugzeug (ornitotero) und der oft zitierten Prophezeiung; vgl. dazu Marco Cianchi, *Die Maschinen Leonardo da Vincis*, Becocci Editore, Florenz 1988 (aus dem Italien. übersetzt), wo sich das von Valéry angeführte Zitat vollständig findet (S. 45), wie vor allem auch die Modellzeichnungen der Erfindungen Leonardos (sowie die IBM-Rekonstruktionen) in den Museen von Mailand und Vinci.

Übersetzung: Karl August Horst, in: *Leonardo. Drei Essays*, Insel Verlag Frankfurt am Main 1960.
Valéry schrieb diesen Text 1919, versetzte sich jedoch auch gelegentlich in das Jahr 1894, was einige Herausgeber dazu führte, diesen den anderen Leonardo-Texten voranzustellen. Die beiden Texte »Introduction à la méthode de Léonard de Vinci« und »Note et digressions« (Paris 1919) wurden in *Variété* (1924) aufgenommen – allerdings *digression* jetzt im Singular. Der Text hat den Charakter eines Kommentars.
In: *Œuvres* I, S. 1199-1233, »Note et digression«.

25 Das sinfonische Werk von Berlioz erwähnt Valéry nur einmal in seinen *Cahiers* (*Cahiers/Hefte*, Bd. 6, S. 683); das Epigraph verweist auf die Rolle des Themas »Leonardo« in Valérys eigenem Schaffen, das heißt, es ist ein Anlaß, sich mit eigenen Fragestellungen darin wiederzuerkennen.

26 Der mythische König Memnon griff als letzter in den Kampf um Troja ein und fiel durch die Hand des Achilleus; »nichts zu erwägen als nur die Handlung«. Im folgenden Text geht es um die Rekurrenz-Funktion, das heißt das Sich-Neumachen (RE-faire), ein zentraler Gedanke in der *écriture* der *Cahiers*.

27 Frz. »une page visiblement gouvernée«: Methodik und Maschinenhaftigkeit des Schreibakts stehen in engem Zusammenhang mit Valérys Ziel, das Bewußtsein zu erfassen und zu beherrschen; vgl. Anm. 15 oben.

28 Valéry schreibt hier (1919) noch »politique mentale«, schon bald wird er den Begriff »politique de l'esprit« dafür verwenden: es geht um die »Lenkung der Gedanken« (weiter unten: »conduite de mes pensées«).

29 Die Trennung der »beiden Kulturen« lastet Valéry wesentlich Pascal an (»esprit de finesse« vs. »esprit de géométrie«); die Pascalschen »Abgründe« hat er mehrfach ironisiert, vgl. *Werke*, Bd. 4, S. 91-109, sowie weiter unten im letzten Aufsatz zu Leonardo. Zur Thematik der beiden Kulturen vgl. Valérys Vortrag »Sind Geisteswissenschaften und Naturwissenschaften grundverschieden?«, in: *Werke*, Bd. 7.

30 Vergleich und Beschreibung des Pferds und seines Zureiters weisen auf »Gladiator«, vgl. *Cahiers/Hefte*, Bd. 1, S. 401-470.

31 Diese Auffassung der Liebe findet sich auch in den *Cahiers* (*Cahiers/Hefte*, Bd. 5, vor allem).

32 Vgl. dazu die Rubriken »Bewußtsein«, »Sensibilität« u.a. in *Cahiers/Hefte*, Bd. 3 und 4.

33 Das Ich ist von der Persönlichkeit (in den *Cahiers/Heften* als »Person« wiedergegeben) zu unterscheiden; vgl. *Cahiers/Hefte*, Bd. 4, S. 473-539.

34 Zu dem »reinen Ich« vgl. Nicole Celeyrette-Pietri, *Valéry et le moi des »Cahiers« à l'œuvre*, Paris 1979.

35 »So viele Köpfe, so viele Zeiten.«

36 Diese Randnotiz hat Catherine Pozzi in den Text geschrieben. Vgl. J. Schmidt-Radefeldt, »Randnotizen in Valérys ›Epoche de Leonardo‹«, in: *Forschungen zu Paul Valéry* 4 (1991), S. 79-102; der Name »L*i*onardo« ist eine Koseform Catherine Pozzis für Paul Valéry (vgl. Catherine Pozzi, *Journal 1913-1934*, hg. von Claire Paulhan, Paris 1987; vgl. auch Catherine Pozzi, *»Paul Valéry – Glück, Dämon, Verrückter«. Tagebuch 1920-1928*, hg. von Max Looser, Insel Verlag Frankfurt am Main und Leipzig 1995). Leonardo schreibt seinen Namen gelegentlich selbst so: vgl. Leonardo da Vinci, *Traktat von der Malerei*, a.a.O., S. XXXVI, Anm.

37 Dem frz. Ingenieur Clément Ader (1841-1925) gelangen 1890 Flüge von einigen Dutzend Metern, die Gebrüder Wilbur und Orville Wright führten ihre Flugversuche 1903 und 1904 durch. Leonardo interessierte sich für die Grundprinzipien des Schwingenfluges und ihre Umsetzung in »künstliche Vögel«, wie sie dann der Zoologe und Verhaltensforscher E. v. Holst in der ersten Hälfte des 20. Jahrhunderts verwirklicht hat (vgl. Stichwort »Vogelflug«, in: *Lexikon der Physik*, München 1971, Bd. 10).

38 Leonardo beobachtete die Interferenz der Wellen (vgl. Leonardo da Vinci, *Del moto e misura dell'acqua*, in: *Kindlers Neues Literatur Lexikon*, hg. v. Walter Jens, München 1990, Bd. 10, S. 228 f.) wie auch die wellenförmige Ausbreitung der Tonschwingungen; er erkannte die Gesetzmäßigkeit bei der Reflexion der Wärmestrahlen und beschrieb die Umkehrung des natürlichen Bildes im Auge. – Der frz. Physiker und Ingenieur A. J. Fresnel (1788-1827) stellte als erster eine exakte Wellentheorie des Lichts auf, die sich gegen die bis dahin herrschende Korpuskulartheorie durchzusetzen begann; er arbeitete über Interferenz, Polarisation, Doppelbrechung und die Aberration des Lichts.

39 Der Physiker Pierre Duhem (1861-1916) befaßte sich mit epistemologischen Grundlagenfragen der Physik, detailliert mit Magnetismus, Hydro- und Thermodynamik, physikalischer

Chemie und Mechanik; seine Bücher *Thermodynamique et chimie* (1902) und *L'évolution de la mécanique* (1903) fanden sich in Valérys Bibliothek, jedoch nicht das genannte Werk *Origines de la statique* (A. Hermann, Paris 1905/06).

## LEONARDO UND DIE PHILOSOPHEN

Übersetzung: Karl August Horst, in: *Leonardo. Drei Essays*, Insel Verlag Frankfurt am Main 1960.
Der Text »Léonard et les philosophes – Lettre à Leo Ferrero« erschien 1928 in der Zeitschrift *Commerce* (XVIII). Er war als Vorwort für das Buch *Leonardo o del arte* von Leo Ferrero vorgesehen, wurde jedoch dann der französischen Übersetzung dieses Buches vorangestellt (*Léonard de Vinci ou l'œuvre d'art par Leo Ferrero. Précédé d'une étude »Léonard et les philosophes« de Paul Valéry*, Paris 1929). Die Randnotizen schrieb Valéry für den Wiederabdruck des Textes in *Les Divers Essais sur Léonard de Vinci* (1931).
Da der Text von Ferrero vor allem das Kunstwerk und das natürliche Schöne (le beau naturel) anhand von Leonardos (Auf-)Zeichnungen der neueren französischen Literatur gegenüberstellt, entwickelt Valéry völlig unabhängig von ihm seine Grundgedanken über den Konflikt zwischen Philosophie und Ästhetik, über den Egotismus, über die Ethik; beide Texte standen losgelöst nebeneinander.
In: *Œuvres* I, S. 1234-1269, »Léonard et les philosophes«.

40 Konkret würde Valéry hier an Kants *Ästhetik* und *Ethik*, an Leibnizens *Monadologie* und an Bachs D-Dur-Suite (BWV 1068) gedacht haben.

41 Der Gesichtspunkt der Ideale und ihrer Vergänglichkeit als einer typisch europäischen Errungenschaft ist bisher in den Forschungen zu Valérys Europa-Bild unberücksichtigt geblieben.

42 Denselben Gedanken in gleicher Formulierung hat Valéry als Randnotiz angefügt (weiter oben im Text).

43 Mögliche Anspielung auf ein Wort Bossuets, vgl. *Werke*, Bd. 1, S. 485.

44 Von philosophischer Seite scheint Karl Jaspers durch sein Buch *Lionardo als Philosoph* (1953) diese Behauptung widerlegt zu haben, wenngleich auch er einräumt: »Daß er [sc. Lionardo] ein *Philosoph* war, ist seltener gesagt und dann auch um so entschiedener verneint worden. Ihm fehle die gedankliche Konstruktion, die Systematik der Begriffsbildung, er stehe auch nicht in

der Kontinuität der philosophischen Überlieferung, außer mit zertreuten wenn auch zahlreichen Aneignungen.« (Ebd., S. 8) Jaspers versucht »Lionardos Philosophieren zu vergegenwärtigen, erstens die Weise, zweitens den Inhalt seines Erkennens, drittens das Malerdasein als Lebensform des Erkennens« (ebd.).

45 Wörtlich lautete die Devise Montaignes »Que sais-je?«, in Fortsetzung von Sokrates' »Scio ut nescio«.

46 Zu diesen und weiteren Definitionen von Wissenschaft vgl. die entsprechende Rubrik in den *Cahiers/Heften*, Bd. 4, S. 385 ff.

47 »Une proposition qui émane de moi ... sommaire veut, que tout, au monde, existe pour aboutir à un livre.« (Stéphane Mallarmé, *Le livre, instrument spirituel*, in: *Œuvres complètes*, hg. von Henri Mondor und G. Jean-Aubry (Bibliothèque de la Pléiade), Gallimard, Paris 1945, S. 378; dt.: »Ein Vorschlag, der von mir stammt ... will, daß alles auf der Welt existiert, um in ein Buch zu münden.« (Übersetzung von Rolf Stabel, in: Stéphane Mallarmé, *Sämtliche Dichtungen*, Hanser Verlag, München/Wien 1992, S. 299.)

48 Benvenuto Cellini (*Trattati dell'orificeria e della scultura*, um 1550, herausgegeben Florenz 1857) berichtet, er habe 1542 ein Manuskript in Frankreich erworben mit einem wunderbaren Diskurs über die Perspektive; offensichtlich handelt es sich um eine Kompilation der Schriften Leonardos, wie A. Chastel vermutet: vgl. *Leonardo da Vinci. Sämtliche Gemälde und die Schriften zur Malerei*, herausgegeben, kommentiert und eingeleitet von André Chastel, Darmstadt 1990, S. 119. In den *Cahiers/Heften* (Bd. 6, S. 62) wird Cellini nur einmal erwähnt.

49 Zu Logik und Sprache vgl. besonders *Cahiers/Hefte*, Bd. 1.

50 »Etwas inmitten anderer Handlungen.«

51 Frz. »de connaître et de reconnaître leur connaissance«: wodurch das Erkennen als ein Wieder-Erkennen (Funktion RE-) bezeichnet ist.

52 Die Prädominanz der Welt des Visuellen, die Valéry hier schon 1929 mit deutlicher Kritik belegt, hat sich nach seinem Tode (1945) in der zweiten Hälfte des 20. Jahrhunderts als Video-Medien-Welt immer mehr verstärkt.

## DAS SCHRIFTWERK VON LEONARDO DA VINCI

Übersetzung: Jürgen Schmidt-Radefeldt
Dieser kleine Text erschien am 13. Mai 1939 im *Figaro*, wurde dann wiederabgedruckt in: *Chroniques du Figaro, Suites françaises 1945*, Bd. 1, S. 269-272.
In: *Vues*, S. 227-231, »L'œuvre écrite de Léonard de Vinci«.

53 Ch. Ravaisson-Mollien, *Manuscrits de Léonard de Vinci*, 6 Bde., Institut de France, Paris 1881-1891.

54 Frz. »Nous savons ce que nous pouvons«: *savoir* »wissen, erworbenes Können«, *pouvoir* »vermögen, physisches Können«.

## ZU DEN ›HEFTEN‹ LEONARDO DA VINCIS

Übersetzung: Jürgen Schmidt-Radefeldt
Vorwort zu *Les Carnets de Léonard de Vinci*, traduits de l'italien par Louise Servicen, Paris 1942, S. 7-12.
In: *Vues*, S. 217-225, »Léonard de Vinci«.

55 Diese Ausstellung der (re)konstruierten Modelle Leonardos fand in Mailand 1939 statt; zuvor jedoch hatten R. Giacomelli und G. Schneider schon die Flugmaschinen Leonardos zur Ausstellung »Geschichte der Wissenschaft« 1929 in Florenz präsentiert. Zwischenzeitlich hat man (durch IBM gefördert) fast alle Entwürfe Leonardos in Nachbildungen umgesetzt; sie finden sich in den Museen von Vinci, Mailand und Clos-Lucé.

56 Vgl. dazu die Abbildungen der Zeichnungen und die Modell-Konstruktionen in Marco Cianchi, *Die Maschinen Leonardo da Vincis*, Becocci editore, Florenz/Mailand 1988, S. 45-61; Charles Gibbs-Smith, *Die Erfindungen von Leonardo da Vinci*, Belser, Stuttgart/Zürich 1978, S. 12-26, sowie *Sehen und Erkennen. Wissenschaftliche Zeichnungen von Leonardo da Vinci.* Aus den Faksimile-Beständen der Universitätsbibliothek Konstanz zusammengestellt, eingeleitet und kommentiert von Michael Sukale, Konstanz 1987.

57 Der frz. Dramatiker und Romancier Cyrano de Bergerac (1619-1655) drückte seine materialistische Philosophie vor allem in utopisch-phantastischen Reiseerzählungen aus.

58 Frz. »indifférence«: »Gleichgültigkeit« wie auch »Nachlässigkeit«.

59 Erneute Anspielung auf die »beiden Kulturen«, für deren Trennung Valéry den Philosophen Pascal verantwortlich machte.

60 Hinter dieser ganzen Charakterisierung Leonardos verbirgt sich offensichtlich Valéry selbst, dessen *Cahiers* durch die *Quaderni* von Leonardo grundlegend angeregt wurden.

## DAS PARADOXON DES ARCHITEKTEN

Übersetzung: Clemens Par

Valéry schrieb diesen Text im März 1891, also in der Zeit erster symbolistischer Jugendlyrik und vor der Krise der Nacht von Genua (Anfang Oktober 1892), die zum Schreiben der *Cahiers/Hefte* führte. Der Text, von einem geradezu hymnischen Dichtungsstil getragen, voller Anspielungen an Themen und Gestalten der Jugendlyrik, ist für Valérys theoretische Konzeption der Poesie (Poietik) von grundlegender Bedeutung. Valéry sieht die großen Epochen der Architektur in den Zeiten des Orpheus und jener der gothischen Kathedralen: die Wiedergeburt der Architektur kann nur im Zusammenhang mit den Symphonikern gesehen werden. »Die Paradoxie dieser Architektur des kommenden Jahrhunderts ist eben dieser Bund mit der Musik: Feinste Entsprechungen verbinden die zwei Künste; subtile Analogien bestehen zwischen dem stofflosen und flüchtigen Aufbau der Töne und der im Baustoff gebannten, unwandelbaren Gestalt. Das ›Credo‹ des kommenden Architekten schließt diese intime Vereinigung der extrem zueinander stehenden Künste in sich ein.« (H. Sckommodau, »Eupalinos; Valérys Idee vom Paradox des Architekten«, in: *Sprachen der Lyrik. Festschrift für Hugo Friedrich*, hg. von E. Köhler, Frankfurt a. M. 1975, S. 815.) Der Text Valérys erschien noch im selben Monat März 1891 in *L'Ermitage*.

In: *Œuvres* II, S. 1403-1406, »Paradoxe sur l'architecte«.

1 Pseudonyme für die beiden Jugendfreunde Pierre Louÿs und André Gide.

2 Anspielung auf Mallarmé. Der folgende Hymnus wendet sich an »Götter« Valérys in jenen Jahren: Orpheus, Flaubert, Poe, Wagner.

3 Die Zeile »Il chante! assis au bord du ciel splendide, Orphée!« ebenso wie die letzte des Absatzes »À l'âme immense du grand hymne de la lyre!« im Versmaß des Alexandriners finden sich im Sonett »Orphée« (vgl. *Werke*, Bd. 1, S. 10-12).

Übersetzung: Clemens Par
Auf Einladung von Xavier Léon trug Valéry diesen Vortrag »La création artistique« in der *Société française de Philosophie* am 28. Januar 1928 vor. Im Verlauf der daran anschließenden lebhaften Diskussion, an der Xavier Léon, Paul Desjardins, J. Hadamard, Paul Langevin, Henri Delacroix und Léon Brunschvicg teilnahmen, anwortete Valéry mit mehreren Redebeiträgen. Insbesondere Léon griff Valérys Kritik am »Enthusiasmus« des Dichters auf, wie er auch in »Anmerkung und Abschweifung« (in diesem Band) thematisiert ist, setzte ihn in Parallele zum Chandos-Brief von Hugo von Hofmannsthal, der gerade 1927 in französischer Übersetzung erschienen war. Die Diskussion findet sich in vollständiger Länge im *Bulletin de la Société française de Philosophie*, unvollständig in *Vues*.
In: *Bulletin de la Société française de Philosophie* 28 (1928), S. 2-14, »La création artistique«.

1 Offensichtliche Anspielung auf Pascal, vgl. *Werke*, Bd. 4.
2 Vermutlich spielt Valéry hier auf den »Tristan-Akkord« an (Vorspiel zu Wagners gleichnamiger Oper), durch den eine »unendliche Melodie«, innere Unendlichkeit vermittelt wird; vgl. dazu MGG »Wagner«, Sp. 111-112. Zu *Tristan und Isolde* (1857) in: Richard Wagner, *Dichtungen und Schriften*, Jubiläumsausgabe in zehn Bänden, hg. von Dieter Borchmeyer, Insel Verlag Frankfurt am Main 1983, Bd. 4, S. 104. [A.d.Ü.]
3 In der Tat hat Valéry zwischen 1892 und 1912 fast ausschließlich an seinen *Cahiers* gearbeitet; daß sich seine schriftstellerische Laufbahn unabhängig von seinem Willen entwickelt habe, entspricht nicht der ganzen Wahrheit. Im folgenden umschreibt Valéry seine Arbeit an den *Cahiers*.
4 Schon 1892 spricht Valéry in seinen Briefen mit Gide (*Briefwechsel*) davon, ein »philosophisches System« zu entwerfen; insbesondere in den *Cahiers/Heften* kommt er durchgehend auf »sein System« zurück: vgl. dazu *Paul Valéry, 3, Approche du Système*, hg. von H. Laurenti, Minard, Paris 1979.
5 Léon Brunschvicg (1869-1944) war Professor für Philosophie an der Sorbonne.
6 Frz. »Au commencement est la confusion«: eine Formulierung, die Valéry analog zur Bibel mehrfach umgeformt hat.
7 Der Begriff »intervention« wird von Valéry wesentlich mental und aktional verstanden, vgl. J. Schmidt-Radefeldt, »L'interven-

tion – concept sémiotique et phénomène scénique dans *Mon Faust*«, in: K. A. Blüher/J. Schmidt-Radefeldt (Hg.), *Paul Valéry. Le cycle de ›Mon Faust‹ devant la sémiotique théâtrale et l'analyse textuelle*, Tübingen 1991, S. 85-100.

8 Zu diesen drei Elementen der Kommunikation bei Valéry vgl. K. A. Blüher, »La fonction du *public* dans la pensée esthétique de Valéry. Ebauches d'une théorie de la réception littéraire«, in: *Poétique et Communication – Paul Valéry*. Akten des internationalen Valéry-Kolloquiums in Kiel, hg. von Karl Alfred Blüher und Jürgen Schmidt-Radefeldt, Klincksieck, Paris 1979, S. 105-128.

9 Es ist unklar, welche »critique phonétique des poèmes fondée sur l'analyse de documents enregistrés« Valéry hier meint. Nachdem in den zwanziger Jahren die Schallplattenherstellung umfassend entwickelt war, wurde auch Valérys Stimme grammophonetisch aufgezeichnet; seine Lesungen von »Cimetière marin« und »Narcisse« sind überliefert (*Paul Valéry vous parle.* Collection ›Leur œuvre et leur voix‹, veröffentlicht von Georges Beaume, Festival FLD 81 M).

10 Frz. »intervention étrangère«: Die Auffassung des fragmentarisch offenen (nicht abschließbaren) Werks, sowohl auf der Seite des Produzenten als auch des Rezipienten, ist ein durchgehender Gedanke in Valérys Werk.

11 Bereits in der »Einführung in die Methode von Leonardo da Vinci« (in diesem Band) hatte Valéry eine solche Analyse der Vorstellungskraft unternommen.

12 »Wage soviel, wie du dir zutraust.«

13 Zum Begriff »imminence« vgl. *Cahiers/Hefte*, Bd. 3, S. 94 und 478, Anm. 45.

14 Offensichtlich denkt Valéry hier an die Sammlung *Charmes*, doch verweist er auch bei einigen anderen Gedichten auf dieselbe Textgenese, z. B. »Comme au bord de la mer« (*Werke*, Bd. 5, S. 255 f.).

15 Zu einer solchen »activité latérale« vgl. *Cahiers/Hefte*, Bd. 4, S. 130 und 131 (Illustration).

16 Hinter diesem Konzept 14zeiliger Gedichte steht die für Valéry geniale Form des Sonetts (vgl. in: *Werke*, Bd. 1, »Vue«, »Valvins«, »L'Abeille«, »La Ceinture«, »La Dormeuse«, »Le Sylphe« u. a.).

17 Vor allem den »(rapports) harmoniques« ist Valéry in Theorie (vgl. Register der *Cahiers/Hefte*) und Praxis (seine Lyrik) nachgegangen; in bezug auf »La jeune Parque« legt derartige Konstruktionsprinzipien Jean-Pierre Chausserie-Laprée offen (*La*

*jeune Parque ou la tentation de construire. L'architecture secrète du poème*, Minard, Paris 1992, 2 Bde.).

## DER UNENDLICHKEITSFAKTOR IN DER ÄSTHETIK

Übersetzung: Carlo Schmid, in: Paul Valéry, *Über Kunst*, Suhrkamp Verlag Frankfurt am Main 1959, S. 141-145.
Der Text erschien erstmals 1934 in der Zeitschrift *Art et Médecine*.
In: *Œuvres* II, S. 1342-1344, »L'infini esthétique«.

1 Frz. »univers de sensibilité«, weiter unten »univers de couleurs« und »univers de résonance«.

## ÜBERLEGUNGEN ZUR KUNST

Übersetzung: Achim Russer
Valéry hielt diesen Vortrag aufgrund einer zweiten Einladung in die *Société française de Philosophie* am 2. März 1935. An der nachfolgenden Diskussion beteiligten sich André Maurois, Ch. Lalo, Henri Delacroix, Léon Brunschvicg, René Berthelot, R. Bayer, D. Parodi, R. Lenoir und G. Bénézé.
In: *Bulletin de la Société française de philosophie* 35 (1935), S. 61-78, »Réflexions sur l'art«.

1 Léon Brunschvicg (1869-1944) und André Lalande (1867-1963), Mitglieder der Französischen Gesellschaft für Philosophie; letzterer gab in Zusammenarbeit mit anderen und im Auftrag der Gesellschaft das *Vocabulaire technique et critique de la Philosophie* heraus (2 Bände 1926, in einem Band 1962).
2 Vgl. zu diesen frühen Lehrmeistern José Maria Heredia und Leconte de Lisle, *Briefwechsel*.
3 Bei La Fontaine (Fabel »Le Chartier embourbé«, in: *Fables*, livre VI, 13) lautet die Zeile abweichend (Hervorhebung von uns): »Prends *ton* pic, et me romps ce caillou qui *te* nuit.« [A.d.Ü.]
4 Anspielung auf »Eupalinos oder Der Architekt« (1921; in: *Werke*, Bd. 2); Valéry nimmt die Thematik erneut auf in »Der Mensch und die Muschel« (*Werke*, Bd. 4).
5 Zum Text »L'infini esthétique« vgl. in diesem Band. Das Zitat weist gegenüber der veröffentlichten Fassung kleinere Änderungen auf.

6 Die Behauptung Valérys »Zu verstehen glauben ist recht gefährlich« hat besondere Gültigkeit in den Naturwissenschaften; vgl. J. Bouveresse in: *Funktionen des Geistes*, hg. von Judith Robinson-Valéry, übersetzt von Max Looser, Campus, Frankfurt/New York 1993, S. 293.

7 Vgl. dazu »Über das Sprechen von Versen«, *Werke*, Bd. 1, S. 473-481.

8 Frz. »*œuvre* de l'homme complet«; hinter dieser Auffassung verbirgt sich bei Valéry die Bewunderung für das Gesamtkunstwerk im Sinne Wagners.

9 Die anschließende Diskussion berührte unterschiedliche Themen: André Maurois stellte Chaos und Formlosigkeit der Ordnung gegenüber, Charles Lalo ging auf »l'infini esthétique«, auf »ennui« in der Geschichte der Ästhetik sowie beim Publikum ein (er sprach von »ästhetischen Kurven der Aufmerksamkeit und Müdigkeit«). Valéry seinerseits äußert sich erstaunt darüber, daß die Ästhetik Hegels in romanischen Ländern wie Italien und Spanien so stark rezipiert worden sei, da sie doch eigentlich für »cerveaux latins« wenig geeignet erscheine; Henri Delacroix widerspricht dem, indem er die Hegelsche Ästhetik in höchsten Tönen lobt und sagt, sie sei kein scholastisches Monstrum (Brunschvicg pflichtet ihm bei), und zu guter Letzt Valéry empfiehlt, »ein wenig Deutsch zu lernen«. Die Diskussion war lebhaft, berührte weiterhin Strawinsky, die Kunstformen in Melanesien sowie grundlegende Phänomene und Prozesse (Transformation, Relais) bei der Produktion und Rezeption ästhetischer Werke.

## ZUM ALLGEMEINEN BEGRIFF VON KUNST

Übersetzung: Clemens Par
Diesen Beitrag in Form prägnanter Thesen schrieb Valéry für die *Nouvelle Revue Française* (Heft 266, 1935, S. 683-693), er erschien im selben Jahr als Vorwort der Enzyklopädie *Arts et Littératures dans la Société contemporaine*, Band XVI und XVII (Paris 1935).
In: *Œuvres* I, S. 1404-1412, »Notion générale de l'art«.

1 Valéry unterscheidet zwischen »œuvre de l'art« (Kunsterzeugnis) und »œuvre d'art« (Kunstwerk).

2 Offensichtlich ein kritischer Seitenhieb gegen zeitgenössische Philosophen der *aisthesis* (wie H. Bergson u. a.).

3 Anspielung auf den »horror vacui«.

4 Zur Sensibilität vgl. die gleichnamige Rubrik in: *Cahiers/Hefte*, Bd. 3.

5 Frz. »revoir«, »ré-entendre«: die Funktion des RE- (dt. »erneut«, »wiederum«, »noch einmal«) hat in Valérys Theorie des Geistes und seiner mentalen Operationen zentrale Bedeutung, vgl. durchgehend in den *Cahiers/Heften*.

6 Zur Thematik Film und Fotografie vgl. K. A. Blüher, »Valéry et l'esthétique du cinéma«, in: Régine Pietra (Hg.), *Recherches sur la philosophie et le langage. Valéry: la philosophie, les arts, le langage.* Cahier du groupe de recherche de philosophie, Université de Grenoble 1989, S. 239-248.

## REDE ÜBER DIE ÄSTHETIK

Übersetzung: Max Looser
Diese Rede hielt Valéry auf dem 2. Internationalen Kongreß zur Ästhetik und Kunstwissenschaft am 8. August 1937 in Paris. Er wurde in die Kongreßakten aufgenommen (Actes du IIe Congr. Internat. d'Esthétique et de Science de l'Art, Alcan, Paris 1937, Bd. 1, S. IX-XXIII); danach in: *Variété* IV (1938, S. 235-265).
In: *Œuvres* I, S. 1294-1314, »Discours sur l'esthétique«.

1 Vgl. »Descartes«, Rede auf dem 9. Internationalen Kongreß für Philosophie 1937 in Paris, in: *Werke*, Bd. 4, S. 14-35.

2 Frz. »dénombrement très entier«: wörtliche Anspielung auf die vierte der vier »Hauptregeln der Methode« von Descartes, *Discours de la Méthode. Von der Methode des richtigen Vernunftgebrauchs und der wissenschaftlichen Forschung.* (Zweisprachige Ausgabe.) Übersetzt und herausgegeben von Lüder Gäbe, Meiner, Hamburg 1969, S. 30-33. [A.d.Ü.]

3 Das Erfordernis der 3 Einheiten des Dramas (Handlung, Raum, Zeit) stellte Aristoteles auf (*Poetik*, 1451 a-b, 8. Kapitel, Schluß); in Frankreich entbrannte eine Querelle insbesondere um den *Cid* von Corneille im 17. Jahrhundert, der einen *Discours des trois unités* 1660 dazu verfaßte. [A.d.Ü.]

4 Vgl. zu Valérys Meinung über den »freien Vers« auch *Werke*, Bd. 3, »Existenz des Symbolismus«.

5 Boileau schreibt in seiner *Art poétique* (zu »raison« und »clarté«):
»Aimez donc la raison. Que toujours, vos écrits
Empruntent d'elle seule et leur lustre et leur prix.
[...]

Ce que l'on conçoit bien s'énonce clairement,
Et les mots pour le dire arrivent aisément.«

6 De Maistres Ausspruch »tout ce qui gêne l'homme le fortifie« formuliert Valéry für sich so: »Was keinen Widerstand bietet, das interessiert mich nicht.« (*Cahiers/Hefte*, Bd. 6.)

7 Frz. »parti pris«.

8 Lat. »imperare imperando« (»durch Gehorsam überwinden«), weist zurück auf Francis Bacons »Natura enim non nisi parendo vincitur« (*Novum organum*, 1620): »Der Mensch als Diener und Deuter der Natur wirkt und weiß nur so viel, als er von der Ordnung der Natur durch die Sache oder seinen Geist beobachtet hat; mehr weiß und vermag er nicht [...] Wissen und Können fällt beim Menschen in eins, weil die Unkenntnis der Ursache die Wirkung verfehlen läßt. *Die Natur überwindet man nur durch Gehorsam.*« (In: Walter Apelt, »Grundzüge des Baconschen Weltbildes«. Nachwort zu Francis Bacon, *Essays*. Übersetzt von Elisabeth Schücking, hg. von Levin L. Schücking, Dieterich, Leipzig 1967, S. 267-268.) [A. d. Ü.] Vgl. auch *Werke*, Bd. 5, S. 514f., Anm. 23.

9 Zum Unvorhersehbaren (L'imprévisible) vgl. den gleichnamigen Essay in: *Werke*, Bd. 7.

10 »Der jeweiligen Kunst entsprechend.«

11 Frz.: »Il n'y a pas de contradiction sans diction, c'est-à-dire, hors du discours.«

12 Vgl. dazu »Leonardo und die Philosophen« (in diesem Band).

13 Bei der Arbeit am französischen Wörterbuch der Académie française ging es um die Definition von »vie« (Leben); vgl. *Cahiers/Hefte*, Bd. 5, S. 275.

14 »Esthésique« (griech.»aisthesis«) ist die Lehre von den Sinneswahrnehmungen oder Sinnesempfindungen. Bezogen auf eine Unterscheidung zwischen Sinneswahrnehmung und einer höher bewerteten gedanklichen Erkenntnis findet sich das Wort »aisthesis« bereits bei Parmenides. Aristoteles entwickelte dann eine erste Theorie der Sinneswahrnehmung in *De anima*. Vgl. F. P. Hager, Art. »Aistheisis«, in: Joachim Ritter et al. (Hg.), *Historisches Wörterbuch der Philosophie*, Schwabe, Basel 1971, Bd. 1, Sp. 119-120. [A.d.Ü.]

15 Frz. »l'action humaine complète«: weist auf einen Theorie-Entwurf Valérys zurück.

16 Vgl. die klassische Definition Valérys »Das Schöne ist negativ« in: *Werke*, Bd. 1, S. 376f.

17 Zu Einsteins Formel »introduire quelques points de vue d'archi-

tecture« vgl. *Cahiers/Hefte*, Bd. 5 (Rubrik »Wissenschaft«), sowie *Werke*, Bd. 4.

18 Valéry geht mehrfach auf die »Differenz« der Farbwahrnehmung ein, vgl. etwa die Faksimile-Illustration in *Paul Valéry* 5 (1993), S. 32. In der Forschung ist diese Thematik bisher noch nicht behandelt worden.

## PHILOSOPHIE DES TANZES

Übersetzung: Clemens Par

Als Einführung zu einer Tanzvorführung der spanischen Tänzerin »La Argentina« hielt Valéry diesen Vortrag am 5. März 1936 in der Université des Annales; er wurde noch im selben Jahr in der Zeitschrift *Conferencia* abgedruckt.

Die Tänzerin, 1890 in Argentinien geboren (daher ihr Künstlername), hieß eigentlich Antonia Mercé y Luque. Sie debütierte bereits mit 11 Jahren an der Oper von Madrid, ging 1914 nach Südamerika, kam nach dem Ersten Weltkrieg nach Europa zurück und gründete eine eigene Gruppe in Paris. Ihre Tänze und Choreographien (z. B. *El amor brujo* von de Falla 1925) basierten auf Volkstänzen Spaniens und stilisierten folkloristischen (auch Zigeuner-)Elementen. La Argentina starb 1939. [Anm. Monique Alain-Castrillo]

Die Ästhetik des Tanzes hat Valéry in vielen Werken aufgenommen, so im Dialog »Die Seele und der Tanz« (*Werke*, Bd. 2, S. 86-117), in »Tanz, Zeichnung und Degas« (in diesem Band) sowie in einem postum veröffentlichten Vorwort zu Serge Lifar, *Pensées sur la Danse* (Bordas, Paris 1946).

In: *Œuvres* I, S. 1390-1403, »Philosophie de la danse«.

1 Anspielung auf Platons Höhlengleichnis, den Styx, Zenons Paradoxa (der im Flug unbewegliche Pfeil, der Wettlauf des Achilleus mit der Schildkröte). Zu Nietzsche (*Zarathustra*) vgl. auch *Werke*, Bd. 4.

2 Zur Frage des Augustinus »Quid est ergo tempus?« vgl. *Cahiers/Hefte*, Bd. 4, die Rubrik »Zeit«.

3 Frz. »seuil redoutable«: Valéry verwendet oft die etymologische, ursprüngliche Lesart der Wörter; in diesem Fall kann auch die »Schwelle des Bezweifelbaren« gemeint sein.

4 Frz. »l'écrivain obscur«: dieses Prädikat wurde vor allem auch Mallarmé beigelegt, mit dem sich Valéry in mancherlei Hinsicht identifiziert; vgl. *Werke*, Bd. 3 (zu Mallarmé).

5 Valéry hat den »Fragekatalog« als ein methodisches Instrumentarium des Denkens mehrfach bemüht; vgl. auch J. Schmidt-Radefeldt, »Questions et réponses, ou Des stratégies discursives et poétiques dans le dialogue Valéryen«, in: *Bulletin des Études Valéryennes* 17 (1981), S. 13-35.

6 Frz. »objet capital«: zu Valérys Philosophie des »caput« vgl. J. Derrida, *Das andere Kap. Die vertagte Demokratie*, Suhrkamp Verlag Frankfurt am Main 1991, sowie die Rezension dazu von J. Schmidt-Radefeldt in: *Forschungen zu Paul Valéry* 5 (1992), S. 33-43.

7 Anspielung auf die von Malherbe übernommene Unterscheidung zwischen Gehen (Prosa) und Tanzen (Lyrik).

8 Vgl. Charles Baudelaire, »Le serpent qui danse«, in: *Les fleurs du mal* (»Tes yeux ... Sont deux bijoux froids«).

9 Frz. »la conscience réfléchie à ses données immédiates«, Anspielung auf Henri Bergsons *Essai sur les données immédiates de la conscience* (1889).

## TANZ, ZEICHNUNG UND DEGAS

Übersetzung: Werner Zemp, in: Paul Valéry, *Tanz, Zeichnung und Degas*, Suhrkamp Verlag Frankfurt am Main 1962.
Valéry veröffentlichte den Text *Degas Danse Dessin* 1936 mit 26 Zeichnungen und Kupferstichen von Degas bei Vollard in Paris, wobei er frühere Arbeiten zusammenfaßte, die er in Zeitschriften wie der *Nouvelle Revue Française* (1934 und 1935), *Mesures* und *Minotaure* (1935) oder auch als Vorwort zu einer Ausstellung von Ernest Rouart (1933) veröffentlicht hatte. Er widmete diese Sammlung digressiver Texte der Comtesse de Béhague, da sie ihm für die Zeit der Fertigstellung eine fürstliche Unterkunft gewährt hatte. Der Text wurde 1938 ohne Illustrationen in die erste Gesamtausgabe der *Œuvres* (Band H) aufgenommen. Die deutsche Übersetzung von Werner Zemp erschien zuerst 1940 in Zürich.
In: *Œuvres* II, S. 1163-1240, »Degas Danse Dessin«.

Wie ein Brief an André Gide vom 11. Januar 1896 (*Briefwechsel*, S. 300) zeigt, trug sich Valéry schon sehr früh mit dem Gedanken an ein solches »Porträt« von Degas. Ohne Erfolg hatte er die Widmung einer seiner ersten Arbeiten, »Der Abend mit Herrn Teste«, dem Maler angetragen. Wiederholt kommt er in seinen Briefen auf Degas zu sprechen, daß ihn jener als »ange« (Engel) bezeichnet habe, daß er bei dem 72jährigen Degas zum Abendessen eingeladen gewesen sei (vgl. *Briefe*, S. 61); er modelliert sogar 1910 eine kleine Büste von Degas, die nach allgemeinem Urteil die Gesichtszüge des weltberühmten Künstlers treffend wiedergibt. Wenngleich zeitlebens eine gewisse Distanz zwischen beiden bestand, wie sie auch in dieser Sammlung von Textminiaturen durchscheint, so ist doch unverkennbar, daß sich Valéry in Degas – wie bereits in Leonardo, Teste oder später in Faust – selbst widerspiegelt.

1 Wenn Valéry diese »mathématique plus subtile« auch Degas zuschreibt, muß man doch an seine eigenen mathematischen Übungen in den *Cahiers* denken, in denen er »feinere Zahlen« (les nombres plus subtils, n+s) zu entwickeln versuchte.

2 Ernest Rouart (1874-1942) war eng mit Degas befreundet. Er hatte drei Brüder: Alexis Rouart (dessen Sohn Paul Rouart später Agathe, die Tochter Valérys, heiratete) sowie Eugène und Louis, mit denen Valéry befreundet war. Ernest Rouart heiratete Julie Manet (Tochter von Berthe Morisot) an demselben Tag (31. Mai 1890), an dem Paul Valéry mit Jeannie Gobillard (Nichte von Berthe Morisot) die Ehe schloß.

3 Alceste (der »Menschenfeind«) in Molières ernster Komödie *Le Misanthrope* gilt als erbitterter, egozentrischer Choleriker, der die heuchlerische Gesellschaft anklagt.

4 Henri Rouart (1833-1912), mit Degas und Manet befreundet, war selbst Maler und vor allem Kunstsammler und -händler französischer Malerei, wohnte in der Rue de Lisbonne in Paris und hatte vier Söhne (vgl. Anm. 2).

5 Jean-François Millet (1814-1875, *L'Angelus* und *Les Moissonneuses* im Louvre) und Camille Jean-Baptiste Corot (1796-1875) waren Landschaftsmaler; Corot, dem Valéry ein Vorwort widmete (in diesem Band), wurde erst postum bekannt. – Honoré Daumier (1808-1879) war Bildhauer, vor allem als Lithograph und sozialpolitischer Karikaturist bekannt. – Edouard Manet (1832-1883) gilt als Begründer des Realismus und der modernen Malerei (*L'Olympia*, *Le Déjeuner sur l'herbe*). – El Greco, eigentlich Domenikos Theotokopoulos (um 1540-1614), kam von Griechenland über Venedig nach Toledo, wo er sein Hauptwerk schuf.

6 École Polytechnique: Älteste und angesehenste französische Ingenieurhochschule, die dem Verteidigungsministerium untersteht und Militärstatus besitzt.

7 Der frz. Mathematiker Edmond Laguerre (1834-1886) arbeitete über Geometrie und Algebra.

8 Das *Institut de France* umfaßt die fünf großen Akademien der Künste und Wissenschaften Frankreichs.

9 Der frz. Schriftsteller Duc de Saint-Simon (1675-1755) wurde durch seine *Mémoires* des höfischen Lebens seiner Zeit bekannt. – Der Sozialphilosoph Pierre Joseph Proudhon (1809-1865) gilt als Wegbereiter der sozialen Revolution (»la propriété, c'est le vol« – »Besitz ist Diebstahl«) und trat für die absolute Gleichheit und Freiheit des Individuums ein. – Von den Theaterstücken Jean Racines (1639-1699) schätzte Valéry vor allem *Athalie*. – Der frz. Maler und Zeichner Dominique Ingres (1780-1867), auf den Valéry unten ausführlich eingeht, ist vor allem durch Bilder wie *L'Odalisque*, *L'Apothéose d'Homère*, *Le bain turc* bekannt.

10 Hinter dieser Persönlichkeit verbirgt sich offensichtlich Valéry selbst; gebürtig aus Sète, mit hellblauen Augen (so ein Ölgemälde aus jener Zeit), hielt Valéry 1926 einen vielbeachteten Vortrag in Berlin; vgl. dazu J. Schmidt-Radefeldt, »Paul Valéry und Deutschland oder: Die Rolle der Intellektuellen zwischen den Kriegen«, in: *Dokumente* 45 (1989), S. 151-158.

11 Die Arbeit an »La soirée avec Monsieur Teste« begann Valéry 1894 in Montpellier, Rue de la Vieille Intendance; dt. Übersetzung von Max Rychner in: *Werke*, Bd. 1.

12 Im *Briefwechsel* mit André Gide finden sich mannigfache Hinweise auf Degas und sein Verhältnis zu beiden Schriftstellern.

13 Von diesem Besuch in Giverny am 7. September 1925 bei dem Begründer der impressionistischen Schule Claude Monet (1840-1926) berichtet Valéry in den *Cahiers/Heften* (Bd. 6, S. 50), wo er sich durch die Natur der Seerosen zutiefst beeindruckt zeigt: »Großflächige reine Dichtungen.«

14 Wenngleich romantischer Zeichner mit barocken Zügen, bevorzugte Honoré Daumier (1808-1879) doch in seinen Lithographien politische, sozialkritische Themen; von daher ist seine Abneigung gegen Monet durchaus verständlich. Vgl. den Beitrag in diesem Band.

15 Der frz. Maler der romantischen Schule Alexandre Gabriel Decamps (1803-1860) bevorzugte Landschaften, Jagdszenen, Genrestücke.

16 Das Zitat von Thomas von Aquin wurde von Valéry verkürzt und verändert: »Videmus enim quod primum est in causando, ultimum esse in causato.« »Bei dieser Antwort auf die Frage nach dem Guten wird gesagt, daß das Gute als Ziel- und Zweckursache wirkt, indessen setzt die Ursächlichkeit des Guten die Wirk- und Formursächlichkeit voraus.« (*Summa theologica*.

Deutsch-lateinische Ausgabe, übers. von Dominikanern und Benediktinern Deutschlands und Österreichs, A. Pustet Verlag, Salzburg/Leipzig 1934, 36 Bde., Bd. 1, S. 103.) »Wir sehen nämlich, daß das, was in der Tätigkeit der Ursache das erste ist, beim Verursachten zuletzt kommt.«

17 Valéry hatte in frühester Jugend (1884) die *Grammaire de l'ornement* von Owen Jones gelesen, dazu das *Dictionnaire d'Architecture* von Viollet le Duc konsultiert. Diese Zusammenhänge zwischen Architektur, Musik, Tanz sind im »Paradox über den Architekten« (in diesem Band), in »Amphion«, *Werke*, Bd. 2, sowie in *Cahiers/Hefte*, Bd. 6, dargestellt.

18 Bereits Mallarmé weist 1886 in »Crayonné au théâtre« auf den metaphorischen, symbolischen Sinn des Ausdrucks hin, auf die *körperliche Schreibweise der Tänzerin* in Analogie zur redaktionellen Formung des Gedichts und seiner Zeicheninformation; vgl.: »A savoir que la danseuse *n'est pas une femme qui danse*, pour ces motifs juxtaposés qu'elle *n'est pas une femme*, mais une métaphore résumant un des aspects élémentaires de notre forme, glaive, coupe, fleur etc., et *qu'elle ne danse pas*, suggérant, par le prodige de raccourcis ou d'élans, avec une écriture corporelle ce qu'il faudrait des paragraphes en prose dialoguée autant que descriptive, pour exprimer, dans la rédaction: poëme dégagé de tout appareil du scribe.« (Mallarmé, »Ballets«, in: *Œuvres complètes* (Bibliothèque de la Pléiade), Gallimard, Paris 1961, S. 304.) Vgl. auch W. Schmidt (Hg.), *Wege zu Edgar Degas*, München 1988, S. 320.

19 Zu den Besonderheiten der Filmkunst, dieser »siebenten Kunst«, wie Valéry sie nannte, gehörte seiner Meinung nach, nichtgegenwärtige Dinge sichtbar zu machen, deren Bewegungen beliebig zu verlangsamen oder zu beschleunigen, auf den Zuschauer nach Art eines (Halb-)Traums einzuwirken; vgl. dazu K. A. Blüher, »Valéry et l'esthétique du cinéma«, in: Régine Pietra (Hg.), a. a. O.

20 Der Großvater von Degas, dem eine Bank in Neapel gehörte, war mit einer Neapolitanerin verheiratet.

21 Zu einer Kupferstich-Ausstellung von Corot (1796-1875) im Jahre 1932 schrieb Valéry ein Vorwort im Katalog (»De Corot et du paysage«), in diesem Band.

22 Valéry schätzte von Auguste Dominique Ingres (1780-1867) neben den Zeichnungen besonders dessen Gemälde *Die große Odaliske* (1814), *Rüdiger befreit Angelika* (1819), *Die Apotheose Homers* (1827) und *Das türkische Bad* (1862).

23 Diese Handstudien (1520) von Hans Holbein d. J. (1497-1543) spricht Valéry mehrfach an, hat er doch selbst in seinen *Cahiers* die schreibende und die Zigarette haltende Hand oft gezeichnet wie auch eine »Abhandlung über die Hand« geplant; vgl. im Register der *Cahiers/Hefte*.

24 Die Kritik am Unterrichtswesens Frankreichs Ende des 19. Jahrhunderts durchzieht Valérys Denken, vgl. die Rubrik »Unterricht« in den *Cahiers/Heften*, Bd. 5, sowie J. Schmidt-Radefeldt, »Les principes de l'enseignement suivant Paul Valéry et quelques contemporains«, in: *Valéry et le monde actuel*, hg. von Huguette Laurenti, Minard, Paris 1993, S. 133-151.

25 Der frz. Romancier L. E. Duranty (1833-1880) schrieb als erster über die Impressionisten. – Émile Zola (1840-1902) galt als Kopf der Naturalisten. – Die Gebrüder Edmond Goncourt (1832-1896) und Jules Goncourt (1830-1870) verfaßten neben ihren literarischen Werken (*Journal*) auch kunstkritische Essays. – François-Joseph Duret (1804-1866) war Bildhauer zur Zeit der Restauration und Juli-Monarchie.

26 Eugène Delacroix (1798-1863) galt als Hauptverteter der romantischen Schule Frankreichs.

27 Der span. Hofmaler Francisco Goya y Lucientes (1746-1828) ist uns heute neben dem Gemälde *Las meninas* vor allem durch seine *Dibujos* und *Desastres de la guerra* bekannt.

28 Zu Manet vgl. in diesem Band »Der Triumphzug Manets«.

29 Alle drei Politiker kamen in der Französischen Revolution 1794 zu Tode, sie bildeten eine Art Triumvirat; Georges Couthon schlug den Aufstand in Lyon 1793 nieder.

30 Als gewähltes Mitglied der Gesetzgebenden Versammlung und des Konvents stimmte Joseph Cambon (1754-1820) für den Tod des Königs; er verfaßte das *Grand Livre de la Dette publique* (Großes Buch der Staatsverschuldung).

31 Diese Geschichte um die Flucht von Degas' Großvater und seine mitleidlose Verfolgung durch Rechtsanwalt und Konventsmitglied François Auguste Mallarmé (1756-1835) ist authentisch; wenngleich historische Vergangenheit, wirkte sie entfremdend zwischen Degas und Mallarmé.

32 Der »Grenier« (Speicher) war der Treffpunkt der Literaten um die Brüder Goncourt und Zola.

33 Frz. »œuvre *absconce*« (lat. abscondita: »verborgen«).

34 »O Opfer, dem Geschick beklagenswert verfallen!« (Stéphane Mallarmé, »Hérodiade«, in: *Sämtliche Dichtungen*, übertragen von Carl Fischer, Hanser, München/Wien 1992, S. 53.)

35 Vgl. die Sonette in: Stéphane Mallarmé, *Sämtliche Dichtungen*, a.a.O., S. 115-117.

36 Vgl. *Werke*, Bd. 3.

37 Diese Dissertation erschien 1905 bei Crépin-Leblond in Nancy. Derartige Quellenangaben gibt Valéry selten. Die Geschichte von den 25 Bürgern Verduns, die, weil sie sich gegenüber dem König von Preußen ehrfürchtig und freundlich verhalten hatten, angeklagt und später zum Tode verurteilt wurden (F. A. Mallarmé bezweifelte dies 1794 zunächst), berichtet auch Goethe in der *Campagne in Frankreich* (in: Johann Wolfgang Goethe, *Sämtliche Werke*, 1. Abt., Bd. 16, hg. von Klaus-Detlef Müller, Deutscher Klassiker Verlag Frankfurt am Main 1994, S. 412), doch spricht er nur von »vierzehn der schönsten, wohlerzogensten Frauenzimmer«.

38 *Die Apotheose Homers* war ursprünglich ein marmornes Weihrelief zu Ehren des heroisierten Homer, das Bild von Ingres entstand 1827.

39 Der frz. Maler Gustave Moreau (1826-1898), Lehrer von Matisse, Marquet und Rouault, schuf eine symbolische Mythologie nach dem Vorbild der Antike.

40 Zu J.-K. Huysmans und dessen Werk *À rebours* vgl. *Werke*, Bd. 3, S. 387-403.

41 Degas hat bekanntlich ein Porträt von Mlle. Valpinçon (1865) gemalt; Valéry schreibt »Valpinson«. Zuvor malte schon Ingres *Die Badende von Valpinçon* (1808, heute im Louvre), die die Pose der *Großen Odaliske* vorwegnimmt.

42 Degas schrieb ca. 40 Sonette, die erst nach seinem Tod in einer nicht für den Verkauf vorgesehenen Broschüre herausgegeben wurden. Die hier zitierte Zeile in E. Degas, *Huit sonnets*. Préface de Jean Nepveu Degas, illustré de dix-neuf dessins inédits d'Edgar Degas, Paris 1946. Das Sonett ist »Pur sang« betitelt und spricht von einem Fohlen; das letzte Terzett des Sonetts lautet:

»Et pour les coups divers où la cote l'emploie,
On le fait sur le pré débuter en voleur,
Tout nerveusement nu dans sa robe de soie.«
[Ganz nervig muskulös in seinem Seidenfell]

Zwei andere Sonette von Degas finden sich in Wilhelm Schmidt (Hg.), *Wege zu Edgar Degas*, Matthes & Seitz, München 1988, S. 137-141. Das bekannte Foto aus dem Jahr 1895, das Degas machte und auf dem Renoir und Mallarmé in Berthe Morisots Salon (sowie im Spiegel die Schemen von Degas, von Madame und Mademoiselle Mallarmé) zu sehen sind (heute in der Bibliothèque littéraire Jacques Doucet in Paris), wurde im Rahmen der Degas-Ausstellung im Grand Palais 1988 gezeigt (jedoch nicht im Katalog aufgenommen). In dem Buch von W. Schmidt ist das Foto abgebildet (ebd., S. 315), und wenngleich der handschriftliche Zusatz Valérys auf dem Foto nicht erkennbar ist, gibt W. Schmidt die dt. Übersetzung (ebd., S. 317).

43 Als erster Fotograf stellte Edward Muybridge (1830-1904) Serienaufnahmen von Tieren in Bewegung vermittels 24 Kameras her, ein Pferd im Galopp und den Vogelflug. Die Phasen der Bewegung konnten so in Zeitlupe betrachtet werden. Vgl. auch im genannten Katalog der Retrospektive Degas, S. 459.

44 In den Galerien des Kunsthändlers Paul Durand-Ruel (1831-1922) in Paris wie in New York wurden die Impressionisten ausgestellt: Renoir, Pissarro, Manet, Millet u. a. – Der frz. Graphiker, Bildhauer und Maler Ernest Meissonier (1815-1891) schuf Genreszenen (wie auch Kriegsbilder) in technisch ausgeklügelter Manier, ebenso Buchillustrationen.

45 Das Reiterdenkmal des frz. Bildhauers Paul Dubois (1829-1905) steht heute vor der Kathedrale in Reims.

46 Frz. »manière de voir«: vgl. Valérys Theorie dazu in den *Cahiers/Heften*.

47 Frz. »vinciste«.

48 Théodore Rousseau (1812-1867) malte vor allem den Wald von Fontainebleau.

49 Die Dreyfus-Affäre, die Frankreich in verschiedene Lager spaltete, wurde auch für Valéry zum Prüfstein seiner politischen Einstellung; vgl. dazu unsere ausführliche Anmerkung in *Cahiers/Hefte*, Bd. 1, S. 601 f. – Der temperamentvolle, nationalgesinnte Journalist Henri Rochefort (1830-1913) war Anti-Dreyfusianer ebenso wie Edouard Drument (1844-1917); letzterer war Begründer der nationalistischen und antisemitischen Zeitschrift *Libre Parole* (1892). Demgegenüber war der Politiker Georges Clémenceau (1841-1929) ein Anhänger von Dreyfus.

50 Zu Leonardo als Philosoph vgl. in diesem Band.

51 Zu Stendhal (d.i. Henri Beyle) vgl. *Werke*, Bd. 3.

52 Die Schlacht bei Arbela, heute Erbil (frz. »Arbèles«, Valéry schreibt »Arbelles«), ist die »Alexanderschlacht«, ein Gemälde von Albrecht Altdorfer (1482-1538), das 1529 entstand. Alexander siegte bei Arbela 331 n. Chr. endgültig über Darios III.

53 Zu den Dichtern des Parnasse (Leconte de Lisle, Gauthier, Banville, Heredia, Sully Proudhomme, Coppé) vgl. *Werke*, Bd. 1 und 3.

54 Mit diesen Zeilen beginnt Michelangelos Sonett LXXXIII (Zählweise von Carl Frey [Hg.], *Die Dichtungen des Michelangelo Buonarotti*, Berlin 1897). Es gilt als ein Glanzstück der italienischen Sprache und wurde von dem Humanisten Benedetti Varchi in einem Vortrag in der Akademie von Florenz schon zwei Jahre vor Erscheinen ausführlich behandelt. In der Übersetzung von Edwin Redslob (Michelangelo, *Sonette*, übertragen und herausgegeben von E. Redslob, Berlin/Frankfurt 1948, S. 145) lauten die Zeilen:

»Der beste Marmor kann kein Werk beginnen,
Das nicht der Marmor schon in sich umhüllt.«

55 Zu den Sonetten von Degas vgl. Anm. 40.

56 Möglicherweise ist Henri Poincaré gemeint.

57 Der Zirkusreiter und Reitlehrer François Baucher (1796-1873) veröffentlichte seine *Méthode d'équitation basée sur de nouveaux principes* 1842 (dt. *Methoden der Reitkunst nach neuen Grundsätzen*, Berlin 1845, Nachdruck Hildesheim 1977). Der General Alexis François L'Hotte (1825-1904), Schüler Bauchers, schrieb Erinnerungen (*Un officier de la cavallerie*, postum veröffentlicht, dt. *Ein Offizier der Cavallerie*, Hildesheim/New York 1979), die Valéry gelesen hatte.

58 Der Ausdruck »comédie de l'esprit« hat für Valéry zentrale Bedeutung.

59 Frz. »*que construit* le regard«: die Funktion des *regard*, des Blicks, im Denken Valérys ist in der Forschung bisher unberücksichtigt geblieben.

60 Frz. »l'âme de l'esprit«.

61 Edouard Deteille (1848-1912) war Schüler von Meissonier, malte vor allem Militaria.

62 Frz. »pompier«: so wurden vor allem im 19. Jahrhundert jene Maler genannt, die künstliche und pathetische Sujets auf konventionelle Weise behandelten.

63 Antäus, Sohn des Poseidon und der Gäa (»Erde«). Beim Kontakt mit der Erde gewann der Riese stets neue Kraft. Herakles kann ihn nur bezwingen, indem er ihn vom Erdboden hochhebt und erwürgt.

64 Der frz. Sänger und Komponist Jean-Baptiste Faure (1830-1914) hatte seine großen Erfolge in *Don Juan*, *Hamlet*, *Jeanne d'Arc* und *Faust*; er verfaßte das Traktat *La Voix et le Chant* (Stimme und Gesang).

65 Die Gegend um Tours galt sprichwörtlich als Vorbild der hochfranzösischen Aussprache.

66 Daniel Halévy schrieb über diese persönlichen Beziehungen in *Degas parle* (Paris/Genf 1960); er verfaßte auch ein Vorwort zu den *Lettres de Degas* (gesammelt und herausgegeben von Marcel Guérin, Grasset, Paris 1931). Die Dreyfus-Affäre bewirkte zwischen D. Halévy auf der einen und Degas, Valéry auf der anderen Seite einen Bruch, vgl. dazu umfassend W. Schmidt (Hg.), a.a.O. – Ludovic Halévy (1834-1908), von dem im folgenden die Rede ist, war Schriftsteller und Operettendichter.

67 Eugène Delacroix stellte *Die Schlacht von Taillebourg* im Salon von 1837 aus; das Gemälde zeigt den Sieg Ludwigs des Heiligen über Heinrich III. von England 1242 nördlich von Saintes.

68 Léon Brunschvicg (1869-1944), Philosophieprofessor an der Sorbonne und Wissenschaftstheoretiker, war über Jahre hinweg mit Valéry bekannt, insbesondere durch die Société de philosophie française; die hier berichtete Frage an den Studenten Brunschvicg ist insofern »weitsichtig«, als er später gerade über Spinoza Bücher schreiben sollte.

69 Diese Geschichten unter Malern wie William Bouguereau (1825-1905), Puvis de Chavannes (1824-1898), der im Panthéon und der Sorbonne Wandmalereien anbrachte, und Jean-Louis Forain (1852-1931) beweisen die engen sozialen Kontakte dieses Berufes.

70 »Geistige Beschränkung«.

71 Der ital. Maler Guido Reni (1575-1642) bevorzugte einen dekorativen, monumentalen Stil mit Sinn für plastische Körperdurchbildung; Francesco Albani (1578-1660) Landschaften mit Gestalten der antiken Mythologie; beide ware zeitweilig Studiengenossen in Flandern bei Calvaert.

72 Die Vorrichtung der *camara lucida* (ein System von Prismen und Spiegeln) dient zum Abzeichnen der Umrisse von Gegenständen, wobei der Zeichner Gegenstand und Zeichenebene zugleich betrachten kann.

73 Der frz. Ägyptologe Alexandre Moret (1868-1938) lehrte seit 1923 am Collège de France, schrieb Werke wie *Au temps des Pharaons*, *Rois et Dieux en Egypte*, *Mystères égyptiens* sowie *Le Nil et la civilisation égyptienne* (1926) und *La mise à mort du dieu en Egypte* (1927); möglicherweise verweist Valéry auf eines der letzten Bücher, das genaue Zitat wurde nicht gefunden.

74 Vermutlich ist hier Erland Nordenskjoeld (1877-1932) gemeint, der vergleichende ethnographische Studien insbesondere über Bolivien veröffentlichte (*La vie des indiens dans le Chaco*, übers.

ins Frz. H. Beuchat 1913; vgl. auch dt. *Forschung und Abenteuer in Südamerika*, Stuttgart 1924).

75 Die in der frz. Vorlage hier folgenden Erinnerungen von Ernest Rouart (*Œuvres* II, S. 1231-1237) wurden in unsere Ausgabe nicht aufgenommen.

## IM UMGANG MIT COROT

Übersetzung: Carlo Schmid, in: Paul Valéry, *Über Kunst*, Suhrkamp Verlag Frankfurt am Main 1959, S. 72-103.
Der ursprüngliche Titel dieses Katalogvorworts war »De Corot et du paysage« (Über Corot und die Landschaft), es leitete *Vingt Estampes de Corot* (Éditions des Bibliothèques Nationales de France, Mai 1932) ein. Der Text findet sich in allen drei Ausgaben der *Pièces sur l'art*.
In: *Œuvres* II, S. 1307-1325, »Autour de Corot«.

1 Zu Baucher vgl. General Alexis L'Hotte, *Ein Offizier der Cavallerie*, Hildesheim/New York 1979; dieses Werk hat Valéry mehrfach zitiert.

2 Der Baum ist ein zentrales Thema in Valérys Lyrik und Denken; vgl. »Gespräch über den Baum«, in: *Werke*, Bd. 2. Allgemein: Pierre Laurette, *Le thème de l'arbre chez Paul Valéry*, Paris 1967.

3 Vgl. die Theorie der »Blickpunkte« durchgehend in den *Cahiers/Heften*.

4 Zum »Zustand des Singens« (état chantant) in der Ästhetik/Poietik Valérys vgl. *Werke*, Bd. 1, etwa »Gesang der Säulen«.

5 Zu dem Buch von Jean Laran über Corot vgl. G. Bazin, *Corot*, Paris 1942, dt. Berlin 1947.

6 Auf diese Zeilen eines Sonetts von Michelangelo verweist Valéry auch in »Tanz, Zeichnung und Degas« (in diesem Band) und dort die entsprechende Anm. 54.

7 Valéry erkennt hier luzid die *Binarität* als ein grundlegendes Denkschema.

8 Dieser »état de résonnance« ist innerhalb der Theorie der »relations harmoniques« zu sehen, vgl. *Cahiers/Hefte*; hier entwickelt Valéry schon den Grundgedanken seiner »Poietik«.

9 In den »Kreisleriana« (*Fantasiestücke in Callot's Manier*, genannt nach der Gestalt des Kapellmeisters Kreisler, in der E. Th. A. Hoffmann sich selbst spiegelt) steht das Künstler- und Kunstproblem im Mittelpunkt.

10 Vgl. Charles Baudelaire, »Salon de 1845« und »Salon de 1859«, in: *Œuvres complètes* (Bibliothèque de la Pléiade), S. 849f. und S. 1079f. (Dt. Charles Baudelaire, *Sämtliche Werke/Briefe*, hg. von Friedhelm Kemp und Claude Pichois in Zusammenarbeit mit Wolfgang Drost, Hanser, München/Wien 1977, Bd. 1.)

## TRIUMPHZUG MANETS

Übersetzung: Carlo Schmid, in: Paul Valéry, *Über Kunst*, Suhrkamp Verlag Frankfurt am Main 1959, S. 104-117.
Dieses Vorwort schrieb Valéry zur Manet-Ausstellung 1932 in Paris (*Exposition Manet 1832-1883*, hg. von den Editions des Musées Nationaux 1932); dazu wurde im Katalog der Text »Tante Berthe« erneut abgedruckt. *Les Nouvelles littéraires* vom 11. Juni 1932 brachten den Text gleichfalls, der dann in die *Pièces sur l'art* aufgenommen wurde.
In: *Œuvres* II, S. 1326-1333, »Triomphe de Manet«.

1 »Er bleibt und wird bleiben«; dieses latein. Wortspiel mit dem Namen geht auf das Exlibris von Edouard Manet (1832-1883) zurück, das A. Poulet-Malassis sich ausdachte (vgl. Brief an Manet vom 24.12.1874); auch ein Artikel des Kunstkritikers Joséphin Péladan (in: *L'Artiste*, Februar 1884) schließt mit dem Satz *manebit*.

2 Die Mehrdeutigkeit von »charme« (Zauber, Reiz, Anmut, Weißbuche) hatte Valéry auch bei dem Titel seiner Gedichtsammlung *Charmes/Carmina* intendiert; vgl. *Werke*, Bd. 1, Anmerkungen.

3 Manet malte neben anderen spanischen Sujets die Ballerina Lola de Valence (1862). Baudelaire verfaßte dazu die Inschrift:

*Lola de Valence*
Entre tant de beautés que partout on peut voir,
Je comprends bien, amis, que le désir balance;
Mais on voit scintiller en Lola de Valence
Le charme inattendu d'un bijou rose et noir.

[»Da überall so viele Schönen sich den Blicken zeigen, wie gut, ihr Freunde, begreife ich, daß das Verlangen sich nicht entscheiden kann; in Lola de Valence aber sieht man unerwartet den Zauber eines rosigen und schwarzen Kleinods.«
In: Charles Baudelaire, *Sämtliche Werke/Briefe*, a.a.O., Bd.4, S.54.]
Eine obszöne Anspielung durch »bijou rose et noir« (Valérys Zitat) ist kaum zu übersehen.

4 Zum »Grenier« vgl. »Tanz, Zeichnung und Degas«, Anm. 32.
5 Der Roman *Nana* von Zola erschien 1880; zu Zola vgl. Mallarmé, *Œuvres complètes* (Bibliothèque de la Pléiade), a.a.O., S. 1623.
6 Mit dieser Aussage »L'esthétique n'est pas mon fort« (die an jene von M. Teste »La bêtise n'est pas mon fort« – »Dummheit ist nicht meine Stärke« – erinnert) nimmt sich Valéry zurück, wenngleich er doch gerade über *seine* Ästhetik (aisthesis) eine klare Vorstellung hat.
7 Frz. »une présence d'absence«: diesen geistigen Zustand hat Valéry mehrfach beschrieben, war er doch oft sein eigener. Das Ölgemälde Manets von Berthe Morisot hat Valéry wiederholt herausgestellt.

## ERINNERUNGEN RENOIRS

Übersetzung: Bernd Schwibs
Dieser anekdotische Text ist offenbar das erste perspektivisch gebrochenene Kurzporträt, das Valéry von Künstlern oder Literaten verfaßte. Auch der Impressionist Pierre-Auguste Renoir (1841-1919) war mit Valéry insofern verbunden, als sie sich 1902 einmal trafen und Renoir von Jeannie Valéry (geb. Gobillard) ein Porträt in Öl gemalt hat; vgl. die Abb. in Pierre Caminade, *Paul Valéry*, Pierre Charron, Paris 1972, S. 16. Zur Charakterisierung von Renoirs Malweise zitiert F. Daulte in *Kindlers Malerei Lexikon* (dtv 1982, Bd. 10, S. 263) Valéry: »Der Mensch lebt und stirbt in dem, was er sieht; aber er sieht nur, was er denkt.«
In: *La Revue hebdomadaire*, 3. Januar 1920, S. 140-144, »Souvenirs sur Renoir«.

## »TANTE BERTHE«

Übersetzung: Rainer Maria Rilke, in: Rainer Maria Rilke, *Übertragungen*, hg. von Ernst Zinn und Karin Wais, Insel Verlag Frankfurt am Main 1975, S. 298-304.
Unter dem Titel »Tante Berthe« schrieb Valéry dieses Vorwort für den Katalog zur Austellung von Berthe Morisot (*Exposition des pastels, aquarelles, dessins, crayons de Berthe Morisot*), die vom 31. Mai bis 25. Juni 1926 in der Galerie Druet zu sehen war. In den *Pièces sur l'art* steht der Text unter dem Titel »Berthe Morisot«.
Bereits 1896 war eine Ausstellung der Werke von Berthe Morisot

(1841-1895) bei Durand-Ruel organisiert worden, zu der Stéphane Mallarmé eine subtile Einleitung verfaßte (in: S. Mallarmé, *Œuvres complètes*, a. a. O., S. 533-537). Dieses Vorwort wie jenes von Valéry wurde 1946 einer Mappe von 16 Aquarellen von Berthe Morisot vorangestellt.
Berthe Morisot war die Tante Jeannie Gobillards, mit der Paul Valéry seit 1890 verheiratet war. Valéry wohnte mit seiner Familie fast fünf Jahrzehnte im selben Haus in der Rue de Villejust (heute Rue Paul Valéry), das Berthe Morisot 1883 bezogen hatte.
Zur Wiederentdeckung dieser Impressionistin der ersten Stunde vgl. Irma Schlagheck, »Später Ruhm für eine Rebellin«, in: *art*, August-Heft 1987, S. 54-65, sowie Anne Higonnet, *Berthe Morisot. Images of women*, Harvard University Press, Cambridge/London 1992.
In: *Œuvres* II, S. 1302-1306, »Berthe Morisot«.

## ERNEUT ZU BERTHE MORISOT

Übersetzung: Jürgen Schmidt-Radefeldt
Text zur Ausstellung Berthe Morisots im Musée de l'Orangerie 1941.
In: *Vues*, S. 337-345, »Au sujet de Berthe Morisot«.

1 Paul Cézanne (1839-1906), Claude Monet (1840-1926), Paul Verlaine (1844-1896, vgl. *Werke*, Bd. 5, S. 348-352) und Stéphane Mallarmé (1842-1898, vgl. *Werke*, Bd. 5, S. 241-347).
2 Zu Monique Angoulvent u. a. Literatur über Berthe Morisot vgl. Jean Dominique Rey, *Berthe Morisot*, Bonfini Press, Naefels, und Phillipe Huisman, *Morisot – Charmes*, International Art Book, Lausanne o.J.
3 »Autre Éventail« (»Anderer Fächer«):
O rêveuse, pour que je plonge
Au pur délice sans chemin ...
[O Träumerin, lenk meine Flüge
in reiner Wonnen pfadlos Land ...]
Stéphane Mallarmé, *Sämtliche Dichtungen*, a. a. O., S. 78 und 79. Dieses Gedicht wurde mit zwei weiteren als *Trois Poèmes de Stéphane Mallarmé* 1913 von Debussy vertont.

## HONORÉ DAUMIER

Übersetzung: Clemens Par
Der Text entstand als Einleitung zu dem Band *Daumier*, der in der Sammlung *Trésors de la Peinture Française. XIXe siècle* (Skira, Paris 1938) erschien.
In: *Œuvres* II, S. 1590-1593, »Honoré Daumier«.

1 Honoré Daumier (1808-1879) hat u.a. große Werke der Weltliteratur illustriert, so Dantes *Göttliche Komödie*, Cervantes' *Don Quichotte*, Balzacs *Tolldreiste Geschichten.*

## DIE FRESKEN DES PAOLO VERONESE

Übersetzung: Werner Zemp, in: *Das Kunstwerk* 6 (1952), S. 28-29.
Dieses Vorwort schrieb Valéry zu G. K. Loukomski, *Les fresques de Paul Véronèse et de ses disciples* (M. Seheur 1928).
In: *Œuvres* II, S. 1294-1297, »Les fresques de Paul Véronèse«.

## ÜBER DIE CHINESISCHEN MALER

Übersetzung: Jürgen Schmidt-Radefeldt
Valéry verfaßte diesen Text anläßlich einer Ausstellung chinesischer Maler in Paris (*Exposition d'art chinois contemporain*) Mai/Juni 1933, die das Musée des Ecoles Etrangères et Contemporaines zusammen mit akademischen Instituten in Shanghai, Nanking, Paiping und Szechwan veranstaltete.
In: *Vues*, S. 347-349, »Au sujet des peintres chinois«.

## KLEINE REDE AN DIE GRAPHISCHEN KÜNSTLER

Übersetzung: Carlo Schmid, in: Paul Valéry, *Über Kunst*, Suhrkamp Verlag Frankfurt am Main 1959, S. 65-71.
Diese Gelegenheitsrede hielt Valéry am 29. November 1933 auf Einladung der französischen Graphik-Künstler in Paris; sie wurde im folgenden Jahr veröffentlicht und findet sich in allen Ausgaben der *Pièces sur l'art.*
Valéry hat während seines ganzen Lebens aquarelliert, gezeichnet,

auch in Öl gemalt und dazu vier Skulpturen modelliert. Er hat eigene Werke durch Kupfer- und Holzstiche sowie durch Zeichnungen illustriert (z. B. *Cimetière marin* 1926, *Rhumbs* 1927, *Mélanges de prose et de poésie. Album plus ou moins illustré d'images de cuivre de l'auteur* 1940, ebenso *Monsieur Teste* und einige Theaterentwürfe). Durchgehend findet man Illustrationen, Aquarelle, Skizzen in den *Cahiers*. Einen Überblick gibt der Band *Les dessins de Paul Valéry* (Les Éditions Universelles 1948), den Paul de Man eingeleitet hat. Auch Werke anderer hat Valéry illustriert, so J. Voiliers *Ville ouverte* (Émile-Paul, Paris 1942, mit 12 Lithos von Valéry). Erst in spätem Alter lernte Valéry die Technik des Kupferstichs bei Daragnès (vgl. Daragnès, »Valéry illustrateur«, in: *Paul Valéry vivant*, Paris 1948, S. 120-123).
In: *Œuvres* II, S. 1298-1301, »Petit discours aux peintres graveurs«.

## VARIATIONEN ÜBER BEBILDERTE KERAMIK

Übersetzung: Carlo Schmid, in: Paul Valéry, *Über Kunst*, Suhrkamp Verlag Frankfurt am Main 1959, S. 158-165.
Dieses Vorwort zu einer Keramik-Ausstellung in Sèvres entstand 1934 (*La Vie française illustrée par la céramique*. Musée National de Sèvres 1934), wurde dann in die dritte Ausgabe der *Pièces sur l'art* aufgenommen.
In: *Œuvres* II, S. 1352-1356, »Variations sur la céramique illustrée«.

1 Der »Temple de l'Être suprême« spielt auf den von Robespierre während der Französischen Revolution eingeführten Kult an, mit dem der revolutionäre Atheismus bekämpft werden sollte.
2 Der Jansenist Pascal (*Pensées*) und der Moralist La Rochefoucauld (*Maximes*) erscheinen Valéry offenbar tiefsinniger als der frz. Maler und Graphiker Jean-Louis Forain (1852-1931), der für seine sarkastisch-zeitkritischen Sprüche als Schilderer des Pariser Lebens bekannt war; vgl. C. Dodgson, *Forain – draughtsman, lithographer, etcher*, New York 1936.

Übersetzung: Carlo Schmid, in: Paul Valéry, *Über Kunst*, Suhrkamp Verlag Frankfurt am Main 1959, S. 146-157.
Anlaß dieses Textes war die Ausstellung der Skulpturen von Renée Vautier 1935 in Paris (*Sculptures de 1923 à 1935*); diese Bildhauerin war mit Valéry befreundet. Unter den Exponaten jener Ausstellung fanden sich auch die beiden Büsten (Gips und Bronze), die sie von Valéry gemacht und die der frz. Staat angekauft hatte. Von Büste und Original gibt es Fotografien. Zu dem Foto Valérys mit seiner Büste (in dem Buch von Pierre Caminade, *Paul Valéry*, Pierre Charron, Paris 1972, S. 2-3) verfaßte Valéry einen Text: »*Que si j'étais placé devant cette effigie/ Inconnu de moi-même, ignorant de mes traits/ À tant de plis affreux d'angoisse et d'énergie / Je lirais mes tourments et me reconnaîtrais.*« Eine andere Büste Valérys wurde in den zwanziger Jahren von André Vallette geschaffen; vgl. Agathe Rouart-Valéry, *Paul Valéry*, Gallimard, Paris 1966, S. 109. Zur Bildhauerkunst hat sich Valéry auch an anderer Stelle geäußert, so auf englisch geschrieben über Paul Dubois und über Houdon (in: *Œuvres* II, S. 1599-1601); beide Artikel verfaßte Valéry während seiner Zeit in England zu Beginn der neunziger Jahre des 19. Jahrhunderts für die Zeitschrift *The Art Journal* (1896, S. 134-137 und S. 228f.). Weiterhin wandte sich Valéry dann spät Maillol zu (*Maillol*, Publications techniques 1943).
In: *Œuvres* II, S. 1357-1365, »Mon buste«.

1 Anspielung auf den Essay »Der Mensch und die Muschel« (in: *Werke*, Bd. 4), in dem Valéry grundlegende Gedanken über den Gegensatz Kultur – Natur sowie über die Ästhetik formuliert hat.
2 Der frz. Bildhauer Jean Antoine Houdon (1741-1828) schuf neben mythologischen Gestalten, Büsten und Statuen berühmter Zeitgenossen (Rousseau, Voltaire, Diderot, B. Franklin, Washington) vor allem auch ergreifende Kindergesichter. Valéry verfaßte einen Artikel auf englisch über ihn (*Busts of Houdon, recently discovered at Versailles*, in: *Œuvres* II, S. 1599-1601).
3 Diese Feststellung kann man auch auf Valérys eigene Skulpturen beziehen, insbesondere die Büsten en miniature von Degas und Mallarmé.

## VON DER ÜBERRAGENDEN WÜRDE DER KÜNSTE, DIE DAS FEUER WIRKT

Übersetzung: Carlo Schmid, in: Paul Valéry, *Über Kunst*, Suhrkamp Verlag Frankfurt am Main 1959, S. 9-14.
Text für die 14. Ausstellung des französischen Kunsthandwerks (*Les Artisans Français Contemporains*) in Paris im Dezember 1930, er erschien in *Chez Moi* (1930) sowie in *Pièces sur l'art* (1931).
In: *Œuvres* II, S. 1241-1243, »De l'éminente dignité des Arts du feu«.

1 Frz. »Elles n'abolissent point le Hasard«: Anspielung auf Mallarmés *Coup de dés.*

## DAS PROBLEM DER MUSEEN

Übersetzung: Werner Zemp, in: *Das Kunstwerk* 3 (1949), S. 10-11.
Dieser frühe Beitrag zur Museumskritik und Museumspädagogik erschien 1923 in der Zeitung *Le Gaulois* am 4. April 1923 und wurde in die verschiedenen Ausgaben der *Pièces sur l'art* (1931, 1934, 1936) aufgenommen. Die deutsche Übersetzung erschien ohne Nennung des Übersetzers Werner Zemp.
In: *Œuvres* II, S. 1290-1293, »Le problème des musées«.

## VORWORT ZU EINER AUSSTELLUNG ITALIENISCHER KUNST

Übersetzung: Clemens Par
Der umfangreiche Katalog zur Ausstellung italienischer Kunst im Petit Palais, Paris Mai-Juni 1935 (*Exposition de l'art italien. De Cinabué à Tiepolo*), enthielt neben Valérys »Präambel« noch ein Vorwort von Georges Huisman und eine Einführung von Paul Jamot.
In: *Œuvres* II, S. 1345-1351, »Préambule«.

1 Derartige zeitpolitische Bemerkungen – hier etwa zu Nazideutschland und der Wiederbewaffnung in den dreißiger Jahren – hat Valéry selten in seine ästhetischen Aufsätze eingeflochten; vgl. zu dieser Thematik *Werke*, Bd. 7, und *Cahiers/Hefte*, Bd. 5.
2 Den *Brief an die Nachwelt* schrieb Franceso Petrarca (1304-1374) in Arquà/Padua 1370; vgl. Fritz Schalk (Hg.), *Petrarca 1304-1374. Beiträge zu Werk und Wirkung*, Frankfurt am Main 1975.

3 Zu diesem »so nachdenklichen Lionardo« vgl. oben Anm. 36 zu »Anmerkung und Abschweifung«.

4 Frz. hier »l'homme complet«: Valérys Idealbild des ästhetisch-physiologisch vollkommenen Menschen.

5 Der Name des Verfassers der *Dialogos em Roma* wurde der *Michelangelo-Bibliographie, 1510-1926*, von E. Steinmann und R. Wittkower, Hildesheim 1967, angeglichen. »Der Wert der Dialoge als Quellen für Michelangelo ist umstritten.« [A.d.Ü.]

## VORSTELLUNG EINES »MUSEUMS DER LITERATUR«

Übersetzung: Bernd Schwibs

Für die internationale Ausstellung der Künste und Technik 1937 in Paris schrieb Valéry dieses Vorwort (erstmals erschienen in *Ébauche et premiers éléments d'un Musée de la littérature*, Paris 1938). Julien Cain, der Administrator und Leiter der Bibliothèque nationale in Paris, hatte das Projekt eines »Museums der Literatur« ins Leben gerufen, Valéry sollte dabei den Teil der »Expressions de la Pensée« gestalten. Vgl. zu dieser Thematik auch »Un problème d'exposition« (»Ein Ausstellungsproblem«) in: *Werke*, Bd. 7.

Es ist auffällig, daß H. M. Enzensberger in seinem *Museum der modernen Poesie* (Frankfurt am Main 1960) Valéry keinen Platz eingeräumt hat; er schloß George und Valéry aus – mit der Begründung: »von der Weltsprache aber, zu deren Kenntnis das Buch verhelfen will, hielten sie sich zu fern, als daß man sie unter ihre Wortführer zu zählen das Recht hätte«. Wenn Enzensberger wirklich das charakteristische Gedicht einer Epoche suchte, das »eine Sprache ausstellen« soll (wie er sagt), so hat er offensichtlich *La Jeune Parque* von Valéry (in: *Werke*, Bd. 1) übersehen.

In: *Œuvres* II, S. 1145-1149, »Présentation du ›Musée de la Littérature‹«.

1 Diese Beschreibung bezieht sich im umfassendsten Sinne auf die Manuskripte der *Cahiers*, wie sie in fast 27000 Seiten Faksimile vorliegen. Zur Textgenese (Forschung der »génétique textuelle«) vgl. *Forschungen zu Paul Valéry* 6 (Kiel 1994).

# BÜCHER

Übersetzung: Jürgen Schmidt-Radefeldt
Diesen Text schrieb Valéry einleitend zum *Catalogue de livres anciens et modernes*, der im Mai 1923 bei Gallimard erschien, danach 1925 erneut im *Petit Recueil de paroles de circonstance* und 1926 in *Notes sur le livre et le manuscrit*. Die hier aufgenommene Thematik der Verschiedenartigkeit von Manuskript und Drucktext, der sich Valéry tagtäglich aufgrund seines Schreibens an den *Cahiers* bewußt war, findet sich auch in anderen Werken und Skizzen, rechtfertigt auch in besonderem Maße die gegenwärtigen Forschungen zu seiner Textgenese.
In: *Œuvres* II, S. 1251-1252, »Livres«.

1 Hier gibt Valéry einmal Buchtitel aus seiner Bibliothek preis (sie muß noch rekonstruiert werden, da sie sich über drei Erben, den Fonds Valéryen und die Bibliothèque nationale verteilt). – Zu Corneilles Übersetzung von Thomas' a Kempis *De imitatione Christi* vgl. *Werke*, Bd. 5, S. 528; zu Descartes' *Les principes de la philosophie* vgl. *Werke*, Bd. 4, S. 55. Der *Discours sur l'histoire universelle* (1670) und die *Histoire des Variations* (1688) von Bossuet gehörten gleichfalls zu Valérys klassischer Lektüre.

2 Valéry betonte wiederholt seine Wertschätzung der späten Tragödien *Esther* (1689) und *Athalie* (1691) von Racine (vgl. auch *Werke*, Bd. 3).

3 Die Drucker- und Buchhändlerfamilie Didot war über mehrere Jahrhunderte in Frankreich führend hinsichtlich Drucktypen, Drucklegungsverfahren sowie bei der Erfindung des Velinpapiers; Berühmtheit erlangte nach François Didot (1730-1804) auch Firmin Didot (1761-1836) als Erfinder der Stereotype. – Der unten folgende Text Valérys »Mer Marines Marins« (»Blicke aufs Meer«) erschien zuerst bei Firmin Didot. – Der ital. Drucker Giambettista Bodoni (1740-1813) schuf ästhetisch gelungene Schrifttypen und dazu 143 römische Drucktypen, die von anderen Druckereien in Europa übernommen wurden; in dieser Druckerei erschienen u.a. Werke von Racine, Boileau und Fénélon.

## DIE BEIDEN TUGENDEN DES BUCHES

Übersetzung: Friedhelm Kemp, in: *Imprimatur. Ein Jahrbuch für Bücherfreunde.* N. F. Bd. 5, 1965/67.
Dieser Text erschien zuerst 1926 in den *Notes sur le livre et le manuscrit.*
In: *Œuvres* II, S. 1246–1250, »Les deux vertus d'un livre«.

1 Frz. »manière de voir«: Hinweis auf Valérys Theorie der Sichtweisen oder Blickpunkte in den *Cahiers/Heften*; im laufenden Text weiter unten heißt es »Einstellungen des Blickes« (frz. »modes de regard«).
2 Das druckgraphische Bild eines Gedichts hatte Mallarmé gegenüber Valéry beim Betrachten der Fahnen des *Coup de dés* hervorgehoben, vgl. *Werke*, Bd. 3.

## CHINESISCHE GEDICHTE

Übersetzung: Bernd Schwibs
Unter der Überschrift »Petite préface aux poésies de T'au Yuan Ming« veröffentlichte Valéry dieses Vorwort zuerst in der Zeitschrift *Commerce* (22, Winter 1929) und dann vorangestellt der französischen Übersetzung dieser Gedichte durch T'ao Ts'ien, *Les poèmes* (Paris 1930).
Valéry konnte sich der Faszination des Orients, Chinas und Japans seit *Le Yalou* (1895 geschrieben und später veröffentlicht; vgl. *Werke*, Bd. 7) nicht entziehen. Er verfaßte mehrfach Vorworte zu Katalogen und Gedichtsammlungen asiatischer Autoren. Insbesondere in Japan ist das Werk Valérys umfassend rezipiert worden, gegenwärtig laufen mehrere Forschungsarbeiten unter Leitung von Kunio Tsunekawa, vgl. dazu das Sonderheft zu »Valéry und Japan«, *Bulletin des Études Valéryennes* 56/57 (1991).
In: *Œuvres* II, S. 1266–1271, »Poèmes chinois«.

1 In diesem Sinne vgl. »Variationen über die ›Bucolica‹« (in: *Werke*, Bd. 1, S. 558-576) sowie »Zu ›Adonis‹ von La Fontaine« (in: *Werke*, Bd. 3, S. 48-75).

## DIE EROBERUNG DER ALLGEGENWÄRTIGKEIT

Übersetzung: Carlo Schmid, in: Paul Valéry, *Über Kunst*, Suhrkamp Verlag Frankfurt am Main 1959, S. 46-51.
Der Text erschien erstmals im Band *De la musique avant toute chose* (Éditions du Tambourinaire 1928), danach in den *Nouvelles littéraires* (28. März 1931) und später in den *Pièces sur l'art*. In Deutschland machte Rudolf Kayser in der *Europäischen Rundschau* 1931 (S. 713 f.) darauf aufmerksam, daß Valéry hiermit eine »umfassende Bezeichnung für die Tendenzen unserer Zeit« gegeben habe.
In: *Œuvres* II, S. 1284-1287, »La conquête de l'ubiquité«.

1 Die aufgezeigte Wirklichkeit einer solchen »Société pour la distribution de Réalité sensible à domicile« (wie Valéry sie nennt und wie sie auch durch Huxley vorgestellt worden ist) entwickelte sich erst im letzten Drittel des 20. Jahrhunderts vehement.
2 Das aus dem Englischen übersetzte Buch von Thomas de Quincey *Les confessions d'un mangeur d'opium* (1890) könnte hier gemeint sein; Valéry weist auch im *Briefwechsel* (Brief vom 16. Mai 1891 an Gide) darauf hin.
3 Ausgehend von Fotografie und Film, projiziert Valéry hier bereits 1928 die Entwicklung des Farbfernsehens und der Videowelt, ebenso die Forschungen des frz. Meeresbiologen Jacques Cousteau.

## 1893 IM CONCERT LAMOUREUX

Übersetzung: Clemens Par
Valéry hielt diese Ansprache am 4. Januar 1931 anläßlich der 50-Jahr-Feier dieser Konzert-Tradition, die der frz. Violinist und Dirigent Charles Lamoureux (1834-1899) begründet hatte. Als »Allocution« wurde sie im *Commerce* 26 bereits im Winter 1930 gedruckt. Allgemein zur Thematik Valéry und die Musik vgl. Brian Stimpson, *Paul Valéry and music. A study of the techniques of composition in Valéry's poetry*, Cambridge 1984.
In: *Œuvres* II, S. 1272-1276, »Au concert Lamoureux en 1893«.

## BRIEF AN MADAME C...

Übersetzung: Bernd Schwibs
Diesen Brief richtete Valéry an die Sängerin Claire Croiza anläßlich einer Feier ihr zu Ehren nach einem Konzert am 3. März 1925 (Valéry konnte daran nicht teilnehmen). Der Text wurde 1928 in der Sammlung *Les Amis des Cahiers verts* (Paris, Grasset) veröffentlicht und durch Auszüge aus dem »Discours sur la diction des vers« (»Über das Sprechen von Versen«, in: *Werke*, Bd. 1) vervollständigt.
Claire Croiza hatte Valéry 1923 nach einem Gesangsvortrag (Vertonungen der Baudelaire-Gedichte »Harmonie du Soir«, »Recueillement«, »Le jet d'eau« durch Debussy) kennengelernt; Gegenstand ihrer Gespräche und Treffen war das Singen und Sprechen von Versen – insbesondere der Lyrik Ronsards – sowie die einzigartige Leistung des Virtuosen dabei; vgl. »Zum Lob der Virtuosität« (in diesem Band).
In: *Œuvres* II, S. 1260-1261, »Lettre à Madame C...«.

1 »Sie singen, ich bin beglückt!
Nun denn, wagen Sie es jetzt!...
Wagen Sie es, machen Sie sich an die Verse!«
Die ersten Zeilen spielen auf La Fontaines Fabel »Die Grille und die Ameise« an.
2 Diese Formulierung nimmt Valéry auch in »Lust« (»Mein Faust«, *Werke*, Bd. 2) auf.

## ZUM LOB DER VIRTUOSITÄT

Übersetzung: Jürgen Schmidt-Radefeldt
Die Stadt Nizza brachte am 27. Mai 1940 zum 100. Todestag von Niccolò Paganini (er starb in Nizza) eine Gedenkschrift heraus: Valérys »Esquisse d'un éloge de la virtuosité« wurde darin abgedruckt (in: Louis Bonfighio, *Paganini à Nice*, Nizza 1940).
In: *Vues*, S. 351-358, »Esquisse d'un éloge de la virtuosité«.

## EINLEITUNG ZU EINEM ZWIEGESPRÄCH ÜBER KUNST

Übersetzung: Clemens Par
Unter dem Titel »Dialogue sur l'Art entre un Français et un Marocain de Fez par Pierre Féline avec une introduction de Paul Valéry« erschien dieser Text in *Revue musicale* (Nr. 184, Juni 1938). Pierre Féline, Autor dieses Zwiegesprächs über Kunst zwischen den Kulturen, war etwas älter als Valéry und überlebte ihn noch; sie waren über fünfzig Jahre befreundet. Féline führte Valéry in mathematische Grundlagen ein, er veröffentlichte nach Valérys Tod seine *Souvenirs sur Paul Valéry* (in: *Mercure de France*, Juli 1954, S. 402-433). Valéry hatte sich Mitte der dreißiger Jahre in Algier und Tunis aufgehalten, vgl. dazu »Feuilles de mon carnet«, in: *Vues*, a. a. O., S. 255-260.
In: *Œuvres* II, S. 1036-1039, »Introduction à un dialogue sur l'Art«.

1 Die Kritik des eurozentrischen Standpunkts und das Erfordernis eines interkulturellen Dialogs hat Valéry an keiner anderen Stelle seines Werks so nachdrücklich formuliert wie hier.

## BLICKE AUFS MEER

Übersetzung: anonym
Unter dem Titel *Mer Marines Marins* in der Reihe »Images du Monde« (Weltbilder) und mit dem Bildtext von Georges Dupuy erschien dieser Text im Verlag Firmin Didot (Paris 1930), ebenda zugleich auch in deutscher Übersetzung (ohne Angabe des Übersetzers). Die *Nouvelle Revue Française* (Nr. 200, Mai 1930, S. 710-712) druckte nur die ersten Seiten des Textes, der dann in vollständiger Länge unter dem Titel »Regards sur la mer« in die *Pièces sur l'art* (1934) aufgenommen wurde.
In: *Œuvres* II, S. 1334-1341, »Regards sur la mer«.

1 Der frz. Romancier Jules Verne (1828-1905) schrieb bekanntlich wissenschaftlich antizipatorische Romane wie *Vingt Mille Lieues sous les mers* (1870), in denen er den Meeresgrund in unsere Vorstellungskraft einbezog.
2 Der Untergang der *Titanic* in der Nacht vom 14. zum 15. April 1912 hat mehrfach Schriftsteller (z. B. H. M. Enzensberger) zu einer literarischen Gestaltung herausgefordert.

3 Kohlenwasserstoffverbindung. In der ersten Fassung dieses Textes gab Valéry dazu auch eine Quelle: E. G. Numile, in: *Revue Scientifique* 25 (1929); in späteren Abdrucken ist sie gestrichen.

4 Zu einem solchen Blick von der Terrasse vgl. *Cahiers/Hefte*, Bd. 2, S. 616-619.

5 Der frz. Maler Claude Joseph Vernet (1714-1789), der zwischen Poussin, Claude Lorrain und Monet steht, malte zwischen 1753 und 1762 14 Gemälde der *Häfen Frankreichs*: u.a. Marseille, Bordeaux, Toulon, Antibes, Cette, Bayonne, La Rochelle, Rochefort, Dieppe.

6 Frz. »candides tours de sémaphores« – Valéry verwendet *candide* in doppelter Bedeutung.

7 Im frz. Text steht hier der Name der Institution »Ponts et Chaussées«.

## INSCHRIFTEN AM PALAIS DE CHAILLOT

Übersetzung: Jürgen Schmidt-Radefeldt
Valéry war 1935 gebeten worden, vier Inschriften für die Giebelseiten des Palais de Chaillot in Paris zu entwerfen; sie wurden 1938 angebracht, und Valéry verfaßte ein »Avis au lecteur« dazu. Darüber hinaus hat Valéry noch eine fünfte Inschrift entworfen:

N'ENTRE – PAS – POUR – TROUVER – ICI
UN – ABRI – CONTRE – L'EAU – DU – CIEL:
LA – PLUIE – EST – BONNE – POUR – CELUI
D'ESPRIT – STERILE – ET – DE – CŒUR – SEC.

[TRITT – HIER – NICHT – EIN – AUF – DER – SUCHE
NACH – SCHUTZ – GEGEN – DIE – WASSER – DES – HIMMELS:
REGEN – IST – GUT – FÜR – ALL – JENE
MIT – STERILEM – GEISTE – UND – AUSGEDÖRR-TER – SEELE.]

Valéry war sich der Tradition von Inschriften auf Stein bewußt; man findet eine Inschrift von ihm in Nizza an der Tür der Universität: »LUX – DUX«, eine andere an einem Brunnen in Nizza: »Ma chute m'épure« (»Mein Fall reinigt mich«). Vgl. dazu *Via Appia. Quelques essais d'épigraphie lapidaire, exposés au premier Salon d'art mural*, Paris 1935. Wenn A. Robbe-Grillet in einem Gespräch mit

dem Herausgeber die Inschriften Valérys am Palais de Chaillot gelegentlich als »pensée(s) bétonnée(s)« (»betoniertes Denken«) bezeichnet hat, so wären ihm Valérys »Inschriften auf das Meer« entgegenzuhalten (*Werke*, Bd. 5, S. 519).
In: *Œuvres* II, S. 1585, »*Inscriptions* du Palais de Chaillot«.

# NACHWEISE ZU DEN EINZELNEN TEXTEN

Introduction à la Méthode de Léonard de Vinci: Œuvres I. © Éditions Gallimard, Paris 1957.
Einführung in die Methode des Leonardo da Vinci: Ü. Karl August Horst. © Insel Verlag Frankfurt am Main 1960.

Note et digression: Œuvres I. © Éditions Gallimard, Paris 1957.
Anmerkung und Abschweifung: Ü. Karl August Horst. © Insel Verlag Frankfurt am Main 1960.

Léonard et les philosophes: Œuvres I. © Éditions Gallimard, Paris 1957.
Leonardo und die Philosophen: Ü. Karl August Horst. © Insel Verlag Frankfurt am Main 1960.

L'œuvre écrite de Léonard de Vinci: Rechte bei den Erben Paul Valérys.
Das Schriftwerk von Leonardo da Vinci: Ü. Jürgen Schmidt-Radefeldt. © Insel Verlag Frankfurt am Main und Leipzig 1995.

Léonard de Vinci: Rechte bei den Erben Paul Valérys.
Zu den ›Heften‹ Leonardo da Vincis: Ü. Jürgen Schmidt-Radefeldt. © Insel Verlag Frankfurt am Main und Leipzig 1995.

Paradoxe sur l'architecte: Œuvres II. © Éditions Gallimard, Paris 1960.
Das Paradoxon des Architekten: Ü. Clemens Par. © Insel Verlag Frankfurt am Main und Leipzig 1995.

La création artistique: Rechte bei den Erben Paul Valérys.
Der künstlerische Schaffensprozeß: Ü. Clemens Par. © Insel Verlag Frankfurt am Main und Leipzig 1995.

L'infini esthétique: Œuvres II. © Éditions Gallimard, Paris 1960.
Der Unendlichkeitsfaktor in der Kunst: Ü. Carlo Schmid. © Suhrkamp Verlag Frankfurt am Main 1959.

Réflexions sur l'art: Rechte bei den Erben Paul Valérys.
Überlegungen zur Kunst: Ü. Achim Russer. © Insel Verlag Frankfurt am Main und Leipzig 1995.

Notion générale de l'art: Œuvres I. © Éditions Gallimard, Paris 1957.
Zum allgemeinen Begriff von Kunst: Ü. Clemens Par. © Insel Verlag Frankfurt am Main und Leipzig 1995.

Discours sur l'esthétique: Œuvres I. © Éditions Gallimard, Paris 1957.
Rede über die Ästhetik: Ü. Max Looser. © Insel Verlag Frankfurt am Main und Leipzig 1995.

Philosophie de la danse: Œuvres I. © Éditions Gallimard, Paris 1957.
Philosophie des Tanzes: Ü. Clemens Par. © Insel Verlag Frankfurt am Main und Leipzig 1995.

Degas Danse Dessin: Œuvres II. © Éditions Gallimard, Paris 1960.
Tanz, Zeichnung und Degas: Ü. Werner Zemp.

Autour de Corot: Œuvres II. © Éditions Gallimard, Paris 1960.
Im Umgang mit Corot: Ü. Carlo Schmid. © Suhrkamp Verlag Frankfurt am Main 1959.

Triomphe de Manet: Œuvres II. © Éditions Gallimard, Paris 1960.
Triumphzug Manets: Ü. Carlo Schmid. © Suhrkamp Verlag Frankfurt am Main 1959.

Souvenirs sur Renoir: Rechte bei den Erben Paul Valérys.
Erinnerungen Renoirs: Ü. Bernd Schwibs. © Insel Verlag Frankfurt am Main und Leipzig 1995.

Berthe Morisot: Œuvres II. © Éditions Gallimard, Paris 1960.
»Tante Berthe«: Ü. Rainer Maria Rilke. © Insel Verlag, Leipzig 1927.

Au sujet de Berthe Morisot: Rechte bei den Erben Paul Valérys.
Erneut zu Berthe Morisot: Ü. Jürgen Schmidt-Radefeldt. © Insel Verlag Frankfurt am Main und Leipzig 1995.

Honoré Daumier: Œuvres II. © Éditions Gallimard, Paris 1960.
Honoré Daumier: Ü. Clemens Par. © Insel Verlag Frankfurt am Main und Leipzig 1995.

Les fresques de Paul Véronèse: Œuvres II. © Éditions Gallimard, Paris 1960.
Die Fresken des Paolo Veronese: Ü. Werner Zemp.

Au sujet des peintres chinois: Rechte bei den Erben Paul Valérys. Über die chinesischen Maler: Ü. Jürgen Schmidt-Radefeldt. © Insel Verlag Frankfurt am Main und Leipzig 1995.

Petit discours aux peintres graveurs: Œuvres II. © Éditions Gallimard, Paris 1960.
Kleine Rede an die graphischen Künstler: Ü. Carlo Schmid. © Suhrkamp Verlag Frankfurt am Main 1959.

Variations sur la céramique illustrée: Œuvres II. © Éditions Gallimard, Paris 1960.
Variationen über bebilderte Keramik: Ü. Carlo Schmid. © Suhrkamp Verlag Frankfurt am Main 1959.

Mon buste: Œuvres II. © Éditions Gallimard, Paris 1960.
Mein Bildnis: Ü. Carlo Schmid. © Suhrkamp Verlag Frankfurt am Main 1959.

De l'éminente dignité des arts du feu: Œuvres II. © Éditions Gallimard, Paris 1960.
Von der überragenden Würde der Künste, die das Feuer wirkt: Ü. Carlo Schmid. © Suhrkamp Verlag Frankfurt am Main 1959.

Le problème des musées: Œuvres II. © Éditions Gallimard, Paris 1960.
Das Problem der Museen: Ü. Werner Zemp.

Préambule: Œuvres II. © Éditions Gallimard, Paris 1960.
Vorwort zu einer Ausstellung italienischer Kunst: Ü. Clemens Par. © Insel Verlag Frankfurt am Main und Leipzig 1995.

Présentation du »Musée de la Littérature«: Œuvres II. © Éditions Gallimard, Paris 1960.
Vorstellung eines »Museums der Literatur«: Ü. Bernd Schwibs. © Insel Verlag Frankfurt am Main und Leipzig 1995.

Livres: Œuvres II. © Éditions Gallimard, Paris 1960.
Bücher: Ü. Jürgen Schmidt-Radefeldt. © Insel Verlag Frankfurt am Main und Leipzig 1995.

Les deux vertus d'un livre: Œuvres II. © Éditions Gallimard, Paris 1960.
Die beiden Tugenden eines Buches: Ü. Friedhelm Kemp. Mit freundlicher Genehmigung des Übersetzers.

Poèmes chinois: Œuvres II. © Éditions Gallimard, Paris 1960.
Chinesische Gedichte: Ü. Bernd Schwibs. © Insel Verlag Frankfurt am Main und Leipzig 1995.

La conquête de l'ubiquité: Œuvres II. © Éditions Gallimard, Paris 1960.
Die Eroberung der Allgegenwärtigkeit: Ü. Carlo Schmid. © Suhrkamp Verlag Frankfurt am Main 1959.

Au concert Lamoureux en 1893: Œuvres II. © Éditions Gallimard, Paris 1960.
1893 im Concert Lamoureux: Ü. Clemens Par. © Insel Verlag Frankfurt am Main und Leipzig 1995.

Lettre à Madame C...: Œuvres II. © Éditions Gallimard, Paris 1960.
Brief an Madame C...: Ü. Bernd Schwibs. © Insel Verlag Frankfurt am Main und Leipzig 1995.

Esquisse d'un éloge de la virtuosité: Rechte bei den Erben Paul Valérys.
Zum Lob der Virtuosität: Ü. Jürgen Schmidt-Radefeldt. © Insel Verlag Frankfurt am Main und Leipzig 1995.

Introduction à un dialogue sur l'Art: Œuvres II. © Éditions Gallimard, Paris 1960.
Einleitung zu einem Zwiegespräch über Kunst: Ü. Clemens Par. © Insel Verlag Frankfurt am Main und Leipzig 1995.

Regards sur la mer: Œuvres II. © Éditions Gallimard, Paris 1960.
Blicke aufs Meer: Ü. anonym.

Inscriptions du Palais de Chaillot: Œuvres II. © Éditions Gallimard, Paris 1960.
Inschriften am Palais de Chaillot: Ü. Jürgen Schmidt-Radefeldt. © Insel Verlag Frankfurt am Main und Leipzig 1995.

# NAMEN- UND WERKREGISTER

(Dieses Register bezieht sich nur auf den Textteil, nicht auf den Anhang)

# INHALT

## LEONARDO DA VINCI



## ZUR PHILOSOPHIE DER KÜNSTE



## TANZ, ZEICHNUNG UND DEGAS



## KLEINERE SCHRIFTEN ZU DEN KÜNSTEN

## ANHANG

PAUL VALÉRY
WERKE

*Frankfurter Ausgabe*
*in 7 Bänden*

Band 1
Dichtung und Prosa

Band 2
Dialoge und Theater

Band 3
Zur Literatur

Band 4
Zur Philosophie und Wissenschaft

Band 5
Zur Theorie der Dichtkunst
und Vermischte Gedanken

Band 6
Zur Ästhetik und Philosophie der Künste

Band 7
Zur Zeitgeschichte und Politik

Suhrkamp Verlag GmbH
Torstraße 44, 10119 Berlin
info@suhrkamp.de
www.suhrkamp.de